GESCHICHTE FRANKREICHS

BAND 5

Frankreich im Zeitalter des Imperialismus 1851–1918

Geschichte Frankreichs

HERAUSGEGEBEN VON
JEAN FAVIER

Beratung der deutschen Ausgabe
Karl Ferdinand Werner

DEUTSCHE VERLAGS-ANSTALT
STUTTGART

GESCHICHTE FRANKREICHS

BAND 1 KARL FERDINAND WERNER
Die Ursprünge Frankreichs
bis zum Jahr 1000

BAND 2 JEAN FAVIER
Frankreich im Zeitalter der Lehnsherrschaft
1000–1515

BAND 3 JEAN MEYER
Frankreich im Zeitalter des Absolutismus
1515–1789

BAND 4 JEAN TULARD
Frankreich im Zeitalter der Revolutionen
1789–1851

BAND 5 FRANÇOIS CARON
Frankreich im Zeitalter des Imperialismus
1851–1918

BAND 6 RENÉ RÉMOND
Frankreich im 20. Jahrhundert
1918 bis zur Gegenwart

Geschichte Frankreichs

BAND 5

Frankreich im Zeitalter des Imperialismus 1851–1918

VON FRANÇOIS CARON

Aus dem Französischen übertragen
von Renate Hack

DEUTSCHE VERLAGS-ANSTALT
STUTTGART

LA FRANCE DES PATRIOTES DE 1851 À 1918
erschien als fünfter Band der
HISTOIRE DE FRANCE
erstmals 1985 bei Fayard, Paris.

Die Deutsche Bibliothek – CIP-Einheitsaufnahme

GESCHICHTE FRANKREICHS/
hrsg. von Jean Favier. Beratung d. dt. Ausg.
Karl Ferdinand Werner. –
Stuttgart : Deutsche Verlags-Anstalt
Einheitssacht.: Histoire de France ⟨dt.⟩
NE: Favier, Jean [Hrsg.]; EST

Bd. 5 Caron, François: Frankreich im Zeitalter
des Imperialismus 1851–1918. – 1991

CARON, FRANÇOIS:
Frankreich im Zeitalter des Imperialismus
1851–1918 / von François Caron. Aus d. Franz. übertr.
von Renate Hack. –
Stuttgart : Deutsche Verlags-Anstalt, 1991
(Geschichte Frankreichs ; Bd. 5)
Einheitssacht.: La France des patriotes de
1851 à 1918 ⟨dt.⟩
ISBN 3-421-06455-5

Lektorat: Wolfgang Stammler unter Mitarbeit von
Jochen Grube und Werner Stingl
Typographische Gestaltung:
Brigitte und Hans Peter Willberg, Eppstein
Gesamtherstellung: Wilhelm Röck, Weinsberg
Printed in Germany

INHALTSVERZEICHNIS

KAPITEL III DIE BEHERRSCHUNG DER MASSEN

KAPITEL IV DER RUHM DER NATION

KAPITEL V DAS KAISERREICH IM SPIEGEL DER ÖFFENTLICHEN MEINUNG

KAPITEL VI VON KÖNIGGRÄTZ NACH SEDAN

ZWEITER TEIL
DIE NEUE REPUBLIK – KAUM GEGRÜNDET, SCHON UMSTRITTEN 1870–1899

KAPITEL I DIE ZWEITE NIEDERLAGE

KAPITEL II DAS SCHEITERN ALBERT DE BROGLIES

KAPITEL III DIE WIRTSCHAFTSKRISE

KAPITEL IV ANTWORTEN AUF DIE KRISE

KAPITEL V VERBRAUCHER UND ARBEITER

KAPITEL VI DIE REPUBLIK FERRYS, GRÉVYS ODER BOULANGERS?

KAPITEL VII DIE REPUBLIK UND DIE INTELLEKTUELLEN

DRITTER TEIL
DAS OPFER 1899–1918

KAPITEL I DIE BEIDEN FRANKREICH

KAPITEL II EINE BELLE-EPOQUE

KAPITEL III EIN GESPALTENES FRANKREICH

KAPITEL IV DIE NATIONALE FRAGE

KAPITEL V »DAS UNBEKANNTE ABENTEUER«

EINFÜHRUNG

Das geschichtliche Abenteuer, das Frankreich zwischen dem 2. Dezember 1851 und dem 11. November 1918 erlebte, war ein Abenteuer geistiger Natur. Innerhalb des französischen Volkes war ein Kampf entbrannt, der vor allem die Zielrichtung seines patriotischen Engagements bestimmen sollte. Denn die »religiöse Frage« war von der patriotischen Frage nicht zu trennen: jede Partei nahm für sich in Anspruch, die Inkarnation des französischen »Wesens« zu sein. Kaiser Napoleon III. verdankte sein Prestige wesentlich dem Bild eines siegreichen Landes, das er repräsentierte. Mit ihm war die Erinnerung an eine unvergleichlich ruhmreiche Epoche Frankreichs verbunden, in der dieses Land seine Zivilisation und die Prinzipien nationaler Freiheit über alle Grenzen hinweg getragen hat. Im gleichen Zeitraum sahen die Katholiken im Bündnis von Staat und Kirche die Möglichkeit, einen Christenstaat mit Frankreich als dem erwählten Mittelpunkt zu gründen. Im Gegensatz dazu stand die Loyalität zu einem revolutionären Frankreich, die dem Kampf der Republikaner Sinn und Ziel verlieh.

Die militärische Niederlage von 1870 wurde als eine Demütigung empfunden, die neben unmittelbaren Revancheaktionen auch die Standortbestimmung jedes einzelnen erforderte. Aus dem moralischen Trümmerhaufen blühte ein neuer Patriotismus, der allem Anschein zum Trotz einheitlicher war als alle vorangehenden patriotischen Tendenzen. Die Rückbesinnung auf sich selbst, hervorgerufen durch die Niederlage, beseitigte alle Unentschlossenheit und Verwirrungen. In den Auseinandersetzungen der achtziger Jahre ging es nicht so sehr um das Handlungsprinzip, das Frankreichs Größe garantieren sollte, als vielmehr um dessen Beschaffenheit, mit anderen Worten, es ging um die Entscheidung zwischen einem kolonialen Patriotismus und einem nach innen gerichteten Patriotismus. Die Niederlage hatte den Wunsch nach Revanche geweckt, sie löste aber auch neue Denkanstöße aus und förderte die Bereitschaft zu einer umfassenden Erneuerung. Das Projekt der Verstaatlichung des Schulwesens war ebenso wie das Vorhaben, die Wissenschaften zu reformieren und die physische Erneuerung mit den Mitteln des Sports voranzutreiben, vor allem ein patriotisches Projekt. Die Stärkung einer zentralistischen Verwaltung und der Kampf gegen den lokalen oder regionalen Partikularismus wurde von dem Bemühen unterstützt, alle Kräfte auszuschalten, die das Vaterland schwächen könnten. Im Gegensatz dazu war der Nationalismus eines Maurice Barrès zutiefst im regionalen Bewußtsein verankert. Doch trug dieser Patriotismus der Scholle und der Toten den regionalen Verschiedenheiten lediglich deshalb Rechnung, weil diese sich dadurch besser in ein Nationalgefühl integrieren ließen und es auf diese Weise stärkten. Und schließlich hatten auch der Pazifismus und der Internationalismus ihr patriotisches Pflichtgefühl nie verleugnet, denn Frankreich war immer ein Land des Rechts und der Gerechtigkeit. Frankreich hatte in der Weltgeschichte eine Aufgabe zu erfüllen, nämlich die der Verbreitung kultureller Werte und der Verteidigung der Freiheit. Somit wird der Patriotismus in seinen verschiedenen Erscheinungsformen in unserer Darstellung der rote Faden und Charles Péguy das Beispiel sein, auf das wir uns berufen.

Ein Abenteuer geistiger Natur bedeutete auch die Auseinandersetzung zwischen Klerikalismus und Antiklerikalismus. Der Kampf um die Trennung von Thron und Altar besaß nur für eine in dieser Frage aufgeklärte Minderheit einen streng institutionellen Charakter. In Wahrheit war dieses Problem religiöser Natur, denn der Klerikalismus sah seine Mission in der Erneuerung der Religion, während der Antiklerikalismus auf die Zerstörung der Religion überhaupt abzielte. Er wurzelte in einem jahrhundertelangen Haß auf Christus und seine Anhänger. Diesen Hintergrund muß man kennen, um die Politik Émile Combes' und seiner Parteifreunde zu verstehen, denen die Dreyfus-Affäre einen willkommenen Anlaß bot, das »Infame« zu verfolgen.

Im Endeffekt aber lenkte dieser Combismus den Radikalismus nur von seiner eigentlichen Bestimmung, dem Ausgleich gesellschaftlicher Gegensätze, ab. Die Veränderungen in der französischen Gesellschaft begriffen nur die wenigsten Zeitgenossen. Der Rückgang der bäuerlichen Bevölkerung wurde als Zeichen eines Niedergangs gewertet, während er in Wirklichkeit die Modernisierung vorantrieb; der Aufstieg der städtischen Gesellschaft wurde als Garant der Unveränderlichkeit verstanden, während sie ein Ort der Erneuerung war; sinkende Renten und die Zunahme der Gewinne schienen einen wachsenden Monopolkapitalismus anzuzeigen, während sich in diesen Veränderungen eigentlich nur die Dynamik einer liberalen Gesellschaftsstruktur ausdrückte. Schließlich ahnte niemand auch nur annähernd die langfristigen Auswirkungen, die die Einführung berufsständischer Satzungen mit sich brachte.

Zwischen Theorie und Praxis klafften tiefe Abgründe. Die traditionellen Führungskräfte, die Notabeln, entwickelten eine Reihe sozialer Rahmenprogramme, als deren gemeinsamer Nenner der Patriarchalismus fungierte: ein Patriarchalismus des Klerus, des Protestantismus, des Spiritualismus und des Positivismus, wobei jede Gruppierung dieselbe Absicht verfolgte, das von Überfluß und Sozialismus bedrohte Volk zu erneuern. Zwar hielt sich dabei jeder streng an die Grundsätze seiner jeweiligen Glaubensüberzeugungen, doch in der Praxis wiesen sie allesamt deutliche Ähnlichkeiten auf.

Allerdings ist nicht zu verkennen, daß unter diesem Aspekt der soziale Katholizismus über einen stärkeren inneren Zusammenhang verfügte als die restlichen Lehrmeinungen, denn er lehnte den uneingeschränkten Liberalismus ab. In der Tat vertrug sich das liberale Programm nur schlecht mit den Rahmenstrategien, die auf einer Politik der Bevormundung basierten. Die Schwierigkeit einer solchen Synthese zeigte sich ganz deutlich bei Frédéric Le Play. Da der Liberalismus die Notwendigkeit einer Veränderung anerkannte, war der Aufschwung Frankreichs in jener Zeit im wesentlichen ihm zu verdanken. Die fortschrittliche Entwicklung innerhalb der Gesellschaft war vor allem auf den permanenten Wandel auf technischem Gebiet zurückzuführen, der zwar nicht auf Frankreich beschränkt blieb, dort aber seine eigene Ausprägung fand und eigene Wege ging. Der Eiffelturm, das Fahrrad, das Auto und das Flugzeug stehen symbolhaft für einige dieser französischen Errungenschaften; sie dürfen aber nicht über einige eklatante Mißerfolge und dramatische Rückschläge hinwegtäuschen.

Die paternalistischen Strategien scheiterten. Gegen sie erhoben sich neue Strategien, die nun nicht mehr von der traditionellen Elite, sondern von der »Intellektuellenpartei« entwickelt wurden, von jenen also, die mit dem Buch in der Hand und Überzeugungen im Kopf die Welt und die Macht erobern wollten. Dabei stützten sie sich auf die Arbeiterklasse, die nun zu einem Wegbereiter für den Fortschritt der Menschheit geworden war. Hierbei standen sich zwei Lager gegenüber: auf der einen Seite die revolutionären, ganz an Proudhons Lehren orientierten Gewerkschaftler, die die neue Gesellschaft aus dem Alltagskampf heraus entstehen lassen und auf eine gewerkschaftliche Basis stellen wollten; und auf der anderen Seite die Sozialisten, die nicht begriffen, daß man die Gesellschaft von morgen auch ohne Staatsapparat errichten konnte, nachdem sie ihn erobert hatten. Beide Strategien waren im Ansatz totalitär. Einige sogenannte »unabhängige« Sozialisten und »liberale« Katholiken, gewisse Radikale wie der Solidarist Léon Bourgeois, einige sogenannte reformistische Gewerkschaftler, auch einige Liberale, Unternehmer und hohe Beamte suchten und fanden schließlich auch Wege zum gemeinsamen Dialog, Wege, die zukunftweisend waren. Doch fanden diese Stimmen am Vorabend des Ersten Weltkrieges kaum noch Gehör.

So bahnten sich bereits jene späteren, weiter reichenden Strategien und Synthesen an, die nach dem Zweiten Weltkrieg schließlich zum Zuge kommen sollten. Im Juli 1914 hatten die meisten Franzosen, die zu den Waffen gerufen worden waren, dafür jedoch keinen Sinn. Sie hatten nur ein Ziel vor Augen: Sie waren bereit, ihr Leben zu opfern, wenn auch sicher nicht aus Begeisterung, so doch aus der Einsicht heraus, ihre vaterländische Pflicht erfüllen zu müssen.

ERSTER TEIL

Das Zweite Kaiserreich
1851–1870

In seiner *»Histoire universelle des pays et des peuples«* (»Allgemeine Geschichte der Länder und Völker«) schrieb 1913 Camille Pelletan, der Sohn des Republikaners Eugène Pelletan, ehemaliger Schüler der Archivschule und später Abgeordneter und Minister der Radikalen: »Die Sieger des Staatsstreichs verfuhren erbarmungslos bis hin zur Grausamkeit.« Nach einer Schilderung polizeilichen Terrors fügte er hinzu: »Das neue Regime, das sich blindlings der Kirche ausgeliefert hatte, war dazu verurteilt, an allen Orten die Intelligenz des Landes zu verfolgen.« Ganz offensichtlich war die republikanische Geschichtsschreibung darauf angewiesen, das Zerrbild eines diktatorischen, konservativen und klerikalen Kaiserreichs an die Wand zu malen, um die Idealvorstellung einer liberalen, fortschrittlichen und toleranten Republik um so wirkungsvoller herauszustreichen. Diese Art der Historiographie kann aber nur als Propaganda verstanden werden. Gleichwohl sind ihre Thesen nicht ganz unbegründet, woran auch die Rehabilitationsversuche in jüngster Zeit nichts ändern können.

Zwei weitere Faktoren rechtfertigen eine neuerliche historische Untersuchung dieser Epoche: die Person des Kaisers selbst, der sich einem Zugriff eigentlich entzieht, und die offensichtlich enorme historische Bedeutung des Kaiserreichs. In die Zeit dieser diktatorischen Regierungsform fallen immerhin die ersten Erfahrungen der Franzosen mit der Demokratie. Die traditionelle Geschichtsschreibung trennte das Kaiserreich in das autoritäre Kaiserreich der Jahre 1852 bis 1859 und in das liberale Kaiserreich der Jahre um 1860, das 1870 mit der kurzen Episode eines parlamentarisch verfaßten Kaiserreichs endete. Dabei handelte es sich um eine irreführende Vereinfachung, denn die autoritären Tendenzen des Kaisers sind nie ganz verschwunden, wohingegen es Ansätze zur Toleranz auch schon vor 1860 gab.

So existierten also stets mehrere Kaiserreiche gleichzeitig und nebeneinander, anstatt aufeinanderzufolgen, denn die Geschichte dieses Kaiserreichs war die Geschichte des Dialogs zwischen einem Menschen mit all seinen Schwächen und Fehlern und einer Nation in ihrer unendlichen Vielfalt. Der Mensch hatte nur den einen Wunsch, die Nation zu verstehen, um sie ohne innere Erschütterungen zu Fortschritt und Ruhm führen zu können. »Die Macht« – so Ferdinand Bac – »diente nicht der Befriedigung persönlicher Interessen, sondern der Konzentration aller nationalen Kräfte auf stete Vervollkommnung hin.« Gemessen an diesem Anspruch schien das Ausmaß des Scheiterns ungeheuer groß gewesen zu sein, denn das Kaiserreich endete in einer militärischen Niederlage und im Bürgerkrieg. Doch trotz dieses überraschenden Finales hatte diese Herrschaftsform letztlich Erfolg, denn sie bereitete in Frankreich den Boden für das, was zeitgenössische Künstler die »Moderne« nannten, auch wenn diese Entwicklung zur Moderne alles andere als das Resultat eines in sich geschlossenen Programms war.

Die Ambivalenz dieses zugleich autoritären und toleranten, klerikalen und gallikanischen, konservativen und populistischen Systems blieb immer bestehen. Sie bestimmt die Methode unserer Untersuchung: In ihr sollen die autoritären und antiparlamentarischen, die konservativen und patriarchalischen wie auch die klerikalen Aspekte dieser Regierung beleuchtet werden, die alle nur im Zusammenhang mit den geistigen Strömungen und sozialen Kräften, die sie vertraten, zu verstehen sind. Diese traten vor allem, aber nicht ausschließlich, zwischen 1850 und 1860 zutage. Es wird aber auch deutlich, daß sich in diesem System eine dynamische Wirtschaft entwickeln konnte, die weitreichende gesellschaftliche Veränderungen bewirkte, daß in einem Klima zunehmender Toleranz und Meinungsfreiheit den Intellektuellen größerer Spielraum zugestanden wurde und daß ausgerechnet diese antiparlamentarische Regierungsform dem Parlamentarismus zu einer demokratischen Plattform verhalf.

KAPITEL I

Das Kaiserreich: Eine autoritäre Demokratie

DER KAISER UND SEINE UMGEBUNG

Die Person Napoleons III. entzieht sich einer genauen Analyse. Alle Menschen, die ihm begegneten, mußten zugeben, daß er eigentlich immer undurchschaubar wirkte. In seiner früheren Verschwörerexistenz hatte er die Kunst des Gleichmuts nach außen gelernt. Napoleon III. vertraute sich niemandem an. Manche wollten darin einen Charakterzug erkennen, der seine Entsprechung in den offensichtlichen Schwächen seines Privatlebens fand. Andere wiederum, unter ihnen Tocqueville, sahen darin lediglich einen Mangel an Intelligenz: »Seine Gedanken waren konfus, sein Kopf voll von großartigen, aber unzusammenhängenden Ideen, die er bei Napoleon I., bei den Sozialisten oder aus den Erinnerungen an England, wo er gelebt hatte, entlehnte.« Dieses schonungslose Urteil bestätigte Prinz Albert, der den Kaiser 1855 in London empfing und danach notierte: »Er besitzt eine eigenartige Mischung von Gedanken, manche sind ganz intelligent, manche wiederum ungenügend durchdacht.«

In Wirklichkeit lassen sich die scheinbare Gleichgültigkeit und die Weigerung Napoleons, seine ureigensten Gedanken preiszugeben, in zweifacher Hinsicht interpretieren. Entweder wollte er dadurch seine Unsicherheit verbergen oder demonstrieren, daß die Entscheidung in letzter Instanz ihm vorbehalten blieb. Die Art und Weise, in der er seine engsten Mitarbeiter und vor allem seine Minister behandelte, läßt eher letzteres annehmen. »Der Kaiser«, bemerkte Napoleons Ministerpräsident von 1870, Émile Ollivier, bei der Beschreibung einer Ministerratssitzung, »hörte eher zu, als daß er selber sprach; hatte er den Rat verabschiedet, entschied er ganz allein.« Ein solcher Mann war wohl kaum in der Lage, das Funktionieren eines parlamentarischen Systems zu verstehen. Ähnlich wie sein Onkel hielt nur er allein sich für fähig, die Realität in ihrer ganzen Komplexität zu überblicken. Doch muß bezweifelt werden, daß dem so war. Pierre Renouvin bemerkte, daß die Phantasie seine Wesensart und seinen Willen übertraf. War er auch von großen Plänen beseelt, so war er doch unfähig, sie in die Tat umzusetzen und gegen alle Widerstände zu verteidigen. Hier stimmten Bismarck und Charles de Rémusat in ihrem Urteil überein (wobei ersterer schärfer formuliert). Bismarck: «Er besitzt eine Reihe von fixen Ideen, die er nicht steuern kann. Man könnte meinen, er hat sie lange reiflich überlegt, aber in der Praxis offenbart sich die ungenügende Vorbereitung. Es ist, als ob er sich plötzlich auf einer Lokomotive befindet, die er nicht lenken kann ... Er ist nicht beunruhigend, sondern nur unbeständig.« Und Charles de Rémusat, mit der Herablassung des Großbürgers: »Es mangelt ihm an vielen Eigenschaften eines durchschnittlich begabten Menschen ..., so daß man ihn bald nicht einmal mehr als mittelmäßig einstuft ... Aber er besitzt die seltene und große Fähigkeit, seinen Teil zu geschichtlichen Entscheidungen beizutragen ... Derjenige, dessen Gedanken Weltgeschichte machen und der mit seiner Phantasie Ereignisse bewirkt oder verändern kann, muß, ich weiß nicht welche Gabe der Dreistigkeit und Kraft besitzen, die ihn aus der Masse heraushebt und ihm historische Größe verleiht.«

Seine Fähigkeit, die Realität zu beherrschen, ließ in dem Maß nach, in dem die Meinungsverschiedenheiten in seiner Umgebung zunahmen und seine Schmerzen stärker wurden. Der Kaiser litt immer häufiger unter Nierenkoliken. Beide Faktoren verstärkten den Eindruck seiner unentschlossenen und inkonsequenten Politik. Doch der Kaiser war nicht so ungebildet, und seine Absichten waren nicht so willkürlich, wie immer behauptet wurde: In Wirklichkeit war er beständig auf der Suche nach Modernität, nach Neuem. Ihm ging es darum, Konsequenzen aus der Demokratisierung des politischen Systems zu ziehen und die dafür notwendigen Maßnahmen innerhalb der französischen Gesellschaft ohne Gewalt zu verwirklichen. In vielen Bereichen handelte er nach fortschrittlicheren und weitblickenderen Prinzipien als seine republikanischen Gegenspieler, zum Beispiel bei der Militärreform, in der Sozialpolitik und in der Frage der Algerienpolitik.

Das Verhältnis Napoleons III. zu seiner Umgebung birgt noch viele

Unklarheiten. Marie d'Agoult, deren Salon während der gesamten Kaiserzeit der republikanischen Prominenz offenstand, schrieb 1868: »Die Tuilerien sind Mittelpunkt von Intrigen und Kabalen der Kamarilla, von Beichtvätern und Günstlingen, wie man es sich schlimmer nicht vorstellen kann.« Derartige Mißstände wurden allen autoritären Herrschaftsformen vorgeworfen. Im Zweiten Kaiserreich wurden sie allerdings erst in den allerletzten Jahren deutlich. Es schien, als ob der Kaiser Vergnügen daran empfand, Spannung und Verwirrung um sich zu erzeugen.

Auch mit der Kaiserin ging man hart ins Gericht. Marie-Thérèse Ollivier, die sehr junge Gemahlin des vorletzten Ministerpräsidenten Napoleons III., schrieb in ihren Memoiren: »Sie war nichts anderes als eine bewundernswerte Königin des Theaters.« Wenn sie ihre Rolle spielte, so spielte sie sie gut. Sie blieb der Rolle treu, die die Vorsehung ihr zugedacht hatte. Von Natur aus leidenschaftlich und hochmütig, war sie wohl die glühendste und patriotischste Anhängerin der Bonapartisten. Die Ausschweifungen ihres Gatten ertrug sie mit Würde. Aber sie verstand es nicht, sich über die Leidenschaften der Franzosen zu erheben. Ungestüm und ungeschickt setzte sie sich an die Spitze der katholischen Partei und am Ende des Kaiserreichs wurde sie der Kriegshetze beschuldigt, die in Wirklichkeit fast jeder betrieb. Vor allem nach der Geburt des Thronfolgers nahm ihr Einfluß ständig zu, da sich gleichzeitig auch das Leiden des Kaisers verschlimmerte.

Auch die übrigen Mitglieder der Familie beteiligten sich an dem Zwist, der Frankreich entzweite. Der betagte Prinz Jérôme Bonaparte (1852 war er 68 Jahre alt) besaß nur geringen Einfluß, dagegen entwickelte sein Sohn, Napoleon (1822–1891), eine ebenso weitgreifende wie verwirrende Aktivität. Keine der Aufgaben, die der Kaiser ihm übertrug, der eine Schwäche für ihn hegte, hatte er je zu Ende geführt, und dies ohne jeden Grund. Seine politischen Vorstellungen standen im Gegensatz zu denen der Kaiserin; er glaubte, einen volkstümlichen, antiklerikalen und demokratischen Bonapartismus zu vertreten, brachte aber nichts anderes als Kabalen zustande. Durch seine Beziehungen zu einigen Journalisten spielte er jedoch eine beträchtliche Rolle in der Umgruppierung der Regierung nach 1860. Er unterstützte A. Guéroults Blatt *»Opinion nationale«* und war eng mit Émile de Girardin befreundet.

Morny (1811–1865), ein Halbbruder Napoleons III., stellte seine politische Aktivität in den Dienst der Orléanisten, denen er eine unentbehrliche Stütze war. Er beteiligte sich unmittelbar an der Vorbereitung des Staatsstreichs und erwies sich später als bemerkenswerter Präsident des *Corps législatif* (Gesetzgebende Versammlung). Seine Person ist untrennbar mit dem Prunk und Pomp der »*fête impériale*« und der damit verbundenen Geschäftemacherei verbunden. Er war auch direkt an den Spekulationen mit Eisenbahnaktien in den fünfziger Jahren beteiligt. Graf Alexander Walewski (1810–1868), der Sohn Napoleons I. und Maria Walewskas, amtierte in den Jahren 1855 bis 1860 als Außenminister, danach als Staatsminister bis 1863 und zwischen 1865 und 1867 als eher mittelmäßiger Präsident des *Corps législatif*. Er tendierte zu den Klerikalen und Ultramontanen; durch seine Frau konnte er sich beim Kaiser Gehör verschaffen und eine gewisse Zeit maßgeblichen Einfluß auf ihn ausüben. In Wirklichkeit aber blieb der Kaiser inmitten seiner Berater und seiner Kamarilla immer ein einsamer Mann.

DIE DEMOKRATIE

Als Gefangener des napoleonischen Mythos trat Napoleon III. zunächst dessen Erbe an, indem er die im Jahr XII (1804) geschaffenen Institutionen bis ins Detail erneuern wollte. Er war zutiefst – und weitgehend zu Recht – davon überzeugt, daß Napoleon Bonaparte während seines Konsulats die institutionellen Grundlagen des modernen Frankreich geschaffen hatte und daß es nun seine Aufgabe war, dieses Werk, das die Wahlmonarchien unterbrochen hatten, weiterzuführen. Die logische Konsequenz dieses Anspruchs war die Wiedereinführung des Kaisertums, wobei er – und dies sei besonders angemerkt – auf die Triumphreise und die Akklamation durch das Volk zurückgriff. Der 16. Oktober 1852 bildete den Höhepunkt einer Reihe von Kundgebungen in der Hauptstadt und Paris zugleich die letzte Station einer Reise durch die Provinzen, die von zunehmender Begeisterung der Franzosen gekennzeichnet war. Am 1. Januar 1852 wurde in der Kathedrale Notre-Dame in Paris, die wie bei der Kaiserkrönung 1802 geschmückt war, ein feierliches *Tedeum* zelebriert. Vor 400000 Zuschauern wurden auf dem Marsfeld nach vorangegangener Segnung die Fahnen der Armee übergeben. Die Feierlichkeiten dauerten mehrere Tage. Das Palais Chaillot erstrahlte im Glanz eines Feuerwerks, in dessen Lichtschein die Umrisse eines riesigen Adlers zu erkennen waren.

Der Einzug in Paris am 16. Oktober bildete die Krönung der am 14. September begonnenen Reise. Am 15. September hatte General de Noue vor den Truppen in Bourges ausgerufen: »Es lebe der Kaiser!«, und dieser Ruf begleitete ihn auf seinem Weg auch durch jene Städte, die für ihre eher republikanische Gesinnung bekannt waren. Ein erster Höhepunkt wurde am 7. Oktober in Bordeaux erreicht, wo es Präfekt Haussmann gelang, die Begeisterung der Massen zu mobilisieren. Am 9. Oktober hielt der Prinz-Präsident *(prince-président)* eine entscheidende Rede und bekräftigte erneut, daß er seine Legitimität allein auf die Zustimmung des Volkes gründete: »Noch nie hat ein Volk direkter, spontaner und einstimmiger seine Bereitschaft bekundet, die Sorge um die Zukunft und die Macht in die Hände dessen zu legen, dem es sein Vertrauen schenkt.« In wenigen Worten umriß er sein Programm einer nationalen Versöhnung, das sich auf die Bewahrung des Friedens, die religiöse Erneuerung und materiellen Wohlstand gründete. »Denn«, so beendete er seine Ansprache, »überall müssen Trümmer weggeräumt, falsche Götter abgeschafft und der Wahrheit zum Sieg verholfen werden.«

Am 16. Oktober fand eine prunkvolle und äußerst symbolträchtige Veranstaltung auf den Straßen zwischen den Tuilerien und der Gare d'Austerlitz statt. Auf der Place de la Concorde hatte sich eine riesige Menschenmenge eingefunden. Ein Triumphbogen am Eingang des Parks trug die Inschrift: »Kaiser Napoleon III., dem Retter der modernen Zivilisation, die dankbaren Arbeiter.« Durch Senatsbeschluß wurde das Kaiserreich am 7. November wiedereingesetzt und am 21. November durch Volksentscheid bestätigt. Das Schauspiel war aber noch nicht zu Ende: In der Nacht zum 2. Dezember begaben sich zweihundert von berittenen Fackelträgern eskortierte Wagen nach Saint-Cloud, um dem Kaiser das Ergebnis des Plebiszits, das heißt den Willen des Volkes zu verkünden. Am 2. Dezember erfolgte die Proklamation des Kaiserreichs, an die sich die Eheschließung Napoleons anschloß. Am 30. Januar 1853 begab sich die achtspännige kaiserliche Kutsche unter dem Beifall der Bevölkerung nach Notre-Dame. Die Menge verlangte das Gesicht der Kaiserin zu sehen. Der Kaiser hatte dabei geäußert: »Ich habe diese Frau, die ich liebe und respektiere, einer unbekannten Frau vorgezogen, deren Heirat zwar Vorteile, aber auch Opfer verlangt hätte.«

Das Kaiserreich basierte auf der Zustimmung der Provinzen. Paris hatte in protokollarischer Manier nur die letzte Bestätigung geliefert. Deshalb suchte der Kaiser auf seinen Reisen durch die Provinzen immer wieder an die Voraussetzung seiner Legitimation anzuknüpfen. Eine systematische Geschichtsschreibung dieser Reisen, deren jede für sich Symbolcharakter besitzt, steht noch aus.

Die Reise durch die Bretagne im August 1859 stand deutlich im Zeichen einer Wiederannäherung an die Kirche. Für seine Loyalität wurde Mgr. Brossais Saint-Marc, Bischof von Rennes, zum Erzbischof ernannt – laut Frédéric de Falloux (1811–1886) ein »Trinkgeld«. Über beide Reisen ins Departement Nord 1852 und 1867 hat Bernhard Ménager eine ausführliche Abhandlung vorgelegt. Die erste sollte die noch zögernde öffentliche Meinung mit dem neuen Regime versöhnen, letztere sollte – aus Anlaß des 200. Jahrestages des Anschlusses von Lille an Frankreich – der Akklamation durch das Volk neue Impulse liefern. Die Volksfestatmosphäre wirkte sich positiv auf die Begeisterung der Bevölkerung aus. Der Präfekt hatte es in meisterhafter Regie verstanden, 200 000 Menschen zu versammeln und bei den Kundgebungen die führende Gesellschaftsschicht mit den »moralischen Autoritäten« zusammenzubringen. Der *»Mémorial de Lille«,* die Zeitung der Bonapartisten, druckte am 2. September einen entsprechenden Artikel: »Wir waren Zeugen, daß es in Frankreich zwei wirksame, solidarische und einander unterstützende Kräfte gibt, nämlich das Kaiserreich und das Volk.« Das Blatt erwähnte auch die »völlig spontane, unwiderstehliche und einstimmige Begeisterung unserer Bevölkerung« vom 26. August.

Auch die Pariser Bevölkerung wurde ständig umworben. Zwei Ereignisse sind besonders erwähnenswert. Im August 1855 erwiderten die englische Königin Victoria und Prinz Albert den Staatsbesuch des Kaisers. Entlang den Boulevards jubelten 800 000 Menschen dem Königspaar zu, das sich nach der Ankunft an der Gare du Nord nach Saint-Cloud begab. Es stattete dem noch unvollendeten Grabmal Napoleons I. einen Besuch ab, wobei die Königin ihrem Sohn Eduard befahl, vor dem »großen Napoleon« niederzuknien. Doch der Höhepunkt von Napoleons III. Popularität bei den Parisern war zweifellos am 10. Mai 1859 erreicht, als der Kaiser die Hauptstadt verließ, um sich an die Spitze der Truppen in Italien zu setzen. Eine große Menschenmenge sang die »Marseillaise«, die kaiserliche Karosse wurde ausgespannt und von der Menge zum Bahnhof gezogen. In den letzten Jahren des Kaiserreichs fiel gerade den Parisern eine wesentliche Rolle zu, und zwar sowohl bei den Angriffen auf die Regierung als auch im Juli bei der Kriegshetze gegen Preußen, die beidemal den Kaiser nicht unbeeindruckt ließen.

Die Zustimmung der Öffentlichkeit, die in der Geschichte des Regimes eine so wesentliche Rolle spielte, sollte den demokratischen Charakter der Führung bekräftigen. Die neue Verfassung vom 14. Januar 1852 wies die persönliche Handschrift des Präsidenten auf und war großteils das Werk von Eugène Rouher (1814–1884), einem ehemaligen Anwalt aus Riom, der am 3. Dezember 1851 erneut zum Justizminister berufen wurde, nachdem er diesen Posten seit 1849 schon mehrmals bekleidet hatte. Er verdankte dem Prinz-Präsidenten alles und spielte in der Geschichte des Kaiserreichs eine zunehmend wichtige Rolle. In der Verfassung wurde die Legitimität auf das allgemeine Wahlrecht gegründet, das durch ein Gesetz vom 31. Mai 1850 kurzzeitig außer Kraft gesetzt worden war, nun aber wieder Gültigkeit besaß. Dieser Verfassungstext gehört zu den bedeutendsten in der Geschichte der französischen Verfassung, da er – diesmal endgültig – die politische Demokratie begründet. Für den Präsidenten, dessen Amtszeit auf zehn Jahre festgesetzt wurde, wie auch für den Kaiser, der er später im Dezember 1852 wurde, bedeutete das allgemeine Wahlrecht den eigentlichen Ursprung der Legitimität. Seitdem ist der Staatschef allein dem französischen Volk Rechenschaft schuldig; er kann jederzeit auf das Plebiszit zurückgreifen.

Als 1866 die Grundlagen der Herrschaft wiederum in Frage gestellt wurden – wie wir später sehen werden –, stellte Rouher fest, daß das Kaiserreich »aus der Nation selbst« hervorgegangen war. Andere Gründe der Legitimität waren seitdem nicht mehr relevant, was die Monarchisten auch sofort begriffen.

Louis-Napoléon bediente sich des Mittels der Volksbefragung nur zweimal: bei der Proklamation des Kaiserreichs am 21. November 1852 und im Mai 1870, als es um eine Liberalisierung des politischen Kurses der Regierung ging und der Kaiser nach achtzehnjähriger Herrschaft in einer fast vorrevolutionären Atmosphäre seine Legitimität erneuern wollte. Das erste Plebiszit erreichte 7825000 Ja-Stimmen bei nur 253000 Gegenstimmen. 1851 waren es 650000 Nein-Stimmen. Die zweite Abstimmung erzielte nach den enttäuschenden Wahlen von 1869 einen vollen Erfolg mit 7350000 Ja-Stimmen bei 1500000 Gegenstimmen. Die entsprechende

Frage war sicher ein wenig zweideutig, denn es ging darum, »die liberalen Reformen, die der Kaiser mit den wichtigen Körperschaften des Staates ausgearbeitet hatte, zu billigen.« Ein positiver Wahlausgang bedeutete sowohl ein Votum für den Kaiser als auch die Billigung der liberalen Entwicklung. Der Kaiser war ganz zu Recht der Meinung, daß das allgemeine Wahlrecht seine Legitimität ein zweites Mal gerettet hatte. Das Kaiserreich wurde trotz der feindlich eingestellten Pariser vom souveränen Volk nicht abgewählt. Dennoch, die Niederlage von 1870 vermochte es nicht zu überleben.

Die demokratische Legitimation der Herrschaft bestimmte sowohl deren politische wie auch ihre gesellschaftliche und kulturelle Strategie. Sie rechtfertigte die autoritäre Staatsform. Die Verfassung hatte, wie es in ihrer Begründung heißt, das Ziel, »die demokratischen Neigungen der französischen Nation« mit der Errichtung »einer starken und respektierten Zentralgewalt« zu vereinen, wie es der »allgemeine Wunsch des französischen Volkes war«. Es handelte sich also um eine Verbindung von Demokratie und Absolutismus, wobei letzterer durch die Demokratie legitimiert werden sollte. Bereits 1839 schrieb der spätere Napoleon III.: »In einer Regierung auf demokratischer Grundlage hat allein das Oberhaupt Regierungsgewalt.« Mit diesem absoluten Autoritätsanspruch war sowohl eine starke Staatsführung wie auch persönliche Macht gemeint. Bei einer genaueren Untersuchung, die Theorie und Praxis der Verfassung nicht trennen darf, muß man sich vor allem auf die fünfziger Jahre konzentrieren, obwohl autoritäre Praktiken in manchen Bereichen bis 1870 angewendet wurden.

Vier Aspekte des kaiserlichen Autoritarismus bildeten den Rahmen, dessen Zusammenhänge allerdings nicht so zwingend waren, wie es die Legende dieses Regimes gerne gesehen hätte. Er schuf erstens ein konstitutionelles System, das die Möglichkeiten einer echten parlamentarischen Herrschaft stark einschränkte. Er errichtete zum zweiten ein Polizeisystem, das nicht unterschätzt werden sollte – auch wenn es viele Historiker der jüngeren Generation tun. Drittens wurde der gesamte Verwaltungsapparat der Willkür des Kaisers unterstellt und somit zu einem Instrument seiner Herrschaft gemacht. Viertens wurde die Pressefreiheit eingeschränkt, um die öffentliche Meinung zu kontrollieren.

DER AUTORITARISMUS ALS ANTIPARLAMENTARISMUS

Die Verfassung von 1852 führte zwar die Demokratie wieder ein, beseitigte aber den Parlamentarismus in zweierlei Hinsicht. Die Minister bildeten kein wirkliches Team, übten sich auch in keinerlei Solidarität, sondern waren einzig und allein dem Präsidenten (später dem Kaiser) verantwortlich. Sie standen damit in keiner direkten Verbindung zu den parlamentarischen Kammern. Der Präsident, dem die Minister persönlich unterstellt waren, ernannte und entließ sie nach eigenem Gutdünken. In diesem Sinne schrieb Napoleon an General Espinasse (der nach dem Attentat Orsinis vorübergehend Außenminister war) bei dessen fristloser Entlassung: »Die Minister sind notwendige Räderwerke, mit deren Hilfe ich regiere. Ich ersetze sie, wenn es im Interesse des öffentlichen Wohls erforderlich ist, wobei das allgemeine Interesse durch keine Ausnahme beeinträchtigt werden darf. Daher habe ich mich gegenüber einem Minister, den ich entlassen habe, nie gerechtfertigt.« 1863 teilte er Persigny mit: »Ohne meine Zustimmung dürfen die Minister nichts unternehmen.« Der Kaiser verkehrte mit jedem einzelnen von ihnen direkt; die Minister wurden einzeln und ohne Förmlichkeiten empfangen. Das gesamte Kabinett rief er zweimal wöchentlich zu sich, doch konnte man diese Zusammenkünfte nicht als Ministerrat bezeichnen. Er persönlich legte die Tagesordnung fest, die Sitzungen hatten rein konsultativen Charakter, denn eine endgültige Entscheidung behielt er sich persönlich vor. Fast immer wurde sie nach der Zusammenkunft getroffen, wobei nur der Minister des betreffenden Ressorts davon unterrichtet wurde. Das Amt des Staatsministers, das bereits in den fünfziger Jahren existierte, besaß rein formalen Charakter.

Bei einem solchen Regierungssystem hing die Effektivität der Regierung von der Fähigkeit des aufmerksamen Zuhörens und der persönlichen Arbeitskapazität des Kaisers ab, und beides hatte wohl seine Grenzen. Im Dialog zwischen den Ministern und dem Kaiser war die Partie zumindest in den Jahren von 1852 bis 1860 unausgeglichen. Die meisten Minister verdankten ihm alles. Er hatte dem Kern der Verschwörer vom 2. Dezember ganz geschickt einige Personen beigesellt, deren Karriere – allerdings ohne nennenswerten Erfolg – bereits unter der vorangegangenen Regierung begonnen hatte. Die Orléanisten, die Minister geworden waren, gehörten der früheren Mehrheit unter François Guizot an, wie zum Beispiel Morny oder Fould, der bis 1860 Staatsminister, von 1861 bis zu seinem Tod Finanzminister war und als Bankier und Präsident der *Banque de France* verständlicherweise das rigorose Haushaltsbudget verteidigte, oder sie zählten zur oppositionellen Gruppe der Legitimisten um deren markanteste Persönlichkeit Billault, der um 1840 die Rolle des Wortführers der Opposition übernommen hatte. 1854 wurde er zum Innenminister, 1860 zum Minister ohne Portefeuille ernannt. Bineau, der aus der gleichen Gruppierung kam, war bis zu seinem Tod Finanzminister. Baroche und Rouher, die später eine bedeutende Rolle spielen sollten, standen damals gerade am Beginn ihrer Karriere. Baroche arbeitete als Anwalt in Paris und war erst 1847 zum Abgeordneten gewählt worden. In der Zweiten Republik bekleidete er zweimal ein Ministeramt, bei der Proklamation des Kaiserreichs wurde er Vizepräsident des Staatsrats und von 1853 bis 1863 dessen Präsident. In dieser Eigenschaft mußte er die Pläne der Regierung gegenüber dem *Corps législatif* vertreten und beeinflußte somit unmittelbar und nachhaltig die Gesetzgebung der Jahre nach 1850.

Rouher, der ebenfalls als Anwalt tätig war, verlor als Kandidat Guizots bei den Wahlen 1846, wurde aber 1848 in die *Constituante* gewählt. Im Februar 1855 wurde er Minister für Landwirtschaft, öffentliche Arbeiten und Handel und war maßgeblich für die Weiterentwicklung der Eisenbahnpolitik verantwortlich. Von 1863 bis 1869 war er Staatsminister, wurde aber entlassen, weil er die Konzessionen, die der Kaiser für die Schaffung eines echten parlamentarischen Systems gemacht hatte, für übertrieben hielt. Seine Funktion während all dieser Jahre nahm jedoch gewissermaßen das Amt eines Premierministers vorweg, dem der Kaiser einen Teil seiner Verantwortung übertragen wollte. Ein Körnchen Wahrheit enthielt die etwas harte Äußerung Napoleons von 1867 schon, als er sagte: »Rouher ist zwar ein geschickter Anwalt, aber kein Staatsmann. Sein ganzes Augenmerk ist darauf gerichtet, Schwierigkeiten möglichst aus dem Weg zu räumen. So lebt man nur von einem Tag auf den anderen.« Rouher konnte mit einer Akte umgehen. Aber konnte er wirklich eine Gesamtpolitik entwerfen?

Das Desinteresse des Kaisers an den Meinungen und Ansichten seiner Minister wurde in seinen Augen mit seiner »Großzügigkeit« ihnen und ihren Familien gegenüber ausgeglichen. Der Nepotismus nahm im Zweiten Kaiserreich beängstigende Ausmaße an. Außerdem beging Napoleon den Fehler, den Mitarbeiterstab in den Ministerien, dessen Durchschnittsalter 1867 bei 59 Jahren lag, nicht zu verjüngen. Vor allem zwang er die Mitarbeiter zu einer Politik, die sie weder im religiösen noch im innenpolitischen Bereich billigten. Diese ersten Diener des Staates wußten nicht, was liberale Politik ist. Daher herrschte in der Umgebung des Kaisers stets eine Atmosphäre der Duckmäuserei, der Intrige und Verschwörung, die den Gegnern des Regimes immer wieder neue Munition lieferte.

Die Minister standen also in keinem direkten Kontakt mit dem *Corps législatif*, der einzigen Körperschaft, die durch allgemeines Wahlrecht zustande kam. Zwischen beiden stand der *Conseil d'État* (Staatsrat), eine Art erweiterter Regierungsrat, der die Gesetzespläne des Kaisers ausarbeitete und im *Corps législatif* vertrat. Bis 1860 konnten sich die Minister unmittelbar vor ihm äußern, danach nur noch über einen aus ihrem Kreis, den »Minister ohne Portefeuille«. Denn in der Verfassung von 1852, einer Kopie der Konsulatsverfassung, wurden drei parlamentarische Kammern festgesetzt: das gewählte *Corps législatif* (Gesetzgebende Versammlung), der *Conseil d'État* (Staatsrat) und der *senatus-consulte* (Senat). Die Mitglieder der beiden letzteren wurden ernannt. Aufgabe der »Vertreter der Nation«, die als Gesetzgebende Versammlung tagten, war es, »ernsthaft über ernste Dinge zu beraten«, wobei sie möglichst unauffällig zu agieren hatten. Drei Maßnahmen sollten eventuelle Auswüchse des Parlamentarismus vermeiden, den Rouher 1866 als »abgeschabtes, verblichenes und altmodisches Kleid« bezeichnet hatte: Der Abgeordnetenversammlung wurden vom Staatsrat und vom Senat enge Grenzen gezogen; zweitens glaubte der Kaiser, er könne den Einfluß der Abgeordneten durch Wahlen auf der Ebene eines Arrondissements eindämmen und – als dritte Maßnahme – dies vor allem durch eine offizielle Kandidatur erreichen.

Die Gesetzgebende Versammlung bestand nur aus 270 Mitgliedern, deren Sitzungen auf drei Monate im Jahr beschränkt waren, wobei die Presse keine Einzelheiten über die Sitzungen berichten durfte. Der Präsident und der Vizepräsident wurden vom Kaiser ernannt. Da diese Kammer, wie schon erwähnt, keine direkten Kontakte zu den Ministern unterhielt, konnte sie ihre gesetzgebende Gewalt nicht in vollem Umfang ausüben. Die Zolltarife und die großen Bauaufträge fielen nicht in ihre Zuständigkeit; über das Haushaltsbudget stimmte jedes Ministerium einzeln ab; die Debatten wurden meistens im Rahmen der Kommissionen, nicht aber in der Vollversammlung geführt und bestanden im wesentlichen aus einem Dialog der Kommissionen mit dem Staatsrat. Diese umständliche Prozedur verhinderte unliebsame Auftritte bei öffentlichen Sitzungen und direkte Angriffe. Um beides in Grenzen zu halten, war die Regierung manchmal gezwungen, gewisse Rücksichten zu nehmen. Um die untergeordnete Stellung der Abgeordneten in der Gesetzgebenden Versammlung gegenüber dem Kaiser zu unterstreichen und die öffentliche Meinung nicht auf nationaler Ebene zu bestärken, bediente man sich des Prinzips der Wahl auf Arrondissementsebene mit zwei Wahlgängen. Damit durften sich die Mitglieder der Versammlung nicht als Vertreter der Nation fühlen, sondern nur als Abgeordnete einer kleinen Gruppe von Kreisen und Gemeinden, die das Arrondissement bildeten.

Dieser Beschluß sollte langfristig gesehen beträchtliche Konsequenzen nach sich ziehen, die eher auf eine Schwächung als auf eine Stärkung der kaiserlichen Position hinausliefen. Wollte man dem Abgeordneten die nationale Legitimation nehmen, wurde damit der lokale Einfluß verstärkt und seine Unabhängigkeit vergrößert. Doch diese Vorsichtsmaßnahmen reichten nicht aus; die Regierung wollte den Wählern »Gelegenheit geben, ein zweites Mal für den Kaiser zu votieren«, und schlug für die Wahlen offizielle Kandidaten vor. Dadurch sollte, so Rouher 1864, »Licht in das bisherige Dunkel gebracht werden und überall dort die Vernunft einziehen, wo bisher die Gefühle herrschten«. Das allgemeine Wahlrecht wurde nicht unterdrückt, sondern wirkte angesichts der demagogischen Verdummung der Gegner aufgeklärt, denn – so verkündete Innenminister Billault bei den Wahlen von 1857 – es reichte nicht aus, daß allgemeines Wahlrecht frei sein sollte, es sollte auch freisinnig sein. In der Praxis kamen die Präfekte aber bei der Aufstellung der offiziellen Kandidaten dennoch nicht umhin, die öffentliche Meinung zu berücksichtigen. Darüber wird an anderer Stelle noch zu sprechen sein.

Die Verfassung von 1852 setzte den Staatsrat als treibende Kraft bei der Ausarbeitung von Gesetzen ein, ein langwieriger Prozeß, dessen Kompliziertheit genug über das Mißtrauen des Kaisers gegenüber jeder parlamentarischen Diskussion aussagt, mit der er schon während der Präsidentschaft seine Erfahrungen gemacht hatte. Schlug der Kaiser ein Gesetzesvorhaben vor, wurde dieses in einem Ministerium ausgearbeitet, danach vom Staatsrat überprüft und ein erstes Mal an den Kaiser zurückgegeben. Auf seinen Wunsch hin wurde der Entwurf dann der Gesetzgebenden Versammlung vorgelegt, wo er einer Kommission zur Beratung überstellt wurde, die darüber einen Bericht abzufassen hatte. Wenn diese Kommission Verbesserungen vorschlug, wurden sie dem Staatsrat vorgelegt, der sie entweder billigen oder ablehnen konnte. Das Schriftstück wurde dann der Legislative unterbreitet, die aber keine Änderungsvorschläge mehr einbringen, sondern nur mit Ja oder Nein stimmen konnte. Zuletzt mußte noch das Urteil des Senats eingeholt werden, der über die Verfassungsmäßigkeit des Gesetzes befand. Danach konnte der Kaiser das Gesetz verkünden, ohne jedoch daran gebunden zu sein. Bis 1869 wurde an dieser Prozedur nichts geändert. Von den vierzig Beratern, die zur Zeit des Staatsstreichs im Amt waren, hatte der Kaiser nur neun übernommen und von seinem Entlassungsrecht nie Gebrauch gemacht. Der juristische Einfluß des Staatsrats war groß, seine politische Bedeutung jedoch begrenzt, denn die Räte waren nicht befugt, sich gegen eine parlamentarische Versammlung zu stellen oder gegen Minister, die das Vertrauen des Kaisers genossen, über längere Zeit zu opponieren.

Der Senat verfügte theoretisch über ziemlich weitreichende Befugnisse. Er hatte zu überprüfen, ob die Gesetze der Verfassung entsprachen und die Menschenrechte nicht verletzten. War dies der Fall, konnte er sie außer Kraft setzen. Mit demselben Recht konnte er jeden Verwaltungsakt annullieren. Er konnte auch selbst Verfassungsänderungen vorbringen. Doch blieb der Senat weitgehend untätig, denn er war weder bereit noch willens, sich der jeweiligen Regierung in den Weg zu stellen. Dafür war er durch seine Zusammensetzung auch wenig geeignet, denn er bestand in der Mehrzahl aus Senatoren, die vom Kaiser auf Lebenszeit ernannt worden waren und denen nur eine kleine Zahl von Mitgliedern gegenüberstand, die die Senatorenwürde ihrem zivilen oder militärischen Rang verdankten. Obwohl sie nicht abgesetzt werden konnten, vermochten die Senatoren die Rolle, die ihnen die Verfassung zugedacht hatte, nicht auszufüllen. Im übrigen war auch der geheime Charakter ihrer Beratungen nicht dazu angetan, sie zu besonderem Eifer bei ihrer Arbeit anzuregen.

Das Verfassungssystem, das der Kaiser und Rouher sich ausgedacht hatten, funktionierte nicht so, wie sie es sich vorgestellt hatten. Rouher meinte damals, daß das parlamentarische System, das er mit Wahlberechtigung gleichsetzte, »eine kluge und komplizierte Angelegenheit« sei, bei der man nur eines vergessen hatte – die Nation als Ganzes. Wie war dies aber mit der Tatsache zu vereinen, daß das Ansehen des Kaiserreichs ja doch hauptsächlich darauf beruhte, daß man es verstanden hatte, »die Nation in ihrer Gesamtheit« allmählich mit der parlamentarischen Regierungsform zu versöhnen?

Die Barrieren, die errichtet worden waren, und die Mechanismen, die den Parlamentarismus in Grenzen halten sollten, arbeiteten nicht wie geplant. Nach 1850 erinnerten diese Institutionen wieder an die früheren Zeiten parlamentarischer Praxis. Die Reformen der Jahre um 1860 bestätigten nur diese Annahme. Bevor deshalb ausführlicher auf dieses Nebenprodukt des ursprünglichen Plans eingegangen wird, seien im folgenden erst noch die übrigen Aspekte des persönlichen Regiments des Kaisers dargestellt, das selbst auch nur Teil eines größeren nationalen Einigungsprogramms bildete.

DIE HERRSCHAFT ÜBER DIE PRESSE

Napoleon III., der den Nutzen einer parlamentarischen Regierungsform nie wirklich begriff, betrachtete auch die Presse immer nur als eine Institution, die der Funktion der von ihm geschaffenen Einrichtungen zuwiderlief. »Niemals!« antwortete er, als Émile Girardin 1863 die Pressefreiheit forderte. Die letzten Monate seiner Herrschaft waren, wie wir noch sehen werden, gekennzeichnet von erbitterten Auseinandersetzungen zwischen dem Kaiser, der trotz anfänglicher Bedenken schließlich doch nachgegeben hatte, und einigen Journalisten, die die zugestandene Freiheit mißbrauchten.

1852 hatte der Kaiser in bester Absicht besonders strenge Vorschriften erlassen. Das Dekret vom 31. Dezember 1851 überwies bereits alle Pressedelikte den Strafkammern. In den Dekreten vom Februar und März 1852 wurde nun außerdem ein strenges Kontroll- und Rahmenprogramm festgesetzt. Die Neugründung einer Zeitung oder Umbesetzungen beim leitenden Personal (Geschäftsführer oder Redakteure) waren genehmigungspflichtig. Stempelsteuer und Bürgschaften blieben bestehen. Eine Zeitung konnte auch nicht frei über ihren Inhalt bestimmen. Berichte über Sitzungen der Gesetzgebenden Versammlung und des Senats durften nur als vom Schriftführer verfaßtes Protokoll veröffentlicht werden, ebenso solche über die Prozesse gegen die Presse und alle anderen Prozesse, wenn der Gerichtspräsident es so entschied. Die Regierung konnte eine Zeitung auch verwarnen, nach zwei »Verwarnungen« ihr Erscheinen zeitweilig verbieten oder schließlich auch völlig einstellen lassen.

Diese Gesetze blieben keine leeren Drohungen, die Verwarnungen häuften sich unter den verschiedensten und lächerlichsten Vorwänden. Zum Beispiel druckte *»La Patrie«* während des Krimkrieges Meldungen, die wahrscheinlich stimmten, aber nicht offiziell genehmigt waren. *»La Presse«* veröffentlichte im März 1857 einen Artikel von George Sand, in dem sie das päpstliche Rom als »Spitzel-und Gaunerhöhle« bezeichnete. Während seiner kurzen Amtszeit vom Januar 1852 bis Juni 1853 sprach Polizeiminister Maupas 91 Verwarnungen und drei Einstellungen innerhalb von zwei Monaten aus. Zwischen Juni 1853 und Juni 1854 verfügte Innenminister Persigny 32 Verbote; Billault verordnete zwischen Juli 1856 und Februar 1858 58 Verwarnungen.

Der Kontrolle der Meinungsfreiheit waren jedoch Grenzen gesetzt. Im Departement Nord existierten beispielsweise vor dem Staatsstreich 26 politische Zeitungen. Acht davon, ein legitimistisches und sieben republikanische Blätter, wurden sofort verboten. Den Präfekturen gelangen teilweise spektakuläre Bekehrungserfolge, bei denen sich sogar ein so progressives Blatt wie der *»Courrier du Nord de Valenciennes«* plötzlich hinter die Politik der Regierung stellte. Um die Presse unter Kontrolle zu halten, griff der Präfekt sowohl zu Sanktionen wirtschaftlicher Art als auch zu Suspendierungen. Er brachte die gemäßigte Presse dahin, in ihrer oppositionellen Haltung eine Form von Selbstzensur auszuüben. Doch die Schaffung einer regierungstreuen, wirksamen und einflußreichen Presse gelang ihm nicht, denn in diesem Departement, wie übrigens auch in anderen, konnten die staatlichen Behörden die Öffentlichkeit nicht »erziehen«, um einen Terminus des Präfekten selbst zu gebrauchen. Das Feuer, soviel war sicher, schwelte weiter unter der Asche.

REPRESSIONEN DER POLIZEI

Bis zum März 1852 besaß der Prinz-Präsident durch den Belagerungszustand fast diktatorische Machtbefugnisse. Im Dezember 1851 kam es zu beträchtlichen Festnahmen, wobei von insgesamt 26000 fast 3000 auf die

Seineregion entfielen. Dabei wurden nicht nur aktive Widerständler, sondern auch potentielle Teilnehmer an eventuellen Aufständen verhaftet, besonders Mitglieder der Geheimgesellschaften, die der Polizei bekannt waren. So wurden in Valenciennes die Freunde von Charles Delescluze festgenommen. Das weitere Schicksal dieser Verdächtigen wurde sogenannten gemischten Kommissionen anvertraut, die sich aus dem Präfekten, dem Generalstaatsanwalt und einem Armeevertreter zusammensetzten. Diese Gremien gingen je nach Departement unterschiedlich gewaltsam vor, insgesamt sprachen sie 10000 Deportationen (2500 davon nach Cayenne) und über 1500 Ausweisungen aus. Eine Revisionskommission begnadigte allerdings in 3500 Fällen. Im Jahr 1853 betrug die Zahl der Verurteilten nur noch 6150 Personen, die entweder nach Cayenne deportiert oder nach Algerien verbracht wurden; manche wurden ausgewiesen oder in einem ihnen fremden Departement interniert, manche auch nur überwacht. Ihre Zahl nahm aufgrund der Gnadenerlasse noch rascher ab: So gab es 1856 noch 1058 Häftlinge, nach der Generalamnestie vom August 1859 lediglich 400 Personen in Gefangenschaft.

Der Ablauf polizeilicher Verfolgung wurde unter anderem im Departement Gard genauer untersucht, wo es sich im Gegensatz zu anderen südfranzösischen Departements um eher »durchschnittliche« Fälle handelte. Von 990 angeklagten Personen wurden 380 verurteilt, zwei von ihnen kamen nach Cayenne, 199 nach Algerien. Die Kommission verhielt sich den Rädelsführern gegenüber wesentlich härter als bei den Mitläufern, sowohl bei den Bürgern wie auch bei Arbeitern und Bauern. Besonders strenge Maßstäbe wurden natürlich bei Angehörigen des Militärs wie auch bei Lehrern angelegt. Von 199 Personen, die deportiert werden sollten, wurden 75 auch tatsächlich nach Algerien geschickt; bei 64 weiteren Personen ist bekannt, daß 70 Prozent innerhalb von 18 Monaten wieder zurückkamen, 20 Prozent über drei Jahre blieben und sechs der letzteren (das ist die Hälfte) endgültig im Lande blieben. Nachdem ihnen Strafmilderung zugesagt worden war, kehrten die meisten der 25 Ausgewiesenen ab 1853 nach Frankreich zurück. So hatte sich die polizeiliche Strafverfolgung in der Praxis gelockert; sie verschwand aber nicht völlig, sondern blieb als Bedrohung weiter existent. Die Verbannten hielten außerhalb der Grenzen in oft dramatischer finanzieller Not am Glauben an die Republik fest. Dabei erwiesen sich die Schweiz und Großbritannien als aufnahmebereiter als Belgien. Die Verbannten waren in ihren Ansichten geteilt und begriffen die Meinungsschwankungen in Frankreich nur wenig. Die verbalen Übertreibungen eines Victor Hugo in *»Les Châtiments«* veranschaulichen diesen Prozeß deutlich. Letztendlich lehnte nur eine Handvoll der Verbannten die Amnestie von 1859 ab.

Als Napoleon III. zu Beginn seiner Regierung die Neuordnung der Polizei in Angriff nahm, beging er einen Fehler. Er schuf ein Polizeiministerium, das Émile de Maupas (1818–1888), der Polizeipräfekt des 2. Dezember, übernehmen sollte. Im Januar 1852 eingerichtet, wurde es bereits im Juni 1853 wieder abgeschafft, nachdem die Kriegs- und Innenminister das Experiment zu Fall gebracht hatten, das mit zu vielen administrativen Gewohnheiten kollidierte, um erfolgreich arbeiten zu können.

Die Umstände, die zum Sturz von Maupas führten, waren im übrigen kennzeichnend für die intrigante Atmosphäre innerhalb des Regierungsapparates. Der Polizeiminister hatte, um sein Prestige aufzupolieren, einen Aufruhr anzetteln wollen, dessen erfolgreiche Niederschlagung er für sich verbuchen wollte. Rouher gelang es, Maupas zu schriftlichen Instruktionen an seinen Spitzel zu veranlassen. Der Kaiser, der davon unterrichtet wurde, mußte seinen Minister entlassen. Diese Entscheidung war nur der letzte Schlag, denn nach dem März 1853 wurden die »Polizeiinspektoren«, die der Übergangsminister eingesetzt hatte, wieder abgeschafft, da sie in den meisten Departements Probleme mit den Präfekten bekommen hatten. Die Tradition französischer Administration hatte über den Wunsch des Kaisers gesiegt, der die Polizei unter seiner direkten Kontrolle haben wollte.

Man durfte sich aber von den Möglichkeiten der Polizei keine übertriebenen Vorstellungen machen. Die Überwachung subversiver Aktivitäten verlief nicht anders als bei früheren Regierungen auch. Eine stattliche Anzahl von Spitzeln und Denunzianten arbeitete auf dem Weg über die Präfekten oder über den Polizeipräsidenten für die Regierung. Ihr hauptsächliches Ziel bestand darin, eine latent vorhandene Umsturzgefahr von seiten der Geheimgesellschaften einzugrenzen, weniger dagegen in der Unterdrückung von Volksbewegungen. Es ging darum, die Regierung, mehr aber noch die Gesellschaftsordnung zu schützen. Zumindest in den ersten Jahren ihres Bestehens war es nach Meinung der Öffentlichkeit gelungen, beides miteinander zu verbinden.

Der Druck drohender Strafverfolgung hielt auch zu Beginn des Kaiserreichs an. Zwischen 1853 und 1859 wurden 304 Personen wegen Zugehörigkeit zu Geheimbünden verurteilt. Über deren Aktivitäten war wenig bekannt; manchmal machten sie durch spektakuläre Aktionen, wie etwa durch den Aufstand in Trélazé (Maine-et-Loire) von sich reden. Dort hatten im August 1855 zwei Anführer die Menge aufgefordert, ihnen bis nach Angers zu folgen, wo sie zerstreut wurde. Beide Männer wurden zur Deportation verurteilt und beschuldigt, einem der gefürchtetsten Geheimverbände, der *Marianne,* anzugehören.

Das erste Attentat in einer Serie von weiteren Anschlägen auf den Staatschef wurde während der Reise vom Oktober 1852 in Marseille verübt. Vielleicht handelte es sich aber auch nur um eine reine Provokation der Polizei. Im Juli 1853 wurden der Belgier De Meren und einige seiner Komplizen festgenommen, die den Kaiser auf dem Weg in die *Opéra comique* ermorden wollten. Im September 1854 kam es zu einem schwerwiegenden Zwischenfall, als man auf dem Bahngleis, auf dem der Zug des Kaisers nach Tournai fahren sollte, eine Bombe entdeckte. Diese war durch eine unterirdisch gelegte Leitung mit einem auf dem Feld versteckten Steuermechanismus verbunden. Die schnell aufgespürten Täter waren von Flüchtlingen in Belgien unterstützt worden. Am 28. April 1855 wurde der Kaiser auf einem Spaziergang im Bois de Boulogne Zielscheibe eines neuerlichen Attentatsversuchs, als ein Italiener namens Pianori zwei Pistolenschüsse auf ihn abfeuerte. Nach kurzem Prozeß wurde Pianori am 14. Mai hingerichtet. Nachdem man im Juni 1857 von Briefen erfahren hatte, die der Revolutionär Mazzini an Italiener in Paris geschrieben hatte, fand die Polizei im Koffer eines dieser Leute Dolche und Pistolen. Daraufhin wurde er im September verurteilt und deportiert. Das Leben des Kaisers schwebte also ständig in Gefahr.

Am 14. Januar 1858, als der Wagen des Kaiserpaares an der Oper vorfuhr, explodierten drei Bomben in dem Gefolge. 150 Personen wurden verletzt, acht von ihnen starben an den Folgen ihrer Verletzungen. Das Herrscherpaar selbst blieb unversehrt und nahm mit bewundernswerter Fassung seine Plätze in der Loge ein. Die Verschwörer wurden aufgrund von Informationen aus Belgien und durch unglaublichen eigenen Leichtsinn schnell aufgespürt. Felice Orsini, ihr Anführer und ehemaliges Mitglied eines italienischen Geheimbundes, hatte das Attentat ganz allein geplant in dem Glauben, mit seiner Tat das Signal für ein neues 1848 in Europa zu setzen. Simon Bernard, französischer Flüchtling aus London, half ihm bei der Ausführung. Orsinis Attentat stürzte, auch wenn es die

Tat eines Einzelgängers war, die Umgebung des Kaisers in größte Verwirrung. Sogar der Kaiser selbst ließ sich von der allgemeinen Panik anstekken und befürwortete härteres polizeiliches Vorgehen.

Die große Furcht des Jahres 1852 ging wieder um. Der Kaiser reorganisierte das Heer in fünf Befehlsbereiche, damit es »in Krisenzeiten eine politisch bedeutsamere Rolle spielen konnte«, und ließ mehrere Zeitungen verbieten. Durchsuchungen und Festnahmen häuften sich in Paris wie auch in den Provinzen; insgesamt gab es über 20000 Verhaftungen. Der Klerus wurde aufgefordert, ein *Tedeum* anzustimmen, die Kommunalverwaltungen sollten Grußadressen an den Herrscher senden.

Am 7. Februar wurde General Charles Espinasse (1815–1859) – der Held der späteren Schlacht von Magenta und von einigen englischen Historikern wohl etwas übertrieben als brutaler, vulgärer und erzreaktionärer Soldat bezeichnet – zum neuen Innenminister ernannt. Die Instruktionen, die er erhielt, ließen ahnen, wie nervös der Kaiser war: »Die Gesellschaft«, schrieb er am 15. Februar, »wird von Ungeziefer aufgefressen, das um jeden Preis ausgerottet werden muß. Einige Präfekten müssen trotz ihrer Gönner entlassen werden. Ich verlasse mich dabei ganz auf Ihren Einsatz. Versuchen Sie nicht, in unangebrachter Mäßigung jene zu beruhigen, die Ihre Anwesenheit im Ministerium entsetzt hat. Man muß Sie fürchten, sonst war Ihre Ernennung sinnlos.« Der Kaiser zeigte sich hier, man muß es gestehen, nicht gerade als großer Staatsmann.

Am 1. Februar wurde das Gesetz über die allgemeine Sicherheit an den Staatsrat und die Gesetzgebende Versammlung weitergeleitet. Beide zeigten äußerst zurückhaltende Reaktionen. Beide konnten auch einige Verbesserungen durchsetzen, am Geist des Gesetzes selbst und an seiner Rigorosität aber konnten sie nichts ändern. Bei den Präfekturen und der Administration kam es zu ähnlichen Reaktionen. Am 17. Februar forderte Espinasse mit Einwilligung der Generalbevollmächtigten jedes Departements von den Präfekten eine Liste der Personen, die unter das Gesetz fielen. Es verfügte, daß jeder interniert oder ausgewiesen werden konnte, »der aus Gründen der allgemeinen Sicherheit während der Ereignisse im Mai/Juni 1848, Juni 1849 oder Dezember 1851 verurteilt, interniert, ausgewiesen oder deportiert wurde und aufgrund neuerlicher Vorkommnisse für die öffentliche Sicherheit ein Risiko bedeutet«. Die Festnahmen erfolgten am 24. und 25. Februar, das heißt sechs Wochen nach dem Attentat, als sich die Lage wieder beruhigt hatte. Anfang März versammelten sich die Kommissionen der Departements, um dem Minister ihre Vorschläge zu unterbreiten. Manche legten einen solchen Eifer an den Tag, daß der Minister persönlich sie zur Mäßigung anhalten mußte. So hatte etwa die Kommission des Departements Rhône über das Schicksal von 197 Personen zu entscheiden, von denen 59 nach Algerien geschickt, 42 inhaftiert und 12 ausgewiesen wurden; 84 Personen wurden auf Bewährung freigelassen. In Frankreich wurde in der Tat niemand interniert, denn diese Lösung hatte nach Meinung des Justizministers den Nachteil, daß »damit subversive Elemente in Gegenden gelangen könnten, die bisher davon nicht betroffen waren«. Die Zahl der Deportierten, die ausnahmslos nach Algerien geschickt wurden, belief sich auf 375.

Glücklicherweise wurde das Experiment nicht weitergeführt. Ende Mai trat der Kaiser den Rückzug an; Espinasse wurde im Juni entlassen. Als dieser Anzeichen von Widerstand gegen diese Entscheidung zeigte, erklärte Napoleon III. in einem Brief vom 12. Juni: »Die Presse und die öffentliche Meinung werden nicht gesteuert, die Verwaltung wird nicht straff genug geführt, polizeiliche Anordnungen nur ungenügend befolgt, und die Präsenz eines Generals erschreckt immer noch.« Im August 1859 wurde eine Amnestie erlassen, bei der über die Hälfte der Personen begnadigt wurden, die im Februar 1858 verhaftet worden waren.

Der Prozeß gegen Orsini und seine Komplizen fand am 25. und 26. Februar statt. Am 13. März wurden er und sein Komplize Pierri hingerichtet, entgegen dem Wunsch des Kaisers, der ihn begnadigen wollte, und entgegen dem Rat des *Conseil privé.* Diese Instanz war nach dem letzten Attentat eingesetzt worden und sollte im Fall eines geglückten Attentats die Übergabe der Amtsgeschäfte garantieren; der Rat bestand aus der Kaiserin und einigen hohen Würdenträgern. Außer ihnen plädierte nur noch der Polizeipräfekt für Begnadigung. Der Prozeß endete mit einer überraschenden Wende, bei der ebendieser Präfekt eine entscheidende Rolle spielte. Anwalt Jules Favre (1809–1880), späteres Regierungsmitglied der *Défense nationale* (1870) und militanter Republikaner, wurde vom Kaiser ermächtigt, einen Brief Orsinis an den Kaiser zu verlesen, in dem dieser Napoleon bat, sein Land zu befreien. Die italienische Frage hatte somit ein neues Stadium erreicht.

DIE VERWALTUNG ALS INSTRUMENT DER REGIERUNG

Der Präfekt eines Departements war der starke Mann der Regierung. Ab März 1852 wurden ihm größere Kompetenzen zugewiesen, denn, so kündigte Persigny an, »so wichtig es ist, die Staatsgewalt zu zentralisieren, so wichtig ist es, die rein administrativen Aktivitäten zu dezentralisieren«. Dieses »Dekret zur Dezentralisierung« ist in Wirklichkeit ein »Dekret zur Dekonzentration«. Die Präfekten und nicht die Gemeindeversammlungen profitierten von der Ausweitung lokaler Machtbefugnisse. Diese Tendenz wurde durch ein Dekret vom April 1861 noch verstärkt. Der Präfekt war damit nach Persignys Meinung die Verbindungsstelle der Regierung in den Provinzen. Durften sie sich damit, wie es ein Zeitgenosse 1864 formulierte, auch als »kleine Potentaten« fühlen?

Der Präfekt kontrollierte seinerseits die Unterpräfekten und die Bürgermeister, die in der II. Republik zu Abgeordneten gemacht, nun aber wieder außerhalb des Gemeinderats aufgestellt und gewählt wurden. Die Machtbefugnisse und der Verwaltungsbereich des Präfekten nahmen auf Kosten anderer administrativer Behörden immer mehr zu. Er kontrollierte die Besetzung der meisten subalternen Stellungen im öffentlichen Dienst; seit 1854 ernannte und entließ er sogar die Lehrer an den Volksschulen. Da er meist lange im Amt blieb, war sein Einfluß nicht zu unterschätzen; 1852 wurden nur 14 von 87 Präfekten ersetzt. Der Kaiser hatte sich persönlich immer sehr für ihre Ernennung interessiert und oft eine kluge Wahl getroffen. Häufig kamen die Präfekten aus Beamtendynastien; die meisten waren Söhne von Beamten und hatten ihre berufliche Laufbahn vor dem Zweiten Kaiserreich begonnen. Auch noch 1870 hatte lediglich ein Drittel der Präfekten nach 1852 ihr Amt angetreten.

Die Präfekten des Kaiserreichs waren aber bei weitem nicht alle begeisterte Bonapartisten. Viele hatten sich entweder aus Angst vor dem Sozialismus oder um der Karriere willen zum Legitimismus oder Orléanismus bekannt, andere waren unter Louis-Philippe oppositionelle Republikaner gewesen und begannen ihre Karriere in der II. Republik. Die eigentlichen Bonapartisten praktizierten den Bonapartismus in verschiedenen Formen. Einige waren nur »Konservative aus Tradition«, für die das Kaiserreich Ordnung garantierte und das einzig mögliche Bollwerk gegen eine Revolution bedeutete. Diese unverbesserlichen Bonapartisten waren in ihrer Intoleranz ebenso wie Minister und Abgeordnete derselben Couleur strikt gegen eine Liberalisierung. Andere dagegen waren aus den verschiedensten Gründen für den demokratischen Aspekt der Ideologie des Kaisers durchaus empfänglich. Die Radikalen sympathisierten mit der Arbeiterklasse in einem Ausmaß, das gewisse bürgerliche Kreise für übertrieben und einem soliden Paternalismus für abträglich hielten. So beklagten sich 1864 in Rennes mehrere Notabeln über eine »vom Präfekten systematisch gewährte Protektion einer Gesellschaftsschicht, der auch Menschen mit subversiven Meinungen und mangelnder Moral angehörten«. Die unterschiedliche Bandbreite an Meinungen und Verhaltensweisen der Präfekten sprach für den umfassenden und einigenden Charakter der bonapartistischen Ideologie wie auch für die durch alle Regierungen hindurch unangefochtene Beständigkeit gewisser Wesensmerkmale des Präfektenamtes. Auch wenn sie vor allem, wie noch gezeigt werden wird, Wahlhelfer der Partei des Kaisers waren, vermittelten sie doch auch zwischen Regierungsgewalt und lokalen Kräften, das heißt den moralischen Autoritäten wie auch der Masse des Volkes.

Jene Präfekten, die sich im Kaiserreich tatsächlich als kleine Potentaten aufspielen wollten, mußten damit scheitern – und dies bereits ab den fünfziger Jahren. Das Departement Nord sei hier als Beispiel noch einmal angeführt. Zwischen 1851 und 1857 hatte es die Herrschsucht des draufgängerischen Besson zu ertragen, eines autoritären, aber exzellenten Verwaltungsfachmanns. Von Februar 1856 an reichten Beamte, Journalisten und Notabeln im Ministerium Petitionen für seine Ablösung ein, und schließlich bestätigten die einigermaßen enttäuschenden Wahlergebnisse von 1857, wie groß die Unzufriedenheit mit ihm in der Öffentlichkeit war. Als Besson nach Marseille versetzt wurde, erging es ihm dort nicht anders, worauf er in den Staatsrat zurückbeordert wurde. Sein Nachfolger Merveille leistete Außerordentliches, obwohl er mit wesentlich schwierigeren politischen Umständen zu kämpfen hatte. Als er 1865 starb, zollte ihm sogar die oppositionelle liberale Presse Lob. Das *»Écho du Nord«* schrieb: »Er war ein Mann der Ordnung und auch der Freiheit.«

Besser läßt sich das wahre Wesen des Kaiserreichs nicht verdeutlichen: autoritäre Herrschaft, aber auch Synthese der gesellschaftlichen sozialen Kräfte und nationalen Werte. Das Kaiserreich befand sich wie seine Präfekten in andauernden Verhandlungen und war zu Kompromissen mit beiden bereit.

KAPITEL II

Das System des Kaiserreichs: Der Wohlstand

Die demokratische Legitimation des Regierungssystems bestimmte sowohl seine politische Strategie als auch sein Vorgehen in wirtschaftlichen, sozialen und religiösen Fragen. Die demokratische Basis, die das autoritäre System rechtfertigte, zwang den Kaiser nach seinen eigenen Worten, »den Interessen der zahlenmäßig stärksten Klasse nachzukommen« und die gehobenen Schichten, die die Masse eingrenzen, an sich zu binden. Um einen solchen Plan zu verwirklichen, mußte vor allem der Wohlstand gesichert werden: Das Volk bekam Arbeit und machte die führenden Gesellschaftsschichten wohlhabender. Sogar die materiellen Lebensbedingungen der ärmsten Arbeiter und Bauern wurden davon in wachsendem Maße betroffen und besserten sich. Michel Chevalier (1806–1879), wichtigster wirtschaftspolitischer Berater des Kaisers, schrieb 1852: »Eine der dringlichsten Voraussetzungen für die Stabilität von Staat und Gesellschaft ist die Zunahme sozialen Reichtums, das heißt die Menge der Gegenstände und Dienstleistungen, die den Menschen und ihren verschiedenen Bedürfnissen entsprechen, müssen im Verhältnis zur Bevölkerung ständig anwachsen, und damit bekommt jeder eine bessere Bezahlung für seine Arbeit. Folglich kann sich jeder besser ernähren, kleiden und einrichten sowie seine Wohnung besser heizen«.

Die »Wirtschaftspolitik des 2. Dezember« war nach einem Ausspruch Louis Girards bereits eine handfeste Realität. Schon in den ersten Tagen nach dem Staatsstreich äußerte der neue Herrscher den Wunsch, den psychologischen Schock im Sinn eines langfristigen wirtschaftlichen Aufschwungs zu nutzen. Mit dieser Politik sollten die Produktivkräfte des Staates freigesetzt und aktiviert und auf diese Weise das Gemeinwohl gesichert werden. Dies sollte zunächst durch eine Sicherung der wachsenden Basisinvestitionen und durch die Schaffung eines Kreditsystems erreicht werden, das den Bedürfnissen von Handel und Industrie entsprach. In den Monaten unmittelbar nach dem Staatsstreich wurden eine Reihe eindrucksvoller Maßnahmen in dieser Richtung ergriffen, aber das waren nur die ersten Anfänge eines beharrlichen und konsequenten Vorgehens, an dem der Kaiser selbst stets Anteil nahm. Bei dem Versuch, die Ziele und einzelnen Etappen dieser Politik zu präzisieren, muß man allerdings berücksichtigen, daß diesen Erfolgen bereits ein Prozeß wirtschaftlichen Wachstums vorausgegangen war, der schon viel früher eingesetzt hatte. Die Politik des Kaisers hatte nun aber gewisse Hindernisse beseitigt, die seit 1849 Investitionen erschwerten. Sie könnte als eine Politik flankierender Maßnahmen bezeichnet werden.

Genaugenommen lassen sich in der kaiserlichen Politik zwei Abschnitte unterscheiden, die, wenn auch recht unterschiedlich, mit einer erstaunlichen inneren Logik aufeinanderfolgen. Während die Regierung in den ersten Jahren stimulierende Maßnahmen unterstützte, die die Basisinvestitionen ankurbeln sollten, bewegte sie sich in den sechziger Jahren ganz gezielt in eine liberale Richtung. Dies stand nicht im Widerspruch zu den vorherigen Unternehmungen, sondern führte diese vielmehr fort und gab ihnen erst den rechten Sinn. Mit dem Ausbau der Basisinvestitionen sollte der Umsatz intensiviert und damit »ein blühender Handel geschaffen werden«, wie es das kaiserliche Manifest vom 5. Januar 1860 ausdrückte. Im selben Text heißt es weiter: »Ohne den Handel stagniert die Industrie und behält ihre hohen Preise bei, die einer Zunahme des Konsums zuwiderlaufen.« Die Senkung der Transporttarife sollte durch Wettbewerbsstimulierung und Kostendämpfung eine Preissenkung bewirken, die letztlich dem Verbraucher zugute kommen sollte.

Die Politik der ersten Jahre, die die wirtschaftlichen Einschränkungen abbauen wollte, lief somit ganz unverkennbar auf eine Liberalisierung des Wirtschaftslebens hinaus.

Diese Politik wies drei Aspekte auf. Erstens sollte die Wiederaufnahme von Basisinvestitionen besonders im städtischen Bereich und in der Infrastruktur des Transportwesens unterstützt werden. Zweitens sollte das Kreditvolumen vergrößert werden, um die Spareinlagen für das Wachstum von Landwirtschaft und Industrie zu nutzen. Drittens sollten der *Banque de France* ihre Geschäftsabwicklungen erleichtert werden, damit auch sie das anwachsende Kreditwesen stützen und auf diese Weise dazu beitragen konnte, daß der Staat seine Schuldenlast durch Umschuldung abtragen konnte und ihm dadurch die Ausgabe neuer Anleihen ermöglicht wurde. Für diese drei Zielvorstellungen wurden nach 1852 spektakuläre Maßnahmen durchgesetzt: Die Konzessionen, die den Eisenbahngesellschaften gewährt worden waren, wurden überprüft, ein Teil der Anleihen der Stadt Paris getilgt, und im Frühjahr und Herbst 1852 kam es zur Gründung zweier neuer Typen von Geschäftsbanken, des *Crédit foncier* und des *Crédit mobilier*. Am 3. März kam es zu einer neuen Vereinbarung mit der *Banque de France*, am 14. März wurde die Staatsschuld umgewandelt. Jede dieser Maßnahmen muß innerhalb eines langfristig angelegten politischen Rahmens gesehen werden, da sie in der Mehrzahl ihre Wirkung bis weit über 1850 hinaus erwiesen.

DIE WIRTSCHAFTSPOLITIK DES 2. DEZEMBER

Mit dem Jahr 1852 setzte eine Phase städtebaulicher Veränderungen ein, die zuerst Paris erfaßte, aber auch auf andere Städte übergriff. Für die Hauptstadt Paris waren die persönlichen Wünsche des Kaisers maßgebend. Er erkannte, daß in Paris große Aufgaben in Angriff genommen und die Lebensbedingungen der unteren Bevölkerungsschichten verbessert sowie die ungesunden Stadtviertel saniert werden mußten. »Paris sollte die schönste Stadt der Welt werden, und er wurde nicht müde, es uns immer wieder einzuschärfen.« So äußerte sich Persigny Jahre später über die Vorstellungen des Kaisers. In Wahrheit griff aber die Realisierung der städtebaulichen Maßnahmen, die während seiner Regierungszeit begonnen wurden, auf frühere Pläne zurück. Ein Gesetz vom 4. August 1851 hatte es der Stadt ermöglicht, eine Anleihe in Höhe von 50 Millionen auszugeben, die aber erst im April 1852 emittiert wurde. Bereits vorher aber hatte die Stadt von der *Banque de France* die prinzipielle Zusage für einen Vorschuß von 20 Millionen bekommen, und es gehört zu den »Wundern« der Wirtschaftspolitik vom 2. Dezember, daß die Bank noch am 11. desselben Monats einwilligte, die Hälfte dieser Summe freizugeben. Die Bauarbeiten konnten aber erst in vollem Umfang aufgenommen werden, als am 23. Juni 1853 der neue Präfekt des Departement Seine ernannt wurde. Es war derselbe Haussmann, der in Bordeaux Präfekt war, als der

Kaiser dort im Oktober 1851 seine Rede hielt, in der er die Wiederherstellung des Kaiserreichs ankündigte.

Dies markiert den Beginn einer ungewöhnlich langen Amtsperiode, denn Haussmann wurde erst 1870 von Émile Ollivier aus seinem Amt entlassen. Das Verhältnis zwischen dem Kaiser und seinem Präfekten war nicht immer so harmonisch wie häufig angenommen, aber es war Napoleons Verdienst, daß er Haussmann sein Vertrauen nicht entzog. Im Dezember 1860 hatte es dieser sogar erreicht, einen Sitz im Ministerrat zu bekommen. Haussmann hat seine Aufgaben nicht allein, sondern in Zusammenarbeit mit den Technikern und Ingenieuren der Stadt gelöst. Damit sind vor allem drei Männer gemeint, nämlich V. Baltard, der Leiter des regierungsamtlichen Architekturbüros, F. E. Belgrand, Absolvent der *École polytechnique* und seit 1867 Leiter des Abwasseramtes, der aber bereits seit 1855 in der Stadtverwaltung tätig war; schließlich A. Alphand, ebenfalls Absolvent der *École polytechnique* und Mitglied des Lehrkörpers der Straßenbauakademie, der auch schon seit 1853 in der Pariser Verwaltung arbeitete und 1869 Leiter der öffentlichen Verkehrs- und Spazierwege sowie Organisator der Stadtfeste wurde.

Die Geschichtsschreibung beschäftigte sich bisher herzlich wenig mit der Arbeit Haussmanns. Man griff willkürlich einige vereinzelte Texte heraus und reduzierte das Projekt des Kaisers auf seinen Wunsch, die Stadt so zu gestalten, daß Aufstände leichter verhindert werden könnten! In Wirklichkeit aber ging es bei den Arbeiten um dringende Bedürfnisse, denn Paris war nahezu unbewohnbar geworden, wie die hohen Sterblichkeitsziffern beweisen. Haussmanns Werk stellt technisch wie ästhetisch eine Einheit dar. In der Planung wurden genau die drei Forderungen integriert, die sich aus der Stadtentwicklung selbst ergaben: eine neue Straßenführung mit breiten und geradlinigen Avenuen und breiten Gehsteigen; der Bau neuer Häuser entlang dieser Avenuen sowie die Schaffung eines Sanierungsnetzes mit Wasser- und Gasversorgung. Auf all diesen Gebieten waren zahlreiche Erfindungen gemacht worden, die einen wichtigen bautechnischen Abschnitt markierten. Doch konnte Haussmann keines dieser drei Vorhaben zu Ende führen, da er mit großen Widerständen und einer starken Opposition zu kämpfen hatte. Jedesmal, wenn die Arbeiten sich verzögerten, kamen heftige Klagen aus der Pariser Bevölkerung. Der Geist der Moderne stand aber auf seiten des Kaisers und nicht hinter seinen republikanischen Gegnern.

Die Änderung der Straßenführung betonte die Trennung zwischen dem Osten und dem Westen der Stadt, und dies nicht etwa nur, weil die Arbeiten nicht abgeschlossen wurden, sondern weil dies auch in den ursprünglichen Entwürfen schon so vorgesehen war. Auch waren die neu entstandenen Vororte jenseits der Befestigungsanlagen nicht in die Planung miteinbezogen worden. Im Gegensatz dazu wurde jedoch das Verkehrsnetz nicht nur für die Gegenwart, sondern auch für die Zukunft geplant. Dabei fallen die Integration der Bahnhöfe in das Stadtensemble ebenso ins Auge wie die Bedeutung, die großen Plätzen als Umschlagplätzen für den Handel oder als Grünflächen zugemessen wurde. Haussmann wurde häufig vorgeworfen, er habe die Bürgerhäuser den normalen Mietshäusern vorgezogen. Es traf zu, daß sich die Immobilienspekulation vor allem, mit Unterstützung des *Crédit foncier*, auf die Bürgerhäuser konzentrierte. Aber Napoleon III. ging es darum, Wohnraum für das Volk zu schaffen. Zu diesem Zweck hatte er das Projekt der *Cité Napoléon* gefördert (eine Art sozialen Wohnungsbau), die 1851 vollendet wurde. Für die Weltausstellung 1867 entwarf er persönlich einen Pavillon für die Arbeiter und wachte auch – allerdings zunächst ohne großen Erfolg – über die Anwendung des Gesetzes zur Sanierung der Elendsviertel, das 1850 erlassen worden war.

Gegen Ende seiner Regierungszeit finanzierte er noch einmal einige Bauvorhaben. Damals gab es in Paris 63 subventionierte Häuser mit 1200 Mietern. Neben diesen begrenzten Leistungen befaßte sich ein Teil der Immobilienspekulation mit Mietshäusern, wobei es sich nicht wie bei den Bürgerhäusern um Immobiliengesellschaften handelte, die Kapital zusammentrugen und über große Gebäudekomplexe verhandelten, sondern zumeist um Hausbesitzer, die ihren Grund und Boden entweder selbst oder auf dem Weg über einen Mieter aufwerten wollten. Es waren Ziegelsteinbauten mit kleinen Ein- oder Zweizimmerwohnungen, wie man sie vor allem im X. und XI. Arrondissement findet. Nach 1860 griff diese Entwicklung auch auf die neuen Viertel über, die als ehemals selbständige Ortschaften inzwischen nach Paris eingemeindet worden waren.

Daneben gab es auch ein Problem mit der Wasserversorgung. In den Jahren um 1850 verfügte Paris nur über ungenügende Wasservorräte, und das vorhandene Wasser war meist verunreinigt. Vier von fünf Einwohnern versorgten sich am Straßenbrunnen; um 1854 betrug die Wasserration pro Kopf für den Hausgebrauch dreizehn Liter täglich, obwohl die

Wasserexperten den Bedarf auf 70 bis 80 Liter schätzten. Das Wasser wurde von Dampfmaschinen, die an der Seine und der weniger verschmutzten Ourcq errichtet worden waren, herangepumpt. Doch war in einem technischen Werk von 1860 zu lesen, daß auch die Ourcq durch die Abwässer von 1500 Schiffern und 500 Schiffen, die auf dem Kanal lebten, verunreinigt wurde. Im gleichen Zeitraum wurden 30000 Brunnen in den niedriger gelegenen Stadtteilen benutzt. Belgrands Plan sah vor, das Wasser für die städtische Straßenreinigung der Seine zu entnehmen, während das Wasser für die Haushalte aus entfernteren Quellen geliefert werden sollte. 1865 wurde das Wasser der Dhuis in der Champagne genutzt, ab 1867 erfolgte die Versorgung aus der Vanne (die Leitung wurde 1875 fertiggestellt). Am Ende des Kaiserreichs waren die Arbeiten noch immer nicht abgeschlossen, und fast die Hälfte der Pariser Bevölkerung war noch immer auf Wasserträger und öffentliche Brunnen angewiesen. Doch die Entwicklung war nicht aufzuhalten, ebensowenig wie die Sanierung durch Abwässerkanäle, die gegen den Widerstand eines beträchtlichen Teils der Ärzteschaft gebaut wurden. 1855 betrug die Länge der Kanäle bereits 155 Kilometer, 1870 waren es 600 Kilometer, wobei auch das Kanalnetz als ganzes renoviert wurde. Doch war 1870 noch nicht einmal eines von zehn Häusern daran angeschlossen! Die Ingenieure standen erst am Anfang ihres zähen Kampfes, der über zwanzig Jahre dauern und an dessen Ende schließlich die allgemeine Einführung der Wasserspülung stehen sollte.

Paris stand mit dieser Entwicklung nicht allein. Auch das Stadtgebiet von Lille hatte sich so vergrößert, daß 1858 die Vorstädte eingemeindet wurden. Entlang der großzügig angelegten Avenuen reihten sich Bürgerhäuser und kleine Backsteinhäuser. Das Haussmannsche Modell wurde auch von Marseille, Lyon und Poitiers übernommen. In Lyon baute der Präfekt die Stadtviertel zwischen Saône und Rhône zu einem großen Geschäftszentrum um. Bordeaux hatte sich ebenfalls vergrößert; in dieser 1855 schwer von der Cholera heimgesuchten Stadt wurden Abwässerkanäle und Leitungen für Gas und Wasser installiert. Ähnlich spektakulär verlief die architektonische Neuordnung Marseilles: 1853 wurde die Joliette vollendet, und der Hafen dehnte sich weiter nach Norden aus – eine Entwicklung, der auch die Stadt mit ihren Häusern folgte. Die Altstadt wurde von der Rue Impériale geteilt.

Im Gefolge der Stadterneuerung entwickelte sich eine neue Architektur, die untrennbar mit der *»fête impériale«* verbunden war. Die herrschenden Stilrichtungen der damaligen französischen Architektur lassen sich an vier Bauten illustrieren. Der Lesesaal der Staatsbibliothek, zwischen 1864 und 1866 erbaut, ist unbestritten ein Meisterwerk von Labrouste (1801–1875) und zugleich als Schwanengesang des romantischen Rationalismus zu betrachten. Der Louvre von Lefuel (1810–1880) ist in seiner Gestaltung zugleich eklektisch und theatralisch durchgegliedert. Gerade bei ihm kann man von einem eigenen Stil Napoleons III. sprechen. Zwischen 1862 und 1866 hatte Viollet-le-Duc (1814–1879) Pierrefonds restauriert, eine Aufgabe, bei der Phantasie wie auch archäologische Inspiration erforderlich waren. Zwischen 1861 und 1875 schließlich erbaute Garnier (1825–1898) die Oper, deren Konstruktion sich vollständig am Dekor der Innenräume orientierte und den glanzvollen Hintergrund für rauschende Feste abgeben sollte. Théophile Gautier (1811–1872), ein Freund Garniers, beschrieb 1863 beim Anblick der ersten Entwürfe ein visionäres Bild der späteren Abendgesellschaften in diesen Mauern: »Der Treppenaufgang wird gestützt von paarweise angeordneten ionischen Säulen aus sarancolinischem Marmor; darüber reihen sich riesige Arkaden, die auf jedem Stockwerk Balkone mit reich verzierten Brüstungen miteinander verbinden. Darauf können sich Neugierige aufstützen wie auf einem Gemälde von Veronese. Sie sind Zuschauer und Schauspieler zugleich und können dieses Wunder moderner Kultur miterleben, das man einen Opernabend nennt, das heißt eine Kaskade von Diamanten, Perlen, Federn, Blumen, weißen Schultern, Seide, Samt, Moirée, Tüll und Spitze, eine Kaskade, die sich diesmal an den weißen Marmorstufen bricht, im funkelnden Glanz hellen Lichts und umgeben von einer märchenhaften Architektur.«

Doch über dieser Vorstellung einer *»fête impériale«* darf nicht das Wesentliche, das schönste Meisterwerk des Kaiserreichs vergessen werden, das woanders zu finden war: Paris selbst. Lassen wir das Urteil einer Geschichtsschreibung beiseite, die Haussmanns Leistung diskriminieren wollte, indem sie darin die Manifestation eines »bürgerlichen Geistes« sah, und halten wir uns an das Ansehen, das die französische Architektur damals weltweit genoß. Sie hatte in überzeugender Weise ihre Fähigkeit zur Gliederung von Form und Fläche nicht nur mit der Schaffung eines harmonischen Stadtbildes bewiesen, sie konnte auch mit dem Bau einiger äußerst repräsentativer Gebäude aufwarten, die öffentlich genutzt wurden: die Markthallen von Victor Baltard (1805–1874) und die Gare du Nord des aus Köln gebürtigen Jacques Hittorf (1792–1867) wurden schon unmittelbar darauf als Meisterwerke anerkannt. Haussmanns Modell hatte weltweites Ansehen erlangt.

DAS TRANSPORTWESEN

Unter der Julimonarchie hatte der Weg Frankreichs zur Modernisierung seiner Infrastruktur begonnen. Der Bau von Kanälen, der Ausbau der Flüsse wie auch des Eisenbahnnetzes wurde in Angriff genommen. Doch die konzessionierten Gesellschaften und der Staat begegneten sich mit gegenseitigem Mißtrauen.

In den dreißiger Jahren hatte die Straßenbauverwaltung den Bau und die Nutzung der Hauptverkehrslinien durch den Staat vorgeschlagen, doch wurde dies von der Kammer im Namen des Liberalismus abgelehnt. Somit blieb nur der Weg über Konzessionen und »Kooperation« zwischen dem Staat und den Gesellschaften, wobei die Initiative allein den großen Pariser Banken vorbehalten blieb. Diese engagierten sich jedoch nur zögernd, um so mehr als die Krise der Jahre 1838/39 für die bereits in Betrieb genommenen Strecken erhebliche finanzielle Schwierigkeiten gebracht hatte. Der Staat ergriff daraufhin mit der Verabschiedung des Gesetzes von 1842 erneut die Initiative; danach mußten die Unkosten zwischen dem Staat, der für die Infrastruktur Sorge zu tragen hatte, und den Gesellschaften, die ausschließlich den Oberbau ausführen sollten, halbiert werden. Dies hätte im Sinne der Ingenieure erlaubt, die Dauer der Konzession im selben Maße zu verkürzen. Obwohl dieses Gesetz in seiner ganzen Tragweite nur äußerst selten angewendet wurde, gelang es damit dem Straßenbauamt, die günstige Konjunktur der vierziger Jahre zu nutzen und eine wesentliche Verkürzung der Konzessionsdauer zu erreichen.

Zwischen 1842 und 1848 wurden siebzehn Linien mit einer Gesamtlänge von 4000 Kilometern für eine durchschnittliche Dauer von nur 46 Jahren konzessioniert. Das Kapital der Gesellschaften betrug theoretisch eine Milliarde Francs. Die Pariser Hochfinanz hatte sich stark engagiert, darunter vor allem die Rothschilds, die als Hauptaktionäre an der

Konzession der Eisenbahnlinie nach Norden, die Paris mit Lille verband (1845), partizipierten.

Vor der Revolution von 1848 war es zwischen den Eisenbahngesellschaften und dem Staat zu schwerwiegenden Differenzen gekommen, da jene ab 1846 eine Verlängerung der Konzessionsdauer verlangten und dafür unvorhergesehene Arbeitskosten anführten. Diese hätten sich nicht nur aus technischen Gründen, sondern auch infolge der hohen Kostensteigerungen bei Metallbauprodukten, hervorgerufen durch eine protektionistische Gesetzgebung, ergeben. Das Problem der Eisenbahn ließ sich hier geschickt mit dem des Freihandels verbinden, wobei die Argumente der Gesellschaften durchaus überzeugten. Denn die Dauer der Konzessionen basierte auf Kostenvoranschlägen, die nicht mehr der Realität entsprachen, und dies vor allem deshalb, weil die Eisenindustrie aufgrund des Schutzzolls eine Monopolstellung genoß.

Der II. Republik war es ebensowenig wie der Julimonarchie gelungen, einen Weg aus diesem Widerspruch zu finden und eine fruchtbare Zusammenarbeit zwischen dem Staat und den Gesellschaften zu bewirken. Infolgedessen fanden die Eisenbahninvestitionen niemals wieder zu ihrem alten Schwung zurück. Die Gesellschaften der Ost- und Nordlinie sowie der Strecke Paris – Orléans machten die Wiederaufnahme der Bauarbeiten wie auch jegliche Tarifsenkung auf den bereits fertiggestellten Linien von einer spürbaren Verlängerung der Konzessionsdauer und einigen Änderungen der Lieferungsbedingungen abhängig.

Das Wirtschaftswunder des 2. Dezember wirkte sich auch hier in seinem ganzen Umfang aus, denn seit der Machtübernahme verlieh der spätere Kaiser nicht nur bei den Eisenbahninvestitionen, sondern auch bei der Übernahme der Tarifpolitik durch die Gesellschaften entscheidende Impulse und gab damit der Wirtschaft insgesamt neue Anreize. Die Konzession auf 99 Jahre wurde nicht nur bereits bestehenden, sondern auch neuen Gesellschaften gewährt, die sich nach der Neugliederung alter und neuer Konzessionäre gebildet hatten. Am Beispiel der *Compagnie du Nord* läßt sich die Auswirkung einer Konzessionsverlängerung verdeutlichen: Ein Kapital von 200 Millionen Francs, das bisher mit einem Zinssatz von vier Prozent innerhalb von 38 Jahren getilgt werden mußte, war nun bei gleichem Zinssatz erst in 99 Jahren fällig. Die jährliche Abzahlungsrate sank damit von 2326000 Francs auf 168000 Francs. Die ausgezahlte Dividende stieg von 3,1 Millionen Francs im Jahr 1850 auf 9,1 Millionen

Francs im Jahr 1851, wobei die Hälfte des Differenzbetrages der geringeren finanziellen Belastung zu verdanken war. So begann nach den Worten der führenden Konzessionäre für die Gesellschaft die »Ära der hohen Dividenden«. Aus der Verlängerung der Konzessionsdauer resultierten langfristig gesehen zwei Konsequenzen: Erstens wurden die Zinsen für bereits aufgenommene oder neu abgeschlossene Kredite ermäßigt, und zweitens wurde es dadurch möglich, eine systematische Tarifsenkung ins Auge zu fassen. Beide Faktoren waren untrennbar mit der Dynamik der kaiserlichen Wirtschaftspolitik verbunden.

Die niedrigeren Kreditzinsen erklärten die Zunahme neuer Investitionen. Seit 1852 kam es zur Konzession vieler neuer Strecken in einer von Spekulationen angeheizten Atmosphäre. Die im Januar 1852 erteilte Konzession für die Strecke Lyon – Marseille war die spektakulärste und wurde mit der größten Spannung erwartet. Gleichzeitig wurde ohne Schwierigkeiten eine bewußte Umgruppierung der Strecken vorgenommen, um unnötige Konkurrenz zu vermeiden und einen weiteren Ausbau des Streckennetzes zu ermöglichen. Am 27. März 1852 wurde per Gesetz die Fusion der *Compagnie d'Orléans* mit den drei anderen Gesellschaften der *Compagnie du Centre,* der *Compagnie d'Orléans à Bordeaux* und der *Compagnie de Tours à Nantes,* sanktioniert. In den fünfziger Jahren verstärkte sich diese Tendenz noch. Der Betriebsdirektor des Streckennetzes Ost, F. Jacqmin, kommentierte in seinen Vorlesungen an der Straßenbauakademie die Entwicklung dieser Jahre folgendermaßen: »Die Bauarbeiten, und damit die Nutzung, nahmen überall im Lande zu, und es entstanden große Probleme. Ein Kampf zwischen einander benachbarten Gesellschaften schien unausweichlich; einige rieben sich angesichts dieses Kampfes die Hände, da sie sich sicher wähnten, daß infolge dieses Kampfes die Tarife gesenkt würden und das Land davon profitieren würde. Andere dagegen meinten, die Auseinandersetzung der Gesellschaften würde ihre jeweiligen Reserven so angreifen, daß sie am Ende mittellos dastünden und niemand davon profitieren würde. Dadurch würde auch der notwendige Wettbewerbscharakter beim Bau neuer Strecken verlorengehen, der neue Kräfte durch die Kapitalgesellschaften geschaffen hatte.«

Die Eisenbahngesellschaften waren somit zu einem unverzichtbaren Instrument bei der Beschaffung und Konzentration des Kapitals geworden, und der Druck eines erwachten »regionalen Geistes« zwang die

Regierung besonders bei den Wahlen 1857 dazu, den Bau neuer Streckenabschnitte in Aussicht zu stellen. Daneben mußte sie aber auch den Kredit der Gesellschaften stützen und erlegte deshalb der Bank von Frankreich mehrere Maßnahmen auf, die später noch erörtert werden.

Vor allem aber wurde zwischen der Regierung und den Gesellschaften eine Reihe von Bestimmungen ausgehandelt, die in die Gesetze von 1859 und 1863 aufgenommen wurden. Frankreich wurde entsprechend den Streckennetzen in sechs Zonen aufgeteilt: in den Norden, Osten und Westen, in die Region Orléans, den Midi und Paris – Lyon – Mittelmeer. Jede Gesellschaft besaß für ihre Zone faktisch ein Monopol, mußte sich aber als Gegenleistung verpflichten, »eine größere Anzahl von Strecken zu bauen, für die man sonst keinen ernsthaften Konzessionär gefunden hätte«. Da die Gesellschaften diese Auflagen nur widerwillig akzeptiert hatten, mußte der Staat für einen Teil des Verkehrsnetzes – das »neue Netz« – eine Garantie hinsichtlich der Rückzahlbarkeit der Zinsen erteilen. Die Zinsen sollten erst fällig werden, wenn die Gesellschaften mit einem Teil der Einnahmen aus dem schon bestehenden Netz das Defizit des neuen Netzes gedeckt hätten. Im übrigen sollten sie ihre Gewinne ab einer bestimmten Höhe mit dem Staat teilen. Dieses komplizierte System wahrte zum einen die Interessen des Staats und gewährleistete zum andern den Bau neuer Strecken. Die konzessionierte Streckenlänge der sechs Netze betrug 1863 fast 20000 Kilometer.

Jacqmins Ausführungen lassen vermuten, daß die Tarifsenkungen zugunsten der Erweiterung des Streckennetzes fallengelassen wurden; in Wirklichkeit verhielt es sich jedoch komplizierter. Denn ab 1852, so Jacqmin, bahnten sich zwei parallel verlaufende Entwicklungen an: eine unerwartete Steigerung der Beförderungskapazität (die Tonnage pro Kilometer stieg zwischen 1853 und 1865 von einer Million auf 3,5 Millionen) als auch eine Senkung der »geforderten Preise«. Diese Reduzierung war »Maßnahmen der Gesellschaften zu verdanken, die auch die erfahrensten Ingenieure und kühnsten Wirtschaftswissenschaftler nicht zu prognostizieren gewagt hätten«. Die Tarifsenkung wurde in drei Etappen durchgeführt und war zwischen 1852 und 1857 drastisch zu spüren, stagnierte zwischen 1857 und 1860 fast ganz und setzte sich nach 1860 in kleineren Schritten fort. Die Senkungen der Jahre nach 1850 waren gerechtfertigt, wenn man die Grenzkosten bestimmter Transporte wie den von Steinkohle nach Paris oder von Eisen aus den entsprechenden Abbaugebieten berücksichtigte. Natürlich existierte der Begriff »Grenzkosten« damals noch nicht, doch gründeten die Verantwortlichen ihre Tarifpolitik für Warentransporte auf der Vorstellung, daß im Hinblick auf die realen Mehrkosten, welche die Frachtübernahme einer zusätzlichen Tonne mit sich brachte – also im Hinblick auf die Grenzkosten einer Tonne – eine spürbare Preissenkung möglich und wünschenswert sei.

Diese Politik ging sicher zurück auf die Ideen Jules Dupuits vom Straßenbauamt, der seine Gedankengänge in dem Buch *»Annales des Ponts et Chaussées«* 1849 dargelegt hatte. Aber in erster Linie stützte man sich auf Erfahrungen aus der täglichen Praxis. So konnte der Betriebsdirektor Jules Petiet für das Eisenbahnnetz Nord zwei einander ergänzende Entscheidungen von seiten des Rats erreichen, nämlich die Anschaffung starker Lokomotiven, die auch vollbeladene Güterzüge ziehen konnten, sowie stark reduzierte Tarife für Kohle- und Eisentransporte. Die Überkapazität, die durch die anfängliche Investition eingetreten war, sollte dadurch maximal ausgenutzt werden. Es verstand sich von selbst, daß eine solche Politik sich nur im Rahmen der oben erwähnten Verlängerung der Konzessionen auf 99 Jahre entfalten konnte.

Doch waren diesen Kostensenkungen Grenzen gesetzt; die meisten Ingenieure glaubten, daß sich der Personenverkehr, vor allem auf langen Strecken, nicht im selben Maße wie der Warentransport steigern würde. Der Massentransport von Personen auf den großen Strecken schien ihnen nicht besonders ausbaufähig zu sein. Infolgedessen boten sich hier nur geringe Möglichkeiten für eine Preissenkung an. Jacqmin schrieb: »Die Eisenbahnen können nicht von heute auf morgen, seien sie auch noch so leistungsfähig, die Gewohnheiten eines Landes verändern. Ihre Aufgabe ist es, vorhandene Bedürfnisse zu befriedigen.« Letzteren entsprachen die Gesellschaften in Form von Rückfahrkarten oder Ermäßigungen auf Teilstrecken.

Sogar bei Warentransporten traten Hindernisse auf, denn die massiven Tarifsenkungen zwischen 1852 und 1857 wirkten im wesentlichen eher ausgleichend. Dies führte zu dem überraschenden Vorwurf an die Gesellschaften, sie würden die einzelnen Produzenten, Orte und Regionen ungleich behandeln, indem sie die Tarife unterschiedlich senkten. Das Prinzip der Preisfestsetzung nach Grenzkosten kollidierte mit dem Prinzip der Chancengleichheit und der Gleichheit der Bürger vor dem Gesetz ganz allgemein. Einige Handelskammern forderten eine rigorose Gleichsetzung des Kilometerpreises. Angesichts dieser Klagen untersagte der Staat 1857 den Gesellschaften, mit ihren Kunden »Sonderabmachungen« abzuschließen, die seit 1852 einen wesentlichen Bestandteil der Tarifsenkungen bildeten. Zugleich wurden bei Verhandlungen über einen weiteren Streckenausbau keine neuen Preissenkungen in Aussicht gestellt. Sobald aber die neuen Verträge unterzeichnet waren, wurden, wenn auch erheblich langsamer als in den fünfziger Jahren, die Preisnachlässe in Form von »Sondertarifen« wieder eingeführt.

Dabei vernachlässigte die Regierung aber keineswegs die anderen Basisinvestitionen, zumindest nicht in dem Ausmaß, wie immer behauptet wurde. Vor allem in der Forst- und Landwirtschaft stiegen in den sechziger Jahren die Investitionen merklich an. Gleiches galt für die Kanalbauten, die Hafenanlagen und die Straßen. Die neue Wirtschaftspolitik der sechziger Jahre, die der Kaiser in einem Brief vom 5. Januar 1860 ankündigte, beruhte nicht nur auf dem Freihandel, es ging auch um eine Wiederankurbelung des gesamten Komplexes der öffentlichen Arbeiten. Durch den allenthalben neuerwachten Lokalpatriotismus war die Regierung, vor allem mit Blick auf die Wahlen, gezwungen, jedermanns Klagen anzuhören. Ein Abgeordneter aus dem Norden rief 1861: »Zur Stadtverschönerung haben Sie Millionen bewilligt, während wir noch immer bis zu den Knien im Schmutz stecken. Fast alle unsere Kinder wandern in die Armee ab, und unser Geld fließt in die Stadtkassen.« Nach unseren Schätzungen betrug die durchschnittliche jährliche Summe, die in den Straßenbau gesteckt wurde, zwischen 1850 und 1870 zwanzig Millionen Francs (zwischen 1830 und 1850 waren es vierzehn Millionen). Im ganzen gesehen wurde das unter der Restauration begonnene und während der Julimonarchie beschleunigte Programm zur Erschließung ländlicher Gebiete fortgesetzt. Die Flußkanalbauten, die in den fünfziger Jahren vernachlässigt worden waren, standen zehn Jahre später hoch im Kurs, denn auf den Kanälen konnte man den Konkurrenzkampf gegen die Eisenbahngesellschaften aufnehmen. Die Schiffahrtsrechte wurden 1860 und 1867 stark eingeschränkt.

EIN MODERNES KREDITSYSTEM

Der Aufschwung der infrastrukturellen Investitionen war infolge des Drucks, den er auslöste, wie auch der langfristigen Konsequenzen untrennbar mit der Schaffung eines Kredit- und Finanzsystems verbunden, das den Bedürfnissen einer expandierenden Wirtschaft entsprach. Für die Pläne Haussmanns, für den Ausbau der Verkehrswege, für die Verbesserungen der ländlichen Struktur – überall waren beträchtliche Kredite vonnöten. Allgemeiner gesagt erkannten viele Wirtschaftsfachleute wie etwa Michel Chevalier (1806–1879) die Notwendigkeit, eine Expansion des Geldumlaufs und der kurzfristigen Kredite zu fördern.

Schon seit 1848 war angesichts der wachsenden Kapitalbedürfnisse damit begonnen worden, ein neues Kreditsystem zu errichten. Zwischen März und Dezember 1848 wurden dank staatlicher und kommunaler Unterstützung sowie der Subskription von Privatpersonen 65 neue Wechselbanken gegründet, die zwar verschiedene Ziele verfolgten, im ganzen gesehen, vor allem aber in Paris, bei der Erneuerung und Weiterentwicklung des Wechselgeschäfts maßgeblich mitwirkten. Die so mit staatlicher Hilfe geschaffenen Institute mußten im Lauf der fünfziger Jahre privatisiert werden. Tatsächlich gehörte zu den wichtigsten Geboten der Wirtschaftspolitik des 2. Dezember die Ankurbelung des Kreditwesens zur Absicherung der Investitionen, was damals mit dem Begriff »produktive Ausgaben« bezeichnet wurde. Das Jahr 1852 war völlig beherrscht von der angespannten Erwartungshaltung der Spekulanten, die die staatlichen Initiativen auf dem Gebiet des Eisenbahn- und Kreditwesens beobachteten.

Am 3. März 1852 wurde zwischen der *Banque de France* und dem Staat nach langen Verhandlungen der beiden im Amt aufeinanderfolgenden Finanzminister Achille Fould (1800–1867) und Jean-Martial Bineau (1805–1855) ein neuer Vertrag unterzeichnet. Dabei setzte die Bank für den Zeitraum von 1855 bis 1867 eine Verlängerung ihrer Vergünstigungen durch. Als Gegenleistung mußte sie in beträchtliche Konzessionen einwilligen, die nach Ansicht der meisten Ratsmitglieder unverhältnismäßig groß waren. Der Staat bekam die Verlängerung seiner Anleihen aus den Jahren 1848 und 1852 in Höhe von 75 Millionen Francs zugestanden. Die Bank erklärte sich auch prinzipiell einverstanden mit Vorschußzahlungen auf die Eisenbahnaktien, einer Maßnahme, die wohl Émile Pereire (1800–1875), beim Prinz-Präsidenten angeregt hatte. Sie wurde dem Aufsichtsrat von der Regierung aufgezwungen und offenbar ohne Widerrede akzeptiert, weil diese »dem Ausbau der Eisenbahn große Bedeutung beimaß«, wie es einer von ihnen formulierte. Noch revolutionärer aber war der Beschluß, den Diskontsatz von vier auf drei Prozent zu senken, denn er war seit 27 Jahren unverändert geblieben und unter der Julimonarchie zu einem »unantastbaren Dogma« geworden, nachdem Thiers glaubte, eine Änderung würde »Spekulationen« begünstigen. Die Bankiers innerhalb des Staatsrats verhielten sich zurückhaltend, doch an der Börse kam es durch die Krise zu einer explosionsartigen allgemeinen Hausse. Mit diesem Beschluß begann eine Phase der Instabilität des Diskontsatzes, die es der *Banque de France* ermöglichte, der Marktentwicklung besser zu folgen und sie zu beeinflussen. Schließlich willigte die Bank auch noch in die Umwandlung der Staatsschuld ein; die früheren Entscheidungen stellten nur flankierende Maßnahmen für diese Umwandlung dar. Die Abwicklung verlief allerdings nur deshalb so erfolgreich, weil die Bank massive Stützungsmaßnahmen ergriff und hohe Vorschüsse auf die neuen Staatsschulden zuließ.

Die beiden anderen Großereignisse des Jahres 1852 im Bankwesen bestanden in der Gründung des *Crédit foncier* und des *Crédit mobilier.* Die erste Gründung datierte vom 28. März 1852 mit dem Ziel, langfristige Kredite zwischen zehn und sechzig Jahren Laufzeit an Besitzer bebauter Grundstücke zu vergeben, die in jährlichen Raten zu tilgen waren. Die Finanzierung sollte durch kostenlos übertragbare Pfandbriefe abgesichert werden, deren Wert nach dem Doppelten des belasteten Grundeigentums garantiert wurde. Es wurde zunächst ein Höchstsatz festgesetzt, doch wurde 1854 jede Begrenzung aufgehoben. Zu diesem Zeitpunkt erhielt die Bank, um deren offiziösen Charakter jedermann wußte, die Genehmigung, kurzfristige Darlehen und Kontokorrentkredite anzunehmen. Die Bank sollte mit ihren Krediten die Immobilienspekulationen begleiten, die seit der »Haussmannisierung« von Paris im Gang waren.

Im Gegensatz dazu lief die Gründung des *Crédit mobilier* eher improvisiert ab. Das Unternehmen, von Achille Fould geplant, konnte mit der Unterstützung der Finanzpresse, eines Teils der Hochfinanz und vor allem der Brüder Émile und Isaac Pereire rechnen, die in seiner Geschichte noch eine wichtige Rolle spielen sollten. Es handelte sich darum, »für die

Vollendung des Eisenbahnnetzes und für die Erschließung damit verbundener Industriebranchen das nötige Kapital zu sammeln, die Zinssätze zu senken und die Schulden, die der Staat sich aufgebürdet hatte, zu reduzieren«. Zur Verwirklichung dieses Unternehmens wurde beschlossen, die Schulden der Privatunternehmer über ein einziges Papier laufen zu lassen, in das die Bank investierte. Die Finanzierung wurde durch Kassenanweisungen und Obligationen abgesichert. Einige Nörgler kritisierten die Finanzierungsmodalitäten, da aber die Zeit drängte, erhielt die Bank außerordentlich schnell die Zulassungsgenehmigung.

Damit war es dem Staat gelungen, durch Druck auf die *Banque de France* – die bevorstehende Verlängerung ihrer Privilegien und die Zulassung von Aktiengesellschaften gaben ihm dazu das Mittel in die Hand – ein Kreditsystem aufzubauen, das ohne jedes Risiko den Rahmen für infrastrukturelle Maßnahmen und Industrieinvestitionen bildete. Auffallend dabei war neben der institutionellen Erneuerung vor allem, wie rigoros die eingebauten Kontrollmechanismen und die Grenzwerte gehandhabt wurden, die durch strenge Verschuldungssätze für beide Institutionen vorgeschrieben waren.

Die Pariser Hochfinanz hatte sich bei diesen Umbildungen keineswegs abseits gehalten, denn sie stellten ja auch das Resultat der früheren Zusammenarbeit zwischen Bank und Industrie dar. Dennoch gelang es den 1852 gegründeten Institutionen nur unvollkommen, die finanziellen Schwierigkeiten der fünfziger Jahre und die gravierende Krise von 1857 in den Griff zu bekommen. Doch wieder einmal trug die Erfahrung Früchte, als zwischen 1857 und 1864 ein Kreditwesen entstand, das über ein Jahrhundert Bestandteil der französischen Wirtschaft sein sollte. Im Juni 1857 wurde mit der *Banque de France* eine neue Vereinbarung getroffen, und Anfang der sechziger Jahre kamen die Depositenkassen auf, die, wenn es um die Finanzierung von Investitionen mit Ersparnissen ging, als ein wirkungsvolles Mittel eingesetzt werden konnten.

Doch die Umstände erlaubten es der *Banque de France* nicht, ihre kühne Politik weiterzuführen. Ab Ende 1852 griff sie zu Maßnahmen, die dem Standpunkt eines ihrer Vorstände, Pillet-Will, im März 1855 entsprachen: »Die Bank soll sich nicht zu nachgiebig zeigen.« Diese »Rückkehr zur Vorsicht« konnte angesichts der Situation durchaus ratsam erscheinen, denn eine Reihe von Umständen hatten zu einer Reduzierung des Barbestands geführt. Das Silber erlebte im Zweiten Kaiserreich seine

»goldenen« Tage und wurde im Gegensatz zu den Goldvorräten immer knapper. Manche sahen in diesem Silbermangel einen der Gründe für den Krieg in Mexiko.

Tatsächlich wurden Silbermünzen in den fünfziger Jahren durch intensive Spekulationen außer Landes gezogen. Dazu kamen andere Gründe wie der Aufschwung französischer Investitionen im Ausland, eine Reihe von Getreidemißernten zwischen 1853 und 1856, die zu großen Importen zwangen – und vor allem der Krimkrieg. Gouverneur d'Argout kommentierte 1856 die spürbare Schwächung der Edelmetallreserven folgendermaßen: »Die Kosten des Krimkriegs und gleichzeitige Mißernten sind der Grund für die großen Geldexporte gewesen.« Schließlich hatten die »wachsenden Bedürfnisse des Handels und der Industrie und die Zunahme der Effekten« die Zwangslage noch verstärkt. Zwischen 1851 und 1856 kletterte die Summe des auf Wechsel gezogenen Kapitals von 1247 auf 4700 Millionen Francs.

Die »Rückkehr zur Vorsicht« war also nicht ganz unberechtigt. Sie zeigte sich unter anderem in der Weigerung, mit dem *Crédit mobilier* zusammenzuarbeiten, in einer äußerst selektiven Haltung gegenüber den Eisenbahnaktien als Spareinlagen, in einer ziemlich raschen Anhebung der Diskontsätze und in bedeutenden Ankäufen von Edelmetallen. In dieser Konjunkturphase wurde über einen neuen Vertrag verhandelt, der die Beziehungen zwischen Bank und Staat festlegen sollte. Im Gesetz vom 9. Juni 1857 wurde das Privileg bis 1897 erneuert. Die Bank wurde ermächtigt, den Diskontsatz frei zu bestimmen, auch wenn er über sechs Prozent hinausging. Im Gegenzug dazu wurden die Verpflichtungen der Bank dem Staat gegenüber verschärft: Das Kapital mußte verdoppelt und eine Summe von 100 Millionen, die auf die Subskription angerechnet wurde, einem disponiblen Staatsrentenfond zugeführt werden, »um damit die Verluste der Wertpapiere zu decken und das Vertrauen der Öffentlichkeit in den Wechsel zu garantieren«.

Die Summe der dem Staat gewährten ständigen Vorschüsse belief sich auf 80 Millionen Francs. Die Gewinne, die sich aus dem Diskontsatz über sechs Prozent ergaben, flossen über ein Sonderkonto in die Staatskasse. Insgesamt betrachtet versuchte die Bank – so sah es das *»Journal des économistes«* –, »die Position einer Staatsbank einzunehmen, was verglichen mit einer Handelsbank vorteilhafter war«. Ein Journalist der Zeitung *»L'Indépendance belge«* war der Ansicht, »sie tendiere (...) freiwillig oder gezwungenermaßen (...) dazu, Bankier des Staats zu werden«. Entscheidender war jedoch, daß sie gleichsam ganz offiziell zum »Geldgeber der letzten Zuflucht« wurde und damit für das reibungslose Funktionieren der Diskontgeschäfte sorgte. Ihre Verpflichtungen hatten also zugenommen. Es ist übrigens kennzeichnend, daß sich unter den wichtigsten Förderern dieses Gesetzes jener Eugène Schneider fand, der seinerzeit einer der bedeutendsten, jedenfalls einer der einflußreichsten Industriellen Frankreichs war.

Seit Ende 1857 ließ sich beobachten, wie stark die *Banque de France* gezwungen war, die Ansichten der Regierung zu berücksichtigen: durch einen Vertrag vom Dezember 1857 mußte die Bank bei der Plazierung von Obligationen eines Syndikats von sechs Eisenbahngesellschaften intervenieren, die ihre Aktien nur mit Mühe verkaufen konnten. Durch diese Intervention konnte ein Kursverfall und die Entlassung »zahlreicher Arbeiter« verhindert werden, wie ein Vorstandsmitglied der Bank sagte. Die große Neuheit der ausgehenden fünfziger Jahre bestand jedoch in der definitiven Erprobung der Instabilität des Diskontsatzes, der trotz heftiger Widerstände zwischen 1857 und 1864 vierzigmal geändert wurde. Für die Bank gab es nur diese Maßnahme, um ihren Barbestand wirksam zu garantieren. Im allgemeinen jedoch, und zugegebenermaßen aufgrund des Regierungsdrucks, »neigte die Bank eher dazu zu zögern, ihren Diskontsatz vor einer Krise zu erhöhen, als ihn nach der Beilegung der Krise zu senken«. Dies zumindest bemerkte der seit 1861 im Amt befindliche Finanzminister Fould in einem 1865 veröffentlichten Bericht. Dagegen behielt sich die Bank eine wesentlich selektivere Haltung bei Vorschüssen auf Wertpapiere vor. Im ganzen verstand sie es jedoch, in Krisenzeiten die Rolle des obersten Kreditgebers zu spielen.

Kurz nach der Erneuerung des Vertrags mit der *Banque de France* wurde damit begonnen, das Kreditwesen neu zu organisieren: am 7. Mai 1859 wurde der *Crédit industriel et commercial* gegründet, am 6. Juli 1863 die *Société de Dépôts et Comptes courants*, am selben Tag der *Crédit lyonnais* und am 4. Mai 1864 schließlich die *Société générale*. Der *Comptoir d'Escompte de Paris* verdoppelte sein Kapital im Jahr 1861. Zwischen 1858 und 1864 erhöhte sich das Eigenkapital von fünf Gesellschaften von 28 auf 180 Millionen Francs, die Spareinlagen von 44 auf 215 Millionen Francs. Diese Einrichtungen leiteten einen nie dagewesenen Höhenflug für finanzielle Investitionen in den nächsten zwanzig Jahren ein, wobei jede Gesellschaft einen spezifischen Aufgabenbereich übernahm. So spezialisierte sich der *Comptoir d'Industrie et de Commerce* auf Diskontgeschäfte (75 Prozent seiner Aktiva zwischen 1859 und 1865), während sich die *Société générale* auf Investitionen der Industrie inklusive Vorauszahlungen orientierte. Doch gab es keine ausgesprochene Spezialisierung, alle Häuser reagierten auf die gleichen Impulse. Sie trugen in den sechziger Jahren wesentlich zur Förderung von öffentlichen Versorgungsunternehmen bei (der *Crédit lyonnais* hing beispielsweise eng mit der *Lyonnaise des Eaux* von 1860 zusammen) und unterstützten koloniale und ausländische Unternehmen.

Manche Spekulationen verliefen unglücklich. Am meisten Aufsehen erregte der Bankrott des *Crédit mobilier* im Jahre 1867, der zu Unrecht als ein »Sieg« der traditionellen Bank über die Bank saint-simonistischer Prägung gefeiert wurde. Diese Auffassung gehörte wohl eher zum Wunschdenken gewisser Historiker. Der Grund für den Bankrott des *Crédit mobilier*, von dem sich die Hochfinanz ziemlich schnell zurückgezogen hatte, lag allein in seinem unüberlegten Vorgehen in Frankreich und in seinen spanischen Unternehmungen. Über mehrere Jahre hinweg konnte die Bilanz nur dank einer systematischen Überbewertung der Aktiva seiner Filialen ausgeglichen werden. Die Verluste der *Compagnie immobilière* betrugen 1869 50 Millionen, die der Bank selber beliefen sich auf 72 Millionen Francs. Die Sanierung des *Crédit mobilier* wurde dann im Zuge der Entlassung der Brüder Pereire vollzogen.

DIE LIBERALISIERUNG DER WIRTSCHAFTSPOLITIK

Mit der Umgestaltung des Kreditwesens zu Anfang der sechziger Jahre wurde der Kurs des Jahres 1852 fortgesetzt und weiterentwickelt. Gerade auf diesem Gebiet ist es mehr als auf jedem anderen völlig ungerechtfertigt, die fünfziger und sechziger Jahre in Gegensatz zueinander zu sehen, ein autoritäres Kaiserreich einem liberalen Kaiserreich gegenüberzustellen. Das gleiche gilt auch für die beiden anderen Tätigkeitsfelder der Regierung, für den Bereich der Sozialgesetzgebung und für die Freihandelspolitik. Ein Gesetz von 1867, das die Gründung von Aktiengesellschaften ohne Genehmigung ermöglichte, wie dies seit 1807 der Fall gewesen war, setzte den Schlußpunkt unter eine 1856 begonnene Entwicklung. Am 9. März dieses Jahres hatte der Kaiser im *»Moniteur«* verkündet, daß »dieses Jahr kein Unternehmen zugelassen wird, das neue Wechsel ausstellen könnte«. Am 17. Juli 1856, also im gleichen Jahr, wurde ein Gesetz verabschiedet, das die Neugründung und Tätigkeit von Kommanditgesellschaften im Aktienhandel genau regelte, die angesichts der Dauer und Auflagen des Genehmigungsverfahrens als Ersatz für die reine Aktiengesellschaft bei der Gründung großer Gesellschaften dienten. Diese Gesetzgebung hatten einige Mitglieder des Staatsrats angeregt, denen die vom Spekulationsfieber aufgeheizte Atmosphäre der fünfziger Jahre angst machte. Doch schon bald zeichneten sich die Nachteile dieses Gesetzes ab: 1856 kam es noch zu 463 Neugründungen von Kommanditgesellschaften im Aktienhandel, während man 1861 lediglich noch 96 zählte. Es mußte dringend eine neue Formel gefunden werden. Eine stark liberale Strömung nach britischem Vorbild plädierte 1859 deshalb für eine völlige Freigabe. Der Staatsrat führte Nachhutgefechte, indem er in einem Gesetz von 1863 nur Gesellschaften mit Kapitaleinlagen unter zwanzig Millionen Francs Handlungsfreiheit zugestand, doch wurde diese Beschränkung 1867 durch ein Gesetz wieder aufgehoben.

Der Grundgedanke der Reform ist eindeutig liberal. »Der Kaiser in seiner großen Weisheit verkündet die Erläuterungen zum Gesetz von 1863; er hat in seinem Edelmut das Prinzip der Handlungsfreiheit für Wirtschaft und Handel proklamiert und an die Spontaneität der Bürger appelliert, sich nach und nach aus der Vormundschaft des Staates zu lösen.« In bezug auf die Erläuterungen des Gesetzes von 1867 stellte er als Grundsatz auf, daß »der Staat sich nicht in private Transaktionen einmischen soll«. Die Folge war, daß sich Aktiengesellschaften in Zukunft ohne Zustimmung der Regierung etablieren konnten. Das Schriftstück wurde in seiner feierlichen Förmlichkeit mit der Erklärung der Menschenrechte verglichen. Sein Ziel bestand darin, die Wirtschaft wieder erstarken zu lassen; dabei sollte es aber – so sagte Rouher – »der Initiative des einzelnen, der Arbeit eines jeden und der Energie aller überlassen bleiben, die verschiedenen Gesellschaftsformen in Schwung zu bringen«. Quantitativ gemessen ließ sich der Aufschwung recht schleppend an; zwischen 1865 und 1869 wurden 155, zwischen 1870 und 1874 196 Neugründungen registriert.

Es wurde bereits festgestellt, daß die Eisenbahngesellschaften seit 1846 bewiesen hatten, daß der Wunsch, das Land zu industrialisieren mit der Beibehaltung eines protektionistischen Systems nicht zu vereinbaren war. Die Gesellschaften hatten in den fünfziger Jahren für den Bau ihrer Eisenbahnen mehrmals die Genehmigung zur zollfreien Einfuhr bekommen. Damit war die erste Bresche in die Mauer des Protektionismus geschlagen und kündigte sich, wie bereits bei der Aufhebung der gleitenden Getreidepreise, das Ereignis des Jahres 1860, an. Die Verhandlungen für ein Handelsabkommen mit Großbritannien führten Rouher, der seit 1852 den Freihandel befürwortete, und im Jahr 1859 Michel Chevalier. Der Vertragsabschluß wurde in dem bereits erwähnten Schreiben vom 5. Januar am 15. Januar im »*Moniteur*« angekündigt, ohne daß aber vorher die Gesetzgebende Versammlung dazu angehört wurde. Es hagelte Proteste aus jenen Gegenden, die von jeher am stärksten dem Protektionismus verhaftet waren, wie der Normandie oder dem Norden. Die französischen Unternehmen waren jedoch keineswegs, wie oft behauptet wurde, gegen den Vertrag: Sämtliche großen Handelshäfen und die traditionell exportorientierten Regionen stimmten dafür. Der endgültige Vertragstext wurde 1860 aufgesetzt; Frankreich verzichtete auf alle Importsperren, schaffte die Steuern für Rohstoffe und die meisten Lebensmittel ab und führte Steuern *ad valorem* ein, die aber bei Fertigprodukten und Kohle nicht über 30 Prozent hinausgehen durften. An den Vertrag schlossen sich bald darauf eine Reihe von Handelsabkommen mit den meisten anderen europäischen Staaten an.

DER AUFSCHWUNG DER WIRTSCHAFT

Der Brief vom 5. Januar 1860 entsprach ganz den Vorstellungen der Wirtschaftspolitik des 2. Dezember: Freihandelspolitik einerseits sowie die Wiederaufnahme der Bauarbeiten der öffentlichen Hand und die Tarifsenkungen auf den Kanälen andererseits schlossen sich nicht gegenseitig aus; das heißt, die kaiserliche Politik bildete trotz offensichtlicher Unentschlossenheit ein zusammenhängendes Ganzes. Aus heutiger Sicht formuliert, ging es darum, durch eine Senkung der Transportkosten und durch den Abbau der Zollrechte, kurz, durch Intensivierung des Wettbewerbs zusätzliche Einnahmequellen zu schaffen. Die Anpassungsfähigkeit der Produktionsfaktoren (besonders der Handarbeit) sollte gefördert sowie die Investitionen für neue Technologien verstärkt werden. Diese zusätzlichen Einnahmequellen sollten den Lebensstandard der ganzen Nation heben, das heißt, sie sollten zum Wachstum des Bruttosozialprodukts beitragen. Das Zweite Kaiserreich bleibt immer verbunden mit der Vorstellung einer blühenden und erfolgreichen Epoche, die von großen Veränderungen in allen Lebensbereichen begleitet wurde. Damals wurde der erste Schritt getan auf dem jahrzehntelangen Weg zu einer neuen Kultur des Massenkonsums.

Die folgende Beschreibung dieser Entwicklung richtet den Blick zunächst auf die Bevölkerung und ihre Lebensgewohnheiten. Gezeigt wird der zwar noch bescheidene, aber schon vorhandene Wohlstand und seine Auswirkung auf den Konsum, um danach die spektakuläre Ausweitung des Außenhandels zu untersuchen. Nur so, vor diesem Hintergrund, lassen sich der Wandel in den landwirtschaftlichen und industriellen Produktionssystemen und die Verhaltensweisen von Arbeitern und Unternehmern, den Hauptdarstellern dieser Geschichte, besser verstehen.

DIE BEVÖLKERUNG

Die Bevölkerung Frankreichs wuchs in der Zeit des Zweiten Kaiserreichs von 36 auf 38,5 Millionen an, wobei der Anschluß Nizzas und Savoyens mit 700 000 Einwohnern berücksichtigt werden muß. Die Bevölkerungszahl veränderte sich bei einer Zuwachsrate von 0,27 Prozent kaum. Diese demographische Stabilität resultierte aus zwei widersprüchlichen Faktoren. Einerseits stagnierte die Abnahme der Geburten, die in den vierziger Jahren noch sehr hoch war, und pendelte sich schließlich zwischen 2,6 und 2,67 Prozent ein. Von da an konnte man von einem regelrechten »Babyboom« während des Zweiten Kaiserreichs sprechen. Gleichwohl machte man sich in den führenden Kreisen der französischen Gesellschaft erstmals Gedanken über die möglichen Konsequenzen einer sinkenden Bevölkerungszahl. Wirtschaftswissenschaftler stellten die traditionellen malthusianischen Gedankengänge in Frage: Leroy-Beaulieu beispielsweise befürchtete 1868 in seinem Werk *»État moral des populations ouvrières«* (»Der sittliche Zustand der arbeitenden Bevölkerung«), daß die antikonzeptionellen Praktiken in den Kreisen der Facharbeiter zu einer außergewöhnlichen Verknappung dieser Art der Handarbeit führen könnten, während sich gleichzeitig »die ungebildeten Tagelöhner« unkontrolliert vermehrten. Die Hauptsorge erwuchs jedoch aus einem Vergleich mit dem Bevölkerungswachstum anderer Staaten. Schon 1861 schrieb der Statistiker Block in seinem Werk *»Europe politique et sociale«* (»Das politische und gesellschaftliche Europa«): »Jene Länder, die 1815 bereits 140 Millionen Einwohner gegenüber unseren 30 Millionen aufweisen konnten, verfügen heute über 200 Millionen, während wir nur 38 Millionen zählen. Doch ist dies kein Grund zu übermäßiger Beunruhigung.« Dennoch trug auch sein Buch dazu bei, Alarm zu schlagen.

Dagegen erkannte zwar A. Legoyt 1867 in der Abnahme der legalen Schwangerschaften einen für den »Wohlstand des Landes« günstigen Faktor, fügte aber hinzu: »In dem Augenblick, in dem das Bevölkerungsproblem die Größe und Unabhängigkeit meines Heimatlandes in Frage stellt und damit seinen bedeutenden und berechtigten Einfluß auf das Weltgeschehen schmälert, mußte ich nach einer Möglichkeit suchen, die Dinge in Bewegung zu bringen.« Im gleichen Jahr, nach Königgrätz, erinnerte Cochut in einem Artikel daran, daß »die Bevölkerung der Stoff ist, aus dem die Armeen gemacht werden, die Arme für den Pflug und das Gewehr aber fehlen.«

Die langsamere Geburtenabnahme wurde ausgeglichen durch eine höhere Sterblichkeitsrate, die mit 2,4 Prozent in den fünfziger Jahren höher lag als in den Jahren um 1840. Doch zu den charakteristischsten Zügen des Zweiten Kaiserreichs gehört wohl die hohe Kindersterblichkeit, die zwischen 1841 und 1845 bei 15,6 Prozent, später jedoch bei durchschnittlich 17,9 Prozent lag. Vor allem in den sechziger Jahren verlief die Kurve der Sterblichkeitsziffer noch immer sehr unregelmäßig. 1853/54 nahmen die Todesfälle, vor allem infolge einer Choleraepidemie, mit 145 000 Toten um ein Viertel zu. Die Epidemien – seien es Pocken, Cholera, Thyphus oder regional und lokal begrenzte Krankheiten wie Malaria oder Ruhr – hinterließen jedesmal verheerende Folgen. In La Ratterie im Limousin starb 1860/61 ein Drittel der Bevölkerung an der Ruhr. Nach Ansicht der Zeitgenossen nahm auch die Sterblichkeit bei Tuberkulosefällen ständig zu: In Bordeaux betrug sie zwischen 1858 und 1866 bei Männern 31,2, bei Frauen 26 auf 10 000.

Der neuerliche Anstieg der Kindersterblichkeit war um so auffälliger, als er sich nicht auf Kleinkinder unter einem Jahr beschränkte; er betraf nun auch Kinder zwischen ein und vier Jahren. Jedes dritte Kleinkind starb, bevor es das fünfte Lebensjahr erreicht hatte. Einige bemerkenswerte Untersuchungen machten für die gestiegene Sterblichkeitsrate das künstliche Stillen verantwortlich. Diese betrug im Departement Calvados 1865 insgesamt 17,5 Prozent, wobei die Zahl der mit Muttermilch gestillten Kinder bei 10,8, die der künstlich gestillten bei 30,8 Prozent lag. Bis Ende des 19. Jahrhunderts stieg die Kindersterblichkeit in Gegenden mit künstlichem Stillen noch höher, vor allem in Nordfrankreich und an der oberen Loire bis nach Lothringen. Diese Art des Stillens fand in der Tat unter hygienischen Voraussetzungen statt, bei denen die Milch für das Kind in wenig mehr als eine Mikrobenbrühe verwandelt wurde. In einigen Gegenden Südfrankreichs wie Savoyen, dem Lyonnais, der Dauphiné, der Provence und dem Zentralmassiv hing die hohe Kindersterblichkeit mit dem späten Entwöhnungszeitpunkt zusammen, der zu fatalen Magen-Darmkatarrherkrankungen führte.

Angesichts dieser alarmierenden Zunahme der Sterblichkeitsrate setzte im Zweiten Kaiserreich ein entscheidender Bewußtseinswandel ein. Die Medizin erwies sich zwar als weitgehend machtlos, doch gab es auch Verbesserungen wie etwa das Chinin im Kampf gegen die Malaria, die Erfindung von Desinfektionsmitteln oder Fortschritte im Kampf gegen die Pocken. Zwei Aspekte dieses Bewußtwerdungsprozesses müssen in diesem Zusammenhang besonders hervorgehoben werden. Da waren zunächst einmal die zunehmend bewußteren, vorsorgenden Maßnahmen im Bereich der Hygiene, zu denen auch die Anregung zur Gründung von regionalen Hygienekommissionen seitens der Ärzte gehörte. Sehr viele von ihnen nahmen zu diesem Zweck aktiven Anteil an der Lokalpolitik. Während 1840 erst 102 Mediziner in den örtlichen Gemeinderäten saßen, waren es 1870 bereits 200. Die kaiserliche Regierung suchte häufig ihre Bürgermeister gerade in ihren Reihen, und sie konnten dann wie in Périgueux, in Chartres, in Avignon, in Niort, in Metz oder Rodez selbst Kommunalpolitik betreiben und aktiv soziale Initiativen entwickeln. Ihr Hauptanliegen galt in der Regel der Lösung des Wasserproblems und dem Bau von Sozialwohnungen, wobei sie bei der Wasserversorgung den weit größeren Erfolg verbuchen konnten. Die engagiertesten Ärzte unter ihnen hielten es sogar für möglich, der Gesellschaft eine neue rationale Ordnung auf der Grundlage des Hygieneprinzips verschreiben zu können. Tatsächlich gehörte der Gedanke der Hygiene zu den wesentlichsten Neuerungen während des Zweiten Kaiserreichs, an dem auch der Sarkasmus eines Flaubert nichts zu ändern vermochte.

Der zweite Aspekt hing mit den Fortschritten in der Medizin zusammen. Dort kündigten sich erste Anzeichen umwälzender Veränderungen an. François Magendie, der die spätere Leistung Claude Bernards (1813–1878) theoretisch bereits vorweggenommen hatte, starb 1855. Er war es, der unter anderem auf dem Hauptgebiet der naturwissenschaftlich-medizinischen Forschung des 19. Jahrhunderts, der Bakteriologie, den entscheidenden Weg gewiesen hat. Auf diesem Gebiet kam es in den sechziger Jahren zu bahnbrechenden Erfolgen: Nach der Lektüre von Pasteurs Arbeiten über die Gärung erkannte Davaine 1863 die Ursache für den Milzbrand in den Stäbchen, die man seit langem im Blut infizierter Personen festgestellt hatte. 1865 bewies Villemin in Val-de-Grâce in einem Experiment, daß Tuberkulose ansteckend war. Diese Wegbereiter wurden von allen damaligen Intellektuellen jeglicher Denkrichtung gründlich mißverstanden. Als wesentliches Fazit blieb jedoch bestehen, daß Pasteurs Theorien über die Gärung bedeutende Auswirkungen auch im medizinischen Bereich haben sollten, so etwa für die Sterilisationsmaßnahmen in den chirurgischen Kliniken, die sich gegen Ende des Kaiserreichs immer mehr durchsetzten. Tarnier wandte die Prinzipien der Hygiene im Wochenbett an und machte damit den Anfang in der Bekämpfung des Kindbettfiebers. Bei den eiternden Wunden der Kriegsverletzten von 1870 wurden erstmals konsequent aseptische und antiseptische Vorschriften praktisch durchgeführt. Die führenden Kreise der Mediziner hatten begriffen, worum es ging, und Pasteur selbst wurde sich seit 1860 bewußt, wie wichtig seine Entdeckungen für die Medizin waren. Nach seiner Aufnahme in die Akademie der Wissenschaften 1863 sagte er auf einem Empfang Napoleons III.: »Mein ganzes Streben gilt der Entdeckung der Ursachen von fäulniserregenden und ansteckenden Krankheiten.« Zur gleichen Zeit arbeitete Pasteur im Labor der *École normale* an seinen Untersuchungen über die Urzeugung.

Vor diesem Hintergrund konnte Léonard, ein Schriftsteller der damaligen Zeit, das Hygienebewußtsein sogar als »das durch die Verbreitung im Volk geadelte, im Grunde christliche Wohlbefinden des Volkes« bezeichnen. Die Formel ließe sich auf alle Konsummodelle anwenden, denn in dem Maße, wie die Lebensweise der Bürger sich an immer größerem

Komfort orientierte und immer breitere Bevölkerungskreise erfaßte, griff dieses System langsam, aber unbestreitbar auf das »Volk« als ganzes über. Wenn das Schema auch nicht neu war – es ging auf das 18. Jahrhundert zurück, als die Volkswirtschaftler das Volk als Konsumenten sehen wollten –, so war doch erst im Zweiten Kaiserreich ein wirklicher Rückgang der Armut zu erkennen.

In der Realität resultierte das Wachstum des Binnenmarkts aus zwei sich ergänzenden Faktoren, nämlich aus der Veränderung der Lebensbedingungen im Zusammenhang mit der zunehmenden Verstädterung und dem Zuwachs des Pro-Kopf-Einkommens. Beide Phänomene lösten eine begrenzte, aber merkliche Änderung der Lebensgewohnheiten und des Konsumverhaltens aus, das in der Stadt mehr als auf dem Land zu spüren war.

Zwischen 1851 und 1866 stieg die städtische Bevölkerung von 9100000 auf 11600000 Einwohner, wobei zwei Merkmale bei der Stadtentwicklung im Zweiten Kaiserreich besonders ins Auge springen: zum einen, daß es vor allem die Städte über 50000 Einwohner sind, die am schnellsten wachsen, und zum andern, daß es in manchen Städten zu einem geradezu explosionsartigen Anstieg der Bevölkerungszahl kam. Im Jahr 1851 lebten 5,4 Prozent der französischen Bevölkerung in Städten mit mehr als 50000 Einwohnern, 1866 waren es bereits 11 Prozent. Die Einwohnerzahl Saint-Étiennes zum Beispiel stieg von 56000 auf 97000 Bürger, und die Lilles wuchs von 76000 auf 155000 Einwohner an. Dieser Zahlenanstieg war nur teilweise auf das Flächenwachstum der Stadt und auch nicht nur auf die Industrialisierung zurückzuführen. So vermehrte sich die Einwohnerzahl von Bordeaux sprunghaft von 130000 auf 194000 und in Marseille von 195000 auf 300000 Einwohner. Diese Verstädterung hing maßgeblich mit dem zunehmenden Schienenverkehr zusammen, da die Langstreckennetze und damit die Verbindung der Großstädte untereinander ausgebaut wurden; das heißt, auf die Urbanisierung der Straßen folgte die Urbanisierung des Schienenverkehrs. Das zeigte sich vor allem auch in Paris, das zwischen 1851 und 1870 einen Einwohnerzuwachs von 1,2 Millionen auf zwei Millionen zu verzeichnen hatte. In den Jahren um 1856 war die Zunahme durch die Zuwanderung am stärksten; in den sechziger Jahren war nur ein Drittel der Pariser in der Stadt selber geboren.

Schaut man auf das Wachstum der großen Städte, so darf man dabei das Aufkommen eines durch die Industrialisierung bedingten ganz neuen Stadttypus, die Grubenarbeiterstadt, nicht übersehen. Diese Entwicklung läßt sich am besten an Montceau-les-Mines darlegen: 1856 zählte dieses Dorf 315 Einwohner, 1856 wird es eine selbständige Gemeinde mit 2300 Einwohnern; 1871 war die Zahl auf 8200 und 1876 bereits auf 11000 Einwohner gestiegen, wobei die Zuwanderer hauptsächlich aus der Region stammten, da 1876 9600 der 11000 Einwohner im Departement geboren waren. Es waren also echte *villes-champignons.*

DIE STEIGERUNG VON EINKOMMEN UND KONSUM

Die fünfziger Jahre des 19. Jahrhunderts markieren in der Geschichte des Bevölkerungswachstums einen Höhepunkt, denn die Zunahme der Produktion in der Industrie und zu einem geringeren Teil in der Landwirtschaft hatte ein in diesem Jahrhundert nicht dagewesenes Höchstmaß erreicht. Diese höheren Zuwachsraten waren im Ansatz bereits in der Zeit der Restauration zu verzeichnen und sollten sich in den vierziger Jahren weiter festigen. Das Pro-Kopf-Einkommen wuchs in der Zeit der Julimonarchie und des Zweiten Kaiserreichs um durchschnittlich 1,5 Prozent im Jahr. Der Wohlstand in der Zeit des Kaiserreichs war insofern also nicht neu, er wurde nur wiederentdeckt. Bei diesen Zahlenangaben handelt es sich jedoch nur um grobe Schätzungen. Überzeugender und präziser belegen dies regional oder sektoral ausgerichtete Einzeluntersuchungen. Sie alle berichten übereinstimmend von einem Einkommenszuwachs innerhalb der bürgerlichen Gesellschaftsschicht und einem zunehmenden »Wohlergehen« der breiten Bevölkerung.

Auch Untersuchungen in den ländlichen Gegenden bestätigen eine Zunahme der bäuerlichen Einkommen, die je nach sozialer Kategorie jedoch stark variieren. Im Departement Loir-et-Cher stieg das Realeinkommen während des Kaiserreichs, doch waren es die Grund- und Bodenbesitzer, »diejenigen also, die Produkte zu verkaufen hatten«, die Hausbesitzer und mehr noch die Landwirte, die von der günstigen Konjunktur profitierten; ihre Einnahmen lagen über denen der Lohnempfänger und der Bodenpächter. Im Departement Tarn-et-Garonne war eine generelle Zunahme der Kleinbauern zu verzeichnen, und auch im Calvados kam es zu einer allgemeinen Steigerung der Einkommen, wobei dort die Entwicklung auch für Unternehmer und Landwirte einen günstigen Verlauf nahm. In den fünfziger Jahren zeichneten sich diese positiven Tendenzen noch stärker ab als zehn Jahre später. Sogar im Limousin, dessen Löhne meist unter denen anderer Regionen lagen, stellte man mit Beginn des Kaiserreichs bis 1875 eine beträchtliche Zunahme der Renten, Löhne und Einnahmen der Eigentümer und Pächter fest. Auch hier befanden sich Unternehmer, die die Gunst der Stunde zu nutzen verstanden, im Vorteil.

Die Reallöhne der Arbeiter gerieten seit 1840 in Bewegung; diese Tendenz verstärkte sich in der Zeit des Kaiserreichs, auch wenn sich manche Waren ganz empfindlich verteuerten. Diese Entwicklung wurde durch Anzeichen auf nationaler Ebene wie auch durch einige regionale Nachforschungen bestätigt. Nach den Zahlen der *Statistique générale de la France* von 1910 waren die Reallöhne von 6,7 Prozent in den Jahren 1850 bis 1860 auf 9,5 Prozent zwischen 1860 und 1870 gestiegen. Einer neueren Untersuchung zufolge nahmen die Nominallöhne zwischen 1845 und 1856 langsam, aber stetig ab, stiegen dagegen in den Jahren von 1856 bis 1870 wieder um ein Drittel. Die Realeinkommen hatten sich im gleichen Zeitraum um 33 Prozent, die Lebenskosten um 8 Prozent erhöht. Daß die Reallöhne in den sechziger Jahren stärker als in den fünfziger Jahren stiegen, ergab sich aus der Tatsache, daß die Preise für viele landwirtschaftliche Erzeugnisse, vor allem für Getreide, seitdem ganz beträchtlich gesunken waren. Auch diese Tendenz ist durch regionale Untersuchungen nachzuweisen. Im Departement Loir-et-Cher kletterte der Reallohn eines Bauarbeiters zwischen 1853 und 1869 um 30 Prozent, bei einem Industriearbeiter um 27 Prozent. In der Umgebung von Lyon stiegen die Reallöhne zum erstenmal während des Kaiserreichs: die Tagelöhne merklich schneller als die Lebenskosten (in Lyon um 66 Prozent, in Grenoble zwischen 1853 und 1857 bis 1881 bei männlichen Arbeitskräften um 54 Prozent). Auch in Paris war eine materielle Besserstellung der Arbeiter zu beobachten (J. Rougerie). Hingegen war das Elend, das in Paris herrschte, importiert, da sich hier die Armen ballten, die von außerhalb kamen. Sie zogen auch entsprechende Hilfsorganisationen in die Stadt.

Das Kaiserreich bedeutete für das Bürgertum eine Phase zunehmenden Wohlstands. Für diese Zeit sind die Vermögensverhältnisse besser bekannt als die Einkommen, wobei aber beide Entwicklungen offensichtlich parallel verliefen. Von 1852/54 bis 1874/75 verdoppelten sich die Annuitäten aus Erbschaften, sie stiegen von zwei auf vier Milliarden Francs an. Untersuchungen in den Notariatsarchiven einiger Großstädte ergaben, daß der Reichtum bis zum Ende des Jahrhunderts ständig stieg und sich in der Zeit des Kaiserreichs noch beschleunigte. In Lyon stieg der Durchschnittswert der Erbschaften zwischen 1845 und 1869 von 13800 Francs auf 42796 Francs, in Toulouse von 10409 Francs auf 22566 Francs, in Lille innerhalb des Zeitraums von 1857 bis 1873 von 36000 Francs auf 100100 Francs. Diese Zunahme war teilweise eine Folge der vermehrten Wertschöpfung des Kapitals, doch der eigentliche Grund lag in der Einstellung zum Sparen und vor allem »im Einfluß des wirtschaftlichen und industriellen Fortschritts der aktivsten Zentren, wofür Lille als Beispiel dient« (A. Daumard). Selbst die Veränderung innerhalb der vermögenden Bevölkerungsschicht kann dies sehr deutlich zeigen: Während Anfang des Jahrhunderts der größte Reichtum noch in den Händen der Grundbesitzer lag, die – auch wenn sie öffentliche Ämter bekleideten – im wesentlichen von ihren Pachteinkünften lebten, so wurden sie nun von Geschäftsleuten abgelöst, die in der Wirtschaft, der Industrie oder im Finanzbereich tätig waren und die Grundlage für ihr Vermögen während ihrer beruflichen Laufbahn gelegt hatten. In Paris stieg die Anzahl der Millionäre während des Kaiserreichs von 1300 auf 2200. Der Gewinn löste somit die Rente ab.

In dem Maße, wie die durchschnittliche Höhe der Vermögen wuchs, gewann auch das Bürgertum eine breitere Basis, obwohl intern noch deutliche schichtenspezifische Unterschiede blieben. Diese Basiserweiterung geschah infolge einer vermehrten, auf Selbständigkeit bedachten wirtschaftlichen und industriellen Aktivität, die sich darin zeigte, daß die Zahl der Gewerbescheine schneller wuchs als die Bevölkerung. Desgleichen nahm auch die Zahl der Arbeitnehmer, der Angestellten und nicht zuletzt der freien Berufe zu, die laut A. Daumard den Begabten neue Möglichkeiten eröffneten. Diese »Mittelklassen« übernahmen dann später selbst eine an bürgerlichen Idealen ausgerichtete Lebensweise.

EIN NEUES KONSUMVERHALTEN

Die höheren Einkommen und die Ausdehnung des Bürgertums haben massive Veränderungen im Konsumverhalten nach sich gezogen, die damals von allen Zeitgenossen erstaunt zur Kenntnis genommen wurden. Ihr Erstaunen galt jedoch mehr den ersten Anzeichen eines sich als dauerhaft erweisenden Konsumwachstums in der Bevölkerung insgesamt als der Verbreitung eines Konsummodells innerhalb der bürgerlichen Hierarchie, das sich vor allem an aristokratischen Vorbildern orientierte. Denn zu den bevorzugten Themen der Hygieneliteratur und der Gesellschaftskritiker gehörte die Beschreibung der schmutzigen und verkommenen Behausungen der Arbeiter und Bauern, eine Lesart, die auch von vielen Historikern der neueren Zeit noch übernommen und in der die untere Schicht des französischen Volkes beschrieben wurde, als ob diese Menschen nur im Schmutz lebten, sich niemals wuschen, nichts als dünne Suppen aßen und darüber hinaus dem finstersten Aberglauben anhingen. Dem muß kräftig widersprochen werden, denn die benutzten Quellen sind nur verzerrt wiedergegeben und zeugen mindestens ebensosehr von der Arroganz des Bürgertums als wie vom Schmutz des einfachen Volkes. Den Mitgliedern der Hygienekommission ging es aber wohl darum, sich und ihr Vorhaben ins rechte Licht zu rücken.

Doch wurden seitdem trotz dieser notorisch negativ eingestellten Literatur auch überzeugende Beschreibungen eines gewissen Wohlstands geliefert. Einer landwirtschaftlichen Untersuchung von 1866 zufolge waren »die Arbeiter und Handwerksmeister im Departement Mayenne besser ernährt; das Brot wurde aus Getreide hergestellt, es wurde öfter Fleisch gegessen, die Kleidung sah ordentlich aus. Eine Neigung zum Wohlstand ließ sich feststellen, die Wohnungen waren sauberer, und der Komfort hatte offensichtlich zugenommen.«

Der Bürgermeister der Gemeinde Cormeray im Departement Loir-et-Cher schrieb 1862: »Die Bevölkerung hat einen gewissen Wohlstand erreicht. (...) Jeder kann sich einen bisher nicht gekannten Komfort leisten. (...) Die Menschen essen viel besser als früher.« Im Departement Calvados beklagte sich der Bevollmächtigte des Kaisers 1865 über »zunehmende Verschwendung der oberen und mittleren Gesellschaftsschichten«. Denn viele Zeitgenossen beobachteten argwöhnisch die Steigerung der Löhne bei den Bauern und bei den Arbeitern, sowohl auf dem Land wie in der Stadt.

Auch im Bereich des Nahrungsmittelverbrauchs machte sich eine zunehmende Diversifizierung bemerkbar, die mit dem Zuwachs der Eßmenge einherging. Es wurde nicht mehr nur gegessen, das Essen war auch abwechslungsreicher. Zwischen 1830 und 1840 lag die durchschnittliche Kalorienmenge bei 2000, 1880 lag sie wahrscheinlich über 2800 Kalorien und entsprach damit dem seit 1860 als normal angesehenen Niveau. Das Maximum an Eiweißverbrauch wurde 1880 erreicht. Die Zusammensetzung der Nahrungsrationen änderte sich zunächst nur allmählich, wandelte sich dann aber vollends im Zweiten Kaiserreich. Zwischen 1850 und 1870 verdoppelte sich die Zuckerration von 10 Gramm auf 25 Gramm täglich. Die jährlich verzehrte Schokoladenmenge stieg von 60 Gramm auf 185 Gramm. Der Verzehr tierischer Produkte wuchs langsamer: Beim Fleisch betrug die Steigerungsrate 21 Prozent (von 26 Kilogramm auf 33 Kilogramm jährlich), bei Milch 22 Prozent (von 59 Kilogramm auf 72 Kilogramm jährlich), bei tierischen Fetten 27 Prozent (von 1,8 Kilogramm auf 2,3 Kilogramm). Es handelte sich hierbei also um keine Revolution, sondern um eine allmähliche Entwicklung. Eine Untersuchung in 46 Departements ergab 1872, daß »die Menschen sich von Roggen, Kartoffeln, Mais und Kastanien ernährten. Für manche war es ein Erlebnis, wenn sie einmal in ihrem Leben Fleisch gegessen hatten«. Im Limousin wurde es als Neuheit registriert, daß es nicht mehr nur »keine Hungersnöte und keine extreme Armut gab, sondern auch qualitativ bessere Produkte«. Im Departement Pas-de-Calais löste »das Weizenbrot das Brot aus Mischkorn (Weizen und Roggen) ab; sonn- und feiertags kam Fleisch auf den Tisch, und es wurde immer öfter Kaffee getrunken«.

Die Verbesserung der Eßgewohnheiten war in der Arbeiterklasse besonders zu spüren. Sie gab ihr zusätzliches Geld hauptsächlich für Nahrungsmittel aus. In Paris aßen die Arbeiter nun weniger Brot, dafür aber mehr Fleisch. Im Jahr 1832 beliefen sich die Ausgaben für Nahrungsmittel auf 67 Prozent der Gesamtausgaben eines Haushalts, die Hälfte davon wurde für Brot ausgegeben. Danach sanken die Kosten für Brot von 34 Prozent auf zwölf Prozent der Gesamtausgaben. Y. Lequin kam für die Zeit zwischen 1848 und 1880 im Umkreis von Lyon zu dem gleichen Resultat. Insgesamt stabilisierte sich der Nahrungsverbrauch, im Fleisch-, Zucker- und auch Alkoholkonsum zeichneten sich jedoch Unterschiede ab. Die Arbeiter in der Dauphiné ersetzten das Brot ab 1866 durch »gehaltvollere Lebensmittel«, wie der Bevollmächtigte des Kaisers feststellte. Dennoch war die Sorge um das tägliche Brot in Frankreich Tradition, auch wenn sie aus einer Übertragung bürgerlicher Lebensformen resultierte.

Den Hauptakzent des Verbrauchs legten Adel, Bürger und Kleinbürger im dritten Viertel des neunzehnten Jahrhunderts jedoch nicht so sehr auf den häuslichen Komfort, obwohl auch er nicht vernachlässigt wurde, als vielmehr auf die äußere Repräsentation, also auf das, was man als Luxus oder Halb-Luxus bezeichnen könnte. Die »Privatisierung des Raums« förderte das Bemühen um eine originelle Inneneinrichtung und die Suche nach einer Vielzahl von Gegenständen des täglichen Lebens, wobei man die Vorbilder bei der Aristokratie entlehnte. Die private Architektur nahm einen ungeahnten Aufschwung, ob es sich um ein Landschlößchen, ein Landhaus oder eine Stadtwohnung handelte. Im Departement Mayenne reihte sich ein Schloß an das andere. Der Zeitgeschmack verlangte, so beschrieb es Camille de Vaujuas, daß man »ein Schlößchen, sei es auch noch so kümmerlich, mit Spitzgiebeln, Vogelnestern, Mansarden, Vorbauten in allen Formen und Stilarten errichtete, die manchmal Geschmack und Talent bewiesen, manchmal einfach lächerlich und bizarr wirkten«. Im gleichen Departement wurden damals die Häuser der Landwirte renoviert und umgebaut, was manchmal so weit ging, daß zwischen 1850 und 1880 sogar die Parks dieser Häuser umgestaltet wurden.

Im Gegensatz dazu besaß das bürgerliche Stadthaus nicht die Vielfalt eines Landschlosses, es nahm sogar den Charakter völliger Uniformität an. Das Wohnhaus, wie Haussmann es konzipierte, übertrug das aristokratische Ideal in ein bürgerliches Umfeld. Es bestand aus einer Fassade aus Stein, verziert mit Balkonen, die den adligen Empfangsräumen entsprachen, und einer Hinterhoffassade aus Ziegelsteinen, die sich an den Hausarbeitsräumen orientierten. Der Komfort war nicht allzu groß; Wasser gab es in der Küche am Spülbecken, sonst nicht. Neu war die Gasversorgung für private Haushalte, nachdem in Paris die Gesellschaft für Gasheizung und Beleuchtung gegründet worden war. Diese baute die Steigleitungen aus und senkte die Gebühren, so daß die Zahl der Anschlüsse von 34000 (1857) auf 86500 (1869) stieg. Trotzdem handelte es sich noch immer um eine ziemlich privilegierte Vorrichtung. Eine Wohnung war mehr zur Repräsentation als für den persönlichen Komfort gedacht, was an drei besonders auffälligen Gebrauchsgütern sichtbar wird: an den Stoffen, Spiegeln und an Silber- und Bronzegegenständen. So wurden sämtliche Kamine mit Spiegeln dekoriert, und wurde damit der Geschmack der Fürsten des 17. Jahrhunderts auch vom Kleinbürgertum übernommen. Gleichzeitig kamen immer mehr Gegenstände auf den Markt, die ebenfalls dem Adel abgeschaut waren, nun aber in immer größerer Stückzahl hergestellt wurden. Jeanne Gaillard hat aufgezeigt, wie sich das Pariser Handwerk auf diesen Geschmack des breiten Publikums eingestellt hatte. Zu den spektakulärsten Neuerungen gehörten das Silbergeschirr und die elektrochemische Vergoldung, die nach Ansicht eines zeitgenössischen Beobachters »Komfort für jeden« erschwinglich machte »in Form von hygienischen und zugleich eleganten Eßservicen, Kaffee- und Teekannen und Besteckteilen, wie sie heute in jedem Haushalt vorhanden sind«.

Der Textilmarkt wurde sowohl von der wachsenden Nachfrage nach Stoffen für Einrichtungsgegenstände als auch durch die vielfältige Kleidermode belebt. Im Zweiten Kaiserreich ging man verschwenderisch mit Stoffen um, denn für die städtische Mode benötigte man dicke Stoffe und weite Gewänder, auf dem Land dagegen waren die Trachten der jeweiligen Region gefragt. Die Erhöhung des Pro-Kopf-Einkommens kam vor allem diesen Verbrauchsgütern zugute. Reybaud, ein scharfer Beobachter der industriellen Entwicklung, schrieb 1863: »Die Spinnerei kann mit der Entwicklung kaum Schritt halten, weil der Komfort der Leute schneller zunimmt als die Leistungsfähigkeit der Betriebe.« Der Wandel der Kleidermode machte sich in der Arbeiterklasse sogar schon so weit bemerkbar, daß die Gesellschaftsschichten sich in der Kleidung immer weniger voneinander unterschieden, und derselbe Reybaud kam 1859 zu dem Schluß, daß »der Arbeiter nicht mehr nur wie ein Arbeiter aussehen will«. Diese Entwicklung, die bis dahin nur die oberste Schicht der Arbeiter erreicht hatte, war nicht mehr aufzuhalten.

Die Zunahme des Konsums ließ sich am auffälligsten in den Veränderungen des Einzelhandels feststellen. Die Gründung der großen Kaufhäuser hatte bei den Zeitgenossen zu Recht großes Aufsehen erregt. Sie setzte jedoch nur eine schon ältere Entwicklung fort und bedeutete in den meisten Fällen eine Erweiterung und Vergrößerung von sogenannten »Neuheitengeschäften«. In der Kaiserzeit setzte damit eine Entwicklung ein, die später zum Bau der großen Handelspaläste führte. Neu an ihnen waren nicht nur die Verkaufsmethoden mit der Einführung von Festpreisen und einer Qualitätsgarantie, sondern auch die Gestaltung der Verkaufsräume mit ihrer jeweils spezifischen Innenarchitektur, ihrer Beleuchtung und ihren Auslagen. Die Ladengeschäfte am Louvre wurden 1855 gegründet, das neue Warenhaus 1874 bis 1877 gebaut. 1852 wurde Aristide Boucicaut Teilhaber im »Bon Marché« und 1863 dessen Alleininhaber; 1869 war das »Bon Marché« das größte französische Kaufhaus im Einzelhandel. Der Bau des neuen Hauses, damals das größte der Welt, wurde 1859 begonnen und 1877 fertiggestellt. Ebenso errichtete auch Felix Potin 1859 eine Filiale auf dem Boulevard Sébastopol. »Le Printemps« wurde 1865 von Jaluzot, dem Sohn eines Notars aus Nièvre, gegründet. Er beschäftigte damals 250 Angestellte. Nach einem Brand 1881 wurde es noch prächtiger wiederaufgebaut. So war also auch in diesem Bereich das Zweite Kaiserreich eine Zeit wichtiger Neuerungen.

DIE WIRTSCHAFTLICHE EXPANSION

Das Wachstum der französischen Wirtschaft erhielt auch Auftrieb durch ihren dynamischen Außenhandel. Zwischen 1845 und 1865 erreichte der Export den höchsten Stand in diesem Jahrhundert. Er belief sich damals auf jährlich 6 Prozent verglichen mit 4,5 Prozent zwischen 1815 und 1875. Den Ausschlag für diesen Zuwachs gab der Verkauf hochwertiger Produkte an reiche Kunden, zumeist Engländer: Seidenwaren aus Lyon, Porzellan aus Limoges, Erzeugnisse des Pariser Handwerks, Handschuhe aus Grenoble.

Dies alles trug neben vielen anderen Produkten zum wirtschaftlichen Erfolg Frankreichs im Ausland bei. Es handelte sich hierbei übrigens eher um halbluxuriöse Gegenstände als um Luxusartikel im eigentlichen Sinn, wie die bereits erwähnten Spiegel aus Saint-Gobain oder Gegenstände aus eloxiertem Silber. Die Exporte an Textilien machten bis 1866 dabei etwa 58 bis 60 Prozent der gesamten für den Export gefertigten Waren aus. Die Zeitgenossen waren zufrieden damit; für Chr. Laboukaye waren es gerade »die geschmackvollen, eleganten und teuren industriellen Erzeugnisse, mit denen Frankreich alle anderen Nationen übertraf, die auch dem französischen Wesen am ehesten entsprachen und die am besten zum Export geeignet« waren.

Auch auf einem anderen Gebiet gab es dank der Leistung französischer Ingenieure beachtliche Erfolge: im Bereich der öffentlichen Bauaufträge. Die Banken hatten inzwischen ein Konzept für die Kapitalausfuhr entwickelt, vor allem für den Bereich der Eisenbahn und die Errichtung von Industriebetrieben. Der Gesamtwert der Exporte belief sich 1870 auf 13,5 Milliarden Francs. Diese Gelder wurden vor allem in Süd- und Mitteleuropa (57 Prozent) und im Nahen Osten investiert. Dafür ließen sich vielfache Belege anführen, angefangen mit dem unerwarteten Erfolg beim Bau des Suezkanals über den Aufstieg der 1846 gegründeten Firma Gouin, die in den sechziger Jahren maßgeblich am Bau der Eisenbahn in Rußland beteiligt war, bis zur Firma Hersent, die die Arbeiten zur Regulierung der Donau in Österreich übernommen hatte.

International gesehen war jedoch die Stellung Frankreichs in den letzten Jahren des Kaiserreichs eher geschwächt. Zwischen 1867 und 1869 wies die Handelsbilanz Passiva auf, der Saldo der Zahlungsbilanz sank rapide. Man muß allerdings auch, wie dies ein zeitgenössischer Historiker getan hat, erkennen, daß Frankreich es nicht verstanden hatte, sich eine Handelsflotte aufzubauen. Die dynamischsten Elemente in diesem Gleichgewichtsspiel von unsichtbaren Faktoren waren die Einkünfte aus dem Tourismus und vor allem aus den im Ausland angelegten Kapitalien.

DER PRODUKTIONSSEKTOR LANDWIRTSCHAFT

Das Produktionssystem hatte sich im Kaiserreich grundlegend gewandelt. Diese Veränderung war eine Folge des intensiveren Handels auf interregionaler und internationaler Ebene, der seinerseits wiederum mit der verbesserten Infrastruktur des Transportwesens, besonders der Eisenbahn zusammenhing. Während sich zu Anfang der Markt noch ungehindert ausbreiten konnte, traten in einer zweiten Phase gegenläufige Tendenzen auf, die einen zunehmend selektiven Charakter des Wachstums zur Folge hatten. Dabei muß die Landwirtschaft klar von der Industrie getrennt werden. Im landwirtschaftlichen Sektor manifestierte sich die Ausdehnung des Markts bis in die siebziger Jahre und wurde das Wachstum erst nach diesem Zeitpunkt selektiv; im industriellen Sektor verschwanden dagegen seit 1860 ganz plötzlich eine Reihe von Tätigkeitsbereichen, die bis dahin regional fest etabliert waren.

Die Verstädterung, die Zunahme des Lebensstandards und der Ausbau des Eisenbahnnetzes hatten für die Landwirtschaft außerordentlich günstige Voraussetzungen geschaffen. Diese Tatsache wurde in allen regionalen Untersuchungen bestätigt. Im Departement Calvados, wo bis in die vierziger Jahre der Kampf gegen den Hunger das Wachstum stimulierte, kam es nach dieser Zeit »infolge der Revolutionierung des Transportwesens« zur Erschließung neuer Absatzmärkte. Der Landwirt konnte sicher sein, daß er dadurch eine größere Produktionsmenge verkaufen konnte. Zwischen 1850 und 1860 änderten sich jedoch die Marktanreize. Während der ersten Hälfte des Kaiserreiches lag das Schwergewicht auf Mais und Getreide, in der zweiten Hälfte stärker auf der Viehzucht und ihren Produkten. Im Pariser Becken wurden wieder Zuckerrüben angebaut; ihr Umsatz stieg zwischen 1840 und 1860 von 150 bis 200 Francs auf 400 Francs. Im Departement Pas-de-Calais nahm der Anbau von Zuckerrüben ebenfalls zu; er stand nach Angaben der Landwirtschaftsgesellschaft »am Anfang aller Verbesserungen in der Landwirtschaft«.

In den zwanzig Jahren zwischen 1852 und 1872 hatte sich der Ertrag verdreifacht. Es handelte sich um eine echte landwirtschaftliche Revolution, die »die zunehmende Kommerzialisierung dieses Bereichs widerspiegelte«. Der Weinbau gehörte zu den Gewinnern dieses Kommerzialisierungsprozesses. Im Departement Côte-d'Or verdoppelte sich die Kapazität der Weinproduktion. Jacqmin, der Direktor der »Chemin de Fer de l'Est«, stellte 1867 in seinen Vorlesungen in der Straßenbauakademie fest: »In ganz Europa gibt es keine Gegend, die durch die Eisenbahn zu größerem Wohlstand, ja Reichtum gelangt ist als das frühere Languedoc« – eine Bemerkung, die einen Geographen nach 1850 auf den Begriff der »Pflanzungseuphorie« brachte. Ab 1860 kam es durch die veränderten Bedürfnisse auch in der Viehzucht zu einer Neuorientierung. 1866 zeigte eine Umfrage im Beaujolais und im Lyonnais, daß dort Bestrebungen im Gange waren, den Anbau von Weizen durch Anbau von Wein und durch Viehzucht zu ersetzen. Beide Neuerungen hingen mit den neuen Möglichkeiten infolge der zunehmenden Kommerzialisierung zusammen. Und im Departement Mayenne drängten die Landbesitzer ihre Pächter zu einer Wirtschaftsform nach englischem Muster mit stärkerer Viehzucht.

Das Wachstum des Marktes war zugleich mit einer vorteilhaften Entwicklung der Fristen auf Kapitalwechsel verbunden, da die Agrarpreise schneller als die Industriepreise stiegen. Diese Voraussetzungen führten zu bedeutenden ergänzenden sozialen und technischen Veränderungen. Die ländliche Abwanderung nahm vor allem in den Jahren um 1850 erheblich zu, da einerseits die Methoden der Bodennutzung immer intensiver und komplexer wurden, während die angewandten Techniken infolge der höheren Agrarlöhne mehr und mehr auf eine Einsparung von Arbeitskraft zielten, obgleich diese Möglichkeiten nur auf manche Regionen beschränkt blieben.

Sowohl die allgemeinen Zahlen als auch regionale Untersuchungen weisen auf eine verstärkte Abwanderung der ländlichen Bevölkerung um 1850 hin. Diese Tendenz zeigte sich bereits um 1840 (zwischen 1841 und 1851 waren es 850000 Personen), eskalierte jedoch im folgenden Jahrzehnt (mit 1256000 Personen) und fiel um 1860 auf das Niveau von 1840 zurück. Diese Abwanderung aus den ländlichen Regionen bedeutete aber nicht den landwirtschaftlichen Ausverkauf. Alle lokalen Untersuchungen bestätigen, daß zwischen 1830 und 1870 nur die Randgruppen davon betroffen waren, das heißt Personen, die in der Untersuchung von 1852 als *»journalier propriétaires«* (Tagelöhner) bezeichnet wurden, deren Existenz innerhalb einer Landgemeinde von der Aufrechterhaltung kommunaler Gebräuche und vom Brachland abhingen, das auffallend schnell abnahm. Der Exodus hing auch mit einem regional unterschiedlichen Rückgang der Heimarbeit zusammen. Er betraf also nicht allein die Agrarwirtschaft, sondern kam in allgemeinen Auflösungstendenzen zum Ausdruck, die einige mit dem Begriff der »demographischen Überlastung« beschrieben.

Neben dem System der allgemein üblichen Wechselwirtschaft mit vorwiegendem Getreideanbau gab es eine Reihe bemerkenswerter Abweichungen. In Nordfrankreich wurden Grünfutter und Zuckerrüben auf dem Brachland angebaut, in den weiterentwickelten Gebieten kam es zu viermaliger anstatt dreimaliger Fruchtfolge. In Südfrankreich setzte sich die dreimalige gegen die zweimalige Fruchtfolge durch, das Grünfutter löste das Brachland ab. Sogar im Zentralmassiv und seinen Hochebenen, die R. Fel untersucht hat, wurden immer mehr Anbausysteme vom Typ Norfolk übernommen und damit im Zweiten Kaiserreich spektakuläre Ertragssteigerungen erzielt. Im Departement Pas-de-Calais erhöhte sich die landwirtschaftliche Produktion um 46 Prozent, ein Resultat, das unter anderem auf die Verminderung des Brachlands, das für »gesetzesfrei« erklärt wurde, zurückzuführen war; es umfaßte 1882 nur noch 32000 Hektar, das heißt 11 Prozent der gesamten Anbaufläche Frankreichs (im Jahr 1852 waren es noch 19 Prozent, also 58800 Hektar).

Die Landerschließung machte vor allem auch dank der Drainage- und Trockenlegungsarbeiten in der Zeit des Kaiserreichs große Fortschritte. Die Trockenlegung der Landes, der Sologne, der Brenne und der Dombes sowie die Bewässerung der Provence waren spektakuläre Unternehmungen, die aber einer allgemein verbreiteten Tendenz folgten. So holte im Boulonnais die *Société Agricole* in den fünfziger Jahren Fachleute aus Schottland, die die Arbeiter anlernen sollten. In der Gegend von Saint-Omer ging die Initiative von einem Großgrundbesitzer aus, dessen Beispiel sich andere anschlossen. Zwischen 1852 und 1862 wurde im Departement Pas-de-Calais ein Gebiet von 11000 Hektar trockengelegt. Durch Trockenlegung und Bewässerung wurden die Anbauflächen vergrößert und damit eine Ertragssteigerung erzielt. Ebenso trug der Ausbau des Eisenbahnnetzes zur Verbreitung der Düngemittelverwendung bei. In der Bretagne konnte man diese Tendenz schon seit den fünfziger Jahren, im Limousin seit den sechziger Jahren beobachten.

Bis in die sechziger Jahre wurde das Wachstum der Agrarproduktion vor allem durch einen wachsenden Aufwand an menschlicher Arbeitskraft erreicht. Das bäuerliche Leben hatte seine »Augenblicke der Muße« verloren. Die Darstellung des Bauern in Literatur und Malerei zeigt ihn bei anstrengender Feldarbeit und in körperlicher Erschöpfung. A. Armengaud hob hervor, daß im Südwesten »die fortschreitende Intensivierung des Anbaus, die häufigere Verwendung von Düngemitteln, vor allem aber der dreifache Fruchtwechsel mehr Arbeitskräfte als früher erforderten«. Der Rückgang des Brachlands hatte allenthalben Arbeitskräfte mobilisiert. So hatte es den Anschein, als ob die intensivere Bodennutzung und die Steigerung der Erträge allein auf den vermehrten Einsatz von Menschenkraft zurückzuführen sei. Doch in fortschrittlicheren Gegenden konnte man auch die umgekehrte Tendenz feststellen. Bei einer Umfrage wurde 1866 vor allem der Mangel an Handarbeit angesprochen. Alle Befragten beklagten sich über steigende Löhne und die »Faulheit« der Arbeiter. Der Pflug auf Rädern ersetzte den Schwingpflug und wurde immer mehr perfektioniert; auch schwere Böden konnten nun damit bearbeitet werden. Ein Landwirt aus der Normandie hielt ihn gegen Ende des Kaiserreichs gar für »die wichtigste Erfindung der letzten zwanzig Jahre«. Insgesamt wird eine klare Tendenz zur Mechanisierung deutlich. So löste die Sense die Sichel ab, die Dreschmaschine den Dreschflegel. Im Departement Loir-et-Cher wurden zwischen 1852 und 1862 die ersten Göpeldreschmaschinen verwendet; in der Beauce und im Departement Eure-et-Loir gab es 1873 991 Göpeldreschmaschinen und 187 Dampfdreschmaschinen. Sie ersetzten laut Umfrage von 1866 die Wanderarbeiter. Da es immer weniger Tagelöhner gab, wurden die Maschinen zu einer unausweichlichen Notwendigkeit.

Im Departement Pas-de-Calais nahm die Arbeitsproduktivität in den Jahren um 1850 angeblich um 48 Prozent, zehn Jahre später um zwanzig Prozent zu. Daraus wird ersichtlich, daß manche Gegenden den agrarischen Aufschwung besser als andere zu nutzen verstanden. Regionen mit großen Anbauflächen konnten die neuen Methoden optimal nutzen, während Gegenden mit speziellen Produkten wie Wein, Gemüse oder Milch hinwiederum von den besseren Transportmöglichkeiten in die Städte profitierten. Dagegen konnten andere Regionen aufgrund ihrer ungünstigen Lage (wie im Gebirge) oder der Beschaffenheit des Bodens, der trotz Düngung nicht zu verbessern war, oder auch aufgrund ihrer Agrarstruktur kaum wirksame Veränderungen durchsetzen. Im Loiretal waren, wie R. Dion feststellte, die Pläne der *Société d'Agriculture* und der Industriellen, die den Zuckerrübenanbau einführen wollten, durch den überkommenen Individualismus der kleinen Grundbesitzer zum Scheitern verurteilt. Im Brie konnten die nötigen Gelder für die Trockenlegung nicht aufgebracht werden, da die Höfe viel zu klein und arm waren.

Das Verlangen nach mehr Grund und Boden, das den französischen Bauern kennzeichnete, war aber nicht so verbreitet, wie eine gewisse Geschichtsschreibung glauben machen möchte. Die Großkulturen im Pariser Becken entwickelten sich alle auf der Basis von Pachtverträgen. Nach einem berühmt gewordenen Wort von E. Labrousse erlebte die Pachtrente im Zweiten Kaiserreich ihre »letzten schönen Tage«. Die Grundbesitzer konnten ihre Einkommen steigern, wenn auch spürbar langsamer als diejenigen Landbesitzer, die ihre Felder selbst bestellten, und vor allem die Pachtbauern. Nunmehr konnten viele Bauern ihren Traum vom neuen Landerwerb verwirklichen. Zwischen 1851 und 1881 sank die durchschnittliche Bodenfläche pro Grundeinheit von 4,48 auf 3,5

Hektar – ein untrügliches Zeichen für die zunehmende Aufteilung von Boden, der nun immer mehr von denen, die ihn bearbeiteten, in Besitz genommen wurde. Daraus erklärt sich auch ein neues Verhältnis zwischen dem Bonapartismus und den Bauern.

DER PRODUKTIONSSEKTOR INDUSTRIE

Die Geschichte der Industrie im Zweiten Kaiserreich hatte ihre tragischen und zugleich ruhmreichen Seiten. In dieser Ära erreichte das industrielle Wachstum seinen Höhepunkt, gleichzeitig kündigte sich aber auch seit den sechziger Jahren eine Verlangsamung dieses Prozesses an, die sich in der Folge noch verstärken sollte. Fragt man nach den Gründen für diese Entwicklung wie auch nach den Ursachen der Gesamtdynamik, stößt man auf drei charakteristische Merkmale, die Frankreichs Industrie in der Zeit des Zweiten Kaiserreichs kennzeichneten: Trotz Serienfabrikation wurde die Qualität der Produkte nicht vernachlässigt; in der Produktion selbst verbanden sich in subtiler Weise die spezifischen Eigenheiten einer vorwiegend auf Handarbeit basierenden Industrie zunehmend mit denen maschineller Produktionsverfahren, und schließlich wurde das industrielle Wachstum immer selektiver. Manche Unternehmen verschwanden ganz, während andere Industriezweige dank unternehmerischer Initiative in den unterschiedlichsten Bereichen neu entstanden und zu neuen Unternehmensgründungen führten.

Das Zweite Kaiserreich erlebte einen beachtlichen Aufschwung neuer Verbrauchsgüter, die sämtlich die Merkmale »aristokratischer« Herkunft trugen, nun aber in Serie hergestellt wurden. Zwar konnte man noch nicht von einer Massenproduktion sprechen, doch wurden die Produkte in solchen Mengen gefertigt, daß Arbeitsteilung und Mechanisierung der Arbeitsabläufe möglich waren, ohne daß freilich, abgesehen von einigen Ausnahmen, bereits von Fließbandarbeit gesprochen werden könnte. Einige dieser sogenannten »Luxusartikel« wie die Spiegel über den Kaminen oder die Gegenstände aus Galvanoplastik wurden schon erwähnt; daneben kamen auch Bronzegegenstände, Einrichtungsartikel, Kinderspielzeug und eine Flut äußerst unterschiedlicher »Artikel aus Paris« hinzu. Die Handwerker des Zweiten Kaiserreiches verstanden es, altererbte, überlieferte Traditionen mit den neuen Techniken und Möglichkeiten, die die Industrie bot, zu verbinden. So entwickelte sich ein Kunsthandwerk, das zunehmend verfeinerter wurde und zugleich auf ein breites Publikum zielte. »Je gewöhnlicher ein Gegenstand ist«, hieß es in dem Bericht über die Ausstellung von 1862, »desto mehr Käufer interessiert er, und desto wichtiger ist es, nur die besten Stücke zu zeigen, die geeignet sind, Begeisterung zu wecken oder eine nützliche Erkenntnis zu vermitteln.«

Dies war besonders der Fall im Bereich der Porzellanherstellung, wo Théodore Deck (1823–1891), der 1851 von Straßburg nach Paris kam, bei der Herstellung seines Porzellans neben den Herstellungsverfahren des Mittelalters und der Renaissance auch die islamische Kunst der Keramikherstellung übernahm. Im Bereich der Glasbläserei machten sich die Handwerker mit dem Siemensbrennofen vertraut und entdeckten daneben auch die Glaswaren Venedigs, Deutschlands oder Englands wieder neu. Nicht anders verhielt es sich bei den Herstellern von Möbeln; auch sie bemühten sich um Treue gegenüber der Tradition wie um die Anwendung neuer Mechanisierungstechniken, von denen man neben einer schnelleren Herstellung der Produkte vor allem auch eine Verbesserung der Qualität erwartete, wie sie beispielsweise durch »mathematisch« exakt gesetzte Zierleisten oder durch die Furniertechnik möglich wurde. Die Galvanoplastik, die hohe technische Qualität bei der Bronzeverarbeitung und die Papiertapete illustrierten diese bemerkenswerte Verbindung zwischen Kunst und Industrie, die das wesentliche Programm der neuen Moderne ausmachten. Das überzeugendste Beispiel für diesen Erfolg lieferte der Kunstgießer Ferdinand Barbedienne (1810–1892). Nachdem sich sein Unternehmen, das 1838 gegründet wurde, anfangs noch auf die Nachbildung antiker Objekte spezialisiert hatte, befaßte es sich später mit der Entwicklung chemischer Verfahren zur Bronzefärbung. Es fertigte auch eigene Entwürfe an und erhielt, wie Christofle, große Aufträge vom Kaiserhaus. Auf allen Ausstellungen wurde es mit Auszeichnungen prämiert.

In der Textilindustrie setzten sich mehr und mehr die Mischgewebe durch, wie die Mischung von Wolle mit Seide, ebenso Seidenwaren und andere Artikel wie Spitzen aus Calais, Batist aus Saint-Quentin, Tüll aus Caudry, Musselin aus Tarare und viele andere Produkte, die auf die speziellen Wünsche einer modeorientierten Käuferschicht reagierten. Dabei handelte es sich sowohl um traditionelle wie auch um neuartige Artikel, die ständig neu den Bedürfnissen einer Kundschaft angepaßt werden mußten, die man mangels eines besseren Begriffs als kleinbürgerlich bezeichnen könnte. Die Verbindung zwischen Qualität und Vielfalt einerseits und der Serienproduktion andererseits fand sich, insgesamt gesehen, weniger bei den Produzenten von Waren für den Endverbraucher wieder als bei denen, deren Produkte für die Hersteller von Maschinen, Transportfahrzeugen oder Zwischenprodukten bestimmt waren. Ein gutes Beispiel dafür ist die Eisenbahn. Die Eisenbahngesellschaften verfolgten eine dreifache Strategie: sie förderten die Herstellung neuer Produkte, auf die sie angewiesen waren (in den sechziger Jahren war dies der Bessemerstahl); sie erhöhten ihr Auftragsvolumen, damit ihre Zulieferer günstiger produzieren konnten; sie trieben diese Politik aber nicht konsequent bis zum Ende, um eine möglicherweise daraus resultierende Standardisierung zu vermeiden, die jede Weiterentwicklung eines Produkts verhindert und zu einer Monopolsituation geführt hätte. Sie versuchten, den schwierigen Kompromiß zwischen Massenproduktion und Qualität zu schließen.

Zwischen den solchermaßen definierten Produkten und den Organisationsformen der Produktion bestand ein Zusammenhang, der dem industriellen Wachstum in der Zeit des Kaiserreichs einen dualistischen Charakter verlieh, was dreierlei bedeutete: Erstens resultierte die Steigerung der Produktion mindestens ebensosehr, wenn nicht gar überwiegend aus der Mobilisierung eines Überangebots an qualifizierten Handwerkern wie aus der Aufstellung kostspieliger Maschinen und Betriebsanlagen; zweitens entwickelten sich die kleinen Produktionseinheiten komplementär zu den großen. Bei letzteren war der Dualismus offenkundig und prägte, drittens, tiefgreifend und schonungslos die Bedingungen der Arbeiter. Wie bereits erwähnt, kam es in Frankreich während des Zweiten Kaiserreichs zu bisher ungekannten Wanderungsbewegungen der Bevölkerung. Sie blieben nun nicht mehr nur saisonal bedingt oder vorläufig, sondern tendierten zunehmend zu gezielten, dauerhaften Verlagerungen des Wohnsitzes. Zwischen 1851 und 1880 wanderten jährlich durchschnittlich 106000 Personen aus der Landwirtschaft ab. Dem verdankten Grubenstädte wie Montceau-les-Mines, Industriestädte wie Roubaix oder Saint-Étienne und Großstädte wie Paris, Lille oder Lyon mit sehr viel Industrie ihr Bevölkerungswachstum. Paradox dabei ist jedoch, daß die Industriebevölkerung insgesamt während dieser Zeitspanne im Vergleich zur ersten Jahrhunderthälfte langsamer zugenommen hat. Alle Untersuchungen, ob Lyon, Paris oder Lille betreffend, verzeichnen eine starke Mobilität der industriellen Bevölkerung. Y. Lequin schreibt über Lyon und seine Umgebung, daß dort »die Industrie teilweise die Industrie ernährt hat«.

Bis in die achtziger Jahre war diese Mobilität ein Synonym für Instabilität, denn die Arbeiter wechselten je nach Angebot und Nachfrage ihre jeweilige Beschäftigung. Der Zusammenhang zwischen der starken Abwanderung der Bauern und der langsameren Zunahme der in der Industrie beschäftigten Bevölkerung erklärt sich aus dem beginnenden Rückgang der ländlichen Industrie, der in späterer Zeit den Charakter eines echten Zusammenbruchs annahm. Gleichzeitig bewegte sich die Vermehrung des Festkapitals in eher bescheidenem Rahmen, da die französischen Investitionen in Dienstleistungen flossen. Die Mechanisierung hielt sich ebenfalls in Grenzen; noch 1869 wurde kaum ein Zehntel der Pferdestärken von 1913 verwendet, obgleich die Industrieproduktion schon 40 Prozent des Niveaus von 1913 erreicht hatte. Die Eisenbahnen verfügten 1878, verglichen mit der Industrie, über die fünffache Dampfkraft. Die Energie aus Wasserkraft machte 1860 noch 60 Prozent der industriell genutzten Energiemenge aus, und in Paris gab es 1872 erst 2300 Dampfmaschinen.

Die zweite Form des Dualismus, das heißt die Zusammenarbeit zwischen den großen Fabriken und den kleinen Werkstätten und/oder der Heimarbeit, läßt sich gut am Beispiel Paris aufzeigen. Mit der Entstehung und Entwicklung großer Unternehmen verstanden es die kleinen Pariser Handwerksbetriebe, sich dem neuen Markt anzupassen. Im Jahr 1872 existierten in Paris 484 Betriebe, die mehr als hundert Arbeiter beschäftigten, unter anderem das Unternehmen Cail am Quai de Grenelle mit 1800 Arbeitern, das Werkmaschinen für Zuckerraffinerien und Lokomotiven herstellte, wie auch das Unternehmen Batignolles an der Gare Saint-Lazare, das 1846 von Ernest Gouin gegründet wurde und zunächst ebenfalls Lokomotiven baute, sich dann aber auf Metallkonstruktionen vor allem für den Brückenbau spezialisierte, die der Firma als späterem Großunternehmen öffentliche Aufträge in aller Welt und vor allem aus Rußland einbrachten. Die Gießerei Thiébaud am Faubourg Saint-Denis, Christofle an der Porte Saint-Martin, der Bronzekünstler Denière, aber auch die Zuckerfabriken Lebaudy, Sommier und Say beschäftigten mehrere hundert Arbeiter. Gleichzeitig nahm die Zahl der Handwerksbetriebe weiter zu. 1848 kamen auf einen Meister 5,4 Arbeiter, 1860 waren es 4,6 und 1872 4,8 Arbeiter. Das Pariser Handwerk hatte sich der neuen Kundschaft angepaßt, die zwar nicht mehr so wohlhabend, dafür aber zahlreicher war als früher, und verstand es geschickt, die technischen Entwicklungen für sich auszunutzen, indem es neue Maschinen verwendete (Nähmaschinen in der Konfektion, mechanische Sägen in der Schreinerei, Galvanoplastik, Schneidemesser für Spaltleder) und eine äußerst fortschrittliche Arbeitsteilung einführte.

In Paris war die Großindustrie bedeutender als anderswo. Nach dem Kommuneaufstand 1872 faßte der Verfasser eines parlamentarischen Untersuchungsberichts die Situation der Arbeiter dahingehend zusammen, daß »die Tendenz zurück zur Teilproduktion unverkennbar« sei.

Obwohl dabei der Wunsch noch spürbar der Vater des Gedankens war, so existierte dieser Trend doch immerhin. Der Verfasser gestand übrigens ein, daß sich in Paris damit ein wirkliches Problem stellte. Im Lyonnais waren es die Bergwerke, die Eisenhütten und die Zementfabriken, die als Zuliefererbetriebe für Zwischenproduzenten oder für Großanlagen die »secteurs de rassemblement«, wie Y. Lequin sie genannt hat, bildeten. Die Entwicklung der Schwerindustrie war beachtlich. 1854 entstand die *Compagnie des hauts fourneaux, forges et aciéries de la marine et des chemins de fer* (»Gesellschaft der Hochöfen, Hütten- und Stahlwerke der Marine und der Eisenbahn«) mit den Firmen Petin und Gaudet als Gesellschaftern sowie Jackson, der 1862 die Eisenhütten in Givors und 1866 Kohlebergwerke kaufte. Die Gesellschaft installierte ab 1862 in Assailly die ersten Bessemerkonverter und spezialisierte sich auf die Produktion von Kriegs- und Eisenbahnmaterial. Um 1860 beschäftigte diese Gesellschaft in Saint-Chamond 1600, in Assailly 600 Arbeiter. Die zweite große Hüttengesellschaft war das Ergebnis eines Konglomerats, das 1858 gegründet wurde; in ihr waren die Hochöfen der Ardèche, die Hütten und Gießereien der Bessèges, die Hütten von Saint-Julien und Lorette zusammengeschlossen. Die Gesellschaft errichtete in den sechziger Jahren in Terrenoire Bessemer- und Martinöfen. Sie unterhielt damit einen geschlossenen Firmenkomplex mit mehreren Unternehmen und jeweils einigen hundert Arbeitern und behielt so vom Bergwerk über die Eisenherstellung bis zum Endprodukt und dessen Vertrieb sämtliche Bereiche in einer Hand. Im nahen Burgund hatte Eugène Schneider in Le Creusot eine Firmengruppe geschaffen, die nach damals einhelliger Meinung die größte der Welt war. Die Aktivitäten der Gesellschaft umfaßten laut Satzung von 1863 »sämtliche Arbeitsabläufe, die die Eisenherstellung und den Handel mit Eisenwaren und Maschinen betreffen, und zwar von der Rohstoffförderung und -verarbeitung bis zum Verkauf der Halbfertig- und Fertigprodukte«. Die Besonderheit Le Creusots lag in der Konzentration aller Arbeitsabläufe an einem Ort, womit auch die Beschäftigtenzahl von 10000 Personen gegen Ende des Kaiserreichs eine Erklärung findet, die größtenteils aus den umliegenden Dörfern des nahen Morvan kamen. Die Anlagen, eine 1867 fertiggestellte, große Schmiede, zwei Martinöfen mit jeweils acht Tonnen sowie zwei Bessemerkonverter, die 1870 angeschafft wurden, versetzten die Zeitgenossen in Erstaunen. Ein technisches Wörterbuch sprach davon gar als von einem »Wunderwerk«, das in hohem Maß die industrielle Macht und den Erfindergeist dieses Jahrhunderts verkörpert.

Die Großindustrie beschränkte sich aber nicht nur auf Firmen für Zwischenprodukte und Investitionsgüter. Im Gebiet um Lyon traf man sie auch, wie in Vienne, auf dem Gebiet der Tuchverarbeitung, in der Dauphiné und dem Vivarois in der Papierherstellung und in Bourg-en-Péage sogar in der Hutfabrikation. Der industrielle Aufschwung der Textilbranche, der mit ersten Erfolgen um 1830 eingesetzt hatte, nahm weiter zu und beschleunigte sich sogar noch infolge der Baumwollknappheit nach 1860. Er erfaßte nun neben der Spinnerei auch die Weberei. In Roubaix entstanden durch die Mechanisierung des Kämmens große Unternehmen wie die Firma Prouvost, die 1851 gegründet worden war und 1875 bereits 1500 Arbeiter beschäftigte. Die Firma Thiriez in Lille, 1853 gegründet, verfügte 1869 über 40000 Spindeln. Die Wollfabrik Seydoux in Le Cateau beschäftigte über 1000 Arbeiter. Im Elsaß entstanden Unternehmen, in denen vom Spinnen bis zum Weben alle Arbeitsgänge abliefen. Zu ihnen gehörte Dollfuss-Mieg in Mühlhausen mit über 3000 Arbeitern. Die Beispiele ließen sich beliebig erweitern. Die Mechanisierung dehnte sich auf die meisten Produktionsbereiche aus, so etwa in der Nahrungsmittelindustrie mit den großen Zuckerrübenfabriken im Norden und im Pariser Becken und den Großmühlen in Le Corbeil und Lyon, aber auch in der chemischen, der Glas- oder der Spiegelindustrie.

Dennoch hatte die *»industrie dispersée«* (Industrie in Streulage), wie Lequin sie nennt, ihre Daseinsberechtigung noch lange nicht verloren und versuchte weiterhin, trotz dramatischer Pleiten, auf die Füße zu kommen. Bei einem Vergleich der beiden großen Umfragen von 1840–1845 und 1860–1865 zeigt sich, daß das Produktionswachstum in der Großindustrie in dieser Zeit schneller stieg als in der Kleinindustrie: Während sich das der Großindustrie verdoppelt hatte, nahm das der Kleinindustrie nur um 25 Prozent zu, jedoch ohne daß es sich dabei bereits um Rückgang oder um Stagnation gehandelt hätte. Eine ganze Reihe von Unternehmen waren in ihrer Struktur gemischt und verbanden Fabrikarbeit mit Heimarbeit, beispielsweise bei Seydoux Le Cateau und vor allem in der Lyoner Seidenindustrie. Sie verzeichnete bis 1870 ein stetiges Wachstum, da sie sich besonders geschickt an Binnen- und Außenmärkte anpaßte. Die Dezentralisation erfolgte entweder durch neue Betriebe auf dem Land (wie der von Nonnen geleitete Betrieb in Jujurieux, in dem Mädchen der Umgebung arbeiteten), durch erweiterte Heimarbeit oder durch kleine Werkstätten. Zwischen 1850 und 1872 verdoppelte sich die Zahl dieser Werkstätten (statt 60000 waren es nun 120000), in Lyon aber pendelten sie sich bei 35000 ein. Zu einer wahren Flut von Niederlassungen kam es in den Departements Isère und Ain und in Savoyen, aber auch in den früheren Zentren an der Loire und der Rhône. In all diesen Gebieten setzte sich die Werkstatt eindeutig gegenüber der Fabrik durch. Die Streuung, ob auf dem Land oder in der Stadt, kennzeichnete auch viele andere Zentren der Textilindustrie, wobei nur an die Wirkereien in Troyes und an die Betriebe in Cholet oder in der Picardie erinnert sei. Diese Produktionszentren lieferten zumeist qualitativ hochwertige Waren, die größtenteils für den Export bestimmt waren. Diese gestreute Fabrikationsweise gab es aber nicht nur im Textilbereich, sondern auch in der Waffenproduktion und der Werkzeugherstellung.

Die technische Entwicklung und Ausstattung der Fabrik selbst sah noch recht rudimentär aus; dem technischen System, an dessen Anfang die Dampfmaschine gestanden hatte, fehlte es noch an innerer Koherenz. Zum einen beschränkte sich die Mechanisierung nur auf bestimmte Bereiche des Herstellungsablaufs, zum anderen zwangen die zunehmenden Installationen den Arbeiter zu immer intensiverer körperlicher Arbeit und erforderte die Bedienung der Maschine beträchtliches Personal. Die durch den Einsatz der Technik bewirkte Verzerrung der Verhältnisse erklärt im wesentlichen die Meinung der Zeitgenossen, daß sich die Situation der Arbeiter verschlechtert hätte. Die Arbeit in Betrieben und Bergwerken gestaltete sich anstrengend und gefährlich. Jedoch ist nicht sicher, ob Fabrikarbeiter gegenüber Heimarbeitern oder Beschäftigten kleiner Betriebe im Nachteil waren. Y. Lequin stellte in einer vergleichenden Untersuchung beider Arbeitsverhältnisse fest, daß Fabrikarbeiter sogar Vorteile genossen.

Die Industrie blühte auf und bot Gelegenheit für spektakuläre Gewinne und Reichtum. Ihr Aufschwung hing eng mit der Initiative einzelner Familien zusammen, die in der höheren französischen Gesellschaft durch Abstammung, Verhalten und Denkweisen ein spezifisches Milieu bildeten. Doch nicht immer bot die Industrie den sichersten Weg zu Ansehen, dem erklärten Ziel gesellschaftlichen Ehrgeizes, denn der Weg zum Erfolg war steinig. Andere zur Verbürgerlichung führende Erwerbsformen wie Einkünfte aus Vermögen, aus Verwaltung (und Politik) oder aus sogenannten freien Berufen waren vor Risiken geschützt, nicht aber die »unternehmerische« Tätigkeit. Diese konnte entweder an eine lange industrielle Tradition anknüpfen oder setzte kaufmännische und/oder handwerkliche Erfahrungen fort. Im Zweiten Kaiserreich kamen sowohl Familien des ersten wie des zweiten Typus zu großem Erfolg. So gründete sich der große Wohlstand elsässischer Unternehmerfamilien auf ihre Fähigkeit, sich stets an der vordersten Front des technischen Fortschritts zu behaupten und dadurch die Quellen ihres wirtschaftlichen Wachstums nie versiegen zu lassen. Es waren kinderreiche Familien, die meist innerhalb ihrer Gesellschaftsschicht heirateten, ständig auf dem neuesten Stand des wissenschaftlichen Fortschritts blieben und ein Wertesystem und eine kollektive Disziplin akzeptierten, die eine allzu große Aufteilung des Erbteils vermied und damit eine systematische Reinvestierung der Gewinne in das Unternehmen garantierte. Der atemberaubende Aufstieg der Gesellschaft De Dietrich (die beim Tod der Witwe Amelie von Berckheim 1856 von ihren drei Söhnen übernommen wurde) erklärte sich aus der fortwährenden Anpassung an neue eisenverarbeitende Verfahren, die für die Herstellung hochwertiger Produkte am besten geeignet waren. Der Erfolg der Gesellschaften Schlumberger und Dollfuss-Mieg im Textilbereich beruhte auf ihrer Fähigkeit, mit der zunehmenden Mechanisierung Schritt zu halten und diese den spezifischen Erfordernissen hochwertiger Gewebe anzupassen.

Dieser dynastische Zug industrieller Erfolge war auch in der Textilwirtschaft des Nordens und der Normandie zu beobachten. Während des Kaiserreichs kann man das Schicksal einiger Familien in diesen Gebieten besonders gut verfolgen wie das der von Louis Motte-Bossut (1817–1883) 1842 gegründeten Gesellschaft, die 1852 mit 53000 Spindeln arbeitete, während im gleichen Jahr der glanzvolle Aufstieg Alfred Motte-Brédarts (1827–1887) begann, der seinen Erfolg im wesentlichen seiner Zusammenarbeit mit fachkundigen Technikern verdankte, die er von Lohnarbeitern zu Teilhabern machte. 1851 wurde, um noch ein anderes Beispiel zu nennen, die mechanische Kämmerei von Amédée Prouvost gegründet, deren anfängliches Kapital von 200000 Francs bis auf vier Millionen Francs im Jahr 1875 angewachsen war. So erlebten die Unternehmer in Nordfrankreich ganz offensichtlich einen neuen Aufschwung, während die Arbeitgeber in der Normandie, wie sich später zeigen sollte, die Zeichen der Zeit eher verschliefen. Der Erfolg der einen entsprach dem Mißerfolg der anderen.

Alain Plessis, Historiker der *Banque de France*, hat die Biographien der Aufsichtsratsmitglieder zwischen 1851 und 1870 untersucht und herausgefunden, daß die Zahl der Industriellen in diesem Gremium immer stärker zunahm, während in derselben Zeit die Zahl der Kaufleute eher abnahm. Waren 1851 die meisten Industriellen zugleich auch Kaufleute, waren es 1870 überwiegend Unternehmer, deren Erfolg fast ausschließlich auf industriellen Aktivitäten beruhte. Schließlich gab es unter den industriellen Unternehmern von 1851 auch solche, die veraltete Branchen repräsentierten und deshalb zum Scheitern verurteilt waren wie Pierre Paillot (1832–1860), ein Eisenhändler, der Hütten und Holz im Departement Meuse aufgekauft hatte, ohne auch nur einen Sou zu investieren. Sein Unternehmen geriet nach 1860 in Konkurs wie so viele andere Eisenindustrielle in Burgund und besonders der Haute Marne auch. Nicht die englische Konkurrenz hatte sie in die Knie gezwungen, sondern die Konkurrenz von Eisen und Stahl aus der Loiregegend, Lothringen und aus dem Norden, gegen die sie nicht bestehen konnten. Dagegen tauchte 1851 im Staatsrat ein Unternehmer auf, Louis-Martin Lebeuf (1792–1854), ein Industrieller großen Zuschnitts, der vorher Bankier gewesen war und nun in Creil und Montereau Steingutfabriken mit 1200 Beschäftigten besaß. Diese arbeiteten schon vor 1840 mit einer perfekten Maschinen- und Materialausrüstung, mittels derer Lebeuf Massenwaren herstellen konnte. Zu diesem Industriellentypus gehörte auch Toussaint-

Sanson Davillier (1793–1863), der Sohn eines bedeutenden Kaufmanns, J.-Ch. Davillier, der neun Kinder hatte. Er leitete die Gesellschaft Davillier Frères, Sanson et Cie., die 1849 gegründet wurde und eine Manufaktur in Gisors (Eure) besaß. Diese stammte aus dem Jahr 1795 und nutzte die Wasserkraft der Epte. Die Anlagen wurden nach 1835 nicht weiter ausgebaut. Genaugenommen waren die Aktivitäten von Sanson Davillier noch ebenso kommerzieller wie industrieller Natur.

Im Gegensatz dazu waren im Staatsrat von 1870 wirkliche und jeder auf seine Weise überzeugende Repräsentanten des industriellen Unternehmertums vertreten. Man begegnete dort Eugène Schneider (1805–1875), der damals auch gleichzeitig Präsident der Gesetzgebenden Versammlung war, aber auch Stanislas Darblay (1794–1878). Er war, wie die meisten Mühlenbesitzer, zuvor Getreideverkäufer gewesen. Zwischen 1840 und 1858 kaufte er eine Reihe von Mühlen und Ölmühlen in Corbeil, Saint-Maur und in Bray-sur-Seine auf und modernisierte sie, indem er das System der englischen Mahlweise übernahm und die Mühlen vergrößerte. Sein Unternehmen faßte ab 1857 auch im Ausland Fuß, als Darblay 1857 eine Mühle in Saloniki und 1860 eine Filiale in Ägypten gründete, die beide sehr erfolgreich arbeiteten. Außerdem kaufte er 1868 ein im Jahr zuvor bankrottes Papierunternehmen auf und legte damit den Grundstein für die Papierindustrie von Essonne. Der typischste Vertreter der französischen Industrie dieser Zeit war aber vielleicht doch Guillaume Denière (1815–1890), der ein Familienunternehmen für Bronzekunst leitete. Er genoß so hohes Ansehen, daß ihn 1874 der König von Kambodscha, Norodom I., beauftragte, für seinen Thron ein Dekor in indochinesischem Stil anzufertigen. Doch Denière, der ebenso Geschäftemacher wie Industrieller war, ließ sich auf unterschiedlichste Spekulationen ein.

Die wirklich großen Geschäftemacher der Kaiserzeit, allen voran Morny, sind noch so gut wie unbekannt. Dabei waren sie, wenn ihr Erfolg auch jeweils nur kurze Zeit anhielt, unersetzliche Förderer und Initiatoren wie etwa die drei Brüder Talabot, alle drei Techniker, deren Vater aus einer Bauernfamilie stammte und als Rechtsanwalt am Appellationsgericht von Limoges tätig war. Der bedeutendste unter den Brüdern war Paulin (1799–1885); er ging 1819 auf das Polytechnikum und entschied sich für Straßenbau. Dabei hatte er das Glück, den Sohn des Marschalls Noult unter seinen Mitschülern zu haben, der ihn ab 1829 zum Teilhaber bei seinen Spekulationen an einer Kohlenmine und einem Kanalprojekt im Gard machte. Talabot gelang es zunächst, diese Vorhaben durch beachtliche Impulse voranzutreiben, indem er Kapital aus Marseille mit dem der Rothschilds zusammenbrachte. Mit Unterstützung dieser Familie ebnete er dann in den vierziger Jahren den Weg für die Eisenbahnlinien Avignon – Marseille (1843) und Lyon – Avignon (1846), für Algerien und für die belgischen Zechen, wo die Talabots die Interessen der Rothschilds vertraten. Im Kaiserreich baute Paulin Talabot sein Unternehmensnetz weiter aus, indem sich um ihn in den fünfziger Jahren der Widerstand gegen die Brüder Pereire formierte und er danach der Hauptunterhändler bei der Fusion der späteren Eisenbahnlinie Paris – Lyon – Marseille (1857–1862) wurde und 1859 auch die Docks von Marseille übernahm. Auf seine Initiative ging die Gründung der lombardisch-venetischen Eisenbahngesellschaft zurück; er gründete die Eisenerzgesellschaften in Algerien, die 1865 in die Stiftung der *Société de Mokta El-Hadid* übergingen, vor allem aber gehörte er zu den Mitbegründern der *Société générale* im Jahr 1863.

Prosper Enfantin (1796–1864), ein bedeutender Anhänger Saint-Simons und seiner Lehre, der ins Geschäftsleben überwechselte, charakterisierte 1855 Talabot als »Unterhändler und Motor großer Geschäfte, eine äußerst bedeutende Persönlichkeit, der einzige Mann, der Einfluß hatte auf Stephenson, Simons und Bartholony, der einzige auch, der verhindern konnte, von Pereire geschluckt zu werden«. Talabot war in der Tat die Seele des Finanzbündnisses, das sich 1856 erfolgreich gegen Pereire behaupten konnte. Die Rolle dieser Polytechniker als Initiatoren neuer Entwicklungen kann gar nicht hoch genug eingeschätzt werden. Sie nutzten ihr technisches Fachwissen und ihre Beziehungen zur Verwaltung, um die großen Bankiers für ihre Pläne zu gewinnen. Zola hat sie in seinem Roman *»L'Argent«* (»Das Geld«) karikiert.

Technische Kompetenz als Weg zum Erfolg war aber nicht nur den wenigen Hochqualifizierten vorbehalten, sondern erklärt auch den Erfolg jener Bürger, die zwar bescheidener in ihren Möglichkeiten, dafür aber repräsentativer waren für die tiefen Kräfte, die letztlich das Wachstum der französischen Industrie garantierten. Die wichtigsten Namen der Pariser Industrie stammen aus einfachen Verhältnissen. Ihr Erfolg in der Kaiserzeit war das Ergebnis eines langen Lernprozesses, der zu Anfang des Jahrhunderts eingesetzt hatte. Erinnert sei an François Cavé (1794–1875), an Cail (1804–1871) oder an M. J. D. Farcot (1798–1875), der in den sechziger Jahren den Servomotor erfunden hatte. In diese Kategorie gehört auch der Erfolg ehemaliger Schüler der *École des Arts et Métiers;* 361 von 800 Prüflingen, deren weiteren Werdegang man verfolgen konnte, wurden zwischen 1825 und 1875 Fabrikdirektoren oder Fabrikinhaber, so H. Petin von der Firma Petin und Gaudet, einer der führenden Eisenbahnlieferanten, und Nicolas Cadiat, Direktor der Hütten in Aubin.

Von nun an konnte man von der französischen Bourgeoisie nicht mehr länger als von einer geschlossenen und erstarrten Gesellschaft sprechen. Die industrielle Entwicklung widerlegte eine solche Sichtweise, denn sie schuf durch die Vielfalt ihrer Möglichkeiten neue Perspektiven nicht nur für bürgerliche Familien, die bis dahin kaufmännische Berufe ausgeübt hatten, sondern auch für Menschen aus einfachen Verhältnissen, kleine Händler, Handwerker und Techniker. Diese Form des sozialen Aufstiegs verlief parallel zu dem raschen Anwachsen der Angestelltenzahl und der Mittelschicht. Dieser »Boom« hatte seine Ursache in der Zunahme der öffentlichen Ämter und der großen Wirtschaftsverwaltungen wie denen der Eisenbahnen und einiger Großunternehmen. Auch hier wiederum spielte die *École des Arts et Métiers* eine führende Rolle, während in der *École centrale et polytechnique* der Nachwuchs für die höheren Führungsaufgaben herangebildet wurde. Die »Meritokratie« begann, sich ihre eigene Hierarchie zu errichten.

KAPITEL III

Die Beherrschung der Massen

DIE VERANTWORTLICHKEIT DER FÜHRENDEN KLASSE

In den fünfziger Jahren hatten also die »gehobeneren Gesellschaftsschichten« gute Gründe, sich dem Kaiserreich anzuschließen; die Regierung hatte die Basis für einen dauerhaften Wohlstand geschaffen, von dem sie profitierten, während sich die internationale Konkurrenz noch in Grenzen hielt. Ausschlaggebend für das Bündnis mit der Regierung aber war die Angst, die sich lange Jahre innerhalb der Bevölkerung hielt. Dennoch enthüllte sich hier die Ambivalenz des Bonapartismus: Er bot den führenden Gesellschaftsschichten eine konsequente Rahmenstrategie an, konnte sich auf manchen Gebieten volkstümlich geben und sich als Etappe auf dem Weg zur Autonomie des Volkes präsentieren. Das Kaiserreich hat die Gesellschaftsordnung erhalten, aber auch einen Großteil der Arbeiter und Bauern aus ihrer Abhängigkeit von der Oberschicht befreit. Deshalb läßt sich die Regierungszeit Napoleons III. als Strategie zur Beherrschung weiter Teile der Bevölkerung beschreiben und gleichzeitig als entscheidende Etappe der Befreiung der Massen von der dominierenden Klasse.

Die bonapartistisch gesinnten Notabeln stellten nur eine begrenzte und kaum bekannte Minderheit dar. Die meisten stimmten aus Notwendigkeit und nicht aus innerer Überzeugung für die neue Regierung. Es ging ihnen um die Rettung der Gesellschaftsordnung, die man durch die Wahlniederlage 1852 verloren hatte. Dies galt auch für Montalembert, der überraschend, aber nur für kurze Zeit, den Staatsstreich befürwortete.

Diese Reaktion konnte man in allen Schichten antreffen. »Der Haß auf

Rot hat die übrigen Farben näher zusammenrücken lassen«, schrieb der Friedensrichter von La Mayenne am 18. Dezember 1851 an den Präfekten. »Die weißen und die blauen sind beide konservativ, obwohl sie sich gegenseitig und den Kaiser obendrein verachten.« Charles du Buat, Legitimist aus dem Departement Mayenne, schrieb an seinen Freund G. de La Broise: »Durch den Sozialismus kann ich das Kaiserreich akzeptieren (...) Auf die Anarchie folgt der Despotismus.« Die Liberalen mit orléanistischen Neigungen zögerten noch weniger mit ihrer Zustimmung: Ebenfalls im Departement Mayenne erklärte Pierre Martinet, Notar von Château-Gontier: »Durch meinen Sitz in der Regierung kämpfe ich für die Ordnung und das Wohl der Gesellschaft. Ich kann mich verteidigen und erfülle die Pflichten eines Staatsbürgers und gleichzeitig eines Familienvaters. Am heutigen Tag ist es Napoleon, der für mich die Inkarnation der Ordnung darstellt.« Trotz noch so wohlklingender Erklärungen bekam er bei den Wahlen nicht die Unterstützung der Verwaltung! Dieses Motiv war stets und überall anzutreffen. Der Bonapartismus hat ein wirksameres Ordnungsprinzip als die Monarchie gefunden, bemerkte der zeitgenössische Historiker Michel Denis treffend. 1856 sagte Nisard anläßlich der Aufnahme Victor de Broglies in die Académie française vor der Versammlung, die sich die ganze Regierungszeit Napoleons III. über kritisch verhielt: »Ich fürchtete um die Zivilisation, ich fürchtete für jene, die nichts befürchteten, und jetzt, wo die Gefahr vorüber ist, will ich meine Dankbarkeit dem bezeugen, der alles gerettet hat.« Orsinis Attentat 1858 und die vorrevolutionäre Agitation gegen Ende des Kaiserreiches sollten jedoch beweisen, daß die »Zivilisation« noch immer gefährdet war.

Aber die Strategie der Regierung für die Beherrschung der Massen beschränkte sich nicht allein auf polizeiliche Überwachung. Der Konservatismus des Kaisers wie auch der Notabeln war mit einer starken Dosis Paternalismus versetzt. Das Volk mußte am kurzen Zügel geführt werden, damit es nicht über die Stränge schlagen konnte. Es handelte sich also um eine Strategie, bei der sich Staat und Notabeln gegenseitig unterstützten. Frédéric Le Play hat diese Ideologie am treffendsten illustriert, denn er war ebenso wie Michel Chevalier Berater des Kaisers. Er hatte den Lehrstuhl für Metallurgie an der *École des mines* inne und war ein Vorkämpfer für eine neue soziologische Denkweise, die sogenannten Sozialwissenschaften. Er veröffentlichte 1855 einen methodischen Essay *»Les ouvriers européens«* (»Die Arbeiter in Europa«), der am Anfang einer langen Reihe von Monographien stand, in denen er die Lebensweise von Arbeiterfamilien verständlich und einleuchtend beschreiben wollte.

1864 veröffentlichte er *»La Réforme sociale«*, wo er sein soziologisches Glaubensbekenntnis niederlegte. Damit wurde er zum Begründer einer liberalen und zugleich paternalistischen Lehre, die die Verantwortung der Elite gegenüber den unteren Volksschichten betonte. Le Play war der Meinung, der soziale Friede sei das Werk jener, die innerhalb dieser Elite »glauben, daß die Privilegien ihrer Geburt und ihr Reichtum ausgeglichen werden müssen durch einen größeren Aufwand an Verpflichtungen gegenüber jenen, die diese Privilegien nicht genießen.« Diese Elite bilde die »moralische Autorität«, die den technischen Fortschritt vorantreiben und eine Ordnung etablieren kann, die auf der Hierarchie der Macht und der Verhältnisse gründet«. Im Jahr 1856 rief er die *Société d'économie sociale* ins Leben. Ihr Ziel bestand in der Weiterführung der Untersuchungen, die er in dem 1855 erschienenen Buch bereits angekündigt hatte. Dieser Gesellschaft gehörten neben Persönlichkeiten aus der Wissenschaft etwa 300 Praktiker des Paternalismus an: Industrielle, Kaufleute, aber auch Ingenieure und Beamte. Le Play wollte echte Sozialpolitik auf wissenschaftlicher Basis begründen.

Dieser Plan hing auch mit bestimmten Verhaltensweisen der Arbeitgeber und des Staates zusammen: Präfekten und moralische Autoritäten taten sich zusammen, um die soziale Ordnung in die Tat umzusetzen. Viele Beispiele ließen sich dafür aufführen, angefangen bei den Arbeitgebern in Mühlhausen bis zu Eugène Schneider in Le Creusot oder den Wendels in Lothringen. Wir greifen Jules Chagot (1801–1877) heraus, der 1833 die *Société des mines de Blanzy* gründete. Das Unternehmen florierte während des Zweiten Kaiserreichs, die Belegschaft wuchs von 1340 (1850) auf 3192 Personen (1870) an. Chagots Paternalismus war anfangs ein Mittel, mühsam angeworbene Arbeitskräfte anzusiedeln: »Die Arbeiterfrage ist für uns eine Wohnungsfrage«, stellt der Vorstand 1854 fest. Aus dieser Perspektive wird deutlich, warum die Gesellschaft vier Arbeitersiedlungen mit 1019 Wohnungen baute und beim Erwerb von Eigentum Unterstützung anbot.

Doch Chagots Paternalismus ging weit darüber hinaus; er wollte die Arbeiterklasse erneuern und ihr neue Moralvorstellungen einpflanzen. Aus Anlaß eines Betriebsunfalls formulierte er seine wahren Vorstellungen. Am 12. Dezember 1867 um 11 Uhr kamen bei einer Schlagwetterexplosion 89 von 175 Arbeitern um, die zu diesem Zeitpunkt in der Grube arbeiteten. Am 2. Januar 1868 wurden die Rettungsarbeiten abgebrochen, siebzehn Leichen, darunter auch ein Kind, wurden eingemauert. Am 13. Dezember sagte Chagot am Grab der toten Arbeiter: »Wir trauern um gute und vorbildliche Arbeiter, die würdig ihre Pflicht taten. Wir trauern um sie wie um unsere eigenen Angehörigen, denn wir bilden hier eine große Familie, deren *Oberhaupt und Schirmherr* zu sein eine Ehre für mich ist.«

Die Verbindung von Autorität und Schutz verweist auf Gedankengänge Le Plays, die dieser schon zwei Jahre zuvor dargelegt hatte. Sie wurden auch auf der Weltausstellung, deren Generalkommissar Le Play war, sozusagen öffentlich abgesegnet, denn sie präsentierte auch eine Sektion über soziale Errungenschaften, die eine Art Preisträgerliste des französischen Paternalismus darstellte. Jules Chagot hatte ein soziales Rahmenprogramm geschaffen, das bis zu seinem Tod 1877 den sozialen Frieden in Montceau-les-Mines garantierte. 1834 wurde eine Wohlfahrtskasse eingerichtet, die den Satzungen des Zechengesetzes von 1810 entsprach und 1854 durch eine Pensionskasse ergänzt wurde. Die Gesellschaft richtete auch eine ärztliche Betreuungsstelle ein, der 1869 ein Krankenhaus und ein separates Verwaltungsgebäude angeschlossen wurden. Die Gesellschaft gründete Schulen, die von Nonnen und Mönchen geleitet wurden (1867 waren es 67 Schulen für 2400 Schüler). 1852 wurde eine Kapelle, 1862 eine Kirche errichtet; die Kosten für die Gottesdienste übernahm die Gesellschaft.

Diese Haltung war nicht typisch für die Großunternehmer, und ein Bericht, den der Präfekt des Departements Oise über die Baumwollweberei Peigne-Delcour in Ourcamps abgab, beschreibt sie näher: »Die Fabrik beschäftigt ungefähr 600 einheimische Arbeiter, etwa die gleiche Anzahl kommt aus den umliegenden Dörfern. Man könnte eher von einer großen Familie als von einem Handwerksbetrieb sprechen. (...) M. Peigne-Delcour gilt als der Vater dieses Völkchens, auf das er größten Einfluß ausübt, dessen Gesinnung aber vorbildlich ist.«

Die Unternehmer in Mühlhausen und im Elsaß stellten wahre Musterexemplare des Paternalismus dar. Seine Wurzeln reichten bis ins Erste Kaiserreich, hatten sich unter der Julimonarchie systematisch weiterentwickelt und wiesen im Zweiten Kaiserreich die zusammenhängenden Züge eines Programms auf. Es existierte eine alle Risiken abdeckende

Sozialhilfe für die Arbeiter; es gab eine Rentenregelung, Aufenthaltsräume für Kinder und seit den vierziger Jahren vor allem den Bau von Wohnungen. Am 10. Juni 1853 wurde die *Société mulhousienne des Cités ouvrières* gegründet, die sofort mit dem Bau von hundert eingeschossigen Häusern begann. Fünfzehn Jahre später standen in diesem Viertel 920 Häuser mit 6500 Bewohnern.

Außerdem beherbergte die Siedlung ein Gemeinschaftshaus für Junggesellen, einen Aufenthaltsraum, eine Poliklinik, ein Bade- und Waschhaus, eine Bäckerei, eine Kantine und einen Kaufladen. Man konnte Wohnungen auch als Eigentum erwerben. Der Bau der Arbeiterviertel verfolgte daneben auch ein moralisches Ziel, das in der Kaiserzeit mit der Einsetzung von *cafés de tempérance* weiterverfolgt wurde; in ihnen wurden nur alkoholfreie Getränke serviert, und 1870 gründete Jules Siegfried einen Freizeitclub. Die Ideologie vom Erholungswert des Sports war nicht mehr fern. Ein Schriftsteller, der Mühlhausen zur Zeit des Kaiserreichs beschrieb, notierte 1876: »Viele, die nichts von Benehmen wußten, fanden Geschmack an guten Sitten, am Familienleben und an der Sparsamkeit; da das Gute ebenso ansteckend wie das Schlechte sein kann, hatte man in ein paar Jahren Ordnung und Wohlergehen erreicht.«

In Wirklichkeit beherrschte alle Unternehmer, ob katholisch, protestantisch, freimaurerisch oder republikanisch, nur ein Thema. Die Einhegung der Arbeiterklasse reichte nicht aus, um die Sozialordnung zu garantieren, denn die Lage der Arbeiter war ihrem Wesen nach unsicher – dessen waren sich die Zeitgenossen klar bewußt. Also mußte sich die Nächstenliebe in Menschenliebe verwandeln, in ein karitatives Wirtschaftssystem und die Vorbereitung eines allgemeinen sozialen Sicherheitsnetzes. 1846 gründete Armand de Melun die *Société d'économie charitable*, deren Ziel es war, Nächstenliebe nicht nur als christliches Gebot zu befolgen, sondern sie auch als soziale Notwendigkeit zu erkennen. Er schrieb 1865: »Man muß belehren, die Sitten verbessern und auf jede Art und Weise helfen; die sozialen Bedürfnisse erfordern dies ebenso wie die Nächstenliebe.« Er fügte hinzu: »Die christliche Lehre (...) ist die beste Barriere gegen das Elend.« Eine karitative Privatwirtschaft und die organisierte Hilfe des Staates traten in einen gesunden Wettbewerb, einmal um Leben zu bewahren, aber auch um Verstand und Gefühl zu erobern oder zurückzuerobern.

In vielen Gegenden hatte die ländliche Oberschicht während der fünfziger und sechziger Jahre eine schöne Zeit. Als Beispiel dafür sei Gustave Tripier-Lambrière (1808–1870) aus dem Department Mayenne, der Sohn eines berühmten Chouan, genannt. Er führte drei relativ bescheidene Bauernhöfe und bewirtschaftete zwanzig Hektar Boden. Seine Einkünfte reichten zum Lebensunterhalt aus, er war Präsident des *Comité agricole* von Gorron und Vizepräsident der *Société d'agriculture* des Bezirks. Zwischen 1852 und 1867 wurde er Bezirksberater in Ambrières und 1860 Bürgermeister in Saint-Mars de Colmont. Wie aus diesem Beispiel ersichtlich, verfügte der Grundbesitzer, der auf seinen Ländereien saß und sich um die Landwirtschaft kümmerte, über großen Einfluß.

In diesem Departement läßt sich auch eine echte, organisierte Nächstenliebe feststellen, deren Hauptziel darin bestand, den Einfluß des Wohltäters auf den Empfänger zu verstärken, denn die Fürsorge war natürlich mit Almosen verbunden. Die frühere Form der »Nächstenliebe an der Tür« und bei den Wohlfahrtsämtern, die anonym halfen, wurde von einem System abgelöst, in dem jede Person »ihren« oder »ihre« Armen hatte. So konnte sich ein reicher Mann in christlicher Tugend üben und genoß gleichzeitig den Respekt und die Dankbarkeit der Armen. Der Wohltäter wurde so zum »Lehrer« und »Vormund« des Armen. Im Departement Mayenne begegnet man übrigens vielen Schlössern, die aber nicht als Herrschaftssymbole, sondern als Bestätigung eines sozialen Unterschieds gesehen werden sollten. Bestand nicht große Übereinstimmung zwischen einem dortigen Dorf und Montceau-les-Mines, die mit diesen »moralischen Autoritäten« zu tun hat, von denen Le Play ganz unabhängig von der Frage sprach, ob die einen im ländlichen und die anderen im städtischen Milieu wirkten?

Es ließen sich noch unzählige weitere Beispiele anführen. Nach Ansicht vieler Historiker beging das Kaiserreich einen gravierenden Fehler, als es nicht verstand, die aufsteigende Klasse der bäuerlichen Besitzer und die neuen Arbeiter in der Großindustrie an sich zu binden. Dann wäre die große Mehrheit der Präfekten lediglich eine flüchtige und wenig eigenständige Repräsentation der »bürgerlichen Ordnung und traditioneller Werte« gewesen. Die Beispiele aus den Departements Loir-et-Cher, Gard und Tarn schienen diese Annahme zu bestätigen.

Trotzdem vermochte Marcel Blanchard, ein großer Historiker der Kaiserzeit, noch die Behauptung aufzustellen: »Das Kaiserreich hat bei den Notabeln ausgespielt.« André Armengaud, Historiker aus dem Departement Tarn-et-Garonne, griff diese These wieder auf, indem er die Ansicht vertritt, daß sich die Präfekten im Laufe von zwanzig Jahren gegen die »Herren« durchgesetzt, deren Ansehen und Einfluß allmählich unterminiert und so den Übergang zur Republik vorbereitet haben. Noch eindeutiger ist ein Beispiel aus dem Limousin, wo der Unterpräfekt von Aubusson die Stimmung der einheimischen Landbevölkerung treffend zusammenfaßte, als er 1862 schrieb: »Die Masse fühlt demokratisch (...), hört aber deswegen nicht auf, dem Kaiser ergeben zu sein.« Diese Verbundenheit mit dem Kaiser war gerade in dieser Region um so stärker, je mehr die Notabeln die Regierung boykottierten. Deren Bonapartismus war von der Art, sich nicht mehr mit ihr solidarisch zu erklären.

Ebenfalls 1862 schrieb der Generalstaatsanwalt des Departements Creuse: »Die Bauern sind eigentlich nur noch ihre eigenen Herren.« In diesem Gebiet war der bäuerliche Bonapartismus nicht nur eine Folge bäuerlichen Wohlstands oder des zunehmenden Wohnungsbaus für die Pendler; er war auch der »erste sichtbare Ausdruck dafür, daß die Landbevölkerung eine direkte Rolle im politischen Leben des Landes spielen will«. (A. Corbin)

Die Creuse stellte aber keine Ausnahmeerscheinung dar. Im Departement Calvados florierte ein bäuerlicher Bonapartismus, der sich deutlich von dem der Notabeln unterschied. Es handelte sich um einen »linken« Bonapartismus, der sich nach G. Desert »auf das revolutionäre Werk und den demokratischen Geist bezog. Er kam einer Liebesheirat zwischen der bäuerlichen Bevölkerung und dem Prinzen aus der Familie Bonaparte gleich; daher ist diese Form des Bonapartismus dauerhafter als die Beziehung der Notabeln zu ihm.« Später entwickelte sich wegen seiner demokratischen und egalitären Tendenz daraus eine ganz andere Spielart des Republikanismus, als ihn die Notabeln empfanden, obwohl auch sie für Ordnung und Stabilität in den Besitzverhältnissen eintraten.

Um die Einhegung der Arbeiterklasse abzusichern, stützte sich der Kaiser nicht nur auf das Bündnis mit den Unternehmern, sondern entwarf selbst eine relativ konsequente Sozialpolitik, die bereits vor 1860 erfolgreich praktiziert wurde. Auch hier variierte die Art und Weise, wie sie von den Präfekten in den Departements gestaltet wurde, beträchtlich, und dieser Aspekt wäre einer eingehenderen Untersuchung wert. Im Departement Nord respektierten die Präfekten, obwohl sie nicht besonders sozial eingestellt waren, seit den fünfziger Jahren die Anerkennung der Rechte der Arbeiter gegenüber den Unternehmern. Sie unterstützten die beharrlichen Bemühungen des Departementinspektors Frédéric Dupont, der 1851 vom *Conseil général* ernannt worden war, um die Einhaltung der Gesetze von 1841 und 1848 bezüglich der Arbeitszeit zu überwachen. Diese Einzelinitiative nahm die Einrichtung einer staatlichen Kontrollbehörde vorweg.

Bei Lohnkonflikten stand die Verwaltung nicht mehr so selbstverständlich auf seiten der Arbeitgeber. Letztlich bemerkte B. Ménager zu Recht, daß das Gesetz über das Arbeitsbuch von 1854 – von der Geschichtsschreibung als eine Art polizeilicher Maßnahme verurteilt, durch die die Kontrolle der Staatsgewalt auf ganz neue Gruppen und insbesondere auf Frauen ausgedehnt wurde – auch ganz ungeahnte Vorteile barg, denn der Eigentümer des Arbeitsbuches war nun der Arbeiter selber, während es bisher der Arbeitgeber in Verwahrung hatte. Der Widerstand der Unternehmer in diesem Punkt war äußerst heftig, denn die Arbeiter konnten dadurch leichter kündigen oder abgeworben werden. Nun aber wachte die Obrigkeit über die Einhaltung des Gesetzes.

Seit den fünfziger Jahren verfolgte Napoleon III. seine Sozialpolitik. In einem Erlaß von 1852 wurde die Bildung von Versicherungsgesellschaften auf Gegenseitigkeit zugelassen und gefördert. Alle Historiker der Arbeiterbewegung würdigten deren Bedeutung innerhalb der Geschichte der Arbeiterbewegung trotz ihres noch stark paternalistischen Charakters immer wieder. Im Jahr 1858 gab es im Norden Frankreichs 97 solcher Gesellschaften; im ganzen Land stieg ihre Zahl zwischen 1852 und 1869 von 2400 auf 6000; die Zahl der Versicherten erhöhte sich von 271 000 auf 900 000 Personen. 1866 schütteten sie an ihre Mitglieder zwölf Millionen Francs aus.

Weitere Maßnahmen des Kaisers betrafen den bereits erwähnten Bereich der Arbeiterwohnungen und die Unterstützung kranker Arbeiter (Pflegeanstalten in Vésinet und Vincennes per Dekret von 1855). Die Unterdrückung von Arbeitnehmerkoalitionen in den fünfziger Jahren konnte man als eine der Formen der Zusammenarbeit zwischen Arbeitgebern und der Staatsgewalt interpretieren. Trotzdem muß beachtet werden, daß sich die Unterstützung der Arbeitgeber durch die Obrigkeit zwar nicht leugnen ließ, diese aber oft Druck auf die Arbeitgeber ausübte, um sie zu Konzessionen zu zwingen. Der Innenminister ging immer mehr dazu über, solche Präfekten zu ernennen, die in diesem Sinne handelten.

DIE RELIGIÖSE ERNEUERUNG

Am 15. Dezember 1851 erklärte Mgr. Gerbet, immerhin ein Mann mit liberaler Vergangenheit, man müsse in den Ereignissen des 2. Dezember einen jener Staatsstreiche Gottes sehen, die sich hinter den Staatsstreichen der Menschen verbergen. Das Bündnis von Thron und Altar zeigte sich bereits in den ersten Tagen der neuen Regierung auffallend deutlich, auch wenn es weiterhin Geistliche und Beamte gab, die auf Distanz blieben. Auch hierbei verlief wiederum alles so, als ob der Kaiser auf zwei Hochzeiten tanzen wollte: ultramontan und klerikal einerseits, »gallikanisch« und pro-Konkordat andererseits. Dieses Doppelspiel zeichnete sich schon in den fünfziger Jahren ab, als sich in der direkten Umgebung des Kaisers um den Prinzen Napoleon ganz allmählich und schleichend eine offen antiklerikale Tendenz breitmachte.

Das Bündnis zwischen einem gewissen Klerikalismus und dem Kaiserreich war in den Jahren um 1850 der sichtbarste Ausdruck der Beziehungen von Staat und Kirche. Er zeigte sich besonders deutlich in der Vermischung von religiösem und staatlichem Zeremoniell. Nach dem Staatsstreich und bei verschiedenen späteren Anlässen (Siege im Krimkrieg, Siege während des italienischen Feldzugs oder beim Attentat Orsinis) wurden die Geistlichen aufgefordert, das *Tedeum* zu singen, was die meisten von ihnen auch nicht ablehnten. Wenn auch der Plan einer Salbung des Kaisers aufgegeben wurde, so bot die Taufe des Thronfolgers am 14. Juni 1856 doch Gelegenheit zu einer grandiosen Manifestation, an der bis auf zwei alle französischen Bischöfe teilnahmen. Der Papst hatte eingewilligt, die Patenschaft für das Kind zu übernehmen, und bei diesem Zusammentreffen legten die Prälaten ein Gelübde auf das Herz-Jesu-Fest ab.

Die Haltung der Geistlichkeit, die sich mit dem Kaiserreich verbündete oder ihm wenigstens keinen konsequenten Widerstand entgegensetzte, ließ sich nur aus der Unsicherheit heraus verstehen, die durch die zunehmende Gottlosigkeit und religiöse Gleichgültigkeit entstand. Vielleicht glaubte sie aber auch an die Vorsehung; denn wollte Gott mit diesem Staatsstreich nicht auf die so lange erwartete religiöse Erneuerung verweisen? Mgr. Parisis aus Arras und Louis Veuillot, Journalist des *»Univers«*, beriefen sich beide auf Joseph de Maistre, der die Französische Revolution als Strafe Gottes für die Irrtümer Ludwigs XVI. interpretiert hatte. Mgr. Parisis hatte im August 1851 seine Diözese übernommen. Schon am 1. Januar 1852 schrieb er an die ihm unterstellten Geistlichen: »In dem Augenblick, in dem alles ausweglos zu sein schien, hat die göttliche Vorsehung den Sturm beruhigt und für Sicherheit gesorgt.« Im September 1853 bezeichnete er Napoleon III. als von der Vorsehung zum Wohl Frankreichs und Europas auserkoren; 1857 war es für Parisis klar, daß der Kaiser von Gott ausersehen worden war, um »eine in den Annalen der Menschheitsgeschichte einmalige Mission zu erfüllen«.

Diese Mission bestand darin, die Kirche in ihrem Bemühen um die Rückgewinnung der Gläubigen zu unterstützen. Die Geistlichkeit wurde von der Regierung nicht schlecht bezahlt, das Budget für die Religionsausübung wurde spürbar angehoben. Waren es 1852 noch 39 Millionen Francs, wurden 1859 schon 46 Millionen Francs eingesetzt. Die Besoldung der Bischöfe wurde ebenfalls beträchtlich erhöht, Schenkungen und Vermächtnisse an die Kirche wurden erleichtert. Die Entwicklung des Rechts der »toten Hand« und die »Milliarde« für die Kongregationen wurden zum bevorzugten Thema der Antiklerikalen.

Die Regierung ließ trotz gallikanischer Strömungen in den eigenen Reihen die Verbreitung der römischen Liturgie in den meisten Diözesen zu. Sie förderte den Aufschwung der Ordensvereinigungen, von der noch zu sprechen sein wird, und erlaubte der Kirche dadurch, das Volksschulsystem zu kontrollieren. In den fünfziger Jahren wurden katholische Zeitungen zugelassen, wohingegen andere Weltanschauungen sich nicht so einfach äußern konnten. Für die Katholiken stellten diese Gunstbezeugungen der Regierung das wichtigste Instrument bei der religiösen Erneuerung dar. Diese hatte schon vor den fünfziger Jahren eingesetzt, jetzt aber ihren absoluten Höhepunkt erreicht. Das treffendste Beispiel dafür ist J.-M. Vianey, der Pfarrer von Ars. Er starb am 4. August 1859, galt bereits zu Lebzeiten als Heiliger, war seit 1830 Ziel von Wallfahrten und ging völlig in der Ausübung des Glaubens auf. Das Werk des Pfarrers von Ars illustrierte die dringende Notwendigkeit nach völliger religiöser Erneuerung, die der gesamte Klerus des 19. Jahrhunderts befürwortete. Schon vor 1850 war es J.-M. Vianey gelungen, den Traum aller damaligen jungen Geistlichen zu verwirklichen: die kollektive Bekehrung eines ganzen Dorfes, die mit einer moralischen Umkehr einherging. Beide Aspekte dieser Erneuerung ergänzten sich. Sie hingen zusammen mit der mythischen Vision von einem Ancien régime, das den Gottesstaat in die Tat umsetzen sollte, und auf die Angst vor dem Elend einer Zeit, die in der Sünde lebt.

Der kollektive Charakter der Bekehrung ergab sich aus der mächtigen »Furcht vor der Meinung des andern«. Mgr. Dupanloup, von 1849 bis zu seinem Tod 1878 Bischof von Orléans, beschrieb 1862 diesen Zwang: »Man kann sagen, das größte Hindernis auf dem Weg zum Guten ist die Furcht vor der Meinung des andern, die eine Folge fortgesetzten Spotts ist ... Nehmt den Spott heraus, und die Hinwendung zu Gott und die österliche Kommunion werden wieder zunehmen.« Nun kann sich Spott aber schnell wieder ausdehnen, zumal wenn er von einem kleinen Kern Nichtgläubiger ausgeht.

Die Strategie der Erneuerung, wie sie der Pfarrer von Ars anwendete und die auch Mgr. Dupanloup in Orléans und Mgr. Parisis in Arras predigten, setzte bei den jungen Mädchen an. Der erste Schritt bestand in der Ausübung des Glaubens und dem Verzicht auf Tanzgesellschaften für alle Mädchen. Aber während der Pfarrer von Ars es in einer zweiten Phase geschafft hatte, die jungen Leute neu zu motivieren, stand die Bewegung in den meisten Orten um Orléans auf ziemlich schwachen Füßen. »Die fortgesetzte Verspottung« konnte nicht ausgemerzt werden; das ging so weit, daß manche Priester die Eucharistie heimlich und besonders nachts feierten – ein Eingeständnis wirklicher Ohnmacht. Der Pfarrer von Ars dagegen verordnete Bußen, denn er fühlte sich über jeden Spott erhaben.

Das zweite wirksame Mittel für eine religiöse Erneuerung war der Schulunterricht. Zwei Dinge standen dabei im Vordergrund: eine bessere Kontrolle des öffentlichen Schulunterrichts und eine Verbesserung des Religionsunterrichts. Ersteres betraf hauptsächlich Knaben, die bereits in nichtkonfessionellen Schulen unterrichtet wurden.

Seit der Restauration wurde die untergeordnete Stellung des Lehrers gegenüber dem Pfarrer immer wieder Gegenstand larmoyanter oder lobender Darstellungen. Hier versuchte der Klerus in den Jahren um 1850 teilweise erfolgreich, die Entwicklung in den Griff zu bekommen. So erstellte der Schulrat im Departement Pas-de-Calais eine Bilanz, die den Vorstellungen Mgr. Parisis entsprach: »Der Religionsunterricht wird von den Lehrern besonders sorgfältig gehalten, sie sind dabei nützliche und diskrete Werkzeuge der Kirche. Nach seinem letzten Besuch äußerte sich der Bischof befriedigt über die Einstellung der Lehrer, über ihr Benehmen, über ihre beispielhafte Andacht und ihr Bemühen, die religiöse Feier mit Gesang und Musik feierlich zu gestalten.« Die Satzung der Grundschulen vom 16. Juli 1852 sah übrigens vor, daß »es die erste Pflicht des Lehrers sei, den Kindern eine religiöse Erziehung zu vermitteln«.

Mgr. Dupanloup in der Diözese Orléans vermied jeden Angriff auf öffentliche Schulen und unterstützte die Lehrer. Etwas herablassend schrieb er 1864: »Wenn ich diese armen Lehrer in der Not sehe, in der sie teilweise leben, in der Abgeschiedenheit eines abgelegenen Dorfes, wenn ich sehe, wie sie bei dieser trockenen und undankbaren Arbeit trotzdem ihre Pflicht erfüllen, muß ich gestehen, daß ich nicht genug Herz aufbringe, sie zu lieben und zu segnen.« In Wirklichkeit waren diese »armen Lehrer« dabei, Rache zu nehmen, und der Ausbau der schulischen Verwaltung sollte ihnen dabei sehr zustatten kommen.

Die Zunahme der Ordensgemeinschaften hing zum großen Teil mit dem Unterrichtswesen zusammen, vor allem, aber nicht ausschließlich mit dem für Mädchen. In der Gegend um Orléans verfügten die Ordensbrüder um 1870 nur über geringen Einfluß, während die Nonnen je nach Region die Hälfte bis vier Fünftel der weiblichen Schüler kontrollierten. Ihr Aktionsradius ging weit über den schulischen Rahmen hinaus und erfaßte auch eine Fülle von Bereichen außerhalb der Schule. Tatsächlich begünstigte das Gesetz vom 15. Mai 1850 die Unterrichtung der Mädchen durch Nonnen, da ein offizieller Brief des Bischofs als Lehrerlaubnis für die Schwestern ausreichte. Das Wachstum dieser Orden erreichte in den fünfziger Jahren seinen Höhepunkt und hing eng mit dieser Art geistlicher Unterrichtsform zusammen. Doch gab es daneben, wie aus einigen von M. Langlois genannten Zahlen hervorgeht, noch andere Gründe: 26 Prozent der 3000 Neugründungen datierten aus den Jahren zwischen 1800 und 1880. Zwischen 1830 und 1850 kam es jährlich zu 1800 Neuaufnahmen von Ordensmitgliedern. Zwischen 1850 und 1861 wollten pro Jahr 3500 junge Menschen in einen Orden eintreten und zwischen 1861 und 1878 1800. 1850 gab es insgesamt 66000 Nonnen, 1861 104000, 1878 bereits 135000 Ordensschwestern. 1861 zählte man 10000 Ordensbrüder. Der Grund für den »Boom« der fünfziger Jahre lag im Lehrberuf, den 1861 zwei Drittel der Klosterschwestern ergriffen, während sich ein Drittel der Krankenpflege und den Fürsorgeberufen widmete. Letztere spielten in den sechziger Jahren eine immer größere Rolle, während gleichzeitig der Wunsch, Lehrerin zu werden, abnahm.

Diese Verschiebung bewies die Anpassungsfähigkeit der Ordensinstitution an soziale Erfordernisse, zeigte aber auch, daß die Gründe für die zunehmenden Bewerbungen um einen Platz im Kloster doch im eigentlich religiösen oder zumindest psychologischen Bereich zu suchen waren. In einer Gesellschaftsform, in der die Frau eine nur untergeordnete Stellung einnahm, bot die religiöse Berufung dem Wunsch nach einer befriedigenden Tätigkeit im sozialen Bereich entsprechende Möglichkeiten. Die Geschichte der Ordenskongregationen ist reich an Ausnahmen; in gewisser Weise nahm die Nonne die voll ins Berufsleben integrierte Frau des 20. Jahrhunderts vorweg.

Am Beispiel des Departements Pas-de-Calais läßt sich die enorme Zunahme von Ordenshäusern während des Kaiserreichs nachweisen. Im Jahr 1851 gab es dort zwei Orden, die versuchten, auf dem Land Fuß zu fassen, und es gab fünfzig Orte, deren Schulen von Nonnen geführt wurden. Im Jahr 1866 gab es 150 Orte mit solchen Schulen. Die Nonnen übernahmen neben dem Schulunterricht auch die medizinische Versorgung und verdrängten die entsprechenden nichtgeistlichen Institutionen.

Die religiöse Erneuerung verlief also über die Schule. Damit wurden die Mädchen nicht nur religiös, sie wurden auch zu tugendhaften Frauen erzogen. Denn diese Erneuerungsbewegung war zwangsläufig mit einer Reform der Moralvorstellungen verbunden. Die Erneuerung galt nur dann als abgeschlossen und gelungen, wenn die absolute Reinheit der Sitten erreicht und »Laster« wie Kabarett, Tanz und das sonntägliche Ballvergnügen ausgerottet wurden. Der Pfarrer von Ars setzte gegen den Widerstand der Mütter, die um die Heiratschancen ihrer Töchter fürchteten, ein totales Tanzverbot durch. Die gleiche feindselige Einstellung zu Bällen und Tanzereien – eine »Einrichtung der Pestilenz« nannte sie sogar 1861 der Pfarrer von Ardou –, die gleiche Einstellung der Mütter, die ihre Töchter lieber beim Tanz als bei der Beichte sehen wollten, wie sich der Doyen von Bazoches ausdrückte, konnte man auch in der Diözese von Orléans antreffen. Mgr. Parisis in Arras war entsetzt, als er nach seinem Amtsantritt die »schreckliche Einrichtung von Kabinetten« in einigen Kabaretts bemerkte, in die sich verliebte Pärchen zurückziehen konnten. Sofort verlangte er von seinen Priestern, sie sollten den jungen Leuten, die Kabaretts und abendliche Tanzveranstaltungen aufsuchten, die Absolution verweigern. Das folgende Zitat aus einem Bericht, den Mgr. Parisis wenige Monate vor seinem Tod 1866 abfaßte, verdeutlicht dieses Verhalten, das sich aus der Rolle der Frau in der christlichen Familie erklärte: »Das Kind, das eine tugendhafte und liebevolle Mutter gehabt hat, kann niemals ganz schlecht sein ..., wir brauchen also vor allem christliche Mütter. Diese haben wir aber nur, wenn wir bereits die jungen Mädchen in Bescheidenheit und Gottesfurcht erziehen. Die Familie kann nur durch die Frau erneuert werden, und die Frau können wir nur erneuern, wenn sie auch in den Stürmen der Jugend in ihrem Innern wie nach außen ihre Tugend vor dem Auge Gottes bewahrt hat ... Die Zukunft der Familien hängt von dem Verhalten der jungen Mädchen ab, die eines Tages Mütter sein werden.«

Dieser Abschnitt setzte eine anthropozentrische Vorstellung über die Religion um, die im Leben der Moral und der Notwendigkeit des Heils »als der wichtigsten und einzigen Sache im Leben« absolute Vorrangstellung einräumte, wie es 1860 ein Priester im Überschwang der Gefühle formulierte.

Diese Auffassung entsprach der engagierten Propaganda, die seit Beginn des Jahrhunderts die Jesuiten für Beichte und Kommunion führten. In den fünfziger Jahren verbrachte der Pfarrer von Ars täglich fünfzehn Stunden im Beichtstuhl, um mit den Pilgern »allgemeine Gewissenserforschung« zu betreiben. Eine Absolution war von ihm nicht leicht zu bekommen. Die Missionstage, die zugleich in der Diözese Arras abgehalten wurden, konzentrierten sich ebenfalls auf das Sakrament der Buße. Für gewöhnlich stand die allgemeine Beichte am Ende einer Mission. Damit wurde die Aufmerksamkeit der Gläubigen ganz selbstverständlich auf Jesus Christus gelenkt, die lebendige Inkarnation der Liebe Gottes. Aus dieser Sicht stellten die fünfziger Jahre wiederum einen Höhepunkt dar, denn in diesem Zeitraum triumphierten zwei Nebenerscheinungen dieser besonderen Art der Religiosität: die Verehrung des Herzens Jesu, die nach 1870 eine politische Färbung bekommen sollte, und die Marienverehrung. Beide waren in einer übernatürlichen und wunderbaren Atmosphäre angesiedelt und damit ein besonders geeignetes Objekt spottlustiger und wissenschaftlicher Geister.

Die Herz-Jesu-Verehrung ging auf eine Erscheinung Christi bei der Nonne Marguerite-Marie im Juni 1675 zurück. Jesus zeigte sein Herz und erinnerte an seine Liebe zu den Menschen: »Hier ist mein Herz, das die Menschen so sehr geliebt hat, das alles auf sich genommen hat, um euch seine Liebe zu beweisen.« Die Herz-Jesu-Verehrung sollte Christus, dessen Liebe die Menschen nicht wahrgenommen hatten, versöhnen. Eine theologische Strömung sah in dieser Frömmigkeit eine mögliche Synthese aller Lehrsätze der katholischen Kirche. Pius IX. unterstützte diese Bestrebungen. 1856 wurde auf Bitten der französischen Bischöfe, die sich in Paris zur Taufe des Kaisersohnes eingefunden hatten, das Herz-Jesu-Fest zum Feiertag erklärt und die Nonne Marguerite-Marie 1864 seliggesprochen.

1861 gründete der Jesuitenpater Ramière das Apostolat des Gebets, eine »Gebetsliga in Verbindung mit dem Herz Jesu«. In diese Zeit fiel auch der Beginn der Bewegung zur Weihe an das Herz Jesu, die in den siebziger Jahren starken Zulauf fand.

Die Marienverehrung nahm in den Jahren um 1850 noch stärker zu. 1854 verkündete der Papst das Dogma der unbefleckten Empfängnis Marias. 1846 war die Jungfrau zwei Hirtenjungen aus La Salette erschienen und hatte mit dem Zorn Christi gedroht, wenn die Gläubigen weiterhin so wenig beten würden. Die Anerkennung dieser Erscheinung durch kirchliche Stellen ließ auf sich warten und war dann auch noch unvollständig. Der Pfarrer von Ars schloß sich dem Glauben an die Erscheinung auch erst dann an, als er den Besuch eines geheimnisvollen Boten erhalten hatte und am Tag darauf Goldstücke auf seinem Tisch vorfand. Zwischen dem 11. Februar und dem 16. Juli 1858 erschien die Jungfrau Maria in einer Grotte in der Nähe von Lourdes achtzehnmal dem vierzehnjährigen Mädchen Bernadette Soubirous. Die Kirche verhielt sich zuerst ablehnend. Doch den Erscheinungen folgten Wunder, und die Wallfahrten nahmen zu, als die katholische Presse in Paris, vor allem die Zeitung *»L'Univers«*, über erste Heilungen berichtet hatte und dem Himmel dafür dankte. Am 18. Januar 1862 gab Bischof Laurence von Tarbes seine Zustimmung zu dieser Marienverehrung. 1869 waren bereits 200 Wunder bekanntgeworden und in verschiedenen Werken genauestens beschrieben. Im Juli 1876 wurde die Grotte in Anwesenheit von 100000 Gläubigen geweiht.

Die anthropozentrische Tendenz änderte Katechismus und Evangelium in eine Morallehre um. Ein 1855 in Bordeaux erschienener Katechismus enthielt drei Abschnitte: 1. Was wir glauben müssen; 2. Was wir tun müssen; 3. Welche Möglichkeiten gibt uns Gott, um zu glauben und zu handeln. Das Evangelium konzentrierte sich auf das göttliche Urteil über jeden einzelnen im jenseitigen Leben. In der Diözese Orléans lehrten die meisten Pfarrer eine »Religion der Furcht«. In der Diözese Arras predigte Pater Léon auf seinen Missionstagen, die er von 1860 bis 1865 abhielt, daß die Hölle das normale Ende eines irdischen Sünders sei, und beschrieb sie in den schrecklichsten Farben. Vor diesem Hintergrund wird die zentrale Stellung der Beichte verständlich.

Der tägliche Kampf der Priester gegen Sünde und Gotteslästerung konnte nur ostentativen Charakter haben; insofern konnte auch die Strategie der Kirche gegenüber der zunehmenden religiösen Indifferenz nur offensiv sein. Die Kirche betonte ihre Präsenz in einer Anhäufung von Bauten und Zeremonien überall sichtbar und monumental. Das Zeremoniell einer Mission mobilisierte alle Emotionen, die innerhalb der Ordensgemeinschaften sehr verschiedene Formen annehmen konnten. Die Schwärmer im Departement Pas-de-Calais wandten sich zuerst an die Kinder, die in einer Feierstunde der Jungfrau Maria geweiht wurden. Das mußte die Eltern anrühren. Danach wurden sie zu einer Bußfeier aufgefordert, wo reichlich Tränen flossen und auch die ärgsten Sünder zur Beichte gingen. Die Antiklerikalen sahen in diesen Veranstaltungen den sichtbaren Beweis einer perfekten Manipulation der Masse. Sie waren aber auch Ausdruck einer Religiosität, die in volkstümlichen Traditionen verankert war; diese wurden in den fünfziger Jahren, besonders aus Anlaß der Epidemien, zu neuem Leben erweckt.

Die zunehmenden Wallfahrten fanden zunächst auf regionaler Basis statt. In jeder Diözese gab es eine für diese Region typische Bewegung, die aber im ganzen von zwei hauptsächlichen Tendenzen beherrscht wurde: von der Wallfahrt zu den Heiligen, die Heilung bringen sollten, und von den Wallfahrten zur Jungfrau Maria. Allerorten hatten die Pfarrer versucht, diese Bewegung unter Kontrolle zu halten und die rein religiöse Bedeutung zu betonen. Auch hier sei wiederum ein Beispiel aus dem Departement Pas-de-Calais angeführt. Am 30. August 1857 nahmen am Ende einer zweiwöchigen Wallfahrt 50000 Menschen an der Weihe einer Marienstatue in Boulogne im Beisein des Bischofs und von 500 Priestern teil. Dazu die Beschreibung eines Augenzeugen dieser jährlichen »heiligen Expeditionen«, die sich an diese Marienfeste in Boulogne anschlossen, Prozessionen, die aus teilweise sehr weit entfernten Dörfern kamen und sich alle in der Stadt trafen:

»Man setzte sich in Bewegung; das silberne Kreuz, das auf dem ersten Wagen als ein friedliches Banner aufgesteckt wurde, funkelte und schwankte hin und her. Dieser malerische Zug bewegte sich durch die Dörfer und Weiler, legte auf holprigen und bergigen Straßen mehrere Meilen zurück. Vor den Toren der Stadt stellte man die Wagen am Straßenrand ab, die Fahnen wurden entrollt, die Prozessionsschlange formierte sich. Die Geistlichen stimmten die Litanei zur Heiligen Jungfrau an, während die Gläubigen gemeinsam sangen oder den Rosenkranz beteten.«

Man kann sich unschwer vorstellen, was ein Freidenker empfinden mochte, der einen solchen Zug an sich vorüberziehen sah: in seinen Augen Provokation oder lebendes Symbol einer Verdummung! Am 15. und 17. Juli 1860 wurde im gleichen Departement die Überführung der Reliquien des heiligen Labre gefeiert. Die Reliquien der übrigen Heiligen dieses Departements wurden nach Arras gebracht, um sie in der dortigen Kirche zu verwahren. Diese Zeremonie sollte alle Sünder daran erinnern, daß sie Ebenbilder Jesu Christi waren, aber auch, daß die Heiligen eine Vermittlerrolle spielten und mitten unter den Menschen weilten. An diese Zeremonie schloß sich eine Wallfahrt an, die noch immer ihren volkstümlichen Charakter bewahrt hatte.

Die Gemeindewallfahrten zogen in ihrer Bedeutung mit den überregionalen Wallfahrten immer mehr gleich und hatten allein die Anbetung Marias zum Ziel. La Salette und Lourdes hatten sich wegen der bereits erwähnten Erscheinungen zu den wichtigsten Wallfahrtsorten entwickelt. Die Reise per Eisenbahn trug zum Erfolg dieser Ereignisse bei, obwohl man von einer Auswirkung auf die breite Masse erst später reden konnte; bereits damals wurden Sonderfahrkarten an Pilger abgegeben. Der folgende Kommentar Prévost-Paradols über Lourdes, das heißt eines Mannes, der der Religion keinesfalls feindlich gegenüberstand, ist ein gutes Beispiel für die ursprüngliche Reaktion eines Nichtkatholiken: »Dies stellt den Beginn einer ganz ungewöhnlichen Industrie dar, die kein Kapital, keine Sauregurkenzeit, keinen Streik und keine Gewerkschaften kennt.« Tatsächlich ging die Wallfahrtsbewegung seit dem Zweiten Kaiserreich in eine ultramontane Strömung über, wie auch nach 1870 die Wallfahrten immer deutlicher politische Inhalte bekamen.

Die ungewöhnliche Zahl von Sakralbauten in der Zeit des Kaiserreichs war nicht nur auf die Subventionen der Regierung oder auf wirtschaftlichen Reichtum zurückzuführen, sondern spiegelte die tiefe Gläubigkeit des Klerus wie auch der katholischen Bevölkerung wider. In der Diözese

Arras läßt sich dies deutlich erkennen: Nicht der Staat hat dort die Bewegung initiiert, er war ihr gefolgt. Unter Mgr. Parisis (1852–1866) wurden siebzig neue Kirchen erbaut. Man wollte nicht nur größere und besser ausgestattete Gebäude haben, sondern sie sollten sich in ihrem dem 13. Jahrhundert entlehnten neugotischen Stil deutlich vom Vandalismus der Revolution und der folgenden Zeit abgrenzen und den mittelalterlichen Charakter des Glaubens wieder herausstellen. Diese neugotische Bewegung bekam eine volkstümliche Note, denn sogar Pfarrer entwickelten sich, nachdem sie sich alles selbst beigebracht hatten, zu Maurern und Architekten. Alex Grigny (1815–1868), der berühmteste Architekt des Departements, der ungefähr zwanzig Kirchen erbaute, hatte zuvor in ganz Frankreich sein Handwerk gelernt. In Boulogne entdeckte man die alte Handwerkskunst neu, um damit der besonderen Nachfrage zu entsprechen. In der Diözese Arras gab es keinen eigentlich originären Stil, die Kirchen im Departement Mayenne stammten alle aus der Zeit nach 1850. All dies endete damit, daß zwei von fünf Kirchen vollständig neu gebaut und eine dritte erweitert oder großzügig umgebaut wurde. In mehr als der Hälfte der Fälle hatten die Gläubigen die gesamten Kosten zu tragen. In den Kohlerevieren des Departements Gard wurden neue Kirchen errichtet, in Nîmes wurde 1867 der Grundstein für die große Kirche Saint-Badile gelegt. Für das Departement Tarn führte J. Faury für die Jahre um 1860 die Kirche Saint-Joseph in Albi, zwei Kirchen in Carmaux und Mazamet, die »Unserer Lieben Frau« geweiht wurden, und Saint-Louis in Castres (1873) an.

Der spektakulärste Bau entstand zweifellos mit der Kathedrale von Marseille. Der gebildete und weitgereiste Architekt Léon Vaudoyer (1803–1872) errichtete sie als eine in Stein gefaßte Geschichte christlicher Baustile. Er wollte, wie er selbst sagte, den spezifisch »katholischen Stil« finden. Ein Rumpfbau im Stil der italienischen Renaissance wurde mit französischen und islamischen Stilelementen versetzt, denn Marseille galt als das Tor zum Mittelmeer. Die Bauarbeiten dauerten von 1856 bis 1872. Verglichen mit Marseille war die Kathedrale von Lille ganz von der ersten französischen Gotik inspiriert und ging auf einen Entwurf von Jean-Baptiste Lassus (1807–1857) zurück. Lassus hielt den Eklektizismus für den wunden Punkt in der Kunst und wollte am Beispiel des »gotischen Systems« dessen unendlich vielfältige und raffinierte Möglichkeiten aufweisen.

Die Strategie dieses Sich-zur-Schau-Stellens hatte sicher ihre Erfolge zu verzeichnen; die großen Linien, die sich bereits früher abgezeichnet hatten, konnte sie jedoch nicht beeinflussen. Geographisch gesehen ließen sich zwei Bereiche unterscheiden: jener, in dem sich ab 1850 die Bewohner rapide dem Christentum entfremdet hatten, und jener, den man als christlichen Boden bezeichnen konnte. Zur ersten Kategorie gehörten die Gegend um Paris, Burgund, die Charente, das Limousin, weite Gebiete im Südwesten, vor allem die Ebenen; im Südosten waren es die Städte Montpellier, Nîmes, Avignon und Aix mit ihrer Umgebung. Dagegen befanden sich ganz Westfrankreich, das Zentralmassiv und die Nordalpen in der Hand strenggläubiger und praktizierender Christen. Missionierungen, wie sie Mgr. Dupanloup versuchte, konnten die Entwicklung lediglich verlangsamen.

In der zweiten Gruppe behauptete sich, nach einer Formulierung von Y.-M. Hilaire, »eine Gemeinde von Christen – eine äußerst wichtige Tatsache, denn sie bot Perspektiven für die Gestaltung der Zukunft«. Diese Erneuerungsversuche betonten also zusätzlich regionale Kontraste. Sie gründeten vor allem auf den Unterschieden in der Ausübung der Religion bei der Landbevölkerung. Während sich in den zuerst genannten Gebieten der Einfluß der Kirche halten konnte, verschärfte sich die Entfremdung innerhalb der zweiten Gruppe zusätzlich durch die unnachgiebige und rigide missionarische Einstellung bestimmter Geistlicher, gepaart mit einem moralischen Rigorismus, der, wie schon erwähnt, dem innersten Streben vieler Menschen, insbesondere vieler Frauen, nicht entsprach. Das Leben in der Stadt förderte die Abwendung vom Christentum. Darüber hinaus äußerte sich der Antiklerikalismus der sechziger Jahre wesentlich krasser als in den fünfziger Jahren und entwickelte sich zu einem unverhohlenen Antichristentum. Ein Teil des Bürgertums bevorzugte eine rationale und wissenschaftlich klingende Ideologie und ergötzte sich an den Gefälligkeiten eines Café-Voltairianismus.

Dennoch wandte sich ein nicht geringer Prozentsatz dieser sozialen Schicht wieder aufrichtig dem Katholizismus zu. Bei den Arbeitern entwickelte sich die Lage widersprüchlich: während sich die Kirche um die Grubenreviere kümmerte, vernachlässigte sie die städtischen Arbeiterviertel. Viele Geistliche fügten sich, wenn auch resignierend, in diese Entwicklung.

KLERIKALISMUS UND SPIRITUALISMUS

An dem Typus der Religiosität, der für die Mitte des 19. Jahrhunderts kennzeichnend ist, waren die Merkmale einer neuen Apologetik ablesbar, die »Verteidigung durch Trotz« ersetzte, wie Albert de Broglie im Verein mit Louis Veuillot, dem Direkter des *»Univers«*, formulierte. Die Leitlinien dieser Zeitung, die 1852 achtzehn Jahre bestand, waren äußerst simpel und undifferenziert: absolute Unterwerfung unter den Papst, Widerstand gegen jede Form von Liberalismus, Glaube an Wunder und Intoleranz: »Rechtfertigung des kirchlichen Rigorismus im Mittelalter und der Aufhebung des Edikts von Nantes, Verteidigung der Inquisition, kurz gesagt alles, was die Bevölkerung im 19. Jahrhundert schockieren und gleichzeitig aber auch erstaunen und amüsieren mußte, wobei Veuillot mit kühner Eloquenz nicht sparte und sich nur selten mäßigte.« De Broglie behauptete zu Recht, daß Veuillot den »größten Teil der Bischöfe« hinter sich wußte. Sogar der Papst persönlich ließ ihm Unterstützung angedeihen. In Wirklichkeit blieben viele Überzeugungen, die von orthodoxen Katholiken vertreten wurden, nicht auf diese Gruppe beschränkt: Der Wille zur Bekehrung, die Bejahung der römischen Liturgie und der Wunsch nach einer kirchlichen Lehre, in deren Mittelpunkt »die Moral« und der Mensch standen, wurden allgemein geteilt. Die Verteidigung der weltlichen Herrschaft des Papstes vereinte nach 1860 Katholiken aus allen Lagern.

Die Meinungsverschiedenheiten innerhalb der katholischen Kirche waren anderer Art. Während manche Bischöfe (besonders Mgr. Pie, Bischof von Poitiers) dem Legitimismus anhingen, bildete sich um die Zeitung *»Le Correspondant«* ein mächtiger liberaler Flügel des Katholizismus, der mit Albert de Broglie, Charles de Montalembert und Mgr. Dupanloup eine intellektuelle Elite um sich scharte, deren Hauptanliegen die Freiheit war. Ihre Vorstellungen von einem christlichen Leben wiesen zwar auch äußerst konservative Züge auf, doch unterschieden sie sich von den strenggläubigen Christen durch die Bejahung der politischen Freiheit, wie sie sich in den vergangenen fünfzig Jahren etabliert hatte. Sie lehnten die Gebote Gottes nicht ab, legten sie aber so aus, daß man sie erfüllen konnte. In seinen *»Intérêts catholiques au XIXe siècle«* (»Interessen der Katholiken im 19. Jahrhundert«) formulierte Montalembert diese Gedanken schon 1852 und verteidigte sie ständig. 1863 hatte er sie bei einer Vortragsreihe in Belgien genau zu dem Zeitpunkt wieder aufgenommen, als sie der Papst in der Enzyklika »*Quanta cura*« verurteilen wollte. Wir kommen später noch darauf zu sprechen.

Selbst das Bündnis zwischen Kirche und Kaiser unterlag in seiner Bedeutung Schwankungen. Louis Veuillot stieß im Namen eines militanten Klerikalismus zu ihm; Mgr. Maret hielt an ihm aus Treue zum Konkordat und aus dem Wunsch heraus fest, »Glaube mit Vernunft und Wissenschaft, Religion und Freiheit, Kirche und Gesellschaft miteinander zu versöhnen«. Mgr. Maret war 1852 zum Doyen der theologischen Fakultät der Sorbonne gewählt worden und avancierte nach anfänglicher Opposition zum ersten Berater des gallikanisch orientierten Kultusministers Roulant. Die eigentlich bonapartistische Tradition wurde durch Mgr. Maret, der im Geist des Konkordats handelte, besser vertreten als durch Veuillot, der es eher verriet. Um so gravierender war der Fehler der Regierung, als sie klerikale Tendenzen zuerst aufkommen ließ und den Aufschwung nach 1860 plötzlich abbremste.

Die Kirche litt stark unter ihrem Bündnis mit dem Kaiserreich: Der Antiklerikalismus verstand es, diese offen zur Schau gestellte Entente mit einem Regime, das die bürgerlichen Freiheiten unterdrückte, auszuschlachten. Die Kirche war frei in einer Nation, die es nicht war. Montalembert hatte schon seit 1852 auf diese Gefahr hingewiesen: »Von allen Formen der Gewaltherrschaft können die Völker heute die am wenigsten ertragen, die mit Hilfe der Religion regieren oder zu regieren glauben. Denn dabei wird eine heilige Sache für staatliche Interessen ausgenutzt.« Der Antiklerikalismus entstand aber nicht aus diesem Bündnis, er fand dort lediglich zusätzliche Argumente.

Der Antiklerikalismus wurde aus anderen Quellen gespeist; er drückte nur extrem verdichtet weltliches Denken in seinen vielfältigen Nuancen aus. Die antiklerikalen Eiferer beherrschten dabei immer stärker die Szene, nicht nur, weil sich der orthodoxe Katholizismus immer exzessiver gebärdete, sondern weil der Antiklerikalismus politische Bedeutung gewann, als er zum wichtigsten Bindeglied zwischen Republikanern und Radikalen wurde. In den sechziger Jahren schließlich etablierte sich ein bereits in den fünfziger Jahren laizistischer Bonapartismus mit ebenfalls klerikalen Ausläufern.

Zwischen dem Laizismus und dem Katholizismus nahm der Spiritualismus eine Sonderstellung ein. In der Person Jules Simons (1814–1896) bot sich ein politischer Mittelweg zwischen dem Klerikalismus der fünfziger Jahre und dem Antiklerikalismus der Jahre zwischen 1880 und 1900. Simon entstammte einer katholischen Familie aus der Bretagne, trat 1833 in die *École normale supérieure* ein, war Schüler von Cousin und veröffentlichte 1856 »La Religion naturelle«. Im Hinblick auf den entstehenden Materialismus und Positivismus hatte sich Jules Simon vorgenommen, einen Deismus mit deutlichem Bezug zum Republikanismus zu unterstützen. Er wollte den Dialog mit den liberalen Katholiken des *»Correspondant«* weiterführen.

Seine Gegner waren die Skeptiker und Voltairianer. In den sechziger Jahren versuchte Simon einen neuen, aber logischen Weg: Er wollte die republikanische Idee und die religiöse Toleranz miteinander versöhnen und predigte die Trennung von Kirche und Staat, aber nicht im Namen der Notwendigkeit eines laïzistischen Staates, sondern im Namen der Gewissensfreiheit. In diesem Kampf stand er allein, denn in beiden Lagern, die er zusammenbringen oder mit denen er zumindest im Gespräch bleiben wollte, kam es zu heftigen Reaktionen. Keine der beiden Entwicklungen war in sich unvermeidlich. Je mehr auf katholischer Seite die Apologetik der Epoche verteidigt wurde, desto stärker zeigte sich ihre Modernität. Die französischen Bischöfe hielten tatsächlich eine Predigt im Sinne einer Zustimmung zu den Leistungen der technischen und wissenschaftlichen Zivilisation und betonten insbesondere das Beispiel der Eisenbahn: Sie wurde vorbehaltlos akzeptiert auf der Basis einer Theologie, die den Menschen als Herren der Schöpfung sah. »Der Mensch hat«, so Mgr. Landriot in La Rochelle 1857, »die Aufgabe, die Schöpfung zu beherrschen, zu verwalten und weiterzuentwickeln bei all den wunderbaren Anlagen, über die er verfügt. Gott«, so sagte er, »hat absichtlich Unvollendetes hinterlassen, damit der Mensch es vollende.« Diese »Theologie der Entwicklung«, wie sie Père Droulers nannte, die eigentlich eine logische Antwort auf den Positivismus und den Saint-Simonismus gab, wurde nach Ansicht der Zeitgenossen von Auseinandersetzungen überholt, die sich auf einem anderen Gebiet abspielten: Es ging um die Frage nach dem Platz der Kirche in Staat und Gesellschaft.

Nun führten zwei Ereignisse zu Anfang der sechziger Jahre zu einem Bruch zwischen Kirche und Staat, danach zwischen Kirche und Gesellschaft. Im ersten Fall war es die italienische Frage, im zweiten der *»Sylla-*

bus errorum« von 1864. Der Krieg, den Napoleon III. in Italien begann, endete mit der persönlichen Bedrohung des Papstes in den Gebieten des Kirchenstaats (Romagna, die Marken, Umbrien). Seine Streitkräfte, die ausgerechnet von einem Franzosen kommandiert wurden, wurden am 18. September bei Castelfidardo von italienischen Armeen besiegt. Zuerst wollte der Papst Rom preisgeben, doch konnte ihn der französische Botschafter von diesem Plan abbringen. Die italienische Frage gab dem orthodoxen Katholizismus Gelegenheit, sich zu äußern. Die französischen Katholiken warteten den Aufruf Pius' IX. im Januar 1860 nicht ab, um ihre Kampagne zu beginnen. Der Domherr Sauvé veröffentlichte im Herbst eine Broschüre mit dem Titel: *»Pie IX dans la voie du calvaire ou les XIV stations du chemin de croix appliquées à N.T.S.P. le pape«* (»Pius IX. auf dem Kreuzweg oder die vierzehn Stationen des Kreuzwegs angewandt auf Unseren Allerheiligsten Vater, den Papst«). Mgr. Dupanloup veröffentlichte seine *»Protestations contre les attaques dont N.T.S.P. le pape et le siège apostolique sont menacées«* (»Protest gegen die Attacken, denen Unser Allerheiligster Vater, der Papst, und der Heilige Stuhl ausgesetzt sind«). Auch Montalembert wollte eine Broschüre über *»Pie IX et la France en 1849 et 1859«* (»Pius IX. und Frankreich im Jahre 1849 und 1859«) veröffentlichen: Sie wurde aber verboten.

Die ultramontanen Bischöfe Parisis, Gerbet, Salinis und Pie ließen Broschüren und Hirtenbriefe an die Gläubigen verteilen, in denen zu einem regelrechten Kreuzzug aufgerufen wurde. Die Schlacht von Castelfidardo bewirkte bei manchen Katholiken tatsächlich eine tiefinnere Bewegung. In ganz Frankreich wurden zu Ehren dieser neuen Märtyrer Gottesdienste abgehalten. Stellvertretend für viele andere sei Georges d'Héliand angeführt, der aus dem Departement Mayenne stammte und dessen Großeltern während der Revolution von 1789 im Gefängnis gesessen hatten. Im Juli 1860 reiste er am Ende seiner Studien bei den Jesuiten in Vannes im Alter von 18 Jahren nach Rom. Nachdem er am 27. August in Terni angekommen war, erlernte er den Umgang mit einem Gewehr. Am 18. September wurde er durch einen Kopfschuß getötet, nachdem er am Vorabend noch gebeichtet hatte. Die Gräfin d'Héliand schrieb bei der Nachricht seines Todes: »Ich sollte Gott danken für das Glück, das meinem Sohn Georges zuteil wurde und das ich ihm nicht hätte geben können.«

Mgr. Dupanloup erklärte seinerseits, daß die »Hügel von Castelfidardo durch das Blut der Märtyrer geweiht« seien. In dieser heroischen Übertreibung kündigte sich bereits der nationalistische Überschwang an, der später nach der Niederlage von 1870 einsetzte. Das Mitleid, das einige Katholiken für die unglückliche Situation des Papstes empfanden, teilten nur wenige Franzosen.

Diese Kundgebungen eines ultramontanen Klerikalismus irritierten den Kaiser. Er unterstrich die neue Zielrichtung seiner Religionspolitik und genehmigte im Herbst die Herausgabe einer klar antiklerikalen, aber bonapartistischen Zeitung, der *»Opinion nationale«*. Er versuchte auch, den Einfluß des Klerus auf die Gesellschaft einzuschränken und ihn schärfer zu kontrollieren. Einer der sensationellsten Aspekte dieser Wende bestand in der Genehmigung für Staatsanwälte, künftig auch Geistliche vor Gericht stellen zu dürfen. Die Gerichtschronik von 1860 ist angefüllt mit Berichten über einen Priester namens Mallet aus Nordfrankreich, der offenbar unter seltsamen Umständen eine jüdische Familie zum katholischen Glauben bekehrt hatte. Der Domherr wurde unter »frenetischem Beifall« der Menge zu sechs Jahren Zuchthaus verurteilt, der Bischof jedoch hielt ihn für unschuldig...

Am 28. Januar 1860 veröffentlichte Louis Veuillot die päpstliche Enzyklika vom 19. Januar, in der die Annexion des Kirchenstaats offiziell verurteilt wurde. Am 30. Januar wurden *»L'Univers«* und *»La Bretagne«* verboten; sie mußten ihr Erscheinen unverzüglich einstellen. Die propäpstlichen Blätter wurden fortwährend verwarnt, während *»Le Siècle* und *»L'Opinion nationale«* ihre antiklerikale Kampagne noch verstärkten. Die Regierung beschloß, das Gesetz für die Ordensgemeinschaften streng einzuhalten, und wollte damit den gallikanischen Charakter in ihrer Politik unterstreichen. In einigen Departements kam es nach dieser neuerlichen Verschärfung zur Schließung einiger Klöster.

Nach der Proklamation des Königreichs Italien im März 1861 kühlten die Beziehungen zwischen Kaiser und Papst immer mehr ab. Im Oktober 1861 verlangte Innenminister Persigny von der Kongregation Saint-Paul, sich einer Zulassungsprozedur zu unterziehen, doch 300 Mönche lehnten dies ab. In dieser Zeit wurde Ernest Renan zum Professor am *Collège de France* ernannt; dennoch unterhielt Frankreich immer noch eine Garnison in Rom.

In Wirklichkeit versuchte der Kaiser den Papst zum Verzicht auf den Kirchenstaat zu bewegen. Als ihm dies nicht gelang, unterzeichnete er am

15. September 1864 einen Vertrag mit der italienischen Regierung, in dem er feierlich versprach, den Kirchenstaat zu respektieren und Florenz als Hauptstadt Italiens anzuerkennen. Frankreich mußte Rom zwei Jahre später räumen. Der Papst war beunruhigt und veröffentlichte am 8. Dezember die Enzyklika *»Quanta cura«* und den *»Syllabus errorum«*, in dem erstere kurz wiederholt wurde. Doch Napoleon III. besaß Sinn für Ehre: Die französischen Truppen hatten Rom bereits im Dezember 1866 verlassen. Nach der Annexion Venetiens am Ende des österreichisch-preußischen Krieges zettelte Garibaldi einen Aufstand in Rom an, worauf die französische Regierung ihre Truppen sofort in Civitavecchia landen ließ. Garibaldi wurde am 4. November 1867 in Mentana geschlagen, und die französischen Truppen eroberten Rom zurück, das sie im August 1870 wiederum räumten. Prinz Napoleon meinte dazu: »Nun haben wir wieder das Bündnis von Thron und Altar.« Die neue Machtabschwächung blieb erhalten; angesichts der Spaltungstendenzen im Klerus, die mit dem Anwachsen der von Mgr. Maret unterstützten neogallikanischen Strömung zusammenhingen, und – besonders nach 1868 – im Hinblick auf die Vorbereitung des Konzils über die Unfehlbarkeit des Papstes, hielt sich die französische Regierung an das Prinzip der Nichteinmischung und beließ ihre Truppen in Rom, ohne die das Konzil nicht hätte stattfinden können. Am 18. Juli 1870 wurde das Dogma von der Unfehlbarkeit des Papstes proklamiert. Maret und Dupanloup, die lange dagegen argumentiert hatten, fügten sich alsbald.

Die Veröffentlichung der Enzyklika *»Quanta cura«* und des *»Syllabus«* bestätigte die »Apologie des Trotzes« und ihre Anhänger in ihrer Haltung. *»Le Monde«* schrieb: »Unser einziger Glaube ist, den Liberalismus, den Fortschritt und die moderne Zivilisation anzuprangern ..., diese Ausgeburten der Hölle.« Louis Veuillot veröffentlichte 1866 folgende Kernsätze in *»L'Illusion libérale«* (»Die liberale Illusion«): »Die Kirche allein muß frei sein. Sie ist es durch die ihr eigene Konstitution und nicht kraft einer allgemeinen Freiheit, die ein Christ bekämpfen muß, weil diese Freiheit die Kirche zerstören kann.«

Das war genau das Gegenteil dessen, was die liberalen Katholiken vertraten. Die Veröffentlichung des *»Syllabus«* erzeugte bei ihnen große Mutlosigkeit. Mgr. Dupanloup, der mit solchen Gefühlen nicht viel anzufangen wußte, wollte sie beruhigen und veröffentlichte am 25. Januar 1865 eine Broschüre, in der es hieß, der *»Syllabus«* sei »als ein Katalog von verschiedenen Vorschlägen zu verstehen, deren Deutung und damit verbundene Irrtümer mit dem Kontext zusammenhingen, dem sie entnommen seien«. Der Papst und sogar 630 Bischöfe waren seiner Meinung. Mérimée kommentierte spöttisch: »Sie werden das äußerst geschickte Pamphlet von M. Dupanloup gelesen haben. Er erklärt ganz genau, warum man weiß verstehen muß, wenn die Bulle schwarz sagt.« Der so entstandene Eindruck blieb bestehen: Die Kirche konnte mühelos als fortschrittsfeindlich, als Hindernis auf dem Weg zur Zivilisation angeprangert werden. Die antikirchlichen Kreise waren begeistert.

DIE ANTIKLERIKALEN

Der Antiklerikalismus hatte in den sechziger Jahren an Schärfe zugenommen und nahm fast das gesamte Feld republikanischer Ideologie für sich in Beschlag. Die neue Generation der Republikaner um 1860 befürwortete ganz entschieden eine aggressive Form von Voltairianismus und einen sogenannten Materialismus, verbunden mit einer Verteidigung der positivistischen Methode. Auf Initiative seines Direktors Léonor Havin startete *»Le Siècle«* 1867 eine Unterschriftensammlung für die Aufstellung eines Denkmals von Voltaire und bekam über 200000 Unterschriften zusammen. Neu jedoch war die Erneuerung der Ursprünge des Unglaubens, die vor allem Auguste Comte zuzuschreiben war. Er schloß sich ganz konsequent dem Kaiserreich an und entwickelte eine hoch paternalistische Ideologie; die eigentliche Popularisierung des Positivismus leitete Émile Littré (1801–1881) ein, dessen Schrift *»Conservation, révolution et positivisme«* (»Bewahrung, Revolution und Positivismus«) aus dem Jahre 1852 die Gedanken der neuen Generation von Republikanern nachhaltig beeinflussen sollte. Hier verlor die republikanische Idee ihre moralische und romantische Färbung, die Republik wurde eine wissenschaftliche, durch die Natur des Menschen vorgegebene Forderung. Cousins Nachfolger auf dem Lehrstuhl für Philosophie an der Sorbonne, E. Vacherot (1809–1897), war zurückgetreten, weil er sich geweigert hatte, den Eid auf Kaiser Napoleon III. zu leisten. Er entwickelte 1858 in *»La Démocratie«* die Vorstellung, daß der Weg zur Demokratie notwendig und moralisches Fundament des Positivismus sei. 1868 veröffentlichte er *»La Religion«*:

Die Idee Gott war seiner Meinung nach eine Darstellung der Vollkommenheit und existierte nur im Kopf des Menschen.

Der Katholizismus lieferte dem Positivismus und dem Materialismus einen ebenbürtigen Kampf; es wurde mit philosophischen Waffen gekämpft. Dies war auch der Fall, als die »wissenschaftlichen« Schlußfolgerungen der Geschichtskritik erschienen, wie sie Renan in den Jahren nach 1860 dargelegt hatte. Seine Ernennung zum Professor für Hebräisch am *Collège de France* hatte Anlaß zu ziemlichen Krawallen gegeben, denn er behauptete am 23. Februar 1863 in seiner Antrittsvorlesung, Jesus sei »ein unvergleichlicher Mensch« gewesen. Die Vorlesungen wurden abgesagt, da er eine Lehrmeinung vertrat, die den christlichen Glauben verletzte. Der gleiche Renan veröffentlichte am 23. Juni 1863 sein Werk *»Vie de Jésus«* (»Das Leben Jesu«), einen der größten Bucherfolge Frankreichs im 19. Jahrhundert mit zehn Auflagen innerhalb eines Jahres; die dreizehnte wurde 1867 gedruckt. Eigentlich handelte es sich bei diesem Werk um eine geschickte, populärwissenschaftliche Bearbeitung der kritischen Exegese deutscher Autoren. Der Erfolg und auch die heftige Kritik, die nicht nur das Buch, sondern auch die Methode angriff, erklärt sich aus der Unwissenheit, in der auch die gebildete Öffentlichkeit über diese Untersuchungen gehalten wurde. Sie hätte sich auf Renans Ebene der wissenschaftlichen Exegese stellen sollen; hier war er durchaus angreifbar. Das Episkopat reagierte hilflos und bewies – offen gestanden – auch Bildungsmängel. Renan zeigte einer breiten, gebildeten Öffentlichkeit die kritischen Konsequenzen, die sich aus einer zum Dogma erhobenen, historischen Exegese und einer rein innerweltlichen Sicht der Ursprünge des Christentums ergaben.

Die Religion schien auch von der Naturwissenschaft in Frage gestellt zu werden. Der Arzt und Naturforscher F. Pouchet führte in den sechziger Jahren einen im übrigen von vornherein aussichtslosen Kampf, als er dem Spiritualisten und vor allem dem Bonapartisten Louis Pasteur die Existenz der Urzeugung beweisen wollte. Sogar Darwin selber wurde auf den Plan gerufen. Seine Übersetzerin Clémence Royer (1830–1862), selber eine angesehene Anthropologin, setzte 1862 an den Anfang des Werks eine Abhandlung über die gesellschaftliche Selektion, die mit einem antiklerikalen Ton endete. Die ersten Kapitel der Genesis schienen von der prähistorischen Wissenschaft völlig geleugnet zu werden. Generell schien es für die Naturwissenschaft keine Grenzen mehr zu geben. Das Unerforschliche schien mühelos erforscht werden zu können. Die Religion und ihre systematische Massenverdummung war ein Hindernis, das beseitigt werden mußte. So fand der Antiklerikalismus seine wissenschaftliche Begründung. Er fand auch seine moralische Begründung; eine freimaurerisch inspirierte Strömung ersetzte den religiösen Rückhalt durch eine unabhängige Moral.

Die Freimaurerbewegung entwickelte sich in den sechziger Jahren schnell zu einem bevorzugten Mittelpunkt weltlichen und antiklerikalen Handelns. Am 8. Januar 1852 hatte die Loge Grand-Orient den Fürsten Lucien Murat, den zweiten Sohn des Königs von Neapel und Caroline Bonapartes, zum Großmeister gewählt. Dieser Akt der Unterwerfung erklärte die guten Beziehungen der Loge zum Staat. Doch war Murat nicht nur ein einfacher Diener der Macht; seine Ära war gekennzeichnet von einer Rückkehr zur traditionellen politischen Neutralität des Ordens. Der Konflikt brach aus, als Murat in seiner Eigenschaft als Senator im März 1861 für fortgesetzte Anwesenheit französischer Truppen in Rom plädierte. Viele Logen waren dagegen und stimmten nun für eine Kandidatur des Prinzen Bonaparte, der dafür bekannt war, daß er die weltliche Macht des Papstes ablehnte und antiklerikale Meinungen vertrat. Der Kaiser persönlich mußte eingreifen, um erstens ein Duell zwischen den beiden Männern zu verhindern und zweitens die Ernennung Marschall Magnans (1791–1865) durchzusetzen, der 1849 den Aufstand in Lyon niedergeschlagen und eine äußerst aktive Rolle beim Staatsstreich gespielt hatte.

Magnan versuchte eine Fusion der Logen Grand-Orient und Suprême Conseil, ging dabei aber so ungeschickt vor, daß er weder die Unterstützung der Mitglieder des Grand-Orient noch die des Kaisers erhielt. Dennoch konnte die Freimaurerbewegung unter seiner Führung eine Aufwärtsentwicklung verzeichnen. 54 Logen wurden neu gegründet oder wieder gegründet; die Logen konnten selbständiger handeln und bekamen Spielraum zur Entfaltung neuer Strömungen. Diese Tendenz verstärkte sich noch unter General Mellinet (1798–1894), Magnans Nachfolger. Die Ideen der Gemeinschaft ließen sich in drei Richtungen aufteilen: den konservativen Flügel, der in der Freimaurerei den Sammelpunkt aller Gläubigen aller Religionen sah; den deistischen Flügel, den Riche Gardon anführte, für den die Gemeinschaft eine brüderliche und natürliche Religion auf der gemeinsamen Basis aller Religionen entwickeln mußte;

schließlich gab es einen dritten Flügel, der nach einem Wort von Combes bereit war, »den großen Architekten des Universums über Bord zu werfen«. Dieser Flügel befand sich in den sechziger Jahren noch klar in der Minderheit, doch war er der aktivste und offensivste. Er kam in der Zeitschrift *»Le Monde maçonnique«* zu Wort, die 1858 von L. Ulbach (1822–1889) gegründet worden war. Als Chefredakteur amtierte M. A. Massol, ein Freund Proudhons, der 1860 Mitglied der Freimaurer geworden war und eine Offensive für die Entwicklung einer »unabhängigen Moral« startete. Seit 1863 beschäftigte sich die Loge mit der »Suche nach den Grundlagen einer universellen Moral, *unabhängig* von jeder religiösen Erklärung von Gut und Böse« (A. Combes).

Danach gründete Massol zusammen mit Henri Brisson (1835–1912), dem zukünftigen Präsidenten des Rats der Republik, eine Zeitschrift mit dem Titel *»La Morale indépendante«*. 1865 legte er der Gemeinschaft eine Definition des Freimaurertums vor, in der jeder Hinweis auf Gott und die Unsterblichkeit der Seele fehlte und statt dessen ersetzt wurde durch die »Unverletzlichkeit der menschlichen Person als Basis der universellen Moral, zusammengefaßt in der Devise Freiheit, Gleichheit, Brüderlichkeit«. Dieser Vorschlag wurde zwar nicht angenommen, doch ein Anfang war immerhin gemacht. Die Fassung wurde jedes Jahr erneut vorgelegt, bis sie 1877 endlich angenommen wurde. Die Freimaurerei wurde auf friedlichem Weg erobert (wir würden heute sagen »unterwandert«) von einer Gruppe junger und gottloser Republikaner, von denen sich später einige – unter ihnen Brisson – durch ihren vehementen Antiklerikalismus auszeichneten. In Paris traten neben Brisson Méline, Le Royer, Claretie, in Marseille Gambetta, in Lyon Antonin Dubost in die Logen ein. Bis zu den liberalen Gesetzen 1868 war die Freimaurerei für sie Zuflucht und Ersatz. Sie veränderten jedoch den Geist der Institution, indem sie sie als Waffe im politischen und antiklerikalen Kampf einsetzten. Einige Mitglieder der katholischen Kirche und Papst Pius IX. persönlich hatten diese Entwicklung durch scharf ablehnende Stellungnahmen noch gefördert. Im manchen Logen begann nach 1866 die Propaganda für bürgerliche Beerdigungen; 1869 ging Massol so weit, angesichts des Vatikanischen Konzils eine gemeinsame Kundgebung der beiden *obédiences* (des Grand Orient und des Suprême Conseil) abzuhalten, um die Prinzipien des »universellen Menschenrechts« zu bekräftigen. Die Freimaurerei zeigte beispielhaft, wie sich eine allgemeingültige Meinung herausbildete.

Als Beispiel für den zunehmenden Antiklerikalismus während der letzten Jahre des Kaiserreichs sei an einen heißen Tag nach der Wahl in Castres erinnert, über den Jean Faury berichtet. Der offizielle Wahlkandidat im Jahr 1863 war niemand anderes als der Bankier Eugène Pereire. 1869 stellten sich er und Baron Reille, Gemahl der Enkelin von Marschall Soult, ebenso bonapartistisch wie Pereire, aber auch extrem klerikal gesinnt, zur Wahl. Reille wurde vom Klerus unterstützt, dem es vor allem darum ging, katholische Kandidaten zu fördern, auch wenn sie keine Legitimisten waren. Reille siegte mit 15453 Stimmen über Pereire, der 11693 Stimmen erhielt. 2651 Stimmen entfielen auf den Kandidaten der Republikaner, B. Lavergne. In Castres selber verfügte Pereire allerdings über eine klare Mehrheit. Am Dienstag, dem 25. Mai, wollten ihm seine Anhänger ein Abendständchen bringen, daher fanden sich um halb acht Uhr abends etwa 600 Personen auf der Place Pélisson ein. Sie zogen an seinem Haus vorbei und riefen: »Es lebe Pereire! Nieder mit Reille! Nieder mit den Schwarzen und den Pfaffen!«

Am Ende nahmen 3000 Personen an der Demonstration teil. Bevor sich die Menge auflöste, sammelte sich ein Teil der Demonstranten vor dem kleinen Seminar. Ein Journalist berichtete: »Die Gitter wurden fast eingedrückt. Man rief: Nieder mit den Schwarzen! Mehrmals wurde die Marseillaise gesungen.« Am nächsten Tag traf der Gesangverein aus Mazamet mit dem Zug in Castres ein und schloß sich den Demonstranten im Ort an. Aber diesmal wurden nicht mehr nur die Geistlichen, sondern auch die Polizei mit feindlichen Parolen angegriffen. Diese Vorfälle bewiesen, daß die Auseinandersetzung zwischen klerikal und antiklerikal Gesinnten den wichtigsten Konfliktgegenstand innerhalb der öffentlichen Meinung bildete.

Dieser Widerstand ermöglichte es den republikanischen Notabeln, die gesellschaftlich äußerst konservativ und paternalistisch dachten, sich der sozialen Debatte zu entziehen und das Problem ihres Verhältnisses zur sozialistischen Strömung auszusparen. G. Jacquemet hat die Doppelbödigkeit einer Kandidatur Gambettas 1869 in Belleville treffend analysiert: Er weigerte sich, die soziale Frage anzuschneiden, und gab mehrere Erklärungen gegen die »Demagogen« ab. 1870 stand die Arbeiterbewegung isoliert. Für die Radikalen war der Antiklerikalismus ein Mittel, die längst fällige »soziale Frage« aufzuschieben.

In den sechziger Jahren entwickelte sich neben der klerikalen Militanz auch eine weltliche, die dem republikanischen Zelotentum zwar ähnlich, aber weit davon entfernt war, in ihm aufzugehen. Sie trat in der Umgebung des Kaisers in der Nähe seines Neffen in Erscheinung. Dieser weltliche Bonapartismus fand sein Sprachrohr in der Zeitung *»Opinion nationale«* von A. Guéroult. In ebendiesem Blatt warb Jean Macé (1815–1894), Verfasser populärer Kinderbücher und erster Herausgeber des *»Magasin d'éducation et de récréation«* (1864), im Jahr 1866 für die Gründung einer französischen Liga für Bildung nach belgischem Vorbild. Jean Macé war auch die treibende Kraft für die Gesellschaft der Volksbüchereien am Oberrhein. Dieser populäre Schriftsteller benutzte für seine Anliegen geschickt eine militärische Sprache. »Wenn man schon davon redet, unser militärisches System zu verändern, warum versuchen wir nicht, neben der regulären Armee eine ›Landwehr‹ der Bildung zu organisieren?« 1870 bestanden bereits 59 Ortsvereine. Nehmen wir das Beispiel des Departement Gard: 1864 wurde dort mit dem Aufbau einer Volksbücherei in Nîmes begonnen, die katholische Liberale oder protestantische Persönlichkeiten ins Leben gerufen hatten. Obwohl die Lokalzeitungen die Liga totschwiegen, zählte sie im Jahre 1869 bereits 442 Anhänger im Departement. Sie entstand auf Initiative von Freiberuflern und Unternehmern. Das Hauptanliegen der Vereine bestand in dem Aufbau einer Bücherei. In anderen Departements wurde deutlich, wie sehr die Liga mit der Freimaurerei zusammenarbeitete, der übrigens auch Jean Macé angehörte.

1870 unterstützte die Liga die Aktionen Jules Simons in der Legislative, der als Abgeordneter für eine kostenlose und allgemeine Schulpflicht auf nationaler Ebene kämpfte. Diese Petition wurde in vielen Departements (wie im Gard, wo 7163 Unterschriften gesammelt wurden) von den Republikanern zum Anlaß genommen, zum ersten Mal seit 1852 in größerem Rahmen auf sich aufmerksam zu machen. Im östlichen Teil des Gard, wo die Katholiken in der Überzahl waren, bekamen sie keine einzige Unterschrift. In den Kleinstädten und größeren Dörfern, die sich stärker vom Christentum abwandten, bekamen sie dagegen mehr Unterstützung. In ganz Frankreich kamen 200000 Unterschriften zusammen.

DIE KULTURELLE BEFREIUNG

Das Kaiserreich endete unter großem Gelächter mit den Operetten Jacques Offenbachs und den Komödien Eugène Labiches, deren beste aus den sechziger Jahren datierten. Diese Musik und diese Komödien drückten in ihrer beabsichtigten Oberflächlichkeit die Neigung vieler aus, die überlieferten Werte anzuzweifeln und ganz mit ihnen zu brechen, nach dem Motto: Es ist besser, darüber zu lachen, als zu weinen.

Diesem Wunsch kam symbolische Bedeutung zu, denn die Kulturgeschichte des Kaiserreichs ist die Geschichte einer Befreiung von den Normen, die das autoritäre Kaiserreich aufgestellt hatte, vor allem aber auch von früher festgesetzten Regeln, Willkürherrschaften und Konventionen. Die Entwicklung ist nicht in allen Bereichen so klar abzulesen wie in der Malerei, doch wurde sie auch in der Naturwissenschaft deutlich. In der Musik zeigte sich bei allen jungen Musikern, die mit deutscher Musik vertraut waren, die Bereitschaft, ihrer Kunst einen neuen Sinn zu geben: Musik sollte nicht mehr nur einfach ablenken, sondern Gefühle ausdrücken. In der Lyrik hatte der Tod Baudelaires 1867 eine Lücke gerissen, die der Hohepriester des Parnaß, Leconte de Lisle, nicht auszufüllen vermochte. Die Zeitgenossen konnten die ästhetische wie auch geistige Botschaft Baudelaires nicht verstehen, damit mußte man bis zur nächsten Generation warten. Das gleiche galt auch für den Mahner Flaubert, der in dem Augenblick, als die Päpste des Positivismus triumphierend die Macht übernahmen, ihren baldigen und aufsehenerregenden Sturz vorhersagte.

Das Zweite Kaiserreich hat, ohne sich dessen recht bewußt geworden zu sein, eine Revolution in der Malerei von beträchtlichem Ausmaß erlebt. Delacroix starb 1863, Ingres 1867. Die Auseinandersetzung Romantik gegen Klassizismus erschien mehr und mehr als die Auseinandersetzung eines anderen Zeitalters. Nach Ansicht von Geneviève Lacambre gab es in dieser Epoche »keinen stilistisch klaren Zusammenhang«. In den Salons spiegelte sich diese erstaunliche Verschiedenheit ebenfalls wider. Die moderne Malerei hat sich nicht, wie gesagt wurde, gegen, sondern für und durch die Gesellschaft des Zweiten Kaiserreichs entwickelt. Der Künstler war eine geachtete, in die Gesellschaftsordnung integrierte Persönlichkeit. Bis 1863 wurde alle zwei Jahre, danach jedes Jahr vom Staat der »Salon« als das Große Kunstfest organisiert, das stets zu Frühlingsbeginn stattfand. 1853 umfaßte die Abteilung Malerei 1208 Nummern, 1861 bereits 3146. Zwei Jahre später waren es nur 1915, 1870 wieder 2991 Nummern. Zu Beginn des Kaiserreichs setzte sich die Jury zur Hälfte aus Mitgliedern zusammen, die aus dem Kreis früherer Aussteller gewählt und zur Hälfte von der Verwaltung ernannt wurden. 1886 wurden schon zwei Drittel der Jurymitglieder, 1870 wurde die ganze Jury gewählt. Die Strenge und fehlerhafte Urteile der Jury führten zu Protesten. Deshalb stimmte der Kaiser als guter Herrscher zu, als sich 1863 ein Salon der Abgelehnten mit 604 Gemälden etablierte, darunter das »Frühstück im Freien« von Manet und ein Bild von Pissarro. Doch sollte es bei diesem einen Mal bleiben. Eine Petition, die 1867 auch von Manet, Monet und Renoir unterzeichnet wurde, blieb erfolglos. Die Künstler hatten indessen andere Wege zum Verkauf ihrer Werke gefunden. Außerhalb von Paris wurden regelmäßig Ausstellungen organisiert, und die Zahl der Galeristen nahm zu, die Abschlüsse mit dem Ausland tätigten. Die Galerie Durand-Ruel, die 1839 eröffnet hatte, erlangte in den sechziger Jahren ihre größte Berühmtheit. Manche Händler wie Gambart hatten sich auf ausländische Kunden spezialisiert. Der öffentliche Kunstmarkt florierte, wurde unterstützt von kirchlichen Aufträgen, vom Staat und von lokalen Gruppen.

Das Fehlen von Stilzusammenhängen resultierte aus drei Besonderheiten der damaligen Malerei: Die Maler sahen sich als Erben, zugleich strebten sie alle nach »Unabhängigkeit«, und schließlich waren sie alle auf der Suche nach »Modernität«. Die »große Kunst« behielt zwar ihre Vorrangstellung, doch auch sie begann nach verschiedenen Formen und Motiven zu suchen. Die Historienmalerei konzentrierte sich wie bei Ernst Meissonnier (1815–1891) auf detailversessene Akribie, die jedoch auf Kosten der Sublimierung des dargestellten Geschehens ging. Meissonnier wurde beauftragt, die italienischen Landschaften zu malen, und reiste im Gefolge der französischen Armeen nach Italien. Den Höhepunkt seines Ruhms erreichte er in der III. Republik mit der Darstellung einiger Episoden aus dem Krieg von 1870. Die »Hinrichtung Maximilians« von Manet gehört ebenfalls in diese Auffassung der Historienmalerei; der grausame Charakter des Bildes, das den Kaiser als Opfer darstellt, rückte es in die Nähe der anklagenden Aussage Goyas.

Im Gegensatz zu dieser ersten Strömung versuchten ein paar junge

Maler, die »große Kunst« und besonders historische Themen in idealistischer und gleichsam symbolischer Manier zu behandeln wie Paul Chenavard, der 1848 die künstlerische Ausgestaltung des Panthéon in Paris abgeschlossen hatte, und Puvis de Chavannes (1824–1898), der sich in den sechziger Jahren zunehmend Ansehen verschaffte und sich in Amiens und Marseille als echter Wahrer der klassizistischen Tradition eines Ingres oder der großen Bildmotive behauptete. Hippolyte Flandrin (1809–1864) malte zur selben Zeit in der Kirche Saint-Germain-des-Prés zu Paris ein Fresko, das sich nicht an den Präraffaeliten, sondern am Eklektizismus italienischer Vorbilder orientierte.

Doch die große Neuerung der Epoche bestand in der Bereitschaft, die Gegenwart zu würdigen, indem man ihr eine historische Dimension verlieh, oder sie einfach zu verstehen und zu deuten versuchte. Gustave Courbet (1819–1877) wurde vom Staat ausgezeichnet, als ihm Émile Ollivier das Kreuz der Ehrenlegion verlieh, das er aber ablehnte. Von allen Künstlern seiner Zeit stand er der Gesellschaft und ihren Sehnsüchten am nächsten. Courbet war der einzige, der alle Tendenzen seiner Zeit vereinte. Erstens als Erbe, denn seine Werke sind wie eine Zitatensammlung anzusehen: »Ich habe völlig unsystematisch und ohne vorgefaßte Meinung die Kunst der Antike und die Moderne studiert... Ich habe weder die einen nachahmen noch die anderen kopieren wollen... Ich wollte in dem ganzen Wissen um die Tradition überlegt und unabhängig meine eigene Individualität finden...«

Auch er war also ein Fanatiker der Unabhängigkeit, der den ausschließlichen Wunsch eines Künstlers in sich verspürte, nur über sich selber Herr zu sein. Vor allem aber war er ein Fanatiker der Wahrheit: Er ging auf die anderen zu, um sie gesellschaftlich wie auch individuell in ihrer Verschiedenheit zu verstehen. Man muß seinen Brief an Champfleury im Jahre 1855 zitieren, einen Romancier des Realismus, dem er zu seinem Bild *»L'Atelier«* schrieb, auf dem sich eine Anzahl von Personen um den Künstler gruppieren: »Das sind Leute, die vom Leben leben und die vom Tod leben. Das ist die Gesellschaft mit ihren Höhen und Tiefen, in ihrem Milieu; kurz, es ist meine Art, die Gesellschaft mit ihren Interessen und Leidenschaften zu sehen.« Dies war im übrigen der Zeitpunkt, an dem Courbets Malerei immer mehr zur Abbildung der zeitgenössischen Realität in all ihrer Sinnenhaftigkeit geriet und mit dieser Sichtweise schon einen Monet oder einen Cézanne vorwegnahm.

Courbet war einer der größten Landschaftsmaler seiner Zeit. In diesem Genre bahnten sich Veränderungen an, die die späteren Umwälzungen schon ankündigten. Die Schule von Barbizon hielt ihre Tradition aufrecht (Théodore Rousseau starb 1867), Corot (1795–1875) erweckte den Klassizismus zu neuem Leben, während die Maler des späteren Impressionismus schon am Beginn ihrer Laufbahn standen: Camille Pissarro (1830–1903) hatte bereits vor 1870 elf Bilder im Salon ausgestellt; er wurde also nicht immer abgelehnt. Seine Malweise orientierte sich an Corot und war doch eigenständig, wie übrigens auch die Monets. Wirklich Revolutionäres aber strahlten die großen Gemälde Edouard Manets aus: ein wahrer Künstler bei all seiner perfekten Modernität! Die Farbe Schwarz war dafür das auffälligste Kennzeichen: In dem Gemälde *»Concert aux Tuileries«* aus dem Jahr 1862, auf dem Baudelaire, Offenbach und viele andere dargestellt sind, war sie überall präsent. Die Meisterschaft Manets mündete in eine »moderne« Interpretation großer Motive. Daraus entstanden im Jahr darauf »Das Frühstück im Freien«, *»L'Olympia«* und andere Werke.

Die akademische Malerei hatte sich vollkommen erneuert und sollte in der III. Republik ihre nächsten Triumphe feiern. Alexandre Cabanel (1823–1889) stand auf dem Gipfel seines Ruhms. 1863 trat er in das »Institut des beaux arts« ein. William Bouguereau (1825–1905) wurde erst 1876 aufgenommen, hatte sich aber zumindest in Frankreich mit seinen mythologischen und historischen Motiven schon einen Namen gemacht. Die Perfektion seiner Ausführung stellte das Resultat fleißiger und geduldiger Arbeit dar. Die Malerei im Dienst der Moral – das war eine extrem didaktische Malerei, die versuchte, höhere Ideale und christliche Tugenden darzustellen. Es handelte sich auch um eine zutiefst familiäre Malerei, die Frau und Kind verherrlichte.

Die Musik gehörte für viele Franzosen zum Alltag. Im Zweiten Kaiserreich existierten so viele Gesangsvereine wie nie zuvor. 1867 zählte man in Frankreich 3243 Vereine, 144 allein im Departement du Nord und 120 im Departement Seine. Der Besitz eines Klaviers war für Bürger eine Selbstverständlichkeit, das Klavierspiel gehörte zur Pflichtübung bei der Erziehung junger Mädchen. Offizielle und familiäre Zusammenkünfte wurden von Romanzen und Melodien eingerahmt. Abgesehen von Hector Berlioz, der 1869 starb, besaßen die erfolgreichen Musiker des Zweiten Kaiserreichs jedoch einen schlechten Ruf. Meyerbeers (1791–1864)

»Robert der Teufel« (komponiert 1831) erlebte bis 1893 750 Aufführungen, »Der Prophet« (komponiert 1849) bis 1900 530 Aufführungen; allerdings bezeichnete Richard Wagner den Komponisten als »absolute Null«.

Dazu muß gesagt werden, daß Wagner seinen Durchbruch in Frankreich verpaßt hatte. Die drei Konzerte des Jahres 1860 und die Aufführung des »Tannhäuser« 1861 an der Pariser Oper hatten wenig Erfolg. Diese Oper wurde nur dreimal gespielt. Als die erfolgreichsten Opern erwiesen sich die Werke Verdis – der »Troubadour« erreichte bis 1875 220 Aufführungen – sowie die Werke Meyerbeers und Gounods, dessen »Faust« zuerst 1859 im »Théâtre Lyrique« gegeben wurde und 1869 an die Oper kam.

Meyerbeer wiederum triumphierte an der »Opéra comique« mit *»Le Pardon de Ploermel«* (1859); der größte Erfolg in diesem Theater blieb jedoch *»Mignon«* von Ambroise Thomas mit tausend Aufführungen zwischen 1866 und 1900 vorbehalten. Neben diesen beiden Bühnen gab es das »Théâtre-Italien«, das in den sechziger Jahren einen spürbaren Niedergang erlebte, und die »Bouffes Parisiens«, in denen Offenbach seine sensationellen Erfolge feierte. Seine besten Aufführungen waren »Orpheus in der Unterwelt« (1858), »Die schöne Helena« (1864) und »Die Großherzogin von Gerolstein«, mit der er seinen antimilitaristischen Beitrag zur Diskussion über das Gesetz Niel von 1867 beisteuerte. So entstand eine Form von Musik, geprägt von Rhythmus, Freude, stimmlicher Virtuosität, aber auch voll von frechen Anspielungen und Satire. In seiner Art und Intention ähnelte das Genre dem Boulevardtheater. Neben diesen Theatern im eigentlichen Sinn gab es aber auch noch die Konzertcafés: nach dem »Ambassadeurs« und dem »Alcazar« kamen das »Eldorado« (1858), das »Bataclan« (1865) und 1869 die »Folies-Bergères«.

Die Erneuerung der französischen Musik erfolgte nicht auf dem Weg über das Theater. Eine ihrer wichtigsten Quellen lag in der religiösen Musik, deren Wirksamkeit nur mit der religiösen Architektur vergleichbar ist. Eines der Zentren dieser Erneuerung war die Schule von Niedermeyer (1802–1861), genannt »Schule für klassische und religiöse Musik«, die seit 1853 bestand und Organisten und Kapellmeister, Chorsänger und Komponisten ausbilden sollte. César Franck komponierte 1860 seine Messe für drei Stimmen und begann 1869 *»Les Béatitudes«*. Gabriel Fauré (1845–1924) und Henri Duparc (1848–1933) erlebten den Niedergang des Kaiserreichs als knapp Zwanzigjährige, doch hatten bereits beide den

Grundstein zu einem völlig neuen Klangbild gelegt; *»La Chanson triste«* wurde im Jahr 1868 komponiert. Anzeichen einer echten Erneuerung auf symphonischer Ebene waren jedoch trotz Jules Massenet und Camille Saint-Saëns weniger klar zu erkennen.

Auguste Comte starb 1857. Sein Einfluß auf alle Bereiche des zeitgenössischen Denkens war beträchtlich. Angesichts der *»Histoire romantique«* (»Geschichte der Romantik«) von Michelet (1798–1874) entwickelte sich mit Fustel de Coulanges und seiner *»Cité antique«* (»Stadt der Antike«) (1864) die positivistische Geschichtsschreibung, die sich mit der Gründung der *»Revue historique«* durch Gabriel Monod (1844–1912) durchsetzte. Littré gab dem Positivismus seine philologische Dimension – wobei er sich in seiner Berühmtheit und seiner Philosophie sonnte – und setzte ihn als Mittel im politischen Kampf ein, im Kampf für eine republikanische Politik. Die neue Gesellschaft für Anthropologie, die 1859 gegründet wurde, war vom Positivismus inspiriert. In all diesen Bereichen bereitete der Positivismus, wenn auch widerwillig, den Boden für den Materialismus. Diese Abkehr vom traditionellen Erbe zeichnete sich bereits vor 1870 ab.

Auch die Literaturkritik unterlag mit Taine (1828–1893) und Sainte-Beuve (1809–1865) positivistischen Einflüssen. Das Werk galt nur mehr als Frucht einer Persönlichkeit, eines gesellschaftlichen Milieus, eines Augenblicks. So verlor es seine eigentliche Authentizität. Champfleury und Duranty (1833–80) plädierten auf der Ebene des Romans für ein naturalistisches Ideal, was letzterer besser traf. Es handelte sich um schonungslos exakte Berichte über eine Gesellschaft, die so distanziert beschrieben wurde, wie es nur ein Naturforscher täte. Die Brüder Jules und Edmond Goncourt (1830–1870 und 1822–1896) ebneten den Weg für Zola, der 1870 gerade dreißig Jahre alt war. Ihre in den sechziger Jahren erschienenen Romane waren pathologische »Fallstudien«, die die krankhaft sensiblen Charaktere der Personen analysierten.

Diese tragischen Schicksale und der unausweichliche Verfall der Romanfiguren entsprachen dem zeitgenössischen Kosmos, durch den sie ihren eigentlichen, mehr oder weniger deterministischen Sinn bekamen. Flaubert (1821–1880) leugnete, daß es möglich sei, einen realistischen Roman zu schreiben. Als Anbeter des Stils, Schriftsteller der Langeweile und des Unbeweglichen beschrieb er die Mittelmäßigkeit, Dummheit und Langeweile als eine epische Dimension. Bouvard und Pécuchet waren die

Helden des Positivismus. Ihr Scheitern war noch tragischer als das Versagen Emma Bovarys (1856) oder Frédéric Moreaus in der *»Éducation sentimentale«* (1869), denn ihr Scheitern geschah aus Wissen. Flaubert gehörte zu den am meisten bewunderten Schriftstellern der Generation der neunziger Jahre.

Die französische Wissenschaft unterlag im Zweiten Kaiserreich einem streng zentralistischen und autoritären Regime. Honoré Fortoul (1811–1856) amtierte von 1852–1856 als Rektor der Pariser Universität; er führte Reformen durch, die eine Institution von gefährlichen Freigeistern unter Kontrolle bringen sollten. Er verbot die Promotion in Philosophie und ordnete für die Lyzeen eine Teilung in einen naturwissenschaftlichen und einen philosophischen Zweig *(»la bifurcation«)* an. Besonders scharf kontrollierte er die physiologischen und anthropologischen Vorlesungen in der medizinischen Fakultät, da er sie als Träger des materialistischen Virus verdächtigte.

Trotzdem hatten die Aktivitäten Fortouls positive Auswirkungen auf die Entwicklung der exakten Naturwissenschaften. Durch die »Zweiteilung« konnten sich die Schüler in diesem Fach früher spezialisieren, während sich die Aufhebung dieser Verordnung durch Duruy fatal auswirken sollte. Außerdem sorgte er im Lehrkörper der Universität für eine günstige Aufnahme der Spezialfächer Naturgeschichte, Astronomie, Chemie und Experimentalphysik. Einige Gelehrte wurden von der Regierung geehrt und unterstützten diese ohne Zögern wie Urban Le Verrier, der Entdecker des Neptun 1846, der 1853 Aragos Nachfolger am Observatorium in Paris wurde, ebenso Jean-Baptiste Dumas (1800–1884), dessen großes chemisches Werk im wesentlichen abgeschlossen war, und der Zoologe Henri Milne-Edwards (1800–1885). Sie alle wurden beschuldigt, ihre jungen Kollegen mit ihrem autoritären Stil wissenschaftlich zu ersticken. Dies traf sicher nicht für Le Verrier zu, eher schon für Dumas, der zwar der Atomtheorie widersprach, obwohl er mit seinen Forschungen dazu beigetragen hatte, der aber Louis Pasteur unterstützte.

In der Tat bildete sich ein neuer Gelehrtentyp heraus. Es gab nicht mehr den weltgewandten Redner, der in ein paar Vorlesungen erstaunten Parisern die Geheimnisse des Universums erklären konnte, es gab vielmehr den Gelehrten, der experimentierte, sich der Praxis und ausländischen Kollegen nicht verschloß, der eher forschen als lehren wollte. Er wollte die Lehre nicht als enzyklopädische Zusammenfassung von Wissen verstanden wissen, sondern eher als einen Vorbereitungskurs in Sachen Forschung.

Diese neuen Gelehrten hießen Henri Sainte-Claire-Deville (1818–1881), Henri-Victor Regnault (1810–1878) oder Louis Pasteur (1822–1895). Sainte-Claire-Deville wurde 1851 zum Dozenten an der *École normale* ernannt. Er richtete dort sogleich ein modernes, gut ausgerüstetes Labor ein und entwickelte eine Methode zur Aluminiumherstellung, die der Gesellschaft Morin in Nanterre nach ihrer Gründung 1855 als Verfahrensgrundlage diente. Diese Gesellschaft überließ ihre Patente 1859 der Gesellschaft für chemische Produkte von Alais und Camargue unter Leitung von Henri Merle. Er hatte 1842 an der *École normale* promoviert und suchte Absatzmärkte für seine Salzsäure. Aluminium wurde damals hauptsächlich für Möbelstoff und Posamentierarbeiten verwendet und galt als höchst luxuriöses Produkt. 1858 trat Sainte-Claire-Deville die Nachfolge von Dumas an der Fakultät der Naturwissenschaften in Paris an, 1861 wurde er in die Akademie aufgenommen. In den sechziger Jahren forschte er über Kohlenwasserstoff und konstruierte sogar eine Benzinlokomotive im Lager von Châlons. Henri-Victor Regnault unterrichtete seit 1840 als Professor für Physik am Polytechnikum und führte in den fünfziger Jahren eine vom Verkehrsministerium subventionierte Untersuchung über den Zusammenhang zwischen Temperatur und Kompressibilität des Wasserdampfs durch. Es ging also um eine Verbesserung der Dampfmaschinen, bei der im wesentlichen eine experimentelle Methode angewendet wurde. Er stand dem Labor der Gasgesellschaft in Paris vor, die die Gasqualität für die Kunden verbessern und eine mögliche Verwendung von Teer finden wollte, und leitete die Arbeiten über Flüssiggas ein; auf Vermittlung von Louis Cailletet (1823–1913) wurde er zum Vorläufer von Georges Claude.

Die Person Louis Pasteurs, auf den wir noch zu sprechen kommen, erweckt aus drei Gründen Interesse: Er reformierte nach 1854 das Studium an der *École normale*; er orientierte sich auf den Rat von J.-B. Dumas hin in seinen Vorlesungen an der Forschung und seine Forschung an Fragen, die die Lösung praktischer Probleme herbeiführen sollte. Der Erfolg der von Pasteur eingeführten Reformen an der *École normale* ließ sich an einer einzigen Zahl ablesen. Während sich zwischen 1846 und 1857 elf von 46 Studenten auf die Forschung verlegten, waren es zwischen 1857 und 1867 bereits 26 von 36 Studenten. Während seiner Zeit in Lille

1854–1857 behandelte er in seinen Vorlesungen Fragen der angewandten Forschung, vor allem die Gärung, die auch für die Industrie in der Region von Interesse war. In den sechziger Jahren konnte er durch Experimente mit Bier dieses Phänomen genauer untersuchen. Er befaßte sich auf Bitten des Senators J.-B. Dumas auch mit der Krankheit der Seidenraupe und stieß bei der Lösung auf beträchtliche theoretische und experimentelle Schwierigkeiten. Diese Aktivitäten untermauerten seine Position in der Polemik mit Felix Pouchet über die Urzeugung.

Die Verbindung von theoretischer und experimenteller Wissenschaft fand, wie man sieht, nicht nur an der Universität statt. Als ein Beispiel sei das Elektrizitätswesen der damaligen Zeit angeführt. Der Ausbau des Telegraphennetzes zog die Einrichtung eines Dienstes nach sich, der die Entdeckungen auf dem Gebiet der Elektrizität und besonders der Batterieherstellung verfolgte. Gleichzeitig beschäftigten sich die Hersteller galvanoplastischer Produkte wie Charles Christofle und die Eisenbahngesellschaften mit der Verbesserung der von ihnen benutzten elektrischen Geräte, während sich die Wissenschaftler um neue experimentelle Methoden bemühten. Zwischen Benutzern, Wissenschaftlern und Herstellern entstand eine Beziehung, die den Grundstock eines echten »Milieus« von Elektrikern, die halb Techniker und halb Gelehrte waren, bildete. Drei Namen standen für diesen Kosmos von interdisziplinärem Wissen: Georges Leclanché (1839–1882) war früher Ingenieur und beschäftigte sich bei der Eisenbahngesellschaft Ost mit chemischen Versuchen. Er fand 1864 die Formel für sein galvanisches Element. Louis-François Bréguet (1804–1883), Sohn eines Uhrenfabrikanten, war der wichtigste Konstrukteur seiner Zeit für wissenschaftliche und telegraphische Apparate. Zénobe Gramme (1826–1901), der Erfinder des Dynamos (1869) schließlich war von Haus aus Reparaturtechniker, der die wissenschaftliche Technik seiner Zeit sehr gut kannte. Er war weder Autodidakt noch Hobbykünstler. Ab 1869 hatte er begriffen, wie wichtig seine Erfindung war, denn er schrieb: »Das Grundprinzip dieser Maschinen kann auf Elektromotoren übertragen werden.«

DER MODERNISMUS VICTOR DURUYS

Die Historikerin Françoise Mayenne hat bemerkt, daß man die Geschichte des französischen Bildungswesens nicht länger zwischen den beiden Polen einer klerikalen und verdummenden »Rechten« und einer weltlichen progressiven »Linken« sehen darf. Trotz aller Debatten und Auseinandersetzungen zwischen den Anhängern des Gesetzes Falloux und den Vertretern der Staatsschule muß betont werden, wie sehr man um eine Schulbildung bemüht war, die auch die jungen Mädchen integrierte und im wesentlichen, aber nicht ausschließlich von Ordensleuten betrieben wurde. So gehörte auch das Gesetz Falloux zu den Schulgesetzen des Jahrhunderts, an deren Ende Jules Ferry stand. Auch das Werk Victor Duruys (1811–1894), der zwischen 1863 und 1869 Minister für Unterricht war, war nicht nur ein Kampf gegen den Antiklerikalismus. Dieser Schüler der *École normale*, Generalinspektor des Höheren Schulwesens, Historiker für Römische Geschichte und Professor am Polytechnikum, trat mit dem Kaiser in Kontakt, da ihn dieser um Mithilfe bei der Korrektur seiner »Geschichte Julius Cäsars« gebeten hatte. Er konnte ihn davon überzeugen, daß das Kaiserreich entsprechend seiner demokratischen Basis in diesem Bereich eine Reform durchführen mußte. In seiner Thronrede 1865 hatte Napoleon III. bekräftigt, daß in einem Land mit allgemeinem Wahlrecht auch jeder Bürger schreiben und lesen können müsse.

Duruy ging an die Probleme der Grundschulausbildung nicht als Idealist, sondern als Technokrat heran. Mit Hilfe des Lehrkörpers, den er skrupellos hofierte, strebte er eine Allgemein- und eine Fachbildung zugleich an, die nationalen und regionalen Traditionen verbunden war. Sie sollte dem Bürger nützliches Wissen vermitteln, aber auch am beruflichen und gesellschaftlichen Leben orientiert sein. Er forderte die allgemeine und kostenlose Schulpflicht, die im Prinzip auch schon Falloux und Guizot in ihren Gesetzesvorlagen gefordert hatten, deren letzte Umsetzung aber immer noch aufgeschoben worden war. Duruy stieß auf heftigen Widerstand bei den Ministern wie auch im Staatsrat. Er brauchte die aktive Rückendeckung Rouhers und des Kaisers, um das Gesetz vom 10. April 1867 durchzubringen, das zwar hinter seinen anfänglichen Vorstellungen zurückblieb, aber trotzdem einen entscheidenden Wendepunkt darstellte.

In dem Gesetz wurden den Gemeinden neue Möglichkeiten zur Finanzierung angeboten, damit sie die kostenlose Schulpflicht einführen konnten. Die Bedingungen für Lehrerinnen und Lehrer wurden verbessert, für Gemeinden mit mehr als 500 Einwohnern war zumindest eine Mädchenschule vorgesehen, ebenso wurden genaue Anweisungen für die Struktur der Dorfschulen gegeben. Duruy befürwortete übrigens eine Volksschulausbildung der Mädchen außerhalb der Kontrolle der Klosterschulen. Duruys Vorstellung, das Bildungssystem den Gegebenheiten des sozialen Lebens anzupassen, sollte also auch im Bereich des höheren Schulwesens praktiziert werden. Er war der Vorläufer des Gesetzes Camille Sée aus dem Jahr 1880, das die höhere Schulbildung auch für Mädchen vorsah. In einem Rundbrief vom 30. Oktober 1867 an alle Rektoren forderte er lokale Initiativen und dank der Mithilfe der Eltern »höhere Kurse« für junge Mädchen. Es handelte sich um externe, ziemlich zwanglose Einrichtungen, die sich von späteren Mädchenlyzeen stark unterschieden.

Diese Kurse Duruys fanden nur wenig Anklang, da nur etwa 2000 junge Mädchen dafür in Frage kamen. Die Katholiken, allen voran Mgr. Dupanloup, empörten sich darüber, denn der Minister hatte seine Absicht verlauten lassen, die Mädchen der bürgerlichen Schicht dem klerikalen Einfluß zu entziehen, während sogar liberale Katholiken der Meinung waren, es handle sich dabei um eine Domäne der Kirche, und zwar aus Gründen, die wir zuvor bei der religiösen Erneuerung dargelegt haben. Bei der Ausbildung für Knaben beging Duruy den Fehler, auf die »Trennung« zwischen Naturwissenschaft und Philosophie zu verzichten. Dafür wurde 1865 eine besondere höhere Schule eingerichtet, die den Weg einer bemerkenswert modernen Synthese zwischen traditioneller höherer Schulbildung und Fachausbildung einschlug. Latein war nicht länger mehr Pflichtfach. Genaugenommen wurde diese spezielle Unterrichtsform zum Vorläufer des modernen Gymnasiums. Es ging Duruy darum, die Kluft zwischen 44 000 Schülern und fünf Millionen Kindern zu überbrücken. Dabei hatte er ohne jeden Zweifel Erfolg.

Im ganzen handelte Duruy aus der gleichen Einsicht heraus wie der Kaiser bei seiner Gesellschafts-, Militär- oder Wirtschaftspolitik. Dabei ging es nach einem Begriff der damaligen Zeit um den »Geist der Moderne«, der dazu bestimmt war, die französische Gesellschaft mit der demokratischen Entwicklung in Einklang zu bringen.

KAPITEL IV

Der Ruhm der Nation

Der Kaiser war »durch seine Herkunft gezwungen, Frankreich zu verblüffen«, schrieb der Historiker Albert Sorel. Eine Zeitlang hatte er damit auch Erfolg. Sein fundamentaler Plan scheint die Annullierung der Verträge von 1815 gewesen zu sein. Er wollte ein neues Europa, aber nicht mehr ausschließlich auf dem dynastischen Legitimitätsprinzip, sondern basierend auf dem Gedanken der Nationalität. Er wollte jedoch das Prinzip nicht bis zur äußersten Konsequenz treiben. Wo aber lag die ideale Mitte? Frankreich sollte die europäische Neuorganisation in die Hand nehmen und als Gegenleistung dafür Entschädigungen erhalten. Als Hilfsmittel in diesem Prozeß betrachtete man die Verhandlungen.

Eine zweite Konstante seiner Politik war der feste Vorsatz, das Bündnis mit England zu erhalten, denn er war davon überzeugt, daß das Scheitern seines Onkels letztlich mit der Feindschaft zu dieser Nation zusammenhing. Als Basis dieser Kongreßdiplomatie sollten gemeinsame Verhandlungen der europäischen Mächte dienen. »Das Kaiserreich ist der Frieden«, hatte er 1851 in Bordeaux gesagt, und diese pazifistische Tendenz bestätigte er später mehrmals. 1863 erklärte er: »Mein einziges Ziel ist es, die Befriedung Europas ohne Erschütterungen zu erreichen.« Trotzdem führte er drei Kriege; alle drei wurden leichtsinnig begonnen und zwei von ihnen endeten nicht gerade ruhmreich für ihn, der letzte sogar in einer demütigenden Kapitulation, die gleichzeitig das Ende des Kaiserreichs bedeutete.

DER KRIMKRIEG

Diesen Krieg, das erste bedeutende Abenteuer Napoleons, hatte der Kaiser nicht gewollt. Er hatte sich auf einen mörderischen Konflikt eingelassen und verteidigte dabei eher englische als französische Interessen. Im wesentlichen ging es darum, die Expansion Rußlands in die Türkei zu stoppen. Zar Nikolaus I. hatte nach 1850 die bereits um 1840 angedeutete Politik wieder aufgenommen, die auf die Eroberung oder Zerstörung des Osmanischen Reiches abzielte. Dabei schien der Zar keinen präzisen Plan zu verfolgen. Der Krieg entstand aus einem Konflikt, der sich an der Kontrolle der Heiligen Stätten in Palästina entzündete; diese Kontrolle benutzte Nikolaus als Druckmittel gegen die türkische Regierung. Im Februar 1853 schickte er Botschafter Menschikoff nach Konstantinopel, der einen Vertrag abschließen sollte, in dem das »religiöse Protektorat« Rußlands über die orthodoxe Bevölkerung der Türkei gefordert wurde.

England blieb standhaft. Napoleon III. unternahm nichts, was die Spannungen verschärfen konnte, doch versicherte er im März, er wolle »Seite an Seite« mit England gehen. Im Mai 1853 verschlechterte sich plötzlich die Situation, als der Zar am 13. Mai dem Sultan ein Ultimatum stellte, um ihm ein Bündnis aufzuzwingen. Am 24. Mai bot Napoleon III. England eine Allianz gegen Rußland an. Er wollte damit Großbritannien gegenüber sein Wort verpfänden, daß er »seine« spätere europäische Politik ohne Hintergedanken betreiben würde. »Wenn es möglich ist, wünsche ich Frieden«, schrieb er am 25. Mai 1853 an den französischen Botschafter in London, »aber nur in Übereinstimmung mit England«. London aber schürte die Angelegenheit noch, indem es den Sultan über den englischen Botschafter veranlaßte, den Vorschlag des Zaren abzulehnen. Nun konnte Rußland nicht mehr zurück; Nikolaus I. fiel im Juli 1853 zuerst in die Donaufürstentümer ein. Am 4. Oktober verlangte die türkische Regierung die Räumung dieser Gebiete. Das bedeutete die Kriegserklärung.

Der Krimkrieg war mörderisch, sowohl in seinen Schlachten wie wegen der ausbrechenden Epidemien. Er begann mit einem Fehlschlag: 30000 Franzosen und 25000 Engländer verzettelten sich in nutzlosen Kämpfen in der Dobrudscha, um den türkischen General Omer Pascha zu unterstützen. Die Russen wichen dem Kampf aus. Unterdessen wurden die französischen Truppen durch die Cholera dezimiert, die sich nach der Landung ausgebreitet hatte. Nach dem 18. Juli beschlossen Franzosen und Engländer, dem Krieg eine andere Stoßrichtung zu geben, und brachen nach Sewastopol auf. Dort sollte die russische Schwarzmeer-Flotte zerstört werden, womit auch die Frage der Meerengen hätte gelöst werden können. Die französisch-englischen und die türkischen Truppen (insgesamt 50000 Mann) landeten also am 13. und 14. September in Eupatoria im Norden Sewastopols und setzten sich am 19. September in Marsch. Admiral Fürst Menschikoff hatte mit seiner Armee an der Alma Stellung bezogen. Doch er beging mehrere schwerwiegende taktische Fehler, die den Verbündeten das Vorgehen erleichterten. Die Zuaven General Bosquets erklommen die äußerste westliche Mauer an der Alma, die Menschikoff für uneinnehmbar hielt und daher nicht gedeckt hatte. Dieses Manöver zwang ihn, sein Zentrum zu schwächen; damit war seine Niederlage besiegelt.

Am 23. September ging der Krieg weiter. Sewastopol sollte so schnell wie möglich eingenommen werden. Doch die Russen entschlossen sich zur Versenkung ihrer Flotte. Damit konnte kein Geschwader in den Hafen einlaufen, während sie unverzüglich Bodenbefestigungen mit Schützengräben anlegen ließen. Die Verbündeten, die nun ohne ihren Belagerungsapparat auskommen mußten, den sie in Varna gelassen hatten, fuhren zum Hafen Balaklava im Süden Sewastopols, wo die Flotte am 26. September anlegte. Marschall Saint-Arnaud, der Kommandant der französischen Truppen, starb dort an einer Angina pectoris, die durch eine gleichzeitige Choleraerkrankung noch verschlimmert wurde. Sein Nachfolger Canrobert (1809–1885) hatte lange in Algerien gedient und war 1853 mit 44 Jahren zum Divisionsgeneral ernannt worden.

Der Krieg wurde ein Belagerungskrieg. Die Verbündeten zögerten mit dem Beginn der Kampfhandlungen und ließen den Russen damit genügend Zeit zum Ausbau ihrer Befestigungen. Für den 17. Oktober war ein Angriff vorgesehen, doch fand er nicht statt, da das russische Artilleriefeuer heftiger war als erwartet. Außerdem war der Belagerungsring durch die Verbündeten so lückenhaft, daß die Russen immer noch Verstärkungen durch die Linien schleusen konnten. Am 25. Oktober gingen die Russen zum Angriff über. Sie griffen Balaklava an, wurden aber zunächst zurückgeschlagen. Am 5. November überraschten zwei Einheiten die noch schlafenden englischen Soldaten mit heftigem Artilleriefeuer. Damit begann die Schlacht von Inkerman, bei der es zu äußerst heftigen Kämpfen kam. Die verschiedenen Stellungen wurden nach mörderischen Mann-gegen-Mann-Kämpfen genommen und mußten zurückerobert werden. Die Franzosen, die wegen schlechter Sicht erst später eintrafen, retteten schließlich die Engländer vor der totalen Niederlage.

Am 18. November tobte ein heftiger Sturm und kündigte einen langen Winter an. Die Truppen mußten große körperliche Strapazen erdulden. Die Intendantur organisierte den Nachschub nur schlecht, der Sanitätsdienst hatte gegen die Auswirkungen der großen Kälte zu kämpfen. Im Januar 1855 wurden 2500 Erfrierungen in den Lazaretten behandelt, wobei zahlreiche Amputationen vorgenommen werden mußten. Zur Kälte kamen noch Epidemien hinzu.

Dieser Stillstand entsprach weder den Wünschen noch den Absichten der Alliierten. Das Verhältnis zwischen den beiden Oberbefehlshabern verschlechterte sich, ebenso das Verhältnis zwischen Paris und General Canrobert, der sich kontrolliert fühlte. Vom 9. bis 19. April nahmen die Verbündeten ihre Bombardements wieder auf. General Canrobert konnte sich übrigens nicht zu einem Generalangriff entschließen, weil er auf die Ersatztruppen warten wollte, die Anfang Mai eintreffen sollten. Napoleon III. selbst hatte einen Schlachtplan entworfen, der die vollständige Einschließung Sewastopols vorsah, allerdings auf Kosten von Operationen im offenen Gelände. Er verzichtete darauf, persönlich zu kommen und den Plan auszuführen, nachdem er am 28. April knapp einem Attentat entgangen war. Da seit dem 25. April aber eine direkte Telegraphenverbindung zwischen Paris und der Krim bestand, konnte der Kaiser den Ablauf der Ereignisse direkt kontrollieren. General Canrobert, der oft Charakterschwächen gezeigt hatte und sich auch immer schlechter mit Lord Raglan verstand, trat am 17. Mai zurück. Sein Nachfolger wurde General Pélissier (1794–1864), der ebenfalls lange in Algerien gedient hatte.

Pélissier, ein Mann von Format, lehnte den Plan einer Einschließung, wie ihn Napoleon III. gefaßt hatte, ab und beharrte hartnäckig auf seinem Wunsch nach einem schnellen Angriff, den er durch die Konzentration aller Kräfte auf eine Reihe aufeinanderfolgender Ziele führen wollte. Der Angriff erfolgte am 7. Juni am »Mamelon vert«, im Südosten Sewastopols, das die Russen bei Wintereinbruch befestigt hatten. Er war zwar erfolgreich, aber am 18. Juni erlitten die Verbündeten eine schwere Niederlage bei Malakoff und dem »großen Redan«. Am 16. August wagten die Russen nach erneuter Verstärkung die Schlacht, doch endete sie mit ihrer Niederlage. So schien der Kaiser mit seinem Standpunkt doch noch recht zu behalten, was die Überlegenheit der französischen Truppen im offenen Gelände betraf. Pélissier hielt stand und beschloß Anfang September, Fort Malakoff anzugreifen. Am 5. September leitete Geschützfeuer den Angriff ein. Am 8. September wurde das Fort von Truppen des Generals Mac-Mahon gestürmt. General Gortschakoff räumte die Stadt. Die Verluste der Russen lagen allein in dieser Schlacht bei 12900 Soldaten, die Verluste der Verbündeten beliefen sich auf 10040 Soldaten, davon 7600 Franzosen.

Beim *Tedeum* nach diesem Sieg wünschte der Erzbischof von Paris einen baldigen Frieden herbei. In Wirklichkeit aber fand die Auseinandersetzung nicht auf der Krim, sondern in den Salons der Diplomaten statt. Frankreich und England bemühten sich zusätzlich um Verbündete und umwarben besonders Österreich und Preußen. Am 8. August 1854 willigte Österreich in einen Vertrag mit den Westmächten ein. Die »vier Punkte« von Wien legten die Basis für einen späteren Friedensschluß: Man wollte ein gemeinsames Protektorat über die Donaufürstentümer errichten, die russischen Streitkräfte am Schwarzen Meer beschränken, freie Schiffahrt auf der Donau fordern und kein Protektorat der Russen über die orthodoxen Christen im türkischen Reich dulden.

Österreich ging sogar noch einen Schritt weiter und versprach am 2. Dezember 1854 ebenfalls seine bewaffnete Teilnahme. Diese unterlag aber der Zustimmung des Deutschen Bundes; dort brachte Bismarck den Vorschlag im Bundestag zu Fall. Frankreich nahm nunmehr die Bündnisbereitschaft Sardiniens als Gegenleistung für seine guten Dienste in der italienischen Frage an (Vertrag vom 25. Januar 1855). Piemont schickte ein kleines Expeditionskorps auf die Krim. Aber damit sollte vor allem Österreich eingeschüchtert werden. Nach der Eroberung Sewastopols beschloß die österreichische Regierung am 16. Dezember 1855, dem Zaren ein Ultimatum zu schicken. Nach dem Tod Nikolaus' I. regierte seit März Alexander II. Einen Monat später hatte dieser die vier Punkte akzeptiert. Rußland hatte letztlich nur wegen der österreichischen Drohung mit einem eigenen militärischen Eingreifen nachgegeben. Der Krieg dauerte weitere acht Monate, weil England Rußland zwingen wollte, das Schwarze Meer für neutral zu erklären.

Zwischen dem 25. Februar und dem 8. April 1856 wurde der Frieden in Paris ausgehandelt; in diese Zeit fiel auch die Nachricht von der Geburt des französischen Thronfolgers am 16. März. Der Friedensvertrag wurde am 30. März 1856 unterzeichnet. Seine Klauseln bestanden in der Fortschreibung der »vier Punkte«, die hinsichtlich Rußlands klar formuliert waren. Die Türkei wurde dem Schutz aller Großmächte unterstellt und das Schwarze Meer neutralisiert; auf dieser Forderung bestand vor allem Großbritannien. Die Fürstentümer der Walachei und der Moldau erhielten ihre Selbständigkeit und wurden ebenfalls dem Schutz der Großmächte unterstellt. Der große Sieger des Friedenskongresses hieß Napoleon III., denn die Schwächung Rußlands und der Bruch zwischen Rußland und Österreich ermöglichten Frankreich, eine Nationalitätenpolitik nach seinen Vorstellungen zu betreiben. Cavour hatte es nicht versäumt, vor den versammelten europäischen Mächten die Frage der italienischen Einheit aufzurollen, als er an die Situation des Kirchenstaats und des Königreiches der beiden Sizilien erinnerte. Von allen Unterzeichnern konnte indes England dank der Neutralisierung des Schwarzen Meeres die wichtigsten Vorteile für sich verbuchen. Rußland konnte nur noch versuchen, bei erster Gelegenheit eine Revision des Friedensvertrages zu erreichen. Diese Gelegenheit sollte sich fünfzehn Jahre später ergeben, als Frankreich und Preußen Krieg führten. Darin lag auch die Erklärung für Frankreichs tragische Isolierung in den Jahren 1870/71.

DER KRIEG IN ITALIEN

Nach dem Attentat Orsinis schrieb Napoleon III. am 8. Februar 1858 an König Viktor Emmanuel »er fürchte, er könne das Piemont nur noch als Zentrum gefährlicher Aufrührer« betrachten, denn am 28. Januar war die Zeitung *»La Ragione«*, die Orsinis Vorgehen gefeiert hatte, von einem Schwurgericht freigesprochen worden. Viktor Emmanuel ergriff Partei für Napoleon III., indem er Emigranten entweder ausweisen oder schärfstens überwachen ließ. Die Zeitung *»Italia del populo«* wurde pausenlos gerichtlich verfolgt, bis das Blatt im August eingestellt und Mazzini in Abwesenheit zum Tod verurteilt wurde. Cavour ließ im Parlament das Pressegesetz ändern, damit sich solche Vorfälle wie bei *»La Ragione«*

nicht wiederholten. In Frankreich begann am 25. Februar der Prozeß gegen Orsini und seine Komplizen. Sein Anwalt hieß Julien Favre, ein Republikaner, der erklärte: »Dies ist kein gewöhnliches strafrechtliches Verbrechen, über das Sie zu befinden haben, sondern ein politisches Vergehen; es war der Fanatismus, der Orsini zur Waffe greifen ließ.« Als Beweis las Favre mit Erlaubnis des Kaisers Orsinis Brief an Napoleon III. vor. Dieser endete mit den Worten: »Möge Ihre Majestät sich daran erinnern, daß die Ruhe in Europa und Ihrer Majestät nur Einbildung ist, solange Italien nicht geeint ist.«

»Möge Seine Majestät den letzten Wunsch eines Patrioten auf dem Gang zum Schafott nicht zurückweisen: befreien Sie mein Land, und die Segenswünsche von 25 Millionen Bürgern werden Ihnen immer sicher sein«, und J. Favre fügte hinzu: »Es ist, als ob Orsini aufstünde und sagte: Fürst, die Wurzeln Ihrer Herrschaft liegen in der Revolution. Seien Sie stark genug, um Unabhängigkeit und Frieden zu sichern, dann werden Sie unangreifbar sein.« Am 27. druckte *»Le Moniteur«* das Plädoyer in ganzer Länge nach.

Mit der Veröffentlichung von Orsinis Brief sollte zweierlei erreicht werden: Die Mitglieder in der Umgebung des Kaisers sollten beeindruckt werden, vor allem die Kaiserin und Walewski, das heißt die Mitglieder der »katholischen Partei«; außerdem wollte man die Gefahr verdeutlichen, die dem Kaiser drohte, wenn er sich in der italienischen Frage zurückhielt. Darüber hinaus sollte die öffentliche Meinung manipuliert werden. Denn in Wirklichkeit existierte Napoleons Wunsch, in Italien einzugreifen, schon vor dem Attentat Orsinis. Seit 1852 hatte er wiederholt seine Sympathien für die Sache Italiens geäußert. Seit 1855 hatte er die Möglichkeit eines französisch-österreichischen Krieges wegen der Ereignisse in Italien erwogen. 1856 nutzte Cavour während des Friedenskongresses in Paris die Gelegenheit, vor der Weltöffentlichkeit die Frage des Kirchenstaats und des Königreichs Sizilien zur Sprache zu bringen. Im Juli 1857 sagte gerade dieser Cavour, »man muß warten können«. Am 20. Februar 1858 bahnte sich die Intervention an, als der Kaiser General Della Rocca erklärte, daß Frankreich im Fall eines österreichisch-sardischen Kriegs Sardinien militärische Unterstützung anbieten würde. Er folgte dabei nicht nur ideellen Motiven, denn er dachte an einen territorialen Ausgleich und hoffte, daß dieser Vorgang der Anfang zu einer Änderung im europäischen Gleichgewicht der Mächte werden würde. Italien würde zum Satellitenstaat herabsinken, und die deutschen Staaten wären dann gezwungen, sich Frankreich anzunähern. Napoleon III. hatte niemals den Wunsch, einen einheitlichen italienischen Staat zu gründen; er wollte lediglich eine Konförderation, die die Existenz des Kirchenstaats respektieren müßte.

Am 21. Juli 1858 traf sich Napoleon III. mit Camillo Cavour in Plombières zu einem siebenstündigen Gespräch und verabredete die Grundlagen einer französisch-sardischen Übereinkunft. Ihr zufolge sollte Frankreich von Piemont Savoyen und die Grafschaft Nizza erhalten, während sich Piemont auf Kosten der Österreicher um die Lombardei, Venetien und die Herzogtümer Parma und Modena vergrößern sollte. Die Toskana wollte man vergrößern und zum Königreich Mittelitalien erklären, und die italienischen Staaten sollten in einer Konföderation unter dem Vorsitz des Papstes zusammengefaßt werden. Der Vertrag, der am 28. Januar 1859 unterzeichnet wurde, war zumindest in diesem Punkt sehr vage gehalten, denn beide Partner präzisierten den zukünftigen Status der Halbinsel Italien nicht.

Am 30. Januar heiratete die sechzehnjährige Clotilde, eine Tochter Viktor Emmanuels, in Turin den siebenunddreißigjährigen Prinzen Napoleon. Am 4. Februar wurde eine Broschüre mit dem Titel »*Napoléon III et l'Italie*« («Napoleon III. und Italien«) veröffentlicht, die vom Kaiser persönlich in Auftrag gegeben worden war. In ihr wurde die offizielle These entwickelt: Um die von Italien ausgehende Revolutionsgefahr zu beseitigen, müsse man der italienischen Nation helfen, sich zu verwirklichen. Dazu müsse Österreich aus Italien verdrängt und eine päpstliche Armee aufgestellt werden; die französischen Truppen sollten aus Rom abberufen und der Papst an die Spitze einer Konföderation gestellt werden.

Die französische Öffentlichkeit verhielt sich stumm. Paris bereitete dem Prinzen Napoleon und Prinzessin Clotilde sogar einen denkbar frostigen Empfang. Die Börsenkurse fielen, der Klerus wurde unruhig. Auch die Minister standen dem Abenteuer nicht gerade wohlwollend gegenüber. Napoleon III. schien einen Augenblick zu zögern. Am 18. März 1859 schlug er vor, den österreichisch-sardischen Konflikt auf einer internationalen Konferenz am Verhandlungstisch zu lösen. Diese Reaktion war aber kein Verdienst der französischen Öffentlichkeit, sondern eine Folge der diplomatischen Isolierung, in der sich Frankreich im kritischen Moment befand. Rußland weigerte sich am 3. März 1859, im Fall eines österreichisch-sardischen Krieges von seiner Linie der strikten Neutralität abzuweichen, während sich Preußen und England jeder territorialen Veränderung in Italien widersetzten. Der Kaiser befürchtete, ganz Europa gegen sich zu haben, und schien daher geneigt, die Vermittlung Großbritanniens anzunehmen.

In diesem Augenblick beging Österreich den Fehler, Sardinien am 23. April ein Ultimatum zu stellen. Damit bot sich Napoleon III. ein glänzender Vorwand zur Intervention, der sowohl der Welt als auch den Franzosen gegenüber als Rechtfertigung dienen mußte. Der Kaiser verlangte von der Legislative die Bewilligung, 140000 Mann zu mobilisieren und 500 Millionen Francs aufzunehmen. Die katholische Opposition meldete sich sofort zu Wort.

Der Krieg dauerte nicht lange. Die Franzosen kamen über das Meer nach Genua und fielen von der Küste und vom Mont Cenis her ein. Zu einer ersten Konfrontation kam es am 20. Mai in Montebello, als 7000 Franzosen 26000 Österreicher in die Flucht schlugen. Die Schlacht bei Magenta am 3. und 4. Juni drohte wegen mangelnder Befehlskoordinierung zwischen dem Kaiser, der zu früh angriff, und Mac-Mahon, der Zeit verlor, in einer Katastrophe zu enden, doch die französischen Truppen, die gezwungen waren, durchzuhalten und auf Mac-Mahon zu warten, kämpften heldenhaft.

Diese Schlachten kosteten wie die des Krimkriegs große Verluste: Die französische Armee verlor in Magenta 3880 Mann und zählte 655 Vermißte. In der Zeit zwischen diesen beiden Kriegen hatte sich eine Vorstellung vom französischen Soldaten herausgebildet, der mit Begeisterung, Heldenmut und Schlauheit selbst bei numerischer Unterlegenheit zu siegen verstand. Am 7. Juni zogen die französischen Truppen in Mailand ein. Am 8. Juni schrieb die Gräfin d'Agoult: »Frankreich ist Herr der Welt.« Nach der Einnahme von Meregrano fiel das französische Heer umgehend in Venetien ein. Die Schlacht von Solferino am 24. August bildete ein wüstes Handgemenge und ein blutiges Chaos, in das 350000 Mann auf einer Länge von fünf bis sechs Meilen verwickelt waren. Die französischen Verluste beliefen sich auf 1622 Tote, 8530 Verwundete und 1518 Vermißte.

Nach diesem Sieg der französischen Truppen blies die österreichische Armee zum Rückzug. Eine oder mehrere Schlachten wären noch zum

Sieg erforderlich gewesen. Am 6. Juli schickte Napoleon III. seinen Adjutanten zu Kaiser Franz Joseph, um ihm einen Waffenstillstand vorzuschlagen. Dieser wurde am 8. Juli, der Vorfrieden am 12. Juli unterzeichnet. Die Lombardei, nicht aber Venetien, wurden von Piemont annektiert. Die Herzogtümer Mittelitaliens wurden ebenso wiederhergestellt wie auch der Kirchenstaat. Eine Konföderation sollte gegründet werden. Die Gründe des Kaisers lagen auf der Hand, denn der noch zu leistende militärische Aufwand war bedeutend. Er war der Meinung, das Gemetzel habe nun lange genug gedauert. Außerdem wurde der Krieg in Piemont von einem »Volksaufstand« begleitet, den Cavour nicht nur in Parma, Modena und der Romagna, sondern auch in der Toskana unterstützte. Letztere lag eigentlich außerhalb des Gebiets, das Sardinien in Plombières zugesprochen bekam. Selbst in Ungarn kam es zu Sympathiekundgebungen. Napoleon III. fühlte sich von Cavour getäuscht. Noch gefährlicher aber war das Aufkommen einer patriotischen Bewegung in Deutschland. Die deutschen Staaten machten einer nach dem anderen mobil, Preußen am 12. Juni, und am 28. Juni beschloß der Bundestag die Generalmobilmachung. Die preußische Regierung hatte Österreich ihre Dienste angeboten und ließ den Kaiser wissen, daß die französisch-sardischen Truppen am Mincio haltmachen sollten. »Sobald die Bevölkerung meines Landes in Gefahr kommen konnte, habe ich Frieden geschlossen«, erklärte Napoleon III. später vor den staatlichen Institutionen seines Landes. Am 10. Juli machte er Cavour klar, daß Frankreich unmöglich zwei Kriege, am Rhein und an der Etsch, führen könne. Am 12. Juli, dem Tag, an dem der Vorfrieden unterzeichnet wurde, trat Cavour zurück; der Kaiser verzichtete auf seine Gebietsansprüche, und so schienen die Opfer der französischen Soldaten »umsonst« erbracht.

Allerdings nicht tatsächlich. In Italien kam es auf Initiative der sardischen Regierung in den Herzogtümern Parma, Modena und der Romagna zu Aufständen, die mit dem Zusammentreten verfassunggebender Versammlungen endeten. Diese stimmten am 7. November für den Anschluß an das Königreich Sardinien, was wiederum zur Auseinandersetzung mit den Problemen des Kirchenstaats führte, zu dem die Romagna gehörte. Die französischen Katholiken ergriffen sofort Partei, und das, wie wir gesehen haben, mit einer Leidenschaft, die uns heute nur noch schwer verständlich ist. Napoleon III. stand dadurch mit dem Rücken zur Wand, denn auch England gab am 25. November seine Zustimmung. Der Kaiser konnte nicht zulassen, daß Englands Einfluß den seinen verdrängte. Im September 1859 hatte er begonnen, sich von der Kirche zu distanzieren, am 22. Dezember ließ er eine Broschüre veröffentlichen mit dem Titel *»Le Pape et le Congrès«* (»Der Papst und der Kongreß«), in der er erklärte, er stimme ihren Thesen zu. Die Schmähschrift schloß damit, daß »der Herrscher um so größer sei, je kleiner (das vom Papst kontrollierte) Gebiet sei«. Am 31. Dezember erhielt der Papst einen Brief des Kaisers, in dem dieser ihm eine Verkleinerung seines Territoriums nahelegte. Der Pontifex antwortete bereits am 1. Januar und bezeichnete die Schrift vom 22. Dezember als »widersprüchliches und schändliches Machwerk«. Am 4. Januar ernannte der Kaiser Édouard Thouvenel, einen Gegner der weltlichen Macht der Kirche, zum Nachfolger Walewskis als Außenminister. Am 19. forderte der Papst die Bischöfe auf – in Frankreich hätten sie es auch ohne Aufforderung getan –, »die Gläubigen für die Verteidigung der weltlichen Macht [des Papsttums] zu begeistern«.

Doch Napoleon III. setzte seine Politik unbeirrt fort und verzeichnete Pluspunkte. Von Sardinien bekam er als Gegenleistung für die Anerkennung der Annektion der aufständischen Staaten, die am 24. März 1860 erfolgte, Nizza und Savoyen als versprochene Kompensation. Dies war ein schwerer Schlag für das gute Einverständnis mit England. Aber der Papst gab im Februar 1860 dem Druck von Mgr. de Mérode, einem Schwager Montalemberts, nach und stellte ein eigenes päpstliches Regiment auf, das die französischen Truppen ersetzen sollte. Mgr. de Mérode berief für den Aufbau dieses Regiments General Lamoricière, dessen antibonapartistische Einstellung bekannt war. Lamoricière erhöhte die Truppenstärke von 6600 auf 25 000 Mann, darunter 2000 Franzosen, die vor allem aus den westlichen Departements stammten. Die Existenz einer päpstlichen Armee sollte den französischen Truppen den Abzug erleichtern. Obwohl dies in einem Notenaustausch am 11. Mai 1860 abgemacht worden war, wurde der Beschluß nicht ausgeführt.

Man mußte schon blind sein, um zu glauben, daß die päpstlichen Streitkräfte die weltliche Macht des Heiligen Stuhles verteidigen könnten. Am 6. Mai 1860 verließ Garibaldi Genua, um Sizilien zu erobern. Napoleon III. versuchte ihn mit seinen Schiffen an der Durchfahrt der Meerenge von Messina zu hindern, stieß aber auf den Widerstand Englands, das eine Lösung à la Murat fürchtete. Also überquerte Garibaldi am 19. August die Meerenge und zog am 6. September als Sieger in Neapel ein. Cavour ließ es geschehen und machte den Kaiser auf die Gefahr einer allgemeinen Revolution aufmerksam. Dieser gab am 27. August seine Einwilligung zum Vormarsch sardischer Truppen auf das Gebiet des Kirchenstaats in den Marken und in Umbrien, der dann am 7. September erfolgte. Am 18. September wurden die päpstlichen Truppen in Castelfidardo geschlagen, am 29. September kapitulierte Lamoricière in Ancona. Am 14. März 1861 wurde Viktor Emmanuel II. zum König von Italien ausgerufen und am 22. März Rom zur Hauptstadt Italiens erhoben. Die französische Regierung reagierte darauf mit gemischten Gefühlen. Thouvenel verhandelte über eine Evakuierung der französischen Truppen und versprach dafür, den Rest des päpstlichen Territoriums zu respektieren. Doch Cavours Tod am 6. Juni verhinderte die Einhaltung der Vereinbarung.

NAPOLEONS ALGERISCH-ARABISCHE POLITIK

Die Bestätigung der französischen Präsenz in der Weltpolitik gehörte zu den natürlichen Grundlagen einer ehrgeizigen Politik. Der plausibelste Vorwand zur Rechtfertigung dieser Interventionen bestand in der Verteidigung katholischer Interessen. Doch waren die Wege, die diese Politik einschlug, nicht einfach. Wir können drei Arten ihres Vorgehens erkennen: sachlich naheliegende Maßnahmen zur Verstärkung der französischen Präsenz; Maßnahmen, die auf Initiative des einen oder anderen Akteurs, ob nun Geschäftsmann oder Militär, zustande kamen und denen Napoleon III. eher folgte, als daß er sie selber angeregt hätte; schließlich die Maßnahmen, die sich der Kaiser persönlich vorbehalten wollte, wie im Fall der mexikanischen Expedition. Seine Algerienpolitik muß jedoch in einem größeren Zusammenhang gesehen werden: Napoleon III. besaß eine »arabische« Strategie, deren Auswirkungen nicht nur negativ waren.

In der algerischen Frage konnte sich der Kaiser lange nicht zum Handeln entschließen. Er war der Meinung, es sei mit ein Grund der Schwächung Frankreichs, daß dort bereits seit dreißig Jahren Frankreichs beste Männer und sein Geld verschwendet würden. Der Konflikt zwischen einer Militärverwaltung, welche die französische Kolonisation zu bremsen suchte, und einer Zivilverwaltung, die genau das Gegenteil betrieb, hatte in den fünfziger Jahren zugenommen. Marschall Randon, der von 1852 bis 1858 als Gouverneur amtierte, hatte es noch verstanden, beide Tendenzen in Schach zu halten. Trotzdem hatte er für den Posten des Gouverneurs nicht die erweiterten Machtbefugnisse durchsetzen können, die er eigentlich für notwendig hielt. Am 24. Juni 1858 wurde das Ministerium für algerische Angelegenheiten geschaffen, an dessen Spitze Prinz Napoleon stand, der aber neun Monate später zurücktrat. Sein Nachfolger Chasseloup-Laubat (1805–1873) betrieb eine Politik im Sinn der verstärkten Kolonisierung und Zivilverwaltung (Dekrete vom 16. August 1858 und vom 11. Januar und 27. Februar 1860).

Am 19. September 1860 hielt der Kaiser, der »genug hatte von dem ewigen Gezänk, das sich vor ihm abspielte«, in Algier ein Streitgespräch zwischen Vertretern des Militärs und der Zivilbehörden ab, dem er selbst beiwohnte. Die Letztgenannten versicherten ihm, die Befriedung des Landes sei abgeschlossen. »Der Rest ist nur noch eine Sache des Feldschutzes« sagte ein Präfekt. Die Zivilbehörden hingegen beschuldigten das Militär, es würde seinerseits Revolten schüren. Napoleon erklärte daraufhin: »Es ist unsere vornehmste Pflicht, uns um das Wohlergehen von drei Millionen Arabern zu kümmern, die das Waffenglück unter unsere Herrschaft gebracht hat.« Danach schlug er folgendes Programm vor: »Die Araber sollen zu freien Menschen erzogen werden, sie sollen eine Schulbildung bekommen, wobei ihre Religion respektiert werden soll. Ihr Leben soll mit Hilfe aller Bodenschätze, die hier durch Gottes Vorsehung vorhanden sind, verbessert werden.«

Am 24. November 1860 wurde das Ministerium für algerische Angelegenheiten in Paris wieder aufgelöst und das Generalgouvernement unter Erweiterung seiner Befugnisse wieder eingesetzt. General Pélissier, der zum Gouverneur ernannt worden war, orientierte sich während seiner Amtszeit mehr an den Belangen der Zivilbevölkerung als am Militär, das eine Ausweitung der Kolonisation zu verhindern suchte. Zwischen 1859 und 1861 wurden 28 neue Siedlungen gegründet. Pélissier unterstützte auch die Bewegung für eine Sonderverfassung in Algerien; er unterbreitete diesbezüglich dem Kriegsministerium auch mehrere Vorschläge, die indes alle auf Ablehnung stießen. Der Kaiser bekräftigte in der Öffentlichkeit wiederholt, besonders in seinem »Brief an Pélissier« vom 6. Februar 1863, seine Entschlossenheit, »mit seiner Politik eine völlige Gleichstellung zwischen Europäern und Einheimischen herbeizuführen«.

Am 22. April 1865 erklärte ein Senatsbeschluß die algerischen Stämme zu »unwiderruflichen Eigentümern ihres Bodens«. Bei einer zweiten Reise vom 3. Mai bis 7. Juni 1865 wiederholte Napoleon III. mehrmals seine araberfreundlichen Erklärungen, die insbesondere vom Einfluß Ismail Urbains, eines Saint-Simonisten, der Moslem geworden war, und von Oberst Lapasset, dem ehemaligen Leiter des Büros für arabische Angelegenheiten, zeugten. Am 20. Juni veröffentlichte er einen »Brief über die Politik Frankreichs in Algerien vom Kaiser an Marschall MacMahon, den Nachfolger Pélissiers«. Am 14. Juli konnten die Algerier nach einem weiteren Senatsbeschluß frei wählen, ob sie die französische Staatsbürgerschaft annehmen wollten, wobei ihnen ohne irgendwelche Vorbedingungen die bürgerlichen Rechte der Franzosen zugebilligt wurden.

Durch ein Dekret vom 27. Dezember 1866 wurden die Gemeinderäte auf zivilem Territorium organisiert. Die islamischen und jüdischen Einheimischen sollten zwar vertreten sein, aber zu nicht mehr als einem Drittel. Im Mai wurde die Besiedlungszone genau abgesteckt: Anordnungen zum Schutz des einheimischen Besitzes, eine Neuordnung der islamischen Rechtsprechung und die Bildung eines Obersten Rats für islamisches Recht vervollständigten diesen Maßnahmenkatalog. Die größten Schwierigkeiten bei der Durchführung dieser Politik ergaben sich aus der Uneinigkeit zwischen jenen, die wie Lapasset den Einfluß und die Autorität der islamischen Oberschicht und der »großen Stammesfürsten« im Süden stärken und jenen, die sie, wie Randon, schwächen wollten.

Napoleons III. »arabische Politik« stützte sich auf die Militärverwaltung. Diese konnte sich jedoch immer weniger halten und brach schließlich ganz zusammen aufgrund zweier Ereignisse, die ihren Gegnern entsprechende Argumente lieferten, obwohl beide Vorkommnisse nichts mit ihr zu tun hatten: Zum einen handelte es sich um den Aufstand von 1864–1865 und zum anderen um die Hungersnot von 1867/68, bei der 200 000 Menschen starben. Letztere war den langen Trockenzeiten und dem allmählichen Verschwinden der traditionellen Vorratsspeicher zuzuschreiben. Dies lieferte jedoch der Opposition – vor allem den Republikanern unter Jules Favre – eine glänzende Plattform zum Gegenschlag, mit dem die Kolonisten und die Zivilverwaltung unterstützt werden sollten, damit erstere eine gewählte Vertretung für die *Conseils généraux* und in der Legislative erhielten und letztere die Militärverwaltung ersetzen konnten. Im Mai 1869 wurde ein Gremium gebildet, das eine Verfassung für Algerien ausarbeiten sollte. Darin waren eine Minderheit der Anhänger dieser neuen Politik vertreten und eine Mehrheit der Zivilregierung, darunter Paulin Talabot, der Leiter der erst kurz zuvor gegründeten *Société générale algérienne*. Die Ergebnisse fielen für ihn günstig aus: das Ziviltterritorium sollte auf 700000 Bewohner ausgedehnt werden, der *Conseil général* sollte 30 gewählte Mitglieder umfassen, davon sechs Moslems, und Algerien würde drei Abgeordnete in der Nationalversammlung erhalten.

Dieses Ergebnis schien den Liberalen noch viel zu gemäßigt, und ihre Parteigänger hatten keine Mühe, die ganze Legislative für ihre Ansichten zu gewinnen. Jules Favre erklärte, er befürchte das Überhandnehmen einheimischer Elemente. Am 9. März 1870 verabschiedete das *Corps législatif* einstimmig einen Antrag, in dem die Einsetzung einer Zivilregierung gefordert wurde. Mac-Mahon wollte daraufhin zurücktreten, doch hielt ihn der Kaiser davon ab und versuchte, auf dem Weg über Dekrete die geplanten Reformen zu verwirklichen. Jules Ferry und Gambetta richteten eine Anfrage an die Regierung (am 4. Juni 1870), während Jules Favre einen Gesetzesvorschlag einreichte, der im wesentlichen alle Ansprüche der französischen Kolonisten wieder aufgriff. In Algerien versetzte der Antrag vom 9. März die islamische Oberschicht in Unruhe und löste eine zunehmend politische Agitation aus, die bereits den Aufstand von 1871 vorwegnahm. Der Sturz des Kaisertums führte zum Dekret vom 24. Oktober 1870, in dem das militärische Generalgouvernement abgeschafft und ein Regierungsrat mit einem Zivilgouverneur (für 30000 Wähler) eingesetzt wurde. In späteren Maßnahmen wurde die moslemische Vertretung wieder aufgehoben und auch der Senatsbeschluß über die Eigentumsrechte an Grund und Boden außer Kraft gesetzt.

FERDINAND DE LESSEPS

Im Mai 1860 ermordeten die Drusen 6000 Maroniten in Syrien, und im Juli wurden in Damaskus 5000 Christen massakriert. Der Kaiser drohte mit der Entsendung eines Expeditionskorps. Eigentlich sollte damit aber Druck auf den Sultan und Großbritannien in der Affäre um den Suezkanal ausgeübt werden. England schlug die Einberufung einer internationalen Konferenz vor, die Frankreich ein auf sechs Monate begrenztes Mandat übertragen sollte; das französische Expeditionskorps hielt sich aber von August 1860 bis zum Juni 1861 im Libanon auf. Frankreich erhielt vom Sultan die Zusage, daß im Libanon ein Verwaltungsstatut bewilligt werde, das die Ernennung eines christlichen Gouverneurs vorsah. Die Mittelmeerambitionen des Kaisers wurden nach der Ermordung des französischen Konsularagenten Henri Lambert in Aden durch den Erwerb des Hafens Obock bekräftigt. Der Kaiser konnte somit seine Pläne nur begrenzt verwirklichen, denn er wollte auf jeden Fall den Bruch mit Großbritannien vermeiden. In der Suezaffäre aber konnte er Ferdinand de Lesseps die notwendige Unterstützung verschaffen. Zwar war dieser mit der Kaiserin verwandt, doch der Erfolg des Unternehmens war eher der Hartnäckigkeit de Lesseps' als dem kaiserlichen Willen zu verdanken.

Ferdinand de Lesseps (1805–1893) war in den dreißiger Jahren französischer Vizekonsul in Ägypten gewesen und hatte sich mit Muhammed Said, einem der Söhne des Sultans, angefreundet, der 1854 Khedive wurde. Lesseps begab sich unverzüglich nach Kairo und bekam, ohne die französische Regierung vorher zu konsultieren, die Konzession für den Kanalbau. Die Briten legten sofort Widerspruch ein. Als Napoleon III. konsultiert wurde, gab er zwar seine Zustimmung, wollte aber mit ihrer Bekanntgabe noch warten. Lesseps startete seinerseits eine intensive Pressekampagne in England und Frankreich. Am 7. Juli 1856 erklärte der britische Premierminister Palmerston vor dem Parlament: »Es handelt sich um einen dieser zahlreichen Pläne eines Bauernfängers, die in regelmäßigen Abständen den leichtgläubigen kapitalistischen Einfaltspinseln vorgesetzt werden: Ich halte ihn für materiell nicht realisierbar, und wenn, dann mit einem Kostenaufwand, der nicht mehr zu decken ist.« Die britische Regierung bedrängte auch den Sultan in Konstantinopel, die Entscheidung des Khediven nicht zu billigen, doch Lesseps ließ sich nicht beirren. Im November ließ er 400000 Aktien ausgeben, von denen 54000 dem Khediven überlassen und 32000 für die Ägypter reserviert waren. Die restlichen 314000 Aktien wurden auf dem europäischen Markt und in New York angeboten. 219000 wurden gezeichnet, davon 207000 von französischen Sparern. Am 15. Dezember 1858 wurde die Suez-Kanal-Gesellschaft gegründet. In London und Paris wurde daraufhin eine neue Pressekampagne organisiert. Am 30. November 1858 schrieb der *»Globe«:* »Die ganze Angelegenheit ist offensichtlich ein Diebstahl, denn niemals wird auch nur ein Maravedi Zoll auf einen unmöglichen Kanal erhoben werden können.«

Der erste Spatenstich erfolgte am 25. April 1859. Die ägyptische Regierung hatte zuvor 20000 requirierte Fellachen zur Verfügung gestellt. Am 2. Februar 1862 war der Süßwasserkanal fertiggestellt. Doch schon zeichneten sich neue Schwierigkeiten ab, als im Januar 1863 Muhammed Said starb und der Außenminister seines Nachfolgers offen mit den Engländern sympathisierte. In England wurde eine humanitäre Kampagne »für die Fellachen« ins Leben gerufen, woraufhin der Sultan den Abbruch der Arbeiten anordnete. Als Großbritannien aber die Absurdität der Lage eingesehen hatte, kam es zu komplizierten Verhandlungen, die Napoleon mit Augenmaß führte. Die Briten erreichten, daß die Gesellschaft 60000 Hektar Land, das man ihr bereits zugebilligt hatte, wieder zurückgab; Frankreichs Kontrolle sollte rein finanzieller Natur sein. Im März 1866 gab der Sultan seine Zustimmung, und so wurden die Arbeiten unter nunmehr neuen Bedingungen wiederaufgenommen, die Konzessionen an Unternehmer, die Rekrutierung von Arbeitern im gesamten Mittelmeerraum und die Verwendung von hochentwickeltem Material vorsahen. Am 15. August 1869 konnten schließlich beide Meere miteinander verbunden werden.

Doch die finanzielle Lage der Gesellschaft sah verheerend aus. Als eine Anleihe von Obligationen im Wert von hundert Millionen Francs gescheitert war, wurde vom *Corps législatif* die Prämienanleihe bewilligt. Damit war die gesamte Angelegenheit nun endgültig gerettet. Am 17. November 1869 konnte der Kanal eröffnet werden. Die Briten leisteten öffentlich Abbitte; die technischen Erfolge erregten Aufsehen und verhießen großen kommerziellen Gewinn.

Auch in anderen Kolonialfragen spielte der Wille tatkräftiger einzelner eine entscheidende Rolle. Im allgemeinen betrieb der Kaiser eine Expansionspolitik, die seiner Zeit vorauseilte und sich bald als vorteilhaft erweisen sollte. Faidherbe (1818–1889), der 1854 in den Senegal geschickt wurde, blieb dort bis 1861 und hielt sich dort noch einmal von 1863 bis 1865 auf. Durch die Errichtung einer Reihe von Stützpunkten entlang dem Lauf des Flusses sicherte er das französische Vordringen ins Landesinnere und legte durch sein Handeln die Grundlagen für eine Kolonialpolitik, die auf traditionelle gesellschaftliche Strukturen Rücksicht nahm und durch kommerzielle Integration die wirtschaftliche Entwicklung zu fördern suchte. Der Anbau von Erdnußkulturen in Verbindung mit den Handelsinteressen der Stadt Bordeaux ist hier zu erwähnen. Faidherbes Ziel reichte übrigens noch viel höher, denn er beabsichtigte die Gründung einer westafrikanischen Union, die vom Senegal bis zum Sudan reichen sollte. Der Plan wurde nie aufgegeben, weder von den Gouverneuren im Senegal noch von den Beamten im Marineministerium. Zwanzig Jahre später sollte er wieder ausgegraben werden.

NEUE KOLONIEN

In der chinesischen Frage sah sich Frankreich durch Großbritannien zum Handeln genötigt. Es galt, die Schwächung des chinesischen Reiches nach dem Bürgerkrieg zu nutzen, um die eigenen Handelsinteressen voranzutreiben. Erste Vorstöße erfolgten bereits 1857 nach der Ermordung eines französischen Missionars. 1858 verschärften sich die Spannungen und endeten 1860 durch den Sieg von Palikao mit der Einnahme Pekings. Der Vertrag, der dort am 25. Oktober 1860 unterzeichnet wurde, öffnete dem französischen Handel elf neue Häfen und erlaubte Handelsschiffen die Fahrt auf dem Jangtse-Fluß bis nach Hankau; er gewährte Ausländern eine gesonderte Rechtsprechung und garantierte die Präsenz von ausländischen diplomatischen Vertretern in Peking. Dieser Vertrag sollte die Beziehungen der Großmächte mit China bis in die achtziger Jahre regeln. Die Indochinafrage ist eng mit dieser Expedition verbunden.

Die Gründung einer »echten« Kolonie in Cochinchina fällt in die Zeit des Zweiten Kaiserreichs und muß als Resultat dreier einander ergänzender Einflüsse gesehen werden, darunter zunächst des Einflusses der katholischen Partei. Das demonstrative Aufkreuzen der Flotte zielte auf den Abschluß eines Vertrages, der die Sicherheit der katholischen Missionsstationen garantieren sollte, die seit dem 17. Jahrhundert in dem Land bestanden. Daneben wollte der Kaiser die Präsenz der französischen Flotte im Fernen Osten aus Anlaß der chinesischen Expedition auch dazu nutzen, in Indochina einzugreifen, und er erteilte Admiral Rigault de Genouilly einen entsprechenden Befehl. 1858 tauchte die französische Armada vor Tourane auf; im Februar 1859 landeten die Truppen in Saigon. Danach brach der Krieg mit China erneut aus, und die Garnison in

Saigon konnte sich nur mit Mühe halten; sie wurde erst im Februar 1861 befreit. Schließlich wurde 1862 nach dem Muster der soeben mit China getroffenen Übereinkunft ein Vertrag geschlossen.

Von nun an verfolgten der Kolonialminister Chasseloup-Laubet und die Admiräle eine andere Politik. Die französische Flotte brauchte einen Stützpunkt im Fernen Osten, um sich aus ihrer Abhängigkeit von den britischen Basen zu lösen. Dieser Wunsch nach einer eigenen dauerhaften Niederlassung wurde durch kommerzielle Gesichtspunkte noch verstärkt, und so sollte Cochinchina zum Ausgangspunkt für das Vordringen Frankreichs nach China werden. In der Tat zwang die Krise in der französischen Seidenproduktion, die mit der Seidenraupenkrankheit zusammenhing, zur Suche nach neuen Bezugsquellen von Rohseide, doch war diese Erwägung letztlich zweitrangig im Vergleich zu den Interessen von Marine und Kirche.

Admiral Charner, Nachfolger Rigaults, ließ drei Ostprovinzen von Cochinchina bis My Tho besetzen, woraufhin der Kaiser von Annam am 14. April 1863 einen Abtretungsvertrag unterzeichnete. Napoleon III. dachte zwar zuerst daran, dieses Gebiet wieder aufzugeben, stieß dabei aber auf heftigen Widerstand der Marine, die von den Missionsgesellschaften und mehreren Handelskammern, allen voran Bordeaux, unterstützt wurde.

Um das eroberte Gebiet für die französischen Ambitionen in China wirklich nutzbar zu machen, war die Ausdehnung nach Kambodscha notwendig. Am 11. August 1863 unterzeichnete Leutnant Doudart de Lagrée deshalb einen Schutzvertrag mit König Norodom, um ihn vor den Absichten Siams zu schützen, das daraufhin 1867 auf alle Ansprüche auf Kambodscha verzichtete. 1866/67 wurden die drei restlichen Provinzen Cochinchinas von den Franzosen erobert. 1866–1868 unternahmen sie eine Forschungsexpedition auf dem Mekong unter der Leitung von Doudart de Lagrée, wobei sich herausstellte, daß der Fluß keinen Zugang nach China eröffnete. Als Doudart de Lagrée bei dieser Expedition starb, übernahm sein Begleiter Garnier deren Führung und durchquerte mit ihr auf dem Rückweg China. Dabei zeigte sich, daß der einzige Zugang zum Inneren Chinas der Rote Fluß war. Damit stellte sich das Problem von Tongking.

DAS SILBER VON MEXIKO

Der Kaiser glaubte, gute Gründe für eine Intervention in Mexiko zu haben, und trug sich schon seit 1858 mit diesen Gedanken. Er war der Ansicht, es sei möglich, dort eine katholische Monarchie unter französischem Einfluß zu errichten. Damit sollten den französischen Wirtschaftsinteressen Vorteile verschafft werden. Er mußte deshalb versuchen, religiöse und wirtschaftliche Interessen in einer lateinamerikanischen Welt, in der sich Frankreich zum Handeln aufgerufen fühlte, miteinander in Einklang zu bringen. In neuerer Zeit wurden jedoch viel trivialere Gründe angeführt: Man wollte Zugang zum mexikanischen Silber bekommen, das zur begehrten Mangelware geworden war. In diesem Sinne wäre die mexikanische Expedition also nur eine Fortsetzung der französischen Finanzpolitik gewesen. Tatsächlich ging die Unterstützung, die Frankreich dem Schweizer Jecker angedeihen ließ – und die von der Geschichtsschreibung mit der angeblichen Bestechlichkeit des Herzogs von Morny erklärt wird –, auf den Wunsch des Kaisers zurück, der seine Rechte auf die Silbermine von Sonora geltend machen wollte. Unter diesem Aspekt wurde das mexikanische Abenteuer auch wirklich ein Erfolg, und die Historikerin S. J. Black lag deshalb mit ihrer Erkenntnis auch nicht falsch, daß die »Intervention Napoleons III. in Mexiko weder der Akt eines Phantasten noch ein Irrtum gewesen ist. Dem Vorhaben lag ein bedrohlicher Mangel an Geld zugrunde, der beseitigt war, als das herbeigeschaffte Silber die französische Staatskasse füllte.«

Die Intervention fand statt, nachdem Frankreich zusammen mit England und Spanien am 31. Oktober 1861 einen Vertrag unterzeichnet hatte, von dem allerdings diese beiden Länder eilends wieder Abstand nahmen. Die französischen Truppen waren auf sich allein gestellt, und Napoleon III. mußte sich zum Handeln entschließen. Er wollte eine christliche Monarchie begründen, um, wie es hieß, die mexikanischen Katholiken vor den Gefahren eines erstarkenden Antiklerikalismus zu schützen. Puebla wurde im Mai 1863, Mexiko-Stadt am 7. Juni besetzt. Eine Ständeversammlung bot die Krone Maximilian von Österreich an, dem jüngeren Bruder des österreichischen Kaisers Franz Joseph und Gemahl der Tochter des belgischen Königs. Am 12. Juni 1864 zog Maximilian feierlich in Mexiko ein. Das französische Expeditionskorps unter General Bazaine stellte seinen einzigen militärischen Schutz dar. Dieser Schutzschild schwankte, und Maximilian gelang es auch nicht, bei den Katholiken Mexikos wirkliche Unterstützung zu finden. Die liberalen Republikaner hielten den Norden des Landes in ihrer Hand, und nach Beendigung des Sezessionskrieges forderten die Vereinigten Staaten den unverzüglichen Abzug Frankreichs aus Mexiko. Im Januar 1866 gab Napoleon III. bekannt, er werde seine Truppen nach und nach abziehen. Doch als Maximilian am 18. Juni 1867 von den Truppen Benito Juarez' in Queretaro erschossen wurde, bedeutete dies das Ende des mexikanischen Abenteuers.

Das faszinierende Gemälde Manets in der Mannheimer Kunsthalle, das die Exekution Maximilians darstellt, beweist, daß die Zeitgenossen die mexikanische Expedition nicht als Erfolg betrachteten. Sie war ihrer Meinung nach kein »Sieg des Geldes«, sondern eine politische Katastrophe, die Frankreichs Ansehen schadete. Sie trug viel zur Schwächung der Regierung in ihrem Dialog mit der öffentlichen Meinung bei und ließ die Forderung nach einer stärkeren Kontrolle der Staatsgeschäfte berechtigt erscheinen. Dieser Meinungsumschwung überdeckte die an sich glänzenden Erfolge der jüngsten Vergangenheit und ließ sie in Vergessenheit geraten.

KAPITEL V

Das Kaiserreich im Spiegel der öffentlichen Meinung

Das Regierungssystem des Zweiten Kaiserreichs verband auf subtile und zugleich konsequente Weise eine Reihe scheinbar widersprüchlicher Machtstrategien. Es vereinte eine demokratische Basis mit autoritären Methoden; der Anreiz zu technischem Fortschritt stand neben dem Willen, die soziale Rangordnung zu stärken. Ein Klerikalismus ultramontaner Prägung verband sich mit gallikanischem Eifer, das Streben nach nationalem Ruhm mit dem Wunsch, das europäische Gleichgewicht nicht zu stören. Wie reagierte die öffentliche Meinung auf dieses System? Die Zustimmung war in den fünfziger Jahren stärker als zehn Jahre später, und dieser Konsens war auch nicht allein eine Auswirkung der autoritären Staatsform. Der Orléanist Graf d'Haussonville, ein Freund Thiers', notierte in den fünfziger Jahren, daß »das Land sichtbar zufrieden ist«. Dieser Konsens kam zustande, weil sich die Sehnsüchte des Volkes und die Vorstellungen des Kaisers genau deckten. Die sogenannten liberalen Reformen zu Beginn der sechziger Jahre bewiesen eher die Stärke als die Schwäche des Kaisers.

Trotz seiner autoritären Tendenzen und bis zu einem gewissen Grad gerade ihretwegen mußte das Kaiserreich den Kontakt zur Öffentlichkeit halten, denn faktisch blieb es eine von der Volksmeinung abhängige Regierungsform. Eine der wichtigsten Funktionen der Präfekten bestand deshalb darin, den Kaiser hierüber zu informieren. Doch diese Informationen allein reichten nicht aus. Die Verwaltung verfügte noch nicht über die Mittel, um sämtliche Tendenzen der öffentlichen Meinung umfassend zu registrieren und zu manipulieren. Dies war um so problematischer, als die Regierung sich auf das ganze Volk berufen wollte; schließlich hatte sie das allgemeine Wahlrecht wieder eingeführt. Seitdem hatten die traditionellen Ausdrucksmittel der öffentlichen Meinung wieder ihren Platz im

Gefüge der Institutionen gefunden. Die Presse und der Parlamentarismus wurden allmählich wieder eingebürgert und beherrschten am Ende die Szene. So gesehen erscheint der Bonapartismus als ein allmählicher Lernprozeß und als Anpassung des allgemeinen Wahlrechts an die Realitäten des Parlamentarismus.

Ebenso erscheint der Bonapartismus auch als der Versuch, die Arbeiterklasse in die Nation zu integrieren. Napoleon III. war in der Tat der Wegbereiter einer mutigen Sozialgesetzgebung. Das Gesetz von 1864 über die Koalitionsfreiheit lieferte für fünfzig Jahre den legalen Rahmen, den der soziale Dialog brauchte, um sich innerhalb der gegebenen Voraussetzungen zu entfalten.

DIE ÖFFENTLICHE MEINUNG UND DIE PRESSE

Sogar innerhalb des autoritären kaiserlichen Regierungsstils bestanden mehr oder weniger zahlreiche Formen von Zusammenschlüssen politisch Gleichgesinnter, in denen sich verständlicherweise nur völlig überzeugte Parteigänger zusammenschlossen. Aber die Verfolgungen, denen sie ausgesetzt waren, zeugten von ihrer Beständigkeit. Das Café stellte eine bevorzugte Form der Kontaktaufnahme dar und unterlag aus diesem Grund strengen polizeilichen Kontrollen. Doch konnte auch die Polizei nicht willkürlich vorgehen. In Nîmes gelang es 1858 einem Kaffeehausbesitzer namens Castenet, der drohenden Schließung zu entgehen, indem er »intervenieren« ließ!

Die Pariser Fronde der Intellektuellen konnte sich in den Akademien und den Salons manifestieren. Die *Académie française* und die *Académie des Sciences morales et politiques* waren in der Hand traditioneller Liberaler, zumeist Orléanisten. Die Opposition gegenüber der Regierung äußerte sich bei ausgewählten Themen, entsprechenden historischen Anspielungen und vor allem in der Wahl ihrer Mitglieder. Im Februar 1852 wählte die *Académie française* den liberalen Legitimisten Pierre Berryer zum Mitglied, einen ehemaligen Anwalt Napoleons III. während seines Aufstandsversuchs in Boulogne am 6. August 1840. Er nahm seinen Sitz erst 1855 ein, blieb aber der Vorstellung beim Staatsoberhaupt fern. 1854 wurden Mgr. Dupanloup und Sylvestre de Sacy gewählt, beide Gegner des

Regimes. Odilon Barrot wurde in die *Académie des Sciences morales* gewählt.

1855 versuchte der Kaiser einen regelrechten Staatsstreich gegen die Akademien. Er gründete eine neue Abteilung der *Sciences morales,* bestehend aus zehn Mitgliedern, und beschloß eine Reihe von Maßnahmen, die die Kontrollfunktion des Erziehungsministers stärken sollten. Angesichts der Proteste der Mitglieder mußte er letzteres zurücknehmen, hielt aber die erstere Maßnahme aufrecht. Dennoch wählte die *Académie française* 1856 Victor de Broglie in ihre Reihen, und der erinnerte in seiner Antrittsrede an die unglücklichen Ereignisse des Staatsstreichs. 1858 nahm sie Victor de Laprade und 1860 Lacordaire auf. In den sechziger Jahren wurde die Wahl oppositioneller Mitglieder (1862 Albert de Broglie, 1863 Carné, 1864 Prévost-Paradol, 1869 Champagny, Graf d'Haussonville und Auguste Barbier) teilweise durch die Wahl regierungstreuer Mitglieder ausgeglichen (Nisard, Mérimée, Sainte-Beuve, Feuillet und 1870 sogar Ministerpräsident Émile Ollivier).

Die Geschichte der Presse während des Zweiten Kaiserreichs läßt sich in drei große Abschnitte einteilen: So fand seit den fünfziger Jahren die Presse Mittel und Wege, auch Meinungen, die von der Linie der Regierung abwichen, zu drucken und eine wirkliche politische Auseinandersetzung in Gang zu setzen. Daneben kam es während des Kaiserreichs im Bereich der unpolitischen Presse zu zahlreichen zukunftsweisenden Neuerungen. Schließlich konnte sich trotz der wiederholten und bis 1868 aufrechterhaltenen Weigerung des Kaisers, die Pressefreiheit zu gewähren, in den sechziger Jahren eine neue Form der Presse etablieren, deren Artikel an Heftigkeit zunahmen und nach der Abstimmung über das Gesetz von 1868 einen Höhepunkt erreichten.

Die Parteipresse hat das autoritäre Regierungssystem überlebt. Die Opposition fand indirekte Möglichkeiten, sich zu artikulieren. 1853 schrieb Prévost-Paradol seinem Freund Gérard: »Es lebe die Unterdrükkung, damit jeder seine ganze Kraft und all seine Möglichkeiten dem Denken widme. (...) Die Schreihälse sind still. (...) keine Straßensänger mehr, Platz den Artisten.« Diese etwas optimistische Vorstellung war nicht ganz falsch; eines der beliebtesten Spiele der Intellektuellen im Kaiserreich bestand in mehr oder weniger offensichtlichen Anspielungen aus der Historie auf die aktuelle Situation. Die Geschichte des römischen Reichs bot dafür eine unerschöpfliche Quelle.

Nun gehörte aber die bonapartistische Presse nicht gerade zu der am meisten gelesenen, auch war die Meinungsvielfalt innerhalb der bonapartistischen Blätter unendlich breit. Im August 1861 veröffentlichte die Verwaltung eine Liste der nach Auflagenstärke geordneten Blätter:

Moniteur universel	17252 Exemplare
Kaisertreue Zeitungen	52832 Exemplare
Progressive Zeitungen	91292 Exemplare
Legitimistische und ultramontane Zeitungen	38285 Exemplare
Orleanistische und liberale Zeitungen	36859 Exemplare

»Le Moniteur« wurde ein ziemlich verbreitetes Journal. Dort arbeiteten renommierte Schriftsteller wie Sainte-Beuve und Mérimée mit, die nicht im Ruf standen, nur einfache Staatsdiener zu sein. Die Auflagen der dem Kaiser bedingungslos ergebenen Zeitungen gingen übrigens zurück. Der *»Constitutionnel«* druckte 1853 25400 Exemplare, 1861 waren es nur noch 19500 Exemplare. Die zwei anderen großen bonapartistischen Blätter, *»La Patrie«* und *»Le Pays«*, waren von wesentlich schlechterer redaktioneller Qualität. Im September 1859 genehmigte der Kaiser die Gründung der *»Opinion nationale«* von A. Guéroult, einem früheren Saint-Simonisten, der überzeugt war, daß die sicherste Methode zur Realisierung der sozialen Demokratie in der Unterstützung des Kaiserreichs bestand. Auffälligstes Faktum in der Geschichte der Presse während der fünfziger Jahre war jedoch die Freiheit, die man den eigentlich katholischen Zeitungen zugestand. Manche Journalisten wie Louis Veuillot ließen sich dadurch schon damals zu Übertreibungen hinreißen, die für die anderen Zeitungen erst später auf der Tagesordnung standen. Veuillot nahm den journalistischen Eskapismus eines Henri de Rochefort vorweg. Diese Demagogie, »die sich in der Kirche durch einen Teil der Presse, die katholisch zu sein meint, ausbreitet«, beunruhigte jedoch den Erzbischof von Paris, Mgr. Sibourg. Als aber *»L'Univers«* am 29. Januar 1860 verboten wurde, weil das Blatt nach der Veröffentlichung der päpstlichen Enzyklika vom 19. Januar 1860 die Italienpolitik des Kaisers verurteilt hatte, erklärten sich alle Journalisten mit Veuillot solidarisch.

Die eigentliche legitimistische Presse hatte einige Schwierigkeiten, sich im Ton dem Zeitgeist anzupassen und nicht in das allgemeine Lamento über die schlechten Zustände einzustimmen. Der orleanistischen Presse, vor allem dem *»Journal des Débats«*, gelang es, ein intellektuell gehobenes Niveau zu halten: In seiner Redaktion arbeitete eine intellektuelle Elite, das heißt zumeist Absolventen der *École Normale*: Prévost-Paradol, Renan, Littré, aber auch Michel Chevalier. Die Zeitung wahrte zur Regierung Distanz und verkörperte vielleicht nicht so sehr eine politische als vielmehr eine »moralische Macht« (P. Guiral). Jene Presse aber, die um 1850 am erfolgreichsten arbeitete, war weder katholisch noch regierungsfreundlich oder liberal, sondern diejenige, die die Verwaltung als »progressiv« eingestuft hatte. Damit war vor allem *»Le Siècle«* gemeint, dessen Auflage sich zwischen 1853 und 1861 verdoppelte und von 21 300 Exemplaren auf 52 300 Exemplare anstieg. Die Anzahl seiner Leser war bedeutend, weil das Blatt in jedem Pariser Bistro auslag. Der Kaiser lehnte es stets ab, die Zeitung zu verbieten, denn er wollte, wie P. Guiral schrieb, »ein Ventil für demokratisches Denken«. Außerdem spielte *»Le Siècle«* eine wichtige Rolle in der italienischen Frage, denn es war das Sprachrohr Cavours. Die Freiheiten, die sich *»Le Siècle«* herausnehmen konnte, und die Neugründung der *»Opinion nationale«* lagen auf einer Ebene.

Die enorme Zunahme von Titeln der »nichtpolitischen« Presse während der fünfziger Jahre erstaunte die Zeitgenossen. Zeitungen dieser Art wurden sowohl in der Provinz wie auch in Paris in wachsender Zahl auf den Markt geworfen und deckten alle Bereiche menschlicher Aktivitäten ab. Die Befreiung von der Stempelsteuer war nicht die einzige Ursache dafür; vielmehr waren die fünfziger Jahre Jahre des Suchens und Tastens. Nach und nach stellte sich dem Leser eine Reihe neuer Produkte vor, die seine Wünsche und Vorstellungen erforschten. Dabei gab es zahlreiche gescheiterte Zeitungsgründungen, und nur wenige waren erfolgreich. Die Wirtschafts- und Finanzpresse hingegen war meistens Ausdruck präziser gewerbsmäßiger und leicht zu befriedigender Interessen. Sie konnte auch wie das *»Journal des économistes«* über den politischen Alltagsproblemen stehen. Der Erfolg solcher Presseerzeugnisse ging Hand in Hand mit einer Sparwelle, die immer breitere Schichten erfaßte. Das Blatt konnte trübe Spekulationen decken, aber auch juristische Ratschläge geben.

Von Louis Veuillot stammt der Satz: »Die Presse gehört zu den notwendigen Übeln« und »die Zeitungen sind eine solche Gefahr geworden, daß es sehr viele geben muß« (1871). Die Kirche konnte dieses Mittel zur Bekehrung der Seelen nicht einfach ignorieren. Sie verbreitete deshalb eine beträchtliche Anzahl sporadisch erscheinender Druckwerke, aber auch regelmäßig erscheinende Wochenzeitschriften wie die *»Semaines* *religieuses«*. Die erste Wochenzeitung dieser Art kam 1853 in Paris heraus. Zwischen 1853 und 1864 wurden 134 solcher Zeitungen gegründet, von denen 84 bestehen blieben, und zwischen 1863 und 1868 zählte man noch 54 weitere Neugründungen. Während 1862 nur eine von fünf Diözesen eine Kirchenzeitung besaß, waren es 1876 bereits drei von vier. Das Ziel, das sich diese Publikationen gesetzt hatten, erklärte die *»Semaine religieuse d'Albi«* in ihrer ersten Nummer im November 1864: »Heutzutage ist es notwendig, sich um die große Masse zu kümmern und sie für das Gute zu gewinnen, während andere versuchen, sie zum Bösen zu verführen, denn heute liest praktisch jeder.« Zur »guten Presse« zählten auch andere Blätter mit teilweise beträchtlichen Auflagen. In den fünfziger Jahren erschienen die *»Annales de l'Œuvre de la Sainte Enfance«* in einer Auflage von 132000 Exemplaren, die *»Semaine religieuse«* mit 10000 und der *»Rosier de Marie«* mit 9000 Exemplaren.

Die Modezeitungen, die Fachpresse, die medizinischen oder tierärztlichen Zeitschriften, die Hefte für Kinder, die Frauenzeitschriften und die technischen Publikationen kündeten allesamt von der Ausbreitung eines neuartigen Massenkonsums, den die Presse unterstützte, indem sie für seine Produkte Reklame machte, seien es Kleidung, Arzneimittel, neue Artikel oder neue Dienstleistungen. 1857 brachte der Verlag Hachette *»La Semaine des enfants«* heraus, in der die Romane der Comtesse de Ségur in Fortsetzungen erschienen. Im gleichen Verlag erschien 1864 *»Le Magasin d'éducation et de récréation«*, das Jules Hetzel herausgab. All diese Veröffentlichungen verbreiteten bei den Kleinbürgern und den gehobeneren Volksschichten Verhaltens- und Konsummodelle, die noch einer genaueren Untersuchung harren. Zur gleichen Kategorie von Wissensvermittlung für ein breites Publikum gehörte auch die erfolgreiche Zeitschrift *»L'Illustration«*, deren Originalität in der systematischen Verwendung des Mediums Bild bestand, während der Eklektizismus und die Wissenschaftsgläubigkeit, die das Blatt prägten, auch in zahlreichen anderen Publikationen spürbar waren.

»LE PETIT JOURNAL«

Die wesentliche Neuerung der Zeit lag jedoch auf einem anderen Gebiet. Zwei spektakuläre Erfolge legten davon Zeugnis ab, der *»Figaro«* und *Le Petit Journal«*. Beim *»Figaro«* handelte es sich um ein ganz neues Produkt, eine Mischung aus Literatur, Mode und Skandalberichterstattung. Er war 1854 gegründet worden, erschien ab 1866 täglich und enthielt seit 1867 auch einen politischen Teil. Die Zeitung, von H. de Villemessant (1812–1879) gegründet, war nach Ansicht des Republikaners L. Ulbach (1822–1889), den P. Guiral zitiert, »von ihrem Gefühl her legitimistisch, in ihrer Taktik orléanistisch und vom Nützlichkeitsstandpunkt aus imperialistisch« eingestellt. »Er öffnet seine Spalten allen Parteien, die gerade aktuell sind.« Der *»Figaro«* verriet niemanden, weil er nichts verteidigte. Entsprechend groß war sein Erfolg.

Die größte Neuheit des Zweiten Kaiserreichs war jedoch *»Le Petit Journal«*. Diese Zeitung bot inhaltlich, aber auch durch ihre Herstellung etwas völlig Neues. Das Blatt wurde auf holzhaltigem Papier und mechanischen Rotationsmaschinen gedruckt und kostete einen Sou. Der freie Verkauf lief besser als das Abonnement, weil die Eiltransporte stark verbessert worden waren. 1863 war sein Gründer P. Millaud fünfzig Jahre alt und blickte auf lange Jahre als Sensationsjournalist zurück. Der Start des Blattes war mit einer beispiellosen Werbekampagne verbunden. 1866 wurden 280000 Exemplare, 1869 593000 Exemplare gedruckt. Die letztgenannte Auflagenstärke hing mit der Affäre Troppmann zusammen, der seine ganze Familie ermordet hatte und am 19. Januar 1870 hingerichtet wurde. Jedes neue Untersuchungsergebnis, jede neue Meldung über den Prozeß steigerte die Auflage des Blattes.

Die Auswertung vermischter Meldungen war nur ein Aspekt einer redaktionellen Strategie, die die meisten Zeitgenossen und Historiker streng verurteilten. M. Albert sprach von einer »Literatur pittoresker Verfälschung und guter Empfindungen«, »von ungesundem Gefallen am Ungewöhnlichen« und von »pseudowissenschaftlicher Machart«. Die Regierung beurteilte diese Presse positiv, denn »wenn sie gut gemacht ist«, meinte der für das gesamte Druckwesen zuständige Generalinspektor im Juni 1864, »bringt sie viele Leute von den politischen Zeitungen ab«. Doch nach der Aufhebung der Stempelsteuer verwandelte sich *»Le*

Petit Journal« in eine politische Zeitung und unterstützte vorbehaltlos die Republikaner, zeichnete ein beruhigendes Bild der Republik und trug auf diese Weise viel dazu bei, die republikanische Idee im Volk heimisch zu machen.

Das Phänomen »*Petit Journal*« enthüllte nur einen Aspekt der Dynamik, die den ganzen Bereich vor allem des politischen Journalismus erfaßt hatte. Die liberalen Reformen von 1860 betrafen nicht das Pressewesen, und die strafrechtlichen Verfolgungen der Zeitungen hatte man noch nicht ausgesetzt. Prévost-Paradol war eines ihrer prominentesten Opfer, und auch Émile Girardin hatte 1867 einen langen Prozeß durchzustehen. Diese Maßnahmen waren aber so ungeschickt, daß sich trotz manch harten Urteils, trotz entschiedener Verbote die verschiedenen Stimmen der öffentlichen Meinung immer energischer zu Wort meldeten; entweder nahmen die Zeitungen an Zahl zu, oder die Opposition gegenüber der Regierung wurde immer offener geäußert.

Die bemerkenswerteste Zeitungsneugründung war »*Le Temps*« im Januar 1861; unter Leitung von A. Nefftzer (1820–1876) hatte sie auf Anhieb Erfolg. Seine eindeutig liberale Orientierung war nicht so neu wie das Ziel, die Redaktion nach objektiven Gesichtspunkten arbeiten zu lassen und sich der Modernität zu öffnen. Das Blatt vertrat die Meinung des protestantischen Bürgertums, das die Republik akzeptieren würde, wenn sie nur konservativ wäre und sich gleichzeitig einen modernistischen Anstrich gäbe. »*Le Temps*« entwickelte sich später zur größten Zeitung der III. Republik. Als Émile Girardin 1866 »*La Liberté*« gründete, erregte dieses Ereignis zwar Aufsehen, aber der Erfolg des Blattes war auch kurzlebiger. 1867 durfte Veuillots »*L'Univers*« von Amts wegen wieder erscheinen.

DIE PRESSE UND DIE REGIERUNGSGEWALT

In Wirklichkeit war die Tatsache, daß es so viele Zeitungen gab, auch ein Zeichen dafür, daß die Geschäfte gut gingen. Dies wiederum sicherte, ganz im Gegensatz zu den Behauptungen der Geschichtsschreibung, die Unabhängigkeit der Journalisten. Die Zeitungen verkauften sich nicht nur, sie erreichten auch immer mehr Publizität. Natürlich gab es auch bestechliche Zeitungen, doch blieb das die Ausnahme. Tatsächlich bedeutet es einen offenkundigen Widerspruch, wenn man behauptet, der Journalismus sei einerseits rentabel und andererseits von »finanziellen Kräften« abhängig.

Das Pressegesetz vom 9. März 1868 stellte jedem Bürger die Gründung einer Zeitung frei. Es behielt jedoch ein Strafverfolgungssystem gegen eventuelle »Mißbräuche« bei. In der Folge kam es innerhalb eines Jahres zu einer erneuten Flut von 140 Zeitungsneugründungen, von denen allerdings nur wenige überlebten. Dieses Gesetz bewirkte jedoch vor allem eine Änderung der Tonart. Auf die Nuancierungen eines Prévost-Paradol folgten die Ausfälle eines Henri de Rochefort. Allgemein zeichnete sich eine Radikalisierung ab, die sowohl die prokaiserlichen als auch die oppositionellen Blätter betraf, die beide die Aufrechterhaltung des autoritären Systems predigten. Die stärkste Herausforderung stellte *»La Lanterne«* von Henri de Rochefort dar, die am 31. Mai 1868 zum ersten Mal erschien und einen aggressiven, oft vulgären Stil gebrauchte. Das Blatt scheute auch nicht vor Anspielungen auf das Privatleben zurück und verwendete im politischen Kampf Methoden des Skandaljournalismus. Heute kann man sich nur wundern, daß sich so plumpe (und manchmal gewöhnliche) Späße so erfolgreich durchsetzten. Rochefort schuf das satirische Journal mit leicht diffamierender Tendenz und Anspielungen in einer manchmal auch vor Beleidigungen nicht zurückschreckenden Sprache – ein Genre, das sich noch lange hielt. Aber diesen Preis mußte man für die Freiheit der Presse bezahlen. Der Erfolg dieses Konzepts bestand in einer täglichen Auflage von 120000 Exemplaren. Die Regierung beging den Fehler, Rochefort wegen der elften Nummer juristisch zu belangen. Er flüchtete nach Belgien, wo seine Zeitung weiter erschien und von dort heimlich über die Grenze geschafft wurde. Doch das Exil raubte ihm die Motivation. *»La Lanterne«* verschwand rasch von der Bildfläche, fand aber später viele Nachahmer.

Neben der republikanischen Presse profilierten sich immer deutlicher sozialistische und revolutionäre Zeitungen, die in Paris und außerhalb gleichermaßen Erfolg hatten. Die Regierung und diese Presse hatten sich gegenseitig den Krieg erklärt. Am 15. Oktober 1869 schrieb der Kaiser an Eugénie: »Das Land ist leider nicht fähig, Freiheit zu ertragen... Die Hetze der demokratischen Zeitungen und die öffentlichen Versammlungen müssen früher oder später in einem Aufstand enden, der dann reinigend wie ein Gewitter wirken wird.« Am 29. November beschwor er die Legislative, ihm bei der »Rettung der Freiheit« zu helfen.

Zwei Ereignisse markierten diesen Zusammenstoß zwischen Regierung und oppositioneller Presse. *»L'Avenir national«* und *»Le Réveil«* riefen 1869 zu einer Unterschriftenkampagne für den Bau eines Denkmals zu Ehren des Abgeordneten Alphonse Baudin auf, der im Dezember 1851 beim Kampf auf den Barrikaden getötet worden war. Beide Zeitungen wurden von der Regierung strafrechtlich verfolgt. Gambetta, der Delescluze verteidigen mußte, nutzte die Gelegenheit, um auf sich aufmerksam zu machen. Zehn Jahre später schrieb er an seine Lebensgefährtin Léonie Léon: »Vor zehn Jahren betrat ich zur gleichen Stunde die Weltbühne.« In seinem Plädoyer ritt er eine heftige Attacke gegen den Staatsstreich Louis-Napoléon Bonapartes. Allain Targé, ein junger Republikaner und späterer Minister unter Gambetta, schrieb an seinen Vater: »Wir sind die Herren, das Kaiserreich hat verloren.« Am 19. Dezember 1869 gründete Henri de Rochefort eine neue Zeitung, *»La Marseillaise«*, die die Regierung und vor allem É. Ollivier unvermindert heftig angriff. Die Angelegenheit fand ein böses Ende. Am 10. Januar 1870 tötete Prinz Pierre Bonaparte mit einem Revolver unter nicht genau geklärten Umständen den Journalisten Victor Noir, der sich beim Prinzen vorstellen wollte, um gegen einen Zeugen auszusagen, den der Prinz selbst in einem Artikel angegriffen hatte, nachdem dieser das Andenken Napoleons I. beleidigt hatte. Am Tag darauf schrieb Rochefort: »Ich war so ein Schwachkopf und glaubte, ein Bonaparte könnte etwas anderes sein als ein Mörder.« Am 7. Februar wurde er erneut verhaftet.

Man durfte an der Wirksamkeit dieser verbalen Angriffe getrost zweifeln, denn das Plebiszit von 1870 erwies sich für Napoleon als voller Erfolg. Doch schufen sie in der Pariser Bevölkerung günstige Voraussetzungen für den Aufstand der Kommune. Ein Teil der Presse spielte auch eine fatale Rolle in den Wochen vor dem Krieg. Weder in der bonapartistischen noch in der republikanischen Presse fehlte es an unverantwortlichen Kriegshetzern. Sie trugen mit dazu bei, die kriegerische Stimmung im Sommer 1870 zu schüren, der der Kaiser dann nachgab. So stellte sich mit der Pressefreiheit bei seriösen Journalisten von Anfang an und auf besonders tragische Weise auch die Frage nach ihrer Verantwortung.

DIE PARLAMENTARISCHE ENTWICKLUNG BIS 1863

Anstatt den Gegensatz zwischen Demokratie und Parlamentarismus zu verschärfen, endete das konstitutionelle System, das Rouher geplant hatte, mit der Vereinigung beider Strömungen. Die Lösungen, die 1875–1877 akzeptiert wurden, stellten nur eine Fortsetzung der bisherigen Praxis dar. Rouher hatte sich ganz entschieden getäuscht, als er 1866 erklärt hatte: »Ist die parlamentarische Regierung denn dazu da, mit der riesigen Souveränität von zehn Millionen Einwohnern zu leben?« Der Erfolg des Parlamentarismus war am Ende um so paradoxer, als der Kaiser selbst unfähig war, sich seinen Zwängen zu unterwerfen. Dies bewies sein Verhalten im Krisensommer 1870. Ganz allmählich schlich sich der Parlamentarismus in die Regierungs- und parlamentarische Praxis ein, bevor er offiziell anerkannt wurde. Der Weg Napoleons III. bis zu den Reformen von 1868 war halbherzig und unaufrichtig. Der Kaiser und seine Berater wollten nicht wahrhaben, daß die logische und unausweichliche Konsequenz von Reformen, die die Meinungsfreiheit der Abgeordneten vergrößerte, in der Errichtung eines Systems der Ministerverantwortlichkeit bestand.

Schon vor 1860 hatte sich in der Praxis zwar nicht gerade eine einheitliche Linie, aber doch eine gewisse Abstimmung der Minister untereinander entwickelt. Einmal in der Woche trafen sie sich bei einem Abendessen und skizzierten dabei entweder die Koordinierung ihres Handelns oder verabredeten eine gemeinsame Haltung dem Kaiser oder den beiden Häusern der Legislative gegenüber. Im übrigen handelte es sich bei den Mitgliedern des *Corps législatif* und auch bei den Gewählten von 1852 keineswegs um jene »Domestiken«, von denen Victor Hugo sprach. Der Kaiser und seine Ratgeber hielten es deshalb für klug und angemessen, Prestige und Einfluß der Abgeordneten als Vertreter der Nation einzugrenzen, indem sie die Wahl auf Arrondissementsebene mit zwei Wahlgängen einführten. Man darf die Konsequenzen dieser Entscheidung nicht unterschätzen: Sie verhalf der französischen Demokratie zu ihrer spezifischen Eigenart, die sie lange bewahren sollte, indem die einzelnen Abgeordneten gegenüber den großen meinungsbildenden Strömungen und den Parteien einen beträchtlichen Spielraum bekamen. Die Abgeordneten waren freie Menschen, die letzten Endes nur dem Urteil ihrer

Wähler unterlagen. In den Jahren um 1850 ermöglichte dieser Abstimmungsmodus den »moralischen Autoritäten«, das heißt den Honoratioren eines Arrondissements, zwar nicht gerade ihre eigenen Gesetze durchzusetzen, aber doch Bedingungen zu stellen. Denn die schwerste Aufgabe, die ein Präfekt im Kaiserreich zu erfüllen hatte, war die Wahl des offiziellen Kandidaten. Echte Bonapartisten gab es nur wenige, und einen Überraschungskandidaten zu nominieren barg seine Risiken. Also mußten angesehene Persönlichkeiten ausgesucht werden. Morny riet den Präfekten generell zu einem Mann, der »sein Vermögen durch Arbeit in der Industrie oder in der Landwirtschaft gemacht und die Bedingungen für seine Arbeiter verbessert hat«. In der Praxis kamen die meisten Kandidaten aus den Reihen der dynastischen Opposition unter Louis-Philippe oder waren Anhänger der Legitimisten. Deshalb konnte Persigny an Falloux schreiben: »Wir, die wir unsere Freunde nur unten haben, haben die Legislative den gehobeneren Schichten überlassen.«

1852 wurden alle offiziellen Kandidaten auch gewählt. Hinzu kamen ganze acht Oppositionelle, von denen zwei auf ihr Mandat verzichteten, weil sie den Eid auf den Kaiser nicht leisten wollten. Von den übrigen sechs waren drei Legitimisten, ein Republikaner (aus Lyon) und zwei Unabhängige.

Opposition gegen die Regierung konnte aber eigentlich nur durch Stimmenthaltung geübt werden, die 37 Prozent betrug. Im legitimistischen Westen und in den Gebieten mit überwiegend republikanischen und progressiven Tendenzen lag sie am höchsten, also entlang der Achse Lyon – Marseille, in Toulon und Montpellier, im Pariser Becken und in der Hauptstadt selbst sowie in den Departements Creuse und Corrèze. Die gewählte Legislative konnte und wollte der Politik des Kaisers nicht entgegenarbeiten. Doch sie zeigte, daß man mit ihr rechnen mußte, wenn schon nicht im Plenum, so doch in den Kommissionen. In ihnen saßen etwa fünfzig liberale Abgeordnete und »Budgetisten«, die ihre Vorbehalte anmeldeten. Die Abgeordneten erreichten 1855, daß außerordentlich gewährte Kredite zumindest im nachhinein kontrolliert wurden. Im März 1854 wurde der Herzog von Morny zum Präsidenten der Legislative gewählt; er hatte nicht nur den Wunsch, sondern auch die Kraft, die Institution, deren Vorsitz er innehatte, zu verteidigen. Dennoch muß gesagt werden, daß das parlamentarische Leben, abgesehen von der Thronrede, in der Bevölkerung so gut wie nicht wahrgenommen wurde.

Die parlamentarische Opposition bestand in erster Linie aus Legitimisten, überzeugten Anhängern der Monarchie, die sich an die vom Thronprätendenten empfohlene Stimmenthaltung hielten. Diese Einstellung wurde im übrigen nicht von allen gutgeheißen. Einen der symbolträchtigsten und spektakulärsten Anschlüsse vollzog der Marquis de La Rochejaquelein, der Neffe des Oberbefehlshabers der Vendée, der in einem Brief an seinen Freund im Februar 1852 die logische Konsequenz zog: »Entweder dauert das Kaiserreich an und die Legitimisten helfen beim Dienst am Vaterland mit, oder es wird gestürzt, und dann müssen alle die Positionen besetzt haben, um den neuen Gang der Ereignisse zu bestimmen.« Der Marquis wurde zum Senator ernannt. In gleicher Weise äußerte der Comte de Falloux, »es müßte wieder eine Nation geben, über die ein König auch herrschen kann«.

Die Anweisung, sich der Stimme zu enthalten, fand ihre Berechtigung in der Verpflichtung der Abgeordneten, den Eid auf den Kaiser zu leisten. Diese Eidespflicht konnte etwas gelockert werden, wenn es um die Wahl der Vertreter von örtlichen Versammlungen ging. Deshalb nahmen dort legitimistische oder orleanistische Würdenträger, auch solche mit monarchistischer Einstellung, ihre Wahl an. Das endgültige Scheitern der »Fusion«, das heißt der Einigung der beiden Thronanwärter im Jahre 1857, konnte die Sympathien für die Monarchie nur abkühlen, abgesehen von einigen Getreuen. Seitdem ging die deutlichste Opposition in den Reihen der Notabeln von jenen aus, die liberale Ansichten vertraten; zu dieser Gruppe zählten traditionell Orléanisten, aber auch einige Legitimisten wie Berryer und mehrere Republikaner. Die Zukunft Frankreichs wurde in dieser Kontaktzone vorbereitet. Der Orléanismus manifestierte eher eine bestimmte Geisteshaltung als die Treue zu einer Dynastie, deshalb konnte er als einigendes Band für liberale Tendenzen fungieren.

Die Partei der Republikaner war stets lebendig und umfaßte weit mehr Personen als den Kreis der Geächteten. Sie wirkte nach einer Formulierung Abbatuccis 1856 »eher zurückhaltend als gestraft«. Sie fand ihre Anhänger in allen sozialen Schichten; bei Handwerkern und kleinbürgerlichen Kreisen kam sie sogar sehr gut an. Doch gehörte ihr auch eine nicht geringe Anzahl von Unternehmern oder Großkaufleuten an. In Paris gruppierte sich eine politisch gemäßigte Intelligenzija um Männer wie Jules Simon. Sie vertrat eine Philosophie und formulierte eine Parteidoktrin, die zunächst aus einer Vielzahl unterschiedlicher Voraussetzungen und Abstufungen bestand, die aber alle in ein immer zwingender gefordertes Minimalprogramm einmündeten: die Gründung einer bürgerlichen Gesellschaft, die auf der Trennung von Staat und Kirche basierte; die Errichtung der allgemeinen Schulpflicht auf nichtkonfessioneller Basis; die Wiederherstellung aller Freiheitsrechte und die Errichtung einer parlamentarischen Republik. Der Spiritualismus eines Jules Simon hatte sicher wenig gemein mit dem Positivismus eines Littré, aber beide waren sich in diesen wesentlichen Punkten einig.

Nun hatte sich aber das kaiserliche Regime schon vor den Wahlen von 1857 von den allzu offenkundigen klerikalen Strömungen distanziert. Es hatte vor allem auf dem Gebiet der Außenpolitik, aber auch im Bildungswesen eine Öffnung nach links angedeutet. Die Wahlen von 1857 verliefen ohne eigentlichen Wahlkampf. In den ländlichen Gegenden brachten sie dem Regime einen sensationellen Erfolg. In den Hochburgen der Legitimisten verbesserte sich die Position der Regierung. Charles de Montalembert, der ein paar Wochen nach seinem aufsehenerregenden Bündnis als einziger Abgeordneter offen opponierte, wurde im Departement Doubs vernichtend geschlagen. Die offiziellen Kandidaten erhielten 85 Prozent der abgegebenen Stimmen. Doch die Opposition gewann in den Großstädten dazu; in Toulouse schafften die Republikaner die Mehrheit, in Paris wurden von zehn Abgeordneten fünf Republikaner gewählt. Ein Sitz ging bei Nachwahlen, die der Tod des Gewählten Cavaignac erforderlich machte, verloren, zwei weitere Abgeordnete (Carnot und Goudchaux) nahmen die Wahl nicht an, aber am Ende behielten die Republikaner fünf Sitze, die mit Jacques-Louis Henon aus Lyon und vier Parteifreunden aus Paris besetzt wurden: 1857 mit Émile Ollivier und Louis Darimon, im April 1858 mit Émile Picard und Jules Favre. Dazu Graf d'Haussmanns Kommentar: »Hunderttausend Menschen haben sich an der Wahlurne besonnen; sie stellen die immer noch vollzählige, ehemalige Armee des Aufstands dar.« Die Republik blieb für die Hälfte der Pariser wirklich die ideale Regierungsform. Doch diese Gleichsetzung von Aufstand und Republik traf in der Praxis immer weniger zu. Die Republikaner bemühten sich, sich der Öffentlichkeit als politisch verantwortungsbewußte, regierungsfähige Männer zu präsentieren.

Diese fünf republikanischen Abgeordneten stellten zu Beginn der Legislaturperiode die gesamte parlamentarische Opposition. Doch die Bonapartisten orientierten sich zunehmend nach links, was sich nicht nur in der italienischen Frage und in ihrer Öffnung zur Arbeiterklasse zeigte. Der Kaiser führte zur gleichen Zeit – ohne die Meinung der Legislative einzuholen – eine liberale Zollpolitik ein. Seitdem machte sich gegen ihn im *Corps législatif* von zwei Seiten – bei Katholiken wie bei Schutzzöllnern – ein Widerspruch bemerkbar, der das Klima in den Debatten veränderte. Ausgerechnet die klerikalsten Abgeordneten hatten – Ironie des Schicksals? – die Basis für eine stärkere liberale parlamentarische Praxis geschaffen. Die Freiheit, die sie sich herausnahmen, um eine Regierung zu kritisieren, die sie unterstützt hatte, mußte letztendlich auch dazu führen, die Macht der Kirche, die sie zu verteidigen vorgaben, in Frage zu stellen.

Napoleon III. kündigte am 22. November 1860 gegen den Rat fast aller seiner Minister und ohne besonderen Anlaß eine Reihe von Reformen an, die zu einem ersten Dialog zwischen ihm und den Abgeordneten führten. Jedes Jahr sollte eine Stellungnahme der Abgeordneten als Antwort auf die Thronrede debattiert und damit Gelegenheit zu einer allgemeinen Diskussion gegeben werden. Diese Debatten sollten in extenso im *»Moniteur«* veröffentlicht und in der übrigen Presse abgedruckt werden. In geheimen Sitzungen sollte darüber hinaus – und zwar vor der Einberufung einer Kommission – eine Diskussion über Gesetzesvorlagen stattfinden. Schließlich sollten die Minister ohne eigenen Amtsbereich die Regierung in der Legislative repräsentieren. Bei der Eröffnung der Sitzungsperiode 1861 präzisierte der Kaiser, daß auch die Ablehnung eines Gesetzesantrags den Herrscher nicht zwingen könne, Männer als Berater zu nehmen, zu denen er kein Vertrauen hätte: damit war der Parlamentarismus – zunächst – abgelehnt.

Die Diskussion der besagten Stellungnahme dauerte in den Jahren von 1861 bis 1866 jeweils etwa ein oder zwei Monate. 1861 weigerten sich 91 Abgeordnete aus ihrer katholischen Haltung heraus, darüber abzustimmen. 1864 dauerte die allgemeine Diskussion gar vier Monate. Die Minister ohne Amtsbereich gerieten in eine zunehmend schwierige Situation.

Während die fünf Oppositionellen immer häufiger für eine Ausweitung der Freiheitsrechte eintraten, führten die Katholiken einen erbitterten Kampf gegen die kaiserliche Italienpolitik. Am 13. Januar 1861 veröffentlichte Émile Keller eine heftige Schmähschrift, die ihre Widersprüche aufzeigte. Diese Offensive der Klerikalen und Konterrevolutionäre erschreckte Émile Ollivier derart, daß er seitdem seinen Anschluß an das

Kaiserreich vorbereitete: Er bat den Kaiser, »der mutige und freiwillige Initiator zu sein, der ein großes Volk zur Freiheit führt«. Damit erinnerte er Napoleon III. offensichtlich an seine Erklärung vom Februar, in der er gesagt hatte, die Freiheit solle nicht das »Fundament«, sondern der »krönende Abschluß« eines Gebäudes sein.

Ende des Jahres 1861 wurde der Durchbruch des Parlamentarismus durch eine neue kaiserliche Initiative deutlich. Der Kaiser genehmigte einen Bericht Achille Foulds im *»Moniteur«*, in dem die «Budgetisten« die Finanzpraktiken des Regimes kritisierten. An diesen Bericht schloß sich ein Dankesbrief des Kaisers an, in dem er den Journalisten beglückwünschte, ihm in solcher Klarheit eine Gefahr für seine Regierung vor Augen geführt zu haben. Er ernannte Fould zum Finanzminister, und ein Senatsbeschluß vom 31. Dezember 1861 führte die Abstimmung über den Haushalt nach Einzelpunkten ein. Zusätzliche Kredite mußten per Gesetz bewilligt werden. Dieses Zugeständnis wurde übrigens fast unmittelbar darauf durch das kaiserliche Dekret vom 31. Mai 1862 wieder annulliert, das die Praxis der nachträglichen Kontrolle wieder in Kraft setzte. Dennoch hatten die Reformen von 1860 trotz ihres begrenzten Ausmaßes insofern beträchtliche Auswirkungen, als »die Zeit reif war für eine Diskussion«, wie Victor de Broglie dies lapidar zusammenfassend kommentierte. Zu den wesentlichen Verdiensten Mornys, des Präsidenten der Legislative, gehörte, daß er dieser Tendenz freien Lauf ließ.

Durch das veränderte Klima in den Parlamentsdebatten erwies sich der Eid auf den Kaiser nun nicht mehr als ein unüberwindliches Hindernis, und das erklärte auch den neuen Wahlstil von 1863. Nur Innenminister Persigny konnte nicht begreifen, daß sich die Zeiten geändert hatten. Er verweigerte denjenigen Abgeordneten die Regierungsunterstützung, die, auch wenn sie Regierungsanhänger waren, in der letzten Legislaturperiode gegen einige Gesetzesvorschläge der Regierung gestimmt hatten. Damit betrieb er eine Art Säuberungsaktion innerhalb der bonapartistischen Partei – und dies sollte sich als Fehler erweisen. Denn damit wurde neuen Gegensätzen innerhalb des Regimes Vorschub geleistet, mit denen die Präfekten trotz der Instruktionen Persignys rechnen mußten; schließlich hatten sie sich mit den politischen Realitäten vor Ort auseinanderzusetzen. Von den 91 Abgeordneten, die ihre Zustimmung zur Stellungnahme der Abgeordneten verweigert hatten, stellten sich 84 zur Wahl. Die Regierung erklärte 24 von ihnen den Kampf; zu ihnen zählte auch ein Abgeordneter des Departements Nord namens Pichon. 24 weitere Abgeordnete wurden zwar nicht offen bekämpft, aber nicht als offizielle Kandidaten nominiert. Schließlich blieben 36 Bewerber übrig, die die Regierung mehr notgedrungen als aus innerer Überzeugung aufgestellt hatte. Der Eifer der Funktionäre und vor allem der Geistlichen bei der Unterstützung der offiziellen Kandidaten hatte sich weitgehend abgekühlt.

Die Opposition hatte sich differenziert. Sie präsentierte 300 Kandidaten, die eine alles andere als einheitliche Gruppe darstellten. Auf seiten der Republikaner versuchte man, ein möglichst breites Spektrum von Meinungen abzudecken. In Paris gesellten sich zum Kern der vier ausscheidenden Abgeordneten mit Camille Pelletan und Jules Simon zwei Nichtwähler, die man zur Teilnahme an der Wahl bekehrt hatte, und »Monsieur Thiers«, dessen Gefühle für die Republik immer mit einer beträchtlichen Dosis Konservatismus durchsetzt waren. Die Entstehung einer neuen Generation von republikanischen Abgeordneten mit wesentlich radikaleren Ideen auf religiösem, nicht jedoch auf gesellschaftlichem Gebiet, die auch entschlossen waren, eine laizistische Republik auf der direkten Kontrolle durch das allgemeine Wahlrecht zu gründen – dieses Faktum war neu im Wahlkampf von 1863. Gemeinsame Themen waren nicht mehr wie noch 1848 Gleichheit und Brüderlichkeit, sondern politische Freiheit und Befreiung der bürgerlichen Gesellschaft von der Unterdrückung durch den Klerus.

Den äußersten Gegenpol dazu bildeten die Legitimisten, die durch die Weigerung des Herzogs von Chambord, den Eid zu leisten, behindert waren (der Eid wurde nicht nur von Abgeordneten, sondern von allen Kandidaten verlangt). Man erlebte ein politisches Comeback der Matadore des Orléanismus wie etwa von Casimir Périer, Saint-Marc-Girardin, Dufaure, Rémusat, Odilon Barrot oder »Monsieur Thiers«, der, inzwischen 65jährig, den zwanzigsten und letzten Band seiner monumentalen »Geschichte des Konsulats und des Kaiserreichs« vollendet hatte. Um diese Personen scharte sich eine »liberale Union« mit gemäßigten Republikanern wie Jules Simon oder Glais Bizoin sowie mit »unabhängigen« Elementen, die vor allem protektionistisch und katholisch dachten und im Falle einer liberalen Entwicklung sich dem Regime anschließen wollten. Tatsächlich aber war diese Koalition, die sich um Victor de Broglie formierte, noch äußerst instabil, denn in der römischen Frage hatte sich die Elite der Liberalen gespalten, während die klerikale Richtung bei den

Debatten in der italienischen Angelegenheit eine ideologisch unabhängige Haltung einnahm. Für viele Legitimisten hinwiederum »ersetzte der Papst den König«, indes der Orléanismus sich, nach der Entwicklung im Departement Mayenne zu urteilen, in zwei Lager spaltete, wobei das eine zu den Republikanern tendierte, das andere sich aber auf die Seite des Klerus schlug.

Die Wahlergebnisse enthüllten seit 1857 zum ersten Mal einen gründlichen Umschwung in der Wählermeinung. Die Zahl der Nichtwähler war von 35 Prozent auf 27 Prozent gesunken. In absoluten Zahlen ausgedrückt, hatten jedoch die Voten für die Regierung mit 5 300 000 Stimmen um 170 000 Stimmen leicht abgenommen. Die Opposition hatte spürbar zugelegt und konnte ihre Stimmenanzahl von 665 000 auf 1 954 000 Stimmen erhöhen. Die Abstimmung lieferte den Beweis für den schwerwiegenden Bruch zwischen der Regierung und den Großstädten. In Paris konnte die Opposition alle neun Sitze für sich gewinnen. Für die Regierung votierten dort nur 35 Prozent von 235 000 gültigen Stimmen. Der Osten der Stadt stand uneingeschränkt auf seiten der Republikaner. Der Westen von Paris mußte dagegen eher als liberal angesehen werden. Das siegreiche Bündnis der Republikaner mit Thiers veranlaßte Ludovic Halévy, den Sekretär des Parlamentspräsidenten Morny, zu folgendem Kommentar: »In Paris haben die Kneipen gesiegt. Das Bürgertum hat bei den Wahlen seine kleine Rolle spielen können. Es wollte der Regierung eine Lektion erteilen, die ihm aber nicht gelungen wäre, wenn die Kneipen nicht so großartig mitgespielt hätten... Das Volk und seine Gesinnung sind unbestreitbar im Kommen. Die Worte und die Gedanken von Freiheit liegen in der Luft. (...) Man erstickt sie seit zwölf Jahren (...) Die politische Erschlaffung macht verdrießlich, man will Diskussion und Bewegung...«

In Lyon entfielen auf die offiziellen Kandidaten nur 28 Prozent der Stimmen; in Marseille waren es 31 Prozent, in Bordeaux 43 Prozent, in Nantes 37 Prozent und in Lille 31 Prozent. Der Generalstaatsanwalt des Departements Nord notierte, »daß sich die Arbeiter in den Großstädten ebenso mühelos den Parolen der großen Parteien fügen, wie die Landbevölkerung mit Inbrunst auf die Stimmen der Verwaltung hört«. Das bäuerliche Frankreich blieb dem Kaiserreich treu, trotz einzelner republikanischer Ansätze im Osten und Südosten. Dagegen konnten die orléanistischen Kandidaten nicht den erwarteten Erfolg erzielen. Insgesamt waren 32 Kandidaten der Opposition gewählt worden, von denen siebzehn zu den Republikanern gehörten.

Für den Augenblick schien das Kaiserreich gefestigt zu sein. Der Kaiser fühlte sich stark genug, um einen Plan zur Neuordnung Europas vorzulegen. Im Innern hielt er den Augenblick für gekommen, die Öffnung zur Arbeiterklasse weiter zu verfolgen, auch wenn viele Unternehmer dies zurückhaltend aufnahmen.

DIE SOZIALE DEMOKRATIE

Das Zweite Kaiserreich hat ebenso wie die politische auch die soziale Demokratie begründet. Vor allem verschaffte die Zunahme der Versicherungsgesellschaften seit 1852 einer Arbeiterelite die Möglichkeit, sich zu behaupten. Wir dürfen nicht vergessen, daß die Präsidenten dieser Gesellschaften von der Regierung ernannt, die Vizepräsidenten aber gewählt wurden. Diese Gesellschaften waren ihrem Wesen nach Orte, an denen Ansprüche formuliert und organisiert wurden. Der Staatsanwalt in Lyon bemerkte bereits 1856, daß diese »Hätschelkinder« der Regierung äußerst gefährlich werden konnten, weil sie »Menschen mit gleichem Beruf, gleichen Vorlieben und gleichen Interessen miteinander vereinten, die immer, wenn es um Löhne, Streiks oder andere Fragen ging, in einer genehmigten Versammlung eine einfache Gelegenheit finden, sich darüber zu unterhalten und zu ereifern«. Auf diese Weise wurden die Versicherungsgesellschaften zunehmend zum Ausgangspunkt von Koalitionen und Gewerkschaften. Später dann, in den sechziger Jahren, konnten sich die Abstimmungsinstanzen der Arbeiter auf einer ganz neuen Basis entwickeln, vor allem durch das Koalitionsgesetz und durch die Toleranz, die der Gewerkschaftsbewegung seit 1866 entgegengebracht wurde. Diese Politik fand vor allem bei den Mitgliedern der Gruppe »Palais-Royal« Anklang, deren Sprachrohr die *»Opinion nationale«* von A. Guéroult war und die in der Person des Prinzen Napoleon Protektion von höchster Stelle genoß.

Diese Politik wurde nicht, wie so viele Historiker mit entwaffnender Naivität meinten, aus der »Großzügigkeit« des Kaisers heraus geboren, sondern sie entstand aus einem Gesellschaftsentwurf, der auf der Anerkennung eines notwendigen Dialogs zwischen Unternehmer- und Arbeiterschaft beruhte. Tatsächlich hatte der Kaiser seine sozialen Vorstellungen gründlich vertieft; für ihn standen die Arbeiter der Zukunft nicht mehr so sehr unter den Zwängen einer paternalistischen Ideologie als vielmehr im Zeichen der Begriffe Autonomie und Verantwortlichkeit.

Armand Lévy, Mitglied der Gruppe »Palais-Royal« und davor Förderer der Clubs von 1848, war für die Rubrik »Soziales« in der *»Opinion nationale«* zuständig. Er veröffentlichte seit 1861 eine Reihe von Broschüren, in denen er ein soziales und volkstümliches Bild des Bonapartismus entwarf. In diesen Veröffentlichungen kündigten sich die großen Reformen der sechziger Jahre an. Im Oktober 1861 nahm er den Gedanken eines Industriellen aus Lyon, Arlès Dufour, auf, eine Arbeiterdelegation zur Weltausstellung 1862 nach London zu entsenden. Ein Bronzeziseleur namens Henri Tolain schrieb der Zeitung, er begrüße die Idee, und meinte weiter, daß, wenn es beschlossene Sache sei, eine solche Delegation zu entsenden, diese aber von den Arbeitern selbst und »ohne Dreinreden von Regierung und Unternehmern bestimmt werden müsse«. Prinz Napoleon, der die französische Vertretung in London organisierte, gründete eine Kommission, die sich aus den Präsidenten der Versicherungsgesellschaften zusammensetzte mit Tolain als ihrem Sekretär. Zweihundert Delegierte wurden nach London entsandt. Die 57 Berichte, die verfaßt wurden, gingen ausführlich auf die höheren englischen Löhne und die Rolle ein, die die Trade Unions bei den Arbeitern spielten, die über Löhne diskutierten und im Streikfall wie Hilfs- und Unterstützungsvereine funktionierten. Infolgedessen forderten die französischen Arbeitnehmer ebenfalls das Streikrecht und die Vereinsfreiheit für sich.

1862 nahm der Kaiser einen Druckerstreik zum Anlaß, um seine Bereitschaft zu raschen Zugeständnissen kundzutun. Die Streikenden, die am 26. September 1862 verurteilt worden waren, allerdings mit der Möglichkeit der Berufung, wurden im November freigelassen. Am 17. Februar 1864 veröffentlichte die *»Opinion nationale«* anläßlich der Nachwahlen in Paris eine Schrift, die Tolain mitverfaßt hatte und die unter der Bezeichnung »Manifest der Sechzig« bekannt wurde. Darin wurden eigene Arbeiterkandidaturen angekündigt. Die Verfasser bezweifelten, daß die »Liberale Partei« die Reformen, die die Arbeiter forderten, akzeptieren würde: Abschaffung des Artikels 1781 des Strafgesetzbuches, Koalitions- und Vereinsfreiheit, Berufsausbildung nach freier Wahl. Der Inhalt verkündete, daß die 1789 geschaffene Gleichheit das Klassensystem nicht abgeschafft habe, die Arbeiterinteressen von bürgerlichen, selbst liberalen Abgeordneten schlecht vertreten würden und es unter diesen Voraussetzungen an der Zeit sei, Kandidaten aus der Schicht der Arbeiter vorzustellen. Die »Sechzig« griffen bemerkenswerterweise auch Forderungen der Radikalen wieder auf, wie die Trennung von Staat und Kirche sowie die allgemeine und kostenlose Schulpflicht. Das »Manifest« war eindeutig von Proudhon und seinen Ideen beeinflußt. Darin wurde betont: »Die Freiheit der Arbeit, Kredit und Solidarität, das sind unsere Träume. Sind diese drei Forderungen verwirklicht, dann sind alle Bürger in ihren Rechten gleich.« Das Mittel zur gesellschaftlichen Veränderung war die Justiz.

Das »Manifest der Sechzig« wurde von den liberalen und republikanischen Politikern abgelehnt, die eine Verleumdungskampagne starteten und die »Sechzig« beschuldigten, im Auftrag eines »Cäsarismus plonplon« zu agieren; damit war Prinz Napoleon gemeint, obwohl jener in dieser Angelegenheit keine Rolle gespielt hatte. *»Le Siècle«* veröffentlichte ein »Manifest der Achtzig«, in dem versichert wurde: »Es gibt keine Bürger und keine Arbeiter mehr in Frankreich.« Bei der Wahl stimmten die Pariser Arbeiter übrigens vorzugsweise für die oppositionellen Kandidaten des Bürgertums anstelle der Vertreter des »Manifests der Sechzig«. Trotzdem äußerte sich in dem Manifest in beeindruckender Form der Autonomiewille der Arbeiter. Im gleichen Jahr erfolgte die Gründung der I. Internationale. Seit April 1864 stand das Vereinsgesetz zur Debatte, das Émile Ollivier vorbereitet hatte. Die Legislative stimmte aus Resignation dafür. Trotz Ausmerzung der »Mißbräuche«, die es enthielt, stand es am Beginn einer Streikbewegung großen Ausmaßes.

Zwischen 1864 und 1870 kam es zu durchschnittlich 76 Streiks im Jahr (ausgenommen 1864 mit 110 und 1870 sogar mit 116 Streiks). Eine erste Welle erfaßte gleichzeitig ganz Frankreich unmittelbar nach Verabschiedung des Gesetzes. Die Bewegung hatte einen sehr offensiven Charakter, war in ihren Organisationsformen aber noch recht rudimentär; trotzdem mußte die Administration ziemlich tatenlos zusehen und waren die Unternehmer entmutigt. Die Streiks dauerten nicht lange und erreichten mühelos ihr Ziel. Somit bestand das erste Ergebnis des Koalitionsgesetzes darin, daß den Unternehmern eine zehnprozentige Erhöhung der Arbeiterlöhne auferlegt wurde. Die gedämpfte Wirtschaftskonjunktur in den Jahren 1867/68 wirkte sich jedoch nachteilig auf die Streikbewegung aus, die nunmehr einen defensiven Charakter annahm. Neu an diesen Streiks war, daß sie nicht mehr von den Beschäftigten traditioneller Gewerbezweige, sondern von mehr oder weniger ungelernten Arbeitern in der Großindustrie inspiriert waren. Sie waren nur wenig organisiert und arteten oft, wie in Roubaix, in Schlägereien aus.

Der Höhepunkt dieser Bewegung lag in den Jahren 1869/70. 1869 kam es zu 72 Streiks mit insgesamt 40600 Streikenden, im Jahr darauf waren es 116 Streiks mit 85232 Teilnehmern. Konfliktstoffe, für die beachtliche Menschenmassen mobilisiert werden konnten, gab es mehr als genug: 1870 lag die durchschnittliche Teilnehmerzahl bei 760 Personen. In La Ricamarie im Juni 1869 waren es 1500 Personen, in Le Creusot im Januar 1870 sogar 7000 Streikende. Der größte Streik brach indes in Mühlhausen im Juli 1870 aus, und seine Bedeutung strahlte weit ins Umland der Stadt hinaus. Die Streikenden gingen durchweg offensiv vor und forderten vor allem Lohnerhöhungen und häufig auch Kürzungen der Arbeitszeit. Manchen Journalisten kamen die Streiks vor wie ein Umsturzversuch. Im Juni 1869 schien die Streikbewegung aus Parolen hervorzugehen, die von einer Bergarbeitersiedlung zur nächsten übermittelt wurden. Plötzlich wurde am 11. Juni in Firminy de Giers nahe Saint-Étienne die Arbeit niedergelegt, am 26. folgten die Bergarbeiter von Carnaux, im Juli stießen die Beschäftigten der Seidenindustrie von Pélussin in der Nähe von Firminy dazu, im August traten die Grubenarbeiter von Aubin im Departement Aveyron in Streik.

Die Konflikte wurden zudem von Ereignissen begleitet, die durch die Nervosität des eingesetzten Militärs in zwei Fällen einen tragischen Ausgang nahmen. In La Ricamarie gab es in der Nacht vom 15. auf den 16. Juni zehn Tote, nachdem man gegen die Festnahme von Arbeitern protestiert hatte, die versucht hatten, eine Verladung von Kohle zu verhindern. Am 8. Oktober wurden vierzehn Arbeiter in Aubin getötet, als Soldaten auf die Grubenarbeiter feuerten. Dies geschah, als diese in die Hütte eindringen wollten, die unter Bewachung gestellt worden war, nachdem es zu einer heftigen Konfrontation zwischen den Streikenden und einem Ingenieur gekommen war, dessen Entlassung sie forderten. Rochefort, stilgewandt und scherzhaft wie immer, schrieb: »Das Kaiserreich ist weiterhin damit beschäftigt, die Armut auszurotten.«

Doch besaßen diese Streiks insgesamt keine klare politische Linie. Wiesen die Streiks von Le Creusot im Januar und im März 1870 noch eine deutlich antiimperiale Komponente auf, so riefen die Streikenden 1869 in Carnaux und 1870 in Mühlhausen: »Es lebe der Kaiser!« In keinem Fall handelte es sich jedoch um politisch motivierte Aufstände; die Behörden im Departement Oberrhein vor allem versuchten, zwischen Unternehmern und Streikenden zu vermitteln. Die Streiks gegen Ende des Kaiserreichs waren keinesfalls Anzeichen eines Niedergangs des Regimes. Trotz der Toten von Ricamarie und Aubin konnten die Arbeiter nachhaltige Erfolge verbuchen, denn in 80 Prozent der Fälle setzten die Streikenden ihre Forderungen durch.

Die Internationale spielte bei den Streiks nicht die Rolle, die manche Historiker ihr bisher zuwiesen. Sie begleitete die Bewegung, ohne sie zu beeinflussen oder zu steuern. Der Ursprung der Internationalen ging auf ein Treffen zwischen der radikal beeinflußten Londoner Arbeiterbewegung und der Pariser Arbeiterbewegung zurück, die sich eher an Proudhon orientierte. Karl Marx nahm an der Gründungsversammlung in der St. Martin's Hall am 28. September 1864 zwar teil, ergriff aber nicht das Wort. Die französische Ansprache hielt Henri Tolain, der die Tüchtigkeit der Arbeiter pries und mit den Worten schloß: »Retten wir uns durch Solidarität.« Man verabschiedete eine Resolution, in der die Autonomie der Arbeiterklasse und zugleich die Notwendigkeit bestätigt wurde, die Vorherrschaft der Klasse abzuschaffen, die das Monopol auf die Produktionsmittel besaß. Solche Formulierungen fanden die Zustimmung sowohl der militanten Marxisten als auch der Anhänger Proudhons. Marx war übrigens damit einverstanden, in das Zentralkomitee einzutreten, obwohl er mit seinen Ansichten dort ziemlich allein stand. Immerhin einigte man sich auf den Minimalkonsens, daß »die Selbstverwirklichung der Arbeiter das Werk der Arbeiter selbst sein« und jeder die klassenlose Gesellschaft als Zielvorstellung fest im Auge behalten sollte.

Die ersten französischen Kämpfer der Internationale waren überzeugte Anhänger der Lehre Proudhons; sie wurden auf dem Kongreß von Genf 1866 mit überwältigender Mehrheit bestätigt. Wie aber J. Rougerie bemerkte, standen »die unmittelbaren Notwendigkeiten des Kampfes im Widerspruch zu den ideologischen Ausgangspositionen; sie erschütterten und zerstörten sie letztendlich«. Die Praxis löschte die Ideologie aus.

Proudhon hatte Streiks stets abgelehnt; die französischen Vertreter der Internationale jedoch konnten nicht umhin, sie zu unterstützen. Im Februar 1867 streikten die Bronzegießer in Paris, im April die Bergarbeiter in Fuveau. Als Henri Tolain im März 1868 vor Gericht gestellt wurde, erwähnte er den Spinner- und Weberstreik in Roubaix, der durch neue Betriebsbestimmungen entstanden war und wo es zu schweren Zwischenfällen und Zerstörungen von Maschinen kam, mit folgenden Worten: »In Roubaix war der Unternehmer Gesetzgeber, Gemeinderat und Polizist zugleich. Als Gesetzgeber faßte er Beschlüsse, als Gemeinderat verhängte er Strafen wegen Verstoßes gegen diese Beschlüsse, als Polizist führte er das Urteil aus und setzte die Delinquenten vor die Tür. Wir haben diese ungeheuerlichen Tatbestände bekämpft. Macht man so Politik?«

Die französische Arbeiterschaft innerhalb der Internationalen mußte Stellung beziehen, auch wenn sich Proudhon gegen jede Politisierung der Arbeiterbewegung wandte. Ihre Vertreter nahmen am Friedenskongreß in Genf teil, der unter Garibaldis Vorsitz stattfand, nachdem sie zuvor 1867 in Lausanne ihren eigenen Kongreß abgehalten hatten. Auf dem Kongreß sprach man sich klar gegen die kaiserliche Regierung aus; am 2. November 1867 willigte die Pariser Zentrale in eine Teilnahme an der Kundgebung am Grabe von Manin, des Präsidenten der Republik Venedig im Jahre 1848, ein, während die republikanischen Abgeordneten des *Corps législatif* in Paris eine Teilnahme ablehnten.

Daraufhin machte die Regierung Tolain und seinen Freunden aus dem Vorstand der Bewegung den Prozeß. Bei der Berufungsverhandlung im März 1868 wurden sie zu hundert Francs Geldstrafe verurteilt. Unter der Leitung von E. Varlin übernahm ein neuer Ausschuß das Büro, die Tendenz wurde radikaler und eindeutig »kollektivistisch«. Die Regierung ließ die neuen Anführer überwachen; im Juni wurden sie zu Gefängnisstrafen verurteilt. Der zweite Prozeß bot Anlaß zu einer erneuten Umbesetzung, womit die Exekutive lediglich erreicht hatte, daß die Bewegung nun einen gefährlichen, eindeutig revolutionären Weg einschlug. Für den Augenblick sah es jedoch so aus, als ob der Aufschwung der französischen Sektion gestoppt sei, der in Paris und der Provinz die Anhänger zunehmend den Rücken kehrten. Der Bevollmächtigte stellte in Lyon im August 1868 fest: »Die Internationale ist dabei, sich aufzulösen.«

Seit dem Frühjahr 1869 erwachte sie jedoch zu neuem Leben. Sie wurde von der Streikbewegung getragen, die sie unterstützte, und versuchte, die Ausbreitung der Arbeitergesellschaften, einer Vorstufe der Gewerkschaften, zu kontrollieren. Die Toleranz der Regierung gegenüber den Arbeiterorganisationen hatte zu unerwarteten Folgen geführt. In

Paris und allen anderen großen Arbeiterstädten waren zu der alten »mutualistischen« (proudhonistischen) Bewegung die gewerkschaftlichen Massenorganisationen hinzugekommen. In der Umgebung von Lyon tauchten sie zuerst bei den Bandwirkern und den Grubenarbeitern auf, setzten sich dann in den Fabriken Lyons fest, um gegen Ende des Kaiserreichs in allen Berufssparten Fuß zu fassen. In Paris gab es, wie J. Rougerie feststellt, 1870 praktisch keinen einzigen Beruf, der nicht seinen eigenen Verband besaß.

Die Aktivisten der Internationale praktizierten damals mit großem Geschick die Strategie der Zellenbildung. Indem sie sich anderen Bewegungen anschlossen, die teilweise aus völlig anderen Motiven heraus handelten – wie beispielsweise die Arbeiterkommission auf der Weltausstellung 1867–, versuchten sie diese Organisationen unter ihrer Führung zu Verbündeten zu machen. Im Dezember 1868 wurde unter Mitwirkung von E. Varlin die *Fédération parisienne des Associations ouvrières* gegründet, der im Frühjahr 1870 bereits 54 Vereine und Verbände angehörten. In Lyon entstand im März die *Fédération lyonnaise des travailleurs*, der sich etwa 30 Verbände anschlossen und deren Kern aus Aktivisten der Internationale bestand. Die meisten Historiker hatten keine Bedenken, der Internationale in diesem Entwicklungsstadium Tausende von Mitgliedern dieser Gewerkschaften als Anhänger zuzuschreiben, was in Wirklichkeit maßlos übertrieben war. Bewundernswert dagegen war, wie dieser kleine Kern bereits moderne Techniken der Massenmanipulation beherrschte. »Es ist einzig und allein wichtig«, schrieb Varlin 1870, »die Arbeiter zu organisieren.« Die Arbeitervereine sollten nicht nur die »Organisation revolutionärer Kräfte der Arbeit« erlauben, sondern auch die »natürliche Grundlage für die Gesellschaftsstruktur der Zukunft bilden«, da »sie es sind, die das gesellschaftliche Instrumentarium und die Organisation der Produktion schaffen können«. Varlin und seine Freunde bekräftigten, wie man sieht, ziemlich lautstark ihren Willen, mit Hilfe der Arbeitervereine die ganze Gesellschaft zu durchdringen. Aber das war wohl mehr Traum als Wirklichkeit.

Die Entwicklung der Gewerkschaftsbewegung in den sechziger Jahren war aber nicht das Werk der Internationalen, sondern das des Kaisers und seiner Sozialpolitik. Mit der Weltausstellung von 1867 begann eine neue Entwicklung in der Sozialgesetzgebung. Aus diesem Anlaß richtete der Kaiser ein echtes Arbeiterparlament mit 305 gewählten Abgeordneten aus 105 Berufen ein. Die Zusammenkünfte fanden in einer Schule in der Passage Raoul in der Nähe der Bastille statt; der Katalog der Forderungen wurde im Januar 1869 dem Handelsminister vorgelegt. Diese Versammlungen hatten zwei wesentliche Weiterungen: erstens die quasi amtliche Toleranz gegenüber den Gewerkschaftskammern; um die Gründung neuer Gewerkschaftskammern zu fördern, ernannten hierzu die Delegierten der Passage Raoul Planungskommissionen. Zweitens bekam die Arbeitergesetzgebung neuen Auftrieb. Der Artikel 1781 des Code civil, nach dem die Aussage eines Unternehmers mehr galt als die eines Arbeiters, wurde gestrichen. Die Nationalversammlung von 1850 hatte die Abschaffung noch abgelehnt. 1868 fanden jedoch die Debatten hinter verschlossenen Türen statt, denn die Gegner dieser Maßnahme wagten nicht mehr, ihre Argumente öffentlich zu vertreten.

An diesem Detail wird ersichtlich, welche Fortschritte auf dem Weg zu einer echten Demokratie bereits erzielt waren. Im Juli 1868 wurden zwei freiwillige Versicherungskassen, eine Lebensversicherung und eine Unfallversicherung gegründet. Das Jahr 1870 markiert innerhalb dieses sozialen Aufbauwerkes einen Höhepunkt: In diesem Jahr setzte Napoleon gegen den Staatsrat die Abschaffung des Arbeitsbuches durch. Ein Gesetz vom 26. Juni institutionalisierte die Aufsicht der Lohnarbeit, ein weiteres Gesetz im Juli ermöglichte den vorgezogenen Ruhestand. Dieses Gesetz wurde jedoch nicht verabschiedet, das Arbeitsbuch erst 1890 abgeschafft, und die gesetzliche Anerkennung der Gewerkschaften erfolgte erst 1884. Das Gewerbeaufsichtsamt wurde sogar erst 1892 gegründet. Der Sturz des Kaiserreichs hat die Übernahme einer modernen Sozialgesetzgebung verzögert. Allem Anschein zum Trotz war die Republik zunächst eine Zeit sozialer Reaktion; begriffen hatten dies nur einige konservative Republikaner, die Napoleon III. der Demagogie beschuldigten!

Die Sozialpolitik des Kaisers legte für Jahrzehnte den Grundstein für die weitere Entwicklung der Arbeiterbewegung. War sie, wie viele Historiker behaupten, ein politischer Mißerfolg? Dieses Urteil bedarf vielfältiger Nuancierung. In Wirklichkeit hatten der Krieg und die Kommune, die daraus entstand, eine Entwicklung unterbrochen, deren Ansätze nicht so negativ waren, wie immer behauptet wurde. Dabei drängen sich drei Beobachtungen auf: Erstens ermöglichte die Streikbewegung, wie sie sich nach dem Gesetz von 1864 entwickelte, der Arbeiterklasse, sich als unabhängiger Verhandlungspartner darzustellen; zweitens war der Aufschwung der Arbeiterorganisationen nur die Fortsetzung eines Prozesses, den die Regierung selber initiiert hatte; und drittens bleibt festzuhalten, daß die Einstellung der Arbeiterklasse nicht so regimefeindlich war, wie man es ihr gemeinhin unterstellt, und vor allem bewies sie mehrmals ihre Selbständigkeit – selbst dann, wenn radikale republikanische Anführer sie für sich vereinnahmen wollten. Die Kommune sollte dies nur allzu deutlich zeigen.

KAPITEL VI

Von Königgrätz nach Sedan

Das Kaiserreich scheiterte trotz seiner Unbeliebtheit in Paris nicht an der Ablehnung durch die Öffentlichkeit; es zerbrach vielmehr an seinen Fehlern in der Außen- und Militärpolitik. Das unglückliche Ende der Militärreform deckte seine eigentlichen Schwächen auf. Der Kaiser wurde zunehmend unfähiger, Änderungen durchzusetzen, die er selbst für erforderlich hielt. Die Krise des Sommers 1870 bewies, wenn es überhaupt eines Beweises dafür bedurfte, daß Napoleon III. nicht wirklich die Befähigung zu einem konstitutionellen Monarchen besaß und er zu allem hin nicht einmal mehr sein eigener Herr war. Zur Beherrschung der Situation hätte es einer anderen und weniger umstrittenen Persönlichkeit als Émile Ollivier bedurft. Aber die Begeisterung für den Krieg riß alle, auch die Anführer der Opposition, mit. Der Kaiser hatte sich anscheinend von dem patriotischen Taumel der Pariser Bevölkerung beeindrucken lassen, die mit der begeisterten Parole »Auf nach Berlin!« durch die Straßen zog. Trotzdem fällt es einigermaßen schwer, dies zu glauben!

KÖNIGGRÄTZ

Am 3. Juli 1866 wurden die Österreicher bei Königgrätz von den preußischen Armeen vernichtend geschlagen. Dieses wichtige Ereignis setzte den Schlußpunkt unter eine Entwicklung, die Napoleon III. auch noch leichtsinnigerweise gefördert hatte. Zwischen der preußischen und der italienischen Frage bestand ein enger Zusammenhang, wie Prévost-Paradol schon 1861 bemerkte. Frankreich, das nur »zweitrangige Nachbarstaaten« hatte, war »so unvorsichtig und ließ die Entstehung zweier großer und junger Großmächte zu, die ihre noch ungewohnte Macht hochmütig werden ließ, arrogant in ihrem Temperament und verwöhnt vom unerhörten Erfolg ihres Muts«, wie er abermals 1866 schrieb; und er fügte hinzu: »Sie betrachten Frankreich bereits mit einer gewissen Verachtung.« Napoleon III. hatte sich genau so verhalten, daß Bismarcks Pläne aufgehen konnten. 1863 drohte er mit Krieg, um die polnischen Aufständischen zu unterstützen, wobei er – entgegen den Wünschen einer eigentlich indifferenten öffentlichen Meinung – hoffte, Großbritannien zum Druck auf Rußland zu bewegen. Das einzige Ergebnis bestand in der Festigung der Beziehungen zwischen Rußland und Preußen.

Im gleichen Jahr wollte Napoleon mit der Neuordnung Europas beginnen und ließ seine Pläne auf diplomatischer Ebene unterbreiten. Im März 1863 wurde sein Vorhaben dem österreichischen Kabinett vorgelegt. Unter anderem war die Wiederherstellung Polens, die Aufteilung Belgiens zwischen Frankreich und den Niederlanden und die Errichtung eines Pufferstaats zwischen Frankreich und Preußen vorgesehen. Die österreichische Regierung ließ verlauten, ihr Land brauche vor allem Ruhe. Aber der Kaiser blieb hartnäckig. Am 6. Mai erklärte er in Auxerre in einer Ansprache, er »verabscheue« die Verträge von 1815, und schlug am 4. November 1863 in einem Rundschreiben an die Großmächte eine internationale Konferenz mit dem Ziel vor, die Landkarte Europas zu verändern. Auf diesem Kongreß sollten die »Grundlagen für ein Übereinkommen« gefunden werden, nachdem die »unterschiedlichen Interessen« miteinander konfrontiert worden seien.

Die Aufregung in den Staatskanzleien war groß, vor allem in London. Von nun an sollte angesichts der preußischen Initiativen die französisch-englische Verstimmung schwer wiegen. Großbritannien weigerte sich 1863, Frankreich in der polnischen Frage zu unterstützen. Als Preußen und Österreich im Februar 1864 die drei Herzogtümer Schleswig, Holstein und Lauenburg besetzten, um damit zu verhindern, daß sie endgültig an Dänemark fielen, weigerte sich Frankreich, mit England zusammen ihre Flottenpräsenz in der Ostsee und auf dem Rhein zu demonstrieren. Im August 1865 teilte der Vertrag von Bad Gastein die norddeutschen Herzogtümer zwischen Preußen und Österreich auf. In Wirklichkeit aber war Bismarck jetzt entschlossen, Österreich den Krieg zu erklären, um es endgültig aus Deutschland hinauszudrängen. Dieses Vorhaben setzte er im Prinzip bereits im Februar 1866 im preußischen Ministerrat durch. Am 9. April schlug er die Einberufung einer durch allgemeines Wahlrecht gewählten Versammlung vor und begann mit der Mobilmachung. Österreich kündigte den Vertrag von Bad Gastein am 1. Juni 1866 auf. Am 7. Juni fielen die preußischen Truppen in Holstein ein.

Angesichts der Initiativen Bismarcks nahm Großbritannien, das mit Frankreichs Plänen zur Neugestaltung Europas beschäftigt war, eine passive Haltung ein und verwarf vor allem den Gedanken eines internationalen Kongresses im März 1866. Zur gleichen Zeit förderte Napoleon jedoch das Zustandekommen dieses Treffens. Bismarck wiederum konnte den Krieg gegen Österreich erst beginnen, nachdem er Italien hinter sich wußte, das nur darauf wartete, Venedig von den Österreichern zu bekommen. Italien aber bedurfte im Fall seiner Einwilligung in ein Bündnis mit Preußen erst der Zustimmung Frankreichs. Aus einem Treffen mit Napoleon III. im Oktober 1865 in Biarritz gewann Bismarck aus den äußerst allgemein gehaltenen Unterredungen jedoch den Eindruck, daß der Kaiser ihm freie Hand ließ. Die Möglichkeit einer Entschädigung wurde nur am Rande gestreift. Als Napoleon III. im März 1866 Italien seinen Schutz anbot für den Fall, daß Preußen im Rahmen eines italienisch-preußischen Vertrags seinen Verpflichtungen nicht nachkommen würde, war für die italienische Regierung der Weg zum Abschluß eines Beistandsvertrages mit Preußen für den Fall eines österreichisch-preußischem Krieges frei. Nach Ausbruch des Krieges führte Napoleon III. gleichzeitig Verhandlungen mit Österreich und Preußen. Von Österreich erhielt er am 12. Juni die Zusage, daß er bei Kriegsende Venedig zugesprochen bekäme, um es wieder in das Königreich Italien einzugliedern. Dagegen weigerte sich Bismarck, als Napoleon III. Ansprüche am Rhein stellte, deutsches Gebiet als Entschädigung herauszugeben. Der Kaiser glaubte jedoch an einen langen und unentschiedenen Krieg, in dem Frankreich die Rolle eines Schiedsrichters zufallen würde, wobei er dann von Bismarck die gewünschten Entschädigungen einfordern könnte.

Trotz Erfolgen der Österreicher in Italien war der Sieg der Preußen vollständig. Am 4. Juli bat Österreich Frankreich um Vermittlung. Napoleon III. willigte sogleich ein, lehnte aber den Gedanken an eine bewaffnete Vermittlung, die Außenminister Drouyn de Lhuys vorgeschlagen hatte, ab, weil er den Kampf gegen die in der Presse vertretene öffentliche Meinung scheute. Sie hätte eine Mobilmachung nicht verstanden, die nur dazu bestimmt gewesen wäre, die Entfaltung der Nationalitäten zu bremsen, und sie begriff auch die eigentlichen Konsequenzen des preußischen

Sieges nicht. Daß Napoleon III. diese folgenreiche Fehleinschätzung unterlief, lag vor allem an seiner allzu engen Sicht dynastischer Interessen. Am 8. Juli willigte Bismarck in die Mittlerrolle Frankreichs ein. Er verfügte über eine so starke Position, daß er Frankreichs Versuch scheitern lassen konnte.

Napoleon III. glaubte zu erreichen, daß die süddeutschen Staaten nicht in die von Preußen angeführte Konföderation eingebunden würden, doch Bismarck schloß mit ihnen Geheimverträge ab, von denen auch der Kaiser seit Februar 1867 wußte. Vor allem handelte er sich eine tiefe Demütigung ein, als er von Bismarck zwischen dem 23. Juli 1866 und dem 1. April 1867 mehrmals territoriale Entschädigungen wollte und Bismarck ihm diese Forderungen verweigerte. Diese Vorstöße trugen nur dazu bei, den Zusammenhalt der deutschen Staaten zu stärken. Zu allem hin war der Kaiser – sehr zum Mißvergnügen Italiens – auch noch gezwungen – abermals Truppen zum Schutz des Papstes zu schicken. Damit wurde nach Königgrätz bald klar, daß die Gefahr eines französisch-preußischen Krieges über Europa hing. Die Militärreform wurde somit mehr als dringlich.

DAS GESETZ NIEL – EIN MISSERFOLG DES KAISERS

Die französische Militärorganisation beruhte auf der siebenjährigen Dienstpflicht, die aber nur ein Teil der Wehrpflichtigen abzuleisten hatte. Diejenigen, die nicht einberufen wurden, waren entweder aus gesundheitlichen oder beruflichen Gründen dispensiert oder wurden als Körperbehinderte oder Haupternährer der Familie freigestellt. Hatte jemand ein »schlechtes Los« gezogen, konnte er sich gegen Zahlung einer Geldsumme ersetzen lassen. Leistete jemand aber seinen Wehrdienst ab, so wurde er für sieben Jahre verpflichtet. Im Zweiten Kaiserreich lag die Zahl der Eingezogenen bei durchschnittlich 100000 Mann. Während des Krimkriegs und der Kämpfe in Italien wurde dieses Kontingent auf 140000 Mann erhöht. Die aktive Armee zählte zwischen 300000 (1853) und 420000 Mann (1863). Während des Krimkriegs stieg die Truppenstärke auf 590000 Mann, während des Italienfeldzugs sogar auf 640000 Mann.

Ein Gesetz von 1855 verbot grundsätzlich den Ersatz durch Freikauf. Die »schlechten Lose« konnten sich allerdings dispensieren lassen, wenn sie den Preis für ihre Freistellung in eine Armeekasse einzahlten. Dieses Geld wurde für die Prämien bei einer längeren Dienstverpflichtung sowie für Pensionszahlungen an Unteroffiziere und Soldaten verwendet. Damit verstärkte man die Tendenz zur Schaffung eines Berufsheeres. Doch die tatsächliche Truppenstärke, die im Fall einer militärischen Operation einsatzbereit war, reichte nicht aus. Als die preußische Haltung bedrohlich wurde, konnte der Kaiser nicht gleichzeitig in Italien und am Rhein mobilmachen. Er hatte deshalb seit dieser Zeit Maßnahmen ergriffen, um diesem Mangel abzuhelfen; so sollte jener Teil des Rekrutenkontingents, der nicht einberufen wurde, eine fünfmonatige Ausbildung absolvieren. Doch war dadurch das Problem der Reserven, die zahlenmäßig ungenügend und außerdem schlecht ausgebildet waren, noch immer nicht gelöst.

Als Preußen 1866 750000 Soldaten mobilisieren konnte, hätte Frankreich nur 80000 Mann an die Front schicken können; einen Monat später wären es 450000 gewesen, allerdings mit den in Mexiko und Algerien stationierten Truppen. Somit lagen die auf dem europäischen Kriegsschauplatz verfügbaren Kräfte bei 250000 Mann. Napoleon III. wußte, daß er das französische Militär ähnlich wie in Preußen organisieren mußte, um ein größeres und besser ausgebildetes Ersatzheer zu bekommen. Doch er stieß auf doppelten Widerstand, zum einen seitens der obersten Generalität, die ihre früheren Irrtümer nicht einsehen wollte, und zum anderen seitens der Abgeordneten und der öffentlichen Meinung. Die militärischen Befehlshaber ihrerseits hielten nicht viel von Reservetruppen und vertraten die Meinung, Qualität könne Quantität ausgleichen; Qualität aber sei nur durch langjährigen Militärdienst zu erreichen, wie Magenta und Solferino bewiesen hätten. In diesem Sinne zogen sie keinerlei Konsequenzen aus der österreichischen Niederlage von Königgrätz.

Ab August 1867 kam es zu einer Reihe langwieriger Beratungen mit den Spitzen der französischen Streitkräfte. Sie lehnten die allgemeine Wehrpflicht einstimmig ab, die sogar der Kaiser nur in abgeschwächter Form vorgeschlagen hatte. Die eingesetzte Kommission kam letztlich zu keinem Beschluß. Der Kaiser ernannte Marschall Niel zum Kriegsminister, der einen ziemlich umfangreichen Plan vorlegte. Danach wurde der Wehrdienst von sieben auf fünf Jahre verkürzt; nach dieser Zeit mußten sich die Wehrpflichtigen vier Jahre lang als Reserve zur Verfügung halten. Der nicht einberufene Teil eines Jahrgangs wurde sofort für vier Jahre zum Reservedienst verpflichtet. Er wurde dann für fünf Jahre der Nationalgarde zugeteilt, und hierin lag die große Neuerung des Gesetzes. Diese Nationalgarde sollte bei der Verteidigung der Befestigungen, der Grenzgebiete und als Ordnungskraft eingesetzt werden. Sie wurde jährlich zwei Wochen lang einberufen, in Kriegszeiten mußte sie in der regulären Armee Dienst tun. Die Öffentlichkeit lehnte diesen Plan ab. Émile Ollivier ließ den Kaiser wissen, daß die Militärreform ein »kapitaler Irrtum« sei. Die Legislative ließ an dem Plan kein gutes Haar.

Der Kaiser zog es daher vor, von diesem Plan Abstand zu nehmen, und legte im November eine vereinfachte Fassung des Gesetzes von 1832 vor: Beibehaltung des Losverfahrens, Wiedereinführung der Freistellung durch Freikauf, Festsetzung der Dauer des Militärdienstes auf neun Jahre, wovon fünf Jahre im aktiven Dienst abzuleisten waren. Aus den freigestellten Männern sollte eine Polizeitruppe gebildet werden. Wieder begriff die Legislative – allen voran Thiers – den Ernst der Lage nicht. Jules Simon von den Republikanern schlug einen neuen Plan vor, der sich an den Erfahrungen der Schweiz orientierte. Jules Favre forderte, Frankreich solle bei der Abrüstung mit gutem Beispiel vorangehen, und Allain Targé, der Sprecher der Republikaner, rief: »Frankreich muß abrüsten, aber zuvor muß die Republik ausgerufen werden. Sie werden den Erfolg sehen. (...) Die Folge wird die Einheit Deutschlands sein, aber eine föderale, demokratische und friedliche Einheit.« Muß daran erinnert werden, daß auch Gambettas Programm »die Abschaffung der stehenden Heere« vorsah?

In der Haltung der Abgeordneten spiegelte sich das Zögern der Öffentlichkeit wie auch die Unentschlossenheit der Presse wider. Die Vorstellung eines bevorstehenden Krieges mit Preußen verband sich unkritisch mit einer feindlichen und wenig differenzierten Einstellung dem neuen Militärgesetz gegenüber. Man fügte sich in den Krieg, wollte ihn aber nicht gezielt vorbereiten. Bei manchen erstickte der Haß auf die Dynastie alle patriotischen Gefühle. Der Antimilitarismus der republikanischen Propaganda in den sechziger Jahren ist ein Aspekt, der bisher nicht genügend gewürdigt wurde. Der Kaiser stand in dieser Frage völlig isoliert. Die Verantwortung am Scheitern einer durchgreifenden Militärreform trug allein die öffentliche Meinung. Die französischen Eliten fanden nicht den Mut, der Nation die Wahrheit zu sagen. So trugen in erster Linie sie die Schuld an der Niederlage.

Auffallend war, daß das Gesetz vor allem im Osten und Norden des

Landes hinreichend unterstützt und befolgt wurde. Die Polizeitruppen konnten dort mühelos aufgestellt werden, während es in anderen Teilen wie etwa in Südfrankreich, wo es sogar zu Unruhen kam, nicht überall der Fall war. 1870 gab Kriegsminister Lebœuf, der Niel abgelöst hatte, zu, daß »die Polizeitruppen nicht organisiert werden konnten und nur auf dem Papier bestehen«. Der Kaiser hatte also eine schwere Niederlage einstekken müssen. Die Ereignisse schienen den Gegnern einer liberalen Politik recht zu geben: Sie schwächte nur das Regime.

DIE GLEICHUNG DER REGIERUNG

Einen Tag nach den Wahlen 1863 sah es für einen Augenblick so aus, als ob sich der Kaiser sofort der einen oder anderen Form einer Liberalisierung zuwenden würde. Er entließ Innenminister Persigny und ersetzte die drei Minister ohne Portefeuille durch Staatsminister Billault, der nach der Verabschiedung des Gesetzes zur allgemeinen Sicherheit seinen Abschied im Innenministerium eingereicht hatte. Doch Billault starb bereits am 13. Oktober 1863 und wurde sofort durch Eugène Rouher ersetzt, der eine bedeutende Rolle in der Gestaltung der Innenpolitik spielen sollte. Dazu schrieb der damalige Polizeiminister Maupas: »Er regierte fast uneingeschränkt. Er hatte sich nur dem Kaiser zu verantworten, dessen Schiedsrichter er selbst allzuoft war. Die Macht schien unmerklich von den Tuilerien ins Staatsministerium übergegangen zu sein.« Der Kaiser war im Grunde zu undurchschaubar und zu mißtrauisch, um sich beherrschen zu lassen, doch Rouhers Einfluß war unbestritten und trug dazu bei, das autoritäre System weiter aufrechtzuerhalten. Von ihm stammt aus dem Jahr 1866 das Wort, worin er eine parlamentarische Regierung als »abgetragenes, verblichenes und altmodisches Kleid« bezeichnete.

Nach 1863 erweckte der Kaiser trotz seines eindeutigen Wahlerfolgs den Eindruck, als ob er die Ereignisse nicht im Griff habe, sondern sich von ihnen tragen lasse. Bei dieser Entwicklung spielte seine Krankheit eine wesentliche Rolle. Bei einem Empfang in den Tuilerien am 12. Dezember 1863 wurde die Schwere seiner Erkrankung ziemlich unvermittelt deutlich. Während des ganzen Jahres 1864 und in den ersten Monaten 1865 hatte er große Schmerzen erduldet, danach ging es ihm bis zum österreichisch-preußischen Krieg 1866 besser. Der Kaiser achtete nicht auf seine Gesundheit; er weigerte sich, seine Blase untersuchen zu lassen, obwohl ihm die Ärzte dringend dazu rieten. Die Krankheit verschlimmerte seine Unentschlossenheit; sein Einfluß auf seine Umgebung, vor allem auf die Minister, nahm zusehends ab.

In dieser Umgebung zeigten sich nun gravierende Schwächen. Die Regierungsmannschaft war überaltert und wurde nicht durch jüngere Kräfte ersetzt. Zwischen 1852 und 1867 erhöhte sich das Durchschnittsalter der Minister von 48 auf 57 Jahre. Die Reihen der Regierungsmitglieder der ersten Stunde hatten sich gelichtet. Saint-Arnaud war 1854 gestorben, Fortoul 1855, Billault 1863, Morny 1865, Thouvenel 1866, Fould 1867 und Walewski 1868. Keine neuen Gesichter, abgesehen von Duruy und Vuitry, rückten nach, die aber beide auch nur begrenzte Verantwortung trugen. In diesem engen Umkreis mußten sich Rivalitäten und Konflikte zuspitzen. Es standen sich zwei Richtungen gegenüber, von denen die eine die Erinnerung an das autoritäre Kaiserreich hochhielt und jedes Zugeständnis als Rückschritt oder geistigen Verrat am Bonapartismus wertete. Die andere, angeführt von Morny, predigte zwar die Liberalisierung, die aber nicht unbedingt auf eine parlamentarisch verantwortliche Regierung hinauslief. 1863 trug Morny dem Kaiser ein solches Programm vor: Abschaffung der offiziellen Aussprache der Abgeordneten nach der Thronrede, Recht auf Gesetzesänderung und Anfragen an die Regierung, doch die Ministerverantwortlichkeit in der Nationalversammlung sollte weiterhin abgelehnt werden. Die gesamte spätere Geschichte des Kaiserreichs stand im Zeichen dreier Tatsachen: Mornys Plan ließ sich nicht verwirklichen, der Kaiser verlangte von der herrschenden Partei eine liberale Politik, und schließlich zögerte er deren Umsetzung selbst hinaus.

Die Gleichung der Regierung im Jahre 1864 war simpel. Die Opposition fand in der Legislative dank Thiers' Anwesenheit eine Plattform, die Forderung nach den Freiheitsrechten weiter zu erheben. Diese Tendenz war bis weit in die Gruppe der bonapartistischen Abgeordneten zu spüren. Insgesamt etwa 60 Abgeordnete, sämtlich Anhänger des Kaisers, bildeten eine »dritte Partei«; diese Bezeichnung setzte sich 1865 durch. Sie waren keineswegs Anhänger von Thiers' Partei, teilten aber öfter seine Standpunkte. Thiers hielt im Januar 1864 zwei große Reden eher politisch-philosophischer als polemischer Natur; in ihnen definierte er die »notwendigen Freiheitsrechte«: »Der Bürger muß vor individueller Gewalt und jeglicher Machtwillkür geschützt werden. Der Bürger muß über das Gemeinwesen wachen, daher muß die Presse frei sein, denn erst dieser freie Gedankenaustausch läßt eine öffentliche Meinung zu.« Damit diese nun kein »leeres Gerede« blieb, mußten nach Meinung Thiers' »freie Wahlen« eingeführt werden. Er ging aber noch weiter, wenn er sagte, daß diese drei Freiheitsrechte keine Daseinsberechtigung besäßen, wenn sie nicht auch ein doppeltes Freiheitsrecht für die gewählten Volksvertreter mit sich brächten, nämlich sowohl die Kontrolle aller Handlungen der Regierung (also das Interpellationsrecht) als auch die Möglichkeit, dafür zu sorgen, daß »die Öffentlichkeit und ihre Meinung, die hier mehrheitlich bestätigt ist, für das Vorgehen der Regierung richtungweisend wird«. Anders ausgedrückt war die politische Vorherrschaft des Parlaments die einzige Möglichkeit, das System der notwendigen Freiheitsrechte zu vollenden.

Selten wurde das Programm der Liberalen so konsequent vertreten. Ihre eigentliche Bedeutung bekam die Rede Thiers' dadurch, daß sie das allgemeine Wahlrecht akzeptierte. Thiers beendete seine Rede mit einer düsteren Prophezeiung: »Dieses Land, das heute gerade erwacht ist, dieses brodelnde Land, das seine Wünsche, kaum daß sie erwacht sind, ins Maßlose steigert, dieses Land, für das man heute um Nachsicht bittet, wird eines Tages vielleicht Forderungen stellen.«

Als Reaktion auf diesen Aufruf formierten sich zwei Lager. Morny bereitete ganz offen den Aufstieg Émile Olliviers vor. Er ernannte ihn zum Referenten für das Gesetz zur Versammlungsfreiheit und vertraute ihm im Januar 1865 an: »Es ist Zeit, Freiheit zu geben, damit man sie uns nicht wegnimmt.« Rouher und der Kaiser zogen indes eine abwartende Haltung vor. Rouher meinte im Januar 1864: »Der Kaiser hat den Thron nicht bestiegen, um dann nicht zu herrschen und die Macht den Machenschaften der Parlamentarier zu überlassen.« In seiner Ansprache 1865 erklärte Napoleon III.: »Frankreich verabscheut übertriebene Freiheit ebenso wie übertriebene Macht. Begnügen wir uns damit, jeden Tag einen neuen Stein auf das Gebäude zu setzen.« Er ernannte La Vallette, einen Freund Rouhers, zum Innenminister. Inzwischen spielte das Parlament in Mornys Vorstellungen von den unerläßlichen politischen Reformen eine immer wichtigere Rolle. Doch ist nicht sicher, ob sein Tod am 10. März 1865 den institutionellen Wandel der Regierung aufgehalten hat. Im Mai 1865 kam es zu einem schweren Zerwürfnis zwischen dem Prinzen Napoleon und seinem Onkel, als der Prinz in Ajaccio die totale Pressefreiheit und die absolute Ministerverantwortlichkeit befürwortete. Der Kaiser stellte ihn daraufhin in aller Öffentlichkeit bloß.

Tatsächlich zeigte sich Rouher Reformen gegenüber nicht so verschlossen, wie man gemeint hat. In einer Note aus dem Jahre 1865 erläuterte er dem Kaiser persönlich seine Vorstellungen. Er blieb der Ideologie des Appells an das Volk treu. Für ihn war die Politik des Kaisers vor allem »demokratisch und repräsentativ« und verkörperte daher den Willen des Volkes. Er stellte sich aber nicht systematisch gegen eine Öffnung des Regimes, nur sollte sie schrittweise erfolgen. 1869 schrieb er: »Ich habe das Recht zu sagen, daß diese Regierung so viel wie keine andere für die Freiheit getan hat, denn sie hat Ordnung, Autorität und Macht als diejenigen Punkte etabliert, von denen die Freiheit ihren Ausgang nehmen kann.« Im Aufkommen einer liberalen Opposition sah er die Manifestation einer bürgerlichen Fronde, die im Fall eines Erfolgs das Kaiserreich vom Volk trennen und damit eine revolutionäre Entwicklung riskieren würde. Denn für ihn waren die Liberalen unfähig, die Bewegung, die sie in Gang gebracht hatten, unter Kontrolle zu halten. Doch Rouhers Programm erwies sich als nicht praktikabel, und das Kaiserreich, das den Weg einer Liberalisierung eingeschlagen hatte, ließ am Ende eine Aussöhnung von Demokratie und Parlamentarismus zu, die für Rouher und sein wenig subtiles politisches Denken undenkbar gewesen war.

Im übrigen mußte die Regierung in der Praxis stets auf einen Wandel der öffentlichen Meinung Rücksicht nehmen: Für die Gemeindewahlen von 1865 stellten die Präfekten Listen auf, in denen neben überzeugten Bonapartisten auch eine Anzahl liberaler Notabeln auftauchten. Sie appellierten damit weitgehend an die jeweiligen »Interessen vor Ort«. Rouher wertete dies als ersten Schritt zu einer Änderung der Aufstellungsmodalitäten regimetreuer Kandidaten, wonach »die Benennung eines Kandidaten zum Deputierten künftig von der Bevölkerung selbst ausgehen sollte«. Die Regierung wartete die Ergebnisse der Wahlen ab, um die Bürgermeister zu nominieren, die innerhalb des Gemeinderats gewählt wurden. In einigen Departements stellte diese Wahl den Anfang zu einer echten Erneuerung der republikanischen Partei dar, die etwa im Departement Gard 200 von 3900 Sitzen errang. Gerade in den mittelgroßen Städten, wo die Patronage des Regimes nicht so wirksam war, erzielte sie die besten Ergebnisse.

Die Debatte über den Abänderungsantrag von 1866 ermöglichte es Émile Ollivier, sich in den Vordergrund zu schieben. Er verfaßte mit Buffets Zustimmung einen Antrag, in dem er den Kaiser aufforderte, »auf den großen Akt von 1860« eine Fortsetzung folgen zu lassen. Nachdem zunächst 45 Abgeordnete den Antrag unterschrieben hatten, erhielt er am 19. März 63 Stimmen. Walewski versuchte zwischen dem Kaiser und Ollivier zu vermitteln, doch letzterer überschätzte seinen Einfluß auf die dritte Partei, die ihre Ideen, auf dem Umweg über Buffet, letzten Endes von Thiers bezog. Schließlich schlug der Kaiser am 18. Juli 1866 nach Königgrätz eine Verfassungsänderung vor, welche die Kompetenzen der Legislative hinsichtlich Abänderungsanträgen geringfügig erweiterte.

Das Wiedererstarken des demokratischen Lebens auf lokaler Ebene, gegen das die kaiserlische Regierung auch nichts unternahm, gehörte zu den auffallendsten Erscheinungen der sechziger Jahre. Die Befugnisse der Departementversammlungen wurden sogar erweitert, vor allem auf dem Transportsektor durch das Gesetz von 1865 über die lokalen Eisenbahnlinien. Das Zulassungsrecht lag von nun ab beim Präfekten und beim Rat des Departements (die Anerkennung der Gemeinnützigkeit blieb weiterhin dem Staatsrat vorbehalten). 1866 wurden die »Generalräte« der Departements reformiert. Sie hatten nun das Recht, die Mitglieder ihres Amts zu ernennen, Anleihen abzuschließen und über Steuerzuschläge abzustimmen.

Damit war die Emanzipation der Departements, die 1864 begonnen worden war, abgeschlossen, die Macht und Unabhängigkeit der Notabeln gestärkt und damit dem Streben nach Dezentralisation entsprochen – eine der energischsten Forderungen der damaligen Liberalen. Seit der Veröffentlichung von Tocquevilles *»L'Ancien Régime et la Révolution«* (»Das Ancien régime und die Revolution«) im Jahre 1856 war dieses Thema dauernder Gesprächsgegenstand. Victor de Broglie hatte die Dezentralisation in seinen 1859 geschriebenen *»Vues sur le gouvernement de la France«* (»Ansichten über die Regierung Frankreichs«) wieder aufgegriffen, die sein Sohn Albert 1870 veröffentlichte. Darin rechtfertigte er die *conseils généraux.* Alle Führer der liberalen Union übernahmen dieses Thema, das in der Veröffentlichung des *»Programme de Nancy«* seinen wirkungsvollsten Niederschlag fand. Es war von angesehenen Notabeln der Region unterzeichnet worden, aber auch François Guizot, Montalembert, Jules Simon und Jules Ferry hatten ihm zugestimmt. Letzterer schrieb an die Liberalen in Lothringen: »Frankreich braucht eine schwache Regierung« und erklärte, daß man »die Macht der Präfekten in kleine Stücke aufteilen« müsse. Er sollte, wie wir noch sehen werden, nach 1870 seine Meinung rasch ändern.

WAS IST PARLAMENTARISMUS?

Die militärische Niederlage Österreichs hatte Napoleon III., wie bereits gezeigt, von der Notwendigkeit einer militärischen Neuorganisation überzeugt. Er war aber auf fast völlige Ablehnung gestoßen. Um das Militärgesetz durchzubringen, entschloß er sich im Januar 1867 zu großangelegten Reformen. Der Brief vom 19. Januar bildete den Schlußpunkt hinter einer Reihe von Intrigen, die seit dem November des Vorjahres in seiner Umgebung gesponnen wurden. Der Sinn der Verschwörung, die Graf Walewski angezettelt hatte, bestand darin, Émile Ollivier gegen Staatsminister Rouher zu unterstützen. Am 10. Januar empfing Napoleon Ollivier in geheimer Audienz und ließ eine mögliche Verständigung zwischen ihm und Rouher durchblicken. Am 17. Januar legte er seinen Reformplan im Ministerrat vor und forderte Rouher auf, sich mit Ollivier über eine Bewilligung des Interpellationsrechts und der Presse- und Versammlungsfreiheit zu verständigen. Alle anwesenden Minister stimmten gegen den kaiserlichen Reformplan. Am 19. Januar rief sie der Kaiser erneut zusammen, um ihnen ihre Entlassung mitzuteilen; gleichzeitig kündigte er die Veröffentlichung eines Briefes an Rouher im *»Moniteur universel«* an, in dem er die Reformen aufzählte, die er in Kraft setzen wollte. Das Recht der Aussprache in der Nationalversammlung nach der Thronrede wurde durch das Interpellationsrecht ersetzt. Darüber hinaus sollten sich die Minister bei bestimmten Entscheidungen persönlich vor beiden Häusern äußern, außerdem sollten weitere Gesetze über die Presse und das Versammlungsrecht folgen. Rouher war damit zwar nicht einverstanden, nahm aber sein Rücktrittsgesuch trotzdem zurück. So wurde die Durchführung der liberalen Reformen, die Ollivier ausgearbeitet hatte, autoritären Bonapartisten im Umkreis von Rouher überlassen. Walewski seinerseits hatte Morny als Präsidenten des *Corps législatif* abgelöst, mußte aber im März wieder zurücktreten, als er sich bei einem schweren

Zwischenfall im Senat gegen Rouher ausgesprochen hatte. Sein Nachfolger wurde Eugène Schneider. Doch der Zug in Richtung Parlamentarismus war nicht mehr aufzuhalten.

Innerhalb der Legislative zeichneten sich immer gegensätzlichere Strömungen ab. Viele aufrechte Bonapartisten verstanden den Sinn liberaler Reformen nicht. Sie scharten sich um Jérôme David – einen unehelichen Sohn von Prinz Jérôme, wie gemunkelt wurde – und nannten sich »Arkadier«. Gleichzeitig weitete Thiers seinen Einfluß aus und arbeitete an der Gründung einer großen liberal-konservativen Partei. Als Symbol für die Erneuerung parlamentarischer Freiheit konnte die Errichtung einer Rednertribüne im Beratungssaal der Legislative angesehen werden. Rouher hielt sich nur an den Buchstaben, aber nicht an den Geist der Reform, indem er dem neuen Interpellationsrecht eine eng begrenzte Auslegung gab: Eine Interpellation sollte nur durch »Übergang zur einfachen Tagesordnung« [*ordre du jour pur et simple*: Dabei handelt es sich um einen Parlamentsbeschluß zum Abschluß eines Interpellationsverfahrens, der den Übergang zur Tagesordnung ohne Abstimmung über die Regierungsvorlage vorsieht. D. Vlg.] oder durch Rückverweisung der betreffenden Vorlage an die Regierung beendet werden können. In einem Senatsbeschluß vom 14. März wurde für den Senat ein aufschiebendes, einjähriges Veto beschlossen. Der Kaiser schien mit der einen Hand zurückzunehmen, was er mit der anderen gegeben hatte.

An den Ereignissen des Jahres 1867 ließ sich die Entwicklung zur Ministerverantwortlichkeit klar verfolgen. Die Kampagne gegen Rouher wurde geführt, als ob er Premierminister sei. Am 12. Juli 1867 analysierte Ollivier in einer berühmt gewordenen Rede die Beziehungen zwischen dem Kaiserreich und Rouher. Ollivier schloß mit den Worten: »Er [Rouher] ist nicht, wie viele sagen, Premierminister, Majordomus oder Großwesir, sondern Vizekaiser ohne jede Verantwortlichkeit.« Um den Eindruck, den diese Rede hinterlassen hatte, wieder abzuschwächen, bekundete Napoleon III. in aller Öffentlichkeit sein Festhalten an Rouher, indem er ihm das Großkreuz der Ehrenlegion verlieh und ihm außerdem in einem Schreiben erneut seine Unterstützung zusagte. Louis Darimon kommentierte: »Der Brief des Kaisers an Rouher hat die Dinge wieder zurechtgerückt. Aber er bedeutet auch eine große Gefahr für Rouher (...) Er förderte die Verantwortung des Kaisers zutage. An dem Tag, an dem der Kaiser bemerkt, daß er seinen Minister zwar gedeckt, sich selbst aber eine Blöße gegeben und sich dabei so exponiert hat, daß sich Unzufriedenheit ausbreitet, in diesem Augenblick wird er Rouher fallenlassen.«

Zu Rouhers unvorsichtigen Äußerungen nach einer Rede Thiers' über die Affäre Mentana am 5. Dezember 1867 im *Corps législatif* schrieb Montalembert in einem Brief an Thiers: »Mit Ihnen bekamen wir wieder ein parlamentarisches System.« Dies stimmte in gewissem Sinne, aber die Legislative von 1867 konnte diese Aufgabe nicht erfüllen. Die Mehrheit der Bonapartisten mußte Gesetze verabschieden, die sie nicht billigte. Am 9. März 1868 wurde das Gesetz zur Pressefreiheit verabschiedet – nach fünfzehn Monaten dauernder Winkelzüge und dramatischer Zwischenfälle. Am 31. Januar erklärte Granier de Cassagnac, Mitglied der »Arkadier«: »Ich verlange, daß die Regierung das Dekret von 1852 beibehält und es weiterhin maßvoll anwendet. Dieses Regime hat Frankreich sechzehn Jahre lang geschützt; es ist erprobt und wird akzeptiert; es wird Frankreich weiterhin schützen.« Damit hatte er Erfolg, denn am nächsten Tag, dem 1. Februar, bat Baroche die Abgeordneten, bei der Abstimmung ihrer persönlichen Überzeugung zu folgen. Man war der Meinung, der Kaiser habe seinen Plan fallenlassen. Aber dies war nicht der Fall. Am 2. Februar wollten Rouher und Persigny den Kaiser im Ministerrat davon überzeugen, den Plan zunächst zu vertagen und ihn dann zu verwerfen. Aber Graf Walewski, Eugène Schneider und La Vallette hatten ihn umgestimmt, deshalb mußten Rouher und Vuitry gehen.

Da nun der Kaiser aber wußte, daß nur Rouher das Gesetz in der Legislative durchbringen konnte, bat er ihn eindringlich, dies zu tun. Rouher fiel ihm in die Arme und fuhr zum Palais Bourbon, um für ein Gesetz einzutreten, das er nicht billigte. Es wurde angenommen und am 11. Mai verkündet. Das Gesetz zur Versammlungsfreiheit wurde unter den gleichen Voraussetzungen verabschiedet: Eine Mehrheit wurde gezwungen, das Unannehmbare anzunehmen; eine Opposition stellte sich zimperlich bei einem Gesetz an, das ihr eigentlich als Mittel zum Sturz der Regierung dienen sollte; und eine Regierung wurde gezwungen, einen Kompromiß zu finden zwischen ihrem erklärten Willen zur Liberalisierung und dem Wunsch, nur ja keine allzu gefährlichen Zugeständnisse zu machen.

Die Opposition versuchte 1868, die Regierung mit den finanziellen Schwierigkeiten, die sich an die städtebaulichen Veränderungen von Paris knüpften, in Mißkredit zu bringen. Allein im Kaiserreich haben diese

Arbeiten etwa 2,5 Milliarden Francs verschlungen. Um diese Summe bezahlen zu können, hatte die Stadt 820 Millionen Francs freier Gelder zur Verfügung; der Ertrag aus dem Verkauf von Bauland und staatliche Subventionen hatten ihr weitere 1,38 Milliarden eingebracht. Dennoch mußten Anleihen ausgegeben werden: 1855 waren es 60 Millionen, 1860–1862 130 Millionen und 1865 270 Millionen, das heißt, insgesamt kamen 460 Millionen Francs auf diesem Wege zusammen. Allerdings fehlten immer noch 600 Millionen Francs, und die mußten aufgetrieben werden. Der Präfekt des Departements Seine, Baron d'Haussmann, konnte eine solche Summe nicht aufnehmen, denn die Legislative hätte seinen Antrag mit Sicherheit abgelehnt. Trotzdem wurden die Arbeiten nicht eingestellt, denn Haussmann nahm den Weg über eine Arbeitskasse, indem er »Anweisungsscheine« und Kommunalobligationen ausgab. 1868 waren so, größtenteils unter Mitwirkung des *Crédit foncier*, 500 Millionen »Anweisungen« ausgegeben und unautorisiert gehandelt worden. Léon Say hatte darauf schon 1865 hingewiesen, aber zum Politikum wurde die Angelegenheit erst 1867. Im November 1867 wurde der kurzfristige Kredit des *Crédit foncier* an die Stadt in Höhe von 398 Millionen Francs in einen langfristigen umgewandelt, der innerhalb von sechzig Jahren zurückbezahlt werden mußte.

Dazu benötigte man aber die Zustimmung der Legislative. Im April 1868 wurde die Angelegenheit in der Nationalversammlung debattiert. Jules Ferry veröffentlichte eine Reihe von Artikeln in *»Le Temps«* unter dem Titel *»Les Comptes fantastiques d'Haussmann«* (Wortspiel mit *»Les Contes fantastiques d'Hoffmann«* – »Hoffmanns Erzählungen«), die Haussmann zu Unrecht der Verschwendung öffentlicher Gelder bezichtigten. Um sicher zu gehen, daß die Legislative für die Fortsetzung der Arbeiten stimmen würde, mußte sich Haussmann zu der Erklärung verstehen, daß die Bauarbeiten bereits vollendet seien, obwohl das vor allem in den Außenbezirken noch gar nicht der Fall war. Erst im Februar 1869 fand die Debatte in der Legislative statt. Haussmann war zwar gerettet, aber er war in Ungnade gefallen und verlor seine Ämter im Januar 1870.

Die Wahlen vom 21. März 1869 schienen den Niedergang des kaiserlichen Regimes zu bestätigen. In der Vorbereitungsphase bediente man sich noch der Aufstellung offizieller Kandidaten, doch wurde sie wesentlich vorsichtiger gehandhabt. Die Regierung hatte ein Viertel der Wahlkreise von vornherein abgeschrieben, und viele Notabeln hatten auf die Unterstützung durch die Regierung verzichtet (in Paris gab es beispielsweise keinen einzigen offiziellen Kandidaten, und die Regierung trat auch nicht gegen die Kandidaten der beiden oppositionellen Dynastien an). Viele offizielle Kandidaten forderten von den Behörden eine gewisse Diskretion. Die Spaltung der Bonapartisten in Konservative und Liberale hatte ihre Ernennung eher mühsam gestaltet. Im Departement Nord mußte der frühere Direktor im Innenministerium und neue Präfekt Saint-Paul die Kandidatur seines ehemaligen Vorgesetzten, des Innenministers Pinard, unterstützen, der zu den Liberalen neigte. Saint-Paul kam dieser Aufgabe ohne große Begeisterung und mit noch weniger Eifer nach. Durch die Versöhnung zwischen Katholiken und Kaiserreich fand Pinard trotzdem in einigen Wahlkreisen erneut die Unterstützung des Klerus.

Das Regime hatte mit der Opposition an zwei Fronten zu kämpfen, denn die republikanisch-demokratische Partei war erstarkt und gleichzeitig in ein gemäßigtes und ein radikales Lager gespalten, das zunehmend von Gambetta dominiert wurde. In Paris lieferten sich die revolutionären Republikaner und »Jungradikalen« (Gambetta und Rochefort) heftige Kämpfe mit den Legalisten, den Veteranen von 1848 wie Carnot, Garnier-Pagès und Jules Favre. Gambetta stellte bei seiner Kandidatur in Belleville ein Programm vor, das zu einer Art »Charta« des Radikalismus wurde und uneingeschränkte Presse- und Versammlungsfreiheit, Trennung von Kirche und Staat, allgemeine Schulpflicht bei kostenlosem Unterricht an weltlich-staatlichen Lehranstalten, Abschaffung der stehenden Heere und die Ernennung aller öffentlichen Beamten durch Wahl forderte.

Die Wahlergebnisse in Paris sprachen für sich: Die offiziellen Kandidaten erhielten 77000, die oppositionellen 234000 Stimmen. Ein unbekannter Kandidat namens Bancel siegte über Ollivier, Gambetta über Carnot. Gemäßigte wie Adolphe Thiers, Jules Favre, Garnier-Pagès und A. Guéroult wurden erst im zweiten Anlauf gewählt, weil die Radikalen im ersten Durchgang so gut abgeschnitten hatten. Bei den Nachwahlen, die wegen der Mehrfachkandidaturen erforderlich wurden, schaffte auch ein Henri de Rochefort den Sprung ins Parlament. Stärker noch als 1863 hatte die republikanische Ideologie in den Städten Fuß gefaßt. Sie hatte auch schon die Kleinstädte erobert, von wo aus sie wiederum auf deren Umgebung ausstrahlte. Das Charakteristische der Wahlen von 1869 war das Wiedererstarken eines bäuerlichen Republikanismus vor allem im Südosten. In den meisten Wahlkreisen hatten die Republikaner genügend

Vernunft bewiesen, gemäßigte Kandidaten zu wählen. Die Opposition setzte sich im wesentlichen aus Liberalen und Unabhängigen zusammen, deren Ziele sich oft mit denen der »dritten Partei« deckten.

Die Wahlen brachten der Opposition einen starken Zuwachs an Wählerstimmen: Sie erhielt 40 Prozent der abgegebenen Stimmen (3,3 Millionen gegenüber 4,6 Millionen für das Regierungslager); 1863 waren es noch 25 Prozent gewesen. Von den insgesamt 292 oppositionellen Abgeordneten zählten 25 zu den radikal-revolutionären Republikanern; fünfzig Volksvertreter mußte man den gemäßigten, aber ebenso unerschütterlich oppositionellen Monarchisten zurechnen. Die Anhänger des autoritären Kaiserreichs hatten mit nur 92 Abgeordneten die Mehrheit verloren. Die Wahl war in doppelter Hinsicht bedeutsam, denn sie bewies den unaufhaltsamen Aufstieg der Republikaner, zeugte aber auch von zunehmender Stärke der liberalen Strömung, welche die dynastische Streitfrage überwand und eine Vereinigung der Parteien der Mitte andeutete.

Neben der Union der Liberalen, die in den Departements zwar die unterschiedlichsten Kandidaten aufgestellt hatte, sich aber einig wußte in dem Willen, die Ministerverantwortlichkeit vor dem Parlament in irgendeiner Form zu erreichen, hatte sich außerdem eine Gruppierung herausgebildet, die der »dritten Partei« nahestand und wie diese das Ende der personengebundenen Macht forderte. Thiers' künftige Mehrheit war im Begriff, sich zu konstituieren.

DER PARLAMENTARISMUS REGT SICH

Zu Beginn der neuen Sitzungsperiode am 9. Juli stellten 116 Abgeordnete eine Anfrage an die Regierung über die Notwendigkeit, »die Nation wirksamer und ausführlicher an der Behandlung öffentlicher Angelegenheiten teilhaben zu lassen, und zwar durch die Errichtung eines Ministeriums, das nur dem Kaiser und der Kammer verantwortlich sein sollte«. Zu den Unterzeichnenden zählte auch der Herzog von Mouchy, der durch seine Heirat mit Anna Murat zur kaiserlichen Familie gehörte. Der interessanteste Punkt in dieser Anfrage betraf die Gleichsetzung der Ziele des Parlaments mit »den Empfindungen der Nation«. Der Kaiser begriff, daß er Rouher fallenlassen mußte, wenn er die Anfrage abschmettern wollte. Am 12. Juli kündigte er den Abgeordneten seine Reformbereitschaft an und schlug eine Änderung der Verfassung vor, die der Versammlung einen größeren Machtspielraum zugestand. Der neue Senatsbeschluß wurde sofort im Senat verhandelt. Am 17. Juli wurde ein neues Kabinett vorgestellt, dessen Mitglieder aber nicht aus den 116 Parlamentariern ausgewählt wurden. Es war sozusagen ein Ministerium von Technikern (unter ihnen Forcade de La Roquette für das Finanzressort), aber Duruy gehörte ihm nicht mehr an, was eine Konzession an die Katholiken darstellte.

Die Debatte über die Verfassungsreform dauerte den ganzen Sommer über an; am 8. September 1869 wurde die Legislative auf Senatsbeschluß in die Versammlung einer konstitutionellen Monarchie umgewandelt, die Gesetzesinitiative besaß, den Haushalt je nach Ressort bewilligte und die Zolltarife genehmigte. Der Senat erhielt ebenfalls größere Rechte, indem er öffentliche Sitzungen abhalten durfte, Interpellations- und sogar ein Vetorecht bis zur nächsten Sitzung der ersten Kammer erhielt. Die Artikel über die Ministerverantwortlichkeit waren sehr vage formuliert, so als ob der Kaiser zögerte, den eingeschlagenen Weg zu Ende zu gehen. Es hieß dort, daß diejenigen, die aus den Reihen der Abgeordneten gewählt werden, »nur dem Kaiser unterstehen«, aber einzig und allein den Kammern »verantwortlich sind«. Handelte es sich dabei um eine strafrechtliche Verantwortlichkeit oder um echte politische und kollektive Verantwortung?

Im Herbst kam es in Paris zu Unruhen. Zuerst war für den 26. Oktober eine Demonstration geplant, denn der Kaiser hatte, als Reaktion auf die Anfrage mehrerer parlamentarischer Abgeordneter, eine Einberufung der Legislative für den 25. Oktober abgelehnt. Als Napoleon III. die Versammlung für den 29. November einberief, verzichteten die Republikaner auf ihre Kundgebung. Am 22. November mußte die Pariser Bevölkerung im Rahmen von Nachwahlen vier Abgeordnete wählen. Rochefort, der auch aufgestellt worden war, wurde von der Menge begeistert empfangen und erhielt sein Mandat mühelos. Zu diesem Zeitpunkt brach eine antiimperiale Pressekampagne aus, auf die Napoleon III., wie bereits erwähnt, ängstlich reagierte. Louis Girard spricht zu Recht von einem »Polittheater, das die Bürger der Hauptstadt immer mehr der Realität entfremdete«. Sie schienen zu meinen, sie könnten sich alles erlauben, da der gesunde Menschenverstand in den Provinzen auf jeden Fall siegen würde.

Das parlamentarische Spiel begann also am 29. November. Eine Gruppe der parlamentarischen Mitte von etwa 130 Abgeordneten sammelte die liberalen Bonapartisten um sich, sowohl die alten, die mit der Entwicklung dieses Regimes einverstanden waren, als auch die liberalen Konservativen, die sich ihm unter dem Eindruck seiner Liberalisierung angeschlossen hatten. Eine andere Gruppe des Zentrums eher orléanistischer Prägung unter Führung von Louis Buffet (1818–1898), einem Abgeordneten aus den Vogesen, fühlte sich ebenfalls sowohl dem konsequent praktizierten parlamentarischen System und gleichzeitig den Interessen der katholischen Kirche verpflichtet; zur Gruppe Buffets zählten auch Männer wie Keller und Plichon, der Abgeordnete aus dem Departement Nord. Bei Licht besehen, handelte es sich dabei um die ehemalige »dritte Partei«. Links von ihr standen etwa vierzig Republikaner, die späteren Anführer der gemäßigten Republikaner *(opportunistes);* unter ihnen ragten besonders Ferry und Gambetta heraus. Zur extremen Rechten gehörten etwa 80 Deputierte um Granier de Cassagnac (1806–1880), den Abgeordneten aus Gers. Die zwei Zentrumsgruppen waren entschlossen, ein echtes parlamentarisches System durchzusetzen, »die notwendige Form für die Regierung eines Landes durch das Land unter einer Monarchie«. Sie forderten die politische und kollektive Ministerverantwortlichkeit vor Senat und Abgeordnetenhaus, die Durchführung des Dezentralisierungsprogramms, die Lehrfreiheit an den Hochschulen und verlangten eine Untersuchung über die Auswirkungen des Handelsvertrags.

Seit Oktober stand der Kaiser in Verhandlungen mit Émile Ollivier, mit dem ihn von Anfang an aufrichtige Sympathie verband. Am 27. Dezember schrieb Napoleon an Ollivier: »Ich bitte Sie, mir die Personen zu benennen, die mit Ihnen ein homogenes Kabinett bilden können und die Mehrheit der Legislative repräsentieren.« Tatsächlich verzichtete er mit diesem Brief auf keinen Zipfel seiner Autorität und behielt sich selbst die Ernennung des Kriegs- und Marineministers vor; ein Ministerpräsident war nicht mehr vorgesehen. Der Kaiser hatte sich aber nicht wirklich dem Parlamentarismus verschrieben. Die Macht, die ihm das Volk übertragen hatte, stand in seinen Augen höher als die der Abgeordneten. Dennoch ließ es Ollivier an Eifer nicht fehlen, und er stellte ein Kabinett aus Männern des rechten Flügels des Zentrums zusammen, in dem aber auch Buffet und Napoléon Daru, ehemaliger Pair unter Louis-Philippe und Gegner des Staatsstreichs Napoleons am 2. Dezember 1851, vertreten waren. Letzterer schied später anläßlich des Plebiszits aus dem Kabinett. Die Minister blieben weiterhin dem Kaiser verantwortlich, der immerhin insofern seinen Part übernahm, als er den Vorsitz im Ministerrat führte und sich dem Votum der Mehrheit fügte. Thiers wies auf die Ministerbank und sagte: »Unsere Meinungen sitzen auf dieser Bank.« Prévost-Paradol wurde zum Botschafter in Washington ernannt und Ollivier in die Akademie gewählt. Befand sich der Bonapartismus auf dem Weg zum Orléanismus? Nicht wenige Orléanisten befürchteten es, denn ihr Programm verlor immer mehr an Substanz. Im Februar wurden drei Kommissionen ernannt; eine von ihnen sollte eine neue Verwaltungsordnung für Paris erarbeiten, eine zweite das Problem der Dezentralisierung erforschen und die dritte sollte die Basis für die Lehrfreiheit an den Hochschulen schaffen. Ebenfalls im Februar stellte die Linke die Frage nach den offiziellen Kandidaturen, die Ollivier im Prinzip am 26. Februar aufgab, ohne den Kaiser vorher konsultiert zu haben, worauf dieser prompt sein Mißfallen äußerte.

Die Arbeiten an der Verfassung wurden erneut in Angriff genommen. Der neue Text, der am 20. April veröffentlicht wurde, bereitete richtungsweisend die Zukunft vor. Er bestätigte nicht nur die Einführung eines zwiespältigen parlamentarischen Systems, das auf der doppelten Verantwortlichkeit der Minister vor Abgeordneten und Kaiser basierte; er wies zugleich dem Senat die Rolle der zweiten Kammer der Legislative zu, obwohl er dadurch seine verfassunggebende Macht verlor. Schließlich wurde in dem Entwurf ausdrücklich bekräftigt, daß »der Kaiser dem französischen Volk verantwortlich ist, an das er sich immer wenden kann«. In der Legislative kommentierte Jules Grévy diesen Satz folgendermaßen: »Die Volksabstimmung war noch nie ein ehrliches und echtes Mittel, um den Willen der Nation zum Ausdruck zu bringen«, eine Meinung, der sich die Orléanisten anschlossen. Doch Napoleon III. griff nach anfänglichem Zögern auf den Vorschlag Darus, aber auch Rouhers zurück, in dieser Form an das Volk zu appellieren. Denn im Frühjahr 1870 hatte sich die politische Atmosphäre nach dem Freispruch Prinz Pierre Bonapartes, der Victor Noir getötet hatte, verschlechtert. Eine wahre Lawine von Diffamierungen ergoß sich von seiten der Zeugen und Oppositionellen über die Familie Bonaparte.

Dieser Rückgriff auf das Plebiszit, auch wenn es um die weitere Entwicklung des Regimes ging, mißfiel den Auguren des Orléanismus.

Buffet reichte seinen Rücktritt ein; Daru, der doch eigentlich das Plebiszit inspiriert hatte, folgte ihm nach.

Zugegebenermaßen war die am 8. Mai gestellte Frage – wir sprachen schon davon – zweideutig: Bestätigte man das Regime oder akzeptierte man seine liberale Fortentwicklung? Die beiden Fragen, die innerhalb eines Satzes gestellt wurden, konnten nicht getrennt voneinander beantwortet werden. Die Führer der Orléanisten und Legitimisten gaben Anweisung, entweder Stimmenthaltung zu üben oder mit Nein zu stimmen; die große Mehrheit der Republikaner empfahl, den Entwurf abzulehnen. Die ersten Ergebnisse des Plebiszits aus Paris stimmten zwar nicht besonders hoffnungsvoll, aber sie waren nicht so vernichtend wie 1869, denn es wurden 184000 Nein- und 138000 Ja-Stimmen ausgezählt. Tatsächlich war die Volksabstimmung ein großer politischer Erfolg, eine schallende Ohrfeige für die Pariser Schreihälse. Erinnern wir uns an die früher erwähnten Zahlen, das heißt an die 7350000 Ja- und 1538000 Nein-Stimmen. Die Landbevölkerung hatte das Kaiserreich nicht im Stich gelassen, und dies war nicht nur, auch wenn es behauptet wurde, eine Frage des Wohlstands. Wenn auf dem Land auch vereinzelt Abhängigkeiten von den örtlichen Notabeln bestanden, so war dagegen doch ein zunehmender Wille zur Unabhängigkeit zu erkennen, der schon den bäuerlichen Radikalismus der republikanischen Komitees ahnen ließ. Außerdem wurde der Rat der monarchistischen Parteiführer, sich der Stimme zu enthalten, nicht befolgt; die meisten Bischöfe empfahlen, mit Ja zu stimmen. Der Widerstand gegen das Kaiserreich blieb auf die Städte beschränkt. Paris war nicht die einzige Stadt, die dagegen gestimmt hatte. Auch in Lyon, Marseille, Bordeaux, Lille, Montpellier und Saint-Étienne wurden zahlreiche Nein-Stimmen abgegeben, hauptsächlich republikanische.

Der Kaiser folgerte daraus, »daß wir mehr denn je ohne Angst in die Zukunft blicken müssen«. Die Republikaner spalteten sich; einige unter ihnen, darunter Ernest Picard, wollten eine republikanische Partei, die sich gegenüber den reumütigen Royalisten »öffnen« sollte, doch die Mehrheit strebte eine geschlossene Partei an. Das Kabinett Ollivier war durch das Plebiszit auf parlamentarischer Ebene geschwächt. Die Mitte, die zum Orléanismus neigte, schloß sich den Abtrünnigen Daru und Buffet an, während sich die Opposition der autoritären Bonapartisten gefestigt hatte. Ollivier brachte immer mehr Gersetzesvorhaben ein, die aber nicht über die Debatten in den Kommissionen hinauskamen, und versuchte es ansatzweise mit repressiver Politik. Er ließ das Anspielen der »Internationale« verbieten, als die Streikwelle gerade ihren Höhepunkt erreicht hatte. Die Schwäche des Kabinetts stand im krassen Gegensatz zum Erfolg des Plebiszits, doch die Krise des Sommers 1870 ist ohne diese Schwäche nicht zu begreifen. Die mangelnde politische Geschlossenheit, das fehlende Bewußtsein des Kaisers für seine Pflichten als konstitutioneller Monarch (er traf Entscheidungen, ohne Émile Ollivier vorher davon in Kenntnis zu setzen), die persönliche Rolle, die der neue Außenminister Graf Gramont (1819–1880) spielte, bewiesen nur, wie sehr das parlamentarische System noch in den Kinderschuhen steckte und daß dem Kabinett jene Homogenität vollkommen fehlte, die die wichtigste Voraussetzung für das Funktionieren eines solchen Systems darstellt. Angesichts der diplomatischen Krise hatten die Männer dieses Kabinetts ihren klaren Kopf verloren.

DIE EMSER DEPESCHE

Es ist belanglos, welche Intrigen Fürst Leopold von Hohenzollern-Sigmaringen zur Kandidatur für den spanischen Thron verhalfen; der Fürst gehörte übrigens nicht zur Linie des preußischen Königs, sondern war der Enkel einer Prinzessin Murat. Doch das Ereignis kam nicht unerwartet; es hatte 1869 mehrmals zur Debatte gestanden. Die Regierung und die öffentliche Meinung Frankreichs werteten es sofort als »Provokation«, wie es der französische Botschafter in Spanien formulierte. Dennoch reagierte das Kabinett so heftig, daß die Möglichkeit eines Krieges nicht ausgeschlossen schien. Bereits am 3. Juli schickte der seit einem Monat amtierende Außenminister Gramont, dessen Einstellung zu Preußen bekannt war, eine scharfe Protestnote nach Berlin, während Ollivier als Vizepräsident des Ministerrats beim preußischen Botschafter mit einem möglichen Krieg drohte. Doch in diesem Augenblick war dem Kaiser nach Frieden zumute, und so stimmte der Ministerrat, der sich in Saint-Cloud versammelt hatte, in diesem Sinne ab.

Am 5. Juli fing die französische Presse Feuer; nicht nur die bonapartistische, die am heftigsten reagierte, sondern auch ein Teil der liberalen

Blätter. A. Cochéry von der linken Mitte ließ verlauten, er beabsichtige eine Anfrage an die Regierung wegen der Kandidatur des Hohenzollern. Auf diese Weise wollte er sie zwingen, ihre Absichten offen darzulegen. Doch er erreichte nur das Gegenteil dessen, was er beabsichtigt hatte. Damit setzte das gefährliche Spiel der Erklärungen ein, welche die Ehre des Vaterlands in Frage stellten. Am 6. Juli kam der Ministerrat erneut in Saint-Cloud zusammen, um die Antwort auf Cochérys Anfrage fertigzustellen. Kriegsminister Marschall Lebœuf beruhigte seine Kollegen über den Zustand der Streitkräfte, worauf sich die Runde auf einen Schriftsatz einigte, der einem Ultimatum gleichkam. Der Herzog von Gramont verlas ihn vor der Legislative und erklärte, »die Regierung sei bereit, ihre Pflicht mutig und ohne Zögern zu erfüllen«.

Am 6. Juli legte der preußische König Wilhelm I. dem Vater des Thronanwärters, Fürst Karl-Anton von Hohenzollern-Sigmaringen, nahe, sein Sohn solle die Kandidatur zurückziehen. Doch Gramont verlangte von Graf Benedetti, dem französischen Botschafter in Berlin, er solle eine ausdrückliche Erklärung des Königs fordern, daß er die Einwilligung des Fürsten von Hohenzollern »nicht billige« und ihm »befehle«, seine Kandidatur zurückzunehmen. Frankreich forderte also nicht nur eine ausdrückliche Verurteilung der Kandidatur, sondern auch den Beleg, daß sie auf Befehl des Königs zurückgezogen wurde. Doch dieser weigerte sich, dem Druck nachzugeben. Damit schien ein Krieg unausweichlich. Indes wiederholte der König am 10. Juli seine Forderung noch einmal beim Vater des Kandidaten, und am 12. Juli kündigte Karl-Anton von Hohenzollern an, sein Sohn ziehe die Kandidatur zurück. Sobald Émile Ollivier die Nachricht erfahren hatte und noch bevor er offiziell vom französischen Botschafter in Berlin davon unterrichtet worden war, erklärte er in der Kammer: »Wir wollen den Frieden, wir lassen ihn uns nicht nehmen.« Er täuschte sich. Der Kaiser entschloß sich ein paar Stunden später in der Nacht vom 12. auf den 13. Juli, den preußischen König zu bitten, daß »er diese Kandidatur nicht erneut erlaube«. Dieser Gedanke war in der Legislative aufgekommen und von Gramont wieder aufgegriffen worden. Benedetti bekam die nötigen Anweisungen, aber Ollivier wurde nicht davon unterrichtet. Nach den Memoiren seiner Frau zu urteilen, wollte dieser deshalb zurücktreten, tat es aber aus Pflichtgefühl nicht. Marie-Thérèse Ollivier meinte, der Einfluß der Kaiserin habe bei dieser Entscheidung des Kaisers eine große Rolle gespielt.

Sie stand nicht allein mit ihrer Ansicht. Die Kaiserin handelte aus dynastischem Interesse und wurde darin von den Extremisten innerhalb der bonapartistischen Partei unterstützt, zu denen Jérôme David und Granier de Cassagnac gehörten. Der Sinneswandel des Kaisers wird überdies verständlich, wenn man die Schmerzen einer infektiösen Harnwegsentzündung berücksichtigt. Auch die Reaktion in der Öffentlichkeit hatte ihn sehr beeindruckt. Am 12. Juli um 15 Uhr hatte er, noch ehe er den Befürwortern eines Krieges folgte, einem Gesprächspartner gegenüber erklärt: »Das ist der Frieden (...), auch wenn die Franzosen eine andere Lösung lieber gesehen hätten.«

Die Kriegshetze in der Presse wurde jedoch immer schärfer. Die französischen Journalisten spielten so das Spiel Bismarcks, der Frankreich mit geradezu vollendeter Meisterschaft in den Krieg trieb. Der französische Historiker Pierre Renouvin schrieb dazu: »Der Wille eines einzigen Mannes lenkte das Geschehen.« Am Morgen des 13. Juli wurde der französische Botschafter endlich von Wilhelm I. empfangen, der es ablehnte, die geforderte Einwilligung zu geben, da die »Angelegenheit endgültig aus der Welt geschafft« sei. Den neuerlichen Anfragen Benedettis um Audienz wurde daher nicht stattgegeben, obwohl der Kaiser weiterhin bekräftigte, er stehe voll und ganz hinter der Verzichterklärung. Gleichzeitig richtete er an Bismarck eine Depesche, in der er die Fakten darlegte und ihm die Entscheidung überließ, »ob nicht die neue Forderung Benedettis und ihre Zurückweisung sogleich, sowohl unsern Gesandten, als in der Presse mitgetheilt werden sollte«.

Bismarck erhielt die Depesche Wilhelms I. am 13. Juli um 17 Uhr, als er selbst gerade an Rücktritt dachte, denn er hielt das Entgegenkommen des Königs gegenüber Frankreich für übertrieben. Zusammen mit Kriegsminister von Roon und Generalstabschef Hellmuth von Moltke, mit denen er zu Abend aß, fand er eine Möglichkeit, das Kriegsgeschrei neu zu entfachen. Er lieferte den Abgeordneten des Norddeutschen Bundes und der Presse einen Text, der das Schreiben des preußischen Königs so verkürzte, daß es die Franzosen empfindlich treffen mußte. Diese »Emser Depesche« war, wie man sieht, eine beabsichtigte Fälschung (Diese Einschätzung des Verfassers wird von vielen französischen Historikern, geschweige denn von deutschen, nicht geteilt; d. Vlg.); sie endete mit den Worten: »Seine Maj. der König hat es darauf abgelehnt, den Franz. Botschafter nochmals zu empfangen, und demselben durch den Adjutanten vom Dienst sagen lassen, daß S. Majestät dem Botschafter nichts weiter mitzutheilen habe.«

Am 14. Juli abends wurde der Text in Paris bekannt. Seine Worte waren gut gewählt: Vor der preußischen Botschaft kam es zu Straßendemonstrationen. Man sang die *»Marseillaise«* und den *»Chant des Girondins«*. Rufe wie »Es lebe der Kaiser!« und »Nieder mit Preußen!« wurden laut. Nach Ansicht des englischen Botschafters in Paris spielten diese Kundgebungen eine ausschlaggebende Rolle bei der Eskalation der Krise. Wohl in Gedanken an die bevorstehende Veröffentlichung der Depesche schrieb er am 14. Juli: »Es wird schwierig sein, den Zorn des Volkes in Grenzen zu halten.«

Die Regierung hatte sofort nach Kenntnisnahme der Depesche ihre Haltung geändert. Am 14. Juli um 18 Uhr hatte sie eine Beschwichtigungsformel gefunden, indem sie die Einberufung eines europäischen Kongresses zur Regelung der spanischen Frage forderte. Als er aber den Text Bismarcks geprüft hatte, geriet Gramont in Rage und ließ den Ministerrat nach Saint-Cloud einberufen. Dieser beschloß, Senat und Kammer am nächsten Tag den Text der Kriegserklärung zu unterbreiten, den die Legislative in ihrer Sitzung am 15. Juli auch annahm. Bei dieser Gelegenheit forderte Thiers, man solle ihm die zugefügte Beleidigung auch beweisen, denn er ahnte die Manipulation. Er gab zu bedenken, daß Frankreich vielleicht doch nicht so gut gerüstet sei, wie der Kriegsminister behauptete, der Zeitpunkt zum Losschlagen aber auf jeden Fall schlecht gewählt sei: »Ich erachte diesen Krieg für höchst unklug. (...) Mehr als jeder andere wünsche ich die Wiedergutmachung der Ereignisse von 1866, doch ich finde, der Zeitpunkt ist denkbar schlecht gewählt.« Ein Abgeordneter namens Birotteau rief dagegen: »Wenn man beleidigt wird, braucht man nicht zu überlegen!« Am Ende der Debatte fügte Thiers hinzu: »Man kann Kriege nicht mehr aus Lust und Laune vom Zaun brechen. (...) Die Weltöffentlichkeit muß hinter uns stehen, und wir sollten abwarten, bis Preußen sich weitere widerrechtliche Übergriffe erlaubt und uns die bedrohten Nationen und die Empörung der Welt als Verbündete liefert.« Thiers lehnte den Krieg also nicht prinzipiell ab, sondern hielt nur den Zeitpunkt vom diplomatischen (nicht aber vom militärischen) Standpunkt aus für ungünstig.

Die Regierungsvertreter Ollivier und Gramont traten mit Erklärungen vor, die ihre Zuversicht ausdrückten. Ollivier bekräftigte, daß er seine

Verantwortung »leichten Herzens« trage, Gramont hingegen drohte mit seinem Rücktritt, wenn die französische Volksvertretung die Beleidigung, die dem Kaiser und Frankreich zugefügt worden sei, hinnehme. J. Favre beantragte die Veröffentlichung der Depeschen, doch stimmten 159 Abgeordnete gegen und nur 84 für diesen Antrag. Die Legislative hatte also keine einmütige Zustimmung erteilt. Eine Kommission für Militärkredite wurde geschaffen, vor der Marschall Lebœuf die Mahnung aussprach: »Wir haben ein paar Tage Vorsprung, den wir nicht verschenken sollten!« Die Kommission nahm eine Untersuchung der Depeschen vor, doch unter Voraussetzungen, die keinerlei seriöse Analyse der Ereignisse zuließen. Bei seiner Rückkehr in die Sitzung erklärte Gambetta, daß er zwar weiterhin entschlossen sei, die Wahrheit herauszufinden, die Republikaner aber vor einer kriegerischen Auseinandersetzung nicht zurückscheuten.

EINE DEMÜTIGENDE NIEDERLAGE

Thiers' Äußerungen vor Ausbruch des Konflikts zielten viel eher auf die offensichtliche diplomatische Isolierung Frankreichs als auf die ungenügende militärische Vorbereitung, die niemand bekannt war. Die diplomatische Isolierung ergab sich aus den Verhandlungen, die dem Konflikt vorangegangen waren, aber auch aus den Umständen, die zu seinem Ausbruch führten. »Frankreich war politisch führungslos«, urteilt P. Renouvin über die damalige Situation. Die Verhandlungen Frankreichs mit Österreich und Italien brachten keine positiven Ergebnisse, obwohl Napoleon III. 1867 den österreichischen Kaiser in Salzburg getroffen hatte und der Gegenbesuch im Dezember des gleichen Jahres erfolgt war. Ein 1868 geplantes Dreierbündnis zwischen Frankreich, Österreich und Italien kam ebenfalls nicht zustande, weil Napoleon III. die italienische Forderung zurückwies, das französische Expeditionskorps aus Rom abzuziehen. Im Frühjahr 1870 wurde der Gedanke einer Allianz mit Österreich wieder aufgegriffen; es kam sogar zu Gesprächen zwischen den Generalstäben, doch war von vornherein klar, daß die französisch-österreichische Zusammenarbeit im Fall eines französisch-preußischen Krieges weder automatisch noch sofort erfolgen werde. Die Österreicher rechneten auf jeden Fall mit der Überlegenheit der französischen Armee, um eventuell selber einzugreifen.

Napoleon III. hatte nicht versucht, sich die Absichten der Österreicher genauer erläutern zu lassen, während die Briten zwischen 1867 und 1870 glaubten, den Plänen der Franzosen eher mißtrauen zu müssen als denen Preußens. Hatte nicht der Kaiser Interesse an Belgien gezeigt, als er die Eisenbahnlinien von Limburg durch die *Compagnie de l'Est* zurückkaufen ließ und bei dieser Gelegenheit unvorsichtige Äußerungen tat? Die britische Regierung schickte damals eine nachdrückliche Warnung an die französische Regierung, die daraufhin ihren Plan am 27. April 1869 unverzüglich fallenließ. Rußland war es vor allem darum zu tun, Österreich den Weg auf den Balkan zu versperren, und es unterzeichnete am 27. März 1868 ein Geheimabkommen mit Preußen, in dem es zusagte, in Galizien Truppen zu konzentrieren, um Österreich im Fall eines preußisch-französischen Krieges zu binden. So stand Frankreich bei Kriegsausbruch ohne jeden Verbündeten da.

Diese diplomatische Isolierung wurde durch die Umstände, die zum Ausbruch des Konflikts führten, bestätigt. Am 15. Juli forderte der Kaiser Italien und Österreich zur Intervention auf. Doch am 17. kündigte die russische Regierung an, sie beabsichtige den Vertrag von 1868 zu erfüllen, und lieferte Österreich damit die Rechtfertigung einer Nichteinmischung, zumindest zu diesem Zeitpunkt. Die österreichische Führung deutete eine mögliche Intervention im Winter an, vor allem aber erklärte sie, daß ihre Entscheidung vom Verhalten Italiens abhinge. Italien wiederum machte jeden weiteren Schritt von einer Reihe von Bedingungen abhängig, unter anderem vom Rückzug der französischen Truppen aus dem Vatikanstaat und von der Regelung des Schicksals dieses Staates entsprechend den »Wünschen und Interessen« Italiens. Als diese Bedingungen am 1. August bekannt wurden, lehnte die französische Regierung sofort ab, denn sie weigerte sich nach den Worten Gramonts, die »Ehre der Nation« am Tiber aufzugeben, obwohl sie doch am Rhein verteidigt werden mußte! Die große Mehrheit in der italienischen Führung lehnte jede Intervention ab. Ein paar Tage später, als die ersten Niederlagen Frankreichs bekannt wurden, bekannte Viktor Emmanuel: »Da bin ich mit einem blauen Auge davongekommen!«

Der französische Zusammenbruch kam unerwartet und war brutal. Das preußische Heer war nicht nur zahlenmäßig, sondern auch logistisch, taktisch und strategisch überlegen. Der Norddeutsche Bund hatte 1867 die preußische Militärordnung übernommen, das bedeutete drei Jahre Dienstverpflichtung, vier Jahre Reservedienst und fünf Jahre »Landwehr«. Zwischen 1867 und 1870 schlossen sich die süddeutschen Staaten an. Deutschland konnte 1870 somit 414000 Mann sofort verfügbarer Streitkräfte ins Feld schicken und zusätzlich vier Reservejahrgänge und die »Landwehr«.

In Frankreich bestand die aktive Armee nur aus 300000 Mann. Die Polizeitruppe war zwar laut Gesetz vom 1. Februar 1868 geplant, aber noch nicht aufgestellt worden. Die zahlenmäßige Unterlegenheit vergrößerte sich noch durch das Verfahren der Mobilmachung. In Deutschland ging man auf regionaler Basis vor, das heißt, die Mobilmachung erfolgte getrennt von den eigentlichen Aufmarschoperationen; dadurch war eine schnelle Integration der Reservetruppen in das stehende Heer sichergestellt. In Frankreich hingegen war die Mobilmachung national organisiert, mit allen überflüssigen Ortsveränderungen, die ein solches System mit sich brachte; die Integration der Reserve kam nur schleppend voran, und vor allem waren Mobilisierung und Aufmarsch nicht klar voneinander getrennt. Damit erklärten sich die langen Märsche der Soldaten auf der Suche nach ihrer Einheit während des gesamten Monats Juli. Die logistische Unterlegenheit äußerte sich am gravierendsten in dem Mangel an Verpflegung für die Soldaten, an Pferden und Ausrüstung. Dies lag teilweise an der mangelhaften Vorbereitung der französischen Eisenbahn auf diesen Krieg und daran, daß die Eisenbahner von heute auf morgen ihre Kompetenzen an Offiziere abtreten mußten, die auf ihre Aufgabe schlecht vorbereitet waren. Das ganze französische Eisenbahnwesen war desorganisiert. Noch schwerer aber wogen die Versäumnisse im logistischen Bereich. Das ging so weit, daß die Offiziere nicht einmal über die notwendigsten Landkarten verfügten.

Die taktische Überlegenheit des deutschen Heeres resultierte vor allem aus der Überlegenheit der deutschen Artillerie, der eine größere Anzahl von Kanonen mit höherer Reichweite zur Verfügung stand als den Franzosen. Das 1867 eingeführte Chassepot-Gewehr schoß wohl weiter als die Gewehre der Deutschen, doch konnten viele Soldaten nicht damit umgehen, und auch die Schlachtpläne waren nicht entsprechend modifiziert worden. Viele französische Generäle vertrauten auf die Wirkung der blanken Waffe wie Säbel oder Bajonett und rechneten mit der Tapferkeit des französischen Soldaten im Kampf Mann gegen Mann, der ihrer Meinung nach den Ausgang der Schlacht entscheiden würde. Auf strategischer Ebene sah die Lage auch nicht rosiger aus. Während der deutsche Generalstab ein Konzept für die Besetzung der französischen Hauptstadt ausgearbeitet hatte, das den konvergierenden Angriff dreier Armeen vorsah, wurde in Frankreich weder ein offensiver noch ein defensiver Plan je ernsthaft diskutiert. Die einzige Maßnahme bestand darin, die Streitkräfte entlang der französischen Grenze aufzustellen.

Der Aufmarsch seit dem 15. Juli erfolgte unter katastrophalen Voraussetzungen. Zu den bereits erwähnten Gründen kamen in letzter Minute noch Veränderungen in der Zusammensetzung der Einheiten. Am 28. Juli kam der schwer leidende Kaiser nach Metz, um den Oberbefehl über die Truppen zu übernehmen. Er fand zwei Heeresgruppen vor, die sich in Lothringen und im Elsaß formiert hatten. Zu diesem Zeitpunkt verfügte er lediglich über 235000 Mann und 60000 Pferde, die er entlang der Grenze verteilte, was sich später als Fehler erweisen sollte. Was bei einem Angriff auf Saarbrücken am 2. August zunächst nach einem Sieg der Franzosen aussah, entpuppte sich in Wirklichkeit als eine reine Aufklärungsoperation. Die Deutschen verfügten damals über 520000 Mann und 150000 Pferde, aus denen in Grenznähe drei Armeen gebildet wurden: die erste im Tal der Saar, die zweite im Gebiet von Mainz und die dritte bei Landau, letztere unter dem Oberkommando von Kronprinz Friedrich Wilhelm. Am 4. August 1870 wurde es ernst, als die deutschen Truppen nach einem mörderischen Kampf, bei dem 1521 Franzosen fielen, die Festung Weißenburg im nördlichen Elsaß einnahmen. Der Heldenmut der zahlenmäßig unterlegenen französischen Soldaten konnte die Überlegenheit der deutschen Artillerie nicht ausgleichen. Als der Kaiser seine Streitkräfte zu konzentrieren versuchte, störten die Deutschen diese Truppenbewegungen. Am 6. August kam es wiederum zu zwei blutigen Schlachten im Elsaß (Froschweiler und Wörth) und in Lothringen bei Forbach, wo der heldenhafte Widerstand einiger Einheiten wiederum von der deutschen Artillerie gebrochen wurde. Die Verluste von 20000 Mann wogen schwer, und der Rückzug erfolgte in größter Unordnung.

Die Niederlagen vom 6. August zogen als unmittelbare politische Folge den Sturz Olliviers am 9. August nach sich; ihm folgte ein Kabinett aus mehrheitlich überzeugten Bonapartisten. Außerdem entwickelte sich der zunächst rein dynastische Krieg zu einem nationalen Krieg. Am

7. August forderten die Abgeordneten der Linken die »Bewaffnung aller Bürger von Paris«, am Tag darauf die Bildung eines Verteidigungskomitees, das sich aus Pariser Abgeordneten zusammensetzen sollte. Am 9. schlugen republikanische Parlamentarier vor, die Macht einer Delegation der Versammlung zu übertragen. Die Mehrheit ließ Ollivier im Stich, der nach einem blamablen Mißtrauensantrag zurücktreten mußte, und ließ statt dessen durch die Kaiserin den General Cousin-Montauban, seit 1861 Graf von Palikao, so genannt nach der Ortschaft, wo 1860 die chinesische Armee kampflos zersprengt worden war, zum Nachfolger ernennen. Palikao war damals dreiundsechzig Jahre alt und ein alter Haudegen der algerischen Kriege. Er holte sich alle Minister mit einer Ausnahme aus den Reihen der orthodoxen Bonapartisten und versuchte, die Begeisterung der Massen zu mobilisieren. Durch das Gesetz vom 12. August wurde eine Massenaushebung angeordnet; in den Departements stellte er durch die Mobilisierung der Nationalgarde ein Kontingent von 140000 Mann zusammen.

Aber Palikaos Kabinett bekam die militärischen Operationen nicht in den Griff und beging mehrere schwerwiegende Fehler, während der Kaiser völlig unfähig schien, eine Entscheidung zu treffen und durchzusetzen. Seit dem 7. August befand sich die elsässische Armee auf dem Rückzug in Richtung Châlons und überließ die elsässischen und lothringischen Städte den deutschen Truppen. Am 14. wurde Nancy von vier preußischen Ulanen eingenommen. Nur drei Städte leisteten ernsthaft Widerstand: Bitche, Phalsburg und Straßburg. Alle Hoffnungen richteten sich so auf die Rheinarmee. Am 9. August vertraute der Kaiser die Leitung der militärischen Operationen General Bazaine an und ernannte ihn am 12. zum Generalissimus. Dieser Mann genoß in der Öffentlichkeit als Soldat großes Ansehen, doch auch er zeigte sich seiner Aufgabe nicht gewachsen. Der Kaiser hatte ihm zwar befohlen, sich ebenfalls nach Châlons zurückzuziehen, doch Bazaine scheute sich, diesem Befehl nachzukommen. Er meinte, daß durch den Rückzug auf eine Festung, die einen wesentlichen Teil der gegnerischen Truppen auf sich konzentriere und binde, sich der innere Widerstand organisieren lasse. Er verfügte immerhin über 178000 Mann, 40000 Pferde und 444 Geschütze. Nach den Kämpfen von Borny am 14. August (in denen er seinen Vorteil nicht zu nutzen verstand), Rezonville am 16. August, Saint-Privat und Gravelotte am 18. August ließ er sich allmählich in Metz einschließen.

Von da ab eröffneten sich nur noch zwei Auswege: Entweder zog sich Mac-Mahons Armee, die sich in Châlons gesammelt hatte, nach Paris zurück, oder sie entsetzte Bazaine. Die erste Lösung stammte von General Trochu (1815–1896), der am 17. August zum Gouverneur von Paris ernannt worden war. In der Vorstellung des Kaisers hätte dieser Beschluß die eigene Rückkehr nach Paris nach sich gezogen, doch Palikao und die Kaiserin wollten von einer Rückkehr des Kaisers in die Hauptstadt ebensowenig wissen wie von einem Rückzug der Armee auf Paris. Napoleon III. änderte daraufhin seine Meinung oder genauer gesagt, er fügte sich in einen Plan, den er zuvor abgelehnt hatte. Mac-Mahon marschierte also zuerst in Richtung Reims und schwenkte dann nach Norden, wo er hoffte, auf Bazaine zu stoßen. Dieser hatte nämlich verlauten lassen, er rechne damit, sich nach Montmédy durchkämpfen zu können, um sich dann nach Châlons zurückzuziehen.

Auf der anderen Seite plante General Moltke, der Generalstabschef der deutschen Truppen, seit dem 26. August eine Umzingelung der französischen Armee, die sich auch prompt in die Falle locken ließ. Am 31. August sammelte sich Mac-Mahons Armee auf dem rechten Maasufer östlich von Sedan. Der Marschall hoffte dort neue Kräfte zu sammeln, um sodann seinen Marsch fortzusetzen. Für den gleichen Tag hatten jedoch die Deutschen ihre Vorkehrungen getroffen, um die französische Armee einzukesseln. In der Schlacht traf, wie in allen vorhergehenden auch, der verzweifelte Mut der französischen Truppen auf die furchtbare Feuerkraft der deutschen Artillerie.

Mac-Mahon wurde um 6 Uhr verwundet und zuerst von General Ducrot und später von General Felix Wimpffen ersetzt, die einander widersprechende Befehle ausgaben. Um 17 Uhr ließ der Kaiser die weiße Fahne hissen. Die Kapitulation wurde am Morgen des 2. September 1870 unterzeichnet. Dem Sieger fielen 83 000 Mann in die Hände; 3000 Tote und 14 000 Verwundete waren zu beklagen, und 21 000 Soldaten wurden während der Schlacht gefangengenommen. Am 3. September traf Napoleon III. mit dem preußischen König zusammen, der bei dieser Begegnung seine Überzeugung äußerte, daß der Kaiser diesen Krieg nicht gewollt habe. Napoleon III. antwortete: »Sie haben vollkommen recht, aber die öffentliche Meinung hat mich dazu gezwungen.« Worauf der König hinzufügte: »Ja, die öffentliche Meinung, die vom Kabinett gezwungen wurde.« Das Schicksal des Kaiserreichs war damit besiegelt.

DIE LEGALITÄT WIRD GEWAHRT

In Paris gab es im August drei Gruppen, die sich der Regierung Palikao widersetzten: die Gruppe der Revolutionäre, die durch den kläglich gescheiterten Versuch Blanquis am 14. August, die Feuerwehr in La Villette zu stürmen, auf sich aufmerksam gemacht hatte; die parlamentarische Opposition mit dem ständig wachsenden Einfluß Thiers', auf den sich alle Blicke richteten; und schließlich die Opposition um General Trochu, der seinen eigenen Weg ging und am 17. August ein Verteidigungskomitee unter seinem Vorsitz gründete. Die Nationalversammlung entsandte vier Abgeordnete dorthin, darunter Thiers, der erst angenommen hatte, nachdem ihn seine Kollegen ausdrücklich darum gebeten hatten.

In diese spannungsgeladene Atmosphäre platzte die Nachricht der Katastrophe von Sedan. In ihrer Ohnmacht rief die Regierung die Legislative für den Mittag des 4. September zusammen, während Eugène Schneider eine Mitternachtssitzung anberaumte, die nur zwanzig Minuten dauerte, nachdem die 27 republikanischen Abgeordneten tatsächlich die Absetzung des Kaisers verlangt hatten. Sarcey beschrieb die Lage in Paris am Morgen des 4. September: »In allen Gesichtern stand die Freude, man plauderte, man lachte. Kein ordinärer Lärm, sondern eine ansteckend spritzige Fröhlichkeit. Man schüttelte sich die Hände, jeder beglückwünschte den anderen, alle machten Witze.«

Diese seltsame Atmosphäre nach einem solchen Debakel bestätigen auch andere Zeugen! Republikanisch gesinnte Handwerker entfernten den Buchstaben N von den Läden der Hoflieferanten, die Cafés waren überfüllt. Die Pariser zweifelten nicht, daß die Republik ausgerufen werde und der Krieg damit zu Ende sei!

In den Tuilerien führte die Kaiserin um neun Uhr den Vorsitz in der letzten Staatsratsitzung. Nach ihrem Zornesausbruch am Tag zuvor hatte sie sich wieder gefaßt und erklärte, eine Absetzung sei einem Machtverzicht vorzuziehen. Das Problem bestand für die Legislative nun darin, eine schriftliche Formulierung dafür zu finden. Nachdem die meisten Abgeordneten das Wort »Absetzung« vermeiden wollten, war es wieder einmal Thiers, der mit seinem Vorschlag die Lösung fand mit der Formulierung »in Anbetracht der Machtvakanz«, die dann »in Anbetracht der Umstände« abgewandelt wurde. Die Ausarbeitung der Textfassung wurde den Büros überlassen, aber die Republikaner forderten noch immer die Absetzung des Kaisers. Doch es war zu spät: Die Menge war in das Palais Bourbon eingedrungen, und Präsident Schneider mußte seinen Stuhl räumen. Jules Favre machte den klugen Vorschlag, die Republik im Rathaus von Paris zu proklamieren: »Folgt mir, ich gehe euch voran.« Die Zeremonie der Revolution hatte ihren Regisseur gefunden. Gambetta war der Menge im Rathaus zuvorgekommen. Einige altgediente Revolutionäre wollten eine Liste zusammenstellen, die Namen wie Delescluze, Flourens und Blanqui enthalten sollte. Man hielt ihnen die Liste der Pariser Abgeordneten aus dem Jahre 1869 entgegen, einschließlich derjenigen, die in einer anderen Stadt kandidiert hatten. Währenddessen fand im Speisesaal der Kammer eine Zusammenkunft unter dem Vorsitz von Thiers statt, weil die Eingänge zum Sitzungssaal versiegelt worden waren. Thiers sagte: »Wir müssen schweigen und hoffen und der Geschichte die Beurteilung überlassen.« Die Legislative sprach sich weder für noch gegen den Staatsstreich aus. Das *»Journal officiel«* vom 5. September verkündete, daß die Kammer aufgelöst und der Senat abgeschafft worden sei. Faktisch war die juristische Kontinuität jedoch dadurch gesichert, daß sich die republikanischen Führer als verantwortungsbewußte Staatsmänner erwiesen. Die Gründung der Republik am 4. September geschah dann auch in diesem Geist.

Die Niederlage von 1870 ist in erster Linie der französischen Generalität zuzuschreiben, die weder eine Vorstellung von den strategischen und logistischen Erfordernissen einer modernen Kriegsführung besaß noch von den entsprechenden Folgerungen für die Rekrutierung und die Aufstellung von Reserven. Zwar teilte der Kaiser diese Verblendung nicht, aber seine Pläne scheiterten an der Resignation und Verzagtheit, die Vertreter aller Parteien und sozialen Schichten an den Tag legten. Sämtliche politischen Gruppierungen fanden sich in einer verblendeten und defaitistischen Politik zusammen. Kriegsangst und Haß auf das Kaiserreich führten zu Versäumnissen bei der Vorbereitung und schließlich zur Niederlage. Die Blindheit der Generäle fand ihre Entsprechung in der Unverantwortlichkeit der handelnden Minister.

Konnten die Republikaner nach der Niederlage ihre Vorstellungen durchsetzen? »Ich beantrage«, hatte einst Allain Targé, ein Freund Gambettas, in der Nationalversammlung gesagt, »die Aufhebung des stehenden Heeres und die militärische Organisation von drei Millionen Menschen, die da, wo sie leben, im Umgang mit Waffen unterwiesen wurden (...) Frankreich soll abrüsten, vorher aber muß die Republik ausgerufen werden. (...) Das Ergebnis wird der Fall der preußischen Vormachtstellung sein; es wird sicher eine deutsche Einheit geben, aber es wird eine föderale, demokratische und friedliche Einigung sein.« Auch Gambetta hatte in seinem Programm die Aufhebung der stehenden Heere gefordert. Doch die Ausrufung der Republik änderte Deutschlands Absichten nicht, wie man gehofft hatte; sie zwang vielmehr zu einer *»levée en masse«*, wie sie übrigens auch schon im Kaiserreich beschlossen worden war. Die Lektion der militärischen Niederlage war hart. Man mußte nach den Worten Jules Ferrys auf »die gefährlichen und trügerischen Utopien« verzichten. Auch die Republikaner, die durch »die Ereignisse bekehrt« worden waren, mußten dem Militärgesetz von 1872, das eine Verstärkung des stehenden Heeres vorsah, zustimmen und später, in den Jahren 1885, 1905 und 1913, dieses Heer mit der Idee der *»levée en masse«* in Einklang bringen, indem sie eine echte allgemeine Wehrpflicht einführten. Die Ereignisse zwischen dem 4. September 1870 und dem Waffenstillstand von 1871 sind also für das weitere Verständnis der französischen Geschichte von größter Bedeutung.

ZWEITER TEIL

Die neue Republik – kaum gegründet, schon umstritten 1870–1899

Die Republik wurde am 4. September 1870 ausgerufen und seither nie wieder in Frage gestellt.

Von einem Tag auf den andern galten nun nicht mehr die Gesetze der Monarchie, sondern die der Republik. Die Gegner der Republik galten jetzt als Unruhestifter, um so mehr als das neue Regime mit der Unterdrückung der Kommune bewiesen hatte, daß es die Ordnung mit allen Mitteln aufrechtzuerhalten verstand. Keine Monarchie hatte je ein solches Blutbad angerichtet. Dennoch bestand die neue Nationalversammlung, die im Februar 1871 gewählt wurde, mehrheitlich aus Monarchisten. Da sie sich aber nicht auf den Namen eines Kandidaten einigen konnten, wurde die Republik ein zweites Mal gegründet. Diese Gründung, die einige als provisorisch betrachteten, wurde jedoch durch den Wähler in direkten allgemeinen Wahlen und auch durch die indirekte Stimmabgabe auf lokaler Ebene bestätigt. Die Versammlung hatte nämlich einen Senat eingesetzt; drei Viertel seiner Mitglieder (225 von 300) wurden durch lokale Abgeordnete gewählt. In dieser Versammlung von 1879 hatten die Republikaner seit 1879 die Mehrheit.

Die Basis des neuen republikanischen Konsenses bestand in der Aufrechterhaltung der gesellschaftlichen Ordnung, der Gründung eines säkularen Staates und einer von jeglicher Bevormundung durch die Kirche befreiten Gesellschaft sowie in der Wahrung der französischen Großmachtstellung nach der Niederlage. Dabei stellte die Armee eine wichtige Stütze dar: Sie war die heilige Arche, die von der republikanischen Säuberungsaktion kaum berührt wurde. Die Verwirklichung dieses Vorhabens wurde durch die schwere wirtschaftliche und damit auch gesellschaftliche Krise erschwert, die Frankreich heimsuchte und in den achtziger Jahren ihren Höhepunkt erreichte. Gleichzeitig wurde die anfängliche Übereinstimmung in Frage gestellt; die Republik wurde von einer revolutionären

Welle erfaßt, die auch die Gewerkschaften durchdrang und dadurch um so bedrohlicher schien. Andererseits wurde die Republik von einer nationalistischen Welle erfaßt, die ihr Verrat an den vaterländischen Idealen vorwarf, die sie doch treuhänderisch zu verwalten hatte. Darüber hinaus bezweifelte die Generation der »Dekadenten« der achtziger Jahre alle ursprünglich positivistischen Werte des anfänglichen Konsenses. Angesichts dieser Voraussetzungen und Bedrohungen bedeutete es für die Republik eine große Versuchung, das Bündnisangebot der katholischen Feinde von gestern anzunehmen, die sie von nun an an ihrer Seite wußte. Eben darin, daß es mit ihrer Hilfe gelang, das republikanische Gleichgewicht jenseits von antiklerikalen Emotionen zu bestimmen, lag die Bedeutung der fortschrittlichen Gesinnung der neunziger Jahre. Doch als dieser Fortschrittsglaube scheiterte, erlebte die Republik wieder den Rückfall in einen Religionskrieg – wenn auch nur vorübergehend, denn am Ende erwies sich die fortschrittliche Lösung als die Lösung der Zukunft.

KAPITEL I

Die zweite Niederlage

DIE DIKTATUR

In der Übergangsregierung übernahm Jules Favre das Amt des Außenministers. Er erklärte: »Wir weichen keinen Zoll von unserem Territorium und unseren Bastionen zurück«, während Bismarck zu diesem Zeitpunkt schon einen neuen Grenzverlauf ausarbeiten ließ, einen Generalgouverneur für das merklich vergrößerte Elsaß ernannt hatte und die deutschen Truppen weiter vorrückten. Die Franzosen hatten dem nur die Tapferkeit einzelner Partisanen entgegenzusetzen, die jedoch völlig wirkungslos agierten. Die heroische Legende vom französischen Vaterland wurde um neue Episoden bereichert, die den Franzosen eine unerschöpfliche Quelle für neue Mythenbildungen lieferten. Angesichts der unerbittlichen Kriegsmaschinerie der Preußen konnten die französischen Soldaten und Partisanen nur ihren persönlichen Mut und ihre individuelle Tapferkeit in die Waagschale werfen. In ihrem »Tagebuch einer Reisenden während des Krieges« schrieb George Sand: »Gerade dieser Krieg ist brutal, gefühllos, uneinsichtig, herzlos. Er ist ein Hin und Her von mehr oder weniger vielen Geschossen mit mehr oder weniger großer Reichweite, der das Individuum lähmt; Gewissen und Willen eines Soldaten zählen nichts. Es gibt keine Helden mehr, nur noch Kanonenfutter.« Diese Zeilen stehen für die tiefe Kluft zwischen Reden und Wirklichkeit in den Wochen nach dem 4. September 1870. Die Pazifisten von gestern hatten sich plötzlich in fanatische Kriegshetzer verwandelt, beriefen sich auf eine Ideologie der *»levée en masse«* und verteidigten den persönlichen Einsatz jedes einzelnen, aber beides zeitigte nur vorübergehend Erfolg.

Natürlich gab es Menschen, die den Frieden wollten. Am 12. September appellierte Jules Favre an die Großmächte und am 19./20. September traf er sich mit Bismarck. Favre gelang es, Bismarcks Interesse an einem möglichen Waffenstillstand als Vorbereitung zu allgemeinen Wahlen zu wecken, aber Bismarck stellte mit der Übergabe von Straßburg und der Besetzung des Mont-Valérien in Paris unannehmbare Bedingungen. Mehrere Generationen von Historikern haben dieses Treffen ganz ernsthaft als Ansatz zu einer stillschweigenden Komplizenschaft im Klassenkampf zwischen den beiden Staatsmännern interpretiert. Tatsächlich weckte die Besorgnis über die Zunahme revolutionärer Tendenzen bei manchen gemäßigten Republikanern den Wunsch, die Wahlen und den Friedensschluß vorzuziehen. Am 12. September machte sich Thiers auf eine lange Friedensreise durch Europa. Vom 12. bis zum 18. September hielt er sich in London auf, am 24. September besuchte er Wien, am 27. September weilte er in St. Petersburg und am 12. Oktober in Florenz. Aber Thiers hatte sich über das Ergebnis seiner Reise, vor allem über die russischen Absichten, falschen Vorstellungen hingegeben, denn der Zar hatte lediglich sein Einwirken auf Bismarck zugesagt, damit Thiers einen Passierschein für weitere Verhandlungen mit diesem erhielt. Das russische Trugbild hatte Thiers bei seiner Rückkehr nach Tours am 21. Oktober die Vorstöße der Briten, die bei beiden kriegführenden Staaten vorstellig werden wollten, übersehen lassen. Am 14. Oktober erklärte Bismarck einem Emissär Bazaines, Thiers habe »eine erbärmliche Rolle« gespielt. Eine Begegnung zwischen den beiden Staatsmännern fand vom 1. bis zum 5. November in Versailles statt. Metz hatte sich kurz zuvor ergeben, und die Pariser Bevölkerung bestätigte bei ihrer Abstimmung die Regierung der »Nationalen Verteidigung«. Thiers erreichte keinerlei Zugeständnisse, nicht einmal den ungehinderten Verpflegungsnachschub für die Pariser Bevölkerung.

Widerstand und Krieg wurden durch diese Mißerfolge wieder angeheizt. Im Oktober hatten sich die politischen und militärischen Unglücksschläge gehäuft. In Paris hatte General Trochu zunächst alle Anstalten zur Abwehr eines preußischen Angriffs getroffen, während sich die Pariser Bevölkerung auf den Widerstand vorbereitete. Die Aushebung der Nationalgarde ließ den Traum vom Appell an das Volk und von der Bürgermiliz Wirklichkeit werden. Ein Dekret vom 12. September versprach 30 Sous Sold. Trochu glaubte, die letzte Phase des Widerstands würde sich auf der

Place Vendôme abspielen. Doch die Preußen griffen nicht an, und am 19. September war der Ring um Paris geschlossen! Trochu hatte die äußeren Befestigungen, abgesehen von den alten Forts, räumen lassen. Er wußte, wie er zugeben mußte, keine Taktik und keine Strategie gegen die Einschließung.

Die Regierung der Nationalen Verteidigung hatte beschlossen, in Paris auszuharren, während drei ihrer Mitglieder nach Tours geschickt wurden. Doch in Paris wie auch in der Provinz formierten sich daneben andere Kräfte, die es als ihre Aufgabe betrachteten, das gefährdete Vaterland zu organisieren. In dieser Situation entstand die Ideologie der Kommune. Am 5. September 1870 konstituierte sich auf Initiative der Internationalen das »Zentralkomitee der zwanzig Arrondissements«. Es tagte am 11. zum ersten Mal und krönte damit das Werk der Lokalkomitees. Es ging nicht darum, die Regierung der Nationalen Verteidigung zu ersetzen, sondern sie »anzuspornen«, indem man »wachsam« blieb. Bereits am 15. September wurde das erste Manifest veröffentlicht, das zur *»levée en masse«* aufrief und die Bewaffnung der Zivilbevölkerung forderte. Man sprach auch von Beschlagnahmung und Enteignung sowie von Delegierten mit Sondervollmachten, die in die Provinz geschickt werden sollten. All das waren nur Reminiszenzen an den »Wohlfahrtsausschuß« der Revolution, weit zurückliegende Erinnerungen, die durch die kollektive Erinnerung noch vergrößert wurden und die nicht dazu angetan waren, das Bürgertum zu beruhigen. Das Zentralkomitee verlangte sofortige Gemeindewahlen. Diese Forderung zielte darauf ab, mit der Übergangsregierung, die Paris ertragen mußte, zu brechen. Die Regierung gab sofort nach, und so wurden die Wahlen auf den 28. September festgelegt. Am 22. jedoch veröffentlichte das Komitee ein Manifest, das schon wesentlich revolutionärer klang als das vom 15. September, denn es brachte das »Wohl Frankreichs« in Verbindung mit dem »Sieg der europäischen Revolution«. Das Mittel zur Verwirklichung der beiden Ziele war die »souveräne Kommune, die auf revolutionärer Basis den Feind besiegt« und anschließend die »Regierung der Bürger durch sie selbst« erleichtern sollte.

Wie man sieht, glaubte das Komitee an die revolutionäre Tat als Instrument des Sieges. Am 24. September beschloß die Regierung, die Wahlen zu verschieben. Am 8. Oktober veröffentlichte das Zentralkomitee als Reaktion auf diese Maßnahme eine Schrift, die im Sinne Proudhons und seiner Ideologie den Forderungen der Kommune einen neuen Sinn verlieh, nämlich den, den Proudhon selbst gemeint hatte, als er 1864 schrieb, daß die »Kommune das Recht hat, sich selbst zu verwalten und selbst zu regieren«. Die Aktivisten von 1870 wollten diese Worte in die Praxis ummünzen, indem sie die Vorstellung der »Sansculotten« von einer direkten Regierung mit Proudhons Ideal vom freien Bürger in einer freien Gemeinde verknüpften. Im Verlauf des Oktober gesellte sich zu diesen beiden Tendenzen noch eine dritte hinzu: die der Blanquisten. Ihnen schwebte eine Kommune vor, die, nicht gewählt, »wie Lava nach einer gewaltigen Explosion aus dem Vulkan sprüht«.

Im Südosten kam es nach dem 4. September zu einer gleichermaßen kommunalistischen und föderativen Bewegung. Es wurden Komitees zur öffentlichen Wohlfahrt und zur allgemeinen Sicherheit gegründet sowie Verteidigungskomitees, die militärische Fragen lösen sollten. In Lyon sammelten sich in diesen Komitees um Henon – einem der »Fünf« von 1857 – revolutionäre und radikale republikanische Kräfte. Eine Proklamation in Lyon vom 8. September kennzeichnete den Charakter dieser Bewegung: »Die Verwaltungsmaschinerie muß vernichtet werden!« Diese Komitees nahmen beim Militär und in der Zivilbevölkerung Säuberungsaktionen vor, was die Emissäre Gambettas geschehen ließen. Sie protestierten auch nicht gegen die Aushebung von Freiwilligen, deren Eingliederung in die Heeresverbände keineswegs problemlos verlief. In der Praxis durfte man davon ausgehen, daß es Gambetta von Anfang an gelungen war, die Bewegung indirekt zu kontrollieren und zu überwachen.

Die Bewegung der Städte und Gemeinden bekam ab September einen föderativen Zug. Am 18. September wurde in Anwesenheit von Delegierten aus dreizehn Departements des französischen Südostens die »Ligue du Midi zur Verteidigung der Republik« in Marseille gegründet. Ihr Programm sah 30 Millionen Francs Steuerabgaben für wohlhabende Franzosen vor, die Konfiszierung des Eigentums von Verrätern und die Trennung von Staat und Kirche. Kurz, man beabsichtigte zunächst eine Säuberungsaktion zur »Rettung Frankreichs«. Gambetta dachte nicht daran, die »Liga« zu verurteilen, sondern rief ihren Vorstand Gent, der bereits 1850 eine »Ligue du Midi« organisiert hatte, zu sich nach Tours. »Damit«, schreibt Jeanne Gaillard, »war die Liga in die nationalen Verteidigungsanstrengungen integriert.« Am 28. September versuchte man in Lyon, die am 15. und 16. September gewählten radikalen Gemeinderäte gewaltsam zu stürzen. Die Kommune wurde ausgerufen und Cluseret (1823–1900), ein ehemaliger Gefährte Garibaldis, zum Oberbefehlshaber ernannt.

Zweifellos hatte der russische Revolutionär Bakunin, der Mitte September in Lyon eintraf, die Bewegung mit beeinflußt. Doch ging der Aufstand in der Masse der gemäßigten Nationalgarden unter. Präfekt Challemel-Lacour, ein Anhänger Gambettas, wies Cluseret und Bakunin aus der Stadt, die daraufhin beide nach Marseille weiterreisten. Im Laufe des Oktober spitzte sich das Verhältnis zwischen der »Liga« und Gambetta zu. Die »Liga« ergriff nämlich Maßnahmen, die den Anordnungen aus Tours zuwiderliefen und die nationale Einigung zu zerstörem drohten. Zwischen dem 20. und 31. Oktober schien der Bruch perfekt, doch am 2. November ernannte Gambetta Gent zum Präfekten von Marseille. Er wurde mit Gewehrschüssen empfangen, von der radikalen Partei der Kommune aber unterstützt. Danach bekam man die Angelegenheit wieder in den Griff: Am 13. November fanden Wahlen statt, die mehrheitlich Anhänger Gambettas in den Stadtrat brachten. Am 27. Dezember wurde die »Liga« aufgelöst.

DER STRATEGE GAMBETTA UND DER DIPLOMAT THIERS

Inzwischen nahmen die militärischen Ereignisse eine besorgniserregende Wendung. Während sich im Osten Freikorps gebildet hatten, mußte man Rekruten für die im August beschlossene *»levée en masse«* auftreiben, damit sie für die Delegation aus Tours zur Verfügung standen. Im Augenblick trafen jedoch nur Meldungen von immer neuen Niederlagen ein; Straßburg ergab sich am 28. September, Épinal wurde am 12. Oktober besetzt, und Orléans fiel am 11. Daraufhin setzte Gambetta unverzüglich General de La Motte-Rouge (1804–1883) ab, der sich zwar einst im Krimkrieg ausgezeichnet, diesmal aber zum Rückzug geblasen hatte. Ihm folgte Aurelles de Paladines (1804–1877). Gambetta hatte Paris am 7. Oktober im Ballon verlassen und traf am 9. Oktober in Tours ein. Nach dem Rücktritt Admiral Fourichons nahm er die militärischen Angelegenheiten selbst in die Hand. Mit Hilfe Freycinets (1828–1923), eines jungen Straßen- und Brückenbauingenieurs, führte er dabei einen zugleich logistischen und strategischen Feldzug. Am 14. Oktober stellte er eine Ersatzarmee auf und startete eine internationale Anleihe zur Finanzierung des Krieges. Die neuen Truppen wurden im Lager von Salbris ausgebildet. In den letzten Oktobertagen schien endlich der Augenblick für die große Idee Gambettas gekommen, Paris zu befreien. Der Termin wurde auf den 27. Oktober festgesetzt. Der Angriff mußte jedoch abgeblasen werden, da General Aurelle de Paladines erst vorgehen wollte, nachdem er den formellen Befehl dazu erhalten hatte.

Am 28. Oktober verbreitete sich die Nachricht von der zweiten großen Katastrophe dieses Krieges: Metz war gefallen. Marschall Bazaine hatte sich in der Festung mit 173 000 Mann, 53 Fahnen, 1700 Artilleriegeschützen und 280 000 Gewehren ergeben. Diese Entscheidung resultierte aus einer Reihe von Intrigen um Kaiserin Eugénie, die auf seine Angebote nicht eingegangen war, und um den Prinzen Friedrich Karl, der Metz eingeschlossen hielt. Bazaine hatte nämlich um den Preis der »Neutralität gegenüber den deutschen Truppen« um die Erlaubnis nachgesucht, die Linien zu überschreiten, um mit seiner Armee »die Ordnung wiederherzustellen«. Über diesen Mangel an Realismus kann man sich nur wundern. Bazaine wurde wegen Verrat angeklagt und von einem Militärgericht zum Tode verurteilt. Die Strafe wurde jedoch in lebenslange Haft umgewandelt, aus der er 1874 floh. In Bazaines Verhalten spiegelte sich die allgemeine Verwirrung, die bei manchen in Panik ausartete und die Angst vor einem Bürgerkrieg spürbar werden ließ.

Am 31. Oktober kam es in Paris zu ähnlichen Vorfällen wie in Marseille, als sich eine Gruppe von Revolutionären Zutritt zum Rathaus verschaffte. Die Nachricht von der Übergabe von Metz fiel zusammen mit der Meldung des mißlungenen Ausfalls in Le Bourget, der die preußische Blockade um Paris brechen sollte. Im Rathaus spielten sich in den verschiedenen Sälen mehrere Revolutionen gleichzeitig ab: Die Jakobiner forderten die reguläre Wahl einer neuen Regierung, andere in einem anderen Saal oder Winkel forderten die Ernennung einer Kommission, um innerhalb von 48 Stunden Wahlen zu einer Pariser Kommune abhalten zu können. Die dritte Gruppe schließlich wurde von G. Flourens angeführt, dem Sohn eines Professors am *Collège de France,* der gegen Ende des Kaiserreichs eine lebhafte Aktivität als Oppositionspolitiker entfaltet hatte und das Schützenbataillon in Belleville befehligte. Flourens ließ einen »Wohlfahrtsausschuß« ernennen, dem neben ihm unter anderem auch Blanqui und Pyat angehörten. In dieser allgemeinen Verwirrung konnte die Nationalgarde der »guten Arrondissements« das Rathaus mühelos wieder einnehmen und die Regierung wieder einsetzen. Doch mußte sie sofortige Kommunalwahlen versprechen. Zuerst aber setzte sie für den 3. November eine Volksabstimmung fest, die mit 321 373 Ja- gegen 53 584 Nein-Stimmen zugunsten der Regierung ausfiel. So fanden am 5. und 8. November Kommunalwahlen statt. Nur das 19. und 20. Arrondissement wählten eindeutig rote Stadträte. Im 18. Arrondissement wurde Georges Clemenceau gewählt, ein junger Arzt, der dort schon designierter Bürgermeister war. Er, der Sohn eines Freundes von Arago, verspürte wohl schon damals, was man später als den »Glauben der Republik« bezeichnete. Die Revolutionäre wirkten nach einer Formulierung von J. Rougerie wie ein »Generalstab mit kleiner Truppe«. Doch der Bruch zwischen ihnen und den Republikanern war perfekt. Paris hatte ein Gambetta gefehlt.

Inzwischen verhandelte, wie erwähnt, Thiers mit Bismarck in Versailles. Am 6. November wurden die Gespräche für gescheitert erklärt. Als einziger Ausweg blieb die Reaktion der Nation: Am 2. November rief die Regierung in Tours den militärischen Notstand für das Vaterland aus, am 5. wurde die *»levée en masse«* für alle Männer zwischen zwanzig und vierzig Jahren beschlossen. Der revolutionäre Stil dieser Erklärungen irritierte die meisten Franzosen beträchtlich; sie hatten ihren Friedenswillen klar zu erkennen gegeben und sollten sich spätestens bei den Wahlen am 8. Februar daran erinnern. Am 9. November errangen die französischen Streitkräfte bei Coulmiers einen klaren Sieg, das heißt Aurelles Armee errang die Kontrolle über das umkämpfte Gebiet. Die Führung nützte diesen Sieg jedoch nicht aus, und bei der Zusammenkunft in Villeneuve-Ingré am 12. November einigte man sich, mit dem Marsch auf Paris noch abzuwarten. Gambetta glaubte, die Zeit arbeite für die Franzosen, aber das Gegenteil traf zu; sie arbeitete eher für die Deutschen. Im Norden, Westen und in Burgund, wohin sich auch Garibaldi begeben hatte, wurden Armeen aufgestellt. Das größte Truppenkontingent stand jedoch an der Loire. In der gleichen Zeit hatten die Deutschen wieder Verstärkung bekommen und sich erholt. Während die Artillerie zur Belagerung von Paris zusammengezogen wurde, sammelte sich die zweite Armee, die nach der Übergabe von Metz frei geworden war, gegenüber der Loirearmee in der Gegend von Montargis-Pithiviers.

Am 20. November erhielt Aurelle den Befehl zum Marsch nach Paris, obwohl er selbst die Operation für aussichtslos hielt. Trotz seiner Bedenken wurde auf Betreiben Freycinets der Befehl am 23. November wiederholt, die Offensive mit »Paris als wichtigstem Ziel« zu eröffnen. Am 28. erlitt die Loirearmee bei Beaune-la-Rolande eine Niederlage. Angesichts des erstarkten Gegners wurde der Rest des Feldzugs in erbärmlich improvisierter Weise geführt. Der Rückzug, der am 3. Dezember einsetzte, glich eher einer wilden Flucht, vor allem nach den Kämpfen am 3. und 4. Dezember. Am 4. Dezember wurde auch Orléans geräumt. So kam es, wie Freycinet selbst zugab, zum schlimmsten Unglück des Krieges; auch der heldenhafte Einsatz der Soldaten, beispielsweise der päpstlichen Zuaven des Barons de Charette (Großneffe des Anführers der »Chouans« und Veteran der Schlacht bei Castelfidardo) und der bretonischen Mobilgarden änderte daran nichts. Man könnte zwar die mangelnde Ausbildung der Truppe und die geringe Entschlossenheit ihrer Führung dafür verantwortlich machen, wobei die letztere eigentlich nur eine Folge der ersteren war, da die Generäle zögerten, ihre Soldaten, um deren geringe Erfahrung sie wußten, vor große Bewährungsproben zu stellen. Auch die mangelhafte Ausrüstung und Verpflegung sollten nicht unerwähnt bleiben sowie die übertriebene Einmischung der Politiker (besonders Freycinets und Gambettas) in militärische Entscheidungen. Beide waren schließlich keine Strategen.

Am 6. Dezember setzte Gambetta Aurelle de Paladines ab und stellte aus den Truppen, die er selbst befehligte, zwei Heere zusammen. Eine Armee wurde Chanzy anvertraut, einem jungen General von 46 Jahren, der sich bei Coulmiers ausgezeichnet hatte. Die andere Armee erhielt Bourbaki, der sich im Krimkrieg einen legendären Ruf erworben hatte. Chanzy schien eine Zeitlang das Blatt wenden zu können, denn zwischen dem 7. und 12. Dezember versuchte er durch geschickte Manöver, den Feind nach Westen abzulenken. Seine 120000 Mann starke Armee wurde für die Deutschen zu einer echten Bedrohung, die eine mit Bourbaki kombinierte Aktion befürchteten. Doch die Delegation beging den Fehler, diese Möglichkeit abzulehnen, und wollte statt einer zwei Operationen gleichzeitig führen: Während Chanzy allein nach Paris marschieren sollte, sollte sich Bourbaki per Bahn nach Belfort begeben. Die Stadt war seit dem 4. November belagert, leistete aber unter dem Kommando Denfert-Rochereaus, der seit 1864 als Gouverneur amtierte, heldenhaften Widerstand. Wie man weiß, verließen die französischen Truppen Belfort mit allen Ehren erst am 18. Februar 1871. Bourbakis Auftrag konnte nur gelingen, wenn er schnell und unbemerkt durchgeführt wurde. Aber keine der beiden Voraussetzungen war gegeben, weil sich vor allem der Eisenbahntransport nicht entsprechend durchführen ließ. Bourbaki konnte zwar am 9. Januar noch einen deutschen Angriff abwehren, am 19. Januar aber mußte er den Rückzug antreten, nachdem sich eine Reihe von Kämpfen zwischen dem 15. und 17. Januar trotz eines zahlenmäßig spürbar unterlegenen Feindes ungünstig entwickelt hatten. Die Ostarmee trat eine demütigende Flucht an und wurde in der Schweiz am 1. Februar entwaffnet. Bourbaki wurde nach einem Selbstmordversuch von General Clinchant abgelöst.

In Westfrankreich erging es General Chanzy nicht besser. Er wurde von Friedrich Karl angegriffen und am 11. Januar vor Le Mans geschlagen. Daraufhin zog er sich in Richtung auf die Mayenne zurück und konzentrierte seine Truppen vor Laval. Am 20. Januar flehte Mgr. Wicart, Bischof von Laval, die heilige Jungfrau an, sie möge »die Stadt vor allen Übeln bewahren, die über sie und ihre Kinder hereinzubrechen drohen«, und versprach zum Dank dafür, den Turm der Kirche Notre-Dame d'Avenières zu restaurieren. Am übernächsten Tag zogen sich die deutschen Truppen tatsächlich zurück. Die direkte Einmischung der Muttergottes erschien vielen um so plausibler, als sie am 17. Januar 1871 in Pontmain erschienen war und gesagt hatte: »Betet, meine Kinder, Gott wird euch bald erhören.« Manche Journalisten behaupteten später sogar, daß die Deutschen auf dem Rückzug gesagt hätten: »Es ist unmöglich, Laval einzunehmen. Eine große Dame verteidigt es.« Pontmain wurde dadurch zum Gegenpol von Paris.

Faidherbe, der nur einen Scheinangriff durchführen sollte, wurde im Norden bei Saint-Quentin geschlagen, nachdem er Bapaume erobert hatte. Allein Garibaldi in Burgund schien siegreich zu bleiben. Nachdem er Dijon zurückerobert hatte, wehrte er die Attacken der Deutschen am 21., 22. und 23. Januar ab und eroberte sogar eine deutsche Fahne. Der Hauptgrund für das Scheitern dieses Kriegseinsatzes unter der verantwortlichen Leitung der Delegation von Tours mit Gambetta an der Spitze lag in einem strategischen Fehler: Man setzte den neuformierten Truppen die Befreiung von Paris als Kriegsziel. Dabei stießen sie jedoch auf so heftigen Widerstand, daß es ihnen nicht gelang, ihn zu brechen.

DAS ZÖGERN GENERAL TROCHUS

Unterdessen saß Trochu in Paris und wartete. Er verfügte über 14000 Marinesoldaten, 50000 Mann regulärer Heerestruppen, 115 000 Mann Polizeitruppen aus den Provinzen und 340000 Mann der Nationalgarden aus Paris, in die er aber kein Vertrauen besaß. Die Revolutionäre warfen ihm vor, er warte zu lange, und predigten weiterhin einen Krieg im Stil von 1792. Am 28. November entschloß er sich, den so lange ersehnten Ausfall zu wagen: General Ducrot, der in Sedan gefangengenommen und geflohen war, mußte sich nach einem anfänglichen Erfolg in Champigny jedoch wieder zurückziehen. In Paris machte sich der Mangel an Nahrungsmitteln immer bemerkbarer, weil die Rationierung zu spät angeordnet worden war. Im Januar betrugen die Fleischrationen pro Person täglich 25 bis 30 Gramm, Brot bekam jeder 300 Gramm, eine seltsame Mischung, die nur noch zu 25 Prozent aus Mehl bestand.

Seit dem 17. Dezember kam es zu vereinzelten Bombardierungen. Die Stadt wurde von einer richtigen Belagerungspsychose ergriffen, und die Verdächtigungen machten nicht einmal vor Trochu selber halt. Am 6. Januar klebten neue rote Plakate des Zentralkomitees – nunmehr der »Delegation der Zwanzig Arrondissements« – an den Mauern. Diese Namensänderung stand für den Willen der Mitglieder des Komitees, die Kommune auf revolutionärem Weg auszurufen. Auf diesen Plakaten stand unter anderem zu lesen, und man muß es wissen, um die Ereignisse vom 18. März zu verstehen: »Wir sind 500000 Kämpfer und sind von 200000 Preußen umzingelt. Wer ist dafür verantwortlich, wenn nicht die, die uns regieren? Sie haben nur an Verhandlungen gedacht, anstatt für Kanonen und Waffen zu sorgen. [...] Wenn die Männer im Rathaus überhaupt noch eine Spur von Patriotismus besitzen, ist es ihre Pflicht abzudanken, das Volk von Paris soll seine Befreiung selbst in die Hand nehmen.« Doch das »große Volk von 1789«, wie es auf den Plakaten hieß, rührte sich nicht.

Am 19. Januar begann die letzte Episode, ein letztes Blutbad dieses mörderischen Krieges, eine Art letzter Holocaust. Der massenhafte Ausbruch, der so lange erwartet worden war, sollte am 16. Januar stattfinden: Die regulären Truppen sollten sich mit den Marschbataillonen der Nationalgarde vereinigen. Die Truppen wurden von den Deutschen in Buzenval aufgehalten. Angesichts der preußischen Armee konnte das Volk in Waffen trotz der Erinnerung an 1792 nicht auf einen Sieg hoffen. Trochu rief alle Bürgermeister von Paris zusammen, um ihnen klarzumachen, daß eine Verteidigung der Stadt von nun an unmöglich sei und auch die Lebensmittel nur noch für ein paar Tage reichten.

Die Bürgermeister weigerten sich, die Verantwortung für eine solche Entscheidung zu übernehmen. Am 21. abends stürmten die rebellischen Nationalgarden das Gefängnis von Mazas und befreiten die politischen Gefangenen, die nach dem 31. Oktober inhaftiert worden waren. Flourens wurde befreit und wollte die Armee »in drei Tagen auf revolutionäre Art neu organisieren, gegen die Preußen losmarschieren und siegen«. Am 22. Januar versammelten sich mehrere Bataillone der Nationalgarden vor dem Rathaus und riefen: »Krieg bis zum Äußersten! Es lebe die Kommune!« Es gab eine Schießerei und auch einige Tote. General Vinoy, der kurz zuvor zum Oberbefehlshaber ernannt worden war, nachdem Trochu alle Ämter niedergelegt hatte, ließ einige hundert Menschen festnehmen.

Die Kapitulation konnte nun beschlossen werden. Jules Favre willigte ein, die Verhandlungen zwischen dem 24. und 28. Januar zu leiten. Gleichzeitig mit der Kapitulation der Stadt wurde ein Waffenstillstand von 21 Tagen zur Vorbereitung von Wahlen und zur Einberufung einer Nationalversammlung vereinbart, die zum Aushandeln eines Friedensvertrages ermächtigt sein sollte. Die Waffenruhe für Paris galt ab dem 26. Januar. Doch am 28. Januar verkündete Gambetta in Lille den Willen der Regierung, aus Solidarität zu den Elsässern den Krieg bis »zum Äußersten« fortzuführen. Am 31. mußte er aber aufgeben, während die Deutschen, entsprechend den Waffenstillstandsvereinbarungen, in Gebiete vorrückten, die sie nicht erobert hatten. Indes hatte der Konflikt, der sich zwischen Gambetta und den anderen Regierungsmitgliedern der Nationalen Verteidigung anbahnte, ganz andere Ursachen.

DIE STUNDE THIERS'

Die Art und Weise, wie Gambetta das Werk der Nationalen Verteidigung führte, hatte nicht die einhellige Zustimmung des Landes gefunden, das sich wegen der dauernden Anspielungen auf die Große Revolution von 1789 eher irritiert zeigte. Neben seiner eigentlichen militärischen Aktivität hatte er nicht nur die »Schwärmer« und die »Separatisten« (man denke an die »Ligue du Midi«), sondern auch die »Reaktionäre« bekämpft. Als er am 4. September 1870 mit einer Stimme Mehrheit zum Innenminister gewählt worden war, hatte er die Stellen der Präfekten mit Republikanern besetzt – die meisten unter ihnen eingefleischte Gegner des Kaiserreichs in dessen letzten Jahren. Unter ihnen befanden sich viele Anwälte und Journalisten, die Gambetta später die Treue halten sollten. Die neuen Präfekten stammten größtenteils aus den lokalen Eliten. Sie waren daher mit den jeweiligen Verhältnissen bestens vertraut und wußten sich darauf einzustellen; aus diesem Grund wurde ihnen von vielen zu große Vorsicht vorgeworfen. Am 7. September 1870 befahl Gambetta den neuen Präfekten, die erst kurz zuvor (am 6. und 7. August) gewählten Stadträte durch provisorische Gremien zu ersetzen, da ihm die amtierenden Stadträte nicht vertrauenswürdig erschienen. Am 16. September wurden die neuerlichen Gemeinderatswahlen auf den 25. und 28. September festgesetzt, konnten aber ebensowenig stattfinden wie die Wahlen für die Nationalversammlung, die man für den 16. Oktober anberaumt hatte. Am 5. Oktober beschloß die Übergangsregierung, Gambetta nach Tours zu schikken. Der »fatale Ballon«, wie ihn Glais Bizoin (1800–1877), ein Mitglied der Delegation, nannte, landete am 9. Oktober in Tours. Das politische Ziel für Gambetta lautete, die Delegation in Tours gemäß dem Beschluß der Pariser Regierung vom 1. Oktober zur Verschiebung der Wahlen zu zwingen.

Die Delegation beugte sich, doch in den konservativen Kreisen der Departements setzte sich die Meinung durch, daß die Wahlen so schnell wie möglich abgehalten werden sollten. Nach der Kapitulation von Metz bediente sich Gambetta zunehmend der Sprache der Revolutionäre und erinnerte in einem Aufruf an den »Verrat der Anführer«, wobei er alle militärischen Befehlshaber mit Bazaine gleichzusetzen schien. Am 2. November erklärte er, das Vaterland sei in Gefahr, und führte eine Säuberungsaktion durch. Im Dezember ließ er die *Conseils généraux* auflösen, die sich in vielen Departements gegen die Präfekten gewandt hatten und sich für frühe Wahlen einsetzten. Am 20. Dezember verlangte Gambetta von der Übergangsregierung noch einmal die Genehmigung, »das gesamte Personal der Verwaltung zu säubern«. Dies geschah just zu dem Zeitpunkt, als sich die Delegation in Bordeaux einrichten sollte.

Angesichts der »Diktatur« Gambettas formierte sich eine liberale

Koalition, innerhalb derer Thiers und Grévy gemeinsam gegen die jakobinische und »Bis-zum-letzten-Mann-Politik« Gambettas kämpften, der noch am 31. Januar von den Präfekten verlangt hatte, den Krieg »bis zum Äußersten« vorzubereiten. Die Regierung schickte daraufhin ihren Generalbevollmächtigten Jules Simon nach Bordeaux. Gambetta mußte nachgeben und akzeptierte den Waffenstillstand, um »die Armee aufzurüsten«. Es kam zu einer ernsten Auseinandersetzung zwischen ihm und Jules Simon, denn in seinem Rundschreiben vom 31. Januar war vorgesehen, daß »Personen, die im Kaiserreich eine offizielle Kandidatur akzeptiert hatten«, nicht wählbar seien, wobei er jedoch dafür gesorgt hatte, daß die Präfekten sich dennoch zur Wahl stellen konnten. Jules Simon erließ am 3. Februar ein Dekret, das den Rundbrief Gambettas für ungültig erklärte.

Daraufhin beschloß die Delegation die Beschlagnahme des Dekrets von Jules Simon. Die Regierung mußte drei ihrer Mitglieder nach Bordeaux entsenden (Garnier-Pagès, Arago, Eugène Pelletan), um ihren Standpunkt durchzusetzen. Als diese am 6. Februar in der Stadt eintrafen, trat Gambetta zurück. Die Spaltung innerhalb der republikanischen Partei erwies sich als dauerhaft; dabei kristallisierten sich zwei Konzeptionen der Republik heraus. Obwohl sich Gambetta nach seinem Rücktritt mit aller Kraft um Anschluß an liberale Kreise bemühte, konnte er doch nie ganz den Verdacht entkräften, er habe eine »Volksrepublik« angestrebt.

In seinem Rundschreiben vom 31. Januar hatte er die Wahl einer Nationalversammlung gefordert, die »zu allem bereit« sein durfte, »nur nicht dazu, die Hand zur Ermordung Frankreichs zu reichen, (...) eine Versammlung, die den Krieg bis zum bitteren Ende führen will und auch entschlossen ist, dies zu tun«. Die Wahlen fanden am 8. Februar statt; gewählt wurde nach Listen und relativer Mehrheit. Dieser Abstimmungsmodus, der Minderheiten keine Chance ließ, sollte die Republikaner zu Fall bringen, denn viele Abgeordnete wurden mit relativer Stimmenmehrheit gewählt.

Da Mehrfachkandidaturen erlaubt waren, wurde Thiers in 26 und Gambetta in neun Departements gewählt. Die Ergebnisse fielen eindeutig zugunsten der Anhänger des Friedens aus, also für die Konservativen und die Liberalen. Das Wahldekret sah für die Nationalversammlung 738 Sitze und zusätzlich 30 weitere Mandate für Elsaß-Lothringen vor. Da aufgrund der Mehrfachkandidaturen 78 Sitze nicht besetzt werden konnten, blieben am Ende nur 645 übrig. In der neu gewählten Legislative saßen nur 150 überzeugte Republikaner, unter ihnen vierzig *radicaux*. Achtzig Liberale sympathisierten mit den Republikanern und schlossen sich ihnen später an. Außerdem zogen 400 Monarchisten, unter ihnen 214 Orléanisten und zwanzig Bonapartisten in die Nationalversammlung ein.

Die einzelnen Gruppierungen bildeten sich erst allmählich heraus. Auch waren ihre Strukturen durchaus nicht so zerbrechlich, wie gelegentlich behauptet wurde. Aber erst im Dezember 1871 trat der Charakter der Versammlung deutlich zutage. Das Durchschnittsalter dieser Politiker betrug 53 Jahre, trotzdem waren sie politisch ziemlich unerfahren. Sie setzten sich aus 230 Adligen, meist Grundbesitzern, etwa hundert ehemaligen Offizieren, von denen viele in den Milizen Gambettas gedient hatten, und über 200 Juristen (Anwälte und Beamte) oder Publizisten zusammen, also aus Männern mit vorgefaßten und starren Meinungen; nur 90 Abgeordnete gaben als Beruf »Kaufmann« oder »Industrieller« an. Die Versammlung von Versailles war einem Wort Tolains zufolge sicher eine »unfindbare« Versammlung [Der Begriff *introuvable* geht auf einen Ausspruch Ludwigs XVIII. zurück, der angesichts der überwiegend mit Royalisten besetzten Abgeordnetenkammer nach der Hundert-Tage-Herrschaft Napoleons I. sagte, er glaube nicht, daß man ihresgleichen noch einmal eine finden könne. D. Vlg.], vor allem aber tobten in ihr ideologische Kämpfe. Es handelte sich um ein Parlament von Philosophen und Moralisten, die sich vor allem damit beschäftigten, die Zivilisation vor den verdummenden Einflüssen des Klerikalismus einerseits und vor dem politischen Positivismus und Materialismus andererseits zu bewahren. Trotz dieses vielstimmigen Konzerts rivalisierender Ideen konnte sich eine Mehrheit dennoch auf ein Prinzip verständigen, auf das des Liberalismus. Zwei bedeutende und kurz zuvor erschienene Bücher faßten sein Programm zusammen. Victor de Broglie, Alberts Vater, hatte 1861 seine *»Vues sur le gouvernement de la France«* (»Ansichten über die Regierung Frankreichs«) veröffentlicht, während Prévost-Paradol, der nach seiner Hinwendung zum Kaiserreich Botschafter in den Vereinigten Staaten geworden war und dort 1870 Selbstmord verübte, 1868 ein Programm für ein neues Frankreich *(»Une France nouvelle«)* entworfen hatte. Es zielte darauf ab, »Freiheit in der Demokratie zu sichern«, wobei ihm die Staatsform, ob monarchisch oder republikanisch, relativ unwichtig schien. Gewisse Bestandteile dieses Programms, darunter das Zweikammersystem, sollten 1875 wieder aufgegriffen werden. 1872 erschien auch *»Le Parti libéral«* (»Die liberale Partei«) von Laboulaye (1811–1883), der bezüglich der Regierungsform denselben Standpunkt wie Prévost-Paradol vertrat und einen Ausgleich zwischen Liberalismus und allgemeinem Wahlrecht suchte. »Ein Bürger ist nicht nur ein Bürger, der wählt; ein Bürger ist auch ein Mensch, der das Recht hat, nach eigenem Gutdünken zu denken, zu reden und zu handeln, und der für sich allein verantwortlich ist.« Die logische Konsequenz aus der Freiheit des Bürgers war für ihn wie für Thiers die politische Verantwortlichkeit der Minister.

Die Liberalen hatten nämlich neben einer Doktrin auch ihre praktische Erfahrung mit Monarchien anzubieten, die auf dem Zensuswahlrecht basierten und den Parlamentarismus begründet und die, wie im Kaiserreich, das allgemeine Wahlrecht eingeführt hatten. Der gewünschte Ausgleich zwischen Parlamentarismus und Volksentscheid war möglich, das liberale Kaiserreich hatte es bewiesen.

Seit dem 12. Februar, dem ersten Sitzungstag der Nationalversammlung im Großen Theater von Bordeaux, hatte sich die Maschinerie des Parlamentarismus in Bewegung gesetzt. Die Wahlergebnisse wurden überprüft und für gültig erklärt; am 16. wählten die Abgeordneten Jules Grévy, einen Republikaner und bedeutenden Anwalt aus Paris, zu ihrem Präsidenten. Grévy galt als äußerst konservativ und hatte sich als eindeutiger Befürworter der Friedenspolitik und Gegner der Diktatur Gambettas zu erkennen gegeben. Ein Gutteil seines Ansehens verdankte er dem Umstand, daß er in der II. Republik die Wahl des Präsidenten durch das ganze Volk abgelehnt hatte und man ihn deshalb für seinen Scharfblick rühmte. Von den dreizehn weiteren Mitgliedern des Ausschusses war nur einer ein Republikaner. Tags darauf wurde Thiers zum Chef der Exekutive der französischen Republik ernannt. Die Resolution, die aus fünf Zeilen bestand, skizzierte die Übergangsregierung; sie sparte die Zukunft aus (»bevor über die Institutionen Frankreichs entschieden wird«) und präzisierte, daß Thiers seine Amtsgeschäfte »im Auftrag der Nationalversammlung ausübt, zusammen mit den Ministern, die er auswählt und denen er vorsteht«. Die Versammlung bekräftigte damit ihren Anspruch auf die verfassunggebende Gewalt und setzte den im übrigen sehr zweifelhaften Anfang für eine parlamentarische Herrschaft. Thiers zeigte sich von der Bezeichnung »Chef der Exekutive« peinlich berührt; er befürchtete die Verwechslung mit einem »Küchenchef«. Doch die monarchistische Mehrheit lehnte den Titel eines »Präsidenten der Republik« mit Vorbedacht ab. So steckte der »Vertrag von Bordeaux« offensichtlich von Anfang an voller Ungereimtheiten.

Thiers suchte sich seine Minister bei den gemäßigten Republikanern und dem rechten Zentrum. Jules Favre behielt das Außenministerium und Jules Simon das Bildungsressort; ein einziger, nämlich Larcy, gehörte zu den Legitimisten und dachte gleichwohl liberal; er bekam das Ministerium für das öffentliche Bauwesen. Dufaure wurde Justizminister; der normannische Industrielle Pouyer-Quertier (1820–1891), in der Theorie sehr protektionistisch eingestellt, aber mit den Bonapartisten sympathisierend, wurde Finanzminister. Thiers dachte also keineswegs daran, die Prinzipien des Parlamentarismus rigoros anzuwenden, denn diese hätten ihn gezwungen, seine Minister innerhalb der Mehrheit zu suchen. Die Macht blieb also an die Person gebunden. Am 10. März schwor er, »im Hinblick auf die Verfassungsprobleme nichts ohne Wissen der Nationalversammlung zu unternehmen, denn das käme meinerseits einem Verrat gleich«. Im Grunde war er den republikanischen Prinzipien treu ergeben und wußte ziemlich genau, daß die Zeit für die Republik arbeitete: Sie war zur realen Herrschaftsform Frankreichs geworden. Die Monarchisten mußten warten. Die Rivalität zwischen ihren Thronanwärtern und ihren jeweiligen Anhängern verurteilte sie zur völligen Untätigkeit.

Im Augenblick hatten die Monarchisten nichts dagegen, Thiers die Verantwortung für die Friedensverhandlungen zu überlassen. An der diplomatischen Isolierung Frankreichs hatte sich durch die preußischen Siege nichts geändert, auch wenn der deutsche Expansionsdrang eine Gefahr für das europäische Gleichgewicht bedeutete, nachdem Bismarck das Elsaß und einen Teil Lothringens forderte. Die englische Öffentlichkeit zeigte sich besorgt, aber London vermochte ohne die Unterstützung einer zweiten europäischen Macht nichts zu unternehmen. Österreich war aufgrund seiner inneren Gegensätze machtlos, während Rußland die Situation nutzen und die Vereinbarungen des Pariser Vertrags von 1856 annullieren wollte. Schon am 30. Oktober erklärte es, »es fühle sich nicht länger an diesen Vertrag gebunden, soweit er die russischen Souveränitätsrechte im Schwarzen Meer einenge«. Die britische und die russische Regierung begnügten sich also mit einem diplomatischen Protest. Bismarck fühlte sich erleichtert und schlug zur Regelung dieses Problems eine internationale Konferenz vor; sie fand am 17. Januar 1871 in London statt. Dem Vertreter Preußens gelang es, die französische Frage aus den offiziellen Verhandlungen herauszuhalten und auch »außerhalb der Sitzungen« nicht darauf einzugehen, wie es die englische Regierung vorgeschlagen hatte. Favre kam Bismarcks Plänen insofern sogar noch entgegen, als er es ablehnte, persönlich nach London zu kommen.

Nach dem Waffenstillstand behielt Bismarck am Verhandlungstisch alle Trümpfe in der Hand. Frankreich mußte das gesamte Elsaß (außer Belfort) und jenen Teil Lothringens räumen, in dem der größte Teil der Eisenerzlager und die Stadt Metz lagen. Außerdem hatte Frankreich insgesamt fünf Milliarden Goldfrancs als Kriegsentschädigung zu bezahlen: 500 Millionen waren nach der Unterdrückung des Kommuneaufstands fällig, zweimal 500 Millionen am Ende des Jahres 1871 und am 1. Mai 1872 noch einmal 500 Millionen. Zu diesem Zeitpunkt sollten die deutschen Truppen die Departements Oise, Seine-et-Marne und Seine-et-Oise räumen. Die restlichen drei Milliarden sollten in den drei Jahren nach dem 2. März 1871, dem Datum der Unterschrift unter den Vorvertrag, bezahlt werden, und zwar bei fünfprozentiger Verzinsung.

Die deutsche Regierung hielt in diesem Zeitraum sechs Departements und das Gebiet um Belfort besetzt. Frankreichs Territorium wurde um 14870 Quadratkilometer verkleinert, die Bevölkerung verringerte sich um 1628000 Einwohner.

Bereits am 17. Februar 1871 hatten die Vertreter der annektierten Gebiete in der Nationalversammlung das »Recht der Elsaß-Lothringer proklamiert, Mitglieder des französischen Vaterlandes zu bleiben«. Als am 2. März 1871 der Vertrag von Versailles mit 546 gegen 107 Stimmen als Vorvertrag ratifiziert wurde, erneuerten dieselben Abgeordneten ihren Protest: »Wir erklären noch einmal den Vertrag für ungültig, der ohne unser Einverständnis über uns verfügt. Der Anspruch auf unsere Rechte bleibt für immer und für alle offen dergestalt und in dem Maße, wie unser Gewissen es befiehlt.« Sie versicherten darüber hinaus, für Frankreich »eine kindliche Zuneigung« bis zu dem Tag bewahren zu wollen, an dem ihr Land wieder seinen angestammten Platz in der französischen Volksgemeinschaft einnehme. Dann verließen sie nacheinander den Saal. Der Vertrag vom 10. Mai sah vor, daß die Bewohner Elsaß-Lothringens die französische Nationalität behalten würden, wenn sie ihr Land vor dem 1. Oktober 1872 verließen. Davon machten etwa 100000 Personen, vor allem aus dem Gebiet um Metz, Gebrauch. Dieser Exodus stellte eine erste Episode auf dem Leidensweg Elsaß-Lothringens dar, der Frankreich bis 1914 beschäftigen sollte.

Wie bereits gezeigt, begünstigten die militärischen Mißerfolge seit Oktober in Frankreich einen deutlich revolutionären Trend. Er versuchte, in einem großen Rückgriff auf die Vergangenheit das gefährdete Vaterland und die Regierung des Volkes durch das Volk zu vereinen – eine gefährliche, weil anachronistische Bewegung, denn die politische Situation von 1871 entsprach nicht der Situation des Jahres 1792.

DIE »ZUFÄLLIGE« REVOLUTION

Eigentlich entstand die Kommune aus einem tragischen Mißverständnis. Als Sammelbecken für alles, was in Paris als revolutionär galt, verlegte sie sich ganz auf Provokation und bildete den Auftakt zu einer langen Reihe von Abrechnungen, die um so blutiger ausfielen, je größer die Angst und je extremistischer die Sprache gewesen war. Die Initiative ging nicht von den Verfassern des roten Plakats vom 6. Januar aus, das heißt nicht von den Mitgliedern des »Zentralkomitees der zwanzig Arrondissements«; sie kam vielmehr aus den Reihen der Nationalgarde, die sich seit Beginn der Belagerung in eine echte Volks-, wenn nicht sogar Proletarierarmee verwandelt hatte. Während der Belagerung hatte man 120 Bataillone neu formiert, wobei die »bürgerlichen« Bataillone nur den kleinsten Teil ausmachten. Bereits am Tag nach dem Waffenstillstand war die Lage gespannt: »Dieser Kampf, der nun bereits fünf Monate andauert«, schrieb Jules Ferry, »endet mit einer großen Enttäuschung, und ein ganzes Volk stürzt vom Gipfel seiner Illusionen.« Patriotische Kundgebungen mischten sich mit Unruhen, die aufgrund der schlechten Versorgungslage ausbrachen. Am 8. Februar wählte Paris im Gegensatz zum restlichen Frankreich patriotisch und republikanisch. Louis Blanc führte eine Reihe triumphaler Wahlsieger an wie Victor Hugo, Gambetta und Garibaldi. Als die endgültigen Resultate bekannt wurden, mischte sich in Paris die Angst vor einer Restauration mit der Verzweiflung über die Kapitulation. Auf der Place de la Bastille fanden jeden Tag Kundgebungen statt.

Die Demonstranten waren von starken Militärkräften umgeben, denn die Nationalgarde formierte sich allmählich. So wurde anläßlich der am 1.

und 6. Februar abgehaltenen Versammlungen, die die Wahlen vom 8. Februar vorbereiten sollten, die »Vereinigung der Nationalgarden des Departements Seine« (*»Fédération des gardes nationaux de la Seine«*) gegründet. Am 15. Februar fand eine neue Zusammenkunft statt, um doppelten Wahlen vorzubeugen. Sie war insofern entscheidend, als ein provisorisches Komitee gebildet wurde, das die Statuten erarbeiten sollte. Gleichzeitig bekräftigte man auch, daß »alle Beschlüsse und Lösungen von Grund auf und vollständig ungültig seien, wenn die Versammlung nicht vollzählig« sei. Eines der anwesenden Mitglieder, der Bürger Piconel aus dem 11. Arrondissement, bekräftigte »die Notwendigkeit, die Nationalgarde als bewaffnete Streitmacht beizubehalten und ihr absolut freie Hand in den Angelegenheiten des Vaterlands zu lassen«.

Zwischen dem 15. Februar und dem 15. März kristallisierte sich bei mehreren Zusammenkünften (am 24. Februar, 3. und 10. März) und Kundgebungen wie am 28. Februar, als preußische Truppen die westlichen Stadtbezirke besetzten, die Bereitschaft zum Widerstand gegen die Entwaffnung heraus. Während die Bewegung zu Beginn von »Namenlosen« beeinflußt war, wie J. Rougerie sie nannte, gelang es nun mehreren militanten Revolutionären, in sie einzudringen. Bei der Gründungssitzung vom 15. März waren 1320 Kompanien vertreten. Zwei Blanquisten namens Duval und Eudes hatten sich die Kontrolle über das 13. und 20. Arrondissement gesichert, während Assi, ein Vertreter der Internationale, das 11. Arrondissement kontrollierte. Aber diese »Namenlosen« bestimmten weiterhin den Kurs der Bewegung und waren dabei in der Mehrzahl durchaus keine Proletarier. Ihr Programm trug weniger sozialistische als vielmehr republikanische Züge: »Wir sind die Barrikade, die niemand einreißen kann, der die Republik stürzen will.« Aber die Republik, von der sie träumten, erinnerte doch sehr an eine direkte Demokratie: »Wir wollen unsere Augen überall haben, wo sich unser Schicksal entscheidet.« Sie wollten das Volk auch weiterhin unter Waffen halten. So hatte sich in der Ausnahmesituation des Waffenstillstands spontan die Ideologie einer Regierung des Volkes durch das Volk entwickelt, die ganz selbstverständlich die kommunalistische Idee wiederaufgriff.

In der ersten Märzhälfte verweigerte die Mehrzahl der Bataillone dem Generalstab der Nationalgarde ihren Gehorsam und schloß sich dem Zentralkomitee der *»Fédération«* an. Dieses verfügte über 150 Bataillone, während der Generalstab unter Aurelle nur etwa zwanzig befehligte, von denen auch nur drei seinem Aufruf in der Nacht vom 17. auf den 18. März nachkamen. Erstaunlich, daß es die Ordnungshüter, ob Vertreter der Regierung der Nationalen Verteidigung oder einfache Abgeordnete der Arrondissements, zugelassen hatten, daß sich parallel zu ihnen solche Kräfte bilden konnten, und nicht versucht wurde, sie unter Kontrolle zu bringen. Die Ohnmacht der staatlichen Organe zeigte sich am offenkundigsten am 10. März, als Clemenceaus Versuch scheiterte, die Nationalgarde des Stadtteils Montmartre in Verhandlungen zur Rückgabe der Kanonen zu bewegen, die sie sich angeeignet hatte. Tatsächlich befand sich Paris während der ersten Märzhälfte in einem Zustand des Aufruhrs, und Zwischenfälle waren an der Tagesordnung.

Thiers kehrte am 13. März aus Bordeaux zurück. Als er erfuhr, daß die Nationalgarde ihre Kanonen nicht zurückgeben wollte, rief er am 17. März einen Ministerrat zusammen, zu dem auch Aurelle de Paladines, Vinoy und Jules Ferry, letzterer als Delegierter der Pariser Stadtverwaltung, hinzugezogen wurden. Gegen den Rat der Militärs, vor allem Vinoys, beschloß Thiers, die Kanonen wieder in seine Gewalt zu bringen. Später rühmte er sich, er habe geplant, das Paris der Revolutionäre gewaltsam zurückzuerobern, wahrscheinlicher aber war, daß er seine Entscheidung nach den Ereignissen des 18. März in einer gewissen Panik traf. Die Truppen, die die Kanonen zurückholen sollten, wurden von einer Menschenmenge umringt, mit der sie sich verbrüderten. Die Generäle zogen ihre Männer zum Rathaus zurück. Die Aufständischen kontrollierten die Anhöhen der Hauptstadt, wo es zu einem folgenschweren Zwischenfall kam: zur Exekution der Generäle Lecomte und Thomas. Kurz zuvor hatte Thiers um 14 Uhr gegen den Rat Ferrys beschlossen, die Stadt räumen zu lassen; aber die Soldaten führten den Befehl nur höchst widerwillig aus. Von diesem Zeitpunkt an hatten die Aufständischen die Initiative in der Hand, und um Mitternacht hatte sich das Zentralkomitee der Nationalgarde in den Räumen des Rathauses installiert.

Dieses »zufällige« Hinübergleiten in Richtung Revolution, wie es J. Rougerie formuliert, vollzog sich zwischen dem 18. und 27. März. Am Abend des ersten Tages existierten in Paris zwei Regierungen nebeneinander, das Zentralkomitee der *»Fédération«* und die Vereinigung der Bürgermeister und Abgeordneten von Paris, wo Clemenceau eine maßgebliche Rolle spielte. In dem wesentlichen Punkt waren sich alle einig: Sie betrachteten die Republik als irreversibel. Dennoch scheiterten die Verhandlungen zwischen den beiden Gruppen. Nach dem Willen des Komitees hatte die von ihm beabsichtigte Republik eine zunehmend revolutionäre und soziale Rolle gespielt, bis hin zu einer Regierung des Volkes durch das Volk und für das Volk. Die Bürgermeister besaßen keine Waffen mehr und waren angesichts des revolutionären Abdriftens der Stadt und der legalistischen Härte einer Nationalversammlung, die um ihren Rückhalt in den Provinzen wußte und deren Handeln von der Angst vor revolutionärem Terror bestimmt war, zur Ohnmacht verurteilt. Die Auseinandersetzungen der Nationalgarden am 21. und 22. März mit den »Freunden der Ordnung gegen das Komitee« kosteten zehn Tote; sie allein schon rechtfertigten Angst und Unterdrückung. Am 21. März lehnte die Versammlung in Versailles eine Bürgschaft für die kommenden Wahlen ab. Clemenceau beschwor sie, »Stadtratswahlen abzuhalten«, denn sonst würde Paris in »einer blutigen Konfrontation versinken, deren Folgen noch kein Mensch absehen kann«. Er wußte Männer wie Léon Say hinter sich, die nicht alle Republikaner waren, während sich unter diesen eine extrem feindselige Stimmung gegen Paris breitmachte. Jules Favre rief: »Die Aufrührer sollen wissen, daß die Versammlung in Versailles ist, weil sie die Absicht hat, nach Paris zurückzukehren, um die Meuterei zu bekämpfen, und zwar entschlossen zu bekämpfen.« Die Verhandlung zwischen Versailles und dem Zentralkomitee, die auf Vermittlung der Bürgermeister zustande gekommen war, scheiterte, während das Zentralkomitee ein Rathaus nach dem anderen in Paris besetzte. Clemenceau hatte man am 22. März aus seinem Amtssitz vertrieben. Einige Bürgermeister, unter ihnen auch Clemenceau, beschlossen daraufhin, an den Wahlen teilzunehmen, die das Komitee für den 26. März ausgeschrieben hatte. Sie erlitten eine schwere Niederlage, denn nur fünfzehn der 95 Abgeordneten gehörten der »Partei der Bürgermeister« an und verzichteten auf ihre Mandate. Clemenceau legte sofort sein Abgeordnetenmandat nieder. Am 29. März gab sich der solchermaßen gewählte Stadtrat den Namen »Kommune«.

Um ihre Vorstellungen von Kommunalverwaltung scharte sie Männer der verschiedensten revolutionären Strömungen, die ideologisch jedoch gar nicht so weit auseinanderlagen, wie immer angenommen wurde. Sie versammelte Anhänger der jakobinischen und demokratisch-sozialistischen Republik wie Delescluze (1809–1871) oder Pyat (1810–1889), richtungstreue Blanquisten wie Eudes (1843–1888) oder Ferré (1846–

1871), oder auch Vertreter der Internationale mit einem in Ansätzen wirklich modernen Sozialismus wie E. Varlin, Frankel, Vaillant (1840–1915), Le Français (1826–1901) und Malon, aber auch Männer, die sich keiner politisch-ideologischen Strömung zuordnen ließen und aus der *»Fédération«* der Nationalgarden stammten. Zu ihnen gehörten Journalisten wie Jules Vallès, der Maler Gustave Courbet und Flourens. Manche traten aus eigener Begeisterung der Kommune bei, andere wieder, wie Courbet, ließen sich einfach nur mitreißen.

In der Unterschiedlichkeit dieser Zusammensetzung spiegelten sich die verschiedenen Strömungen im revolutionären Paris gegen Ende des Kaiserreichs wider. Doch diese Verschiedenheit war durch die Ideologie der Kommune, wie sie sich seit dem 4. September allmählich herausgebildet hatte, gleichsam verwischt; ihm hingen alle an, auch die, die von den Historikern als Jakobiner bezeichnet wurden. Alle hatten die *»Déclaration au peuple français«* (»Erklärung an das französische Volk«) akzeptiert, die vor allem auf der Bestätigung der kommunalen Freiheiten beruhte. »Die politische Einheit, die Paris will, ist die freiwillige Vereinigung aller lokalen Initiativen und des spontanen und freien Wettbewerbs aller individuellen Kräfte mit Blick auf das gemeinsame Ziel, das Wohlergehen und die Sicherheit aller.« Zu diesem zentralen Anliegen kamen die endlos diskutierten Programme, die alle versuchten, das Wort »Republik« mit einem realen, leicht zu definierenden Inhalt zu füllen. Bei der Kommune handelte es sich um eine antiklerikale, sozialistische und feministische Bewegung par excellence. Sie führte die Schulpflicht unter der Obhut nichtgeistlicher Lehrer und den kostenfreien Unterricht ein; sie trennte Kirche und Staat und begleitete diese Maßnahmen mit heftigen antiklerikalen Ausfällen, obwohl in 55 von 67 Kirchen weiterhin Gottesdienst abgehalten wurde.

Die Kommune war sozialistisch nach dem Verständnis der sechziger Jahre des vorigen Jahrhunderts, das heißt, sie versuchte die Arbeiter zu organisieren und vertraute, wenn sich die Gelegenheit ergab, den Arbeitern über ihre Verbände die Führung der Fabriken an. Es kam sicher, auch aus Zeitmangel, zu wenig konkreten Ergebnissen, doch das Ziel war unmißverständlich, die Werkstätten und die Fabriken in einem langsamen und friedlichen Prozeß der Enteignung den Gewerkschaften zu übertragen, und zwar mit Hilfe der Kommune, die es als ihre Aufgabe betrachtete, die »Arbeit zu befreien«. Die Kommune wollte, nach einem Wort

Vaillants, »überall sozialistische Einrichtungen schaffen«. Darin sollten die Arbeiterinnen absolute Gleichstellung genießen – sicher einer der interessantesten Aspekte der Bewegung. Das Programm der Kommune schöpfte einerseits aus dem Erbe von 1848 und wies andererseits auch Ansätze einer neuen Bildungs- und Sozialgesetzgebung auf.

Die Kommunarden stritten sich weniger über das Programm als über seine Umsetzung. Die Gründung eines Wohlfahrtsausschusses am 1. Mai mit 45 gegen 23 Stimmen bewirkte einen Bruch, der sich nicht mehr kitten ließ. Am 15. Mai verließen 22 Mitglieder die Versammlung der Kommune; sie weigerten sich, eine »Diktatur zu akzeptieren, die sie aufgrund ihres Mandats nicht anerkennen konnten«. Gleichzeitig bahnte sich jedoch bereits ein neues Drama mit noch unabsehbaren Folgen an. Ende März war es bereits zu mehreren Verhaftungen gekommen. Am 4. April nahm die Kommune den Pariser Erzbischof Mgr. Darboy und drei weitere Priester in Haft. Am gleichen Tag fand man Flourens und Duval, zwei äußerst populäre Kommunarden, ermordet auf. Am 5. April wurde das »Geiseldekret« verabschiedet, das die Exekution von drei Geiseln für jeden erschossenen Kommunarden vorsah. In den Tagen danach häuften sich die Festnahmen vor allem in kirchlichen Kreisen. Ende des Monats saßen hundert Priester im Gefängnis – dies ein anderer Aspekt des Antiklerikalismus einiger Kommunarden.

Inzwischen schloß sich der Ring um Paris unerbittlich enger. Die Streitkräfte der Kommune, die Nationalgarde, erwiesen sich als ein undisziplinierter und damit wirkungsloser Haufen; ihre Führung war gespalten und umstritten. Cluseret, der ehemalige General der Nordstaatenarmee, löste Eudes am 3. April ab, nachdem dieser bei einem Angriff auf Versailles kläglich versagt hatte. Am 1. Mai wurde er jedoch abgesetzt, nachdem Fort d'Ivry gefallen war, und Rossel, Karriereoffizier und Absolvent des Polytechnikums, wurde sein Nachfolger. Rossel war, wie er bei seinem Prozeß selbst aussagte, »aus Treue zum Vaterland« Kommunarde geworden. Am 5. Mai fiel Fort Clamart und am 6. Mai Fort d'Issy in die Hände der Versailler Truppen. Rossel hatte es nicht vermocht, seine Truppen zu disziplinieren, und wurde deshalb von Delescluze ersetzt, der erklärte: »Auf eure Plätze, Bürger, und haltet vor dem Feind aus!« Aber es half nichts; am 12. Mai wurde Fort Vanves eingenommen, und am 21. Mai geschah das Unabänderliche: Die Versailler Truppen marschierten durch die unbewachte Porte Saint-Cloud in Paris ein und begannen mit der

Besetzung der Stadt. Delescluze erwies sich als unfähig, den Widerstand zu organisieren, seine revolutionär gefärbte Romantik war ein tragischer Anachronismus. Er entwarf ein Plakat, auf dem unter anderem zu lesen war: »Platz dem Volk, Platz denen, die mit bloßen Armen kämpfen (...) Marschiert gegen den Feind (...) Paris kann man verkaufen (...), man kann es aber nicht verraten oder besiegen.« Er selber fand am 25. Mai auf einer Barrikade den Tod.

Es war vor allem die Angst, die Thiers daran hinderte, die Schwäche der Kommune auszunutzen. Die Rückeroberung von Paris dauerte eine Woche und verlief unter grauenvollen Umständen. Am 23. Mai waren 500 Barrikaden errichtet, und Bergeret ließ die Tuilerien anzünden. Diesem ersten Brand folgten weitere Brände im Staatsrat, im Rechnungshof, im Hotel der Ehrenlegion und dann nachts im Rathaus. Die Truppen der Nationalversammlung begannen am selben Tag mit Massenerschießungen ohne vorheriges Gerichtsurteil. Unter den Füsilierten befand sich auch Raoul Rigault, der im Gefängnis von Sainte-Pélagie vier Geiseln hatte hinrichten lassen. Am nächsten Tag wurden um acht Uhr abends Mgr. Darboy und vier weitere Priester erschossen. Seit dem 24. Mai kam es in Paris zu einer regelrechten Menschenjagd, die auch Frauen und Kinder nicht verschonte. Am 26. Mai wurden etwa fünfzig Geiseln, unter ihnen der Bankier Jecker und zahlreiche Priester, erschossen. Genaue Zahlen sind nicht bekannt, so daß einige Autoren auch von 480 Toten sprechen.

Die Truppen der Nationalversammlung verloren tausend Mann. Die Anzahl der Opfer bei der Kommune schätzte Mac-Mahon selbst auf 17000 Menschen. J. Rougerie geht von der doppelten Zahl aus. Keiner trauerte um sie, man hielt sie für monströse und barbarische Wesen. Émile Zola schrieb am 25. Mai: »Das Ziel der Aufständischen bestand darin, Paris völlig zu vernichten. Diese entsetzliche Vorstellung schreckt die Phantasie... Diejenigen, die brennen und morden, verdienen kein anderes Urteil als den Schuß aus dem Gewehr eines Soldaten.« Am 29. Mai schrieb er: »Das Morden war entsetzlich. Unsere Soldaten ließen auf den Straßen unversöhnliche Gerechtigkeit walten. Jeder Mann mit einer Waffe in der Hand wurde erschossen. In allen Ecken und Winkeln verstreut lagen Leichen, die erstaunlich rasch verfaulten. Sicher lag das an dem Zustand der Trunkenheit, in dem die Männer erschossen wurden. Paris ist seit sechs Tagen ein einziger Friedhof; es fehlen die Hände, um die Leichen zu beerdigen. Paris machte auf mich den Eindruck einer schauerlichen Totenstadt, in der auch das Feuer die Leichen nicht beseitigen konnte. Der fade Geruch eines Leichenschauhauses weht über den Gehsteigen.«

Die Versailler Truppen machten 43 522 Gefangene, die vier Jahre lang in 24 Kriegsgerichten verurteilt wurden. 10 137 wurden verurteilt, davon 93 zum Tode. 23 wurden hingerichtet, unter ihnen auch Rossel und Ferre, der ein Dekret über die Exekution von Geiseln unterschrieben hatte und für den Louise Michel folgende Verse dichtete:

> Wenn ich auf den kalten Friedhof muß,
> Dann werft auf eure Schwester, Brüder,
> Einen Strauß voll roterblühter
> Nelken hin als letzten Hoffnungsgruß.

251 Gefangene wurden zu Zwangsarbeit verurteilt, 4586 Verurteilte nach Neukaledonien verbannt und der Rest zu mehr oder weniger langen Haftstrafen verurteilt. In den Prozessen schälte sich das typische Bild eines Kommunarden heraus: Er war meistens Arbeiter, oft aber auch Ladenbesitzer. Die Arbeiter zählten nicht immer zu den sozial schwachen Schichten und waren auch nicht immer verarmt. Die meisten unter ihnen übten einen Lehrberuf aus, zum Beispiel Kunsthandwerker, Drucker oder Metallarbeiter. Die Unterdrückung der Kommune hatte der revolutionären Romantik unwiderruflich den Todesstoß versetzt. Rossel, eines der letzten Opfer, schrieb kurz vor seinem Tod in seinen »Erinnerungen«: »Das Volk von Paris, das seine Regierung vor die Tür gesetzt hatte, wirkte wie ein Blinder, der seinen Hund nicht findet.«

Die Kommunebewegung in den französischen Provinzen erreichte nicht das Ausmaß der Pariser Kommune. Nur in Lyon, Toulouse und Marseille am 22. und 23. März, in Saint-Étienne und Narbonne am 24. und Le Creusot am 26. März zeigten sich ansatzweise vergleichbare Bewegungen. In Limoges scheiterte die Kommune am 4. April und in Bordeaux am 17. April. Selbst da, von wo sie ihren Ausgang genommen hatte, erreichte sie nie die gleiche Bedeutung wie in Paris. Die Versuche, Aufstände anzuzetteln, blieben erfolglos, weil sie keinem wirklichen Bedürfnis entsprangen. Paris blieb also isoliert. Doch sollte man sich deshalb nicht täuschen lassen: Die großen Provinzstädte hatten zwar die Kommune abgelehnt, nicht aber die Republik. Die Kommunalwahlen im April bestätigten die tiefverwurzelte republikanische Tradition in diesen Städten. Für das Verhältnis Paris – Provinz bedeutete das Jahr 1871 etwas anderes als der Juni 1848. Tatsächlich hatte Thiers, um eine Ausbreitung der Kommunebewegung zu verhindern, mit Rücksicht auf die republikanisch gesinnten Bürgermeister den Entschluß gefaßt, die Etablierung der Republik nicht zu stören.

DIE SÜHNE

Die Niederlage von 1871, die allgemein als Demütigung empfunden wurde, hatte in der geistig aufgeschlossenen Öffentlichkeit zwei einander ergänzende Reaktionen ausgelöst: Zum einen den Wunsch, die Fehler, die zu der Niederlage geführt hatten, wiedergutzumachen, und zum anderen den entschlossenen Willen, die Ursachen dieser Katastrophe zu verstehen. Beide Reaktionen legten den Grund für jenen unerbittlichen Patriotismus, der in den Franzosen bis zum Ersten Weltkrieg nachwirken sollte. Beide lösten natürlich auch den Wunsch aus, das französische Selbstverständnis neu zu definieren und entsprechend zu handeln, um Frankreichs Größe zu bekräftigen und den Revanchegedanken hochzuhalten. Zwischen Sühne, Verstehen und Handeln entwickelten sich innerhalb der verschiedenen sozialen Schichten unterschiedliche, aber stets enge Beziehungen. Am Ende stand der Bruch mit den universalistischen und europäischen Tendenzen der Denksysteme früherer Zeiten.

An Hippolyte Taine (1828–1893) zeigte sich der Bruch, der für die französischen Intellektuellen die Erfahrung der Niederlage bedeutete, in seiner ganzen Härte am deutlichsten; in seinem Fall war es vielleicht mehr noch die Erfahrung der Kommune. Im Zweiten Kaiserreich stand er mit seinem Buch *»Philosophes français du XIXe siècle«* (»Die Philosophen Frankreichs im 19. Jahrhundert«, 1857) auf seiten der liberalen Opposition. Darin entwickelte er eine auf dem Determinismus beruhende Literatur- und Kunstkritik und erklärte den jeweiligen Charakter eines Werkes aus Einflüssen der Rasse, der Umwelt und dem Zeitpunkt, an dem es entstand. Nach Kriegsausbruch schrieb Taine, gerade aus Deutschland zurückgekehrt, ein Werk über dieses Land. Die Niederlage und die Kommune lösten bei ihm ein starkes Gefühl der Dekadenz aus; daher widmete er den Rest seines Lebens der literarischen Arbeit und der Veröffentlichung seines im übrigen unvollendet gebliebenen monumentalen Freskos, *»Les Origines de la France contemporaine«* (»Die Ursprünge des modernen Frankreich«). Für ihn bestand der Fehler, den die Franzosen begangen hatten – und damit waren ebenso das Ancien régime und die Jakobiner wie das Frankreich nach den napoleonischen Reformen gemeint –, in der rationalisierenden Abstraktion. Die Französische Revolution wollte einer Gesellschaft, ungeachtet ihrer Mannigfaltigkeit, eine universalistische und abstrakte Konzeption des Menschen aufzwingen. Taine setzte dem monarchistischen Absolutismus und dem nivellierenden Rationalismus der Revolution die Relativität der Dinge und die unendliche Vielfalt der menschlichen Natur entgegen. Er dachte sowohl in anthropologischen als auch in ethnologischen Begriffen. Die Niederlage von 1870 und die Kommune waren der Preis, der für diese Verblendung bezahlt werden mußte. Seine politische Philosophie gründete also auf der Berücksichtigung der Realität und des überlieferten Erbes, sie war im wesentlichen konservativ. Er wollte vor allem die Führungskräfte vor Ort, die Vereine und die Eliten, erhalten, um zu verhindern, daß der zentralistische Staat übermächtig wurde. Taine war zusammen mit Renan einer der Lehrer von Barrès. In dieser Ideologie der Dekadenz bestand tatsächlich eine der Ursachen für die spätere Erneuerung des Nationalismus. Taine setzte den jakobinisch-abstrakten Kategorien des französischen Geistes die soliden Tugenden des englischen Pragmatismus und des deutschen Empirismus entgegen. Die Rückbesinnung auf das eigene Ich endete notwendigerweise in der Nachahmung anderer. Der pazifistische Universalismus, der vor der Niederlage die Oberhand behalten hatte, wurde jetzt verworfen, ja er wurde sogar für sie verantwortlich gemacht.

Das schönste *mea culpa* verfaßte Littré in der Neuausgabe von *»Conservation, Révolution et Positivisme«* (»Konservativismus, Revolution und Positivismus«): »Wir haben unsere Kinder zu freundlichem Respekt gegenüber anderen Völkern erzogen! Das muß sich alles ändern! (...) Wir müssen ihnen einschärfen, daß sie immer bereit sein müssen, zu töten oder getötet zu werden!« Sein Lehrmeister August Comte hatte sich mit seiner Prophezeiung getäuscht, es gebe keinen Krieg mehr zwischen den Völkern Europas.

Für einen Großteil der Öffentlichkeit war die Schlacht um Sedan die Sühne für den 2. Dezember, das heißt für dieses Verbrechen gegen die Freiheit und »die Orgie des Kaiserreichs«, wie es Jules Simon in einer

Rede vom 26. Oktober 1870 formulierte. Zola nahm dieses Thema 1876 in *»La Curée«* wieder auf. Doch auch die republikanischen Mythen hatten an Glaubwürdigkeit verloren, denn die Volkserhebung nach dem 4. September war gescheitert. Ein neues Valmy hatte nicht stattgefunden.

Aus der Sicht der Katholiken wollte Gott die Franzosen mit der Niederlage für ihre Verfehlungen bestrafen, vor allem für die Preisgabe des Papstes. Die Beseitigung seiner weltlichen Macht, die Niederlage von 1870 und die Kommune: Diese drei Übel waren es, die Frankreichs Unglück besiegelten. Die beiden letzteren betrachteten sie als Strafe für ersteres und für die *fête impériale.* Paris, das neue Sodom, war mit dem Feuer bestraft worden, und der »Papst als ein Gefangener in Rom kündigte die Apokalypse an«, wie M. Cinquin bemerkte. Die neue Zuflucht wurde in der Herz-Jesu-Verehrung gesucht. Am 22. September 1870 weihte der Bischof von Nantes in seinem Hirtenbrief die Diözese dem Herzen Jesu, um Frankreichs Unglück wiedergutzumachen, das er als »göttliche Züchtigung betrachtete, die Wort für Wort den Ungerechtigkeiten und Verbrechen des Landes entsprach«.

In den folgenden Wochen fand die Bewegung immer mehr Zulauf. Die Verbindung von Vaterland und katholischem Glauben in der Herz-Jesu-Verehrung offenbarte sich vor allem in der Affäre von Patay. Charette und seine Chouans hatten dort am 2. Dezember unter einem weißen Banner gekämpft, auf das die Salesianerinnen in Paray-le-Monial (wo Marguerite-Marie Alacoque 1689 eine Christuserscheinung erlebt hatte) ein paar Monate zuvor das Bild vom Herzen Jesu aufgestickt hatten. Die Fahne tauchte in einer Kirche in Rennes wieder auf. Sie wurde von Charette in dem Augenblick entrollt, als ein anderer Mitstreiter von Patay, Cazenoves de Pradines, in der Nationalversammlung einen Gesetzesvorschlag einbrachte, demzufolge am 15. Mai 1871 öffentlich gebetet werden sollte, »um Gott zu bitten, unsere irdischen Streitigkeiten beizulegen, denn bei uns ist Gott schon allzulange vergessen worden«. Am nächsten Tag wurde der Vorschlag fast einstimmig von 416 Abgeordneten verabschiedet.

Die Herz-Jesu-Verehrung fand zwei spektakuläre Fortsetzungen im Bau der Basilika Sacré-Cœur von Paris und in der Wallfahrt von Paray-le-Monial. Erstere wurde bereits durch Spenden der französischen Öffentlichkeit gefördert, und mehrere Abgeordnete der Versammlung forderten, Frankreich sollte offiziell dem Herzen Jesu geweiht werden. Dies geschah übrigens gegen den Rat des Erzbischofs von Paris und sollte aus

Anlaß der Abstimmung über das Gemeinnützigkeitsgesetz erfolgen. Es gelang den Abgeordneten zwar nicht, dennoch weihte Mgr. Guibert die Kirche dem Herzen Jesu. Seiner Meinung nach sollte sie »Zusammenfassung und ständiger Ausdruck der religiösen Bewegung« sein, »die sich auf wunderbare Weise in unserer Nation vollzieht und sie retten kann«. Die Pilgerbewegung hatte nach dem Krieg stark zugenommen und symbolisierte in Paray-le-Monial am deutlichsten ihren patriotischen wie auch politischen Sinngehalt. Ab 1873 wurde sie auf Initiative des Jesuitenpaters Devron organisiert und zog jedes Jahr zwischen dem 1. Juni und dem 17. Oktober dank der neuen Eisenbahnverbindungen enorme Menschenmassen an. Die Prozession zog sich vom Bahnhof bis zur Kirche auf mehr als einem Kilometer Länge hin, allem voran die Fahne mit dem roten Herz auf weißem Grund, einer Margerite als Emblem der Nonne Marguerite-Marie und einem Text, der meistens »Herz Jesu, rette Frankreich« lautete. Dazu wurde der Choral »Erbarmen, o Herr« gesungen:

»Herr, erbarme Dich!
An diesem Altar bitten wir für unser Vaterland.
Mit gebundenen Armen und todwundem Gesicht
Richtet es seine Blicke flehentlich zum Himmel.

Refrain:

Gott der Gnade, o siegreicher Gott.
Rette Rom und rette Frankreich
Durch dein Sacré-Cœur.

In dem Choral verbanden sich Patriotismus und das Flehen um die weltliche Macht des Papstes mit der Klage »über so viele schwache Menschen, die dich erzürnen, ohne zu wissen, was sie tun«. Am 28. Juni 1873 nahmen etwa 50 Abgeordnete an der Wallfahrt teil; ihnen folgten etwa 6000 bis 8000 Personen, die danach der Predigt des legitimistischen Abgeordneten Belcastel zuhörten, der Gott um Verzeihung bat »für alle Übel, die wir begangen haben«, und für alle, »die von uns getrennt sind«. Frankreich wurde dem Herzen Jesu geweiht.

REVANCHE UND AUFSTAND

Die Reaktion der Republik bestand neben der bereits erwähnten selbstkritischen Sühne in einer Rückbesinnung auf sich selbst und in dem Willen, aus den Ursprüngen der eigenen und der revolutionären Geschichte vor allem die Rechtfertigung für einen trotzigen und hochmütigen Patriotismus zu schöpfen. Das Echo, das zwei Artikeln aus der Feder Émile Montéguts (1825–1895), eines sehr gebildeten Mannes, im August und November 1871 über die Revolution und den Vaterlandsgedanken entgegenschlug, beweist diese Tendenz. »Wer Heimat sagt, meint damit das Zusammenziehen und Zueinanderrücken von Elementen voneinander unabhängiger Lebensgemeinschaften innerhalb bestimmter geographischer Grenzen, meint Recht auf Unabhängigkeit, auf Selbstbestimmung, meint Sieg des Partikularismus (...), kurz das Gegenteil von Universalität.«

Die Freimaurer entwickelten sich unter Jean Macé zu Patrioten und Chauvinisten. So war eigentlich der Nationalismus so recht erst aus der Niederlage entstanden. Renan veröffentlichte im Februar 1871 *»La Réforme intellectuelle et morale de la France«* (»Die intellektuelle und moralische Reform Frankreichs«). Das Buch ist, abgesehen von der Verachtung, die der Autor für die Demokratie bekundet, deshalb interessant, weil es zeigt, wie dieser große Bewunderer Deutschlands unter dem Krieg litt, der alle Bindungen abzuschneiden schien, die er für konstruktiv hielt und die die beiden Länder vereinten. Er schlug den Franzosen vor, sich auf sich selbst zu besinnen, auf jede Mission in der Welt zu verzichten und sich einzig und allein der Wiedergewinnung ihres traditionellen Erbgutes zu widmen. Renan schloß sich übrigens im Lauf der siebziger Jahre immer mehr der Republik an.

Es war in der Tat die Republik, die in den Augen der Öffentlichkeit nach der Unterzeichnung des Friedensvertrags und der Kriegsentschädigung die besten Chancen hatte, die Vorstellung der Franzosen vom Widerstand gegen die Niederlage adäquat zu realisieren. Anläßlich der Beisetzung des Bürgermeisters von Straßburg, Küss, der am Abend vor der Ratifizierung des Vorfriedens von Versailles gestorben war, sagte Gambetta: »Die Republikaner müssen in dem Gedanken an eine Revanche fest zusammenhalten; sie ist der Protest des Rechts und der Gerechtigkeit gegen Gewalt und Gemeinheit.« Er war einer der ersten, die das Wort »Revanche«, »die Königin Frankreichs«, wie Maurras später sagte, in den Mund nahmen. Von 1872 an fand man diese Einstellung bei so unterschiedlichen Autoren wie dem legitimistischen Dichter Victor de Laprade (1812–1883), der *»Pendant la guerre«* (»Während des Krieges«) sowie 1874 seine *»Poèmes civiques«* (»Bürgerliche Gedichte«) veröffentlichte, oder auch bei dem durch und durch republikanischen Paul Déroulède (1846–1914), dem Verfasser der *»Chants du soldat«* (»Soldatenlieder«). In der Revancheliteratur dominierte der Sprachduktus Gambettas, der den »alten uniformvernarrten und kriegerischen Jakobinismus« (R. Girardet) vertrat, der vom Nationalismus übernommen wurde. Er verband übrigens die Rückbesinnung auf sich selbst mit der universalistischen Berufung: Frankreich, das Land des »Rechts und der Gerechtigkeit«.

Doch von Taine über Renan bis zu Macé lautete die Diagnose der Niederlage ganz eindeutig: Die preußische Überlegenheit lag im geistigen Bereich. Deutsche Gründlichkeit hatte über französische Nonchalance gesiegt. Die Bewunderung für die deutschen Tugenden war nicht neu, sie stammte aus dem Kaiserreich und hatte seitdem in französischen Universitätskreisen eine Bereitschaft zur Reaktion und Renovation bewirkt. Die Niederlage beschleunigte diesen Erkenntnisprozeß; es sei in diesem Zusammenhang nur an die Gründung der »Französischen Vereinigung zur Förderung der Wissenschaften« 1872 in Paris erinnert. Sie sollte als organische Verbindung zwischen wissenschaftlicher Forschung und Industrie wirken. Unterstützt wurde sie von Geschäftskreisen, vor allem von den Eisenbahngesellschaften und den Mitgliedern der reformistischen Bewegung innerhalb der Universität. Unter ihren Mitbegründern fanden sich Claude Bernard, der Chemiker, Wurtz, der französische Vordenker der Atomtheorie, und der Chirurg Paul Broca. Ihr Programm verband patriotischen Eifer (*»Par la science pour la Patrie«* – »Über die Wissenschaft zum Vaterland«) mit einer konkreten Vorstellung praktischer Nutzanwendung. Die Vereinigung brachte den allseits vorhandenen Willen zum Ausdruck, die nationalen Probleme realistisch und pragmatisch anzugehen. Dieser Zusammenschluß fand in den Provinzen großen Anklang, wie sich an einem großen Netz von Ortsvereinen zeigte. Die 1873 gegründete »Französische Gesellschaft für Physik« besaß eine andere Zielsetzung. Sie kümmerte sich in wesentlich geringerem Maße um die Popularisierung von Wissenschaft, sondern arbeitete streng wissenschaftlich. Aber auch sie wurde gegründet, um Frankreichs Anstrengungen auf wissenschaftlichem Gebiet zu vertiefen.

»Der Wissenschaftler ist auch ein Soldat«, behauptete 1872 der Zoologe Bréau de Quatrefages, der – man höre und staune – 1871 ein Buch mit dem Titel *»La Race prussienne«* (»Die preußische Rasse«) geschrieben hatte. Dieses Beispiel beweist geradezu exemplarisch, daß mit den schulischen und militärischen Reformen der Jahre 1870 und 1880 die Stärkung des Vaterlands bezweckt und Preußen dafür als Modell genommen wurde. Die nationale Auferstehung hatte begonnen.

KAPITEL II

Das Scheitern Albert de Broglies

DIE HINWENDUNG ZUR REPUBLIK BEI DEN WAHLEN

Seit Herbst 1871 hatte die Nationalversammlung ungefähr ihre endgültige Form gefunden. Die Gruppierungen und Untergruppierungen innerhalb der Rechten und der Linken unterschieden sich wesentlich deutlicher als nur durch feine Schattierungen. Die 400 Monarchisten in der Versammlung einte nicht viel. Die etwa 200 Legitimisten hatten sich gespalten, nachdem der kinderlose Graf von Chambord als Erbe des Bourbonenthrons am 5. Juli 1871 eine Erklärung abgegeben hatte. Auf die Gerüchte, die die Anhänger einer »Fusion« über seine Pläne verbreiteten, erklärte er, er wolle die Freiheiten, auf die jedes »christliche Volk Anspruch hat« respektieren; allerdings bekräftigte er auch seine Weigerung, auf das weiße Lilienbanner zu verzichten, das inzwischen Symbolcharakter gewonnen hatte. Indem er damit seine persönliche Legitimität als Thronprätendent neuerlich betonte, lehnte er das Prinzip der nationalen Souveränität ab. Mit dieser Erklärung war der Bruch vollzogen, der sich bereits vorher abgezeichnet hatte. Angesichts einer liberalen Gruppe von Legitimisten um Falloux und Larcy, für die der Verzicht auf die Trikolore einem Thronverzicht gleichkam, trafen sich die Anhänger des Thronprätendenten in der *»Réunion des Chevau-légers«*, so genannt, weil sie in der *Impasse des Chevau-légers* in Versailles tagte. Es waren etwa 50 bis 65 Mitglieder, die das Haus Orléans abgrundtief haßten. Diejenigen, die sich weiterhin im *Hôtel des Reservoirs* trafen, beriefen sich auf das parlamentarische System und die Trikolore. Unter ihnen befanden sich viele »Fusionisten«.

Das rechte Zentrum bildete sich im April 1871. Ihm hatten sich Männer wie Albert de Broglie, Herzog Decazes oder Herzog d'Audiffret-Pasquier angeschlossen. Im Kaiserreich hatten sie sich aus der Politik zurückgezogen. Als treue Orléanisten unterstützten sie das parlamentarische System, waren aber überzeugt, daß es in einer Demokratie nur gut funktionieren könne, wenn auch Gegengewichte vorhanden seien. Broglie wollte nach dem Tod des Grafen von Chambord eine konservative, aber entwicklungsfähige Republik einführen. Im Laufe der Legislaturperiode fanden innerhalb dieser Gruppe mehrere Spaltungen und Verschiebungen statt, wobei die einen, wie die *»Réunion Lavergne«* — benannt nach ihrem Begründer Leonce de Lavergne (1809–1880) –, nach links tendierten und damit zur Gründung der Republik beitrugen. Andere dagegen wie die Mitglieder der Gruppe um Clerq lehnten diese Entwicklung ab. Ab Juli 1871 kam es zur Bildung der linken Mitte unter der Führung von J.-C. Rivet (1800–1872). Dort traf man orléanistische Traditionalisten wie Thiers oder Casimir-Périer, die sich der Republik aus Vernunftgründen anschlossen. Aber auch ein Politiker wie Jules Simon, ein Republikaner der ersten Stunde, fand sich in ihren Reihen. Anfangs sammelten sie sich in den beiden Gruppen um Feray und Rampon, aber im Laufe der Legislaturperiode bildeten sich weitere Splittergruppen; im Januar 1873 trat Casimir-Périer an die Spitze der konservativen Republikaner, im Mai 1873 formierte sich die Gruppe Target, die fünfzehn Mitglieder zählte und zum Sturz Thiers' beitrug.

Republikaner der ersten Stunde, die sich auch schon im Kaiserreich dazu bekannt hatten, gab es nicht mehr als zweihundert. Die einzelnen Gruppen waren hier wesentlich klarer voneinander getrennt. Abgesehen von den wenigen demokratischen Sozialisten, von denen ein großer Teil zurückgetreten war, blieben zwei eindeutig voneinander abgegrenzte Gruppen: auf der Linken die Republikanische Union Gambettas, während die Republikanische Linke unter Führung von Ferry und Grévy weiter rechts einzuordnen war.

Die Nationalversammlung blieb wegen der vielen Teilwahlen ständig dem Urteil der öffentlichen Meinung ausgesetzt. Seit Juli 1871 mußten 113 Abgeordnete gewählt werden. Zwischen Januar 1872 und Mai 1873 fanden 38 Wahlen für 41 Sitze statt, zwischen Mai 1873 und Februar 1875 wurden 27 Wahlen für 29 Sitze abgehalten. Inzwischen galt ein anderes Wahlrecht; das Gesetz vom 18. Februar 1873 behielt zwar die Abstimmung nach Departements bei, führte jedoch einen zweiten Wahlgang ein, wenn im ersten niemand die vorgeschriebene absolute Mehrheit erreicht hatte. Das Wahlverfahren vom Februar 1872 sah einen zweiten Wahlgang nur dann vor, wenn keiner der Kandidaten ein Achtel der Stimmen bekommen hatte, was allerdings nie eintrat. Die Monarchisten, durch ihren Rückgang erschreckt, hofften, auf diese Weise den Republikanern zu schaden, die sich im ersten Durchgang fast immer einig waren.

Die Wahlkampagne vom Juli 1871 verlief mit der Aufstellung der Kandidaten durch die Wahlkomitees und zahlreichen vorbereitenden Versammlungen unter normalen Bedingungen. Die Konservativen warfen Thiers' Präfekten zu Recht vor, sie würden ihre Kandidatur nicht genügend unterstützen. Die Monarchisten, die kurz zuvor eine provisorische Republik errichtet hatten, befanden sich ihren Wählern gegenüber in der Tat in einer schwierigen Situation. Viele Notabeln folgten dem Beispiel des katholischen Liberalen und Bürgermeisters von Villeneuve-lès-Avignon, Ranquet, der sich aus Feindseligkeit gegen den Legitimismus der monarchistischen Kandidaten und angesichts eines fehlenden Kandidaten der rechten Mitte mit einem Republikaner aus dieser Gegend namens Laget zusammentat, weil dieser »das Programm von Thiers vertrat«.

Wesentlich war von nun an, daß sich die Republikaner damit brüsten konnten, die wahren Konservativen zu sein, und die Monarchisten beschuldigten, sie würden nur Unruhe stiften. Dies bekräftigte im übrigen auch dieser republikanische Kandidat im benachbarten Departement Drôme: »Ich stehe an erster Stelle auf der Liste der wichtigsten Steuerzahler der Gemeinde Noyons. (...) Ich will, daß die Eigentumssverhältnisse gewahrt bleiben. Wenn ich durch meine Sparsamkeit und meine Arbeit zu einigem Wohlstand gelangt bin, möchte ich nicht, daß ein Nichtsnutz, ein Trunkenbold kommt und sagt: ›Laß uns teilen‹ (...) Ich bin weder ein Fanatiker noch ein Plünderer und auch keiner, der teilt.« Die Republikaner eroberten insgesamt 99 von 113 Sitzen; davon fielen 35 an radikale und 38 an gemäßigte Republikaner, der Rest waren ehemalige Monarchisten. Im Departement Isère errang der in der Gegend relativ unbekannte Oberst Denfert-Rochereau, der Verteidiger Belforts, den Sieg für die Republikaner und schlug dabei General Vinoy. Auch dem eklatanten Wahlerfolg Faidherbes im Departement Nord kam Symbolcharakter zu: »Wagen wir es«, schrieb der *»Progrès du Nord«*, »damit unsere Prinzipien vernünftig und nacheinander realisiert werden.«

Unter diesen Voraussetzungen war es begreiflich, daß seit Juli 1871 einige Gambetta nahestehende Republikaner die Auflösung der Nationalversammlung forderten. Diese hatte sich zwar als verfassunggebende Versammlung konstituiert, repräsentierte aber nicht mehr das Volk. Der Wahltrend vom Juli 1871 wurde erneut bestätigt. Von Januar 1872 bis Mai 1873 gewannen die Republikaner 31 von 41 Wahlen. Im Verlauf dieser Kampagnen traten Risse zwischen den verschiedenen republikanischen Gruppen auf und offenbarten den einigermaßen künstlichen Anstrich dieser Bündnisse. Auch die Wahl in Paris vom 27. April 1873 zählte dazu; Charles de Rémusat trat als Kandidat Thiers' gegen Barodet, einen Sympathisanten Gambettas, an. Barodet stammte aus Lyon, war fünfzig Jahre alt und eine ziemlich farblose Persönlichkeit. Er verdankte seinen Ruf als Politiker der Tatsache, daß er im Kaiserreich seine Stellung als Lehrer gekündigt hatte, weil er nicht als Kirchenkantor fungieren wollte. Er plädierte für die Auflösung der Versammlung und siegte damit über Rémusat, der von rechts durch die Kandidatur Stoffels geschwächt worden war. Stoffel war Oberst und war gegen Ende des Kaiserreichs Militärattaché in Berlin, hatte aber dann die Notbremse gezogen, weil er die Niederlage voraussah. Barodets Kandidatur erwies sich als schwerer Fehler im Bündnis zwischen den Republikanern und Thiers, dessen Sturz sie beschleunigte: Es war zu leicht, Barodet als Auferstehung der Kommune zu präsentieren und Thiers als jemanden hinzustellen, der der Gefahr nicht begegnen könne. Gambetta zog übrigens mit viel Realismus seine Lektion aus der Geschichte. Nach Thiers's Sturz festigte sich die Wählertendenz, denn die Republikaner erhielten bis Februar 1875 22 von 29 Sitzen. Der Unterpräfekt von Vienne kommentierte diese Entwicklung am 30. Januar 1872 mit den Worten: »Die Bauern gewöhnen sich an die Republik. Sie lehnen sie nicht ab. Sie wollen weder einen Staatsstreich der Monarchisten noch einen Gewaltstreich aufgehetzter Volksmassen.« Fügen wir hinzu, daß sie ein »römisches Abenteuer« fürchteten, das verbohrte Katholiken äußerst unbesonnen an die Wand malten. Die Abenteurer standen rechts!

MONSIEUR THIERS BEI DER ARBEIT

Thiers' Politik an der Spitze der Regierung orientierte sich vor allem an pragmatischen Gesichtspunkten. Seine erste Aufgabe bestand darin, eine frühere Freigabe des besetzten Gebiets zu erreichen. Am 2. Mai 1872 unterbreitete er Bismarck entsprechende Vorschläge und drohte mit seinem Rücktritt, falls dieser nicht akzeptiere. Da Bismarck aber sehr daran lag, daß Thiers, der für ihn der sicherste Garant für die Erfüllung des Vertrags war, an der Macht blieb, akzeptierte er. Im Vertrag vom 28. Juni 1872 erreichte Frankreich die Freigabe der besetzten Gebiete entsprechend den Terminen der Reparationszahlungen, auch dann, wenn diese vorgezogen würden. Thiers hatte richtig taktiert; die Anleihe, die im Juli 1872 ausgegeben wurde, lief mit großem Erfolg und wurde vierzehnmal voll gezeichnet. Der Direktor des *Crédit Lyonnais* erklärte seinen Aktionären: Die Thiers-Anleihe hat sich [im Laufe des Jahres 1872] der unverminderten Gunst des Publikums erfreut und laufend disponibles Kapital angezogen. Die Anleihe von 1872 war der Anleihe von 1871 gefolgt, auch sie mit fünf Prozent Zinsen. Die Subskriptionen waren von zwei Konsortien organisiert worden, die sich damals um die Rothschilds einerseits und um die *Banque de Paris* und den *Crédit Lyonnais* andererseits gebildet hatten. Beide schlossen sich zusammen und unterzeichneten am 26. Juli 1872 einen Vertrag mit dem Finanzminister.

Die Anleihe von 1872 stellte einen wichtigen Abschnitt in der Geschichte der französischen Banken dar, denn sie festigte den Einfluß der Depositenbanken und war von bedeutsamen Umgruppierungen begleitet. Im Frühjahr des gleichen Jahres wurde die *Banque de Paris et des Pays-Bas* gegründet, die aus der Fusion der *Banque de Paris* und der *Société de Dépôt des Pays-Bas* hervorgegangen war. Durch die Anleihen ergaben sich auch langfristige Konsequenzen hinsichtlich der Richtung der Investitionsströme. Die französischen Banken mußten sich größtenteils an das Ausland wenden und beteiligten sich auch nicht an der großangelegten Neuorientierung des internationalen Kapitalverkehrs in Richtung auf Amerika und den pazifischen Raum. Auch hier zog sich Frankreich auf sich selbst zurück.

Im September 1873 wurden die besetzten Gebiete völlig geräumt. Bereits am 27. Juli 1872 war ein Gesetz über die Neuorganisation der

Streitkräfte verabschiedet worden. Bazaine mußte für alles herhalten, denn durch seine Verurteilung konnte man sich in einem reinen Gewissen wiegen. Frankreich machte kein Hehl daraus, von den Preußen lernen zu wollen. Dies geschah aber nur teilweise, denn der alte Dickkopf Thiers hielt an seiner Auffassung fest, daß Soldaten nur durch langen Militärdienst eine gute Ausbildung erhielten. Man mußte einen Kompromiß finden; das Losverfahren wurde für die Hälfte der Rekruten beibehalten, die nun fünf Jahre lang dienen mußten (100000 Mann). 25000 Mann hatten zehn Monate zu dienen und 60000 Soldaten in zwei Etappen zu je 28 Tagen. Die Abiturienten und die Söhne reicher Eltern mußten wie in Deutschland nur ein Jahr dienen, wenn sie sich freiwillig meldeten. Pfarrer, Lehrer an Volks- und höheren Schulen und die einzigen Söhne von Familien wurden völlig freigestellt. Im Alter von dreißig Jahren wurden alle Einberufenen in die Reserve übernommen, eine Maßnahme, die man der preußischen Landwehr abgeschaut hatte.

Dieses Gesetz kam dem System der Aufstellung nationaler Streitkräfte recht nahe und ermöglichte im Ernstfall den Einsatz von mehr als 400000 Soldaten – war also mit der preußischen Heeresordnung vergleichbar. Im Jahr 1872 wurde der »Oberste Kriegsrat« geschaffen, der aber erst fünfzehn Jahre später richtig arbeitete. Bedauerlicherweise setzte man keinen regierungsunabhängigen Generalstab ein, denn es bestanden erhebliche Meinungsverschiedenheiten zwischen den höheren Offizieren, das heißt Generälen aus dem Kaiserreich und solchen, die unter Gambetta und Freycinet Karriere gemacht hatten. Diese letzte Generation unter dem Einfluß der dominierenden Persönlichkeit Chanzys, der 1883 starb, spielte nach 1879 eine große Rolle. Die militärische Neuorganisation sah achtzehn Militärregionen vor, doch Thiers lehnte die Einberufung auf regionaler Ebene ab. Er hatte aus dem Chaos im Sommer 1870 nichts gelernt. Jede Stadt verfügte nun über ein eigenes Regiment mit einer eigenen Nummer. Die neue Strategie zeichnete sich im Jahr 1876 ab, als eine feindliche Invasion durch die Champagne und ein Gegenangriff vom Plateau von Langres aus durchgespielt wurden. Aufgrund dieses Planspiels wurden zusätzliche Eisenbahnlinien gebaut.

Die Kommune hatte die Furcht vor einem revolutionären Paris wieder aufleben lassen. Dementsprechend kam die Dezentralisation nach 1871 groß in Mode. Sie wurde zum bevorzugten Thema der liberalen Rechten. Es tauchte in allen bereits zitierten Werken liberaler Autoren auf. Auch

Taine ließ sich davon inspirieren. Diese Frage stellte einen der Aspekte jener Rückbesinnung auf sich selbst dar, der Suche nach dem wahren Frankreich, das der Jakobinismus zerstört hatte, und auch der Anglophilie liberaler Kreise. Doch Thiers lehnte die dezentralistischen Tendenzen der Nationalversammlung ab; er war ein Mann der Ordnung. Die Versammlung hatte mit 285 Stimmen bei 275 Gegenstimmen beschlossen, daß die Bürgermeister aller Gemeinden durch die Gemeinderäte gewählt werden sollten, doch Thiers ließ diesen Beschluß widerrufen. Daraufhin entschied man, daß die Bürgermeister von Präfekturen, Kreisstädten und Gemeinden über 20000 Einwohnern nicht gewählt, sondern ernannt würden. In diesem Sinn erweiterte man die Kompetenzen der »Generalräte«, die in allgemeiner Wahl bestimmt wurden. Darüber hinaus wurden in den Departements Kommissionen geschaffen, die aus dem *Conseil général* hervorgingen, sich aber häufiger als dieser trafen und die Arbeit der Präfekten besser kontrollieren konnten.

Diese Gesetze zur Neuordnung lokaler Machtverhältnisse brachten nicht den Erfolg, den die Rechten erwartet hatten, denn anstatt die Macht und den Einfluß der traditionellen Eliten zu stärken, erleichterten sie den Republikanern das Vordringen auf dem Lande. Jules Ferry und Gambetta hatten übrigens beide seit dem Kaiserreich begriffen, wie wichtig dieser Einsatz war, und deshalb richtete Gambetta stets sein besonderes Augenmerk auf die Ergebnisse dieser Wahlen.

GAMBETTA GEGEN THIERS

In den Beziehungen zwischen Thiers und der Nationalversammlung herrschte stets gegenseitiges Mißtrauen. Thiers' Machtbefugnisse wurden in dem Gesetz Rivet vom 31. August 1871 verankert, das ihm den so ersehnten Titel eines »Präsidenten der Republik« zugestand. Sein Mandat dauerte aber nicht drei Jahre, wie er es sich vorgestellt hatte, sondern wurde auf die Dauer der Arbeit der Nationalversammlung beschränkt. Falls die Restauration weniger als drei Jahre dauern würde, erhielt die Nationalversammlung das Recht, sich auch schon früher aufzulösen.

Das Gesetz Rivet stellte eine entscheidende Etappe auf dem Weg zu einem parlamentarischen System dar, denn es bestimmte, daß »der Ministerrat und die Minister der Nationalversammlung verantwortlich« waren. Außerdem war eine Entscheidung des Präsidenten nur dann rechtskräftig, wenn ein Minister sie gegengezeichnet hatte. Der Widerspruch zwischen dieser Klausel und der Bestimmung, daß »der Präsident der Versammlung verantwortlich ist«, war offenkundig. Die Erklärung dafür lag in der Person Thiers', denn er war nicht der Mann, am Parlament vorbei zu regieren. Es war klar, daß man sich auf eine Lösung im Sinne einer Nichtverantwortlichkeit des Präsidenten der Republik zu bewegte. Das Gesetz wurde am 31. August mit 491 gegen 94 Stimmen verabschiedet und trug zur weiteren Festigung der Republik bei.

Am 2. September 1871 ernannte Thiers seinen Justizminister Dufaure zum Vizepräsidenten des Ministerrats. Er hatte Louis-Philippe als Minister gedient, war dann aber Republikaner und Mitglied des linken Zentrums geworden. Damit war der erste Schritt zur Trennung der Funktionen des Präsidenten der Republik und des Ministerpräsidenten getan.

Am 13. November 1872 enthüllte Thiers bei der Eröffnung der Sitzungsperiode der Nationalversammlung seine wahren Absichten: »Die Republik existiert«, sagte er, »sie ist die gesetzliche Regierung des Volkes, aber jede Regierung muß auch bewahren, und keine Gesellschaft könnte existieren, wenn sie das unterließe. Die Republik wird entweder konservativ sein oder gar nicht.«

Damit war der Vertrag von Bordeaux gebrochen. Thiers hoffte, mit diesem Appell das linke und rechte Zentrum zu vereinen, um die Gründung einer konservativen Republik zu fördern. Der Appell war seine Antwort auf all die Reden, die Gambetta den ganzen Sommer lang gehalten hatte. Seine Rede vom 26. September in Grenoble hatte bei den Rechten am meisten Unruhe verursacht: »Ich ahne es, ich fühle es, ich verkünde die Entstehung und die Existenz einer neuen Schicht in der Politik, die schon seit achtzehn Monaten am Werke und ihren Vorgängern ebenbürtig ist.« Solche Erklärungen mußten die Rechten und auch die Rechtsliberalen beunruhigen, deren Hauptanliegen es war, die traditionelle Führungsschicht an der Macht zu halten. Thiers distanzierte sich also von Gambetta, während seine Annäherung an die Republik das linke Zentrum überzeugen mußte.

Aber das Manöver scheiterte. Auf der Linken versuchte Gambetta einen Bruch zwischen Thiers und den Konservativen zu provozieren. Seine Zeitung, die *»République française«*, und die vielen Provinzblätter, die auf seiner Seite standen, zogen gegen Thiers und seine, wie es hieß, zu konservative Politik zu Felde. Gambetta unterstützte – wie bereits erwähnt – im April 1873 in Paris Barodet gegen Rémusat, den Kandidaten Thiers'. Damit arbeitete er der Rechten in die Hände und schwächte Thiers' Position. Die Rechte und die rechte Mitte erwirkten nach seinen Erklärungen die Ernennung einer Kommission der sogenannten »Dreißig«, die die Frage der Ministerverantwortlichkeit regeln sollte und deren Arbeit mit der Verabschiedung des »chinesischen Gesetzes« am 13. März 1871 beendet war. Dieses sah vor, daß der Präsident der Republik eine Rede vor der Nationalversammlung am Vortag ankündigen mußte. Er konnte also erst einen Tag später sprechen. Außerdem sollte der Präsident nur angehört werden, wenn die Anfragen sich auf die Außenpolitik und die allgemeine Politik der Regierung bezogen. Diese bürokratischen Kleinlichkeiten *(chinoiseries)* sollten Thiers' Handlungsspielraum einengen. Sie markierten aber auch eine weitere Etappe auf dem Weg zur Trennung der Kompetenzen zwischen dem Ministerpräsidenten und dem Präsidenten der Republik, dessen Nichtverantwortlichkeit damit immer offensichtlicher wurde. Das »chinesische Gesetz« legte auch den Grundstein für die zukünftige Verfassung, indem es den verfassunggebenden Charakter der Versammlung erneut bestätigte und die Bildung einer »Zweiten Kammer« anordnete, deren Kompetenzen noch definiert werden mußten.

Barodets Unterstützung stellte sich für Gambetta als enormer taktischer Fehler heraus, den er zu spät erkannte. Seit dem 15. März, als der Vertrag über die vorgezogene Räumung Frankreichs unterzeichnet war, brauchte man Thiers an der Spitze des Staats nicht mehr unbedingt. Barodets Sieg bestätigte die Sorgen der Konservativen um so mehr, als auch die Teilwahlen nicht gerade ermutigend ausfielen. Wie Thiers strebte auch Albert de Broglie die Einigung der Zentrumsgruppierungen an und hatte deshalb Kontakt mit General Chanzy aufgenommen, einem der Anführer der linken Mitte. Aber auch er scheiterte. So mußte Broglie etwas widerwillig an die Spitze einer Koalition der konservativen Monarchisten treten.

DIE EINIGUNG DER REPUBLIKANER

De Broglie hatte schon vor der Wahl Barodets eine Verschwörung gegen Thiers angezettelt. Zuerst wurde Parlamentspräsident Grévy durch einen Zwischenfall während einer Sitzung ausgeschaltet, bei der er, wie es hieß, durch eine Nachricht, die ihm von der Tribüne überbracht wurde, so verwirrt wurde, daß er einen Abgeordneten der Rechten völlig zu Unrecht tadelte. Er wurde durch Buffet (1818–1898), einen Konservativen und ehemaligen Finanzminister im Kabinett Émile Ollivier ersetzt.

Ein Zwischenfall im Mai, als Innenminister Goulard und Bildungsminister Jules Simon aneinandergerieten, bot Thiers die Chance der Intervention. Am 18. Mai ersetzte er Goulard durch Auguste Casimir-Périer, einen Mann der linken Mitte, während Simon durch Waddington (1826–1894), einen ebenfalls großbürgerlichen Republikaner, abgelöst wurde. Gleichzeitig legte Dufaure ein Gesetz zur Neuordnung der Staatsorgane vor, das den Parlamentarismus mit einer starken Stellung des Präsidenten kombinierte. Der Plan gelangte nicht zur Debatte, denn der Herzog de Broglie präsentierte eine Anfrage von 320 Abgeordneten über »die Notwendigkeit, die Regierung auf eine betont konservative Politik festzulegen«, die am 23. Mai auf die Tagesordnung kam. Der Herzog de Broglie beschuldigte Thiers, er sei ein Schützling der Radikalen. Thiers konterte tags darauf, daß de Broglie als Enkel von Madame de Staël ein Protégé des Kaiserreichs gewesen sei. Thiers sprach infolge des »chinesischen Gesetzes« vor einer schweigenden Nationalversammlung, die am Nachmittag in seiner Abwesenheit darüber beraten wollte. Er sollte recht behalten, denn der Herzog brauchte nicht nur die fünfzehn republikanischen Stimmen der Gruppe Target, die aus Angst vor dem Radikalismus gegen Thiers gestimmt hatten, sondern er benötigte auch die Stimmen der Bonapartisten. Napoleon III. starb im Januar 1873 an den Folgen einer Operation. Er hatte nach langem Zögern endlich in sie eingewilligt, weil der von ihm geplante Staatsstreich es erforderlich machte, daß er wieder reiten konnte. Von nun an unterstützten die Bonapartisten die Monarchisten gegen Thiers. Die Anfrage de Broglies passierte deshalb die Versammlung mit 360 gegen 344 Stimmen.

Thiers hätte nicht abdanken müssen. Er tat es aber dennoch und handelte damit wie ein parlamentarisch verantwortlicher Ministerpräsident und nicht als ein Präsident der Republik. Am gleichen Abend wurde Mac-Mahon, der schon seit langem dafür vorgesehen war, mit 390 Stimmen zu seinem Nachfolger gewählt. Er spielte die Rolle eines parlamentarisch nicht verantwortlichen Präsidenten der Republik, während Dufaures Nachfolger de Broglie das Amt des Ministerpräsidenten übernahm. Er suchte seine Minister in der Mehrheit der Nationalversammlung. Zwei waren Legitimisten (Ernoul als Justiz- und La Bouillerie als Landwirtschaftsminister); Magne, Ex-Minister aus der Kaiserzeit, übernahm wieder das Finanzressort, während sich die übrigen Minister zum Orléanismus bekannten. Am 25. Mai erklärte Mac-Mahon, es sei sein Ziel, die »moralische Ordnung«, die er für gefährdet hielt, zu verteidigen.

Frankreich war aber nicht nur über die Regierungsform, sondern auch und vor allem über die Gesellschaftsordnung uneins. Die zentrale Frage blieb der Laizismus. Für die Republikaner, ganz gleich ob Anhänger Gambettas oder aus der republikanischen Linken stammend, und für einige Mitglieder der linken Mitte war ein laizistisches Bildungswesen die Voraussetzung für einen säkularisierten Staat. Das Programm war schon gegen Ende des Kaiserreichs skizziert worden: Der Besuch der Grundschule sollte obligatorisch und kostenlos sein und der Unterricht durch weltliche Lehrkräfte erteilt werden. Ein typischer Ausdruck für diese Ideologie war die Rede Jules Ferrys am 10. April 1870 in der Salle Molière: »Die letzte, die schrecklichste der Ungerechtigkeiten, die durch Herkunft verursacht werden, soll verschwinden – die Ungleichheit im Erziehungswesen.« Dieses Programm wurde von der »Liga für Erziehung«, die immer mehr Zulauf bekam, unterstützt und von Thiers' Minister Simon auch nicht behindert. Er legte einen Gesetzentwurf über die allgemeine Schulpflicht vor. Die Liga unterstützte ihn mit einer Petition, in der überdies Kostenfreiheit und weltliches Lehrerpersonal gefordert wurden. Die Katholiken reichten eine Gegenpetition ein, wobei sich für den ersten Vorschlag 3,5 Prozent der Bevölkerung (1 267 000 Unterschriften), für den zweiten aber nur 1,2 Prozent (450 000 Unterschriften) aussprachen. Die Zahlen variierten je nach Departement stark und hingen vom Einfluß der Liga ab. Im Norden, wo sie keine sehr große Anhängerschaft besaß, siegten die Katholiken über die Laizisten mit 18 Prozent gegenüber 6,7 Prozent. In der Nationalversammlung legte die Kommission, die unter Leitung von Mgr. Dupanloup den Plan prüfen sollte, eine Gegenpetition vor, in der die Freiheit der Grundschulausbildung gewährleistet und die Kostenfreiheit erweitert wurde durch ein Gutscheinsystem, das armen Familien für private und öffentliche Schulen offenstand. Jules Simon war klug und ließ es dabei erst einmal bewenden.

Die Unruhe unter den Rechten war aus zwei Gründen berechtigt. Einige junge, ehrgeizige und ideologisch überzeugte Republikaner hatten seit dem Ende des Kaiserreichs versucht, den Staat und seine Regionalparlamente in die Enge zu treiben. Sie konnten ihre Meinungsverschiedenheiten überwinden, während ihre Gegner trotz scheinbarer Einigkeit in ihrem Eintreten für die »moralische Ordnung« tief zerstritten waren. Die Republikaner repräsentierten sich straff organisiert und wurden effizient geführt, besaßen vereinte Truppen und ihre Treffpunkte wie Cafés, Vergnügungsclubs, politische Vereine und Freimaurerlogen. Im Departement Gard wurde Ende Oktober 1870 die »Gesellschaft für republikanische Propaganda« in Nîmes gegründet, die von vorwiegend protestantischen Vertretern des mittleren Bürgertums gelenkt wurde. Vom März 1871 an begann man als Gegenreaktion von katholischer Seite her mit der Gründung einer »Demokratischen Vereinigung«. Der Einfluß der Freimaurer war regional sehr unterschiedlich, in Paris jedoch ziemlich stark. Man konnte von einer echten republikanischen Partei mit Ideologie und Programm sprechen. Die Ideologie stammte direkt aus dem Positivismus, das Programm bestand in der Säkularisierung des Staates und der Gesellschaft. Der Spiritualismus eines Jules Simon fand dagegen nur begrenzt Anhänger.

Die allmähliche Verbreitung der republikanischen Ideologie im ländlichen Bereich, ausgehend von den mittelgroßen Städten, war ein neues Phänomen der siebziger Jahre, zumindest dort, wo sie bisher noch nicht hingelangt war. Der Bonapartismus hatte auch dafür den Boden bereitet. Doch entscheidend war die Ausbreitung einer propagandistisch aktiven Massenpresse, die von republikanisch gesinnten Großbürgern – zumal von Industriellen – finanziert wurde und deren Mitarbeiter häufig Freimaurer waren. Als Beispiele seien genannt die *»Gazette du Village«*, die Baillières herausgab, die »Broschüren des Père Gérard«, vor allem der *»Catéchisme républicain«* mit einer Auflage von 100000 Exemplaren, sowie *»Le Petit Journal«*, das Émile Girardin 1873 wiederauflegte und das viel dazu beitrug, das Ideal einer gemäßigten Republik auf dem Land zu verbreiten. *»Le Petit Journal«*, schrieb Edmond About 1880, (...) »hat vielleicht eine Million Leser für die Sache der Republik gewonnen, und dieses Verdienst kann ihm keiner nehmen«. Der Antiklerikalismus des Blattes war sehr gemäßigt, und seine gesellschaftlichen Vorstellungen klangen eher versöhnlich.

Verglichen mit diesem trotz seiner Meinungsverschiedenheiten geeinten Block erschien die Rechte zerrissen. »Die Linke«, schrieb *»Le Temps«* am 11. März 1874, »und das linke Zentrum sind sich weitaus einiger als die Rechte und das rechte Zentrum. Zwischen den beiden letzten klafft ein wahrer Abgrund, die beiden Linken trennt nur eine Nuance.« Auf die Regierungsübernahme de Broglies folgte der Rückzug der Republikaner hinter das linke Zentrum: gerade als die Gegensätze innerhalb der Rechten nicht nur wegen dynastischer Fragen offen ausbrachen, übertrafen sich jene an Mäßigung. Die liberalen Katholiken mit Mgr. Dupanloup an der Spitze beobachteten mit äußerstem Unbehagen, wie sich das Programm der Ultramontanen und klerikale Kundgebungen von der Art, wie sie um den Sacré-Cœur-Kult veranstaltet wurden, entwickelten. Darüber hinaus gesellte sich zu der legitimistischen eine stark konterrevolutionäre Ideologie, deren soziale und ständische Dimension sich vor allem in den »Arbeiterkreisen«, die von Albert de Mun beeinflußt wurden, immer klarer herausschälte. Diese Gedanken konnten den meisten Orléanisten nur mißfallen. Doch zuerst sollte es zur Spaltung unter den Thronanwärtern kommen.

Mac-Mahon wurde am 24. Mai 1873 gewählt und trat am 30. Januar 1879 zugunsten von Jules Grévy zurück. Grévy war ein Präsident, der es zuließ, daß sich die Republik zu einer Herrschaft der Nationalversammlung entwickelte. Diese wenigen Monate entschieden nicht nur über den Namen, sondern auch über den Charakter des Regimes. Jules Ferry selbst war es, der im Augenblick der Krise vom 16. Mai in einer feierlichen Erklärung die künftige Staatsform die einer »konventionellen Republik« nannte. Das Drama spielte sich in drei Akten ab: das Scheitern der Restauration der Monarchie, das sich schon seit Oktober 1873 abzeichnete; dann die allmähliche Auflösung der Mehrheit der Rechten. Ein erneutes »Zusammengehen der mittleren Gruppierungen« ermöglichte die Verabschiedung der Verfassungsgesetze von 1875, und die Wahlen von 1876 sorgten für eine Mehrheit der Republikaner in der Kammer. Als es ein Jahr später zum Konflikt kam, beging Mac-Mahon seinen größten Fehler, als er die Auflösung der Kammer dazu benutzen wollte, die Entscheidung des Wählers nach einem Jahr zu korrigieren. Es war ein reiner Akt der

Verzweiflung. Diese unglückliche Episode störte das Gleichgewicht der Verfassungsgesetze von 1875 zugunsten der Versammlungen und nicht der Nationalversammlung. Die Verfassung von 1875 war in diesem Sinn letztlich aus dem liberalkonservativen Denken des 19. Jahrhunderts hervorgegangen: Die zweite Kammer schuf ein Gegengewicht zur ersten.

DAS SCHEITERN DER RESTAURATION UND DIE VERSCHIEBUNG DER MEHRHEITSVERHÄLTNISSE

Von Anfang an hatte Albert de Broglie nicht an die Möglichkeit einer Wiedereinsetzung des Grafen von Chambord in seine Thronrechte geglaubt. Den Beweis dafür mußte er freilich noch liefern, damit auch die legitimistischen Abgeordneten davon überzeugt waren. De Broglie bat also Mac-Mahon, er solle beim Thronanwärter offiziell vorsprechen, doch der Präsident, ein Legalist, lehnte ab. Die Unterhandlung mußte von einigen Monarchisten, die kein Mandat besaßen, geführt werden. Am 5. August begab sich der Graf von Paris, der Nachfahre der Orléans, nach Frohsdorf in Österreich, wo der Graf von Chambord residierte, und erkannte ihn als den Repräsentanten der französischen Monarchie an. Daraufhin forderte der Graf von Paris Mac-Mahon auf, die Kammer einzuberufen. Dieser lehnte auf den Rat de Broglies ab; er wußte nur zu gut, daß die politischen Voraussetzungen dafür nicht gegeben waren, denn die Sache der Monarchisten bedurfte der Unterstützung der Mitglieder des linken Zentrums, die für das Funktionieren der Institutionen ihre Garantien verlangen würden. Man muß hier daran erinnern, daß es unter den 360 Abgeordneten vom 23. Mai auch Bonapartisten und Republikaner gab. So stellte sich die Frage nach dem weißen Lilienbanner, dessen Bedeutung in dieser Angelegenheit um so größer war, als es sich dabei zwar nur um ein Symbol, aber um ein höchst bedeutsames handelte: um die Weigerung nämlich, die nationale Souveränität im Vergleich zum monarchischen Prinzip als vorrangig anzuerkennen. Mgr. Pie, der Bischof von Poitiers, der schon in der Kaiserzeit seine legitimistischen Überzeugungen ständig bekräftigt hatte, wurde aufgefordert, beim Thronanwärter um eine Audienz nachzusuchen. »Wenn Gott Frankreich retten will«, antwortete Pie, »wird er ihm bessere Maßnahmen eingeben, andernfalls wird das Land ein Opfer seiner stupiden Abneigungen.« In dieser Rolle der Vorsehung sah sich auch der Graf von Chambord selber.

Als sich danach eine Abordnung legitimistischer Abgeordneter ihrerseits nach Frohsdorf begab, bekräftigte der Graf von Chambord erneut seinen Willen, die politischen Rechte zu respektieren und eine parlamentarische Regierungsform zu errichten. Er erklärte, er wolle die Frage der Fahne im Einverständnis mit der Armee klären. Die Orléanisten ließen durch Audiffret-Pasquier mitteilen, daß sie sich nur einer »dreifarbigen« Monarchie anschließen könnten, und Mac-Mahon leistete ihnen Schützenhilfe, indem er betonte, er könne nicht für die öffentliche Sicherheit garantieren, wenn auf die drei Farben verzichtet werde. Keiner der Legitimisten der früheren Zeit wollte sich mit dem Grafen von Chambord anlegen. In diesem Augenblick übernahm ein Anwalt aus Orthez, Charles Chesnelong (1820–1899), ein überzeugter Katholik und erst seit kurzem Anhänger der Legitimisten, die unmögliche Mission und traf am 14. Oktober viermal mit dem Thronanwärter zusammen. Dieser gestand zu, die Frage der Fahne erst nach seiner Machtübernahme zu stellen. Doch lehnte er Chesnelongs Formel ab, die Fahne könne nur im Einverständnis mit der Nationalversammlung geändert werden. Offensichtlich kam es hier zu einem Mißverständnis, denn Chesnelong hatte wirklich angenommen, der König habe die im Namen der Monarchisten der Versammlung vorgeschlagene Formel akzeptiert. Der Text, der der Versammlung vorgelegt werden sollte, wurde vorbereitet, die Staatskarosse hergerichtet. Republikaner und auch Bonapartisten setzten sich in Bewegung. Doch am 27. Oktober veröffentlichte *»L'Union«* eine Richtigstellung des Grafen von Chambord, in der er es ablehnte, seine Herrschaft mit einem »Akt der Schwäche« zu beginnen; denn, so sagte er recht überzeugend, »die Ansprüche des Vortages sind Maßstab für die Anforderungen des nächsten Tages« (...) »Bin ich heute geschwächt, werde ich morgen machtlos sein.«

Offensichtlich hatte Gott nicht die Absicht, Frankreich zu retten, indem er dort wieder eine christliche Monarchie einsetzte. Der Graf von Chambord hatte, wie schon gesagt, keinen Erben und wollte sicher nicht den Orléanisten den Weg ebnen. Albert de Broglie konnte also die Lösung durchsetzen, die er von Anfang an beabsichtigt hatte. Präsident Mac-Mahon sollte als perfekter Generalstatthalter des Königreichs fungieren, solange man auf das Ableben des Grafen wartete. Am 20. November 1873 wurde das Gesetz verabschiedet, das die Amtsdauer des Präsidenten der

Republik auf sieben Jahre begrenzte – de Broglie hatte zehn Jahre gefordert. Die Festsetzung einer siebenjährigen Amtszeit bedeutete nicht die Gründung der Republik, denn das Gesetz sah vor, daß die »Machtbefugnis [des Marschalls] weiterhin unter dem Titel eines Präsidenten der Republik ausgeübt wird, und zwar unter den aktuellen Bedingungen bis zu einer möglichen Änderung der Verfassung.« Während der Debatte versuchte der Graf von Chambord, Schicksal zu spielen, indem er sich heimlich nach Versailles begab in der Annahme, Mac-Mahon würde ihn durch die Nationalversammlung zum König ausrufen lassen; das aber lehnte der Präsident ab. Der Prinz verglich ihn in seiner Enttäuschung mit einem Polizeihauptmann. Doch sein eigenes Verhalten ließ zumindest Augenmaß vermissen; Heinrich V. war eben ein Romantiker.

Die Fanatiker unter den Legitimisten schoben die Schuld für das Scheitern der Restauration nicht ganz zu Unrecht de Broglie zu. Bereits am 26. November verließen zwei legitimistische Minister, Ernoul und La Bouillerie, die Regierung. De Broglie übernahm selbst das Innenministerium und berief den Herzog Decazes zum Außenminister. Der stand den Legitimisten und ihrer Propaganda für die weltliche Macht der Kirche ablehnend gegenüber. Seit seiner Übernahme der Amtsgeschäfte bemühte sich der Regierungschef, den republikanischen Einfluß einzudämmen, obwohl sich dies mit seinen liberalen Vorstellungen kaum vereinbaren ließ. Er entließ die republikanischen Präfekten, nominierte Bürgermeister, die häufig schon im Kaiserreich gedient hatten, und verbot bürgerliche Beerdigungen, wie sie von den Freimaurerverbänden organisiert wurden. Er ließ Ranc, einen ehemaligen Mitarbeiter Gambettas, in der Regierung der Nationalen Verteidigung strafrechtlich verfolgen, weil dieser ein paar Tage lang der Kommune angehört hatte. Ranc wurde in Abwesenheit zum Tode verurteilt und mußte nach Brüsssel emigrieren. Alle diese Vorgänge gipfelten in dem Gesetz vom 20. Januar 1874, das den Staatschef und die Präfekten berechtigte, die Bürgermeister aller französischen Gemeinden zu ernennen. Das aber sollte sich als schwerer politischer Fehler erweisen, denn die Demokratie hatte in den Gemeinden bereits Fuß gefaßt.

Gleichzeitig mußte de Broglie sich den aufbegehrenden, hartnäckigen Legitimisten stellen, die sich am 16. Mai 1874 bei einer Gesetzesvorlage über die zweite Kammer mit der Linken zusammentaten, um ihn zu Fall zu bringen. Es kam zur Bildung eines Ministeriums Cissey, das aber eigentlich von Decazes geführt wurde. Decazes setzte sein ganzes Gewicht für die Einheit des Zentrums ein, um die Verabschiedung der Verfassungsgesetze zu ermöglichen.

DIE RÜCKKEHR ZUR EINHEIT DES ZENTRUMS UND DIE VERABSCHIEDUNG DER VERFASSUNGSGESETZE

Der linke Flügel des Zentrums hatte bei der Abstimmung über die siebenjährige Amtszeit die Ernennung einer Kommission für Verfassungsfragen durchgesetzt. Zwischen Februar und Juli 1875 eskalierte die Entwicklung durch drei einander ergänzende Ereignisse. Immer mehr Abgeordnete des rechten Zentrums begannen zu fürchten, daß die Verzögerungen zu nichts führten, und kamen zu der Überzeugung, es müsse in jedem Fall ein System errichtet werden, das bestimmte Garantien für die Konservativen – vor allem eine zweite Kammer – enthalte. Diesen Standpunkt nahmen zumal der Graf d'Haussonville, ein Schwager Albert de Broglies, und Decazes ein. Nun wurde aber am 24. Mai 1874 im Departement Nièvre Baron de Bourgoing, Bonapartist und früherer Stallmeister des Kaisers, gewählt. Dies war kein Einzelfall, denn auch bei Teilwahlen vom Oktober 1873 bis Februar 1875 wurden sechs Bonapartisten gewählt. Daher kam es aus Furcht vor einer bonapartistischen Restauration zu einer etwas überstürzten Abstimmung über die Verfassung. Ein großer Teil des rechten Zentrums (der Kreis um Lavergne) neigte zunehmend einer Republik zu. Im Lager der Republikaner aber entwickelte Gambetta eine Kompromißstrategie. Die Republik mußte, um akzeptiert zu werden, vor allem Vertrauen einflößen. Dies war die Linie, auf die er sein riesiges Arsenal an Zeitungsgeschützen, über das er verfügte, einschwor. Vor allem machte er weitreichende Konzessionen, indem er die konstituierende Funktion der Nationalversammlung anerkannte sowie die zweite Kammer und das Auflösungsrecht akzeptierte.

Das Wort »Republik« wurde eingeführt und mit einer Stimme Mehrheit in einem Änderungsantrag am 30. Januar 1875 verabschiedet. Diesen Antrag, der den Wahlmodus des Präsidenten betraf, hatte ein Mitglied der Gruppe Target, der katholische Abgeordnete Wallon, eingebracht. Die Argumente der Gruppe waren plausibel, denn Wallon sagte: »Meine

Freunde und ich sind überzeugt, daß die Monarchie 1880 genausowenig möglich sein wird wie heute, deshalb wollen wir die Republik heute konsolidieren.« Die Institutionen, die aus diesem Votum resultierten, waren das Ergebnis von Übereinkommen. Am schwierigsten und eigenartigsten gestaltete sich die Verhandlung, die zur Einsetzung des Senats führte, »dem großen Rat der Gemeinden Frankreichs«, wie Gambetta es formulierte. Denn die Verfassung von 1875 war, so sagte man, »vor allem der Senat«. Nun wußte aber Gambetta, daß die »französischen Gemeinden« der Reihe nach den Republikanern in die Hände fallen würden.

DIE VERFASSUNGSGESETZE

Es gab keine »Verfassung von 1875«, die hehre, unantastbare Prinzipien festgelegt hätte. Es gab nur drei Gesetze über die Arbeit der Staatsorgane: Am 24. Februar 1875 wurden die Funktionen des Senats festgelegt, am 25. Februar die der Staatsorgane insgesamt und am 16. Juli das Verhältnis der Staatsorgane zueinander. Die Gesetze bildeten das Ergebnis langer parlamentarischer Erfahrung und kluger Einsicht. Im Ansatz wesentlich von den Orléanisten beeinflußt, basierten sie auf einem ausgeklügelten System von Gegengewichten, das jeglichen Machtmißbrauch verhindern sollte. Das Gleichgewicht zwischen Legislative und Exekutive wurde durch das Gewohnheitsrecht gestört, nicht aber das Verhältnis zwischen Oberhaus und Unterhaus.

Die Exekutive lag beim Präsidenten der Republik, der von beiden Kammern gewählt wurde und sich bei sich bietender Gelegenheit leicht zum Alleinherrscher aufschwingen konnte. Zu seinen Befugnissen gehörte die Ernennung der Minister, der höheren Beamten, aber auch der Staatsräte; ihm unterstanden die Streitkräfte, er besaß die Gesetzesinitiative in beiden Häusern und das Recht zur Verkündung von Gesetzen. Er konnte auf beide Häuser effektiv Einfluß ausüben, denn er berief beide Kammern ein, deren Sitzungsperiode mindestens fünf Monate dauern mußte. Er konnte sie für die Dauer von höchstens einem Monat vertagen, und er schloß auch die Legislaturperiode offiziell. Er besaß das Recht zur Auflösung der Nationalversammlung, das er aber erst mit Zustimmung des Senats ausüben konnte. Dagegen trug der Präsident selbst parlamentarisch keine Verantwortung, seine sämtlichen Erlasse bedurften der Gegenzeichnung durch einen Minister. Dadurch bestand die Gefahr, daß die Minister die Macht an sich rissen, indem sie ihre Verantwortlichkeit als Vorwand benutzten. Das Recht zur Auflösung der ersten Kammer stellte also das wichtigste Druckmittel dar, um das Gleichgewicht zwischen beiden Gewalten zu garantieren.

Die Legislative bestand aus zwei Kammern, dem Senat und der Abgeordnetenkammer. Die Gleichberechtigung beider Kammern wurde mehrfach bestätigt. Die Senatoren waren älter, denn das passive Wahlrecht für die zweite Kammer konnte man erst mit vierzig Jahren erwerben. 225 Mitglieder waren von einem Kollegium gewählt worden, in dem die *conseillers généraux*, die Bezirksräte und ein Delegierter aus dem Gemeinderat jeder Gemeinde saßen, und 75 waren auf Lebenszeit gewählt; sie waren die Erben der früheren Pairs. Die Sitzverteilung stärkte die Überrepräsentation des bäuerlichen Frankreich, denn kein Departement war mit weniger als zwei Sitzen vertreten. Die Erneuerung des Senats war mit der Wahl von jeweils einem Drittel innerhalb von drei Jahren sichergestellt. Er war also beständiger in seinen Meinungen, besonnener und konservativer in seiner ganzen Einstellung.

Die Abgeordnetenkammer (man sprach nicht von Volksvertretern) wurde nach allgemeinem Wahlrecht gewählt. Der Modus der Aufstellung, der im November akzeptiert wurde, sah eine Persönlichkeitswahl in zwei Durchgängen vor. Von den Konservativen war eine Rückkehr zur Bezirkswahl gewünscht worden, weil sie glaubten, diese Maßnahme begünstige die Notabeln. Sie hatten aber nicht so aufmerksam wie Gambetta die Wahlergebnisse seit 1871 analysiert, die diesem ein großes Vertrauen in die Zukunft der Republik einflößten! Beide Kammern besaßen die gleichen Kompetenzen, das heißt das Recht zu Gesetzesinitiativen sowie zur Ausarbeitung von Gesetzen. Gesetze konnten erst verkündet werden, wenn sie von beiden Versammlungen gleichlautend verabschiedet worden waren. Deshalb kam es zu diesem endlosen Hin und Her, das, wie wir noch sehen werden, von den Senatoren sehr oft absichtlich inszeniert wurde! Darüber hinaus waren die Minister ausdrücklich und gemeinsam den Kammern verantwortlich. Dabei wurde aber nicht näher präzisiert, ob zum Sturz einer Regierung das Votum einer oder beider Kammern erforderlich war. Die Praxis entschied zugunsten der erstgenannten Lösung. Der Senat konnte auch die Funktion eines Hohen Gerichts übernehmen.

Zum Schutz gegen Machtmißbrauch wurden zahlreiche Vorsichtsmaßnahmen eingebaut.

Die Sitzungsperioden beider Kammern fanden genau zur gleichen Zeit statt. Der Senat genoß bestimmte Vorrechte gegenüber der Abgeordnetenkammer, da er im Fall einer Vakanz des Präsidentenamts während einer Periode der Auflösung von Rechts wegen zusammentreten mußte – ein Fall, der übrigens nie eintrat. Das Senatspräsidium bildete das Präsidium der Nationalversammlung, das beide Kammern zusammenrief, um entweder den Präsidenten der Republik zu wählen oder eine Revision der Verfassung vorzunehmen. Die Art und Weise, in der Mac-Mahon die Regeln der Nichtverantwortlichkeit interpretierte und vor allem mit dem Auflösungsrecht umging, sollte die Entwicklung des Regimes stark in Richtung einer dem Parlament verantwortlichen »Regierung der Versammlung« vorantreiben, was, wenn auch nicht ganz im Widerspruch zu der ursprünglichen Intention, so doch zumindest deutlich von ihr verschieden war.

DIE WAHLEN VON 1876 UND DIE KRISE VOM 16. MAI 1877

Der Zusammenhalt der Zentrumsgruppierungen war labil, denn es war keineswegs die Debatte über die Verfassungsorgane, welche die stärkeren Leidenschaften weckte. Die zentrale Auseinandersetzung der siebziger Jahre, die Ferry und Gambetta auf der einen und Mgr. Dupanloup und de Broglie auf der anderen Seite entzweite, drehte sich um den säkularen Charakter von Staat und Ausbildung sowie um die soziale und damit moralische Ordnung angesichts des aufkommenden Positivismus und Atheismus. Am 12. Juli 1875 errangen die Katholiken einen letzten Sieg, als der Liberale Laboulaye mit ihrer Hilfe ein Gesetz zur Freiheit der höheren Schulbildung durchbrachte. Dieses war seit 1871 in der Kommission beraten worden. Das Gesetz stand in direktem Zusammenhang mit dem Gesetz Falloux. Sein Geist war keineswegs »klerikal« und blieb weit hinter den Erwartungen bestimmter unnachgiebiger Kreise zurück, die das Erziehungsmonopol der Kirche mit aller Gewalt zurückforderten. Der Erzbischof von Paris setzte eine Verfügung durch, die es den Studenten freistellte, vor einer Jury aus Mitgliedern staatlicher Fakultäten oder vor einer gemischten Prüfungskommission zu erscheinen, in der auch Professoren der freien Universitäten saßen. Es handelte sich also um einen nur begrenzten Erfolg, der die Prinzipienreiter bei weitem nicht zufriedenstellte.

Die Ernennung der 75 Senatoren auf Lebenszeit im Januar 1876 verdeutlichte eklatant die Spaltung der Rechten; einige Legitimisten verständigten sich mit Republikanern und Bonapartisten, um den Orléanisten den Weg zu versperren. Weder Buffet noch de Broglie wurden gewählt, dafür aber 57 Republikaner und nur achtzehn Konservative, unter ihnen zumindest zwölf Legitimisten. Als Folge dieser Wahl verfügte der Senat 1879 über eine republikanische Mehrheit. Am 30. Januar 1879 wurden die 225 gewählten Senatoren benannt; das Ergebnis fiel für die Konservativen enttäuschend aus: Sie errangen 119 sichere Sitze, von denen 40 an Bonapartisten gingen; ihnen standen 92 Republikaner und 15 nicht festgelegte Abgeordnete gegenüber, die als »Konstitutionelle« bezeichnet wurden und dem rechten Flügel zuneigten. Zusammen mit den auf Lebenszeit gewählten Mitgliedern gehörten dem Senat 151 Konservative und 149 Republikaner an, doch mehrere Todesfälle in den Reihen der Republikaner verstärkten das konservative Übergewicht in der zweiten Kammer.

Die Wahlen zur Legislative am 20. Februar und 6. März 1876 brachten der Rechten eine erneute Niederlage ein, denn Buffet, der Vizepräsident des Ministerrats, verlor seinen Wahlkreis. Im zweiten Wahlgang wurden 340 Republikaner gewählt, zu denen 20 »Konstitutionelle« stießen. Die 160 Konservativen bestanden zur Hälfte aus Bonapartisten, hinzukamen etwa 40 Orléanisten und etwa 20 Legitimisten. Die Wahl erbrachte den Durchbruch der Bonapartisten innerhalb des konservativen Lagers – ohne den das Desaster noch schlimmer ausgefallen wäre – und den Aufstieg der Republikaner. Im Vergleich zu 1871 hatte das republikanische Frankreich den Nordosten, die Mitte vom Zentralmassiv bis zur Loire und den Languedoc erobert. In Paris und im Südosten hatte es seine Stellung gehalten. Die Rechte hatte sich im Norden und im Westen gut behauptet und sich in ihrer bonapartistischen Form im Südwesten durchgesetzt.

Diese Ergebnisse verzerrten die Stimmenverteilung ganz erheblich, denn der Abstimmungsmodus, der noch aus dem Kaiserreich stammte und gegen Gambettas Rat von der Rechten im Januar vor den Wahlen verlangt wurde, hatte die Republikaner stark begünstigt, die eine strikte Disziplin einhielten. Insgesamt bekamen die Republikaner vier Millionen und die Konservativen 3,2 Millionen Stimmen. Gambetta wünschte sich eine einige Linke unter Einschluß seiner eigenen »Republikanischen Union« und der republikanischen Linken unter Jules Simon, Jules Grévy und Jules Ferry. Diese drei Politiker befürchteten eine Diktatur Gambettas über die vereinigte Linke und erklärten deshalb, »sie könnten nur einig bleiben, wenn sie getrennt blieben«. Später spaltete sich eine radikale Gruppe von der »Republikanischen Union« ab und schloß sich der kleineren Gruppe der Ex-Montagnards von 1848 um Louis Blanc an. Die Republikaner bildeten insgesamt also vier Fraktionen: die Radikalen, die »Republikanische Union«, die »Republikanische Linke« und das »Linke Zentrum«. Clemenceau, der nach seinem Rücktritt nicht mehr für die Nationalversammlung hatte kandidieren wollen, zählte zur ersten Gruppe. Er wurde am Montmartre mit 15 204 Stimmen gegen 3772 Stimmen gewählt.

Die fünfzehn Monate, die zwischen den Wahlen von 1876 und dem 16. Mai 1877 lagen, wiesen alle Anzeichen einer Wachablösung auf. Institutionell gab es drei Gewalten: Mac-Mahon als Präsidenten der Republik, den Senat und die Abgeordnetenkammer. Für die Konservativen stellte es kein illegitimes Unterfangen dar, wenn sich die beiden ersten gegen das dritte Verfassungsorgan verbündeten. Andererseits war es unrealistisch zu glauben, daß die Wähler in so kurzer Zeit ihre Meinung ändern würden. Mac-Mahon bildete zuerst ein Kabinett Dufaure, das sich ausschließlich aus Mitgliedern der linken Mitte zusammensetzte. Léon Say (1826–1896) amtierte dort als Finanzminister. Er war der Enkel des gleichnamigen Ökonomen und ein einflußreicher Verwalter der Eisenbahngesellschaft Nord; er galt als exzellenter und zweifellos bedeutendster Finanzfachmann seiner Generation. Decazes behielt das Außenministerium, Dufaure wurde Ministerpräsident, wohlgemerkt nicht im Ministerrat, sondern im Kabinett. Am 2. Dezember 1876 trat er wegen eines Antrags der Kammer zur Frage der nichtkirchlichen Beerdigung von Mitgliedern der Ehrenlegion zurück – es handelte sich um die erste Ministerkrise der III. Republik. Mac-Mahon beriet sich zunächst, womit er eine bleibende Tradition begründete, mit den Präsidenten der beiden Kammern und berief dann Jules Simon, dessen Position auch nicht viel günstiger als die Dufaures war. Der Präsident hoffte auf eine Spaltung der Republikaner, in Wirklichkeit aber erinnerte das Kabinett Simon an das Kabinett Dufaure. Gambetta unternahm einen Versuch, die Budgetprivilegien des Senats gegenüber der Kammer zu begrenzen, während Jules Simon eine für den Senat günstige Interpretation durchsetzte.

Aber erst an den religiösen Fragen erhitzten sich die Gemüter so richtig. Nach den Wahlen versuchten einige Bischöfe, vor allem Mgr. Guibert aus Gap, die Kirche aus der Politik herauszuhalten. Guibert lehnte ein Bündnis von Thron und Altar ab und wollte, wie er Mgr. Dupanloup nach Paris schrieb, »die Sache der Religion über alle und außerhalb aller Parteien stellen«. Doch die meisten seiner Kollegen, allen voran Mgr. Dupanloup, betonten ihren Willen, Religion und Gesellschaft zu verteidigen, die aufs engste miteinander verbunden seien. Sie beriefen sich auf das Gesetz vom Juli 1875 über die freie Wahl der höheren Schulbildung und gründeten fünf katholische Universitäten (im März 1876 Paris, im Januar 1877 Lille, im Dezember 1877 Angers, 1878 Lyon und Toulouse). Im Mai 1876 brachte Dupanloup die erste Nummer der *»Défense religieuse et sociale«* mit dem Ziel heraus, die konservative Presse zu stärken und den Senat, »den unsicheren Damm«, zu stützen. Er stellte sich strikt auf den »Sieben-Jahres-Standpunkt«; das heißt, seine Unterstützung der provisorischen Regierung zwischen 1875 und 1880 erfolgte ausschließlich unter der Voraussetzung der Wahrung der konservativen Gesetze über die gesellschaftliche Ordnung und den Schutz der Religion. Die Zeitung erinnerte den Marschall ständig an die eingegangenen Verpflichtungen.

Zwischen der *»Défense«* Dupanloups und der *»République française«* Gambettas war Polemik an der Tagesordnung, denn in der Kammer hatten die Antiklerikalen die Offensive angetreten. »Eine Offensive von Rechtsgelehrten«, konstatiert J. Gadille, »Erben des parlamentarischen Gallikanismus, die sich hinter einem Arsenal von Gesetzesverordnungen verschanzen, die sie mit Vorliebe von Philipp dem Schönen herleiten.« Sie kämpften gegen die »Übergriffe des Klerus« und fanden in aktuellen Schriften mühelos eine Rechtfertigung für ihre Befürchtungen, die sie geflissentlich zu Markte trugen. Man kann gar nicht oft genug wiederholen, wie sehr der *»Syllabus«* und die von ihm beeinflußten Schriften den Antiklerikalen geholfen haben. Dieser Gefahr hielt Ferry das Prinzip der Laizität entgegen: »Wir wollen«, sagte er, »das Recht der Gesellschaft, die ihrem Wesen nach bürgerlich und weltlich ist, auf Bildung verteidigen.« Doch Bildung bedeutete nur den besonderen Anwendungsfall eines allgemeinen Prinzips. Am 14. Juli 1876 kündigte Gambetta die Einsetzung einer parlamentarischen Kommission an, die die »Einmischung des Klerus in die Belange des politischen Lebens« untersuchen sollte. Kurz darauf, ebenfalls im Juli 1876, setzten Dupanloup und de Broglie durch, daß das Gesetz von 1875 nicht mehr in Frage gestellt wurde.

Dupanloups Zeitung war dem Experiment mit Jules Simon nicht wohlgesonnen. Die Gelegenheit, ihn fallenzulassen, ergab sich, als nach einer Erklärung des Papstes vom 12. März 1877 die Frage der Heiligen Stätten wieder neu entfacht wurde. Eine Minderheit der Bischöfe sowie »katholische Komitees« unterstützten den Standpunkt des Heiligen Stuhls mit allem Nachdruck. Am 23. April veröffentlichte Jules Simon einen Erlaß, der Petitionen für eine weltliche Macht des Papstes verbot. Diese Maßnahme trieb die Entrüstung der Katholiken auf den Höhepunkt, die seit der Diskussion über den Kulturetat auch von der republikanischen Presse heftig angegriffen wurden. Am 4. Mai hielt Gambetta eine Rede, worin er behauptete, er würde das Konkordat nicht mehr in Frage stellen, denn der eigentliche Feind sei der Klerikalismus. Am 16. Mai kam es in der Kammer zu heftigen Debatten, bei denen Jules Simon die Republikaner für seinen Standpunkt weder gewinnen konnte noch wollte, worauf Mac-Mahon eine Erklärung von ihm verlangte. Am Tag darauf trat Simon zurück.

Der Augenblick der Entscheidung war gekommen; denn zwei Interpretationen der Verfassungsgesetze prallten hier aufeinander: Zunächst die von de Broglie und Dupanloup beeinflußte Vorstellung Mac-Mahons, der Jules Simon erklärte: »Ich bin nicht wie Sie dem Parlament verantwortlich, aber ich trage eine Verantwortung für Frankreich, um das ich mich heute mehr denn je kümmern muß.« Dieser Auffassung setzten die Republikaner die Legitimität entgegen, die die Kammer durch das allgemeine Wahlrecht besaß. Sie machten dem Präsidenten das Recht streitig, die Minister außerhalb der Mehrheit dieser Versammlung zu wählen.

DIE WIDERSPRÜCHE DES 16. MAI

Am 17. Mai stellte der Herzog de Broglie sein Kabinett vor. Es setzte sich im wesentlichen aus Mitgliedern des Senats zusammen und bestand, abgesehen von einem Legitimisten und mehreren Bonapartisten, aus Orléanisten des rechten Zentrumsflügels. Es war keineswegs einer der kleineren Widersprüche dieser Geschichte, wenn man sah, wie sich die führende Persönlichkeit der liberalen Katholiken, die von Mgr. Dupanloup, dem angesehensten von ihnen, unterstützt wurde, auf die bonapartistische Partei stützte und eine Politik betrieb, die direkt an die Methoden des autoritären Kaiserreichs anknüpfte, wo doch der Regierungschef de Broglie aus seiner Geringschätzung für Napoleon III. nie ein Hehl gemacht hatte. Und Innenminister Oscar Fortou, dessen Sympathien für die Bonapartisten man kannte, nahm sich als Staatssekretär Baron de Reille, den Sohn des Marschalls unter Napoleon III.

Das Parlament wurde für die Dauer eines Monats vertagt; in dieser Zeit begann der Innenminister zu handeln: Von 87 Präfekten wurden 77 entweder ausgewechselt oder versetzt. Am 16. Juni verweigerten die republikanischen Abgeordneten mit 363 Stimmen gegen 158 Stimmen dem Kabinett de Broglie die Gefolgschaft – ein nicht unerwartetes Ergebnis, denn Gambetta hatte am 17. Mai, einen Tag vor der Vertagung der Kammer, über einen Punkt der Tagesordnung abstimmen und den Präsidenten wissen lassen, daß die Kammer entschlossen sei, ihr Vertrauen nur einer handlungsunabhängigen Regierung zu geben, die auch entschlossen sei, »entsprechend den republikanischen Prinzipien zu regieren«. Am 20. Mai schlossen sich weitere sechzehn Abgeordnete dieser Gruppe an. Sie veröffentlichte ein Manifest, wonach eine Regierung nur nach einem Mißtrauensvotum entlassen werden konnte. Mac-Mahon forderte nun vom Senat die Genehmigung zur Auflösung der Kammer, was dieser mit 149 Ja-Stimmen und 130 Gegenstimmen billigte. Die Wahlen wurden auf Oktober, also so spät wie möglich, festgelegt.

Die Vorstellungen de Broglies von der Verfassung waren zur Karikatur geworden. Es war jedoch keineswegs aus der Luft gegriffen zu sagen, daß der Präsident der Republik »eine öffentliche Macht für sich darstellte«, die das Recht besaß, »sich gleichgesinnte Berater zu suchen«. Dieses Recht stellte ihn über die anderen Verfassungsorgane. Für die Republikaner hingegen, die die Fackel des Liberalismus wieder aufgriffen, repräsentierte das Kabinett die Exekutive, die des Vertrauens der beiden Kammern bedurfte, während der Präsident der Republik dem Parlament nicht verantwortlich war. Jules Ferry erklärte: »Diese Auseinandersetzung ist der Kampf des persönlichen Regimes, das heißt der Regierung des Präsidenten der Republik gegen die Regierung des Parlaments.« Die Republikaner erinnerten, vielleicht nicht einmal zu Unrecht, an den 2. Dezember, um so mehr, als sich de Broglie auf die Bonapartisten stützte.

Jenseits des Verfassungsstreits standen sich zwei unterschiedliche Visionen von der Zukunft Frankreichs gegenüber. Nach Meinung der Konservativen bereitete der Radikalismus soziale Umwälzungen vor, die Frankreich nicht ertragen konnte und es schwächen würden. Dupanloup sprach von einem »Abgrund«, in den Frankreich fallen würde. Broglie halte dagegen die »konservative Einstellung« aufrecht, »die die bisherigen Institutionen dem Land erhalten will, während die Radikalen die Republik zum Instrument und Symbol einer großen Umformung machen wollen«. Auch der Erzbischof von Bourges schrieb in einem Hirtenbrief, der auf der ersten Seite der *»République française«*, dem publizistischen Organ Gambettas, abgedruckt wurde: »Wenn das Programm der Revolutionäre siegt, ist es vielleicht für lange Zeit um unser Land, um sein Schicksal, um seine Interessen und unsere wichtigsten Anliegen geschehen.« Unter den »wichtigsten Anliegen« hatte man die katholische Religion zu verstehen, die von dem zunehmenden Antiklerikalismus bedroht wurde, der immer stärker antireligiöse Züge annahm. Gambetta persönlich verlieh der Kampagne einen offen antiklerikalen Charakter: »Ein Schrei ging durch ganz Frankreich, es ist die Regierung der Priester, das Ministerium der Pfarrer. Ihr nennt euch die Konterrevolution, wir haben Adlige vor uns, die sich nicht an die Demokratie gewöhnen wollen, an eine Kongregation, die Frankreich unterjochen will.«

Auf Betreiben der Assomptionisten des Père d'Alzon – der Orden war 1850 gegründet worden und hatte sich seit 1871 auf die Propaganda für den Katholizismus spezialisiert – war ein »katholisches Wahlkomitee« gebildet worden, das den Wahlkampf auf nationaler Ebene organisieren wollte. Mgr. Dupanloup griff die Idee auf, doch de Broglie zog eine Lösung vor, die einer offiziellen Kandidatur ähnelte. Dupanloups Einfluß in diesem Wahlkampf war trotzdem groß, denn der Presseleiter Léon Lavedan war mit ihm verwandt und arbeitete eng mit ihm zusammen. Eine *»Correspondance de l'Union conservatrice«* wurde organisiert, Broschüren und Zeitungen kostenlos verteilt. Gleichzeitig beschlossen die Präfekten, die Propaganda der Republikaner zu stören, indem sie Cafés und Freimaurerlogen schließen ließen, die Verbreitung von Zeitungen und sonstigen Druckerzeugnissen verboten, aber auch Bürgermeister (vier Prozent von ihnen) absetzten und in 3271 Fällen polizeiliche Verfolgungen einleiteten. Diese Maßnahmen fielen je nach Departement unterschiedlich aus; sie wurden auch nicht konsequent ausgeführt, denn Fortoul war nicht Persigny und de Broglie nicht Rouher. Es wurden lediglich 1385 Beamte entlassen, 4779 Personen wurden versetzt. Die Regierung entfernte sich zwar von der Legalität, wagte aber nicht die offene Illegalität. Gleichzeitig schien die Rechte mit Blick auf die Wahl an den Bonapartismus gekettet zu sein, denn von 490 Kandidaten gehörten 240 dieser Partei an – ein Anzeichen dafür, wie sehr ihr Ansehen in der Öffentlichkeit wieder gestiegen war.

Diese Maßnahmen lieferten den Republikanern die Argumente, die sie brauchten, um ihr Bündnis zu festigen. Dies zeigte sich ganz auffällig bei den Beisetzungsfeierlichkeiten für Thiers, der am 3. September 1877 gestorben war. Sogar die Erinnerungen an die Kommune schienen ausgelöscht. Thiers hätte im Fall einer Abdankung Mac-Mahons der designierte Nachfolgerkandidat sein sollen; nun war der Nachfolger dieser theoretischen Kandidatur Jules Grévy. Die Anweisung, sich maßvoll zu verhalten – eine Maßnahme, die von nun an den Kern der republikanischen Strategie bildete –, wurde diszipliniert befolgt. Bereits in den darauffolgenden Tagen des 16. Mai kam es zu »einem Dreibund« – wie sich Freycinet in seinen *»Memoiren«* ausdrückte – zwischen den drei am meisten gelesenen republikanischen Zeitungen, das heißt der *»France«* Émile Girardins, dem *»XIXe siècle«* von Edmond About und der *»République française«* von Gambetta. Die restlichen Zeitungen willigten ein, die Direktiven der letzteren vorbehaltlos zu übernehmen. »Sie sind der Kapitän des Schiffs«, hatte Girardin gesagt. Seine Anweisungen wurden auch von *»Le Temps«* (Hébrard), *»Le Siècle«* (Jourde), *»Le Rappel«* (Vacquerie) und sogar vom *»Journal des Débats«* (Bapst) befolgt. Der Akzent lag auf Mäßigung und auf dem Lob des politischen und sozialen Konservativismus. Das *»Journal des Débats«* schrieb beispielsweise im Mai 1877: »Warum begreifen die früheren konstitutionellen Monarchisten, die heutigen Männer des rechten Zentrums, die sich unter die Legitimisten und die Bonapartisten verlaufen haben, nicht endlich, daß sie sich aus der wahren Tradition ihrer Partei heraus eigentlich der Republik anschließen müßten?« Der Wille zur Mäßigung stieß nur bei dem antiklerikalen Elan einiger weniger an seine Grenze, der sich freilich durch den beschwörenden Hinweis auf die »ultramontanen Umtriebe« rechtfertigen ließ.

Die Abenteurer standen eindeutig rechts, nicht nur in der Innen-

sondern auch in der Außenpolitik. Die Katholiken hielten weiterhin an der weltlichen Macht des Papstes fest – wie bereits erwähnt, war diese Einstellung eine der Ursachen des 16. Mai. Bismarck hatte darüber hinaus für diejenigen, die es hören wollten, verlauten lassen, er hoffe – trotz Kaiser Wilhelm – auf einen Sieg der Republikaner. 1875 hatte er sich unvorsichtig verhalten, als er die Veröffentlichung von Artikeln förderte, die einen möglichen Krieg nach der Verabschiedung eines französischen Gesetzes über die Neuorganisation der Armee nicht ausschlossen. Die russische und die britische Regierung hatten daraufhin sogleich ihr Mißfallen geäußert. Disraeli ging sogar so weit, Bismarck als eine »Art alten Bonaparte« zu bezeichnen. Doch nun verhielt er sich Frankreich gegenüber klüger. Nach dem 16. Mai sollte der deutsche Botschafter in Paris die Meinung verbreiten, ein Sieg Mac-Mahons bedeute in seinen, Bismarcks Augen, ein Kriegsrisiko, wobei an dieser Stelle daran erinnert sei, daß der Kanzler damals im Rahmen des Kulturkampfs in eine Auseinandersetzung mit der katholischen Kirche verwickelt war und wie Gambetta glaubte, daß er »einen Kampf auf Leben und Tod« gegen die Klerikalen führte. Er versäumte es nicht, nach den französischen Wahlen seine Befriedigung über ihren Ausgang in der deutschen Presse auszudrücken.

Bei den Oktoberwahlen lag die Quote der Stimmenthaltungen nur bei zwanzig Prozent. Die Republikaner erhielten 4,2 Millionen, die Konservativen 3,6 Millionen Stimmen. Letztlich gaben also 600 000 Stimmen den Ausschlag. Gambetta, der gesagt hatte, »wir 363 gehen und kommen mit 400 wieder«, hatte seine Wette verloren, denn es kamen nur 321 Abgeordnete seiner Partei wieder, während die Konservativen 60 Sitze dazugewonnen hatten und damit über 208 Mandate verfügten. Die Hälfte davon waren Bonapartisten, ein Viertel Legitimisten. Die großen Verlierer waren die Orléanisten, die sich in einer schwierigen Lage befanden, da sie eine rechte Koalition führten, die autoritär und streng katholisch orientiert war, Tendenzen also, die beide nicht ihrer eigentlichen Überzeugung entsprachen!

Gambetta hatte am 15. August als Antwort auf einen Artikel in der *»Défense«*, der Zeitung Dupanloups, gesagt: »Wenn die Volksabstimmung vorbei ist, muß man sich entweder unterwerfen oder abdanken.« Die Abdankung kam jedoch erst fünfzehn Monate später.

Mac-Mahon erwog eine zweite Auflösung der Kammer, was allerdings einem echten Staatsstreich gleichgekommen wäre, da der Senatspräsident, der Herzog d'Audiffret-Pasquier, der übrigens zuvor die Prinzen von Orléans konsultiert hatte, dem Präsidenten mitgeteilt hatte, er würde von dieser Versammlung keine Einwilligung für eine zweite Auflösung bekommen. Broglie trat am 19. November 1877 zurück. Mac-Mahon bildete danach ein Beamtenministerium, dem General Rochebouet vorstand. Die neugewählte Abgeordnetenkammer erklärte mit 325 gegen 208 Stimmen, dieses Ministerium sei eine »Verneinung des Rechts der Nation auf eine parlamentarische Regierung«; unter diesen Umständen könne sie »nicht mit ihm zusammenarbeiten«. Wieder sprach man von Staatsstreich, und Mac-Mahon erwog bereits, Batbie zu berufen, der, obwohl Professor für Verfassungsrecht, bereit war, den Belagerungszustand einzuführen und Steuern per Dekret zu erheben. Eigentlich war sich Mac-Mahon der Gefährlichkeit dieser Lösung für die öffentliche Ordnung bewußt. Das war auch der Grund dafür, daß diese Lösung verworfen wurde, und nicht, wie oft behauptet wird, daß Batbie niemand als Finanzminister gefunden hätte. Außerdem hatte der Kriegsrat auf Anfrage verlauten lassen, daß in der Armee eine Spaltung drohte. Daraufhin sprach sich der Herzog d'Audiffret-Pasquier mit dem Präsidenten der Kammer, Jules Grévy, ab, um Maßnahmen zum Schutz der beiden Kammern zu treffen, auch in Übereinstimmung mit dem Herzog d'Aumale, dem Sohn Louis-Philippes.

Am 12. Dezember gab Mac-Mahon nach und bildete ein Kabinett mit Dufaure an der Spitze, der inzwischen 80 Jahre alt war, und Männern des linken Zentrums, dem nur Freycinet, Minister für öffentliche Arbeiten, nicht angehörte. Dieses Einlenken wurde offiziell durch eine Botschaft unterstrichen, die man zu den grundlegenden Texten dieser Herrschaft der Versammlung, welche die neue Republik sein sollte, zählen muß. In ihr wurde festgestellt, daß »die Ausübung des Auflösungsrechts nicht zum Regierungssystem erhoben« werden könne, denn der Volksentscheid sei ein »Richter ohne Berufung« und »die Verfassung von 1875 hat eine parlamentarische Republik gegründet, die meine Nichtverantwortlichkeit, aber die individuelle und gemeinsame Verantwortlichkeit der Minister festsetzte«. Mac-Mahon hatte, kurz gesagt, seine Meinung geändert. Es scheint, daß ihn allein sein Einfluß auf Ernennungen innerhalb der Armee und im höheren Beamtentum vom Rücktritt abhielt. Er wollte die konservativen Beamten, die ihn unterstützt hatten, nicht im Stich lassen.

Die Kammer sprach dem Kabinett Dufaure ihr Vertrauen aus, zeigte aber ihren Unwillen dadurch, daß sie die Wahl einer ganzen Reihe konservativer Abgeordneter annullierte. Am Ende der Legislaturperiode war bei über einem Drittel von ihnen die Wahl für ungültig erklärt worden. Es kam zu einer Art politischem Waffenstillstand, der vor dem Hintergrund der Weltausstellung und vor allem der internationalen Spannungen durchaus auch angezeigt war.

Der Burgfrieden endete im Januar 1879. Die damals stattfindende Neubesetzung eines Drittels der gewählten Senatsmitglieder zog eine Veränderung der Mehrheitsverhältnisse in diesem Gremium nach sich. Das Los bestimmte alle Departements zwischen Haute-Garonne und Orne. Die Sitze, die neu besetzt werden mußten, hatten achtzehn Republikanern und 56 Konservativen gehört. Das Wahlergebnis kehrte die Proportionen um – die Konservativen erhielten nur noch sechzehn Sitze, und der Senat wurde mehrheitlich republikanisch. Der Herzog d'Audiffret-Pasquier mußte seinen Präsidentensessel räumen und einem auf Lebenszeit gewählten Senator der linken Mitte, dem früheren Abgeordneten des Pas-de-Calais, Joseph Martel (1813–1892), überlassen. Die Abgeordnetenkammer wollte Konsequenzen aus dieser Änderung der Mehrheitsverhältnisse ziehen und forderte Mac-Mahon auf, eine eindeutigere republikanische Politik zu betreiben und vor allem die Verwaltung energischer zu säubern. Der Präsident willigte, was die Zivilbeamten betraf, in Dufaures Vorschläge ein, weigerte sich aber, die Armeegeneräle auszuwechseln. Als Dufaure daraufhin seinen Rücktritt einreichte, begriff Mac-Mahon und trat selbst zurück. Die Ernennung seines Nachfolgers fand unter recht bezeichnenden Umständen statt: Jules Grévy wurde von den Republikanern im Senat vorgeschlagen, denen sich die Republikaner in der Kammer anschlossen. Am Ende wurde er mit 563 Stimmen bei 142 Gegenstimmen gewählt. Damit lag die Präsidentschaft in den Händen eines Mannes, über den Gambetta 1880 zu Paul Cambon, dem damaligen Präsidenten des Departements Nord, sagte: »Er löst alles um sich herum auf.« Und in der Tat sollte es Grévy vorbehalten bleiben, die Konstituierung einer großen republikanischen Regierungspartei zu verhindern.

KAPITEL III

Die Wirtschaftskrise

WIRTSCHAFTSCHRONIK

Die Weltausstellung des Jahres 1878 kennzeichnete eine Pause im politischen Kampf und stellte zugleich den Beginn einer kurzen Wohlstandsperiode dar, die man als »republikanisch« bezeichnen kann. Die werdende Republik hatte kein Glück, denn in den drei letzten Jahrzehnten des neunzehnten Jahrhunderts sank das Wirtschaftswachstum spürbar, weil heftige und ständige Krisen einen Rückgang der Gewinne und Beschäftigungszahlen mit sich brachten. Diese zyklisch wiederkehrenden Erscheinungsformen wurden 1861 von Clément Juglar (1819–1905) in einem Buch mit dem Titel *»Les Crises commerciales et leur retour périodique en France, en Angleterre et aux États-Unis«* (»Die Wirtschaftskrisen und ihre periodische Wiederkehr in Frankreich, England und den Vereinigten Staaten«) beschrieben. Die Periodizität dieser Abläufe beeindruckte sowohl die breite Öffentlichkeit als auch die besser unterrichteten Kreise immer stärker. Deshalb empfiehlt es sich, die Wirtschafts- und Sozialgeschichte dieser Zeit unter diesem Blickwinkel zu untersuchen. Es war übrigens die Arbeiterklasse, die am schnellsten auf die Konjunktur reagierte, denn – so formulierte es ein Journalist von *»Le Temps«* 1880 – »der Fabrikarbeiter (...) hat, um Schwankungen im Geschäftsablauf zu bemerken, besseres als Zahlen und Zeitungen vor sich – er hat, was er sieht ...«

Juglar stellte in einem Artikel von 1877 fest: »Nach den Katastrophen des Jahres 1870 nahmen die Geschäfte einen unerhörten und unerwarteten Aufschwung«; er sollte bis 1873 andauern. Dabei fielen drei Anzeichen in der Öffentlichkeit besonders auf: die Züge, die sich auf den Bahnhöfen stauten und manche Strecken völlig lahmlegten, wie beispielsweise auf der

Strecke nach Norden im November 1871 und 1872; zweitens die »Arbeiternot«, damit war der Mangel an Handwerkern gemeint, und schließlich die schwindelerregende Preissteigerung der Kohle, die eine Teuerung anderer Industrieprodukte nach sich zog – und entsprechende Gewinne der Bergbaugesellschaften. Im Becken von Saint-Étienne stieg der Kokspreis zwischen Juli 1872 und Januar 1874 von 22,7 Francs auf 43,5 Francs! Das Klima der Spekulation war in Deutschland und Österreich noch stärker ausgeprägt, die beide eine beispiellose »Eisenbahnmanie« erlebten, die auch auf die französische Konjunktur nicht ohne Wirkung blieb.

Im Mai 1873 aber wurden zwei französische Zweigstellen und die Wiener Filiale des *Crédit foncier* geschlossen. Damit begann für Mitteleuropa eine Krise größeren Ausmaßes, und Amerika folgte im August desselben Jahres nach. In Frankreich verzeichneten die exportorientierten Luxusbranchen wie die Handschuhfabrikation in Grenoble, die Bänderherstellung in Saint-Étienne und die Seidenindustrie Lyons schon seit 1872 Verluste. Eugène Schneider bezeichnete im November 1873 die »außerordentliche« Hausse der Metallpreise als »vorübergehend«, während die französische Eisenbahn in Nordfrankreich ein Ausbleiben der Aufträge konstatierte. Seit 1874 begannen die Preise zu sinken, 1875 sprach Schneider von einem »enormen Fall der Verkaufspreise« und von einer »kränkelnden Schwerindustrie«. Weltweit gesehen betrug der Rückgang der Industrieproduktion zwischen 1874 und 1877 etwa fünfzehn Prozent. Das Eisenbahnnetz im Norden erlebte damals seine erste schwere Krise seit 1852, die bis 1878 andauern sollte. Die Unternehmer schrieben sie der dreifachen Krise von Kohle-, Zucker- und schwerindustriellen Transporten zu, wobei die erste zum großen Teil aus den anderen beiden resultierte.

Die Historiker haben die Gefährlichkeit der Wirtschaftsdepression der Jahre um 1870 in Frankreich bisher eher unterschätzt, denn damals zeigten sich ernsthafte Anzeichen einer mangelnden Anpassung bestimmter Industriezweige, beispielsweise in der Zuckerproduktion im Norden, die ihre Absatzmärkte verlor und der deutschen Konkurrenz immer weniger standhalten konnte, oder in der Seidenfabrikation in Lyon, in deren Geschichte das Jahr 1876 einen schweren Einbruch markierte. Damals endete eine »fieberhafte« Produktion, wie es in einer Darstellung aus dem Jahre 1900 heißt, in dem »katastrophalen Resultat einer Überproduktion«. Die Seidenindustrie litt unter der Wirtschaftsdepression in

Amerika und der mangelnden Anpassung an den veränderten Kundengeschmack, der einfache Mischgewebe kostspielig gemusterten Stoffen vorzog. Sie litt aber auch unter den Veränderungen auf dem Rohstoffmarkt im Gefolge der Eröffnung des Suezkanals. Im März 1877 verzeichnete man 12000 beschäftigungslose Seidenarbeiter. Die Übersättigung des Stoffmarkts sollte bis 1888, bei Seidenstoffen sogar bis 1892 dauern, was eine wesentliche Veränderung dieses Industriezweigs zur Folge hatte. Die Handelskrisen hatten die Schwächen des Produktionssystems offengelegt.

Das Bauhandwerk hatte an dem Aufschwung der Jahre 1871 bis 1873 nicht eigentlich partizipiert. In Paris lag die Bautätigkeit um 30 Prozent unter der von 1860; das heißt, man hatte damit gerade die Kriegsverluste ausgeglichen. Doch trat ein Aufschwung früh ein, zumindest in Paris war er ab 1876 spürbar. Er stützte sich sowohl auf eine riesige Einwanderungswelle, die die Zahl der offenen Stellen mit einem Schlag reduzierte, als auch auf die städtischen Bauarbeiten unter der Leitung von Alphand. Damals wurden der Boulevard Saint-Germain und die Place du Trocadéro fertiggestellt sowie die Avenue de l'Opéra vorangetrieben. Haussmanns Werk wurde fortgesetzt. Der Bauboom hielt in einer Atmosphäre scharfer Konkurrenz zwischen Bauherren und Immobilienbanken bis 1882 an. Im Oktober 1878 gründete Baron de Soubeyran, der ehemalige Direktor des *Crédit foncier*, die *Banque d'Escompte de Paris*, die ihrerseits 1879 unter Mitwirkung anderer großer Kreditanstalten die *Banque hypothécaire de France* ins Leben rief. Ihr Präsident war der Zentrumsabgeordnete und berühmte Anwalt Bardoux (1834–1910). Man wollte den einflußreichen *Crédit foncier* auf seinem eigenen Terrain bekämpfen. Der Kampf war kurz, aber hart und endete am 27. Mai 1882 mit einer Fusion. Soubeyran scheiterte an den Schwierigkeiten, die ihm eine Immobiliengesellschaft, die *Société des Immeubles*, bereitete, die er unterstützte und die das Quartier Marbeuf gebaut hatte. Jules Ferry prägte 1884 das Wort von der »wahren Bauwut, die Paris ergriffen hat«.

Der Aufschwung des Baugewerbes wirkte sich auf die übrigen Wirtschaftsbereiche so positiv aus, daß man 1878 den Plan Freycinet in Angriff nehmen konnte, ein Beispiel echter Industriepolitik der Republikaner. Diese zeigte sich drei Jahre nach der Weltausstellung von 1878 in der Organisation der ersten Weltausstellung elektrischer Produkte im Jahr 1881, die unter der Federführung von Postminister Adolphe Cochéry stand, und in einer umfassenden Eisenbahnpolitik. Der Eisenbahnbau im Kaiserreich, als jeder Streckenabschnitt seinen eigenen Bahnhof haben wollte, hatte viele Wünsche offengelassen. Das Gesetz über die regional genutzten Bahnlinien von 1865 bestimmte, daß die Konzession dieser Linien nach Anhörung der *Conseils généraux* durch die Präfekten vergeben wurde. Auf dieses Gesetz beriefen sich die örtlichen Notabeln aller Parteien, um ein Streckennetz auszubauen, das mit den großen Gesellschaften konkurrieren konnte, wobei sie von mehr oder weniger abenteuerlichen Geschäftsleuten wie dem Belgier Simon Philippart unterstützt wurden. In den siebziger Jahren lieferten sich diese neuen Gesellschaften, die manchmal von der legitimistischen Rechten unterstützt wurden, heftige Kämpfe mit den großen Eisenbahngesellschaften, die vom linken Zentrum und vom neuen *Conseil d'État* Schützenhilfe erhielten. Es handelte sich nicht nur um eine politisch, sondern auch wirtschaftlich ungleiche Partie. Die Gesellschaften konnten die kleinen Streckennetze jederzeit ruinieren, deren Ortsverkehr meist nicht ausreichte, um die Investitionen zu decken. Entweder wurden sie aufgekauft, oder sie machten Bankrott.

Das ganze Jahr 1874 über waren die Börsenkreise mit der Affäre Philippart beschäftigt. Dieser suchte sein Heil in der Errichtung einer Finanzgruppe um den *Crédit mobilier,* doch hatte er in Belgien jede Unterstützung verloren. Im Mai 1875 erfolgte der Zusammenbruch. Es wurde deutlich, daß die »kleinen Gesellschaften« ohne Anbindung an die großen Streckennetze keine in sich schlüssige Alternative boten.

Bei den Republikanern machte sich eine äußerst feindselige Stimmung gegen die Gesellschaften breit, die auch vor extremen Lösungen nicht zurückschreckten. Am 22. Juni beschuldigte Allain-Targé, ein Freund Gambettas, das Ministerium, es habe »den 16. Mai nur inszeniert, um die großen Gesellschaften zu retten«, die er zu den »vom Jesuitenorden geschaffenen Obligarchien« zählte! Es fand sich aber keine Mehrheit, um das bereits fertiggestellte Streckennetz zurückzukaufen. Daraufhin wurde mit den Gesellschaften verhandelt, um sie zu veranlassen, neu in die kleinen Gesellschaften, die fast oder schon Bankrott gemacht hatten, zu investieren und den Ausbau des Streckennetzes zu sichern. Der »Plan Freycinet«, 1878 verabschiedet, war als Trumpf des Staates bei den Verhandlungen mit den Gesellschaften gedacht, sollte andererseits aber natürlich auch die Erwartungen der Bevölkerung befriedigen. »Konzipiert in einem Augenblick der Halluzination«, wie es der liberale Nationalökonom und Begründer des »*Économiste français*« (1876), Paul Leroy-Beaulieu, formulierte, sah der Plan vor, 8700 Eisenbahnkilometer vom Staat bauen zu lassen. Im Laufe der parlamentarischen Diskussion und in der Demagogie des Wahlkampfes erhöhte sich die Zahl auf 17000 Kilometer. Die Finanzierung sollte durch die Ausgabe einer Staatsanleihe abgesichert werden, die gemäß einer Idee Léon Says nach dem Vorbild der Eisenbahnobligationen amortisierbaren Rentenpapieren mit dreiprozentiger Verzinsung bestehen sollte. Dieser Plan hatte nichts Revolutionäres an sich, denn der Bau von staatlichen Bahnstrecken war schon im Gesetz von 1842 vorgesehen, nur hatte es bisher in diesem Punkt keine Anwendung gefunden. Zur gleichen Zeit, am 11. Juni 1880, wurde ein neues Gesetz über den Bau lokaler Eisenbahnstrecken verabschiedet. Außerdem sah Freycinets Plan auch den Bau neuer Kanäle vor.

Die »Basisinvestitionen« nahmen vor allem auf dem Eisenbahnsektor einen ungeahnten Aufschwung. Es wurde eine Sonderbehörde eingerichtet, die sämtliche Aufträge koordinierte und 114 Baustellen einrichtete. Von 1875–79 auf 1880 stiegen diese Ausgaben sprunghaft um 52 Prozent. Unter diesen Voraussetzungen wußte man, woher der Aufschwung der Schwerindustrie kam; man glaubte sich in die fünfziger Jahre zurückversetzt. Damals wurden die Grundlagen für eine neue Eisenindustrie in Lothringen geschaffen, die auf dem Verfahren der beiden Engländer Thomas und Gilchrist basierten und die Verwendung des einheimischen phosphorhaltigen Erzes bei der Stahlherstellung gestattete. Außerdem entstand in Boucau, Trignac und Isbergues eine neue Eisenindustrie nahe der Küste. Das Programm der öffentlichen Bauarbeiten war jedoch nicht der einzige Motor des Wiederaufschwungs, denn er hatte, gesamtwirtschaftlich gesehen, schon im September 1879 mit dem Ansteigen des Exports begonnen. Das nordfranzösische Eisenbahnnetz verzeichnete eine fast gleichmäßige Zunahme der Transportgüter auf allen Sektoren, was nur an einem »allgemeinen Zuwachs des Konsums« liegen konnte.

Die Börsenaktivitäten entwickelten sich in Lyon lebhafter noch als in Paris. Die Zahl der ausgegebenen industriellen Wertpapiere verfünffachte sich zwischen dem ersten Halbjahr 1879 und dem ersten Halbjahr 1880 und hielt sich auf diesem hohen Niveau bis 1881. Dieses Jahr brachte eine große Veränderung in den Vermögensverhältnissen, wie Leroy-Beaulieu bemerkte; Paris und Lyon waren um Hunderte von neuen Millionären reicher, die durch Geschäftssinn oder einfach Glück aus der Mittelmäßigkeit emporwuchsen. Die Banken zogen nach: der *Crédit lyonnais* verdoppelte sein Kapital und investierte in mehrere große Unternehmungen, während die Konkurrenz auch nicht untätig blieb, allen voran die *Union générale*, 1878 von Eugène Bontoux gegründet, die sich stark in österreichischen Geschäften engagierte. Ein wesentlicher Teil ihres Kapitals stammte aus katholischen Quellen. »Wegen des fabelhaften Erfolgs der *Union* und der Finanzkonsortien trägt man den Kopf wieder hoch«, meinte der Direktor des *Crédit lyonnais* am Stammsitz des Hauses. Seiner Meinung nach konnte die »Börsenorgie« nicht lang dauern. Die *Union générale* war aber nur ein Fall unter anderen.

Am 21. Januar 1882 kam es in Lyon zu einer Krise an der Börse. Ein Vertreter des *Crédit lyonnais* schrieb: »Das Gewitter setzte mit ungeheurer Stärke ein und ließ am Boden nur Trümmer zurück. Eine ähnliche Katastrophe habe ich noch nicht erlebt... Ehrliche Menschen, die ihr Leben lang gearbeitet haben, stehen vor dem Ruin.« Mehrere Börsenmakler tauchten unter. Die *Union générale* meldete Konkurs an. Doch war sie nicht die einzige, denn die Banken wurden mit hineingezogen in den Kurszusammenbruch bei den Gesellschaften, die sie selbst mitgegründet hatten. Die Presse kündigte sogar den unmittelbar bevorstehenden Zusammenbruch des *Crédit lyonnais* an, dessen Effektenbestand schlagartig an Wert verlor und dessen Einlagen um die Hälfte abnahmen.

Die Finanzkrise spiegelte nur einen Teil der französischen und europäischen Wirtschaftskrise wider, die sich schon im Herbst 1881 angekündigt hatte. Im Dezember 1881 hatte Léon Say Alarm geschlagen, denn die Staatsausgaben eskalierten, und die schwebenden Schulden wuchsen. Die Drei-Prozent-Anleihe fand wenig Anklang, die Ausgaben für den »Plan Freycinet« lagen über den Kostenvoranschlägen. Er plädierte für eine ernsthafte Senkung bei den Ausgaben der öffentlichen Hand. Seit 1878 hatten sich die Verhandlungen zwischen dem Staat und den Eisenbahngesellschaften in gespannter Atmosphäre hingezogen. Die Republikaner Gambettas wollten nicht mehr das gesamte Streckennetz aufkaufen, sondern nur die Strecke Paris–Orléans, denn mit ihr wären die neuen Linien verknüpft, die der Staat selbst baute oder von den früheren kleinen Gesellschaften übernahm; daneben gehörte das gesamte westliche Gleisnetz dazu. Die Gesellschaften, besonders die Rothschilds, lehnten diesen Plan, der ihre Nutzungsrechte einzuschränken drohte, rundweg ab. Gleichzeitig bewiesen sie, daß sie ohne weiteres in der Lage waren, eine

Krise zu meistern, da ihr eigener Kredit bisher noch in keiner Weise gelitten hatte.

Unter diesen Voraussetzungen wurde 1883 ein Vertrag ausgehandelt, der ein klares System für das Management der Eisenbahn vorsah. Neben dem Streckennetz der Staatseisenbahn, das zwischen den Eisenbahnlinien in Westfrankreich und der Linie Paris–Orléans errichtet wurde, blieben die privaten Eisenbahngesellschaften erhalten. Im Tausch gegen eine allgemeine Zinsgarantie sollten sie die ihnen zur Verfügung stehenden Kredite für den Bau der Linien des »Plan Freycinet« verwenden, dessen Durchführung zeitlich gestreckt wurde. Sie übernahmen alle Linien der kleinen Gesellschaften und verpflichteten sich schriftlich, die Tarife so schnell wie möglich zu senken, und willigten schließlich auch ein, die Gewinne, sobald sie eine bestimmte Höhe erreicht hatten, mit dem Staat zu teilen. Diese letzte Klausel war bemerkenswert durchdacht. Sie sicherte eine schnelle Sozialisierung der Gewinne, denn die Gesellschaften zogen eine Senkung der Tarife einer Gewinnteilung mit dem Staat vor. Die Unterhändler dieses Vertrags sahen sich in den neunziger Jahren einer Verleumdungskampagne ausgesetzt, bis eine parlamentarische Kommission eingesetzt wurde, die sie von jedem Verdacht freisprach. In der Tat waren die Verträge von 1883 keineswegs niederträchtig, wie man ihnen unterstellt hatte; sie waren vielmehr ein wirksames Mittel in der Zusammenarbeit zwischen Staat und Eisenbahngesellschaften, die dem Staat große Vorteile einbrachten.

Zwar zeigte der Beschäftigungsrückgang eine fortschreitende Tendenz, sparte aber keinen Bereich aus. Ab 1882 sank die Zahl der Baugenehmigungen in Paris, und ab 1884 nahm die Zahl der Beschäftigten stark ab. Da es in den Jahren zuvor im Vergleich zu der kreditfähigen Nachfrage ein Überangebot an Wohnungen gegeben hatte, dauerten nun die Liquidationen bis 1886. Die Direktoren des *Crédit foncier* wurden beschuldigt, die Spekulation angeheizt zu haben, und mußten sich dazu vor einer Kommission der Abgeordnetenkammer äußern. Welche Ursachen man auch immer dafür verantwortlich machen mochte, die Baukrise führte zu einer bisher nicht gekannten Arbeitslosigkeit auf dem Bausektor. Im Jahr 1886 waren etwa 100000 von 800000 Arbeitern arbeitslos.

SPEKTAKULÄRE KONKURSE

Die ganze Industrie wurde von dieser Entwicklung in Mitleidenschaft gezogen. Der absolute Wert der Eisenbahnfrachten ging gerade zu dem Zeitpunkt zurück, als man massive Aufträge vergeben hatte. Die laufenden Bestellungen mußten storniert und das Material auf Halde gelegt werden. In der Industrie kam es in den achtziger Jahren zu einigen spektakulären Konkursen, von denen wir nur drei herausgreifen. Es handelte sich um Unternehmen, die in den Jahren davor und vor allem im Zweiten Kaiserreich zu beachtlichem Ansehen und Wohlstand gekommen waren. Es sei nur an die Gründung der Gesellschaft Terrenoire im Zweiten Kaiserreich erinnert, die in den sechziger Jahren den technisch hochwertigen Bessemerstahl produzierte und den Siemensofen übernahm. Mit der Zunahme ihrer Produktion in den siebziger Jahren sanken ihre Kosten. Die Firma schien die Umorganisation erfolgreich abgeschlossen zu haben, so daß ihr Sturz ebenso unerwartet hart wie spektakulär ausfiel. Während der Umsatz des Unternehmens im Jahr 1883 noch 37,9 Millionen Francs betrug, sank er bis 1886 auf 15,3 Millionen Francs. Unter großen Unkosten mußte das Werk seine Anlagen reduzieren, doch es war zu spät; 1884/85 übertrafen die Schulden die Aktiva der Firma bei weitem, selbst wenn man diese höher bewertete. 1886 versuchte die Gesellschaft eine Anleihe aufzulegen, aber ohne Erfolg. Am 25. Januar 1888 stellte sie die Zahlungen ein, denn die Schulden beliefen sich zu diesem Zeitpunkt auf 21,6 Millionen Francs. Immobilienwerte erbrachten noch 3,3 Millionen Francs. Die Geschäftsführer wurden schwerer Fehler in der Betriebsführung bezichtigt. Der größte Fehler bestand darin, daß sie es nicht verstanden hatten, sich der neuen metallverarbeitenden Technik anzupassen, und sich nicht, wie andere Unternehmen an der Loire, auf hochqualifizierte Produkte spezialisiert hatten.

Ebenfalls in Lyon ereignete sich 1885 der Zusammenbruch des Hauses Arlès-Dufour, einer großen Seidenhandelsgesellschaft, die der Sohn des Begründers, Gustave, 1873 übernommen hatte. Zwischen 1860 und 1880 hatte sich der Umsatz verdoppelt und 80 Millionen Francs erreicht. 1882/83 verzeichnete das Haus immer massivere Verluste. Auch hier kamen zu der schlechten Geschäftslage in den Vereinigten Staaten die Fehler in der Geschäftsführung dieses großen Hauses, dem der Sprung in die Industrialisierung nicht gelungen war. Gustave hatte zu viel Kapital durch Investitionen verloren, die sein Vater für abenteuerlich gehalten hätte.

In der Normandie hatte es Joseph Pouyer-Quertier (1820–1891) während des Kaiserreichs zu Reichtum gebracht. Er war der Sohn von Auguste Pouyer, einem Baumwollhersteller und späteren Spinnereibesitzer. Der Erbe eines mittelgroßen Unternehmens hatte in den vierziger Jahren eine Spinnerei mit 15 000 Spindeln und modernen Selfaktoren aufgebaut. Parallel zu seinen unternehmerischen Erfolgen hatte er eine glänzende Karriere als Politiker gemacht. 1857 war er offizieller Kandidat der Regierung und wurde 1871 Finanzminister, als der er zusammen mit Thiers den Vertrag von Versailles aushandelte. Seine beiden Töchter hatte er in den Hochadel verheiratet. In den sechziger Jahren hatte er sein Unternehmen über das vertretbare Maß hinaus erweitert und in La Foudre eine Fabrik mit 56 000 Spindeln eingerichtet. Doch die Krise der achtziger Jahre fraß das Vermögen der Pouyer auf; 1883 zwang ihn die schlechte Geschäftslage zur Gründung einer Aktiengesellschaft, der Spinnereien und Webereien Pouyer-Quertier, deren Umsatz aber trotz frischer Kapitalzufuhr stets mittelmäßig blieb. In diesem Fall bedeutete die Umwandlung in eine Aktiengesellschaft eher ein Zeichen der Schwäche als der Stärke, denn das Familienunternehmen geriet ins Schwanken. In den ersten Jahren des 20. Jahrhunderts mußte das Unternehmenskapital um die Hälfte reduziert werden; es handelte sich dabei bereits um einen Prozeß allmählicher Liquidation.

Nicht alle Unternehmen, die sich in Schwierigkeiten befanden, warfen das Handtuch; Beispiele dafür werden an anderer Stelle zitiert. Doch die Fälle Terrenoire, Arlès-Dufour und Pouyer-Quertier zeigen beispielhaft das Ausmaß der Krise in den achtziger Jahren auf, zu deren dramatischsten Aspekten die Arbeitslosigkeit unter den Industriearbeitern zählte. Von ihr waren 1886 schätzungsweise 20 Prozent der Beschäftigten in der Eisen- und Stahlindustrie und etwa 10 Prozent der Gruben- und Steinbrucharbeiter betroffen. Manche Unternehmer versuchten durch Reduzierung der Arbeitszeit Entlassungen zu umgehen; andere wiederum »behielten nur die Tüchtigsten«, wie der Präfekt des Departements Seine-Maritime im Juli 1888 bemerkte. Die unqualifizierten, die älteren und die ausländischen Arbeitnehmer bekamen die Arbeitslosigkeit als erste zu spüren – und auch die Eigenwilligen. Die Historikerin Michelle Perrot hat aus der Zeit von 1883 bis 1889 etwa fünfzig Demonstrationen von Arbeitslosen herausgegriffen, deren beeindruckendste am 9. März 1883 stattfand. Damals strömten am *Hôtel des Invalides* in Paris 20000 Personen zusammen, eine völlig außergewöhnliche Zahl, da bisher keine Kundgebung mit mehr als 5000 Teilnehmern stattgefunden hatte. 65 Prozent der Festgenommenen hatten eine abgeschlossene Ausbildung vorzuweisen. Die Versuche militanter Anarchisten, wieder an Boden zu gewinnen, blieben wirkungslos. Viel gravierender waren dagegen die ausländerfeindlichen Kundgebungen. Die Beteiligung von Arbeitern an den Zwischenfällen in Marseille im März 1881, als man anläßlich der Rückkehr des tunesischen Expeditionskorps drei Tote und 21 Verwundete beklagte, steht zweifelsfrei fest. Eine neuerliche »Jagd auf Italiener« fand 1888 in Arles statt, während auf den Kongressen der Gewerkschaften, vor allem in Marseille 1886, die fremdenfeindlichen Töne immer lauter wurden. Zwischen 1885 und 1893 wurden zahlreiche Pläne vorgelegt, die eine Einwanderungsregelung vorsahen und schließlich zum Gesetz von 1893 über die Meldepflicht führten.

DIE SCHWIERIGKEITEN IM LÄNDLICHEN BEREICH

Der politisch wohl beunruhigendste Aspekt der Krise der achtziger Jahre bestand in den Erschütterungen des bäuerlichen Wohlstandes. Mehrere Faktoren kamen dabei zusammen. In vielen Gebieten brachen ländliche Industriebetriebe zusammen, was eine wachsende Zahl von Landbewohnern zur Abwanderung in die Städte zwang. Dieses Phänomen ließ sich um 1850 überall feststellen und beschleunigte sich ganz plötzlich in den Jahren um 1880. Die Entwicklung im Pas-de-Calais, an der Somme und im Calvados verlief identisch. Um nur die Spitzenklöpplerinnen aus der Gegend von Bayeux herauszugreifen: Sie zählten im Jahr 1868 5000, 1876 800 und 1889 nur noch 500 Arbeiterinnen. Die schönen schwarzen, von Hand gefertigten Spitzen waren nicht mehr in Mode. Die Leinenindustrie von Lisieux beschäftigte 1873 2227 Arbeiter, 1884 noch 1225 und 1889 gar nur noch 880 Arbeiter. Die Baumwollspinnerinnen des Departements ließen 1873 noch 160000 Spindeln laufen, 1890 waren es nur noch 59000. Im Jahr 1866 beschäftigte die Textilindustrie insgesamt 55000, 1886 nur noch 18800 Personen. In manchen Regionen überlebte die ländliche

Industrie, doch blieb dies eher eine Randerscheinung und wurde meist nur als Nebenprodukt der allgemeinen Misere angesehen.

Das zweite Drama der Landbevölkerung bestand im Zusammenbruch der Preise für das landwirtschaftliche Warenangebot, vor allem bei Getreide. Dieser Einbruch bedeutete nur eine Etappe auf dem langen Weg des Niedergangs, der 1873 begonnen hatte und sich bis 1895 fortsetzen sollte. Der Weizenpreis sank von 31 Francs pro Zentner im Jahr 1879 auf 19 Francs im Jahr 1887. Die Preisentwicklung für Kartoffeln verlief ähnlich rasch, bei Produkten aus Nutztierhaltung allerdings viel langsamer. Der Preisverfall beim Getreide, von dem die Einkünfte der meisten Bauern abhingen, resultierte aus dem Aufschwung des Überseehandels, denn dieser ermöglichte massive Importe aus Ländern, deren Produktionskosten wesentlich niedriger lagen als in Frankreich. Die Krise nahm besorgniserregende Dimensionen an und grassierte auch in Gegenden, die, wie im Pas-de-Calais, im Lauf der vorangegangenen Jahrzehnte in großem Stil modernisiert hatten. Die Tragik bei diesen Schwierigkeiten war um so stärker zu verspüren, als die Modernisierung manchmal nur um den Preis hoher Verschuldung in einem Milieu finanziert werden konnte, in dem das landwirtschaftliche Kreditwesen noch nicht organisiert war. Im Pas-de-Calais nahmen die Zwangsverkäufe bei gepfändeten Immobilien zwischen 1880 und 1885 um 63 Prozent zu, 1885 kamen 288 Höfe zum Verkauf, während es fünf Jahre früher nur 176 gewesen waren. In ganz Frankreich stieg die Pfändungsrate um 42 Prozent. Die Notare befanden sich in einer peinlichen Situation, denn oft fungierten sie als Vermögensverwalter ihrer Kunden und waren von deren Schwierigkeiten unmittelbar betroffen.

Die Gebiete, die mehrere Getreidesorten anbauten, waren nicht die einzigen, die zu leiden hatten. Die weltweite Konkurrenz bei diesen Produkten bewirkte, daß Monokulturen oder komplementäre Reservekulturen, die bisher das Gleichgewicht der bäuerlichen Gesellschaft abgesichert hatten, verschwanden. Die einheimischen Ölhersteller bekamen die Konkurrenz der tropischen Öle zu spüren, die seit 1878 immer massiver eingeführt wurden. Gleiches galt übrigens auch für die Mineralölherstellung. Die Anbauflächen für Rübsamen und Mohn, aber auch für Raps, gingen rapide zurück; im Midi wurden die Olivenbäume reduziert. Dies war aber nur ein Aspekt einer allgemeinen Bedrohung der Grundlagen des mediterranen Ackerbaus. Die Wollimporte zogen ebenfalls eine rapide

Abnahme der Schafherden auf den Bergwiesen nach sich. Im Jahr 1872 hatte die Produktion von Krapp 25 000 Tonnen erreicht, doch der Niedergang verlief rasant, denn 1884 waren es nur noch 200 Tonnen – eine Folge der synthetischen Herstellung des Alizarins, die 1869 zwei deutschen Chemikern gelungen war. Am härtesten traf es die Departements Drôme, Gard und Bouches-du-Rhône. Gleichzeitig war die Seidenraupenzucht in diesen Gebieten, die sich gerade von den Krankheiten erholt hatten, die 1860 hier wüteten, der wesentlich billigeren Konkurrenz des Fernen Ostens ausgesetzt. Die Produktion sank langsam, aber unaufhaltsam. Die Prämien, die durch das Gesetz von 1892 ausgesetzt worden waren, verzögerten den Niedergang nur geringfügig.

Diese speziellen Krisen nahmen für die betroffenen Departements (Gard, Drôme, Ardèche und vor allem Vaucluse) durch die gleichzeitige Ausbreitung der Reblaus seit 1865 im Jahr 1875 die Dimensionen einer nationalen Katastrophe an. Man denke nur an die spektakulären Erfolge des Weinbaus in der Zeit des Kaiserreichs: 1874 wurde von 2,477 Millionen Hektar Anbaufläche die Rekordernte von 83 Millionen Hektoliter eingefahren. Wein wurde in 72 der 87 Departements angebaut und manche Gebiete, besonders das Languedoc, hatten sich erst seit kurzem darauf spezialisiert. Seit 1878 war ein Viertel der Weinreben von der Reblaus befallen. Die Produktion sank auf 25 Millionen Hektoliter im Jahr 1879 und lag fünfzehn Jahre lang unter der 40 Millionen Hektolitermarke. Besonders aufschlußreich ist das Beispiel des Weinbaugebietes Beaujolais-Lyonnais: 1879 waren 8 Prozent der Weinreben von dem Schmarotzer befallen, 1883 waren es bereits 51 Prozent, und 1886 war mit 63 Prozent der Höhepunkt erreicht. Ein Zeitgenosse schilderte die Katastrophe 1884 mit folgenden Worten: »Jeder kann feststellen, daß erstens die Reben der Côte-du-Rhône nicht mehr existieren, zweitens die Berghänge der Monts-d'Or immer mehr verwildern, drittens die Weinberge der Vallée de la Brévenne verschwunden sind, viertens von der Vallée de l'Azergue bis Villefranche ein Drittel der Rebstöcke in den früher so blühenden Gemeinden der Morancé zerstört sind, und fünftens auf dem berühmten Berg Brouilly nur das Grün des Roggens und das Gelb des Ginsters zu sehen sind.«

Über die notwendigen Gegenmaßnahmen herrschte völlige Verwirrung. Die Gesetze vom 15. Juni 1878 und vom 2. August 1879 subventionierten eine sich rasch entwickelnde chemische Behandlung, doch war die

Wirkung dieser Chemikalien unsicher und nur vorübergehend. Also mußte man dazu übergehen, neue, auf amerikanische Rebstöcke gepfropfte Reben zu pflanzen, eine Methode, die von einigen mutigen Winzern zuerst angewendet und von ungläubigem Staunen begleitet wurde. Aber schon 1885 waren zwei Drittel des südfranzösischen Weinbaus auf diese Weise saniert. Im Beaujolais hatte 1884 die erste Weinlese auf dem Hügel von Brouilly stattgefunden, doch 1885 schlug die Meinung um. Diese neue Methode erforderte viel Kapital, deshalb konnten große Flächen nicht neu bepflanzt werden. Das knappere Weinangebot zog natürlich eine spürbare Preiserhöhung nach sich; sie reichte jedoch nicht aus, um die fehlende Produktion zu kompensieren. Die Einkünfte aus dem Weinanbau sanken zwischen 1871–1875 und 1887–1889 um die Hälfte. Der Rückgang der inländischen Produktion begünstigte die Zunahme von Weinimporten aus Spanien und wirkte sich auf die Entwicklung der algerischen Rebe aus, deren Produkte schon ab 1888 auf dem Markt erschienen. So kündigten sich die Überproduktionskrise und die Absatzstockungen an, die sich in den ersten Jahren des 20. Jahrhunderts zu einem Drama nationalen Ausmaßes ausweiten sollten.

DER BEVÖLKERUNGSRÜCKGANG ALS URSACHE FÜR DIE VERLANGSAMUNG DES WIRTSCHAFTSWACHSTUMS

Ob es sich um die Lage am Immobilienmarkt, um die Arbeitslosigkeit, die Konkurse in der Industrie, den Niedergang der ländlichen Industriezweige, den Verfall der Agrarpreise, den Rückgang der Industriepflanzen oder um die Ausbreitung der Reblaus handelte – die achtziger Jahre markieren den Höhepunkt einer Depression, deren erste Vorzeichen schon in den siebziger Jahren erkennbar waren und die – nach einer kurzen Erholphase im Jahr 1888, der die Weltausstellung von 1889 allerdings keinen dauerhaften Impuls vermitteln konnte – sich bis in die neunziger Jahre fortsetzte, im Gegensatz zu der Entwicklung in Deutschland. Indes hatte Paris bereits vor der Weltausstellung seine Standfestigkeit als Handelsplatz bewiesen: Es war ihm leicht gelungen, die Panik, die aus dem Zusammenbruch des *Comptoir d'Escompte de Paris* resultierte, zu überwinden. Der Direktor der Bank hatte Selbstmord begangen, nachdem das Scheitern seiner Spekulationen im Zusammenhang mit weltweiten Hamsterkäufen von Kupfer bekanntgeworden waren. Mit Hilfe von Kreditvorschüssen der Bank von Frankreich und der führenden Pariser Kreditinstitute gelang die Gründung einer neuen Bank, des *Comptoir national d'Escompte.* Der Wiederaufschwung erwies sich jedoch ebenso als Strohfeuer wie der des Jahres 1878. Im Anschluß an die schwere Finanzkrise in Großbritannien im Jahre 1892 gingen die Geschäfte bis 1895 stetig zurück. 1892 wurde die britische Krise dank eines Darlehens der Bank von Frankreich gelöst, was einen neuerlichen Beweis für die finanzielle Solidität des Landes darstellte.

Nach der Schilderung der Katastrophen der achtziger Jahre müssen die Art und die Gründe für die allgemeine Abnahme des wirtschaftlichen Wachstums genauer definiert werden, die das letzte Drittel des 19. Jahrhunderts kennzeichnete. Einige der möglichen Erklärungen sind weltwirtschaftlicher Natur; andere sind nur auf Frankreich anwendbar wie beispielsweise die stagnierende Bevölkerungszahl. Frankreich zählte 1866 ohne Elsaß-Lothringen 36,5 Millionen Einwohner; 1886 waren es 37,9 Millionen, im Jahr 1901 38,4 Millionen Einwohner. In den neunziger Jahren lagen die Geburtenziffern mehr als einmal unter den Sterbeziffern, und bald debattierte die ganze Nation darüber, worin die Gründe bestanden. 1896 wurden zwei Gesellschaften mit einander genau entgegengesetzten Zielen gegründet. Die »Liga für menschliche Regeneration« wurde am 30. August von Paul Robin (1837–1912) ins Leben gerufen, der 1858 zum Studium an einer *École normale* zugelassen worden war, 1865 aus dem Schuldienst ausschied und zur Ersten Internationale überlief. Bei einem Aufenthalt in London bekehrte er sich aber zum Neo-Malthusianismus. Seit 1882 leitete er das Waisenhaus für Knaben und Mädchen in Cempuis, dessen Gründung durch eine Erbschaft ermöglicht worden war und das er zu einer Stätte pädagogischer Experimente machte. 1889 richtete er in Paris ein Beratungszentrum ein und verkaufte Verhütungsmittel. 1894 wurde ihm nach einer heftigen Pressekampagne durch den Ministerrat die Leitung des Waisenhauses entzogen. Danach widmete er sich ganz unverhohlen seinen neo-malthusianischen Aktivitäten.

Die Anfänge der Liga waren katastrophal, doch in den Jahren um 1900 wuchs ihr Einfluß wieder an. Das Denken Paul Robins zeugte nicht gerade von besonderer Tiefe; in ihm verbanden sich revolutionäres Erbe und malthusianische Botschaften. Im gleichen Jahr gründete Doktor Jacques Bertillon die *Alliance nationale pour l'accroissement de la population française*, die sich auf die »Vereine für kinderreiche Familien« stützte, deren erster 1894 in Montpellier ins Leben gerufen wurde. Die natalistische Bewegung hatte seit den Tagen des Kaiserreichs viele neue Anhänger gewonnen. Sie zog Nationalökonomen wie Paul Leroy-Beaulieu an, der 1883 seinen *»Essai sur la repartition des richesses et sur la tendance à une moindre égalité des conditions«* (»Essay über die Verteilung des Reichtums und über die Tendenz zu einer geringeren Ungleichheit der Verhältnisse«) veröffentlichte. In diesem Werk appellierte er an die Fähigkeit des menschlichen Geistes, die malthusianische Logik zu widerlegen. Zu diesem Kreis stießen auch immer mehr Schriftsteller, allen voran Émile Zola, der 1899 in *»Fécondité«* (»Fruchtbarkeit«) schrieb: »O ihr französischen Mütter, bringt Kinder zur Welt, damit Frankreich seinen Rang, seine Stärke und seinen Wohlstand behält, denn im Interesse des Wohlergehens der ganzen Welt ist es notwendig, daß Frankreich am Leben bleibt, Frankreich, von dem aus die Emanzipation der Menschen ihren Anfang nahm, das Land, von dem alle Wahrheit und Gerechtigkeit ausgeht.« Die natalistische Bewegung war vor allem eine patriotische Bewegung, denn die zukunftsbewußten Franzosen litten darunter, Frankreich gegenüber einem Deutschen Reich geschwächt zu sehen, das damals zweieinhalbmal so hohe Geburtenraten zu verzeichnen hatte.

Die Franzosen hatten nicht erst auf Paul Robin gewartet, um weniger Kinder zu bekommen. Die Geburtenrate in Frankreich sank von 26 pro Tausend in den Jahren 1866–1870 auf 22 pro Tausend zwischen 1896 und 1900. Die Abnahme hing eher mit mangelnder Fruchtbarkeit in der Ehe zusammen, da das Heiratsalter der Mädchen merklich sank. Auffallender jedoch war die unterschiedliche Einstellung der einzelnen Ehepaare. Es gab relativ viele Familien mit vielen, sogar sehr vielen Kindern, doch das Vorbild einer Familie mit weniger Kindern setzte sich immer mehr durch. Seitdem kam es auch zu soziologischen und geographischen Unterscheidungen, deren simplifizierenden Charakter man jedoch nicht übersehen darf. Regional gesehen, setzte sich vor allem in Aquitanien, in der Normandie und in Burgund ein maltusianisch geprägtes Frankreich durch, während in der Bretagne, in Nord- und Ostfrankreich, aber auch an der Isère und im Pyrenäenvorland mehr Kinder geboren wurden. Innerhalb dieser Großräume bestanden jedoch in bezug auf die Kinderzahl ebenfalls beträchtliche Unterschiede. Pauschal und auf lange Zeit hin gesehen, dachte man in den Kleinstädten malthusianisch, in den Industrie- und Minenstädten dagegen nicht. Desgleichen bestand in jenen Landgemeinden, wo die Selbstbewirtschaftung vorherrschte, ein deutlich geringer entwickeltes generatives Verhalten als in den Gegenden mit vorwiegendem Pachtbetrieb. Darüber hinaus war klar, daß in katholischen Gebieten wie in der Bretagne die Familien mehr Kinder hatten als in weniger christlichen Gebieten. Es gibt indes nur wenige Bereiche, in denen sich historische Forschung so vorsichtig wie hier bewegen muß, da gerade hier Verallgemeinerungen zu Irrtümern führen können.

DIE MÄRKTE

Die negativen Auswirkungen des Bevölkerungsrückgangs stehen außer Zweifel: Durch sie verloren Angebot wie Nachfrage an Dynamik. Es entstand eine statische, gegenüber Veränderungen allergische Gesellschaft. Dieser Faktor kam ergänzend zu den übrigen Gründen für die Verlangsamung des Wirtschaftswachstums hinzu. Die Nachfrage nach französischen Produkten war im In-, aber auch im Ausland besorgniserregend zurückgegangen. Frankreich gelang es trotz seiner unbestrittenen Finanzkraft und der Neubelebung seiner Außenpolitik nicht, seine Stellung im Rahmen des Welthandels zu halten, der sich allerdings selbst in einer Phase der Depression befand. Die Exporte nahmen nicht einmal um ein Prozent zu. Frankreich litt stark unter dem deutschen und amerikanischen Protektionismus. Es hatte ungeheure Schwierigkeiten, seine Erzeugnisse der veränderten Nachfrage auf dem Weltmarkt anzupassen, der sich mehr und mehr auf minderwertige Artikel konzentrierte, die Frankreich nicht produzierte. Ebensowenig gelang ihm die Anpassung an die geographische Verlagerung der Güterströme des Welthandels in Richtung auf den pazifischen Raum. Im internationalen Wettbewerb verlor die französische Handelsmarine trotz staatlicher Zuschüsse in den Jahren 1881 und 1893 an Gewicht. 1900 verfügte sie über eine Gesamttonnage von nur 900000 Tonnen, davon 410000 Tonnen an Segelschiffen – das waren 3,9 Prozent der Welthandelsflotte im Gegensatz zu 7,6 Prozent im Jahr 1870. Frankreichs Anteil am Weltexport bei Fertigprodukten sank von 16,2 Prozent in den Jahren von 1876 bis 1880 auf 13 Prozent zwischen

1901 und 1905, während im selben Zeitraum der Anteil des Deutschen Reiches stieg.

Die Zunahme des Lebensstandards hatte sich ebenfalls verlangsamt. Das Pro-Kopf-Einkommen, das in der Zeit des Kaiserreichs jährlich um 1,5 Prozent gestiegen war, nahm nur noch um 0,6 Prozent zu. Alle bäuerlichen Einkünfte waren davon betroffen, vor allem die Grundrente, die während des Kaiserreichs zum letzten Mal Anlaß zu Hoffnungen gegeben hatte. Die Pachterträge gingen immer mehr zurück und immer seltener ein. Im Departement Loir-et-Cher sank der Realwert der Pacht zwischen 1885 und 1902 um 37 Prozent. Im Pas-de-Calais brach er gar völlig zusammen. Doch nicht nur die Pacht, sondern die Einkommen der Bauern insgesamt waren betroffen; ein Statistiker schätzte die Minderung zwischen 1873 und 1894 global auf über 20 Prozent.

Der Rückgang der nicht lohnabhängigen und nicht bäuerlichen Einkommen entsprach dem Zins- und Gewinnrückgang. Die Höhe der Dividenden bei den notierten Gesellschaften hatte sich zwischen 1860–1864 und 1895–1899 genau halbiert. Zwischen 1870–1874 und 1895–1899 wurden die Zinssätze um 46 Prozent gesenkt. Die zunehmende Zahl von Transaktionen glich die Verluste bei Dividenden und Zinsen zwar noch einmal aus, doch die schönen Tage des Kaiserreichs waren vorüber. Die Einkünfte aus Unternehmen und Wertpapieren sorgten nicht mehr für leichten Vermögenszuwachs. In dem allgemeinen Debakel blieben allein die Löhne stabil; ihnen war letztlich die Rettung zum großen Teil zu verdanken.

Die Reallöhne waren aus zwei Gründen gestiegen. Erstens konnten die Nominallöhne nicht gekürzt werden, sei es, weil die Unternehmer Unruhen befürchteten oder weil sie erkannten, wie wichtig es war, das steigende Lohnniveau der Arbeiter zu erhalten. 1879 erklärte ein Unternehmer in Armentières: »Eine einfache Lohnkürzung würde genügen, die ganze arbeitende Bevölkerung in Bewegung zu bringen.« Ein anderer Unternehmer aus Remiremont meinte im gleichen Jahr: »Wenn ein in der Herstellung beschäftigter Arbeiter nicht mehr ausreichend bezahlt wird, ist er nur ein mittelmäßiger Konsument.« Wie man sieht, hatte Henry Ford seine Vorläufer, und man kann nicht behaupten, daß seine Gedanken originell waren. Man sieht aber auch daraus, wie irrig es war, die Verlangsamung der französischen Wirtschaft dem Freihandel anzulasten. Dieser hatte zwar die Senkung der Agrarpreise bewirkt, aber damit auch den zweiten Grund für die Erhöhung der Reallöhne und den Hauptgrund für den späteren Aufschwung geliefert.

Ein letzter Grund für die sinkende Nachfrage hing eng mit dem verlangsamten Bevölkerungswachstum zusammen; gemeint sind die verminderten Anstrengungen im Bereich der Basisinvestitionen sowohl im Eisenbahnbau wie in den Städten. Eine Zahl genügt, um diesen Tatbestand zu belegen: Die Investitionen im Eisenbahnbau sanken zwischen 1880–1884 und 1895/96 um 36 Prozent. Andererseits: So stark die Abwanderung aus den ländlichen Regionen in den Jahren zwischen 1880 und 1890 auch gewesen sein mag, sie lag auf keinen Fall über dem Niveau des Jahres 1850 und war verglichen mit Deutschland im gleichen Zeitraum erheblich geringer. Die Urbanisierung Frankreichs verlief langsamer, und dies wog um so schwerer, als die Stadt ein bevorzugter Ort der Erneuerung ist.

Insgesamt übte die Krise der achtziger Jahre trotz der Lohnzuwächse eine äußerst negative Wirkung auf die Entwicklung der französischen Wirtschaft aus. Eine beträchtliche Anzahl von Branchen und vor allem die Investitionsgüterindustrie erlebten einen gravierenden Rückgang ihrer Wirtschaftstätigkeit. Eine große Anzahl von Betrieben verschwanden für immer von der Bildfläche. Diese Entwicklung zeitigte um so ernsthaftere Konsequenzen, als es in den achtziger Jahren, wie wir noch sehen werden, zu einschneidenden technischen Veränderungen kam, denen zu folgen Frankreich einige Mühe bereiten sollte.

KAPITEL IV

Antworten auf die Krise

Die französische Gesellschaft reagierte trotz ihrer Schwächen auf die langsamere Gangart der Wirtschaft und die häufigen Krisen nicht so empfindlich, wie immer behauptet wurde. Die Dekadenzideologien in literarischer wie soziologischer Gestalt, die sich zum Beispiel in einem Mann wie Gustave Le Bon verkörperten, dürfen darüber nicht hinwegtäuschen, denn sie verdeutlichten nur die Furcht gewisser elitärer Kreise vor dem Aufstieg der Massengesellschaft. Das Bündnis aus Patriotismus und Positivismus enthielt eher Hoffnung als Resignation. Der Einfluß des Positivismus wurde von den Wissenschaftshistorikern als ganz und gar negativ verurteilt, denn er schränkte in vielen Bereichen die Ambitionen der Wissenschaftler ein und blockierte den Weg zur modernen Physik. Doch der Gesellschaftsentwurf der Positivisten, der im Denken der republikanischen Führung dominierte, weckte den Glauben an die Zukunft und das Vertrauen, ja sogar die Gewißheit, daß das begonnene Werk legitim sei. Auguste Comte hatte den »Sinn« der Geschichte definiert; nun lag es an ihren Führern, sich auf den rechten Weg zu machen: die Ordnung, die allem zugrunde lag, mußte sich – darüber gab es keinen Zweifel – schließlich durchsetzen.

Die Erinnerung an die militärische Niederlage und der daraus resultierende Wunsch nach Erneuerung waren jedoch stärker als diese Vorstellungen und wurden allgemein geteilt. Die Erfahrung der Krise trug nur noch dazu bei, beide Gefühle zu verstärken. Sie rechtfertigten sowohl die Schulpolitik als auch die Suche nach neuen Perspektiven. Diese beiden Aspekte des republikanischen Werkes werden im folgenden in unmittelbarem Zusammenhang mit der parlamentarischen Entwicklung behandelt, von der sie nicht zu trennen sind. Sie rechtfertigten auch die gesellschaftliche, industrielle und wissenschaftliche Erneuerung, die nach 1880 in Angriff genommen wurde.

Die liberale Gesellschaft schließlich, so wie sie sich im Verlauf des 19. Jahrhunderts entfaltet hatte, vermochte aufgrund ihrer inneren Eigendynamik durchaus die Grundlagen für einen neuen Aufschwung zu schaffen und damit neue Techniken, neue Produkte und neue Tätigkeitsfelder zu entwickeln. In diesem Erneuerungswettbewerb war Frankreich nicht immer nur Verlierer. So sollen, um nicht alle eingetretenen Veränderungen nachzuzeichnen, fünf Themen herausgegriffen werden: die Reform der Universität, die in einem begrenzten Rahmen die zunächst noch zerbrechlichen Grundlagen einer echten wissenschaftlichen Renaissance legte und ihre Symbolfiguren um 1900 in dem Ehepaar Curie fand; die Weiterentwicklung der Medizin, die hauptsächlich am Beispiel Pasteurs behandelt werden soll, die die Voraussetzungen für ein neues Verhältnis des Menschen zum Tod und damit zum Leben schuf; die Entwicklung der Industrie, die nach all den bereits erwähnten Katastrophen neue Investitionen, neue Techniken und neue Produkte anzubieten hatte, die zum späteren Wohlstand beitrugen; wenn es schließlich – als späte, aber unvermeidliche Reaktion – zu protektionistischen Maßnahmen kam, so bemühte sich der Staat doch auch um die Formulierung einer konkreten Landwirtschaftspolitik, die eine der Ursachen für den zaghaften Aufschwung bildete. Die Kriegsfolgen, die Zahlungen von fünf Milliarden Francs und die Strukturkrise im Welthandel konnten die finanzielle Kraft Frankreichs nicht grundsätzlich gefährden.

DAS HÖHERE BILDUNGSWESEN

Das Bündnis zwischen Nationalismus und Positivismus ließ Vertrauen in die Zukunft der französischen Intelligenz und Wissenschaft aufkommen, das einen Jules Ferry ebenso durchdrang wie einen Louis Pasteur oder einen Henry Le Chatelier. Dieses Vertrauen war der Grund, warum diese Generation eine Bildungsreform in Angriff nahm, deren verschiedene Aspekte sich nicht voneinander trennen lassen. Hier sollen nur die Neuerungen im Hochschulwesen behandelt werden; die Reformen im Grundschul- und Gymnasialbereich werden später erörtert.

Die Reform des Hochschulunterrichts nahm in der Tat eine wichtige Position innerhalb des gesellschaftlichen Reformprogramms der Positivisten ein. Dieses Programm flankierte trotz seiner Mängel die Erneuerungsmaßnahmen, und zwar genau in dem Maß, in dem diese auf dem Vertrauen in die Wissenschaft und auf der Gewißheit basierten, daß man bei der Behandlung gesellschaftspolitischer Fragen von rationalen und positiven Voraussetzungen ausgehen konnte. Das gesamte Reformwerk vollzog sich gleichsam in diesem Rahmen. Die Hochschullehrer wurden als Hohepriester der positivistischen Gesellschaft betrachtet. Von ihren Lehrstühlen herab verkündeten sie die Lehrsätze und die Wahrheiten, die andere anwenden sollten. In ihren Laboratorien schufen sie einen neuen, von allen materiellen Zwängen befreiten Menschen. Sie waren die eigentlichen Begründer einer nationalen Einheit, denn sie lehrten die geistige Elite, »alles den Ideen der Wissenschaft und des Vaterlandes unterzuordnen«, wie es G. Monod formulierte. Als Spiritus rector der Reform entpuppte sich Louis Liard (1846–1917), seit 1884 Leiter des höheren Bildungswesens in Frankreich. Bedauerlich war, daß das Vorhaben in einer Atmosphäre begonnen wurde, in der die Universität viel zu stark mit sich selber beschäftigt war. Doch eines der wichtigsten Anliegen der Reformer – zu denen Louis Pasteur, Ernest Lavisse, Paul Bert und Marcelin Berthelot gehörten – war es, die Universität zu befähigen, auf neue Herausforderungen zu antworten.

Als erste Maßnahme, die diesen Anpassungsprozeß ermöglichen sollte, erhielten die Fakultäten den Status juristischer Personen zuerkannt, um ihnen auch andere Finanzierungsmöglichkeiten zu eröffnen als nur die staatliche Unterstützung allein. 1893 wurde für jeden akademischen Bereich eine Fakultätsvertretung gegründet, die über einen Rechtsstatus und ein Budget verfügte. 1896 wurden diese Körperschaften zu Universitäten mit vollständiger wissenschaftlicher Autonomie aufgewertet. Im Wettstreit mit den berühmtesten Schulen verstanden es die Universitäten, eigene Lehrformen und besondere Aufgabenstellungen für sich zu entwickeln. Sie begnügten sich nicht mit akademischer Lehre im Dienste reiner Wissenschaft, sondern glichen auch jene Defizite aus, die der Unterricht der *Grandes Écoles* im Bereich der angewandten Wissenschaft aufwies. So versuchten sie ihrerseits, auf dem Feld der Wissenschaft ihren Beitrag zur Erneuerung der Nation zu leisten.

Die Hinwendung zur reinen Wissenschaft ergänzte die Reformen, die Louis Pasteur während seiner Direktorenzeit an der *École Normale Supérieure* in den fünfziger Jahren eingeführt hatte. Er unterstützte das Assistenzwesen, das jungen Universitätslehrern von Anfang an weitgehende Forschungsmöglichkeiten bot. Diese Zielrichtung führte zu bemerkenswerten Erkenntnissen, stieß aber auch auf institutionelle und zugleich erkenntnistheoretische Grenzen. Der Aufschwung der mit Grundlagenforschung befaßten Laboratorien blieb jedoch beschränkt, da der Einfluß des Positivismus sich, wie schon gesagt, bei einigen Gelehrten eindeutig negativ auswirkte. Schließlich erwies sich die Übermacht der Pariser Professorenschaft als erdrückend. Die zweite Tendenz führte zur Gründung von Universitätsinstituten seit den achtziger Jahren – 1910 waren es 25. Diese Universitätsinstitute in Nancy, Grenoble, Toulouse und Besançon entsprachen den Bedürfnissen der modernen Industrie; ihnen gelang es, die qualitativen und quantitativen Mängel des Unterrichts an den großen Traditionsschulen auszugleichen. Ohne sie wäre der industrielle Aufschwung der Jahre um 1900 undenkbar gewesen.

Neben ihren Anstrengungen, den Erfordernissen der Industrie zu genügen, erzielte die Forschung bemerkenswerte Ergebnisse. Obwohl die französische Wissenschaft, vor allem die Chemie, den Anschluß an die internationale Entwicklung verloren hatte, weil sie die Ergebnisse der Atomtheorie zu wenig zur Kenntnis nahm, wuchs in den neunziger Jahren eine neue Generation von Physikern heran, die die Grundlagen für die moderne Naturwissenschaft des 20. Jahrhunderts schufen. Henri Poincaré (1854–1912), Polytechniker und Grubeningenieur, wurde 1881 an die Pariser Fakultät berufen. Dank seiner mathematischen Begabung gelangen ihm eine Reihe von Beiträgen zur theoretischen Erneuerung der Mechanik und allgemeinen Physik. Er war einer der brillantesten Fortsetzer des Maxwellschen Werkes und veröffentliche 1899 eine Zusammenfassung seiner Arbeiten in *»La Théorie de Maxwell et les oscillations hertziennes«* (»Die Theorie von Maxwell und die Hertzschen Schwingungen«). Er stellte die Prinzipien der klassischen Mechanik in Frage und ermöglichte eine umwälzende Revision des gesamten Themenkomplexes. Diese Kritik wurde 1906 in *»La Science et l'hypothèse«* (»Die Wissenschaft und die Hypothese«) veröffentlicht. Sein Ansehen bei jungen Physikern erwarb er nicht nur durch seine Fähigkeiten als Mathematiker, sondern auch durch seine Begabung, aktuelle wissenschaftliche Probleme klar zu formulieren und damit neue Wege aufzuzeigen.

Auf diesen neuen Wegen der Naturwissenschaft wandelten in den neunziger Jahren schon einige junge Gelehrte. 1895 veröffentlichte Jean

Perrin (1870–1942), Absolvent der *École Normale* 1894, seine Abhandlung über *»Rayons cathodiques et rayons Röntgen«* (»Kathodenstrahlen und Röntgenstrahlen«), die sich mit den Hertzschen Experimenten aus dem Jahr 1888 beschäftigte. Er stellte die Hypothese auf, daß Kathodenstrahlen aus einzelnen, elektrisch aufgeladenen Partikeln bestanden. Im Jahr 1901 lieferte er mit dem Werk *»Les Principes«* (»Die Prinzipien«) eine Analyse zur Erhaltung der Energie, auf die sich Paul Langevin (1872–1946) später bei der Formulierung allgemeiner Gesetze der Mechanik stützte. Schließlich entdeckte Pierre Curie (1859–1906), der Nobelpreisträger von 1904, im Jahre 1880 die Piezoelektrizität. Im Jahr 1895 promovierte er und heiratete im selben Jahr Marie Sklodowska. Beide entdeckten 1899 das Radium mit seinen radioaktiven Eigenschaften. Damit stellten sich neue Probleme; die Struktur des Atoms wurde erforscht. Diese Arbeit fußte auf der Henri Becquerels (1852–1908), eines früheren Schülers der *École des Ponts et Chausées.* Er lehrte am Museum für Naturgeschichte und galt als Pionier auf dem Gebiet der Erforschung der Radioaktivität. 1896 veröffentlichte er *»La Découverte des radiations invisibles émises par l'Uranium et des phénomènes produits par ces radiations«* (»Entdeckung der unsichtbaren Strahlungen des Urans und der Erscheinungen, die diese Strahlungen erzeugen«). Es sei daran erinnert, daß Röntgen 1895 die nach ihm benannten Strahlen entdeckte.

Soviel zu den mathematisch-theoretischen Grundlagen und ihrer empirischen Verifikation in der Experimentalphysik als den beiden sich ergänzenden Wegen der modernen Physik.

DIE MEDIZINISCHE REVOLUTION UND DAS ÖFFENTLICHE GESUNDHEITSWESEN

Die Sterblichkeitsrate in Frankreich, insbesondere die Kindersterblichkeit, lag in den frühen neunziger Jahren extrem hoch. Zwischen 1872 und 1895 betrug sie durchweg mehr als 22 Promille, während sich die Kindersterblichkeit zwischen 166 und 170 Promille stabilisierte. Die Zeitgenossen empfanden es als immer schmerzlicher, Zeugen eines echten Massensterbens Unschuldiger, gleichsam eines Massenopfers zu sein, das unnötig, weil absolut vermeidbar schien. Doch die Anhänger der Hygiene, allen voran die Ärzte, kämpften unablässig gegen Schmutz und unhygienische Gewohnheiten, die zu Infektions- oder anderen Krankheiten führten. Im Jahr 1848 wurden Komitees für öffentliche Hygiene gebildet; auch die Stadtplanung in den Zeiten des Kaiserreichs war stark vom Hygienegedanken beeinflußt. Seit 1876 fanden jährlich internationale Hygienekongresse statt, und im Mai 1877 wurde die »Französische Gesellschaft für Hygiene« gegründet; seit Juni 1877 erschien die *»Revue d'hygiène sanitaire«*. Als Erfolg all dieser Bemühungen wurde am 15. Februar 1902 das Gesetz zum Schutz der Volksgesundheit verabschiedet. Es sah Maßnahmen gegen Infektionskrankheiten vor: Zwangsdesinfektion bei bestimmten Krankheiten, vorbeugende Maßnahmen für einzelne Personen wie zum Beispiel Impfungen, aber auch Sanierungsprogramme für Wohnungen und Örtlichkeiten.

Damit fand eine interne Entwicklung wissenschaftlichen Denkens und vor allem ärztlicher und städtebaulicher Praxis ihren vorläufigen Abschluß. Die spektakulärste Erscheinung dabei war der Pasteurismus, der unmittelbar an das traditionelle Hygienedenken anknüpfte und den Ärzten die Grundlagen für eine wirksame Behandlung lieferte, deren Auswirkung sie greifbar erleben konnten. Louis Pasteur selbst faßte seinen wissenschaftlichen Werdegang folgendermaßen zusammen: »Zwischen 1847 und 1857 habe ich mich mit Kristallographie beschäftigt, zwischen 1857 und 1877 befaßte ich mich mit Fermenten und Gärungsvorgängen, seit 1877 erforsche ich Infektionskrankheiten.« Die Logik dieses Weges lag in der Umkehrung: von dem Zusammenhang zwischen der Bierwürze und dem Hefepilz, der Verwesung und dem Keim gelangte er allmählich zu der Verbindung von Mikrobe (der Begriff entstand 1878) und Krankheit. Über den theoretischen Beitrag Pasteurs und seine Bedeutung läßt sich streiten, nicht aber über sein experimentelles Genie, seine virtuose Polemik und sein Talent, konkreten Schwierigkeiten mit tatkräftigen Antworten zu begegnen. Dies hatte er mehrmals in der Diskussion über die Urzeugung (zuerst zwischen 1857 und 1865, danach zwischen 1871 und 1876) wie auch in seinen Forschungen über Essig- und Biergärung bewiesen, sodann in seinen Arbeiten über die Seidenraupe und ihre Krankheiten (ein erstaunliches Beispiel für angewandte Wissenschaft zwischen 1865 und 1870). Nach 1877 betrat er entschlossen medizinisch-wissenschaftlichen Boden und erforschte die Cholera, den Milzbrand und die Tollwut. Pasteurs Einfluß auf die medizinische Praxis war ein zweifa cher und hatte sich schon lange vor 1877 bemerkbar gemacht, denn bereits seit den sechziger Jahren wußten viele Mediziner von den Auswirkungen der Forschungen Pasteurs im Bereich der chirurgischen Praxis und der Vorbeugung bei Infektionskrankheiten.

Pasteur erklärte 1878 vor der Akademie für Medizin (in die er übrigens erst 1873 aufgenommen worden war): »Wenn ich die Ehre hätte, ein Chirurg zu sein, so würde ich – eingedenk der Gefahren, denen wir durch die Ausbreitung von Krankheitserregern auf der Oberfläche aller Gegenstände, ganz besonders in Krankenhäusern, ausgesetzt sind – nur noch völlig saubere Instrumente verwenden, würde mir mit größter Sorgfalt die Hände waschen und sie kurz über offenes Feuer halten, würde nur noch solche Scharpie, Binden und Schwämme benutzen, die vorher einem hundert bis hundertfünfzig Grad heißen Luftbad ausgesetzt waren. Auch würde ich nur Wasser verwenden, das zuvor auf hundert bis hundertzwanzig Grad erhitzt worden ist.« Diese Ratschläge waren zuvor alle in der Praxis erprobt, denn 1874 wurde Just Lucas-Championnière ans Hospital Lariboisière berufen, wo er die Methoden anwendete, die er bei dem schottischen Chirurgen Lister gelernt hatte. In den achtziger Jahren konnten die Operationsrisiken dadurch um zwei Drittel gesenkt werden, und das Kindbettfieber ging drastisch zurück. Bei letzterem hatte der Arzt und Geburtshelfer Étienne Tarnier Pionierarbeit geleistet.

Die Ärzte der neunziger Jahre bekämpften die Mikroben mit allen Mitteln. Nichts könnte diese Präventivmaßnahmen besser illustrieren als der Kampf gegen die Saugflasche *à tube*. Doktor Roussel (1816–1903) hatte sich schon in den sechziger Jahren gegen das weitverbreitete Stillen von Kleinkindern durch Ammen gewandt. 1874 setzte er ein Gesetz zum Schutz des Kleinkindes durch; die darin vorgeschriebenen ärztlichen Kontrollen waren wirksamer, als vielfach behauptet wurde. Neuere Studien haben ergeben, daß die Gefährdung des Kindes bei einer Ernährung durch eine Amme ebensosehr am künstlichen Stillen wie an der Nachlässigkeit oder der schlechten Gesundheit der meisten Ammen lag. Die Saugflasche *à tube* war ein tödliches Instrument. Sie wurde allmählich durch die sterilisierte Flasche und den modernen Schnuller ersetzt. Das setzte jedoch einen langen Prozeß erzieherischer Maßnahmen in Beratungsstellen voraus, die in den achtziger und vor allem in den neunziger Jahren eingerichtet worden waren. Karitative Einrichtungen fanden hier neue Aufgabenbereiche. Die wesentliche Arbeit leisteten jedoch die Ärzte selbst, die zu Aposteln der Prophylaxe geworden waren, viele freilich erst nach einem schmerzhaften Umdenkungsprozeß. Der eigentliche Triumph Pasteurs (der mit der Gründung des gleichnamigen Instituts 1886 dank einer nationalen Spendenaktion seinen Höhepunkt fand) bestand in der Isolierung des Milzbranderregers und des Erregers der Blutvergiftung im Blut toter Tiere, die ihm zwischen 1877 und 1879 gelang. 1885 entstand so die aktive Serumtherapie, nachdem er zuvor den Bazillus der Tollwut entdeckt und ein Serum entwickelt hatte, das deren Verbreitung stoppte. Die Arbeiten dieses Instituts wurden in dieser Richtung fortgeführt, und 1894 stellte Doktor Roux auf dem Kongreß für Hygiene in Budapest ein Heilserum gegen Diphtherie vor. Die Spenden häuften sich und ermöglichten den Kauf der Domäne von Garches und den Bau des Hospitals Pasteur. Das Institut verknüpfte Forschung, Herstellung von Arzneimitteln und Krankenpflege aufs engste.

Pasteurs Werk war und ist heute noch umstritten. Es war außerhalb der Schulmedizin entstanden und arbeitete in gewisser Weise sogar gegen sie. Der *»Concours médical«*, das Organ der Ärzteschaft, ergriff erst 1895 offen für Pasteur Partei. Darüber hinaus hatte er bei seiner Antrittsrede vor der Akademie 1882 antipositivistische Standpunkte vertreten. Und schließlich und vor allem gab es für den medizinischen Fortschritt noch andere Wege als die reine Lehre des Pasteurismus, zum Beispiel bei der Bekämpfung der Tuberkulose. Robert Koch hatte 1882 den Bazillus isoliert, dessen Existenz Villemin schon 1865 postuliert hatte. Auf dem ersten Kongreß für Tuberkulose 1888 wurde der ansteckende Charakter der Krankheit bestätigt. Dieser Schritt verlangte Mut, denn die Krankheit war gleichbedeutend mit dem Tod. Ihren ansteckenden Charakter einzugestehen bedeutete ein soziales Risiko. Man konnte ihr nur vorbeugend begegnen. Dies erkannten in den achtziger Jahren nur wenige Mediziner, vor allem der Arzt Armaingaud aus Bordeaux, der 1892 die Liga für vorbeugende Bekämpfung der Tuberkulose gründete und erklärte: »Vor dieser Geißel konnten wir nur den Kopf senken ... Heute hat sich alles geändert ... Diesen jähen Wandel unserer Ansichten und unseres Verhaltens, diese ungeheuren Fortschritte verdanken wir drei Männern, Villermé, Pasteur und Koch.« Im Jahr 1887 eröffnete er ein Sanatorium in Arcachon. In Paris wurde der Kampf gegen die Krankheit mit einem Aufklärungsprogramm, aber auch mit einer Untersuchung der Wohnverhältnisse als eines Hauptgrundes für das Auftreten der Tuberkulose geführt. Ab 1893 wurde ein regelrechtes Strafregister für Wohnungen angelegt; 1905 setzte die Präfektur des Departements Seine eine Kommission für Tuberkulose ein, die von Doktor Roux geleitet wurde. Diese Krankheit hatte sich zu einer wahren Geißel der Bevölkerung entwickelt. Nachdem man die Umstände ihrer Verbreitung genauer erkannt hatte, kam es zu einer beschleunigten Verabschiedung des entsprechenden Gesetzes (1902). Manchmal entfernte sich die Vorgehensweise der Ligen gegen die Tuberkulose stark von den Methoden des reinen Pasteurismus; sie stand aber nicht, wie behauptet wurde, im Gegensatz zu ihm.

Die Stadtsanierung hatte man indes eher den Ingenieuren als den Anhängern eines dogmatischen Pasteurismus zu verdanken – zumindest in den achtziger Jahren. Es waren die Ingenieure und nicht die Ärzte und Parteigänger Pasteurs und auch nicht Pasteur selbst, die die Wasserspülung als Mittel gegen das Problem der Fäkalien durchsetzten. Dieses war im August 1880 akut geworden, als ein unvorstellbarer Gestank über der Stadt lag. Eine Gelehrtenkommission kam zusammen, aber nicht, um den Bau neuer Abwässerkanäle zu fordern, sondern um diese als unhygienisch anzuprangern. Zu dieser Zeit gehörte auch Pasteur noch zu den Gegnern der Wasserspülung. Sie behaupteten, die Krankheiten würden durch die Ausdünstungen der Abwasserkanäle übertragen. Sie waren nach wie vor überzeugt, daß die giftigen Stoffe mehr durch die Luft als durch das Wasser übertragen würden.

Indes geriet ihre Position nach 1880 unter immer stärkeren Beschuß. Auf den internationalen Kongressen für Hygiene standen die Franzosen mit ihrer Meinung bald allein, und die Konsequenzen, die andere Länder aus ihren Erfahrungen gezogen hatten, zeichneten sich immer eindeutiger ab. Im Jahr 1882 kam eine neue Kommission zusammen, die diesmal hauptsächlich aus Ingenieuren bestand und sich für die Wasserspülung entschied. In einem Dekret des Präfekten von 1886 wurde der Einbau einer solchen Einrichtung noch freigestellt. Erst 1894 und erst nach heftigem Kampf im Parlament, bei dem man sich auf Pasteur und seine Theorien berief, wurde die Wasserspülung Pflicht in allen Haushalten. Zu jenem Zeitpunkt galt die Berufung auf Pasteur allerdings als schlechtes Argument, denn die meisten seiner Schüler hatten die Seite gewechselt. Der Arzt Adrien Proust (1834–1903), damals unangefochtene Leitfigur im Streit für bessere hygienische Bedingungen, erteilte den letzten Gegnern dieses Programms die passenden Antworten.

Die vorbeugende oder heilende Medizin stand an der Schwelle zu einem neuen Zeitalter. Der Mediziner oder der Chirurg konnte konkrete Ergebnisse seiner Behandlung sofort erkennen. In den neunziger Jahren verzeichnete man einen Rückgang der Sterblichkeitsquote auf allen Gebieten: Sie sank von 22,3 Promille zwischen 1891 und 1895 auf 20,6 Promille zwischen 1896 und 1900. In den Jahren zwischen 1911 und 1913 ging die Zahl noch einmal auf 18,3 Promille zurück, lag aber immer noch weit über dem Durchschnitt der meisten anderen Industrieländer. Als weitere Folge der medizinischen Revolution nahm nach 1885 die Verehrung der Heiligen ab, denen heilende Kräfte nachgesagt wurden. Man zog das Hospital vor, weil die Chance, dort lebendig herauszukommen, wesentlich größer geworden war.

DER WIEDERAUFSCHWUNG DER INDUSTRIE

Die industriellen Gewinne sanken entsprechend dem Rückgang der Aufträge. Aber auch der scharfe Wettbewerb bewirkte einen beschleunigten Preisverfall, der bei inländischen Industriepreisen zwischen 1865–1869 und 1895–1899 29 Prozent betrug. Schließlich wirkte sich auch der Widerstand gegen eine Senkung der Nominallöhne gewinnmindernd aus. Doch im Gegensatz zur Landwirtschaft stagnierte das industrielle Wachstum in dieser Zeit zwar nicht völlig, erreichte aber zwischen 1870 und 1896 gerade 1,6 Prozent jährlich. Trotz dieser schwachen Produktionszuwächse kam es zu einer spürbaren und fortschreitenden Wiederbelebung der industriellen Investitionen. Diese Investitionen erreichten zwischen 1878 und 1882 einen Höchststand, gingen zwischen 1883 und 1887 zurück und nahmen nach 1888 aber wieder zu. Der erneute Zuwachs der industriellen Investitionstätigkeit ging also dem entscheidenden Produktionsaufschwung voraus, der erst 1896 einsetzte. Der Charakter des französischen Industriewachstums hatte sich verändert: Es basierte von nun an auf einem stärkeren Investitionseinsatz. Die Industrie Frankreichs war nicht mehr dualistisch. Ein einziges Beispiel genügt, um diese These zu verdeutlichen: Die Anzahl der in der Industrie eingesetzten Pferdestärken, die zwischen 1839 und 1869 auf durchschnittlich 9500 pro Jahr gewachsen war, stieg zwischen 1871 und 1894 auf durchschnittlich 32 800 im Jahr.

Die Zunahme verlief nicht überall gleich, denn sie erforderte die Mechanisierung und Modernisierung der Anlagen bei gleichzeitigen Kosteneinsparungen und wirtschaftlicherem Einsatz der Handarbeit. So sahen sich die Unternehmer ausgerechnet in einer Zeit niedriger Gewinne gezwungen, am stärksten zu investieren. Es ging dabei in erster Linie nicht um eine Erweiterung der Produktionskapazitäten, sondern um eine Ertragssteigerung und möglicherweise um die Diversifikation vorhandener Kapazitäten. Es ging, um im Jargon der Wirtschaftswissenschaftler zu bleiben, um Rationalisierungsinvestitionen.

Die Investitionen waren jedoch nicht nur Triebkräfte der Modernisierung und Produktionssteigerung, sie förderten auch die Umstellung auf neue Produktionsprogramme und Fabrikate. Mit einem Wort, sie setzten Kräfte für eine neue Wirtschaftsblüte frei und ermöglichten jene Neuerungen, welche die Grundlagen für eine Wiederbelebung des Wirtschaftswachstums legen sollten. Diese Neuerungen wurzelten im technischen System selbst und im Bedarf der Haushalte. Die Schwierigkeiten in der Nutzung der Technik ließen sich, wie bereits gezeigt, im wesentlichen auf zwei Gründe zurückführen: Zu Anfang der siebziger Jahre sowie zwischen 1878 und 1882 kam es, vor allem bei der Eisenbahn, zu Überbeschäftigung, zu dadurch bewirkten Verkehrsstauungen und katastrophalen Kostensteigerungen. Diese spezifische Situation spiegelt nur die mangelnde Fähigkeit wider, die technischen Verfahren den Bedürfnissen von Wirtschaft und Gesellschaft anzupassen. Im Fall der Eisenbahn – einem der wichtigsten Teile des Regierungsprogramms – war seit dem Zweiten Kaiserreich offensichtlich, daß sie unter offenkundigen Mängeln litt: Die Eisenschienen nützten sich immer schneller ab, weder die Bremssysteme noch die Signalanlagen genügten den Anforderungen, die Lokomotiven verfügten nicht über das ihrer Zugkraft entsprechende Fahrwerk, und das Verladen des Gepäcks auf den Bahnhöfen wurde immer schwieriger. Die große Überlastung des Zugverkehrs von 1872 erklärte sich weitgehend aus diesem Mißverhältnis. In den sechziger Jahren, vor allem aber in den beiden nächsten Jahrzehnten schufen eigene, systematische Untersuchungen der Eisenbahngesellschaften Abhilfe: Stahlschienen ersetzten die Eisenschienen; die Druckluftbremsen wurden verbessert und nach und nach in Personenzügen Vorschrift. Seit 1870 wurde das Signalsystem weiterentwickelt, das die Streckenblockung ermöglichte. Die elektrische Beleuchtung wurde ab 1872 in Güterschuppen am Bahnhof La Chapelle erprobt, und schließlich wurden die Lokomotiven mit Drehgestellen ausgerüstet.

In den siebziger Jahren entstand das moderne Eisenbahnsystem, wie wir es heute kennen. Bemerkenswert ist, daß jede dieser Neuerungen auch für weite Bereiche außerhalb des Eisenbahnwesens von Interesse war: Stahl konnte im Bauwesen, in der Marine oder der Rüstung auf die unterschiedlichste Weise verarbeitet werden. Die Anwendung der Elektrizität gestaltete sich in den siebziger Jahren noch schwierig, außerdem war sie sehr teuer und unzuverlässig. Als Beleuchtungskörper wurden Jupiterlampen verwendet, die der aus Rußland stammende Ingenieur Jablochkoff 1878 weiterentwickelte, die aber wegen ihres grellen Lichts nur für große Räume geeignet schienen. Der Stand der elektrotechnischen Kenntnisse gab indes zu der Vermutung Anlaß, daß auf die Elektrizität noch vielfältige Einsatzmöglichkeiten warteten.

Das zweite Problem technischer Nutzung, das in den achtziger Jahren auftauchte, war im Gegensatz zum ersten eine direkte Folge der Krise, die zu Überkapazitäten geführt hatte. Das läßt sich am Beispiel der metallverarbeitenden Industrie besonders gut verdeutlichen. Nachdem der »Plan Freycinet« einige Jahre lang praktiziert und die Eisenschienen durch Stahlschienen ersetzt worden waren, entstand auf diesem Sektor eine bedrohliche Überproduktion – aus ihr resultierte der bereits erwähnte Bankrott von Terrenoire. Den meisten anderen Industriezweigen erging es ebenso. Unter diesen Voraussetzungen sahen sich die Unternehmer genötigt, nach »neuen Anwendungsmöglichkeiten«, um einen damals gebräuchlichen Ausdruck zu benutzen, zu suchen und damit mehr oder weniger latenten Verbraucherwünschen entgegenzukommen. So entstanden bisher unbekannte Bedürfnisse auf dem Verbrauchermarkt, die in den meisten Fällen von pionierhaft denkenden Unternehmern befriedigt wurden.

Unter diesen Voraussetzungen konnten sich innerhalb eines in der Krise befindlichen Systems neue Verfahren, neue Branchen und neue Produkte entwickeln. Dies war nur innerhalb einer Gesellschaft möglich, die Veränderungen akzeptierte oder sogar provozierte. Die Ausstellungen auf technischem Gebiet bestätigten diese Tendenz. Geradezu beispielhaft läßt sich das an der Internationalen Ausstellung für Elektrizität demonstrieren, die vom 11. August bis zum 20. November 1881 in Paris stattfand, während gleichzeitig ein internationaler Kongreß abgehalten wurde, an dem alle Wissenschaftler von Weltgeltung teilnahmen. Die Ausstellung ging auf eine Initiative Adolphe Cochérys, des damaligen Post- und Verkehrsministers und ehemaligen Mitarbeiters von Thiers, zurück, wurde aber im wesentlichen durch Privatkapital finanziert. Sie diente als Ort des Experiments, der Auseinandersetzung und der Verkaufsförderung der ausgestellten Produkte. Siemens erprobte hier eine elektrische Straßenbahn, Edison demonstrierte die Zuverlässigkeit seines Systems; wahre elektrische Feste wurden veranstaltet und Vorträge gehalten, die Neugierige anlocken sollten. Die Ausstellung verzeichnete fast 900 000 Besucher. Aus der Geschichte der europäischen Elektrotechnik in den achtziger Jahren sind diese Veranstaltungen nicht wegzudenken, auf denen die Erfinder ihre Entdeckungen erproben konnten.

Innerhalb weniger Jahre mußten so unter schwierigsten Wettbewerbsbedingungen zahlreiche Erfindungen gemacht werden, bis schließlich die Elektrizität über das Gas oder den Transport per Pferdegespann siegen sollte, bis neue Anwendungsbereiche wie die Elektrometallurgie, die Elektroschmelzöfen in der Eisen- und Stahlindustrie oder die Elektromotoren erfunden und bequeme Transport- und Produktionssysteme entwickelt worden waren. Die französischen Industriellen, größtenteils technische Parvenüs, verfügten in diesem Konkurrenzkampf über keine besseren Trümpfe. Die Vereinigten Staaten und Deutschland waren die beiden Länder mit den meisten Erfindungen auf diesem Sektor, da sie durch die schnell voranschreitende Urbanisierung begünstigt wurden. Frankreichs Elektrifizierung verlief langsamer. Erst 1889 entschloß sich Paris nach langem Zögern für ein Konzessionssystem, das nicht sehr effektiv arbeitete, da es auf der Aufteilung in jeweils autonome Sektoren basierte. Außerdem verlangten die Gasgesellschaften, deren Rechte der Staatsrat verteidigte, enorme Entschädigungssummen. Der eigentliche Ausbau des Straßenbahnnetzes wurde erst nach 1895 in Angriff genommen. Paris hatte sich in einen endlosen Konflikt mit der Omnibusgesellschaft eingelassen, die weiterhin Zugpferde benutzte. Der Gemeinderat plädierte für zwei konkurrierende Verkehrssysteme: die »Tramways auf den großen Einfallstraßen«, die aus den Vorstädten kamen und von unabhängigen Gesellschaften oder den Tochtergesellschaften der materialherstellenden Unternehmen betrieben wurden, wie beispielsweise dem 1892 gegründeten Unternehmen Thomson-Houston; dagegen wurde die Konzession für die Untergrundbahn an die *Compagnie générale de Traction,* die dem Industriellen Schneider gehörte, vergeben. In den Provinzen kam es vor 1890 zu einer verstärkten Bautätigkeit; 1900 hatten von 69 Städten mit mehr als 30000 Einwohnern nur fünf kein eigenes Straßenbahnnetz.

Die Hydroelektrik als eine sich noch etwas unsicher vorantastende Fortsetzung der hydraulischen Erfindungen entwickelte sich in der gleichen Richtung. Erst 1881 gelang in der Nähe von Grenoble die Koppelung einer Turbine mit einem Elektromotor. Anfangs entstanden viele kleine Wasserkraftwerke mit einer Kapazität von weniger als hundert PS. Zwischen 1889 und 1899 soll es 58 Kraftwerke mit einer Leistung von mehr als zweihundert Pferdestärken gegeben haben, die dann zusammen über 203000 Pferdestärken verfügten. In den Alpen wurden die neuen Kraftwerke zuerst für die traditionelle Produktion wie beispielsweise die Papierherstellung genutzt, dann aber sehr schnell für die neuen Verfahren bei metallischen oder chemischen Fabrikaten eingesetzt. Im Jahr 1885 wurde die *Société des Carbures metalliques* in Notre-Dame-de-Briançon gegründet. 1886 begann Paul Héroult mit der Aluminiumproduktion in Froges; 1889 schufen Gall und Montlaur die *Société d'Électrochimie,* die spätere *Société d'Ugine.*

Diese Industrieunternehmen der ersten Stunde gingen meist auf Männer zurück, die eine wissenschaftliche Ausbildung genossen hatten und wie Paul Héroult häufig ihre eigene Erfindung vermarkten wollten. Die Ingenieure taten sich mit Bankiers zusammen, die damals zum großen Teil noch nicht den großen traditionsreichen Banken, sondern zumeist den kleinen Lokalbanken angehörten. Die Neuerungen entstanden außerhalb des etablierten Systems oder zum Teil sogar im Gegensatz dazu; stellvertretend für diese Entwicklung steht die Gesellschaft Pechiney. Sie wurde 1885 von Henri Merle gegründet, einem Schüler der *École centrale;* sie sollte die Camargue erschließen und aus dem dort gewonnenen Salz in der Fabrik von Salindres Soda herstellen. Nach einem schwierigen Start stellten sich Anfang 1873 erste Erfolge ein. Doch dauerten sie nicht lange, denn ab 1885 standen die verschiedenen Produkte der Gesellschaft zunehmend in harter Konkurrenz zu den Erzeugnissen anderer Unternehmen, woraufhin sich die Gesellschaft nur noch auf die Nutzung ihrer Gebiete in der Camargue beschränkte.

Damals schlug Héroult der Gesellschaft vor, sich der Aluminiumherstellung mittels der Elektrolyse zuzuwenden – ein Verfahren, das er perfektioniert hatte. Doch die Gesellschaft lehnte ab. Pechiney, Merles

Nachfolger, erklärte, Aluminium sei »ein Metall mit lediglich begrenztem Absatzmarkt«. Daraufhin gründete Paul Héroult 1888 mit Hilfe einiger Bankiers und zweier Industrieller aus Lothringen seine eigene Gesellschaft, und im April 1889 wurde die Produktion in der Fabrik in Froges aufgenommen. Nach anfänglich enormen Schwierigkeiten ging es mit den Geschäften aufwärts; Pechiney seinerseits erwarb 1896/1897 die Elektrofabrik von Calypso, in der das Herstellungsverfahren von Aluminium des Amerikaners Hall, Héroults Konkurrenten, erprobt wurde. Im Gebiet um Lyon wurde die Elektroindustrie ebenfalls von Neulingen aufgebaut, die nur über ein Minimum an technischer Ausbildung verfügten und von einigen regionalen oder Pariser Banken unterstützt wurden.

Nach einem brillanten Start in den siebziger Jahren erlebte Frankreich im Bereich der elektrotechnischen Industrie einen ernsten Rückschlag, von dem es sich nur sehr langsam erholte. Daß Edison, der in Frankreich nach der Ausstellung von 1881 seine europäischen Filialen gründete, diese 1885 wieder aufgab, war charakteristisch für diese Entwicklung. Die Schuld an dieser Veränderung und an diesen Problemen trugen die mangelnde Dynamik und Aufnahmefähigkeit des französischen Marktes im Vergleich zu Deutschland und Amerika. Die Elektrotechnologie brauchte langfristige Perspektiven, die Frankreich bis 1905 nicht bieten konnte.

DIE REVANCHE DER ERFINDER

So entwickelten sich im Grenzbereich von Wissenschaft und Technik neue Praktiken. Ihre Entwicklung und Anwendung lagen, wie wir gesehen haben, in der Hand unternehmerisch denkender Ingenieure, die über wissenschaftliche Ausbildung und praktische Erfahrung verfügten. Sie besaßen das handwerkliche und technische Know-how und konnten beides für ihre Vorstellungen einsetzen. Sie waren begierig und entschlossen, aus ihren Erfindungen handfesten, das heißt kommerziellen Nutzen zu ziehen. Das galt nicht nur für Héroult, sondern auch für viele andere, die zu regelrechten Baumeistern einer neuen Welt wurden. Es handelte sich bei ihnen keineswegs um Dilettanten, wie immer behauptet wurde, sondern um Männer mit wissenschaftlicher Ausbildung, die industriell und kommerziell dachten und Sinn fürs Unternehmerische und Mut zum

Risiko besaßen. Ihre Neuerungen, die sie erfanden oder vervollkommneten, betrafen entweder Änderungen im Produktionsverfahren oder die Entwicklung neuer Konsumgüter, die erhebliche Auswirkungen auf die Lebensweise hatten.

Auf dem Gebiet der öffentlichen Bautätigkeit behielt Frankreich seine Vorrangstellung. Unternehmerische Erfolge wie die eines Hildevert Hersent (1827–1903) bezeugen dies. Hersent, ein typischer Selfmademan, hatte nur die Volksschule besucht und arbeitete mit vierzehn Jahren bereits auf einer Baustelle. Er entwickelte sich nicht nur zum bedeutenden Unternehmer, sondern auch zum berühmten Erfinder. Von 1872 bis 1875 arbeitete er an der Donauregulierung mit, die als wichtige Etappe auf dem Weg zur Mechanisierung des Bauwesens galt. Nach dieser Ruhmestat genoß sein Unternehmen weltweit Ansehen für alle Arbeiten im Meer oder an Flüssen; er arbeitete übrigens auch am Bau des Panamakanals mit. Noch bekannter war Gustave Eiffel (1832–1923). Einst Schüler der *École centrale*, baute er auf der ganzen Welt Brücken, insbesondere die Brücke über den Duero in Lissabon im Jahr 1875. Der Bau des Eiffelturms für die Weltausstellung 1889 in Paris innerhalb von 26 Monaten bedeutete einen spektakulären Erfolg. Für die 12000 Einzelteile wurden 3000 Werkstatt- und 700 Ingenieurzeichnungen benötigt; 2500000 Nieten wurden verarbeitet. Während der Bauzeit unterzeichnete Eiffel den Panamavertrag, der für ihn den Höhepunkt seiner Karriere darstellen sollte. Doch bedeutete der Eiffelturm keinen Anfang, sondern bereits das Ende. Es kam seinetwegen zu heftigen Auseinandersetzungen; die Künstlerkreise in Paris, angefangen von Léon Bloy über Huysman und Coppée bis zu Verlaine (»dieses Skelett von einem Glockenstuhl«) lehnten dieses Bauwerk geschlossen ab. In der Tat zerstörte dieses zu auffällige Monument des Industrialismus den »zerbrechlichen Konsens« (B. Lemoine), der sich nach der Weltausstellung 1878 herausgebildet hatte. Der Ästhetizismus des Fin de siècle wandte sich von der Industrie ab.

Diese rächte sich, denn gleichzeitig gelangte im öffentlichen Bauwesen eine neue Technik zum Durchbruch, die die Architektur des zwanzigsten Jahrhunderts grundlegend verändern sollte. Die Vorstellung, Eisen und Zement miteinander zu verarbeiten, war nicht neu, doch war die entsprechende Technik erst nach 1870 einigermaßen ausgereift, dank ihrer verstärkten Anwendung im Bauwesen. Eines der ersten Bauwerke dieser Art war das Reservoir von Bougival 1872 mit einem Fassungsvermögen von 130 Kubikmeter Eisenbeton. 1892 reichte François Hennebique (1842–1921) das Patent für den »ersten modernen Träger« ein, Edmond Coignet hingegen ließ sich »kleine serienmäßig vorgefertigte Eisenträger« patentieren. Die Rivalität zwischen diesen beiden Männern sollte die spätere Zeit prägen, während sich andere Unternehmer-Ingenieure in das Abenteuer stürzten wie 1893 Aimé Bonna mit dem Bau der ersten Druckrohrleitung aus dem neuen Material oder Paul Piketty, der 1898 die Brücke in X-Form in Le Mans erstellte. Auguste Perret und sein Bruder Gustave erbauten 1901 das Haus in der Rue Franklin, 1904 die Kirche Saint-Jean-de-Montmartre, 1911 das Théâtre des Champs-Élysées. Die Industrie schuf neue Formen, die die akademischen und eklektischen Baustile des 19. Jahrhunderts zerstörten.

Mit den Katastrophen der achtziger Jahre auf dem Sektor der Eisen- und Stahlproduktion haben wir uns bereits am Beispiel von Terrenoire beschäftigt. Zur gleichen Zeit entstand jedoch genau in dem Bereich, in dem Terrenoire scheiterte, eine neue Metallverarbeitungsmethode, die Legierung, die vor allem in der Rüstungsproduktion angewendet wurde. Eine wahrhaft neue Metalltechnologie in der Tradition Réaumurs war geboren, dessen Traum sich damit verwirklichte. Dieses Phänomen durfte als Ergebnis einer gelungenen Umstellung gewertet werden. 1874 war beispielsweise die Aktiengesellschaft Comentry-Fourchambault gegründet worden, eine Nachfolgerin der Kommanditgesellschaft Boigues-et-Rambourg (1854). Sie hatte, wie Terrenoire im Jahre 1884, eine schwere Krise durchzustehen. Zwei Umstände bewahrten sie jedoch vor dem Bankrott: erstens die Entwicklung hochwertiger Produkte in der Fabrik von Imphy, die sich zuerst auf die Herstellung von Stahlfedern spezialisiert hatte, aber seit 1887 Nickelstahl produzierte, und zweitens die Ernennung von Henri Fayol (1841–1925), dem späteren Theoretiker für Management und Verwaltung, zum Geschäftsführer. Zur gleichen Zeit arbeitete Floris Osmond (1849–1912) in Le Creusot, wo man soeben begonnen hatte, das Mikroskop bei der Stahlanalyse zu benutzen.

Der Einsatz von Dampfkraft und Eisenbahn bedeutete zugleich den Höhepunkt der Verwendung von Pferden als Zugtiere. Die Bedürfnisse des Nah- und Individualverkehrs konnten nur durch den Einsatz von Pferden befriedigt werden. In den Großstädten des 19. Jahrhunderts wimmelte es von Pferden. Aber wie wir schon bei den Straßenbahnen erwähnten, warf der Einsatz dieser Tiere eine ganze Reihe von Problemen in bezug auf Ernährung, Unterbringung und Unterhalt auf, die seine weitere Verwendung kostspielig und aufwendig werden ließen. Wieviel unterernährte und ungepflegte Pferde mag es wohl neben den Tieren aus den Musterställen der großen Kaufhäuser gegeben haben? Seit dem Kaiserreich führte der Tierschutzverein heftige Kampagnen gegen die Brutalität der Fuhrleute. Angesichts dieser Verhältnisse ist auch die hartnäckige Suche nach Ersatzmöglichkeiten verständlich.

Das Fahrrad entwickelte sich während der sechziger Jahre zum Gebrauchsgegenstand. Es wurde zwar ständig verbessert, blieb aber zunächst sportlichen Aktivitäten vorbehalten. Es war schwer zu bedienen und teuer; daher eignete es sich nur für die reiche Kundschaft bei ihrem Bemühen um Originalität. Die erste Wettfahrt startete 1886 in Saint-Cloud; der erste Radsportverein, der *Véloce Club*, war 1869 in Paris gegründet worden. Die Fabrikanten waren Pariser Handwerker, als deren bekanntester Ernest Michaux galt. Mit der Erfindung der Pedale und der Verwendung von Rohren für den Rahmen änderte sich die Situation in den achtziger Jahren. Um 1890 entwickelten die Brüder André und Edouard Michelin, Gummifabrikanten aus Clermont-Ferrand, den Gummireifen, an dessen Verbesserung sie ständig arbeiteten. Das Fahrrad war ein so komplexes Gerät, daß ein Erfinder es nicht fix und fertig im Kopf hatte. Es stand am Ende einer langen Auseinandersetzung zwischen Theorie und Praxis. Gegen Ende der achtziger Jahre wurde es in Serie hergestellt. Peugeot baute seine ersten Fahrräder 1888, die Waffenfabrik in Saint-Étienne bereits ein Jahr früher. Die Firma Clément stellte ab 1890 Fahrräder in größeren Stückzahlen her. Diesem Erfolg eines Produkts gingen, wie wir noch sehen werden, gezielte und voll durchorganisierte Werbemaßnahmen voraus, denn man wollte ein neues Bedürfnis wecken und ein neues Lebensgefühl schaffen.

Gleiches ließ sich auch vom Automobil sagen. Als diese Industrie noch in den Kinderschuhen steckte, spielte Armand Peugeot, ein ehemaliger Schüler der *École centrale*, der in Montbéliard eine große Maschinenbaufirma leitete, eine entscheidende Rolle. Seit 1888 kaufte er Daimlermotoren, die die Pariser Firma Panhard und Levassor herstellte. Ihr technischer Direktor war Émile Levassor, ebenfalls ein Absolvent der *École centrale*, und seine Firma baute die Motoren in die Fahrzeuge ein. Während der Weltausstellung 1889 wurden mehrere Typen vorgeführt, ein dampfgetriebenes Dreirad von Peugeot, ein anderes, das Albert de Dion hergestellt hatte, aber auch ein Dreirad mit Benzinmotor von Carl Benz. Zur gleichen Zeit präsentierte Gottlieb Daimler einen wesentlich stärkeren neuen Motor. Peugeot und Panhard & Levassor stellten 1890 ein zuverlässigeres Modell vor, dessen Räder wie beim Fahrrad mit Ketten angetrieben wurden. Nach enormen Anstrengungen und laufenden Verbesserungen des Modells waren im Jahr 1895, in dem der Automobilclub von Frankreich gegründet wurde, in ganz Frankreich 350 Automobile zugelassen.

Die Unternehmen in Paris und in der Provinz, die sich auf die Produktion stürzten, erlebten bei rasch wachsenden Märkten eine Blütezeit. Die unterschiedliche Herkunft dieser Autofabrikanten fällt ins Auge. Viele wie Peugeot, Clément oder Darracq hatten ihre Karriere mit dem Bau von Fahrrädern begonnen. Doch neben dieser natürlichen technischen Verbindung ließen sich drei Herkunftsmilieus unterscheiden: die traditionellen Unternehmerfamilien verwandter Branchen wie die Peugeots; bürgerliche Geschäftskreise, deren Aktivitäten sich auf verschiedene Branchen erstreckten wie im Falle von Louis Renault, der mit Unterstützung seiner Brüder 1898 sein Unternehmen gründete; Émile Lavirotte, der Sohn eines Notars aus Lyon, der dort in einem Seidenunternehmen arbeitete, und Maurice Audibert, der Sohn eines bedeutenden Seidenhändlers, kamen aus dem gleichen Milieu. Andere entstammten handwerklichen Betrieben oder der Kleinindustrie wie Marius Berliet, dessen Unternehmerkarriere 1901 begann, oder Georges Bouton, der 1881 vom Marquis de Dion engagiert wurde, um einen motorgetriebenen Wagen zu entwerfen.

De Dion war es auch, der 1893 Boutons Interesse an Benzinmotoren weckte. Seine Konstruktion hatte durchschlagenden Erfolg, und die Fabrik in Puteaux stellte 1899 monatlich 1100 Stück davon her. Die Geschichte des Automobils entwickelte sich somit aus einer Unzahl verschiedenster Erfahrungen heraus; sie hing am Erfolg und Mißerfolg von Männern, die bereit waren, Risiko zu tragen.

Der französische Automobilbau entwickelte sich um 1900 lebhaft; um so schlechter schnitt das Land bei der Entwicklung des Telefons ab. Der Staat stimmte anfangs für eine liberale Lösung, und am 26. Juni 1879 übernahm die Regierung das System der Konzessionsvergabe. Drei französische Gesellschaften mit Nutzungsrechten an amerikanischen Patenten bekamen den Zuschlag für Paris, Marseille, Bordeaux und Lyon. 1880 schlossen sie sich in der *Société générale des Téléphones* (S. G. T.) zusammen, der Vertreter der amerikanischen Firmen mit ihren Patentlizenzen und Vertreter der verschiedenen Banken angehörten. Angesichts der steigenden Nachfrage zeigte sich schon bald die Unzulänglichkeit möglicher Lieferanten in Frankreich, so daß die Gesellschaft 1882 in Bezons ihre eigene Fabrik für das benötigte Material gründete. Gleichzeitig begann der Staat mit dem Bau eines eigenen Telefonnetzes und machte damit in gewisser Weise dem Inhaber seiner Konzession Konkurrenz. Da die S. G. T. nicht zum gleichen Preis wie der Staat verkaufen konnte, richtete sich die öffentliche Meinung gegen sie. Daraufhin schlug die S. G. T. die Errichtung einer Pachtgesellschaft vor, was aber die Kammer ablehnte. Viele Handelskammern in den Departements und ein Verband der Fernsprechteilnehmer hatten sich zugunsten der »Organisation eines großen öffentlichen Dienstleistungsbetriebs« ausgesprochen. Dabei waren jedoch die Stimmen, die sich gegen die Risiken eines solchen Monopols erhoben, nicht beachtet. Doch nicht ohne Grund hatte ein Abgeordneter seine Bedenken vor telefonischen Abhörmaßnahmen geäußert. Das Gesetz vom 16. Juli 1889 setzte nunmehr das Verwaltungsmonopol wieder in Kraft. Die S. G. T. wurde in ein Unternehmen für Materialherstellung umgewandelt. Die Verwaltung vermochte aber weder ein zusammenhängendes, den Bedürfnissen entsprechendes Telefonnetz zu installieren noch eine französische Industrie für die Produktion der Kabel und Telefonapparate zu unterhalten. Sie hat, wie Madame Bertho es ausdrückt, nur »herumprobiert«. In der Tat konnte mit den Finanzierungsmöglichkeiten, die das Finanzministerium vorschrieb, auch nie ein nationales Netz gebaut werden. Es kam lediglich zu einem Nebeneinander zahlreicher kleinerer Einheiten. Man sieht also, daß gegen Ende des 19. Jahrhunderts auf diesem Gebiet in Frankreich von liberaler Praxis noch keine Rede sein konnte, da die Verwaltung auf ihrem Recht beharrte. Der Liberalismus der höheren Beamten blieb stets nur äußere Fassade.

Ganz anders dagegen verhielt es sich mit der Geschichte des Films. Um seine Entstehung und seinen Aufschwung zu verstehen, muß man sich an die Vorliebe der französischen Gesellschaft für das Theater erinnern, die nicht nur in bürgerlichen Kreisen bestand. Die Volkstheater waren florierende Unternehmen. In Belleville konkurrierten zwei Häuser miteinander, das *Théâtre de Belleville* und die *Folies-Belleville*, die 1876 gegründet worden waren. Dieser Aufschwung war zeitgleich mit dem Rückgang der Feste. Das Kino stellte sich einerseits in diese Tradition und setzte andererseits die Entwicklung der Fotografie fort, die sich seit 1870 auszubreiten begann und den Brüdern Lumière aus Lyon ein Vermögen einbrachte. Die Erfindung des Papierpositivs auf Bromgelatine-Basis ermöglichte den Übergang vom künstlerischen zum industriellen Stadium der Fotografie. Seit 1879 besetzten die Brüder Lumière diese Marktlücke; später hielten sie jedoch mit ihren amerikanischen und deutschen Konkurrenten nur mühsam Schritt, weil diese über viel größere Absatzmärkte verfügten. Am 13. Februar 1895 meldete Louis Lumière das Patent für einen »Apparat zur Erzeugung und Wiedergabe chronofotografischer Abbildungen« an. Die erste Vorführung fand am 22. März 1895 in der Rue de Rennes 44 statt; ihm war die wirkungsvolle Synthese einer Reihe von Teilverfahren gelungen. Georges Méliès (1861–1938), seit 1888 Besitzer des Théâtre Robert-Houdin, baute im Oktober 1896 ein Studio in Montreuil-sous-Bois. Er machte schließlich aus dem Film ein echtes Schauspiel; die Industrie hatte damit eine neue Kunstrichtung geschaffen.

Doch muß daran erinnert werden, daß die industrielle Erneuerung im Frankreich der achtziger Jahre auch an ihre Grenzen stieß. Die französische Maschinenbauindustrie erlitt einen Rückgang, von dem sie sich nie wieder ganz erholen sollte. Dies beweisen die ausländischen Güterimporte in den Perioden besonders raschen Industriewachstums nach 1905. Andererseits hinderte der Mangel an neuen großen Absatzmärkten, vor allem im Bereich der Elektrizität, den Aufschwung der französischen Technologien auf dem Gebiet der Elektromechanik.

DER PROTEKTIONISMUS UND DIE LANDWIRTSCHAFTSPOLITIK

Frankreich ging viel zurückhaltender und zögernder auf den Protektionismus ein als Deutschland. Dennoch war die protektionistische Partei in Frankreich allmächtig, wurde aber durch die liberale Tradition des republikanischen Radikalismus in Schach gehalten, der den Anspruch erhob, die Interessen der städtischen Bevölkerungsschichten zu vertreten, die billige Lebensmittel wünschten. Auf die Verträge von 1860 war es seit dem Zweiten Kaiserreich zu heftigen Reaktionen gekommen, die auf seiten der Industrie von Unternehmern aus dem Norden und der Normandie, vor allem aus Lille geschürt wurden. Ihr unbestrittener Anführer hieß Pouyer-Quertier, der Präsident der Ligue national du travail. Der Protest gegen den Protektionismus gehörte zu den beherrschenden Themen des Wahlkampfs von 1869, und Émile Ollivier schien sich dem protektionistischen Lager anzunähern. Als Pouyer-Quertier Finanzminister geworden war, hoffte er mit Thiers' Unterstützung seine Pläne verwirklichen zu können, da dieser seinerzeit nicht gezögert hatte, die Verträge von 1860 schon im voraus abzulehnen. In Wirklichkeit aber wollte er neue Steuerquellen erschließen. Sein Nachfolger ließ davon nach seinem Amtsantritt sofort wieder ab. Es sollte noch zwanzig Jahre dauern, bis Frankreich schließlich gezielt diesen Weg beschritt.

Die protektionistische Partei nahm an Stärke immer mehr zu. Gegen die Vertreter der Freihandelstheorie, allen voran Paul Leroy-Beaulieu und Léon Say, erhob sich die Universität in der Person Paul Cauwés (1843–1917), der 1873 auf den Pariser Lehrstuhl für Wirtschaftspolitik berufen wurde. 1879 veröffentlichte er die erste Ausgabe seines *»Cours d'économie politique«* (»Vorlesungen über Wirtschaftspolitik«). Er verschaffte dem Protektionismus von Anfang an eine wissenschaftliche und eine nationale Legitimation. Man müßte, so sagte er, die internationale Arbeitsteilung der »Arbeitsteilung im Innern« unterordnen. Der Staat sollte »den Boden für Wohlstand und Überfluß bereiten, selbst um den Preis einer momentanen Teuerung«. Er betrachtete sich als einen Schüler August Comtes und des Positivismus, gleichzeitig aber auch als Anhänger Friedrich Lists. Innerhalb des französischen Unternehmertums tauchten wieder die traditionellen Unterschiede zwischen den Unternehmern aus dem Norden und der Normandie, die immer schon protektionistisch dachten, und den Unternehmern der Hafenstädte und der Gegend um Lyon auf. Deren freihändlerische Ansichten schwächten sich im Lauf der achtziger Jahre ab. Nach dem Zusammenschluß der Winzer errang die protektionistische Strömung unter den Interessenvertretern der Landwirtschaft die überwältigende Mehrheit.

Zwei landwirtschaftliche Vereine teilten sich den Einfluß: auf der einen Seite die *Société des agriculteurs de France*, die Lecouteux, ein erfahrener Agronom und erfolgreicher Bewirtschafter seines Landguts in Sologne, gegründet hatte. Unter ihrem nachmaligen Präsidenten, dem Marquis de Vogüé, der übrigens auch dem Verwaltungsrat des Bankhauses Suez und der Compagnie de Saint-Gobain angehörte, vertrat sie trotz der beherrschenden Stellung der Großgrundbesitzer klug die Interessen der gesamten Bauernschaft. Die Republikaner setzten dieser Gesellschaft 1880 die *Société nationale d'encouragement à l'agriculture* entgegen, die sowohl den Interessen der Landwirtschaft als auch der Demokratie dienen wollte.

Der Zolltarif des Jahres 1881 sollte vor allem durch die längst überfällige Revision des Generaltarifs zur Harmonisierung der Zollbestimmungen beitragen. Er setzte einige Zollerhöhungen bei Fertigprodukten und Produkten aus Nutztierhaltung fest. Doch zwischen 1881 und 1884 wurden mit den meisten europäischen Ländern neue Verträge abgeschlossen, die diese Maßnahmen wieder abschwächten, um so mehr als der Artikel 11 des Versailler Vertrags die Meistbegünstigungsklausel enthielt. Der Verfall der Agrarpreise zwang seit 1884 zu einigen Maßnahmen, zuerst beim Zucker und 1885 bei den Vieh- und Getreidezöllen, die beide 1887 abermals erhöht wurden. Die Republikaner, nach den Wahlergebnissen von 1885 etwas nachdenklich geworden, erhoben nun den Protektionismus zu einem der beherrschenden Themen des Wahlkampfs von 1889. 1890 organisierte Jules Méline (1838–1925), ein ehemaliger Republikaner aus dem extremen Lager, der inzwischen zu den Gemäßigten zählte, die *Association de l'industrie et de l'agriculture française.* Er war der Vorsitzende der Kommission in der Kammer, der dieser Gesetzentwurf vorgelegt wurde. Die neue Zollgesetzgebung basierte auf der Unterscheidung zwischen einem Minimal- und Maximaltarif. Der erstere konnte nur über bilaterale Verhandlungen zur Anwendung kommen. Das Gesetz sah eine bevorzugte Stellung des Mutterlands im Handel mit den Kolonien vor. Die Durchführung des Gesetzes verlief ohne größere Schwierigkeiten. Im Jahr 1914 wurden 65 Verträge unterzeichnet, von denen 35 den Minimaltarif vereinbarten. In der Praxis hielten sich die Abgaben Frankreichs, verglichen mit anderen Ländern, in Grenzen. Auf deutsche Waren wurden 1894 durchschnittlich nur 7,2 Prozent Zoll erhoben. Die Landwirtschaft wurde zweifellos, wenn auch nur in geringem Umfang, durch Zölle geschützt.

Für Méline stellten die Zollfragen nur einen Aspekt einer weit ehrgeizigeren Landwirtschaftspolitik dar. Die neue Gangart der Republikaner in diesem Bereich zeigte sich symbolisch in der Gründung des Landwirtschaftsministeriums am 14. November 1881 im Rahmen des »großen Kabinetts« unter Léon Gambetta. Dieses Ministerium leitete seit 1883 Méline. Sein Werk beschränkte sich dabei nicht nur auf die Schaffung des

Mérite agricole im Jahr 1884. Auch wenn ihm nur begrenzte Mittel zur Verfügung standen, so blieben die von ihm ergriffenen Maßnahmen wie die Einrichtung von Landwirtschaftsschulen, der landwirtschaftliche Unterricht in den Grundschulen, vor allem auch der Einsatz von Landwirtschaftslehrern in den Departements sowie die Übernahme der landwirtschaftlichen Bewässerungsanlagen in die Verantwortung des Ministeriums als Kern des später (1903) gegründeten Meliorationsdienstes alle nicht ohne bedeutende Auswirkungen. Sie schuf Grundlagen, auf denen energisch und erfolgreich weitergebaut wurde. Mélines wichtigster Beitrag für die Entwicklung der Landwirtschaft bestand jedoch im Gesetz vom 6. November 1894, das die Errichtung von Ortskassen für landwirtschaftliche Kredite vorsah, gefolgt von dem Gesetz über die Einrichtung von Bezirkskassen vom 31. März 1899. Ein erster Versuch aus dem Jahr 1860 war 1876 gescheitert, nachdem die damalige Bank ihre Einlagen in unsichere Geschäfte in Ägypten investiert hatte. Das neue Gesetz sah demgegenüber die Schaffung eines übergreifenden Netzes von örtlichen Banken vor im Verbund mit den landwirtschaftlichen Genossenschaften, deren Zahl seit dem Gesetz von 1884 stark zugenommen hatte. Der Start verlief zunächst sehr schleppend; 1899 existierten erst 83 Kassen. Dies war der Grund für die Verabschiedung des zweiten Gesetzes vom März 1899, durch das die Bezirkskassen gegründet wurden.

Die Republikaner versuchten also ein sehr effektives Rahmenprogramm für die bäuerliche Bevölkerung zu schaffen. Sie wollten auf dem Land aber weit mehr als nur landwirtschaftliche Maßnahmen durchsetzen. Der Ausbau der Straßen wie auch der Ausbau des Streckennetzes der Eisenbahnen, der bereits 1865 begonnen und seit dem Gesetz von 1880 erneut in Angriff genommen worden war, wurde fortgeführt. Das Netz der Landstraßen erweiterte sich von 330000 Kilometern (1872) auf 538000 Kilometer (1912), wobei der größte Teil vor 1900 fertiggestellt wurde. Die Landgemeinden waren damit nicht länger isoliert. Das Lokalbahnnetz, das freilich keineswegs nur ländliche Gegenden bediente, wurde von 20000 Kilometern (1879) auf 65000 Kilometer im Jahr 1912 ausgebaut. So wurden auch abgelegene Gebiete wie das Tarn-Tal oder der Morvan, wo die Viehzucht eine rasche Blüte erlebte, in das allgemeine Wirtschaftsleben integriert. Daneben dürfen auch die Schulen und die Rolle der Lehrer nicht vergessen werden, ebensowenig wie die ständigen Verbesserungen bei der Versorgung der Dörfer mit Wasserleitungen,

Brunnen und Waschhäusern, deren Vorteile Daniel Halévy noch 1910 in seinem Buch *»Visites aux Paysans du Centre«* (»Besuche bei den Bauern des Centre«) rühmend hervorhob.

So kam es schon vor 1900 zu einer gewissen Erneuerung der Landwirtschaft, deren weitere Entwicklung und Auswirkung im folgenden Kapitel untersucht werden. Die regionalen Aktivitäten orientierten sich an den neuen Märkten: Die Rekultivierung des Weinbaus wurde bereits erwähnt, daneben gab es erste Anzeichen eines Gemüse- und Blumenanbaus, besonders in den Gebieten mit aufgelassenen Weinbergen, und es kam zu einem enormen Aufschwung der Rinderzucht. Eugène Biraud beispielsweise gründete 1888 eine Milchgenossenschaft mit neunzig Züchtern in den Departements Charente und Poitou. Sein Beispiel machte Schule, und so entstand die Zentrale Molkereigenossenschaft von Charente und Poitou. Dieser Verband eroberte in Paris bedeutende Marktanteile, da er eigene Kühlwaggons besaß. Die Butterproduktion erreichte 1902 9000 Tonnen, 1913 waren es 16000 Tonnen. Die Genossenschaft zählte 73000 Mitglieder.

Dieses Beispiel zeigt zwei Tatsachen von allgemeiner Bedeutung: Zum einen verlief die Wiederbelebung der Landwirtschaft oft über den genossenschaftlichen Zusammenschluß der Landwirte (Méline hatte also recht), zum andern lagen die Anstöße zu dieser Entwicklung bereits in der Zeit vor 1900. Das bewiesen vor allem die seit den neunziger Jahren spürbar steigenden Bodenerträge. Arbeitskräftemangel und die Inflation der landwirtschaftlichen Löhne begünstigten den zunehmenden Einsatz von Maschinen. In der Beauce setzte man Mähdrescher ein, der Ausbau der Straßen förderte die Verwendung von Düngemitteln, die den Naturdung ablösten. Ihr Verbrauch stieg zwischen 1890 und 1900 von 800000 auf 1,6 Millionen Tonnen. Die Getreideerträge erhöhten sich in diesen zehn Jahren um ein Drittel. Im Gegensatz dazu zeigte sich die Entwicklung in der Viehzucht in einer mehr extensiven als intensiven Bodennutzung. Doch ebenso wie die Krise einer neuen Industrie zum Leben verholfen hat, bewirkte sie auch eine Erneuerung der Landwirtschaft.

DIE WAHRUNG DER POSITION FRANKREICHS IN DER WELT

An der Schwelle zum 20. Jahrhundert behauptete Frankreich ungeachtet seiner Außenhandelsprobleme eine starke Position als Finanz- und Kapitalmacht. Zwar waren die Zahlungsbilanzüberschüsse erheblich zurückgegangen, aber der Kapitalexport hielt unvermindert an. Zwischen 1882 und 1901 stieg der Wert der französischen Anlagen und Investitionen im Ausland von 15 auf 29 Milliarden Francs. Allerdings verschob sich in diesen zwanzig Jahren die geographische Zielrichtung, da Frankreich seine Investitionstätigkeit vom Mittelmeerraum fast ausschließlich nach Rußland, Lateinamerika und, in weitaus geringerem Umfang, auch nach Afrika verlagerte. In Rußland stiegen die Investitionen von 1,1 auf sieben Milliarden Francs, das bedeutete fast ein Viertel sämtlicher französischer Auslandsinvestitionen. In Amerika stiegen sie von 0,65 auf 3,7 Milliarden Francs, was einen Anteil von 13 Prozent ausmachte. Der Rückzug des französischen Kapitals aus Italien und das russische Engagement schienen diesen Ablauf symbolisch zu beherrschen. Beide Phänomene ließen sich nicht von der allgemeinen Kolonial- und Diplomatiegeschichte trennen, aber auch nicht ausschließlich daraus erklären. Die Logik der Geschäftsleute ist eben nicht immer mit der Logik der Politiker identisch.

Der Rückzug aus Italien begann 1881 und war eng mit der tunesischen Frage verknüpft. Die Rothschilds lehnten die Garantie einer Anleihe ab, die die italienische Regierung gern in Umlauf gebracht hätte. Die Bank glaubte, die Italiener könnten auf sie verzichten, worin sie sich allerdings täuschten. Die Anleihe wurde bei Baring in London und in Frankreich beim *Comptoir national d'Escompte de Soubeyran* plaziert. Seitdem wandte sich Italien mit Staatsanleihen nicht mehr an Frankreich. Gleichzeitig zogen sich die Rothschilds aus den beiden großen italienischen Eisenbahngesellschaften zurück, die sie nach schwierigen Verhandlungen 1870–1875 gegründet hatten. Der Rückkauf sollte durch jährliche Ratenzahlungen bis zum Jahr 1954 realisiert sein. Bei der Gründung der italienischen Mittelmeer-Eisenbahngesellschaft 1885 betrug der französische Kapitalanteil gerade noch 3,3 Prozent, das ausländische Kapital belief sich insgesamt auf 18,5 Prozent. Im Falle der italienischen Eisenbahn verstärkte der Rückzug des französischen Kapitals nur den generellen Rückzug des ausländischen Kapitals.

Die eigentlichen Privatinvestitionen, die ein gewisses Ausmaß erreicht hatten und von denen sich einige recht vielversprechend anließen, wurden durch die Krise in der Finanz- und Zollpolitik empfindlich gestört. 1880 gründete die *Union générale* eine Filiale in Mailand, deren Geschäftstätigkeit jedoch durch den Börsenkrach von 1882 gestoppt wurde. Doch vor allem die Investitionen in den Städten hörten schlagartig auf. Im Jahr 1883 saßen französische Gasgesellschaften in achtzehn italienischen Städten; mehr wurden es nicht. Danach stießen deutsches und belgisches Kapital in die Lücke.

Rußland war nicht nur wie ein Sumpf, in dem ein großer Teil der französischen Ersparnisse versank; für die französische Industrie war es auch ein Land voller Abenteuer und glänzender Erfolge. Zwischen 1887 und 1891 vollzog sich die Verlagerung des russischen Wertpapiermarkts von Berlin nach Paris, die eng mit der Entstehungsgeschichte des 1881 geschlossenen russisch-französischen Bündnisses zusammenhing. Sie ging aber auch auf eigenständige Entscheidungen der Banken zurück. Der russische Finanzminister wurde von Geschäftemachern nur so bestürmt.

Die erste große Anleihe wurde am 20. November 1888 durch eine Bankengruppe um Paribas und Soubeyran plaziert; die Rothschilds waren an diesem Geschäft nicht beteiligt. Sie revanchierten sich im März 1889, als sie eine Anleihe zu wesentlich vorteilhafteren Bedingungen akzeptierten. Tatsächlich dauerte dieser Sieg aber nicht lange; die russische Regierung hatte schnell begriffen, daß die Depositenbanken für die Plazierung russischer Staatspapiere geeigneter waren als die von Rothschild kontrollierten Banken. Die schnelle Hausse russischer Anleihepapiere an der Börse 1890 ließ die Rendite sinken und gefährdete dadurch den Erfolg künftiger Anleihen so sehr, daß die Emission des Jahres 1891 ein Fehlschlag wurde (wozu auch die Hungersnot in Rußland beitrug), während sich die Rothschilds aus russischen Staatsanleihen wieder zurückzogen. Im Jahr 1893 kam es zu einer wohl nicht zufälligen Verkettung dreier Umstände: Am 17. Juni wurde das französisch-russische Handelsabkommen geschlossen; im November wurde die Anleihe aufgelegt; und im Dezember fand der Besuch der russischen Flotte in Toulon statt. Doch hielt sich der Höhenflug der russischen Anleihen bis 1899 in Grenzen, die Anleihe von 1896 wurde nur mühsam abgesetzt; die Anleihe von 1897 plazierte der *Crédit lyonnais* gleichsam »heimlich«, nachdem die französische Regierung die Zulassung zur Notierung verweigert hatte.

Das eigentlich Neue aber war der Aufschwung direkter französischer Industriebeteiligungen in Rußland. Diese hatte es übrigens auch schon früher gegeben, und in den sechziger Jahren erreichten sie ein beträchtliches Ausmaß. Die Franzosen hatten vor allem bei der Weiterentwicklung der Schwerindustrie in der südrussischen Steppe eine entscheidende Rolle gespielt. Im Jahr 1877 wurde die Gesellschaft von Huta-Bankova von Bonnardel aus Lyon gegründet; 1901 waren im Kohlerevier des Donez neun von sechzehn Betrieben französisch. Die von den Rothschilds kontrollierte B.N.I.T.O. spielte eine bedeutende Rolle im Erdölhandel von Baku. An diesen Beispielen läßt sich die manchmal spekulative oder manchmal schlicht unvorsichtige Vermehrung pionierartiger Unternehmen ablesen. Der russische Süden wurde eine Art »Goldener Westen« Frankreichs.

Die Beispiele Italien und Rußland genügen, um die Mobilität des französischen Kapitals im Ausland zu illustrieren. Doch wirkte sich die Dominanz der Franzosen auch noch anderweitig aus: Der Finanzplatz Paris spielte bei Transaktionen mit kurzer Laufzeit eine beträchtliche Rolle; und auf höherer Ebene gewährte die *Banque de France* der Bank von England bei größeren Krisen jede Unterstützung. Denn nach der Übernahme der Goldwährung war dieses Metall in Frankreich überall in Umlauf. Der Kassenbestand der *Banque de France* belief sich 1900 auf 3,2 Goldmilliarden. Der Saldo aus Geschäften mit Edelmetallen hatte in den achtziger Jahren zwar abgenommen, stieg jedoch in den neunziger Jahren wieder mächtig an.

Die Wirtschaftsdepression hatte Frankreichs Industrie stark geschwächt. Die Weltausstellung 1900 in Paris geriet zu einer eindrucksvollen Demonstration deutscher Überlegenheit in industriellen Spitzenbereichen. Frankreich konnte sich aber auf gewissen Sektoren halten und sogar neue Sparten hinzugewinnen, wie zum Beispiel die Aluminiumerzeugung oder den Automobilbau. Es hatte alles in allem seine Position als bedeutende Finanzmacht behauptet.

KAPITEL V

Verbraucher und Arbeiter

NEUE LEBENSGEWOHNHEITEN

So bildeten sich – als Vorbereitung auf die *Belle Époque* – inmitten der größten Krise auf gleichsam organische Weise neue Lebensgewohnheiten heraus. Zuerst war es der bürgerliche Lebensstil, noch weitgehend geprägt durch die Bedeutung der Ausgaben für das Hauspersonal, das es »Monsieur« und »Madame« ermöglichte, sich aller praktischen und materiellen Probleme zu entledigen, und das durch den ländlichen Exodus ständigen Zuzug erhielt. Später dominierten – und das ist ein sehr positives Indiz – die aufs äußere Prestige zielenden Ausgaben für Miete, Kleidung, aber auch für Urlaub. Die Fülle an Haushaltsausstattungen und an Einrichtungsmöbeln war unüberschaubar und verwirrend.

In Rouen beschrieb 1880 ein Zeitgenosse einen bürgerlichen Salon, wie dessen Wände »hinter einer unglaublichen Menge an venezianischen Spiegeln und Bildern verschwanden, womit man möglichst guten Geschmack beweisen wollte«. Dazu kamen die Dekors an Kaminen, Standuhren, Bronzefiguren (oft waren es Tiermotive), die zumeist aus den Häusern Barbedienne oder Carrier-Belleuse stammten. Der Geschmack an Freizeitgestaltung und der Wunsch nach Repräsentation standen am Beginn dieser positiven Herausbildung von Konsumschemata, durch die neue Produkte geschaffen und neue Bedürfnisse geweckt wurden. Seit diesem Zeitpunkt gab es Fahrräder, Autos, Sportartikel, Fotoapparate, aber auch Luxusgegenstände. So verwandelte sich damals das Badezimmer in einen wahren Palast häuslicher Intimität. Diese Tendenzen waren zwar gewiß nicht leicht zu erkennen, doch konnte man sie in den Warenkatalogen großer Kaufhäuser aufspüren. Der Körper bekam darin eine bisher ungekannte Geschmeidigkeit zugesprochen, und die Innenräume der Häuser wurden luftiger und auch heller. In diesen Jahren vor der Jahrhundertwende strebte man vor allem nach Klarheit, sowohl in der Medizin (die Tuberkulose wuchs in der Dunkelheit) als auch in der Literatur, in der Musik, aber auch im Konsumverhalten. Aber auch der Bereich des Sports und die Suche nach gesundheitsfördernden Freizeitvergnügungen waren eng damit verbunden.

Der Lebensstil des Arbeiters hatte sich ebenfalls geändert, da der Anstieg der Reallöhne während der Krise auch dessen Konsumgewohnheiten beeinflußt hatte. Es wurde nun weniger Brot gekauft, dafür mehr Fleisch, Alkohol und Kleider. Allmählich verschwanden die Arbeitskittel. Der Arbeiter in der Fabrik und der Bürger auf der Straße – das war, wie Michelle Perrot bemerkt, die Verwirklichung eines alten Traums. Wenn der Arbeiter in die Fabrik kam, kleidete er sich immer öfter um. Dagegen bewegten sich die Ausgaben für die Wohnung im mittleren Bereich, während die Tendenz zu Arbeiterwohnungen, die in den siebziger und achtziger Jahre nicht sehr beliebt waren, erst wieder in den letzten Jahren des Jahrzehnts anstieg. Dies war vor allem den Initiativen des Bürgermeisters von Le Havre Jules Siegfried (1837–1922) zu verdanken, der am 17. Dezember 1889 im Zusammenhang mit der Weltausstellung 1889 die »Gesellschaft für gemeinnützigen Wohnungsbau« gründete. Siegfried bewunderte die Leistungen von Dollfuß in Mühlhausen. Der greise Jules Simon führte in der ersten Sitzung den Vorsitz. Jules Siegfried legte am 5. März 1892 einen Gesetzentwurf vor, der am 30. November 1894 verabschiedet wurde. Die Erfolge dieser Bemühungen zeichneten sich aber erst in den Jahrzehnten nach 1895 bis 1900 ab. Es wurden nur 1360 Häuser gebaut. Die Arbeiterwohnung war weiterhin durch räumliche Enge und ungesunde Verhältnisse – zumindest in den Städten – gekennzeichnet. Die Kampagne gegen die Tuberkulose setzte dieses Problem wieder auf die Tagesordnung.

Zweifellos hatte die Erhöhung der Löhne zu höherem Alkoholkonsum geführt. Zwar erlaubten die finanziellen Mittel keine gravierenden Veränderungen auf diesem Gebiet, aber sie erleicherten doch die Versuchung, zum Glas zu greifen. Natürlich war der Alkoholismus kein reines Arbeiterproblem. Die Gewohnheit, einen Apéritif zu sich zu nehmen, griff in allen sozialen Schichten um sich und wurde zu einem der wichtigsten Rituale bürgerlicher oder volkstümlicher Geselligkeit. Doch für die Zeitgenossen – man denke nur an Zola – waren die neben der Tuberkulose oder der Prostitution durch die Trunksucht ausgelösten Dramen ein weitverbreitetes Thema. Am besorgniserregendsten war die Zunahme der klaren Schnäpse und vor allem des Absinths, der in der zweiten Hälfte des Kaiserreichs zuerst in Paris seinen Siegeszug angetreten hatte. Sein Konsum stieg zwischen 1884 und 1904 von 49000 auf 208000 Hektoliter. Das Geschäft blühte. Eine Petition der Antialkoholliga sammelte 1906 400000 Unterschriften. Darin war zu lesen: »Der Absinth macht verrückt und kriminell; er führt zu Epilepsie und Tuberkulose, tötet jährlich Tausende von Franzosen, macht aus dem Mann ein wildes Tier, aus der Frau eine Märtyrerin und aus dem Kind einen Schwachsinnigen.« Hingegen stand in dieser Zeit der Wein, der »Nektar der Kanaille«, sogar bei vielen Medizinern in gutem Ansehen.

Die Zahl der Schankwirtschaften stieg bis zum Krieg weiter an. »Wie Giftpilze unserer modernen Gesellschaft schossen Kneipen in der Nähe von Bahnhöfen, Kasernen und Werkstätten erschreckend schnell aus dem Boden«, wie 1898 der Arzt Legrain aus Lyon feststellte, der 1895 ein Buch mit dem Titel *»Dégénérescence sociale et alcoolisme«* (»Soziale Degeneration und Alkoholismus«) veröffentlichte. Patriotismus und soziale Argumente, die auch von den sozialistischen Theoretikern aufgenommen wurden, gingen ineinander über. Neben dem Alkoholismus, dessen Stellenwert jedoch nicht übertrieben werden sollte, entwickelten sich aufgrund der maßvoll, aber stetig steigenden Reallöhne in der Praxis Wunschvorstellungen, die sich in veränderten Eß- und Kleidungsgewohnheiten manifestierten.

DIE NEUE FREIZEITGESTALTUNG

Der Lebensstil der neunziger Jahre im Bürgertum und in der Arbeiterschaft hatte sich geändert, denn schon seit der Mitte des Jahrhunderts hatten sich die Kommunikationsmittel verändert. Die Beziehungen der Menschen untereinander hatten sich beträchtlich intensiviert und an Umfang zugenommen. 1872 schrieb eine Person etwa zehn Briefe; 1900 waren es bereits 25, 1913 schrieb jeder Franzose durchschnittlich 44 Briefe. Das gleiche galt für Postkarten und Drucksachen: 1872 waren es 8,4; im Jahr 1900 37, zwölf Jahre später 57. Innerhalb Frankreichs wurden 1875 pro Person Postanweisungen im Wert von 4,5 Francs verschickt; 1900 betrug der Wert 36 Francs und 1913 bereits 82 Francs. Die Anzahl der Telegramme und Rohrpostsendungen stieg zwischen 1879 und 1900 von 13700 auf 37000 pro Jahr und erreichte 1910 45000 Stück. Das Telefon nahm aufgrund seines schleppenden Netzausbaus an diesem Boom nicht teil. Im Jahr 1900 verfügten erst 1199 Gemeinden über ein Telefon, und die Zahl der Fernsprechteilnehmer betrug nur 70000. Während der *Belle Époque* beschleunigte sich dieser Prozeß: 1913 verfügten bereits 17000 Gemeinden über einen Telefonanschluß, während die Gesamtzahl der Anschlüsse auf 323000 angestiegen war. Frankreich hinkte diesbezüglich hinter den übrigen Industrieländern nach. Die Gebühren lagen hoch, die Einrichtung öffentlicher Telefonzellen war nur ein ungenügender Notbehelf.

In den neunziger Jahren nahm die Reiselust zu. Zwischen 1872 und 1900 vervierfachte sich die Zahl der Reisenden und stieg von 110 auf 430 Millionen und erreichte 1913 530 Millionen. Das Reisen war etwas Alltägliches geworden. Ein Vorstandsmitglied der Compagnie du Chemin de fer du Nord bemerkte 1894: »Die Zahl der Reisenden hat sich verändert, auf den großen Strecken nimmt sie ab, auf den kleinen Strecken nimmt sie zu.« Die dritte Klasse, die gegen Ende des Kaiserreichs von 68 Prozent der Reisenden benutzt wurde, frequentierten zwischen 1896 und 1900 achtzig Prozent und von 1909 bis 1913 88 Prozent der Reisenden. Diese Entwicklung war die Folge einer Tarifpolitik der Eisenbahngesellschaften, die in den neunziger Jahren unter dem Druck des Staates die Preise für Rückfahrkarten, für Tages- oder Ferienfahrten immer weiter senkten. Früher hatte es zwar auch Tarifsenkungen gegeben, aber nicht in diesem Ausmaß. Im Jahr 1890 hatten die Vergnügungs- und Sonderfahrten erstmals zugenommen, wie in einem Bericht der gleichen Gesellschaft von 1895 vermerkt wurde. Die Pilgerreisen verzeichneten schon immer einen guten Zulauf; am beliebtesten aber waren Reisen zu den Bade- und Kurorten, die einem Bericht von 1906 zufolge ständig zunahmen. Dabei handelte es sich nicht mehr nur wie ehedem um eine exklusive Gesellschaftsschicht, sondern inzwischen auch um »eine recht zahlreich gewordene Kundschaft, die sich angesichts günstiger Preise und einer erträglichen Fahrtdauer zu reisen entschloß«. Nunmehr war es möglich geworden, innerhalb eines Tages ans Meer zu fahren.

Reisen und Freizeit waren eng miteinander verbunden; das Freizeitvergnügen der breiten Masse wurde durch die Reisemöglichkeiten wesentlich gefördert. Schon bevor der bezahlte Urlaub eingeführt wurde, bildete sich die Freizeitgesellschaft heraus. Nach dem Bürgertum und Kleinbürgertum gönnten sich auch die einfacheren Volksschichten mehr und mehr den Genuß von Ferienreisen. 1890 wurde der Touring Club von Frankreich gegründet. Die Zahl der Kurorte stieg von 125 im Jahr 1850 auf 183 im Jahr 1900. Vichys Besucherzahl verzehnfachte sich innerhalb dieser Jahre (1900 waren es 67000), die von Aix-les-Bain stieg auf das Sechsfache (31 000 im Jahre 1900). In La Bourbole stieg die Gästezahl von 250 auf 10000 Personen. Diese Erholungsorte konkurrierten mit den Badeorten am Meer, die während der Restauration entstanden waren und sich gleichmäßig an allen Küsten ausbreiteten. In der Normandie spielte sich auch das »noch so kleinste billige Loch«, wie es in den Reiseführern der *Belle Époque* hieß, als Erholungsort auf, und zwischen Dieppe und Trouville, danach zwischen Trouville und Deauville bestand ein harter Kampf. Die Ärzte empfahlen das Bad in den Wellen. Bis 1900 existierte die Trennung der Geschlechter beim Baden. Der Erfolg der Seebäder und Kurorte war das Resultat eines »bisher nicht gekannten Vertrauens in die Heilkräfte des Wassers und der Suche nach aristokratischem Lebensgenuß« (P. Gerbod). Die »Saison« und das Wasser zogen die Menschen an.

Für viele standen sie unter dem Zeichen zunehmender sportlicher Betätigung, einer »Versöhnung des Menschen mit seinem Körper«. Doch diese Bewegung stand erst am Anfang. Littré schrieb in seinem Wörterbuch: »In Frankreich wird Sport oft mit dem Turf verwechselt, aber der Turf bezeichnet nur eine Sportart.« Zu den Sportarten zählte er Pferderennen, Bootfahrten, Hetzjagden, Fischfang, Bogenschießen, Gymnastik und Fechten. Doch in den achtziger und neunziger Jahren entstand eine ganze Anzahl neuer Sportarten. Die Schüler des Lyzeums Condorcet und der Monge-Schule gründeten 1882 den *Racing Club du Bois de Boulogne;* kurze Zeit danach wurde der Sportclub *Stade français* in Saint-Cloud ins Leben gerufen. Seit Ende der achtziger Jahre hatten diese beiden Clubs ihre Aktivitäten auf alle athletischen Sportarten ausgedehnt. 1890 kam es zu einer Vereinigung dieser Sportverbände auf nationaler Ebene. Seit Beginn der neunziger Jahre erfreuten sich vier Sportarten besonderer Beliebtheit: Fußball, Tennis, Radsport und Bergsteigen. Die kürzlich durchgeführte Auswertung eines Provinzblattes, des *»Journal de Rou-*

baix«, für die Jahre 1897, 1898 und 1899 gibt Aufschluß über die Beliebtheit der neuen Freizeitbeschäftigungen im Vergleich zu den herkömmlichen. Danach gaben Hahnenkämpfe und Brieftaubenzucht am häufigsten Anlaß zu Versammlungen und Vereinsgründungen. Boulespiel und Bogenschießen galten als eher exklusive Sportarten. Von den modernen Sportarten waren Fußball und Radfahren am weitesten verbreitet und am populärsten. Durch die Geselligkeit, die in ihrem Umfeld entstand, bildeten diese Sportarten eine natürliche Fortsetzung der traditionellen Spiele. Das Radrennen Paris – Roubaix trug viel zum Aufschwung des Radsports in Nordfrankreich bei.

Für die Fahrradindustrie bedeuteten diese Radrennen ein Mittel zur Verkaufsförderung. Pierre Giffard, 1856 geboren und Journalist beim *»Figaro«*, seit 1887 Leiter des *»Petit Journal«* und in einem Artikel aus dem Jahre 1890 Erfinder des Ausdrucks »die kleine Königin« (für das Fahrrad), organisierte das Rennen Paris – Brest – Paris; das bedeutete im Jahr 1890 eine Strecke von 1200 Kilometern in einer einzigen Etappe. Der Michelinreifen siegte, denn Charles Terronts Vorsprung auf Dunlop auf der Etappe Jiel – Laval betrug acht Stunden. Für die Hin- und Rückfahrt benötigte er 72 Stunden. Der Sport war das Vehikel für eine Kommerzialisierung des Fahrrads. Ein Journalist der Zeitung *»Le Vélo«* schrieb: »Der Sport hat quantitativ keine Bedeutung mehr, dafür aber qualitativ.« Das Fahrrad verlor gegenüber dem Automobil zunehmend an Boden, wurde ein Freizeitvergnügen und Fortbewegungsmittel der breiten Masse. War es im Zweiten Kaiserreich noch ein Spielzeug des Adels, so wurde es danach zu einem konstituierenden Element der Massenkultur des 20. Jahrhunderts. Eine ähnliche Entwicklung durchlief auch das Automobil. Die Förderung dieser beiden Produkte ist ein Beispiel für ein straffes und konsequentes Marketing in den neunziger Jahren. Dazu gehörten die Einrichtung von Verkaufssalons und publikumswirksame Rennveranstaltungen, die dazu dienten, das Image eines neuen, sportlichen, schnellen, abenteuerlustigen und fortschrittsgläubigen Menschen zu kreieren.

Sie konnte an eine Sportideologie anknüpfen, die zunächst patriotische Ziele verfolgte. So trieben die Franzosen nach dem Krieg von 1870 Gymnastik, um sich für den Kriegsdienst vorzubereiten. Der französische Bergsteigerklub, der 1874 gegründet wurde, trug die Devise: »Für das Vaterland auf den Berg!« Der Sport wurde darüber hinaus Teil der Lehre von der Volksgesundheit, ein bevorzugtes Mittel im Kampf gegen Tuberkulose und Alkoholismus. Diese Bemühungen wurden von den unterschiedlichsten gesellschaftlichen Gruppen über alle sozialen Schranken hinweg unterstützt. Während Pierre de Coubertin (1863–1937), der Erneuerer der Olympischen Spiele im Jahre 1894, eine äußerst elitäre Vorstellung von Disziplin als notwendige Ergänzung zu einer eher volkstümlichen Auffassung von Sport propagierte, wie sie die Anhänger des Radsports vertraten, organisierte Henri Desgranges (1865–1940), der Nachfolger Giffards, 1903 die erste Tour de France.

DIE UNIFORMIERUNG

Die Kräfte, die regionale und lokale Traditionen zerstörten und bis zum Kriegsausbruch eine uniformierte Massenkultur entstehen ließen, setzten sich nach 1870 immer unwiderstehlicher und unwiderruflicher durch. Es gab auch Kräfte, die die Tradition retten und bewahren wollten, doch handelten sie im Bewußtsein eines bereits hoffnungslosen Rückzugs. Viele Historiker schreiben heute noch über diese Entwicklung, als ob es sich um einen Sieg der Moderne über Verdummung und Archaismus gehandelt hätte, aber diese Sichtweise bedarf der Korrektur.

Bereits im Kaiserreich wurde viel zur Bewahrung der traditionellen Kultur getan. Minister Fortoul hatte 1852 eine großangelegte nationale Untersuchung in die Wege geleitet, um die Lieder und die Volksdichtung der verschiedenen Provinzen zu sammeln. Dabei sollte streng darauf geachtet werden, sie absolut ursprünglich zu belassen und nichts an ihnen zu verändern. 1876 war die Untersuchung abgeschlossen. Nach 1870 wurden weitere derartige Anstrengungen unternommen, vor allem in Savoyen und in der Dauphiné durch Julien Tiersot. Tiersot benutzte als einer der ersten ein Tonaufzeichnungsgerät, um möglichst genau zu arbeiten. Die Ergebnisse der ersten Forschungen wurden während der Weltausstellung von 1900 präsentiert. Auf dem Gebiet der Bildenden Kunst war es Jules Champfleury, der 1869 seine »*Histoire de l'imagerie populaire*« (»Geschichte der volkstümlichen Bilderkunst«) veröffentlichte, wobei er eher als realistischer Schriftsteller denn als eigentlicher Volkskundler vorging, doch wurden dadurch neue Perspektiven eröffnet.

Zu dieser Zeit wurde die Folklore ein Teil der Volkskunde. Paul

Sébillot gründete 1886 die *»Revue des traditions populaires«*, 1889 wurde der erste Internationale Kongreß für Volksbräuche abgehalten. Während Champfleury die Natur und das Wesen eines Volkes aufzeigen wollte, ging es den Volkskundlern der neunziger Jahre zumeist um die Sammlung von Überlieferungen. Die meisten von ihnen waren bekannte Lokalgrößen, Pfarrer, Notare, Ärzte und Schloßherren, die sich ganz in den Dienst der Sache stellten und an die Realität und Besonderheit einer echten Volkskultur glaubten, die man beschreiben mußte, bevor man sie begreifen konnte. Ihre Arbeit war eine notwendige Voraussetzung für die späteren Gedanken eines Van Gennep, der 1910 in der *»Revue d'Histoire des religions«* einen Beitrag über »Einige Übergangsriten in Savoyen« schrieb. Dies bedeutete einerseits den Beginn einer schriftlich festgehaltenen Nachlese »volkskundlicher Realitäten«, doch andererseits zugleich auch, gleichsam symbolisch, deren allmähliches Verschwinden.

Bei den verantwortlichen Politikern genoß die Volkskunde jedoch kein großes Ansehen, da ihre Arbeit der Herausarbeitung regionaler Differenzierungen galt und deshalb als Begriff für Trennungen und Unterschiede innerhalb der Nation und der Gemeinschaft stand. Die regionalistischen Bewegungen orientierten sich in der Tat »rechts« wie die provenzalische Bewegung »Félibrige« Frédéric Mistrals seit 1859, der es sich zur Aufgabe gemacht hatte, die provenzalische Sprache zu erhalten, indem er sie wieder in den Rang einer literarischen Sprache erhob. Bis zum Kriegsausbruch entwickelte diese Bewegung eine große Aktivität und nahm auch wirklich volkstümliche Züge an. Die Bretonen zogen erst später nach, waren jedoch wesentlich radikaler in ihren Forderungen und nicht so volkstümlich engagiert. Die regionalistische Union der Bretagne existierte seit 1898 und idealisierte eine ziemlich wirklichkeitsfremde feudale und keltische Vergangenheitsvorstellung. Doch auch sie wollte den bretonischen Dialekt erhalten, der durch die wachsende Zahl staatlicher Schulen gefährdet war. Der Regionalismus gebärdete sich in der Tat weitgehend antirepublikanisch. So begann Charles Maurras seine Laufbahn im »Félibrige« und trug sein Plan einer monarchischen Restauration, den er 1900 zur Diskussion stellte, stark dezentralistische Züge.

Die volkstümlichen traditionellen Kulturströmungen waren nach und nach in einer einheitlichen uniformen Kultur aufgegangen, der zum großen Teil auf weltlichen und republikanischen Wertvorstellungen basierte. Der allmähliche Rückgang der traditionellen Kulturen vollzog sich als

Folge von Urbanisierung, Industrialisierung und Dechristianisierung. Die Abwanderung der ländlichen Bevölkerung hat viel zur Zerstörung der kulturellen und religiösen Identität der Regionen beigetragen. Das Leben in der Stadt war viel weniger von religiösen Kräften durchdrungen als auf dem Lande. In vielen Gegenden entzog die langsame Abkehr vom Glauben den Veranstaltungen mit traditionellem Brauchtum den Boden. Es gab weniger Patronatsfeste, die Bedeutung bestimmter Zeremonien und Festrituale verwischte sich. Diese Abkehr von der Religion zerstörte einen wesentlichen Teil der früheren Formen der Geselligkeit. Gleichzeitig zerstörte die Entstehung der Arbeiterwelt praktisch endgültig die alten berufsständischen Gemeinsamkeiten und Bräuche.

Die so entstehende Leere wurde zu einem Teil durch die Geselligkeit in den Kneipen und Bistros ausgefüllt, den Verbreitungsstätten republikanischer und sozialistischer Ideen. Doch die überzeugten Republikaner und Sozialisten waren sich der Gefahr des Alkohols bewußt und versuchten, wenn auch noch zögernd, ihr zu begegnen. Sie wurde aber auch zunehmend durch ein neues Vereinsleben auf der Basis musikalischer und sportlicher Aktivitäten ausgefüllt. 1886 zählten die Schützenvereine 96000 Mitglieder, 1900 waren es 150000; die Turnvereine erhöhten ihren Mitgliederstand im gleichen Zeitraum von 20000 auf 60000 Personen.

Die letzten Jahre vor der Jahrhundertwende waren von einer erstaunlichen Blüte des Chorgesangs gekennzeichnet. 1889 existierten 7500 Chöre, 1900 waren es bereits 10000 mit insgesamt über 300000 Mitgliedern. Der Gesangverein war wie der Radsport eine nationale Institution, mit Zeitungen, regionalen Vereinen und etwa 50 bis 80 Wettbewerben pro Jahr. Diese Großversammlungen anläßlich von Wettbewerben waren, politisch gesehen, nicht immer harmlos. Am 19. Juli 1880 nahmen 150 Vereine mit 6000 Teilnehmern an einem Gesangswettbewerb unter Gambettas Schirmherrschaft teil. In Douai trafen sich 1912 474 Vereine der Departements Nord und Pas-de-Calais mit 23627 Mitwirkenden. Im Jahr 1913 beschloß die Stadt Paris, ein nationales und internationales Festival für Volksmusik zu veranstalten.

Nach 1900 flaute die Gesangsbegeisterung allmählich ab. Die Verarmung des Chorlebens auf musikalischem Gebiet begann bereits früh, als seit den achtziger Jahren das Instrument anstelle des Chors trat und die Qualität der Aufführungen stetig abnahm. Die Zeitschriften der Gesangvereine sprachen zunehmend von einer »instrumentalen Kakophonie«

und beschuldigten die Vereinsmitglieder, sie würden an den Wettbewerben nur »aus Spaß teilnehmen«, wie 1903 ein Journalist schrieb. Schließlich kam es zu Abspaltungen bei den Gesangvereinen, zu denen auch politische Differenzen einen erheblichen Teil beitrugen. So standen den weltlichen Gesangvereinen bald die Kirchenchöre gegenüber, während die Arbeitgeberchöre mit den Gewerkschaftschören konkurrierten. Oftmals waren die »musikalischen Volksfeste« auch politische Veranstaltungen. Die Ausbreitung des Vereinslebens war nur ein Aspekt der systematischen Durchdringung der Gesellschaft mit Organisationen und Verbänden, wie sie von verschiedenen einflußreichen Gruppen betrieben wurde. Besonders wirksam war die sozialistische Strategie. So schrieb zum Beispiel Y.-M. Hilaire kurz nach der Jahrhundertwende über das Pas-de-Calais, daß »das Netz der sozialistischen Vereine mit seinen Gewerkschaften, Genossenschaften, Spielvereinen und Musikkapellen die Bevölkerung völlig« vereinnahme.

Die Literatur und Zeitungen mit hohen Auflagen versuchten, die Umrisse einer Volksbildung zu entwerfen, deren Wertmaßstäbe von den politischen Theorien der führenden Eliten abgeschaut waren. In Belleville gab sich das Theater der achtziger Jahre mal patriotisch, mal republikanisch, mal moralisierend, dann aber auch wieder volksbetont. In dem Stück *»Le Bâtard de Penhoël«* (»Der Bastard von Penhoël«), das 1890 gespielt wurde, entpuppte sich der Held – dessen Mutter, eine einfache Frau aus dem Volk, von einem feinen Herrn vergewaltigt wurde – als tapferer und edelmütiger als die anderen Mitglieder seines Standes. Doch die größten Erfolge in Belleville wie in Paris verzeichneten Operetten und Vaudevilles.

Der Volksroman wies innerhalb seines Genres große Unterschiede auf. Einer seiner für die damalige Zeit besonders typischen Aspekte war sicher die technologische und wissenschaftliche Inspiration. Sie wurde vor allem von Jules Verne (1820 bis 1905) verkörpert, der seine literarische Laufbahn 1860 begonnen hatte und als Schriftsteller glänzende Erfolge feierte, oder auch von Albert Robida, dem eigentlichen Erfinder der Science-fiction-Romane. Diese literarische Gattung erfuhr übrigens eine bemerkenswerte Auffrischung, als in einem der letzten Romane Zolas, *»Le Travail«* (»Die Arbeit«), eine Gesellschaft beschrieben wurde, in der sich die Menschen nicht mehr anzustrengen brauchten, weil die Arbeit durch elektrische Geräte erledigt wurde.

Die Massenblätter zum Preis von einem Sou, deren Gesamtauflage 1900 2,3 Millionen und 1913 4,5 Millionen Exemplare erreichte (dabei wurden die vier größten, *»Le Petit Journal«*, *»Le Petit Parisien«*, *»Le Matin«* und *»Le Journal«* zusammengerechnet), hatten ihr Gesicht spürbar verändert: Das 1880 noch tonangebende Feuilleton verlor zunehmend an Bedeutung und wurde immer einfallsloser. Von Zévaco bis Montépin stagnierte das Genre. Dennoch blieb dem Genre des »Rosenwasserromans« eine bedeutende und aufmerksame Leserschaft erhalten. Demgegenüber wurde der Massenjournalismus immer aktueller, er schuf sich seine Ereignisse selbst. Immer größeren Raum in der Zeitung nahm auch die Rubrik »Vermischtes« ein, ob es sich nun 1887 um den Brand der Oper oder zwanzig Jahre später um die Affäre Solleiland handelte. Dabei ging es um den Mord an einem elfjährigen Mädchen, das zuvor vergewaltigt worden war und den Mörder nach seiner eigenen Aussage in einen Zustand erotischen Wahnsinns trieb. Die Angelegenheit gab den Befürwortern der Todesstrafe in einem Augenblick, als gerade eine Kampagne zu deren Abschaffung anlief, gewichtige Argumente in die Hand. Der größte Triumph des Journalismus war jedoch der Prozeß von Madame Caillaux im Juli 1914 kurz vor Kriegsausbruch. Sie war die Frau des Präsidenten der Radikalen Partei und hatte den Direktor des *»Figaro«* ermordet, der eine Diffamierungskampagne gegen sie und ihren Gatten geführt hatte. Die eigentliche Neuheit im Journalismus bestand indes in der Möglichkeit des Journalisten, selbst das Ereignis zu schaffen, indem er ihm entweder ein unerwartetes Ausmaß verlieh und es damit aufbauschte wie im Fall der Faschoda-Affäre 1899, oder indem er es aus vielen kleinen Details hervorbrachte wie im Fall der Radrennen, zumal des bedeutendsten von ihnen, der Tour de France.

Indessen begann sich auch das Genre des Films, der in den Jahren um 1900 eine immer größere Verbreitung fand, zu einem wesentlichen Bestandteil echter Volksbildung zu entwickeln. Méliès etwa drehte bis Kriegsbeginn Filme, auch wenn er dabei schlechte Geschäfte machte. Sein Film *»La Conquête du Pole«* (»Die Eroberung des Pols«) wurde 1912 gedreht. Méliès war der eigentliche Vorläufer von Walt Disney. Doch erst nach 1907 entwickelte sich der Film zu einer Erscheinungsform der Massenkultur; neben Filmen religiösen Inhalts tauchte nun vor allem die Gattung des »Kunstfilms« auf, die einen beachtlichen Aufschwung nahm. In dieser Zeit entstanden auch die Wochenschauen; dabei kam es vor, daß die Zuschauer Caillaux auspfiffen und den vorbeimarschierenden Soldaten applaudierten. Doch die Originalität französischen Filmschaffens erwies sich vor allem in der Erfindung des komischen Films durch Max Linder, der 1905 seinen ersten Streifen, *»La Première Sortie d'un collégien«* (»Der erste Ausgang eines Gymnasiasten«) drehte.

Elementarer und integrierender Bestandteil der Volksbildung war jedoch die Volksschule; sie begründete die Republik in den Volksmassen. Sie schuf die Vorstellung von einer Welt, die an den unendlichen Fortschritt des Menschen glaubte und Frankreich als Land der Integration und des Ausgleichs und als Träger der höchsten Wertmaßstäbe dieser Menschheit sah – dank der »großen Revolution«, die mit der religiösen Verdummung aufgeräumt hatte.

EINE REPUBLIK DER ARBEITER?

Einer der Arbeitslosen, die im März 1883 bei der Demonstration am *Hôtel des Invalides* festgenommen worden waren, erklärte: »Wir wollen die Republik als eine Arbeiterrepublik.« Er war Schreiner von Beruf. Die Republikaner hatten in dieser Frage bisher den Kopf in den Sand gesteckt. Vor dem Hintergrund der antiliberalen Propaganda des Royalisten Albert de Mun hielten sie an ihrer proliberalen Einstellung fest. Gambetta leugnete in einer Rede 1872 die Existenz einer sozialen Frage und versicherte, es gebe lediglich eine Reihe von Problemen, die gelöst, und Schwierigkeiten, die überwunden werden müßten. Sein soziales Programm wie auch das seines Präfekten Martin Nadaud (1815–1898), eines Maurers aus dem Departement Creuze und »Königs der Kelle«, wie ihn der vormalige kaiserliche Präfekt nannte, bestand darin, die Arbeiter über ihre Aufgaben und Pflichten aufzuklären. Im übrigen sollte es ihnen selbst überlassen bleiben, ihr Schicksal in die Hand zu nehmen. Diese Meinung war nicht so weit entfernt von der jener Liberaler, die sich, wie der Katholik d'Haussonville oder der Spiritualist Jules Simon, mit der sozialen Frage befaßten. Echte Sozialpolitik gestalteten die Republikaner nur in der Schulpolitik. Die gewerkschaftliche Freiheit mußte genügen, um das soziale Beziehungsgefüge zu organisieren.

Spätestens in den achtziger Jahren ließ sich die Existenz einer »sozialen Frage« jedoch nicht mehr leugnen. Täglich lieferte die Realität Beispiele; sie zählte zu den Lieblingsthemen der damaligen Erfolgsliteratur, angefangen bei den Werken Émile Zolas. Den Arbeiter fand man auch bei den Gedenkfeiern der Republikaner, doch manchmal störte seine Anwesenheit. Es sei hier nur auf Paul Cambon, den Präfekten des Departements Nord, verwiesen, der im April 1880 Jules Ferry in Lille empfing. Damals war es zwischen Katholiken und Republikanern zu Auseinandersetzungen gekommen, und man hatte den Jesuiten die Fensterscheiben eingeworfen. Doch war es nicht das, was den Präfekten beunruhigte. Seine Unruhe hatte, wie er seiner Frau schrieb, vielmehr andere Gründe: »Das Ergebnis solcher Tage ist nachgerade erschütternd ... Die Regierung sieht sich hier von einem Extrem ins andere geworfen; man hat gestern die Führer sämtlicher sozialistischer Gruppierungen als Stütze der Regierung anerkannt. Da nur sie die Arbeiter auf die Straße bringen konnten, mußte man sie um ihre Hilfe bitten. Gerade das habe ich aber immer verabscheut. Das ist schlechte Politik.« Doch schon bald sollte sich Paul Cambon wieder beruhigen dürfen, denn Ferry verstand es geschickt, seine Distanz zum Sozialismus zu wahren. Auf längere Sicht aber sahen die Sozialisten nur den Weg, wie vor ihnen Jules Ferry auch, die Macht im Staat zu erlangen. Um dieses Ziel zu erreichen, waren sie fest entschlossen, den Elan der Arbeiterklasse auf ihre Mühlen zu lenken.

Die Arbeiterklasse war eine in sich vielschichtige Welt mit unendlich verschiedenen spezifischen Erfahrungen und besonderen Traditionen. Die Gewerkschaftsführer indes wollten die Bewegung einheitlicher gestalten und versuchten dabei, gegen den Strom zu schwimmen. Um nur einige Beispiele anzuführen, sei zunächst an den Bereich der Textilindustrie erinnert, in der vor allem Frauen und Kinder arbeiteten und in der es so gut wie keine berufliche Hierarchie, jedoch durchaus Gegensätze gab, wie etwa zwischen der weniger qualifizierten und daher untergeordneten Arbeit eines Spinners und der anspruchsvolleren Tätigkeit eines Webers, der in seiner Haltung unbeständiger war und eher zum Aufruhr neigte. Ähnlich auch die Situation im Bereich des Bergbaus, den man sich viel einheitlicher gegliedert vorstellt, als er in Wirklichkeit war. Hier waren die Arbeiter über Tage, die Erzklauber und Erzwäscher, nicht so angesehen wie die Kumpel unter Tage, unter denen sich infolge der verschiedenen Aufgabenbereiche ebenfalls eine Hierarchie herausgebildet hatte. Die Grubenarbeiter, die Hauer und die Zimmerleute bildeten in diesem Bereich die berufliche Elite. Sie gingen einem anstrengenden und gefährlichen Beruf nach, der strenge Disziplin verlangte und der die Schriftsteller und das Bürgertum schon immer fasziniert hatte, ohne daß sie seine Lebenswelt je richtig verstanden hätten, die, wie man bedenken muß, der bäuerlichen Lebenswelt noch in vielem sehr ähnlich war. Nicht weniger vielschichtig war das Bauhandwerk strukturiert, in dem sich zwei völlig verschiedene Menschentypen in der Arbeit begegneten: auf der einen Seite die gewöhnlichen Erdarbeiter, das heißt unabhängige Hilfsarbeiter, nicht selten Ausländer, die beeinflußbar und schreckenerregend wirkten, und auf der anderen Seite die Vertreter derjenigen Berufe, denen eine mehr oder weniger gründliche, in jedem Fall aber spezielle Lehrzeit vorausging, gleichgültig, ob es sich dabei um ein altes oder ganz junges Handwerk handelte. Diese Arbeiter hielten große Stücke auf ihr Handwerkszeug und standen in der Regel ihren Arbeitgebern sehr nahe. In ihrem Auftreten lag, nach einem Ausdruck Michelle Perrots, etwas durchaus »Vorväterliches«. Dies war bei den Metallarbeitern und Mechanikern zumeist nicht der Fall. Bei ihnen handelte es sich um Leute mit großem Ehrgeiz, die infolge der Arbeitsteilung in diesem Sektor über die unterschiedlichsten Qualifikationen verfügten. »Es gibt so viele verschiedene Löhne, wie es Fachbereiche, ja sogar, wie es Arbeiter gibt«, stellte Ch. Benoist dazu im Jahre 1905 fest. Ebenso wie die Eisenindustrie ihre Hilfsarbeiter hatte, hatte sie auch ihre »bürgerlichen Berufe«. – Diese Unterschiede kannte man auch im Berufsfeld der Eisenbahner, in dem jeder Dienst seine eigene Besonderheit besaß. Bei den Straßenarbeitern handelte es sich zumeist um Landarbeiter, die in vielem den Erdarbeitern ähnelten; bei den Werkstattarbeitern praktisch um Metallarbeiter, während man die Bahnhofsarbeiter als kleine Angestellte betrachtete. Die wahren Herren aber waren die Mechaniker. Ihre Verantwortung, Befähigung und Erfahrung signalisierten den Eindruck, wie es einer von ihnen ausdrückte: »Wir sind jemand.«

Diese Berufe boten nicht nur das Umfeld für täglich neue Erfahrungen, sondern sie waren zugleich ein in sich strukturiertes und zusammenhängendes soziales Milieu. Die Heirat innerhalb eines Berufstandes wie auch die Weitervererbung eines Berufes waren durchaus üblich, obwohl sie im Laufe des Jahrhunderts, wie man am Beispiel Lyon erkennen kann, zunehmend an Bedeutung verloren.

DER STREIK

Die alltäglichste Form des Arbeitsprotests war der Streik, der aber ganz anders ablief, als in den Geschichten zu lesen ist, die sich um ihn rankten. Der Generalstreik als die oberste Kategorie war eine rein theoretische Erfindung, eine künstliche Etikettierung, die auf alle gegensätzlichen Erfahrungen angewendet wurde, war das Wiederaufleben revolutionärer Romantik in einer Zeit, die sie Lügen strafte.

Der Krieg und die Herrschaft der Kommune konnten die wachsende Streikbereitschaft nicht aufhalten. Seit dem Gesetz von 1864 wurde der Streik zu einer alltäglichen Erscheinung. Eine Umfrage unter den Arbeitgebern im Jahr 1872 bewies dies zur Genüge. Sie bestand aus Antworten von 97 bedeutenden Industrieunternehmern; achtzehn von ihnen verlangten die Abschaffung der Streiks, fünf stimmten für Streiks, und 59 waren der Meinung, der Streik habe keinerlei Auswirkung auf das Verhältnis zwischen Arbeitgebern und Arbeitnehmern. Seit 1871 hatte man 151 Streiks gezählt, deren Ausrufung durch die damals herrschende Hochkonjunktur begünstigt wurde. Gemessen an der Beteiligung und an der Dauer handelte es sich um kleinere Streiks, die aber die Alltäglichkeit dieses Phänomens um so stärker verdeutlichten. In den Jahren 1873 bis 1877 war der spürbare Rückgang der Streikbewegung eher auf die wirtschaftlichen Schwierigkeiten zurückzuführen als auf die überlegte Absicht, den republikanischen »Kampf« damit nicht zu stören. Seit 1878 flammte sie dagegen um so heftiger und ziemlich unerwartet wieder auf. Im Jahr 1880 erreichte die Streikbewegung mit 191 Arbeitsniederlegungen und insgesamt 110000 Streikenden ihren Höhepunkt. Zweifellos war es diese Entwicklung, die Zola wohl zum Anlaß nahm, seinen Roman »*Germinal*« zu schreiben, der 1885 erschien und sich größtenteils am Streik der Grubenarbeiter in Anzin 1884 orientierte. Das Buch stellt gewissermaßen eine Synthese der Erfahrungen der Arbeiterschaft seit 1864 dar. Die Zunahme der Streiks zwischen 1868 und 1872 hatte man sowohl dem wirtschaftlichen Aufschwung als auch dem stummen und natürlichen Wunsch der Arbeiter zuzuschreiben, daß sich die III. Republik ihrer Sorgen und Nöte erinnern möge. Sie stellten, wie Michelle Perrot meint, »an der Schwelle zur Republik ganz klar ihre Forderungen«. Das Gesetz von 1884 über die Vereine hatte hier seinen Ursprung.

Die Streikbewegung reichte viel tiefer als das Auf und Ab des politischen Geschehens. Langfristig gesehen handelte es sich um eine imponierende Welle: Zwischen 1870 und 1879 fanden jährlich durchschnittlich 84 Streiks mit 28000 Teilnehmern statt. In den achtziger Jahren zählte man im Durchschnitt 186 Streiks mit insgesamt 55000 Streikenden, und in den neunziger Jahren kam es zu 423 Arbeitsniederlegungen mit 78600 streikenden Arbeitern. Zwischen dem ersten Jahrzehnt der III. Republik und dem letzten Jahrzehnt vor der Jahrhundertwende hatte sich die Zahl der Streiks verfünffacht, während die Zahl der Streikenden fast auf das Dreifache angestiegen war. Im Jahr 1866 streikte einer von 121 Industriearbeitern, 1906 war es einer von sechzehn. Die Kurven verliefen analog zur Konjunkturentwicklung, richteten sich aber auch nach den jeweils verschiedenen Einzelsituationen. In den Jahren der Krise, der Arbeitslosigkeit und der wirtschaftlichen Umstrukturierung zwischen 1883 und 1888 ließ sich eher ein starker Rückgang bei den Streikenden, nicht aber bei den Streiks beobachten: die Demonstrationen begannen zu zerbröckeln, und die Mißerfolge nahmen zu. Hatte es sich zwischen 1878 und 1882 hauptsächlich um offensive Streiks gehandelt, ging es nun um den Widerstand gegen Maßnahmen der Arbeitgeber, die in der Krisenzeit nicht gerechtfertigt waren. Deshalb kam es in diesem Zeitraum trotz zunehmender Auflösung der Streikbewegung vor allem in den Kohlebergwerken zu einigen endlosen Streiks, wie das Beispiel Anzin 1884 verdeutlicht.

Der Streik von Anzin, den Zola als aufmerksamer Reporter vor Ort beobachtete, fing am 21. Februar an. Mit ihm reagierten die Arbeiter auf Änderungen in der Arbeitsorganisation, die von der Grubengesellschaft beschlossen worden waren: Die Arbeit, insbesondere die Akkordarbeit, sollte ausgeweitet und 300 Arbeitsplätze, vorzugsweise von alten Leuten und Kindern, gestrichen werden.

Der Grund dafür lag in den Absatzschwierigkeiten infolge der industriellen Krise und der Konkurrenz deutscher Grubenunternehmen, die man mit Kostenreduzierungen zu beheben suchte. Es handelte sich somit um einen typischen Streik zur Sicherung von Arbeitsplätzen, um so mehr, als die Maßnahmen den Anschein erweckten, als wolle die Gesellschaft dadurch alles wieder in die Hand bekommen. Doch sie wollte noch mehr: Sie wollte den beginnenden Aufstieg der Arbeitergewerkschaften brechen. Dies enthüllte ein Ausschnitt aus der Zeitung »Le Temps«, der sich in den Unterlagen Zolas befand und der die Aussage eines der Direktoren der Grubengesellschaft, des uns bereits bekannten liberalen Herzogs d'Audiffret-Pasquier, enthielt, in der es hieß: »Seit einem Jahr untergrub man die Moral der Arbeiter, indem man die Gesellschaft an den Pranger stellte und sie als willkürliche und tyrannische Ausbeuterin anklagte, während doch unsere Verwaltung ganz im Gegenteil in väterlich fürsorgender Weise geführt wird ... Konnten wir unter diesen Voraussetzungen diese Agitation länger hinnehmen? ... Wir können es nicht mehr.« Es ging also um einen Machtkonflikt. Die Streiks dieser Zeit hatten im übrigen auch eine erhebliche erzieherische Wirkung auf die Arbeitgeber wie auf die Arbeitnehmer, die in den Jahren des Kampfes und der Auseinandersetzung schließlich zur Bildung einer dialogfähigen Gesellschaft gegen die sozialistischen Utopien führte.

Der Streik von Anzin wurde während einer Gewerkschaftsversammlung durch Abstimmung per Handzeichen beschlossen. Cambon, der Präfekt im Departement Nord und zusammen mit seinem Bruder einer der großen Staatsdiener der Republik, versuchte in Übereinstimmung mit Innenminister Waldeck-Rousseau den Eklat zu vermeiden. Doch am 24. Februar beschloß die Gesellschaft die Entlassung von 140 Arbeitern, unter ihnen auch einige Gewerkschaftler. Durch diesen Beschluß bekam die Streikbewegung wieder neue Nahrung; sie dauerte bis zum 17. April und verdankte dies auch der Unterstützung des örtlichen Kleinhandels und einem Aufruf von Joseph Basly (1854–1928). Basly war Bergmann und die Seele der Gewerkschaft; seit 1883 fungierte er als Gemeinderat von Denan, wurde später sozialistischer Abgeordneter und besaß großen Einfluß auf die Presse der Ultralinken. In den Augen Waldeck-Rousseaus wurde Basly dadurch zu einem gefährlichen Rädelsführer. Es gelang Cambon nicht, Ferry dazu zu veranlassen, Druck auf J. Casimir-Périer, den Unterstaatssekretär im Kriegsministerium, auszuüben, der auch Mitglied des Verwaltungsrats von Anzin war. Am 4. April kam es zu Zwischenfällen zwischen Streikenden und Arbeitswilligen. Daraufhin ließ Cambon die Schachtanlage von der Polizei besetzen. Am 9. April griff Waldeck-Rousseau das Thema »Aufrührer« in der Kammer wieder auf: »Diese Bevölkerung, die nur unzureichend informiert ist, wollte sich neue Anführer geben ... Diese Männer sehen in jeder erregten und leidenden Arbeiterbevölkerung Menschen, die sich leicht beeinflussen lassen. Diese Agitatoren schrecken auch nicht davor zurück, das Elend, das Leiden und vielleicht sogar das Leben derjenigen, auf die sie einwirken wollen, in die

Kosten ihrer Politik miteinzukalkulieren.« Man könnte meinen, einen Präfekten aus der Zeit des Kaiserreichs zu hören! Das Scheitern des Streiks bildete schließlich den Auftakt zum allmählichen Niedergang der Grubenarbeitergewerkschaft im Departement Nord.

Weitere besonders spektakuläre Grubenstreiks kennzeichneten die achtziger Jahre. Der Ausstand von Decazeville 1886 dauerte 109 Tage. Während seines Verlaufs kam es zu einem in der Streikgeschichte einzigartigen Zwischenfall: Zur Ermordung des Ingenieurs Watrin, der aus dem Fenster gestürzt wurde, und anschließend zu einer Kollekte, die Gewerkschaft und Presse organisiert hatten und die der Bewegung eine nationale Dimension verlieh. Doch war dieser Streik weder für die damalige Zeit noch für die Zechen charakteristisch, in denen die Streiks durchschnittlich kürzer dauerten als in anderen Arbeitsbereichen (zwischen 1871 und 1890 nur 8,8 gegenüber 11,8 Tagen). Entsprechend der Wirtschaftskonjunktur kam es nach 1888 zu einer Welle neuer Ausstände, deren größter der Streik der Erdarbeiter im Pariser Bauhandwerk war, an dem sich im August 12000 Arbeiter beteiligten und der 24 Tage dauerte. In der erregten Atmosphäre, die der Weltausstellung vorausging, wurde diese Bewegung von einem Teil der Presse mit dem Boulangismus in Verbindung gebracht, denn gleichzeitig fand eine Hetzkampagne statt, bei der L. Eudes, ein früherer Angehöriger der Kommune, den Tod fand. »Vorsicht vor dem Juni«, hieß die Schlagzeile einer Zeitung am 30. August.

Der Höhepunkt der Streikbewegung wurde 1893 mit 634 Streiks und 170000 Teilnehmern erreicht. Meistens handelte es sich hierbei um Offensivstreiks, die sich noch lange im Bewußtsein von Arbeitgebern und Arbeitnehmern einprägen sollten. In den Zechen Nordfrankreichs brach am 9. Oktober 1889 – unter umgekehrtem Vorzeichen wie 1884 – ein Streik im Kohlerevier von Lens aus und breitete sich, abgesehen von Anzin, auf das ganze Kohlerevier aus. Aufgrund der allgemeinen Gärung und Unruhen wurden die Forderungen der Arbeiter weitgehend erfüllt. Das *»Comité des houillères«*, das 1887 eingesetzt worden war, genehmigte eine Lohnerhöhung von zehn Prozent. Der Streik war von militanten Aktivisten wie Lamendin unterstützt worden, die damals auch den Gewerkschaften neue Anhänger zuführten. Das *Comité* gab aus Angst vor neuen Streiks im August 1890 erneut nach und erhöhte die Löhne um zehn Prozent.

Dennoch kam es gegen Jahresende zu einer zweiten Auseinandersetzung in Carvin, die zwei Monate anhielt. Nun organisierten sich auch die Arbeitgeber: Sie gründeten anstelle des gleichnamigen *Comités* eine die Departements Nord und Pas-de-Calais umfassende »Union des Houillères«, um sich im Fall eines Streiks zu gegenseitiger Solidarität zu verpflichten. Als tatsächlich am 16. November 1891 in den nordfranzösischen Zechen ein Generalstreik ausbrach, waren die Arbeitgeber- und Arbeitnehmervereinigungen dafür gerüstet. Dieser Streik war insofern neu, als er bis dahin nicht gekannte Ausmaße annahm und aufgrund eines gewerkschaftlichen Beschlusses nach einem Teilstreik in Marles ausgerufen wurde. Die Beschlußfassung war in geheimer Abstimmung erfolgt.

Der Ausstand, der 30000 Arbeiter unmittelbar betraf, dauerte zwei Wochen und verlief in einer Atmosphäre ruhigen und disziplinierten Abwartens. Er endete mit einer regelrechten Schlichtung oder doch zumindest mit einem Vergleich, der in der Präfektur ausgehandelt worden war. So kam es im November 1891 zur Unterzeichnung der »Konvention von Arras«, deren Ausführung sich allerdings schwierig gestaltete, nachdem seit 1893 ein neuer Streit um ihre Auslegung entbrannt war. Dennoch, sie stand am Beginn einer langen Reihe weiterer Konventionen und kam den Vorstellungen und Wünschen der Arbeiter mehr entgegen, als dies der Marxismus eines Jules Guesde oder die revolutionäre Ideologie eines Pelloutier vermochten.

Tatsächlich blieb dieses schiedsgerichtliche Einigungsverfahren, für das man sich in dieser Zeche entschieden hatte, eher ein Einzelfall. Auch ein diesbezüglich 1892 verabschiedetes Gesetz, das jedoch kaum angewandt wurde, konnte daran nichts ändern. Denn die Tendenz zur friedlichen Konfliktregelung, wie sie sich im Bergbau abzeichnete, war keineswegs allgemein vorherrschend. Vielmehr schienen in den neunziger Jahren die sozialen Konflikte noch mehr an Umfang und Radikalität zuzunehmen. Sie ließen die Angst in der Gesellschaft in einem Ausmaß wieder hochkommen, wie sie nicht einmal die Kommune geweckt hatte, da sie von vielen als eine eher marginale Verirrung angesehen wurde.

Das Jahrzehnt nach 1890 begann mit einem Drama. Im Jahr 1886 war die Idee eines Generalstreiks am 1. Mai von einem zwielichtigen Aktivisten der Gewerkschaft wieder aufgegriffen worden. Er hieß Tortelier und war Schreiner von Beruf. Nach Meinung seiner Kameraden und des Polizeipräfekten war er der Typ des Demagogen, der durch sein kumpelhaftes Äußeres in allen Arbeiterkreisen Zugang fand. Auf dem Kongreß der Internationale 1889 in Paris wurde diese Idee wieder zur Sprache gebracht. Von nun an kam es in den Jahren 1890 bis 1893 an jedem 1. Mai zu tumultartigen Feiern. Die militanten Kreise in der Arbeiterschaft versuchten diese Feiern für ihre eigenen Ziele auszunutzen, so daß viele Streiks, die während dieser günstigen Frühjahrszeit aufflammten, einen neuen Stellenwert bekamen. Diese Parole, die die sozialistischen Anführer aufgenommen hatten, fand bei manchen Aktivisten ein starkes Echo und ließ die Vorstellung aufkommen, eine Revolution könne durch Streik und damit auf friedliche Art und Weise gemacht werden. Dies belegen die folgenden Textpassagen sehr anschaulich. So hieß es am 20. April 1890 auf einer Veranstaltung in Lille: »Stellen Sie sich dieses unvergleichliche Schauspiel vor! Am 1. Mai kommt der Arbeitgeber in die Fabrik. Niemand ist da! Der Bahnhofsvorsteher will einen Zug abfertigen. Kein Lokomotivführer ist da! Die Straßenbahnen fahren nicht, die Kaufhäuser sind geschlossen! Das ist die Revolution der Arbeit! Das würden auch die, die nicht arbeiten, begreifen!« Der zweite Appell am 1. Mai des gleichen Jahres war von den Pariser Tischlern an ihre Kollegen in der Provinz gerichtet: »Was würde geschehen? Man müßte nicht einmal auf die Straße gehen, um Gewalt anzuwenden. Das Heer wäre machtlos, denn es kann nicht gegen Leute vorgehen, die zu Hause geblieben sind. Wie lange, glaubt ihr, könnte dieser Zustand andauern? Höchstens drei oder vier Tage!«

Am 1. Mai 1891 begann das Drama in Fourmies. Dort schossen die Truppen in die Menge, die sich auf dem Platz vor der Kirche versammelt hatte. Zwar warf sich der Pfarrer noch dazwischen, doch es war zu spät. Am Ende zählte man sieben Tote, darunter ein siebzehnjähriges Mädchen namens Marie Blondeau. Die Tragödie war um so sinnloser, als es gar keinen Grund dafür gab. Doch war sie kennzeichnend für die neunziger Jahre; die Streiks hatten zugenommen und sich auch in ihrem Wesen verändert. Sie waren besser organisiert, es wurden neue Forderungen gestellt, sie bekamen eine neue Bedeutung und waren disziplinierter. Nach dem Aufschwung der Jahre 1888 bis 1892 ging ihre Zahl zunächst zwar wieder zurück, doch kam es 1899, nachdem es im Jahr zuvor auch schon lebhaft zugegangen war, zu einem wahren Feuerwerk. 1898 war der Generalstreik der Eisenbahner nicht nur wegen einer angeblichen Machenschaft der Polizei jämmerlich gescheitert, sondern einfach deshalb, weil sich die Ideologie eines Generalstreiks nicht mit der Mentalität der

Eisenbahner vertrug. Die Art ihrer Arbeit und die damit verbundene Verantwortung hatten sie die Einsicht in die Notwendigkeit der Ordnung gelehrt.

Im gleichen Jahr kam es zu einem ernsthaften Konflikt in der Bauindustrie, der ähnlich wie der im Jahr 1888 verlief. Doch die Streiks von 1899, 1900 und 1901 fanden massiven Zulauf, waren straff organisiert und von hoher symbolischer Bedeutung. Einer von ihnen fand in der Hochburg der Arbeitgeber, in Le Creusot, statt. Dort hatte Henry Schneider noch geschworen, daß bei ihm nie ein Streik ausbrechen würde. Doch in diesem »rein sentimentalen« Streik, wie es ein Journalist formulierte, ging es in Wirklichkeit um die Machtverhältnisse: Die Arbeiter wollten die Firmenleitung zwingen, die Gewerkschaft zu akzeptieren. Innenminister Waldeck-Rousseau bot sich als Vermittler an; sein Ziel war klar: er wollte, wie ein Bericht aus dem Jahr 1900 beweist, kein »brutales Vorgehen, sondern Abwarten und Schlichtung«. Damit brachte sich der Staat persönlich ein, um die sozialen Verhältnisse zu regeln; aber damit hatte auch der Streik seine eigentliche Berechtigung verloren. Doch ist dies eine andere Geschichte, über die an anderer Stelle noch zu reden sein wird.

DIE GEWERKSCHAFTEN

Das Charakteristische der neunziger Jahre bestand in der Überlagerung von Streikbewegung und Gewerkschaftsbewegung. Ihre Führer waren keineswegs naiv, denn alle hatten eine Ideologie zu verteidigen und wollten ihren Ehrgeiz befriedigen. Schon gleich zu Anfang zeigte sich, daß der Dialog zwischen Gewerkschaftsbewegung und Sozialismus problematisch war; der Dialog kam nur auf Umwegen zustande. Hintergedanken und Doppelzüngigkeit fanden hier einen besonders guten Nährboden. Der Arbeiter war eine Trumpfkarte, mit der jeder der beiden in seinem Spiel zu reizen versuchte. Doch in dieser Partie ging es nicht um die Stellung des Arbeiters, sondern um die Macht, genauer gesagt um die politische Macht auf lokaler und nationaler Ebene. Die Gewerkschaftsbewegung war mit einem Wort nichts anderes als eine neue Strategie, um die Massen zu organisieren und zu mobilisieren. Für einen kollektiven Dialog erwies sie sich nur selten als notwendig.

Die Geschichte der Gewerkschaft läßt sich in drei Phasen einteilen: In den siebziger Jahren kristallisierte sich zunächst eine reformerorientierte Praxis heraus, die die Republikaner unter Gambetta in den Griff bekommen wollten. Seit 1873 existierten in Paris 63 Gewerkschaftsbüros, 1875 waren es in ganz Frankreich 135, davon allein in Paris 55. Im Oktober 1876 fand in Paris ein Kongreß mit 350 Delegierten statt. Ihr wichtigster Führer war Joseph Barberet (1837–1920), ein Bäcker, der später als Journalist in einer der Gambetta freundlichen Zeitungen arbeitete. Er war Anhänger der Arbeitergenossenschaften und versuchte 1874, allerdings erfolglos, das Pariser Bäckerhandwerk genossenschaftlich zu organisieren. Während der Arbeiterkongresse im Jahr 1876 verteidigte er die genossenschaftliche These gegen die Kollektivisten, die sich auf Jules Guesde und die marxistische Ideologie beriefen. Die Anhänger Barberets standen der Idee eines Klassenkampfs äußerst ablehnend gegenüber, nicht aber der Einrichtung einer Sozialgesetzgebung. 1880 waren von 160 Pariser Gewerkschaften höchstens hundert aktiv. Barberet kontrollierte etwa dreißig von ihnen. Diese Tendenz verschwand übrigens nicht so schnell, wie immer gesagt wurde. Bei den Eisenbahnern kam es nach einem kurzen Versuch 1871, der im Keim erstickt wurde, in den achtziger Jahren zur Bildung einer Gewerkschaft der Lokomotivführer, die parlamentarischen Kreisen sehr nahe stand und 1891 die Verabschiedung eines Gesetzes über die Arbeitsregelung erreichte.

Während sich Barberets Ideen auf dem Kongreß von 1878 durchzusetzen vermochten, wurden sie auf dem Kongreß von Marseille im Oktober 1879 mit 73 gegen 27 Stimmen vom Kollektivismus abgelöst: »Der Kongreß betrachtet es als sein Ziel, den Boden, den Untergrund, die Arbeitsgeräte und die Rohstoffe, die allen gehören und unveräußerlich sind, wieder an die Gesellschaft zurückzugeben.« Jules Guesde dachte nicht gerade sehr nuanciert; ihm ging es nur um die Durchsetzung einer Doktrin, und überdies fand der Kongreß der sozialistischen Partei, die er kurz zuvor gegründet hatte, zur selben Zeit wie der Gewerkschaftskongreß statt. Der Begriff des Kollektivismus gehörte zu den zweideutigsten überhaupt: »Guesde und ich«, schrieb P. Lafargue, der Schwiegersohn von Marx, »begannen mit der Werbung für die kommunistischen Theorien, die man hinter der Umschreibung Kollektivismus verstecken mußte, um niemanden zu erschrecken.« In dieser seltsamen Koalition fanden sich Guesdisten und Anarchisten in der Gefolgschaft Bakunins zusammen sowie eine Gruppierung, die man bald darauf als Possibilisten bezeichnete. Ihr Anführer wurde Paul Brousse (1844–1912), der sich 1879 enttäuscht vom anarchistischen Militantismus abgewandt hatte.

1881 und 1882 hielten die Gemäßigten noch zwei Kongresse ab, während sich die Gruppe der Revolutionären spaltete. Guesde wurde auf dem Kongreß von Saint-Étienne 1882 von Brousse in die Minderheit gedrängt. 1886 beriefen die Gemäßigten einen Kongreß nach Lyon ein, während dessen Verlauf die Revolutionäre die Szene beherrschten. Damals wurde die *Fédération Nationale des syndicats ouvriers* gegründet, und Guesdisten übernahmen wieder die Kontrolle der Bewegung.

Gleichzeitig wuchs die Mitgliederzahl der Gewerkschaften an: 1880 zählten sie etwa 60000, 1890 bereits zwischen 140000 und 150000 Mitglieder. In den neunziger Jahren schnellte ihre Zahl zwar weiter nach oben, doch die Angabe des Arbeitsamts, 1899 seien es 492000 Mitglieder gewesen, war wohl doch etwas hoch gegriffen.

Seit 1886 hatte sich die Lage stark verändert. Neben der guesdistischen Vereinigung, aus der 1895 die C.G.T. entstand, existierte nun auch die Arbeitsbörse, die 1887 in Paris gegründet wurde. Der Aufschwung der Bewegung war untrennbar mit den Erfolgen der Sozialisten und der Radikalen bei den Kommunalwahlen verbunden. Diese Kommunalverwaltungen schufen eine Vielzahl neuer Organisationen. Im Februar 1892 wurde in Saint-Étienne die *Fédération des bourses du travail* gegründet, zu deren Sekretär 1894 Fernand Pelloutier (1867–1901) ernannt wurde. Er war zusammen mit seinem Freund Aristide Briand (1862–1932), der ebenfalls aus Saint-Nazaire stammte, der »Apostel« des Generalstreiks, der im Prinzip von den Gewerkschaftsverbänden 1892 angenommen worden war, also im gleichen Jahr, als die Arbeitsbörse gegründet wurde.

Pelloutiers Werk bestand aus drei einander ergänzenden Komponenten: Zuerst vermittelte er den Arbeitsbörsen entscheidende Impulse, die durch die sozialistischen Wahlerfolge bei den Gemeindewahlen stark begünstigt wurden. Zwischen 1894 und 1901 erhöhte sich ihre Zahl von 33 auf 81; 65 der gewählten Sozialisten gehörten der *Fédération des bourses du travail* an. Die Zahl der ihr angehörenden Gewerkschaften stieg von 500 auf 870. Darüber hinaus wahrte Pelloutier seine Distanz gegenüber der C.G.T. Nach dem Kongreß von 1895 war diese unregierbar geworden; sie litt unter schweren inneren Spaltungen, die ihrerseits wiederum die Spaltungen innerhalb des französischen Sozialismus widerspiegelten.

Gegenüber der gespaltenen C.G.T. hielt er innerhalb der *Fédération des bourses* die Vorstellung eines Syndikalismus aufrecht, der jenseits des »Mythos« (wie Sorel später den Generalstreik nannte) auf der Berücksichtigung der spontanen Forderungen der Arbeiterklasse gegründet war. Als Theoretiker eines auf unmittelbare Aktionen zielenden Syndikalismus hat Pelloutier viel dazu beigetragen, das französische Gewerkschaftswesen auf unrealistische Wege zu führen. Der positive Aspekt seines Lebenswerks lag sicher nicht in der Rechtfertigung des Generalstreiks, sondern in der Aufmerksamkeit, die er den Erfordernissen des täglichen Lebens, der konkreten Realität der Arbeiter entgegenbrachte. Es war der zwangsläufige Umweg eines Intellektuellen, der, wie der Bürger des 18. Jahrhunderts, »zum Volk gehen« wollte. Pelloutiers Verdienste bestanden darin, daß er trotz der Versuche sozialistischer oder radikaler Parteigänger, sich wieder des Staates zu bemächtigen, die Notwendigkeit einer Autonomie der Arbeiter- oder Berufsorganisationen durchzusetzen verstand. In diesem Sinn war er ein Verteidiger der Freiheit. Er war der eigentliche Erbe jener Theoretiker, die sich mit der Arbeiterfrage im Zweiten Kaiserreich beschäftigt hatten: Er predigte die Selbstemanzipation der Arbeiterschaft und traf sich darin mit manchen Reformern.

Das Gesetz von 1864 hatte trotz aller verschiedenen Ideologien, die es zu torpedieren versuchten, den sozialen Dialog im Frankreich des ausgehenden 19. Jahrhunderts in Gang gesetzt. Dies verdeutlichte auch die Streikbilanz zwischen 1871 und 1890; danach haben 51 Prozent der Streiks und 53 Prozent der Streikenden ein positives Ergebnis erreicht. Solche Resultate waren übrigens in Familienbetrieben häufiger als in Gesellschaftsunternehmen. Wenn diese Streiks auch nur in 18 Prozent aller Industriebetriebe auftraten, so wirkten sie doch in nicht geringem Maße, wie Leroy-Beaulieu es 1880 einmal ausdrückte, »durch die Furcht, die sie verbreiten ... Sie können die Streikenden zwar für eine kurze Zeit zugrunde richten, doch die Furcht vor einem möglichen Streik legt den Unternehmern die notwendigen Zügel an. Der Vorbeugungseffekt beim Streikrecht hat der Arbeiterklasse einen größeren Dienst erwiesen als die Unruhen und die Kosten eines Streiks, die ihr nur Nachteile eingebracht haben.« Zur Beendigung eines Streiks aber waren Verhandlungen notwendig, und wenn der Widerstand der Arbeitgeber auch nicht gerade ein leeres Wort war, so war er doch weit weniger gut organisiert, als dies bei ihren deutschen Nachbarn der Fall war.

KAPITEL VI

Die Republik Ferrys, Grévys oder Boulangers?

Die Republik war nun gegründet – aber wie sollte sie aussehen? So wie sie Jules Ferry sich erträumte, als eine Republik, in der Parlament und Regierung durch einen präzisen Vertrag miteinander verbunden wären, der die Lebensdauer der Regierung gesichert hätte? Das heißt auch eine Regierung unter der Herrschaft einer »republikanischen Regierungspartei«, die, einem Ideal Auguste Comtes folgend, von großen Staatsmännern geführt worden wäre. Doch der Republik eines Jules Ferry stand die Republik eines Grévy oder Clemenceau gegenüber. Jules Grévy, der nicht selber regieren konnte, wollte verhindern, daß sich neben ihm eine starke Macht konstituieren konnte und der Präsident des Ministerrats zu großen Einfluß bekäme. Grévy folgte nicht der (britischen) Regel, den Führer der Mehrheit zum Regierungschef zu ernennen, sondern unterminierte systematisch dessen Macht durch Intrigen und andere Machenschaften.

Die Republik, von der Georges Clemenceau und die Radikalen träumten, lief praktisch auf ein »régime d'assemblée« hinaus; sie sollte über unbeschränkte Interventionsmöglichkeiten gegenüber der Regierungsgewalt verfügen.

Nachdem ihm die Schaffung von Institutionen, so wie er sie sich erträumte, versagt blieb, gelang es Ferry immerhin, wenigstens im Bildungs- und im Kolonialbereich seine Vorstellungen in die Tat umzusetzen, die dem System für lange Zeit ihren Stempel aufprägen sollten. In beiden Bereichen wurden die Franzosen mit einem neuen Konzept konfrontiert, das den Wünschen der Republikaner entsprach, das heißt im Bildungsbereich mit dem Konzept einer Vereinheitlichung im Sinne laizistischer Wertvorstellungen und im außenpolitischen Bereich mit einer Politik der nationalen Größe, zu der man nach der Erniedrigung von 1871 zurückgefunden hatte.

DIE AUSÜBUNG DER MACHT SCHAFFT GEWOHNHEITSRECHT

Zwischen Januar 1879 und August 1881, dem Zeitpunkt für Neuwahlen der Kammer, folgten drei Kabinette aufeinander: von Februar bis Dezember 1879 das Kabinett William Waddington, von Dezember 1879 bis September 1880 das Kabinett Charles de Freycinet und von September 1880 bis November 1881 das Kabinett Jules Ferry. Die Bedingungen, unter denen diese Kabinettswechsel stattfanden, sollten sich während der nächsten Jahrzehnte nicht wesentlich ändern. Im Grunde änderte sich jeweils nur der äußere Verputz und markierten die Wechsel keineswegs irgendwelche großen Brüche in der Politik, sondern eher ein unmerklich fortschreitendes Dahingleiten. In der Regierungsmannschaft wurden jeweils kaum mehr als ein oder zwei Köpfe ausgetauscht. Im Kabinett Freycinet amtierten beispielsweise sechs Minister aus dem vorhergehenden Kabinett, im Kabinett Ferry sogar acht, wobei die Ministerzahl eines Kabinetts bis 1914 höchstens neun bis zehn Mitglieder betrug. So ergab sich von Anbeginn an das merkwürdige Bild einer relativ konstant und stabil bleibenden Ministerbesetzung bei ständig wechselnden, instabilen Kabinetten.

Diese Instabilität der Regierungen in den Jahren 1879–1881 hatte spezifische Gründe, die mit den Personen zusammenhingen, die mit ihrem Verhalten gewissermaßen ein »Gewohnheitsrecht« schufen. Dieses »Recht« blieb erhalten und stellte eine ungeschriebene Grundlage der Verfassung dar. Vor allem Jules Grévy und Léon Gambetta praktizierten diese Art der Machtausübung. Der Einfluß Jules Grévys war keineswegs so unbedeutend, wie man immer behauptete. So behielt er die im Gesetz Rivet verankerte Tradition bei, wonach dem Präsidenten der Republik der Vorsitz im Ministerrat zukam, und er verstand es, sich in der Außenpolitik eine Rolle allerersten Ranges anzueignen, wie sie auch nach ihm sämtliche Staatspräsidenten für sich beanspruchten. Auf die Innenpolitik wirkte er ein, indem er von seinem Vorrecht Gebrauch machte, den Ministerpräsidenten zu ernennen. Als 1879 alle Zeichen für Gambetta sprachen, den unumstrittenen Führer der Republikaner, riet er diesem damals, für das Amt des Präsidenten in der Nationalversammlung zu kandidieren, da die Erinnerung an die »Diktatur« der Regierung der

Nationalen Verteidigung noch nicht verblaßt war. Gambetta folgte diesem Rat, weil er dessen Bedeutung sehr wohl verstand. Dadurch konnte er von nun an in der Nationalversammlung die Wahl der Abgeordneten, die das letzte Wort hatten, in seinem Sinn beeinflussen. So brauchte er, wenn er wollte, nicht sofort zu enthüllen, wer sein von ihm favorisierter Kandidat war, sondern konnte zuerst einen Kandidaten vorschlagen, der schon im voraus keine Chance besaß. Die Gespaltenheit und die mangelnde Zusammenarbeit der Parteien begünstigten diese Praktiken. Frankreich war dadurch auch nicht in der Lage, das englische System kennenzulernen, das den König zwingt, den Führer der Mehrheitspartei als Premierminister vorzuschlagen.

Gambetta seinerseits nahm während der Legislaturperiode nacheinander zwei einander widersprechende Haltungen ein. Als Präsident der Nationalversammlung übte er auf Personen und Institutionen eine »okkulte«, wenn nicht gar mit der der Minister vergleichbare Macht aus. Bedenkenlos unterhielt er direkte Beziehungen zu Präfekten und militärischen Befehlshabern. Daneben kontrollierte er in der Kammer das Verhalten einer beträchtlichen Zahl von Abgeordneten, und zwar in einer Weise, daß das Überleben einer Regierung weitgehend von seinem Wohlwollen abhing. Dadurch wurde die Macht der Ministerpräsidenten in jener Zeit erheblich geschwächt. Infolge dieses Systems kam es in der Geschichte der III. Republik ständig zu solchen Situationen, in denen außerhalb der Regierung stehende, einflußreiche Persönlichkeiten mit einer mehr oder weniger ruhmreichen Vergangenheit über Mittelsmänner versuchten, ihre persönlichen Ziele zu erreichen.

Gegen Ende der Legislaturperiode führte nun aber derselbe Gambetta, der die Schwachstellen einer Regierung und die Gefahren des Systems genau kannte, einen energischen Feldzug, um die Macht der Republik zu stärken. Im Frühjahr 1881 ließ er seinen Freund Agénor Bardoux (1829–1897) eine Gesetzesvorlage einbringen, nach der die Listenwahl wieder eingeführt werden sollte, um die Bildung einer »einheitlichen und zuverlässigen Regierungspartei« zu ermöglichen. Gambetta glaubte, die Wahl auf Arrondissementebene unterwerfe die Abgeordneten dem Votum einer Handvoll Wähler und erlege ihnen eine Art von imperativem Mandat auf, das sie zwingen würde, sich gegenseitig dauernd zu überbieten – aber gerade dadurch kam keine tragfähige Mehrheit zustande. Damit verwarf Gambetta im voraus, was dem Philosophen Alain später als die wichtigste Tugend des republikanischen Systems erscheinen sollte. Man kann an der Stichhaltigkeit der Analyse zweifeln, die der Führer der Republikaner da angestellt hatte, wie dies ja auch durch die Erfahrung der Listenwahl 1885 bestätigt wurde. Vielleicht hätte es einer längeren Zeitspanne bedurft, um neuen Praktiken eine Chance zu geben, sich zu entwickeln.

Jules Grévy widersetzte sich aber sofort dieser Reform, und im Senat wurde sie mit 148 gegen 114 Stimmen abgelehnt. Die Senatoren hatten befürchtet, Gambetta würde sich ihrer bedienen, um sich mit Hilfe der Mehrfachkandidatur sozusagen durch Volksentscheid wählen zu lassen. Seine Reise nach Südfrankreich im Mai wurde zu einem wahren Triumphzug. Jules Ferry verspürte übrigens die gleiche Unruhe, denn Gambetta legte bei der Zusammenstellung seines Kabinetts im September 1880 den Kammern einen klaren und präzisen »Vertrag« vor, der seiner Vorstellung nach die Basis für eine echte Stabilität legen sollte. In Wirklichkeit aber hatte sein Kabinett einen schweren Stand; es regierte immer auf des Messers Schneide und mit äußerst knappen Mehrheiten. Weder die Listenwahl noch der Regierungsvertrag konnten an diesen Praktiken etwas ändern; sie waren die logische Folge der Verhältnisse, in denen die Republik geboren wurde.

Die Rechte präsentierte sich bei den Wahlen 1881 entmutigt und gespalten. Konservative Kandidaten bewarben sich nur in 252 Wahlkreisen; die Wahlen selbst verliefen in einer Atmosphäre, die jener der »moralischen Ordnung« genau entgegengesetzt war. Die Säuberungsaktionen innerhalb der Verwaltung ermutigten keineswegs dazu, antirepublikanische oder schlicht konservative Standpunkte zu beziehen. Die Zahl der künftigen Republikaner wuchs unaufhörlich an. Die katholischen Führer hätten es gern gesehen, wenn sich die konservativen Kandidaten zur Verteidigung der Kirche zusammengeschlossen hätten. Diese Ansicht vertrat zumindest Charles Chesnelong, der verantwortliche Leiter der katholischen Wahlausschüsse, die seit 1871 auf Initiative Père d'Alzons den Kampf der Kirche gegen die Revolution führten. Auch der Vatikan vertrat diesen Standpunkt. Genau zu diesem Zeitpunkt aber veranlaßte der Graf von Chambord einen seiner Anhänger, Albert de Mun, der 1871 die katholischen Arbeiterkreise gegründet hatte, am 9. Mai 1881 in Vannes, eine monarchistisch gefärbte Rede zu halten. In ihr definierte Albert de Mun die »christliche Monarchie« und verband mit seiner Behauptung, das Volk sei der Hauptleidtragende der Revolution, einen konterrevolutionären mit einem sozialen Gedankengang. In katholischen Kreisen wurde die Rede nicht positiv aufgenommen, und man beschuldigte de Mun, mehr dem König als der Kirche dienen zu wollen. Die Orléanisten ihrerseits beurteilten sie noch kritischer; die volkstümlichen Töne stießen sie ab.

Bei den Bonapartisten sah es nicht besser aus. Der bonapartistische Kronprinz war 1879 von den Zulus in Südafrika getötet worden, und die Partei hatte sich in zwei Lager gespalten. Das eine unterstützte Prinz Victor, den Prätendenten, der von dem verstorbenen Prinzen designiert worden war und auch von Eugénie unterstützt wurde; das andere Lager stellte sich hinter Prinz Napoléon, seinen Vater. Dem Bonapartismus war es also nicht gelungen, seine Einheit zu bewahren. Er hatte sich, wie die Nation, in einen katholisch-klerikalen und in einen laizistischen Flügel gespalten.

So hatten die Republikaner keine Mühe, die Wahlen trotz ihrer inneren Zerrissenheit für sich zu entscheiden. Der Prozentsatz an Stimmenthaltungen fiel mit 31 Prozent höher aus als sonst und ging haupsächlich zu Lasten der Konservativen. Diese verloren und stellten nur mehr 90 Abgeordnete, darunter 45 Bonapartisten. Sie hatten nur 1 800 000 Stimmen, die Republikaner aber 5 100 000 Stimmen errungen. Doch die Meinungsverschiedenheiten innerhalb des republikanischen Lagers kamen immer deutlicher zum Vorschein; über sie wird noch an anderer Stelle gesprochen werden. Gambettas Stunde schien gekommen: Seine »Republikanische Union« hatte mehr Sitze erhalten, nämlich 204, als Ferrys »Republikanische Linke« mit ihren 168 Sitzen. Grévy mußte ihn mit der Bildung eines Kabinetts beauftragen. Dies bedeutete aber fürs erste einen eklatanten politischen Mißerfolg. Zuerst verweigerten sich ihm die führenden Köpfe früherer Kabinette: weder de Freycinet noch Ferry, noch Léon Say, der Senatspräsident geworden war, wollten sich Gambettas Führung unterstellen. Hatte er vielleicht zu deutlich Farbe bekannt, als er erklärte, er werde Ministerpräsident ohne Portefeuille? So bildete Gambetta sein Kabinett aus jungen hoffnungsvollen Mitgliedern seiner Partei. Die Auswahl, die er traf, erwies sich als überaus glücklich, denn die meisten von ihnen machten später eine blendende Karriere wie etwa Maurice Rouvier (1842–1911), der Handels- und Kolonialminister, und Pierre Waldeck-Rousseau, der damals gerade 35jährige Innenminister. Finanzminister wurde René Allain-Targé, ein treuer Anhänger Gambettas, dessen Pläne, besonders auf dem Eisenbahnsektor, die Geschäftswelt in Unruhe versetzten. Dieses Kabinett konnte sich nur 76 Tage halten. Sein Sturz markierte einen Wendepunkt in der Geschichte der III. Republik, denn es bedeutete das Ende der Bemühungen Gambettas, ein Verfassungssystem mit der Möglichkeit einer starken Exekutive zu errichten. Nach den Parlamentsferien schlug er im Januar 1882 tatsächlich eine begrenzte Verfassungsreform vor. Sie enthielt einen neuen Modus, nach dem das Prinzip einer wesentlich stärkeren Verhältnismäßigkeit zwischen der Zahl der Senatoren und der Zahl ihrer Wähler zur Grundlage bei der Designierung der Senatoren erhoben wurde; außerdem forderte er die Abschaffung der Senatoren auf Lebenszeit, die Begrenzung der Budgetbefugnisse des Senats sowie die feste Etablierung der Listenwahl als Verfassungsprinzip. Bereits bei der ersten Abstimmung erlitt er mit 286 gegen 218 eine Niederlage, und dies, nachdem er zuvor noch hoch und heilig versichert hatte, eine Republik errichten zu wollen, die dauerhaft und stabil regiert werden könne. Sein Scheitern, dessen Gründe außerhalb seiner Person lagen, stärkte die Republik der Abgeordneten. Der Prozeß, in dessen Verlauf die Legislative auf Kosten der Exekutive immer mehr Prärogative an sich riß, ging unerbittlich weiter. Die Radikalen, die Gambetta als Diktator beschimpften, verbündeten sich mit seinen Gegnern auf der Rechten. Doch Gambetta starb am 31. Dezember 1882 im Alter von 44 Jahren an den Folgen einer harmlosen, aber falsch behandelten Infektion und wurde mit einem Staatsbegräbnis geehrt. Damit machte er den Platz frei für die wahren Herren der neuen Republik, die nicht wie er Volkstribunen waren, sondern in Komitees, in Freimaurerlogen, Versammlungen, Kommissionen und in den Wandelgängen der Nationalversammlung die Politik bestimmten.

Zwischen Januar 1882 und Februar 1883 lösten drei Kabinette einander ab: das Kabinett de Freycinet, das Kabinett Duclerc, der Senator auf Lebenszeit und ehemaliger Minister von 1848 war; und im Januar 1883 schließlich das Kabinett Armand Fallières, der später zum Präsidenten der Republik gewählt wurde. Seine Amtsperiode als Ministerpräsident dauerte gerade drei Wochen. Am 21. Februar 1883 stellte Ferry sein Kabinett vor, das mehr als zwei Jahre, nämlich bis zum März 1885, regieren sollte. Damit schien sich eine Ära der Stabilität anzubahnen, es blieb aber in Wirklichkeit nur eine durch mehr oder weniger außergewöhnliche Umstände bedingte Ausnahme, die auf dem kurzlebigen Bündnis einer »kompakten« republikanischen Mehrheit basierte. Von 1883–1885 scharte Ferry nach Gambettas Tod mühelos dessen ehemalige Freunde um sich, nicht nur, weil die, die ihn für zu gemäßigt hielten, sich mit Henri Brisson (1835–1912), einem antiklerikalen Fanatiker, den Radikalen annäherten, sondern weil sie vor allem gemerkt hatten, daß Ferry mit seiner Schulpolitik jene laizistisch orientierte und republikanische Gesellschaft zu begründen im Begriff war, die sie alle so herbeisehnten. In diesem Kabinett war übrigens Waldeck-Rousseau Innenminister, der aus Gambettas »großem Kabinett« kam. Der Sturz der Regierung Jules Ferrys erfolgte nach einer militärischen Niederlage bei Lang Son, einem Ort in Tongking, als die Abgeordneten noch gar nicht über die nötigen Informationen verfügten, um darüber urteilen zu können. In Wirklichkeit reagierten sie nur nervös, weil die Wahlen bevorstanden. Die neue Regierung bildete Henri Brisson, der zur extrem radikalen Linken tendierte. Vor Ferrys Sturz war es jedoch Innenminister Waldeck-Rousseau, dem ehemaligen Anhänger Gambettas, noch gelungen, die Listenwahl in der Kammer durchzusetzen. Diesmal nahm der Senat den Vorschlag an: Es handelte sich um ein Mehrheitswahlrecht mit Listenverbindung und zwei Wahlgängen. Doch wie sich später zeigen sollte, hatten sich die Republikaner mit diesem Wahlmodus einen schlechten Dienst erwiesen.

DIE IDEOLOGIE DER REPUBLIKANER

Die Wahlen von 1885 machten den erstaunten Republikanern klar, daß die von ihnen beabsichtigte Eroberung der französischen Gesellschaft an ihre Grenzen stieß, ebenso wie auch die orthodoxen Katholiken 1860 ihre teilweise Niederlage eingestehen mußten. Die Ereignisse dieser Epoche lassen sich nur mit messianischen oder kriegerischen Begriffen deuten. Die Republikaner wollten nicht nur eine neue Regierungsform installieren und die Gesellschaft liberalisieren, sie wollten vielmehr diese Gesellschaft ganz zum Laizismus bekehren und sie den Gesetzen des wissenschaftlichen Positivismus unterwerfen. Zwischen dem rein liberalen Vorhaben und dem Willen, die französische Gesellschaft durch die vollständige Beseitigung aller kirchlichen Einflüsse zu einen, bestand ein Widerspruch, den auch Ferry nicht völlig beseitigen konnte. Den klerikalen Umarmungsstrategien des Klerus der fünfziger Jahre standen die Verweltlichungsstrategien der achtziger Jahre gegenüber. Trotz ihrer Uneinigkeit waren die Republikaner damals die Bannerträger einer Ideologie. Sie gründeten eine neue Mythologie und einen neuen Patriotismus. Sie schickten sich endlich an, das Räderwerk von Staat und Verwaltung in ihre Hand zu bekommen.

Die republikanische Ideologie der frühen achtziger Jahre, wie sie für die »Opportunisten« (eine etwas unpassende, wenngleich zeitgenössische Bezeichnung), das heißt für jene kennzeichnend war, die es sowohl mit Gambetta wie mit Jules Ferry hielten, verband drei Grundbegriffe miteinander: einen Staatsbegriff, einen Gesellschaftsbegriff und einen Nationalbegriff. In allen drei Bereichen bestand die Synthese in einer Konvergenz von historischem Erbe und philosophischer – vorwiegend positivistischer – Tradition. Gambetta selbst hatte die Zahl positivistischer Formeln vermehrt, und heute zweifelt inzwischen niemand mehr an den eindeutig positivistischen Einflüssen in Ferrys Politik. 1875 wurde er auf Vermittlung eines alten Kämpen von 1848, Garnier-Pagès, mit 43 Jahren in die Kreise der Freimaurer aufgenommen. Aus diesem Anlaß hielt er am 8. August eine Rede, die einem streng positivistischen Glaubensbekenntnis gleichkam und in der es hieß: »Der Positivismus lehrt den Menschen, seine eigene Vorsehung zu sein; er ist Herr und Richter über sein Schicksal, der Positivismus bestimmt das Maß seiner Kraft.« Demzufolge war die Geschichte das Ergebnis eines langen Marsches der Menschheit von der Barbarei in die Zivilisation, ein Sieg der Wissenschaft über die Ignoranz.

Der Staatsbegriff, der diesem Erbe und dieser Vorstellung entsprang, erlaubte die Definition der Elemente einer republikanischen Politik, die auf der Verbindung zwischen Demokratie (damit war das allgemeine Wahlrecht gemeint, das im Gegensatz zur streng positivistischen Auffassung als Recht galt) und Parlamentarismus, zwischen dem Erbe der Revolution und dem der Monarchie mit dem Zensuswahlrecht basierte. Eigentlich hatte das Kaiserreich diese Synthese zuerst versucht, doch 1880 hätte keiner der Republikaner dies zuzugeben gewagt.

Der Positivismus griff auf dieses Erbe zurück, denn es garantierte die Möglichkeit, eine Regierung der Ordnung und des Fortschritts zu errichten, die angesichts der immer noch drohenden Verirrungen der Metaphysik monarchistisch-klerikaler oder revolutionär-jakobinischer Natur echte Revolutionäre und gestandene Konservative vereinte. Jules Ferry präzisierte diesen Gedanken 1890, als er meinte, »eine Regierung dürfe nicht das Sprachrohr der Zukunft sein, sondern sollte sich im Gegenteil auf die öffentliche Meinung stützen, ohne ihr vorgreifen zu wollen«.

Der Begriff »Opportunismus« bezeichnet also nicht nur eine kurzfristig opportunistische Politik, sondern auch das Resultat einer bewußten ideologischen Entscheidung. Jules Ferry definierte 1890 den Opportunismus mit der Erklärung, es sei notwendig, »das Gebiet der Reformen sorgfältig abzustecken, damit es überschaubar wird«. Unter diesem Aspekt muß auch die Aussage Gambettas interpretiert werden, der 1880 von der »Notwendigkeit einer Politik der Kompromisse« sprach, da »in der Politik allein Verträge Ergebnisse erzielen können«. So wird auch Ferrys und Gambettas drückende Sorge verständlich, eine »Regierungspartei« aufstellen zu können, die genügend Handlungsautorität besaß. Gambettas wichtigstes Vermächtnis bestand sicher in dem Wort »Staatsautorität«. »Die Republik ist per definitionem auch eine Regierung«, sagte Ferry angesichts der radikalen Umtriebe 1880.

Also begriffen Ferry wie auch Gambetta die Gefahren, die der III. Republik drohten, wenn sie zu sehr in Richtung einer Vorherrschaft der Kammern, das heißt in ein Ungleichgewicht zugunsten der Legislative abglitt. In einer unveröffentlichten Notiz über das Auflösungsrecht, das bekanntlich nach dem 16. Mai 1877 nicht mehr angewendet werden konnte, das er aber verteidigte und rechtfertigte, sprach Ferry von diesem »Regime der Kammern, das der wahre Alptraum der Republikaner ist«. Gambetta hingegen machte Grévy für alle Mißstände verantwortlich. Er vertrat die Meinung, daß nach Grévys Ausscheiden das Listenwahlrecht alle Probleme lösen würde, da dann eine starke Mehrheit zustande käme. Es sollte sich aber zeigen, daß davon keine Rede sein konnte. Das Mißtrauen gegenüber personengebundener Machtausübung, das durch den 2. Dezember 1852 und den 16. Mai 1877 entstanden war, ließ beide scheitern.

Zu dieser Abweichung kam noch eine weitere, die Gambetta ebenfalls durch die Listenwahl beseitigen wollte: der Abgeordnete war der Vertreter seines Wahlkreises und nicht der Gewählte der Nation. Auch hier zeigte sich massiv das Erbe des Kaiserreichs, denn es war Napoleon III. gewesen, der die Wahl auf Arrondissementebene gewollt und durchgesetzt hatte. Eine Republik der Abgeordneten und andererseits Abgeordnete, die Vertreter ihres Wahlkreises blieben: Das positivistische Ideal der republikanischen Partei war von der Verwirklichung noch weit entfernt.

Die republikanische Vision der Gesellschaft trug vor allem laizistische Züge. Es handelte sich nicht einfach darum, den Staat von der Kirche unabhängig zu machen, sondern, wie Ferry glaubte, »die Menschheit ohne Gott und ohne König zu organisieren«. Als er 1875 in den Kreis der Freimaurer aufgenommen wurde, hatte er sich in seiner Rede klar von der christlichen Religion und christlichen Moral distanziert, die »immer nur Resignation predigt«. Also mußte man, wie er sagte, »damit aufhören, die Gesellschaft an morsche Dogmen zu binden. Es ist, als ob man einen lebendigen Leib zu einem Kadaver legt, in kurzer Zeit wäre beides verdorben.« Obgleich sie den Wunsch hatten, die moralische Einheit der Nation auf etwas anderem als auf religiösen Wertvorstellungen zu gründen, wollten die Republikaner der achtziger Jahre, das heißt Ferrys und Gambettas Freunde, nicht aber die Anhänger Clemenceaus, dennoch dem Fortbestand des Katholizismus in Frankreich Rechnung tragen und das Konkordat respektieren. Es gab einen antiklerikalen, aber auch einen toleranten Ferry, der sich manchmal den Positionen eines Jules Simon annäherte – tolerant, aber auch herablassend. Am 4. Juni 1877 schrieb er seiner Frau: »Ich bin von einem Volk gewählt worden, das sich Altäre der Ruhe schafft, das an der Republik, aber ebenso auch an seinen Prozessionen festhält.«

Schließlich waren die Republikaner Patrioten, und noch patriotischer als alle anderen waren die Radikalen. Im Namen des Patriotismus stimmten sie gegen die Kolonialpolitik – im gleichen Namen aber betrieb Ferry seine Kolonialpolitik. Im Namen des Patriotismus rechtfertigte Paul Bert seine Bildungspolitik. Der Schriftsteller Ernest Renan, der sich völlig der Republik verschrieben hatte, hielt 1882 an der Sorbonne einen Vortrag mit dem Titel »Was ist eine Nation?«, in dem er geographische, juristische und linguistische Kriterien zurückwies und folgerte, eine Nation sei »eine Seele«, das heißt ein »Erbe der Vergangenheit aus Ruhm und Trauer, das miteinander geteilt werden« müsse, und ein »gleiches Programm für die Zukunft, das verwirklicht werden muß«. »Gemeinsames Leid eint stärker als Freude, Trauer wiegt schwerer als Siege, denn sie verpflichtet und erfordert gemeinsame Anstrengung.« Man erkennt daraus, die Niederlage von 1871 hatte den Keim für neue Kräfte gelegt. Maurice Barrès war nicht mehr fern. 1880 wandte sich Paul Bert mit folgenden Worten an die Jugend Frankreichs: »Liebet unsere edle, teure Heimat mit der ganzen Kraft eures Herzens, verehrt sie glühend, ausschließlich und chauvinistisch ... Man redet nicht über die Verdienste einer Mutter und schon gar nicht, wenn sie Kinder verloren hat.«

Wenn Renan und Paul Bert von Vaterland sprachen, beriefen sich beide auf das Gefühl. Bert war seit 1872 Abgeordneter des Departements Yonne. Er stammte aus einer Kaufmannsfamilie, die sich an staatlichen Gütern bereichert hatte, er war ein gelehrter Physiologe und ehemaliger Mitarbeiter von Claude Bernard und später dessen Nachfolger an der Sorbonne. Bert galt als einer der militantesten Vertreter des wissenschaftlichen Rationalismus und eines entschiedenen Antiklerikalismus. Im Streit um den Milzbrand stellte er sich gegen Pasteur und mußte später seinen Irrtum eingestehen. 1886 wurde er zum Gouverneur von Indochina ernannt und starb dort an der Ruhr. Es ist indes bemerkenswert zu beobachten, wie dieser notorische und offen Ungläubige an die Seele appellierte, wenn es um die Liebe zum Vaterland ging.

In diesen Jahren schufen die Republikaner den neuen Mythos von einer weltlich orientierten Republik, die staatliche Gedenkfeiern und pathetische Manifestationen des Unglaubens aufs engste miteinander verbinden wollte. Denn auch eine weltliche Republik war es sich schuldig, ihre Prozessionen und Altäre zu behalten. Einer der umstrittensten Punkte in den Auseinandersetzungen der siebziger Jahre war das Zivilbegräbnis gewesen. Einige Präfekten wollten diesbezüglich zu einer Regelung kommen, und so wurde am 29. März 1875 Edgar Quinet ohne offizielle Ehren beigesetzt, obwohl er Ritter der Ehrenlegion war. Eine »riesige Menschenmenge« folgte seinem Sarg; Victor Hugo, Henri Brisson und Léon Gambetta hielten die Grabreden. Es folgten weitere Beerdigungen ohne priesterlichen Beistand wie die von Pierre Larousse 1875 oder die der Tochter von Charles Delescluze 1876. Man versteht, warum die Republikaner in den achtziger Jahren, bevor noch das Gesetz über »die Freiheit der Beerdigungen« verabschiedet wurde, solche spektakulären nichtkirchlichen Beerdigungen inszeniert hatten. Gambettas Beisetzung fand am 3. Januar 1883 statt; Paul Bert wurde im Dezember 1886 zu Grabe getragen und Victor Hugo am 1. Juni 1885. Am 2 August 1883 hatte er sein Testament verfaßt, in dem es hieß: »Ich glaube an Gott.« Er bat um ein »Gebet für alle Seelen«, lehnte aber »das Gebet aller Kirchen« ab.

Gleich nach seinem Tod erschien deshalb ein Dekret, das »den Panthéon wieder seiner eigentlichen und gesetzmäßigen Bestimmung« übergab, nachdem ihn Napoleon III. der katholischen Kirche überlassen hatte. Dort sollte der Dichter begraben werden. Das Dekret verlieh der Zeremonie einen klar antiklerikalen Charakter. Vor dem Pantheon kam es zu Auseinandersetzungen zwischen Katholiken und Freidenkern. Die Beisetzung gestaltete sich zu einem rein weltlichen Trauerzug. 1168 unterschiedliche Gruppen hatten sich angemeldet, die an dem Defilee teilnehmen wollten; die meisten von ihnen bekannten sich zur Republik und zur Linken.

Die *Ligue des patriotes,* zu deren Mitgründern 1882 Paul Déroulède (1846–1914) gehört hatte, schickte eine besonders zahlreiche Abordnung. Man fürchtete, die Volksmenge könnte außer sich geraten, doch ereigneten sich keine Zwischenfälle. Der Trauerzug begann um 11.30 Uhr am Arc de Triomphe und erreichte um 19 Uhr den Panthéon. Der Innenminister konnte den Präfekten erleichtert telegrafieren: »Beisetzung Victor Hugos fand in einer riesigen Menschenmasse statt; das Volk verhielt sich respektvoll und andächtig; keine Zwischenfälle.« Eugène Spuller, ein früherer Mitarbeiter Gambettas, stellte fest: »Die Republik kann jetzt bei ihren Festen mit einer Million Zuschauern rechnen; das sind ungefähr so viel, wie einst im fünfzehnten Jahrhundert Pilger nach Rom kamen.« In Wirklichkeit aber war diese Beisetzung die Manifestation eines republikanischen Mythos, der beanspruchte, ein Ersatz für »veraltete Kulthandlungen« zu sein, wie in der *»République française«* zu lesen stand. Aber wie sagt doch Avner Ben Amos, »der wahre Held des Tages war nicht der Dichter, sondern das Volk«. Charles Péguy schrieb: »Es war vor allem das Volk, das vorbeizog und defilierte, das man vorbeiziehen und defilieren sah und das sich selber vorbeiziehen und defilieren sah«. Die Volksmenge war in der kultischen Verehrung ihrer selbst, das heißt im Kult der Nation geeint.

Der republikanische Ritus fand noch weitere Gelegenheiten für seine Manifestation, denn 1880 wurde der 14. Juli 1789 zum Nationalfeiertag erklärt; diesem Beschluß gingen lange Debatten voraus, in denen auch der 4. August 1789 und der 24. Februar 1848 erwogen wurden. Die Entscheidung für den 14. Juli bedeutete den Bruch mit dem Ancien régime und die Versöhnung der gesellschaftlichen Schichten. Es war auch ein populärer Tag, den die Polemiker der Rechten, allen voran Hippolyte Taine, als eine

Mordserie beschrieben. Für sie war der 14. Juli das »Fest der Morde«. Doch diese Vorstellung verschwand, als die staatliche Propaganda, die bei allen möglichen Gelegenheiten in Aktion trat, den Sturm auf die Bastille als große Heldentat darstellte; der 14. Juli erschien nun als der Tag, an dem die Ära der Freiheit begonnen hatte. Er verband das Zeremoniell der Gedächtnisfeiern mit militärischem Pomp und verlieh ihm dadurch patriotische Züge.

DIE TRENNUNG VON KIRCHE UND STAAT UND DAS KONKORDAT

Zwischen 1879 und 1884 war Jules Ferry in seinen verschiedenen Funktionen als Bildungsminister oder als Ministerpräsident Hauptinitiator der neuen Bildungspolitik. Sein Denken auf diesem Gebiet war sowohl von der Aufklärung als auch von Condorcet beeinflußt; er war Erbe des Positivismus und Erbe der Theorien Edgar Quinets. Neben der im strengen Sinn rein positivistischen Lehre war es der Geist des Positivismus, der ihm zwei Konsequenzen nahelegte: die notwendige Trennung zwischen weltlicher und geistlicher Macht, die Ferry pikanterweise auch aus der Tradition der französischen Rechtslehre und des Gallikanismus ableitete; und die Notwendigkeit, die »sozialen Realitäten« zu berücksichtigen. Die Politik einer Trennung von Kirche und Schule war nicht religionsfeindlich, sondern gemäßigt antiklerikal. Sie war jedoch das Werk eines leidenschaftlichen Engagements, dessen Ziel es war, die nationale Einheit auf neue Grundlagen zu stellen. Anläßlich der 1879 aufgeflammten Debatte über den Unterricht der Jesuiten hatte Ferry seine wahren Gedanken und seine Parteinahme enthüllt, als er erklärte, er wolle »die Seele der französischen Jugend« der »Societas Jesu« entreißen. Somit präsentierte sich die Bildungsreform als ein Werk der Eroberung der Seelen und des Geistes. Als Positivist glaubte Ferry jedoch, die Religion würde – da es ihre Bestimmung sei – ganz selbstverständlich, sozusagen von selbst verschwinden, ohne daß es darum zu einem harten und heftigen Kampf kommen müsse. Ganz im Gegenteil, es ging darum, den aktuellen gesellschaftlichen Gegebenheiten Rechnung zu tragen.

Dieser Standpunkt wurde jedoch nicht von allen geteilt, die Ferry unterstützten. Unter ihnen waren es vor allem die Männer aus der Neufchâteler Schule des liberalen Protestantismus, die dabei eine gewichtige Rolle spielten. Ferry hatte 1879 an die Spitze des Grundschulwesens Ferdinand Buisson (1841–1932) berufen, einen Philosophiedozenten, der den Eid auf das Kaiserreich verweigert und eine Anstellung an der Akademie von Neufchâtel gefunden hatte. Schon in seinen ersten Publikationen 1864 stellte er sich sofort auf den äußersten linken Flügel des »liberalen Protestantismus«. Er war eng mit Félix Pécaut (1828–1898) befreundet, den Ferry mit der Organisation und Leitung der *École normale supérieure* von Fontenay-aux-Roses beauftragt hatte, und mit Jules Steeg (1836–1898), einem ehemaligen Pastor, der wegen Beleidigung der katholischen Kirche 1877 verfolgt worden war, dann auf die Politik Gambettas einschwenkte und später Generalinspektor wurde. Diese Gruppe hatte nicht völlig mit einer spiritualistischen Anregung gebrochen; ihre Mitglieder wollten eine »laizistische Religion aus moralischem Ideal, ohne Dogmen, ohne kirchliche Sittenlehre und ohne Priester«. Eine andere Gruppe um Paul Bert gab sich dagegen ganz offen materialistisch. Bei den Radikalen schließlich war die Abneigung gegen Priester nur Ausdruck eines fanatischen Hasses auf Christus, der im wesentlichen auf Proudhon zurückging.

Der zweite Aspekt des laizistischen Ideals bestand in seinem betont patriotischen Wesenszug. Die Entwicklung der Gruppe von Neufchâtel war diesbezüglich äußerst bemerkenswert. Buisson hatte 1868 einen Artikel mit dem Titel *»La Suppression de la Guerre par l'instruction«* (»Die Abschaffung des Krieges durch Bildung«) veröffentlicht. 1869 erklärte er auf dem »Kongreß für Frieden und Freiheit« in Lausanne, daß »eine Uniform eine Livree und jede Livree eine Schmach ist, ob es die eines Priesters, eines Soldaten, eines Beamten oder eines Lakaien ist«. Doch derselbe Buisson saß später im Vorstand der *Ligue des patriotes,* die 1882 gegründet wurde. Ernest Lavisse (1842–1922), Dozent für Geschichte, ehemaliger Mitstreiter von Duruy und Lehrer des kaiserlichen Prinzen, hatte 1876 ein *»Manuel d'Histoire«* (»Handbuch der Geschichte«) veröffentlicht, das 1884 wieder aufgelegt und im Unterricht der Grundschulen verwendet wurde. Es war durchdrungen von der Absicht, ein nationales Bewußtsein zu schaffen, indem er die Erinnerung an die großen Helden beschwor, die die französische Nation mitbegründet hatten, angefangen bei Vercingetorix über Jeanne d'Arc bis zu den Soldaten der Kolonialarmee. Im folgenden wird ein Text zitiert, den die Zeitung *»L'Instruction primaire«* (»Die Grundschulausbildung«) am 30. Dezember 1883 druckte und den das Ministerium den Lehrern für das Fach Staatsbürgerkunde empfahl:

»Es ist eine Ehre und Pflicht, seinem Land zu dienen. Das Vaterland ist unsere große Familie, es hat ein Anrecht auf unsere ganze Liebe und Hingabe. Wir müssen uns zu seiner Verteidigung opfern; wir sind nicht für uns, sondern für das Vaterland geboren ... Dem Vaterland dient man nicht nur im Kampf. Man kann es auch ehren durch nützliche Erfindungen oder bescheidener durch die Liebe zur Arbeit, durch Ehrbarkeit, durch den Respekt vor dem Recht der anderen.« Man sieht also auch hier, wie sich die Bedeutung des Patriotismus direkt aus der Niederlage von 1870 und ihren Erfahrungen ableitete.

Auf diesem Gebiet hatten die Gegner der laizistischen Politik übrigens von niemandem etwas zu lernen. Während der Debatte im Juni 1879 über den Artikel 7, der den Jesuiten die Lehrerlaubnis entziehen wollte, hatte Paul Bert den Inhalt ihrer Lehren heftig angegriffen. Ein Abgeordneter der Rechten, La Bassetière, machte sich auf dem Kongreß in Lausanne ein boshaftes Vergnügen daraus, den antipatriotischen Thesen Buissons die Thesen des Jesuiten Lescuyer entgegenzustellen, der die Liebe zum Vaterland verherrlichte. Der Widerstand gegen die Unterrichtsgesetze darf übrigens nicht nur auf ihre streng katholische Dimension beschränkt werden, die zweifellos Chesnelong am besten vertrat und die vor allem in den Bemühungen um eine pädagogische Erneuerung des »freien« Unterrichtswesens spürbar wurde. Der Widerstand vor allem in der Kammer entwickelte sich im Umfeld der liberalen Ideologie, die, wie noch gezeigt wird, der Katholik Étienne Lamy vertrat, und im Umkreis der spiritualistischen Philosophie eines Jules Simon. Letzterer schrieb 1881 in der Zeitung *»Le Gaulois«*, deren Leitung er übernommen hatte: »Der eigentliche Kampf findet nun zwischen Jakobinern und Liberalen statt.«

Die Kirche verhielt sich zunehmend vorsichtiger. Seit den siebziger Jahren hatten sich die französischen Bischöfe nachgiebiger gezeigt. Der damalige Bischof von Perpignan, Mgr. Ramadié, hatte anläßlich der Wahlen von 1871 geschrieben: »Der Bischofsstab wurde dem Geistlichen nicht gegeben, um dauernd wankende Throne zu stützen.« Die Erfahrungen des 16. Mai 1877 hatten allen eine Lektion erteilt: Besonders Mgr. Lavigerie, Bischof von Algier, schwor, dies würde nicht noch einmal vorkommen, und setzte sich an die Spitze der Bewegung für eine Aussöhnung mit den laizistischen Gegnern. Der Heilige Stuhl schloß sich nach dem Tod von Pius IX. dieser Ansicht an. Leo XIII. verfolgte nach 1880 eine friedlichere Linie, die den Schutz der katholischen Interessen in der Welt stärken sollte und damit eine der Grundlagen von Ferrys Kolonialpolitik darstellte.

Obwohl Ferrys politisches Werk ein komplexes Ganzes darstellte und auch als solches gedacht war, muß es doch im historischen Ablauf seiner Entwicklung gesehen werden. Der Vorstoß begann bereits 1879 im Kabinett Waddington, in dem nebenbei bemerkt von neun Ministern fünf Protestanten waren (Waddington selbst, Léon Say, Elie Le Royer, Charles de Freycinet und Admiral Jauréguiberry). Die Protestanten füllten die Lücken, die die katholischen, liberalen oder legitimistischen Großbürger hinterlassen hatten. Vielleicht war es gut, an diese bemerkenswerte Besonderheit des ersten Ministeriums zu erinnern, das es wagte, »auf den Feind zuzugehen«, das heißt, offen den Klerikalismus im Namen des staatlichen Laizismus zu bekämpfen. Jules Ferry führte drei Feldzüge: Er entfernte die Kleriker aus dem Obersten Rat der Universität, reformierte das Gesetz über die Hochschulen vom Juli 1875 und setzte das Lehrverbot für Jesuiten durch. Der Oberste Rat bestand aus sechsunddreißig Mitgliedern, von denen zweiundzwanzig aus außeruniversitären Gremien gewählt wurden (davon kamen drei aus dem Staatsrat, drei aus dem Episkopat, drei aus der reformierten Kirche, der lutherischen Kirche und jüdischen Gemeinde, zwei vom Obersten Gerichtshof, zwei vom Institut de France, einer vom *Collège de France,* einer von der Akademie für Medizin und drei vom Rat der Künste und Manufakturen des Handels und der Landwirtschaft). Der katholische Klerus stellte also nur ein Zwölftel der Ratsmitglieder. Die Anhänger der Universitätsreform, die Jules Ferry beeinflußten und kurz zuvor die *»Revue internationale de l'enseignement«* gegründet hatten, waren der Meinung, die Zusammensetzung des Rats beeinträchtige die Unabhängigkeit der Universitäten. Jules Ferry wollte nicht nur die Vertreter der Kirchen ausschließen, die Paul Challemel-Lacour als »feindlichen General in einer nationalen Armee« bezeichnete, sondern auch die Vertreter anderer gesellschaftlicher Interessen.

Die Reform wurde im März 1879 vorgelegt und im Februar des folgenden Jahres verabschiedet. Der neue Rat umfaßte fünfzig Mitglieder, von denen zwanzig die ständige Sektion bildeten. Ihr gehörten der Vizerektor von Paris, der Direktor der *École normale* und die drei Direktoren des Ministeriums an; fünfzehn Mitglieder wurden per Dekret ernannt. Die übrigen vertraten die verschiedenen Institutionen des Bildungswesens: die Universität stellte vierzehn Mitglieder, die Hochschulen sieben und die höheren und Grundschulen jeweils sechs, die alle gewählt wurden. Die Privatschulen waren durch vier Mitglieder vertreten, die per Dekret ernannt wurden.

In dieser Zusammensetzung wies der Rat zwei gravierende Nachteile auf, unter denen die französische Universität noch sehr zu leiden hatte, nämlich die Selbstbezogenheit und seine Unterordnung unter die Verwaltung, die trotz der Bedeutung des Wahlelements bei der Berufung bestehen blieb. Am 31. Mai 1880 schrieb Jules Ferry an Eugène Spuller: »Ich habe einen schönen und guten Obersten Rat. Ich habe ihn heute morgen mit einem Flötenstück eröffnet.« Und was sagte dieses Stück? Daß die Universität zu einem »lebendigen, organisierten und freien Organ« wurde und daß die »Leitung des Universitätsstudiums in den Händen von Gelehrten« lag. Der Rat nahm sofort die Reform des Abiturs und des Unterrichtsstoffs in Angriff. Nur ganz vereinzelt erhoben sich einige Stimmen, wie die von Bruder Francolin von der Loge *École mutuelle*, die Pierre Chevallier zitierte und die den neuen Rat als »einen rein universitären Rat« bezeichnete, dessen Selbstherrlichkeit niemand würde brechen können und in dem die erzieherische Demokratie der Aristokratie untergeordnet sei, zu dem die Gewählten des Landes keinen Zutritt besäßen und in dem die zugestandenen Wahlen durch Hierarchien blockiert seien – kurz, der also nichts anderes sei als die »Universität aus der Kaiserzeit, die die Republik wieder auferstehen« ließ.

Bruder Francolin hatte über seine demokratische Gesinnung hinaus sehr wohl die Risiken der Verknöcherung bemerkt, die einem solcherart konstituierten Gremium drohten, das, abgeschnitten von der Nation und unabhängig von ihr, seine eigenen Wertvorstellungen pflegte und nur der allmächtigen Ministerialbürokratie gegenüber verantwortlich war. Jules Simon kritisierte die Reform, denn, so behauptete er, die Universität laufe Gefahr, die wirklichen Bedürfnisse der Nation zu verkennen; er hätte im Rat gern Industrielle, Bankiers und Offiziere gesehen. Doch weder Paul Bert noch Jules Ferry entpuppten sich leider als die wahren Propheten, sondern Jules Simon und Bruder Francolin, denen man beiden aber kein Gehör schenkte. Denn der Professionalismus und Korporatismus der

Ferryschen Gesetze wurden bisher von der Geschichtsschreibung noch zu stark vernachlässigt. In der Nation etablierte sich eine Körperschaft, der der Syndikalismus später noch erschreckend große Macht verleihen sollte. Zunächst aber hatte dieses Gremium die Aufgabe, die Republik in den Köpfen und Herzen der Franzosen zu begründen.

Die zweite Reform wurde ohne größere Schwierigkeiten verabschiedet. Sie sah die Abschaffung der gemischten Jurys vor, die das Gesetz von 1875 für die Verleihung akademischer Grade an katholischen Universitäten eingerichtet hatte. Im März 1880 wurde es vom Senat mit 183 gegen 98 Stimmen angenommen. Der Kampf zwischen dem klerikalen und antiklerikalen Frankreich brach 1879 wegen Artikel 7 desselben Gesetzes aus, dem der Senat am 15. März 1880 mit 149 gegen 132 Stimmen seine Zustimmung verweigerte. Dieser Beschluß beendete eine Entwicklung, die sich in drei Etappen vollzogen hatte: am 9. Juli 1879 war das Gesetz einschließlich des Artikels 7 von der Kammer mit 347 bei 133 Gegenstimmen verabschiedet worden; damit geriet die Debatte in die Öffentlichkeit. Ab 8. Dezember debattierte der Senat darüber auf der Grundlage eines Berichts von Jules Simon, der sich gegen den Artikel 7 aussprach. Dieser Artikel sah vor, daß die Mitglieder religiöser Orden, die nicht autorisiert waren, weder unterrichten noch eine Schule leiten durften. Muß hier daran erinnert werden, daß eigentlich kein Orden autorisiert war? In Wirklichkeit zielte Artikel 7 hauptsächlich auf die Jesuiten, die eine große Anzahl von Gymnasien leiteten und beschuldigt wurden, die neue Elite Frankreichs in antirepublikanischem Geist zu erziehen.

Die Katholiken griffen, um die Öffentlichkeit zu mobilisieren, auf die Methoden der »Liga für Bildung« von 1872 zurück: Chesnelongs katholische Komitees organisierten eine Unterschriftensammlung, die 1 500 000 Stimmen zusammenbrachte. In allen Provinzen wurden Vorträge organisiert. Jules Ferry konterte dagegen mit einer Reise nach Südfrankreich in der zweiten Septemberhälfte. In Toulouse, Perpignan, Montpellier und Marseille wurde er mit dem Ruf: »Es lebe der Artikel sieben!« empfangen. Die Debatten in der Kammer und im Senat bezogen ihr Interesse aus den jeweils vorgebrachten Argumenten. Jules Ferry war bemüht, seine Angriffe allein auf die Jesuiten zu beschränken, die er als eine »Partei« oder Gruppe definierte, »die ständig gegen das herrschende Regime konspiriert«. Paul Berts Angriffe klangen weniger vornehm, denn er beschuldigte die Jesuiten, ihr Unterricht stünde im Gegensatz zur öffentlichen

Moral! Seine Angriffe trugen vor allem einen viel stärker antiklerikalen Akzent. Bert war damit nicht weit entfernt von der Position der Radikalen, von Männern wie Clemenceau, der damals seine heftige Kampagne gegen Ferry begann, oder dem betagten Madier de Montjau, der im Juli 1879 erklärte: »Nachdem wir gegen die Regierung der Pfarrer ernannt worden sind…, wollen wir unser Werk gewissenhaft vollenden.« Ferry, der die »Unbeirrbarkeit seiner Gedanken« lobte, mußte sich gleichzeitig gegen den Vorwurf verteidigen, er habe es auf die Pfarrer abgesehen!

Indes verdienen die Argumente der Gegner des Artikels 7 durchaus Beachtung. Greifen wir drei heraus und zitieren wir zunächst den Abgeordneten Mgr. Freppel, dessen exaltierte Reaktionen weder den Vorstellungen des neuen Papstes Leo XIII. noch der immer versöhnlicheren Tendenz der französischen Bischöfe entsprach. Er warf dem Staat vor, er betätige sich als »öffentlicher Lehrer der Nation« und lasse den einzelnen im Kollektiv aufgehen. Ebenso Étienne Lamy, ein liberaler Katholik und Befürworter des Appells der 363 und späterer Motor der katholisch-republikanischen Verbindung der neunziger Jahre: »Sie reden im Namen der Rechte des Staates. Wir reden im Namen der Rechte des Menschen.« Oder Jules Simon, von den Historikern oft vorschnell angeklagt, sein Handeln habe sich nicht an der Lage der Dinge orientiert, sondern an seiner Abneigung gegen Ferry: »Weil ich versprochen habe, in jeder Hinsicht der Freiheit treu zu bleiben, bekämpfte ich einen Artikel, der einen Angriff auf die Freiheit darstellt.« Später sagte er vor dem Senat: »Es ist nicht Ihre Sache, verehrte Liberale, den Respekt vor der Freiheit mit Gewalt zu erzwingen.«

Am 29. März 1880 veröffentlichte die Regierung zwei Dekrete: Das erste berief sich auf Gesetze aus der Zeit des Konsulats und ordnete die Auflösung des Ordens und die Verfolgung der Jesuiten an; im zweiten Dekret wurden alle übrigen Orden aufgefordert, sich auf legislativem Weg um ihre Zulassung zu bemühen. Die Ordensleiter, die sich mit den Jesuiten solidarisch erklärten und sich in juristisch starker Position fühlten, weigerten sich, diese Konzession zu beantragen, und das trotz der versöhnlichen Absichten von Ministerpräsident de Freycinet, der mit dem Heiligen Stuhl, dem päpstlichen Nuntius in Paris und der französischen Ordensgeistlichkeit verhandelte. Mgr. Lavigerie (1825–1892), Bischof von Algier, früherer Royalist und bis dahin Anhänger des 16. Mai 1877, inzwischen aber ein Befürworter der Republik, unternahm einen versöhnlichen Vorstoß, der auf eine Erklärung abzielte, nach der die Orden »keinen Gedanken des Widerstands gegen die Regierung hegten«. Doch dagegen organisierte sich eine Petitionskampagne; die Bittschriften wurden im Senat zwar diskutiert, aber ihre Beratung Mitte Juni mit 140 gegen 124 Stimmen abgelehnt. Am 18. und 25. Juni beschloß das Komitee der Ordensgeistlichen trotz der veränderten Haltung der Senatoren die Fortführung seines passiven Widerstands. Zuvor hatte es bei M. Rousse, dem ehemaligen Präsidenten der Anwaltskammer von Paris, juristische Erkundigungen eingezogen, nach denen kein Gesetz eine Ordensgemeinschaft verbieten konnte und eine Auflösung durch die Verwaltung nicht statthaft sei.

Ministerpräsident de Freycinet sah keinen anderen Ausweg als die Anwendung der Dekrete. Sein Innenminister war Ernest Constans (1833–1913), Abgeordneter des Departements Haute-Garonne, der sich später bei der Liquidierung des Boulangismus und als Botschafter in Konstantinopel auszeichnen sollte. Die Ausweisung der Jesuiten erfolgte zwischen dem 29. Juni und dem 3. Juli. Dabei kam es zu einigen bedauerlichen Zwischenfällen, die die Anführer der konservativ katholischen Partei inszeniert hatten; sie machten von sich aus mobil und versuchten, ihre Anhänger bei jedem einzelnen dieser Polizeieinsätze in Stellung zu bringen, denen die staatlichen Ordnungskräfte übrigens nur sehr zögerlich nachkamen. Der Polizeipräfekt von Paris, Louis Andrieux, berichtete von der Ausweisung der Jesuiten in der Rue de Sèvres folgendes: »Die Räumung des Hauses dauerte lange; das Ereignis war schmerzlich und demütigend für diejenigen, die es durchführen mußten ... Die hilflosen Priester mußten auf die Straße gestoßen werden; ihre Gebetshaltung, ihr meditativer und gottergebener Gesichtsausdruck kontrastierten auf das peinlichste mit dem Vorgehen der öffentlichen Ordnungskräfte.« Tatsächlich aber kamen an diesem 29. Juni nur fünfhundert Personen, um die Jesuiten zu unterstützen. Der Vertreter des Heiligen Stuhls in Paris, Mgr. Czacki, überzeugte sich von der wohl fundierten Politik Mgr. Lavigeries, und so kam es schon bald über die Durchführung des zweiten Dekrets zu Verhandlungen zwischen dem Heiligen Stuhl und der Regierung. Die Idee des Bischofs von Algier wurde wieder aufgegriffen und eine neue Erklärung verfaßt. Am 30. August druckte sie jedoch eine legitimistische Zeitung in Bordeaux in ihrem vollen Wortlaut ab. Nunmehr konnten sich die Freunde Gambettas und Ferrys erstaunt und beleidigt geben. Am 18. September trat Innenminister Constans auf Betreiben Gambettas mit zwei weiteren Ministern zurück, de Freycinet folgte zwei Tage später. Jules Ferry wurde zum erstenmal Ministerpräsident.

Am 16. Oktober 1880 begann die Polizei auf Anweisung Ferrys mit der Durchführung des zweiten Dekrets über die nichtjesuitischen Kongregationen. Im Dezember verkündete die Regierung, es seien 261 Klöster geschlossen und 5643 Ordensleute ausgewiesen worden. Wiederum kam es zu einigen peinlichen Szenen in Paris und in der Provinz, doch hatten die Katholiken die Schlacht juristisch wie auch politisch verloren. Die oberste Schlichtungsstelle aus Vertretern des Staatsrats und des Revisionshofes entschied, daß die Richter, von denen einige die Klagen der Orden zugelassen hatten, nicht zuständig seien. Die Exkommunikation war nunmehr die einzige Sanktion, die die Präfekten hätte treffen können, diese aber nur wenig bekümmerte. Tatsächlich aber wurde die Anwendung der Dekrete je nach Departement sehr unterschiedlich gehandhabt. Leo XIII. nahm eine versöhnliche Haltung ein, und Ferry selbst wußte gewisse Grenzen zu wahren. So behelligte er die Nonnenklöster nicht und respektierte auch die Besitzrechte der Orden. Die Gebäude wurden von katholischen Laien oder Weltgeistlichen übernommen. Aber schon einige Jahre später kehrten die Jesuiten zurück und nahmen ihre Unterrichtstätigkeit wieder auf. 1893 besuchten 89 568 Schüler kirchliche Gymnasien, das waren 51 Prozent aller Gymnasiasten, gegenüber 85 291 Schülern in den staatlichen Schulen. 1871 war auf Initiative von Abbé Mingasson die *Alliance des maisons d'éducation secondaire* gegründet worden; er selbst leitete das kleine Priesterseminar in Bourges. Diese Vereinigung gab 1882 die *»Revue de l'enseignement chrétien«* heraus, in der sie den laizistischen Vorstellungen mit dem Plan eines Zusammenschlusses der »christlichen Lehrer in einer Art brüderlicher Legion, die für die Herrschaft Gottes in den Herzen der französischen Jugend kämpft« entgegentreten wollte. Die Katholiken blieben also nicht tatenlos, und der Antiklerikalismus hatte neuen Zündstoff gefunden.

Doch Ferrys eigentliches Werk lag auf einem anderen Gebiet. Es war die Krönung einer mehr als hundert Jahre dauernden Entwicklung. Es verband den Plan einer Demokratisierung des Wissens und der Schaffung gleicher Bedingungen für jeden aufs engste mit dem Plan der Verstaatlichung des Schulwesens. Im Sekundarstufenbereich wurde mit dem Gesetz vom 21. Dezember 1880, das Camille Sée eingebracht hatte, nun auch die Einrichtung von Lyzeen für Mädchen genehmigt. Die Abgeordneten weigerten sich zwar fast einstimmig, diesen Lyzeen den Status eines Internats zuzugestehen, doch am Ende lief das Gesetz auf die Gründung einer *École normale supérieure* für junge Mädchen hinaus, die in den Gebäuden der ehemaligen Porzellanmanufaktur von Sèvres untergebracht wurde. 1881 wurde sie unter Leitung von Madame Favre, der Tochter eines elsässisch-lutherischen Pfarrers eröffnet. Sechs Jahre vor seinem Tod hatte sie 1874 Jules Favre geheiratet, über dessen Tod sie nie hinwegkam. Der Geist, den sie dieser Schule verlieh, machte sie nach einer Formulierung des *»Temps«* aus dem Jahre 1896 zu einer »Schule der Seelen«, aber auch zu einer Bildungsanstalt mit einem beachtlichen wissenschaftlichen Niveau.

Die Schaffung eines höheren Schulwesens für Mädchen, das der Staat kontrollierte, entsprach im Grunde einem politischen Plan. Bereits in den vierziger Jahren hatte der Historiker und Schriftsteller Jules Michelet den unglückseligen Einfluß der Priester auf Frauen gebrandmarkt, den diese vor allem mit Hilfe der Beichte auf sie ausübten. Aber in den Lehranstalten lag auch eine weitere Ursache für die »geistige und moralische Scheidung in der Ehe«, die Ferry beseitigen wollte. So sollten die republikanischen Männer die Möglichkeit haben, republikanisch erzogene Frauen zu finden. Doch bis 1914 behielten die Orden die Oberhand in der höheren Schulbildung der Mädchen; die staatlichen Schulen unterrichteten nicht mehr als ein Viertel der Schülerinnen.

Bei der Verwirklichung der Reformen im Grundschulwesen gelang es Ferry, den Gegner zu spalten. Er begann am 9. August 1879 mit der Verabschiedung eines Gesetzes, das die Departements verpflichtete, innerhalb von vier Jahren Ausbildungsstätten für Lehrerinnen zu schaffen. Von dieser Verpflichtung waren siebenundsechzig Departements betroffen. Um den Rahmen für diese Einrichtungen und die Lehrerseminare zu schaffen, wurden die beiden *Écoles normales* in Fontenay-aux-Roses und in Saint-Cloud gegründet. Félix Pécaut übernahm die Leitung des ersten, Auguste Jacoulet die Leitung des zweiten. Daß letzterer wenig bekannt war, lag sicher auch an der Tatsache, daß er praktizierender Katholik war. Er vertrat das Prinzip religiöser Toleranz in der Schule. Dieser Geschichtsdozent wollte in Saint-Cloud »den Geist im Grundschulbereich zur höchsten Form« entwickeln, die für ihn aus der Anerkennung der Republik und der Liebe zum Vaterland bestand. In Fontenay setzte man eher auf den Geist des Laizismus. Dort verordnete Pécaut jeden Morgen seinen Schülerinnen eine Moralpredigt mit anschließendem Chorgesang laizistischer Lieder.

Nachdem nun der Rahmen abgesteckt war, konnte das Kernstück laizistischer Schulpolitik verwirklicht werden, das heißt der kostenlose Unterricht, der durch das Gesetz vom 16. Juni 1881 eingeführt wurde und bereits 60 Prozent der Schülerzahl betraf. Doch die Führer der Konservativen waren aus Prinzip dagegen, weil sie meinten, dies benachteilige jene Steuerzahler, die freie Schulen vorzögen, worauf Ferry antwortete: »Ich dulde keine Theorie über freie Schulen, die der Staat subventioniert.« Doch erst im Dezember 1880 brach der Kampf so richtig los. Am 4. Dezember bekam die Kammer einen Gesetzentwurf von Paul Bert vorgelegt, in dem der Laizismus zur Pflicht erhoben wurde. Die Angelegenheit zog sich bis zum 28. März 1882 hin. Jules Simon gelang es, die gemäßigten Republikaner im Senat zu mobilisieren, um angesichts des Plans einer völligen Trennung von Kirche und Staat im Unterricht und im Lehrkörper den Religionsunterricht und die »Pflichten gegenüber Gott und Vaterland« zu verteidigen. Diese Textvorlage wurde am 2. Juli 1881 dank der Einigung der katholischen Rechten beraten. Ferry versäumte es nicht, die Annäherung zwischen den orthodoxen Katholiken und dem Deisten Jules Simon zu verspotten, und hielt einen gescheiten Vortrag über die Vielfalt der Gottesbegriffe. Indes gelang es Jules Simon, Jules Ferry mit 139 gegen 126 Stimmen zu schlagen, woraufhin die radikale Presse in ein Wutgeschrei gegen Simon ausbrach.

Doch in Wirklichkeit führte Simon ein Rückzugsgefecht. Die Kammer lehnte seinen Abänderungsantrag ab. Als ihn der Senat im März 1882 in zweiter Lesung überprüfte, war ein Drittel zugunsten der Republikaner geändert worden. Umsonst bemühte Jules Simon einen Satz von Quinet, dem Orakel Ferrys, der geschrieben hatte: »Ein Volk, das die Vorstellung von Gott aufgibt, gibt damit jede andere Vorstellung auf.« Diesmal wurde Simon mit 167 gegen 123 Stimmen besiegt. Ferry nutzte seinen Vorteil energisch aus: Er verbot den Pfarrern den Zugang zu den Schulgebäuden, um dort Religionsunterricht zu geben. Ferry sprach in diesem Zusammenhang übrigens nicht von Laizismus, sondern von »religiöser Neutralität«. Immerhin sah das Gesetz vor, daß in den öffentlichen Schulen an einem Tag in der Woche Religionsunterricht erteilt wurde, um den Kindern eine religiöse Erziehung zu ermöglichen. Dennoch fügte der Oberste

Rat in den Lehrplan für Staatsbürgerkunde und Ethik einen Paragraphen über die Pflichten gegenüber Gott ein, derer sich zu entledigen den Gemütern offenbar allergrößte Mühe bereitete. Die vollständige Umstellung auf weltliche Lehrer wurde erst im Gesetz vom 30. Oktober 1886 erreicht, über das Jules Steeg referierte. Innerhalb von fünf Jahren sollten die Ordensgeistlichen in den Knabenschulen von nichtkonfessionellen Lehrern abgelöst werden; in den Mädchenschulen sollte der Wechsel nach Bedarf erfolgen, wenn Personen aus dem Lehrkörper ausschieden. Die Durchführung dieser Maßnahmen wurde in den Departements sehr unterschiedlich gehandhabt.

Mit dem Gesetz vom 28. März 1882 wurde in Frankreich die Schulpflicht für Kinder zwischen sechs und dreizehn Jahren eingeführt; eine Gemeindekommission sollte die Einhaltung dieser Vorschrift kontrollieren. Eltern, die sich widersetzten, wurden namentlich an der Tür des Rathauses aufgeführt. Tatsächlich ergaben jedoch allerorts durchgeführte Untersuchungen, daß die Schulpflicht bis zum Anfang des zwanzigsten Jahrhunderts nur mittelmäßig befolgt wurde, vor allem in den Gegenden mit Landwirtschaft. Ein Dorflehrer aus Marchaux im Departement Doubs schrieb 1891: »Wie ein Sämann am Nil kann ich nur drei Monate, zwischen Mitte Oktober und Ende Februar, das Korn säen.« Dennoch zählte dieses Departement sicher noch zu den auf diesem Sektor am meisten begünstigten Departements.

Die Konfrontation zwischen den beiden Lagern in Frankreich war noch nicht zu Ende. Laizistische Schriftsteller beeilten sich Anfang der achtziger Jahre, Sittenfibeln für die Schulkinder zu schreiben. Wir kennen Jules Simon, aber auch Ernest Lavisse, Steeg und Bert als Verfasser solcher Bücher. Einige bezogen sich dabei auf Gott, andere erwähnten ihn nicht. Lavisse beispielsweise sagte nichts über die Unsterblichkeit der Seele, und als er ein Zimmer in der Hochzeitsnacht beschrieb, hing dort an der Wand nicht etwa ein Kruzifix, sondern ein Bild von Jules Grévy – wahrhaftig ein schlechtes Symbol für eheliche Treue! Ein Teil des Klerus verurteilte diese Werke ganz entschieden. In der Gegend von Toulouse wurden die Eltern von einigen Pfarrern aufgefordert, ihre Kinder nicht in die Schule zu schicken, weil der Lehrer das Handbuch von Compayré benutzte, einem aus Albi stammenden Philosophiedozenten, der an der Schule von Fontenay Professor und im Wahlkreis Lavaur als Anhänger Gambettas zum Abgeordneten gewählt worden war. Er erwähnte zwar die Unsterblichkeit der Seele, nahm aber eine strenge Trennung zwischen Moral und Religion vor und hielt eine standesamtliche Eheschließung für wichtiger als die kirchliche Trauung. Mgr. Ramadié, der Bischof von Albi geworden war, willigte zwar in die Versetzung des Pfarrers ein, ging dann aber selbst auch allmählich zum Widerstand über. Am 18. Oktober schloß sich ihm der Bischof von Saint-Dié an, der sich seinerseits gegen das Schulbuch von Paul Bert aussprach. Bei Unterrichtsbeginn 1882 kam es zu zahlreichen Zwischenfällen, da einige Schulkommissionen die Eltern unterstützten, die ihre Kinder nicht in die Schule schicken wollten. Am 15. Dezember wurden die Bücher von Compayré, Steeg und Bert von der Kirche zwar auf den Index gesetzt, doch verbot der Kultusminister deren Verurteilung von der Kanzel aus. Mgr. Ramadié unterstützte den Widerstand durch einen Hirtenbrief vom 24. Februar 1884, in dem er es außerdem ablehnte, eine Reihe von Pfarrern, wie man dies von ihm verlangt hatte, zu versetzen. Trotz der Verurteilung Ramadiés und vier weiterer Bischöfe durch den Staatsrat am 19. März und obwohl die Besoldung der nicht versetzten Pfarrer ausgesetzt wurde, fand Ferry im Herbst 1883 schließlich zu einer versöhnlichen Haltung und ließ den Pfarrern ihre Gehälter wieder auszahlen. Am 17. November 1883 veröffentlichte er seinen berühmten »Brief an die Lehrer«, in dem er die konfessionelle Neutralität exakt definierte. Jules Ferry und Leo XIII. waren sich nämlich in einem wesentlichen Punkt einig: Beide hatten die feste Absicht, das Konkordat beizubehalten.

DIE FREIHEITSRECHTE

Die Republikaner wollten – und das war ihr größtes Verdienst – die Schaffung einer freien und demokratischen Gesellschaft auf dem Gesetzesweg erreichen. Erst damals wurden die »notwendigen Freiheitsrechte« in vollem Umfang verwirklicht. Das Gesetz vom 29. Juli 1881 gestattete die Pressefreiheit und wurde fast einstimmig verabschiedet. Die Risiken der Republikaner waren gering, denn sie beherrschten den Journalismus in einem Maß, daß sie sich zutrauten, seine Auswüchse unter Kontrolle zu behalten. Tatsächlich verzeichneten die Zeitungen daraufhin spektakuläre Auflagensteigerungen: Die Presse hatte sich zu einem Massenprodukt entwickelt. Die Gesamtauflage pro 1000 Einwohner stieg bei Tageszeitungen von 33 (1870) auf 73 (1880) und betrug im Jahr 1914 244 Exemplare. Drei Viertel dieser Auflagen bestritten Anfang der achtziger Jahre die Massenblätter zu einem Sou. Bis zum Anfang des Weltkrieges beherrschte *»Le Petit Journal«* die Szene. Im Juli 1880 erreichte die Gesamtauflage der in Paris erscheinenden Zeitungen 1947000 Exemplare, von denen allein 583000 auf *»Le Petit Journal«* entfielen. Im November 1910 kamen von 4937000 Exemplaren Gesamtauflage gar 1400000 auf *»Le Petit Parisien«*. Die Tendenz zur Konzentration war bei den Pariser Blättern deutlich stärker ausgeprägt als bei den Provinzzeitungen. Diese gingen zwischen 1882 und 1914 von 252 auf 242 Blätter zurück, während sich ihre Zahl in der Hauptstadt im gleichen Zeitraum von neunzig auf siebenundfünfzig verringerte. Doch ist heute unbestritten, daß der französische Journalismus in dieser Epoche seinen Höhepunkt erreichte. Das bedeutete eine erhebliche Bereicherung der demokratischen Diskussion, und dies, obwohl die Zeitungen viele Fehler zu verantworten hatten. Politiker mußten, ohne sich recht dagegen wehren zu können, Diffamierungskampagnen über sich ergehen lassen. Was am Ende nur dazu führte, alle Formen von Parlamentsverdrossenheit zu schüren und damit das Regime zu schwächen.

Aber auch andere Möglichkeiten, Meinungen öffentlich auszutauschen, wurden gefördert. So genehmigte das Gesetz vom 17. Juli 1880 die Gründung oder Übereignung eines Getränkeausschanks ohne jede Bedingung, sie mußte nur vorher bei den Behörden angemeldet werden. Die Rechtfertigung dieser Maßnahme war rein politisch motiviert, denn sie berücksichtigte weder die Probleme öffentlicher Hygiene noch die des Alkoholismus. Die Anzahl der Alkoholverkaufsstellen stieg von 368000 (1881) auf 483000 (1914). Doch der Ort geheimer Zusammenkünfte blieb weiterhin das Café. Allerdings sorgte das Gesetz vom 30. Juni 1881 insgesamt für eine gewisse Lockerung des Versammlungsrechts, das heißt, eine Versammlung mußte nur noch vorher angemeldet und ein leitender Ausschuß benannt werden, doch scheiterten sämtliche Versuche, das Recht der Vereinsgründung durchzusetzen, da vermieden werden sollte, daß Kongregationen auf diesem Wege legalisiert würden. Und was das Gesetz von 1884 über die Freiheit gewerkschaftlicher Zusammenschlüsse anlangt, so stieß dieses bei den Arbeitern auf Ablehnung, weil sie darin einen Versuch polizeilicher Kontrolle über die Gewerkschaftsaktivitäten sahen.

SÄUBERUNG UND LOKALGEIST

Die Etablierung der Republik wäre unverständlich, würde man nicht gleichzeitig zwei weitere Grundlagen des Regimes berücksichtigen: Zum einen eroberte es die Verwaltung und Beamtenschaft, zum anderen begründete es die Demokratie vor Ort. Die Säuberung erfolgte konsequent: Nach 1879 wurden nur zwei Präfekten übernommen, sechzehn Staatsräte oder Referenten im Staatsrat wurden ersetzt, nicht mitgerechnet jene, die selbst von ihren Ämtern zurücktraten. Von achtundfünfzig Ministerialdirektoren wurden nur siebenundzwanzig in ihren Positionen belassen. Nachdem durch das Gesetz vom 30. August 1883 die Unabsetzbarkeit amtierender Richter für drei Monate aufgehoben wurde, wurden 600 Justizbeamte entlassen, wobei bereits die gleiche Anzahl anläßlich der Durchführung der Ordensdekrete ihren Abschied genommen hatten. Von insgesamt 2148 Beamten wurden 1763 ausgewechselt. Nach Beendigung dieser Aktion ging die Republik dazu über, die Besetzung der Stellen ab 1885 *par concours*, das heißt im Rahmen eines Bewerbungsverfahrens vorzunehmen. Die Ernennung auf subalterne Posten blieb aber für die Republikaner immer ein nicht zu unterschätzendes Element ihrer Einflußnahme. Die Armee hingegen blieb von diesen Säuberungsaktionen verschont: Nur acht Armeekorpskommandeure wurden pensioniert, da Gambetta und de Freycinet auf diesem Gebiet »dem Fachwissen den Vorrang vor der Politik geben wollten«, wie ersterer sich ausdrückte. Vorrangiges Ziel war, die Stärke der französischen Armee gegenüber Deutschland zu bewahren: Wo es ums Vaterland ging, machte der Egoismus der Parteien halt. Das Offizierskorps, das zum größten Teil nicht eigentlich republikanisch dachte, respektierte die Vorherrschaft des Staates, und beide kamen dabei auf ihre Rechnung.

Mit dem Gesetz vom 4. März 1882 erhielten alle Gemeinderäte das Recht, ihren Bürgermeister selbst zu wählen. Das Gesetz vom 5. April 1884 bestätigte die Wahl der Bürgermeister und der Stellvertreter sowie die Öffentlichkeit der Sitzungen. Dabei machte Paris allerdings eine Ausnahme. Mit der lokalen Demokratie war nun endgültig auch das Fundament des republikanischen Gebäudes, an dessen Spitze der Senat stand, gelegt. Die 1884 verabschiedete Verfassungsreform, die Jules Ferry eingebracht hatte, gipfelte in dem Gesetz vom 9. Dezember, das die lebenslange

Unabsetzbarkeit der Senatoren beseitigte (der letzte der *inamovibles* behielt seinen Sitz bis 1919). Außerdem wurde die Zusammensetzung des Wahlkörpers des Senats geändert; künftig wurde nicht mehr ein Delegierter pro Gemeinde entsandt, sondern eine Vertretung der Gemeinderäte, die ihrer Mitgliederzahl entsprach. Die mittelgroßen Gemeinden waren damit zwar im Vorteil, aber der Senat blieb dadurch stets »der große Rat der Gemeinden Frankreichs«.

Die lokale Demokratie ermöglichte es der Republik, sich auf dem Land zu konsolidieren. Die überzeugten republikanischen Führer, allen voran Gambetta, wiesen den Gemeindeinstitutionen immer eine vorrangige Bedeutung zu. So fand 1889 erstmals ein allgemeines Bankett für die Bürgermeister der größeren Gemeinden statt. Als im Jahr 1900 36172 Bürgermeister eingeladen wurden, waren es immerhin 20777, die kamen. Die neue Rolle, die den Gemeindeverwaltungen in diesem Sinn zukam, war wichtig, um die inneren Auseinandersetzungen und die Veränderungen des französischen Sozialismus zu begreifen. Daß er sich in den Rathäusern festzusetzen vermochte, war ein entscheidender Schritt in seiner Entwicklung zum Reformismus.

»BEFRIEDIGUNGEN DER EIGENLIEBE«

Die koloniale Expansion gehörte zu den Hauptanliegen der Republikaner, die im wesentlichen vor 1885 in relativ kurzer Zeit abgeschlossen wurde. 1874 wurde Annam Protektorat, 1881 wurde Tunis besetzt, 1882 setzte sich Brazza im Kongo fest, 1883 begann der Krieg in Tongking und 1885 wurde das Protektorat über Madagaskar bestätigt, während die französische Expansion in Westafrika bereits weit fortgeschritten war. Ein solches Bündel an Initiativen war nicht etwa das Ergebnis von Zufällen, sondern resultierte aus der Verknüpfung zweier sich ergänzender Umstände, die aber nichts mit örtlichen Gegebenheiten in Übersee zu tun hatten – kurz, es handelte sich um diplomatisch günstige Gelegenheiten und um die Bereitschaft, sie zu nutzen.

Die Gelegenheit auf diplomatischer Ebene ergab sich beim Berliner Kongreß 1878, wo es um eine Neuregelung der orientalischen Frage ging. Nach einer umbarmherzig niedergeschlagenen Revolte der christlichen

Bevölkerung hatten Serbien und Montenegro dem Sultan am 30. Juni 1876 den Krieg erklärt. Rußland kam ihnen zu Hilfe und erklärte seinerseits der Türkei am 24. April 1877 den Krieg. Nach schweren Kämpfen erzwang es den Frieden von San Stefano am 3. März 1878, der Rußlands Einfluß in der Türkei und auf dem Balkan stärkte, insbesondere durch die Gründung eines Großbulgarischen Reiches, das sich bei genauerem Hinsehen jedoch als russischer Vasallenstaat entpuppte. Österreich-Ungarn und Großbritannien legten Protest ein; daraufhin erklärte sich Rußland zu einer internationalen Konferenz in Berlin am 6. März 1878 bereit, das dabei symbolisch an die Stelle von Paris trat. Der Kongreß schuf für Südosteuropa eine Regelung, die ganz auf Kosten des Zarenreichs ging. Großbulgarien wurde aufgelöst; Österreich behielt einen Zugang nach Saloniki und bekam das Recht, Bosnien und die Herzegowina zu besetzen, während Großbritannien seine Hand auf Zypern legte.

Frankreich, das von Waddington vertreten wurde, spielte in Berlin keineswegs nur die Rolle eines Statisten. Es gelang ihm am Rande der Konferenz, England und das Deutsche Reich für eine französische Intervention in Tunesien zu gewinnen. Großbritannien war der Meinung, Frankreich sollte nach der Verschiebung des Kräftegleichgewichts im Mittelmeer, die durch die englische Besetzung Zyperns eingetreten war, eine Entschädigung erhalten. Währenddessen erklärte Bismarck in Berlin und auch später, er halte es für selbstverständlich, daß Frankreich für den Verlust Elsaß-Lothringens Ersatz in Übersee erhalte. Am 3. Januar 1879 sagte er dem französischen Botschafter in Berlin (wie dieser berichtete): »Ich glaube, daß die tunesische Birne reif ist und es Zeit wird für Sie, sie zu pflücken ... Ich glaube, das französische Volk braucht eine Befriedigung seines Stolzes, und ich wünsche ihm von Herzen, daß es diese im Mittelmeerraum findet, der seine natürliche Einflußzone ist. Je erfolgreicher Frankreich dort ist, desto weniger wird es uns Deutsche mit Klagen überziehen, deren Berechtigung ich zwar anerkenne, deren Schmerz ich aber nicht lindern kann.« Er wiederholte diese Äußerungen, als 1881 in Tunis die Zeit zum Handeln gekommen war, und noch mehrmals im Lauf der achtziger Jahre, wobei er sogar das Wort »Bündnis« in den Mund nahm – ein »Bündnis«, das allerdings den Verzicht auf Elsaß-Lothringen vorausgesetzt hätte! Bismarck wollte jedoch Frankreich unbedingt von Elsaß-Lothringen abbringen. Aber er wollte mehr: er wollte es diplomatisch isolieren. Die Auseinandersetzung um Tunesien sollte Frankreich und Italien entzweien, das in diesem Land viel präsenter war. Außerdem sollte die koloniale Expansion Frankreich von einer Allianz mit Rußland abbringen.

Bismarck hatte sich nicht getäuscht. Während Frankreich seine Kolonialpolitik begann, gelang es ihm, zum Teil gerade aufgrund dieser Tatsache, eine Politik der Isolierung Frankreichs in die Wege zu leiten, die bis 1892 wirksam blieb. Seit 1873 waren die drei Kaiser durch verschiedene Allianzverträge in einer großen Allianz vereint, für die Bismarck indirekt auch Italien zu gewinnen vermochte. Somit konnte also Frankreich weder mit Rußland noch mit Österreich paktieren. Die Balkanaffäre zerbrach jedoch dieses erste »bismarckische System«. Ab 1879 gelang es dem Reichskanzler, die einzelnen Stücke wieder zusammenzufügen. Im Oktober 1879 schloß er einen Vertrag (Zweibund) mit Österreich, der bis 1918, also immerhin 39 Jahre, Bestand haben sollte. Dieses Verteidigungsbündnis richtete sich vor allem gegen Rußland und versprach den Partnern nichts außer wohlwollender Neutralität im Fall des Angriffs einer anderen Macht – im Fall eines russischen Angriffs enthielt es aber die Verpflichtung zu bewaffneter Intervention. Trotz dieses Geheimabkommens gelang es Bismarck, drei weitere Elemente in sein System einzubauen: Die Erneuerung des Dreikaiserabkommens am 18. Juni 1881 enthielt die Zusage wohlwollender Neutralität, die 1884 erneut bekräftigt wurde; und der Dreibund vom 20. Mai 1882 zwischen dem Deutschen Reich, Österreich-Ungarn und Italien, der aus der französischen Besetzung Tunesiens resultierte. Bei ihm handelte es sich um ein Defensivabkommen, und dieses war eigentlich gegen Frankreich gerichtet, das damit nun vollständig isoliert war.

1887 konnte Bismarck sein System nur mit Mühe aufrechterhalten. Der Dreibund wurde kurz vor seinem Auslaufen erneuert und erhielt in bezug auf Frankreich einen offensiven Charakter, da sich Deutschland und Italien auf die Beibehaltung des Status quo im Mittelmeerraum geeinigt hatten. Großbritannien trat der Mittelmeerentente 1887 bei, aber in viel unbestimmterer Form, als die Italiener meinten: Diese Verständigung über den Mittelmeerraum besaß nicht nur eine antifranzösische, sondern auch eine antirussische Spitze, denn sie garantierte die Neutralität der Meerenge, und wohl aus diesem Grund stimmte Österreich im März 1887 einem Beitritt zu. Unter diesen Voraussetzungen kam es einem Wunder gleich, daß Bismarck Rußland durch den sogenannten Rückversicherungsvertrag vom Juni 1887 in seinem Bündnissystem halten konnte, der ihm im Fall eines Defensivkriegs gegen Frankreich die russische Neutralität zusicherte. Tatsächlich aber sprach man in russischen Diplomatenkreisen von einer russisch-französischen Allianz, die zunehmend Anhänger fand.

Die Gegner der Kolonialpolitik Ferrys in Frankreich hatten also keineswegs unrecht, wenn sie behaupteten, daß sie mehr oder weniger mit dem vorläufigen Verzicht auf Elsaß-Lothringen verbunden sei. In der Debatte um die Kolonialpolitik 1885 war bereits alles gesagt worden. Diese erreichte im März 1885 einen Höhepunkt, als eine Interpellation in der Nationalversammlung wegen der Affäre von Lang Son zum Sturz Ferrys führte. Für die republikanischen Führer bestand die wichtigste Rechtfertigung darin, daß sie die Trümpfe, die sie in der Hand hielten, nicht einfach fallen lassen konnten. Wie hatte doch Bismarck 1881 mit Blick auf Tunesien gesagt: »In der Politik wie im Spiel muß man die Gelegenheit ergreifen, wenn sie sich bietet. Und das Glück bietet sich nur einmal.« Ferry selbst hatte es 1884 ganz deutlich erklärt: »Wo es sich um solche Gedanken und um solche Angelegenheiten handelt, leiten uns die Ereignisse mehr, als daß wir sie leiten.« Doch dieses Argument, so wesentlich und vorrangig es in unseren Augen ist, stand nicht allein. Gambetta, Paul Bert und ihre politischen Freunde wollten die Republik gründen und Frankreich den Rang einer Großmacht zurückgeben, wie Bert sich ausdrückte, kurz, ihrem eigenen und dem Patriotismus der Franzosen Genugtuung verschaffen. Nichts verdeutlichte dieses außenpolitische Handlungsbedürfnis der werdenden Republik besser als Gambettas Worte, die er im Oktober 1880 an Paul Cambon richtete: »In Europa spielen wir die gleiche Rolle wie Portugal. Wir können zwei Millionen Menschen bewaffnen, haben exzellente Offiziere, volle Arsenale, unerschütterlichen Kredit. Ich will keinen Krieg, ich will aber zumindest, *daß wir eine Rolle spielen.*«

DIE EXPANSION

Die französische Expansionspolitik ging klug zu Werke: Ferry und die anderen Politiker nahmen immer größte Rücksicht auf die Interessen der anderen Großmächte, vor allem die Großbritanniens. Dies bedeutete den klassischen Weg der Verhandlungen. In Nordafrika entschied sich Frankreich seit 1878 zuerst in Tunesien für die Methode eines schrittweise Vordringens, die insbesondere auf Wirtschaftsprojekten basierte, durch die man auf den Bey von Tunis einen fortwährenden Druck ausüben konnte. Unmittelbarer Grund für die Invasion im April 1881 war nicht der Wunsch, diese wirtschaftlichen Interessen zu schützen, sondern die Erkenntnis, daß sie nicht ausreichten, um Frankreichs Einfluß aufrechtzuerhalten. Gambetta hatte sich 1878 noch gegen eine Invasion ausgesprochen; dieses Mal erreichte er bei Ferry, daß der sich nach einem Einfall tunesischer Stämme nach Algerien, wie er jedes Jahr dutzendfach vorkam, entschied. Die notwendigen Kredite wurden in der Kammer mit 474 Stimmen bei zwei Gegenstimmen gebilligt. Am 12. Mai mußte der Bey den Vertrag von Bardo unterzeichnen und damit das Protektorat Frankreichs anerkennen. Am 18. Juni 1881 kam es jedoch zu einer Revolte. Einer daraufhin ausgesandten Strafexpedition gelang es zwar am 26. Oktober 1881, die Stadt Kairuan zurückzuerobern, doch als Clemenceau in dieser Sache eine parlamentarische Anfrage einreichte, trat Ferry zurück. Trotzdem einigten sich Frankreich und Tunesien in einem neuen Vertrag 1883, der die Einsetzung eines französischen Generalgouverneurs vorsah. Der bisherigen Ortsverwaltung wurde nun eine französische Administration an die Seite gestellt.

Dem französischen Erfolg in Tunesien stand der endgültige Rückzug Frankreichs aus Ägypten gegenüber. Ägypten hatte sich zwischen 1864 und 1878 enorm verschuldet. Der Khedive hatte 1875 mit der stillschweigenden Zustimmung Frankreichs die Suezkanalaktien verkauft, die er bis dahin hielt. Doch dieser Verkauf reichte nicht aus; im Mai 1876 mußte er eine öffentliche Schuldenkasse einrichten, die von Ausländern geführt wurde, und im November desselben Jahres der Ernennung zweier Generalkontrolleure, eines Engländers und eines Franzosen, zustimmen. Als der Khedive 1879 versuchte, sich aus dieser Bevormundung zu befreien, wurde er auf Intervention der Engländer vom Sultan abgesetzt. In der ägyptischen Öffentlichkeit kam es daraufhin zu heftigen nationalistischen Tumulten, deren Anführer, Arabi Pascha, im Februar 1882 zum ägyptischen Kriegsminister ernannt wurde. Diese Tumulte mündeten am 11. Juni 1882 in ein Massaker an etwa fünfzig Christen. Seit dem 20. Mai 1882 lagen sechs französische und sechs englische Schiffe im Hafen von Alexandria vor Anker. Nach den Massakern vom 11. Juni drängten die Engländer auf eine verstärkte Intervention und schlugen Frankreich eine gemeinsame Operation vor. Freycinet vertrat die Ansicht, daß sie sich auf den Suezkanal beschränken sollte. Am 28. Juli verlangte er in der Kammer die notwendigen Kredite, doch Clemenceau und die Rechte befürchteten eine Intervention des Deutschen Reiches. Bismarcks Antwort auf ein Sondierungsbemühen de Freycinets, die positiv lautete, traf jedoch erst am 30. Juli ein, nachdem de Freycinet die parlamentarische Schlacht verloren hatte und zurückgetreten war. Es war sicher kein Zufall, daß die Depesche verspätet ankam – in Deutschland wurde dafür eine telegrafische Panne verantwortlich gemacht –, denn Bismarck wünschte in Wirklichkeit nicht, daß sich Frankreich in Ägypten festsetzte.

1876 wurde Louis-Alexandre Brière de L'Isle Gouverneur im Senegal. Er griff den Plan, zum Niger und zur Sahara vorzustoßen, wieder auf, den schon General Louis Faidherbe ins Auge gefaßt hatte, der aber 1864 an den Einwänden Napoleons III. scheiterte. Brière war der Ansicht, die Zeit zum Handeln sei nun gekommen, da er glaubte, die Engländer hätten schon Kontakt mit Ahmadou, dem König der Tukuloren, aufgenommen. Brières Plan wurde in Frankreich wohlwollend aufgenommen, denn er hatte das Vorhaben geschickt als ein Expeditionsunternehmen auf der Suche nach einer Eisenbahnverbindung getarnt. Rouvier, der 1879 die Mittel dafür in der Kammer beantragte, bekam die begeisterte Zusage für einen Kredit in Höhe von 600000 Francs und erklärte: »Befiehlt uns nicht die Sorge um die Größe und die Interessen unseres Vaterlandes, uns an die Spitze dieser Bewegung zu setzen?« Auch de Freycinet war übrigens ein begeisterter Anhänger der Transsaharalinie ... Seine Meinung stand allerdings in krassem Gegensatz zu der Brière de L'Isles und der des Marineministers Admiral Jauréguiberry, des ehemaligen Gouverneurs im Senegal. De Freycinet dachte gar nicht daran, das Eisenbahnprojekt in irgendeiner Form mit territorialen Besetzungen in Verbindung zu bringen, während letzteren genau dieses vorschwebte. Diese Zweideutigkeit blieb auch weiterhin bestehen; denn die Kredite, die das Parlament für den Bau von Eisenbahnen bewilligt hatte, wurden tatsächlich für den Unterhalt eines Heeres verwendet.

Im Dezember 1879 ernannte Jauréguiberry Oberst Borgnes-Desbordes zum Oberbefehlshaber für den oberen Senegal. Damit war die Armee als autonome Macht konstituiert. Combes, Gallieni und Archinard führten das von Borgnes begonnene Werk weiter, das heißt, sie führten Krieg – ihren Krieg – gegen die afrikanischen Staaten über achtzehn Jahre lang bis 1897 und eroberten das gesamte Hinterland der afrikanischen Westküste bis Bussa und den Mittellauf des Niger. Erst die Engländer vermochten sie schließlich zu stoppen.

In der antikolonialen Presse regte sich großer Unmut über dieses Abenteuer. In ihren Augen wurde der Krieg keineswegs aus wirtschaftlich zwingenden Motiven geführt, gleichgültig ob aus Handelsinteressen oder Investitionsinteressen. Die Regierung unterstützte hingegen ganz offen die Handelsgesellschaften, vor allem die *Compagnie française de l'Afrique-Équatoriale* (gegründet 1880), die ihren Handel in jenen Gebieten betrieb, die sie als französischen Einflußbereich betrachtete; das Kabinett zog seine Unterstützung jedoch zurück, als Ferry 1883 befürchtete, im Bereich des Niger englische Handelsinteressen zu verletzen. Unter englischem Druck kam es weder in Guinea noch an der Elfenbeinküste oder in Dahomé zu einem das Gefälle zwischen den beiden Währungen ausgleichenden Tarif.

Doch die französisch-britischen Handelsbeziehungen auf dem Niger entwickelten sich nach 1885 äußerst schlecht. Hier bahnte sich eine Auseinandersetzung an. Pierre Savorgnan de Brazza, ein Marineoffizier, schlug 1874 dem Marineminister eine Erkundungsfahrt auf dem Ogowe vor und erkundete von 1875 bis 1876 dessen Flußverlauf, der nur ein schwaches Gefälle aufwies. 1877 entdeckte der amerikanische Journalist Stanley den Kongo und verfolgte ihn bis zu seiner Mündung; 1879 unternahm er mit Unterstützung des belgischen Königs eine noch größere Expedition. Nachdem sich jedoch Brazza zu Beginn des Jahres 1880 inzwischen dem Kongo genähert und im September 1880 einen Vertrag mit einem der Stammeskönige abgeschlossen hatte, der sich unter französischen Schutz stellte, mußte Stanley seine Ansprüche auf dieses Gebiet begraben. Eine neuerliche Expedition Brazzas in den Jahren 1883/84 festigte Frankreichs Präsenz im Gebiet zwischen Kongo und Ogowe. Nach mehreren englischen und deutschen Interventionen in diesen Gebieten einigten sich Jules Ferry und Bismarck auf eine Konferenz in Berlin. Diese fand von November 1884 bis Februar 1885 statt, regelte die Aufteilung der einzelnen Gebiete in dieser Gegend und verpflichtete die Konferenzteilnehmer zu dem Prinzip der Handelsfreiheit.

Bereits in den siebziger Jahren hatte sich die französische Präsenz auch in Kotschinchina ausgeweitet, die im Vertrag von Hué 1874 bestätigt wurde. Der gleiche Vertrag legte ein französisches Protektorat über das Königreich Annam fest und bestimmte die Entsendung eines französischen Residenten nach Hué. Gleichzeitig entwickelten sich die französischen Wirtschaftsinteressen in Tongking, das als Tor nach China galt. 1873 reiste François Garnier nach Tongking, um einem französischen Geschäftsmann namens Dupuis aus der Klemme zu helfen. Aus dieser Mission entwickelte sich eine Expedition, die einen Handelsweg nach China suchte. Garnier eroberte Hanoi, wurde aber von chinesischen »Räubern«, den »Schwarzen Bannern« getötet. Nach Verhandlungen erreichte die französische Regierung, daß die sterblichen Überreste Garniers in die Heimat überführt werden konnten. Der Vertrag von Hué garantierte zwar Handelsfreiheit auf dem Roten Fluß, doch verhinderten die chinesischen Banden, die Tongking kontrollierten, deren wirksame Anwendung. Daraufhin wurde von mehreren französischen Handelskammern eine Meinungskampagne organisiert mit der Forderung nach sicherem Schutz ihrer Niederlassungen; von einer Besetzung Tongkings war nicht die Rede. Die Kampagne hatte Erfolg, denn am 25. April 1882 nahm General Rivière an der Spitze eines kleinen Expeditionskorps, das nur einen begrenzten Auftrag hatte, die Zitadelle von Hanoi ein. Nunmehr suchte man während des ganzen Jahres 1882 nach einer Verhandlungslösung; doch als im Februar 1883 Ferry erneut das Kabinett übernahm, änderten sich die Zielvorgaben, und Rivière machte sich an die Eroberung des Mekong-Deltas, wo er am 19. Mai getötet wurde. Einen Tag später, am 20. Mai, genehmigte die Kammer einstimmig die Mittel für die Entsendung eines 20000 Mann umfassenden Expeditionskorps nach Tongking.

Am 25. August erkannte nunmehr der Kaiser von Annam das uneingeschränkte Protektorat Frankreichs über Tongking an. Nichtsdestoweniger gingen die militärischen Operationen weiter, sowohl gegen die Bevölkerung, die bis gegen Ende des Jahrhunderts ihren Widerstand fortsetzte, als auch gegen China. Obgleich dieses 1884 einen Vertrag unterzeichnet hatte, wurden die Kämpfe in Gestalt eines Seekriegs wiederaufgenommen, bis es am 9. Juni 1885 erneut zum Abschluß eines Vertrages in Tien-Tsin kam. Zu diesem Zeitpunkt war jedoch Jules Ferry wegen der Affäre Lang Son schon nicht mehr im Amt, da man nach einem alarmierenden Telegramm, das von dort eingetroffen war, eine schwere französische Niederlage vermutet hatte. Clemenceau hatte daraufhin eine ungewöhnlich harte Anfrage an die Regierung gerichtet; er beschuldigte Ferry des Verrats und zwang die Regierung mit Unterstützung der Rechten am 30. März 1885 mit 306 gegen 145 Stimmen zum Rücktritt. Unter denen, die gegen Ferry gestimmt hatten, befanden sich auch nicht wenige Abgeordnete des linken Zentrums.

Alles in allem kann man nicht sagen, daß man bei der Errichtung der Kolonien »imperialistische« Ziele im Auge gehabt hatte, daß also hierbei einem inneren Bedürfnis des Kapitalismus nach Expansion entsprochen wurde, der den Schrecken seiner Widersprüche ausgeliefert war. Die »kommerziell interessierten Kreise« verbanden mit der Intervention in Afrika und Tongking nicht die Forderung nach Eroberung neuer Gebiete, sondern wollten ihre Handelsverbindungen gesichert sehen wie im Fall Lyons, das auf den Handel mit China angewiesen war. Diese Kreise spielten sicher eine wichtige Rolle, wesentlich aber war, daß der hartnäckige Wunsch einiger Militärs mit dem Wunsch nach patriotischer Regeneration bei einigen Staatsmännern zusammentraf, namentlich bei Gambetta, Ferry und Paul Bert. Für sie bedeutete die Selbstbeschränkung auf das eigene Land eine Selbstverleugnung, die sie ablehnten. Wesentlich war auch, daß man im politischen Spiel der Weltmächte riskierte, seine Karte nicht mehr ausspielen zu können, wenn man sie nicht im geeigneten Moment ausspielte, wie Bismarck einmal bemerkte.

INSTABILITÄT UND SPALTUNG

Die Arbeit, die zwischen 1879 und 1885 geleistet worden war, konnte sich sehen lassen. Die Schule, wie die Republik sie wollte, war gegründet. Sie war die Krönung eines über hundert Jahre dauernden Bemühens um die Beseitigung des Analphabetentums. Sie verlieh dem Staat einen bisher nicht gekannten Einfluß auf die Menschen, mit dem er die nationale

Einheit im republikanischen Sinn herbeiführen konnte. Daneben gab das Abenteuer der Kolonisation in Übersee Frankreich das Gefühl seiner Größe wieder. Dennoch wirkte die Regierung im Jahr 1885 nicht gefestigt und setzte sich die Spaltung innerhalb der Republikaner fort. Die Schwächung der Exekutive und ihre Abhängigkeit von der Nationalversammlung mit ihren unsicheren Mehrheiten erklärten sich aus drei Faktoren: den Verfassungsgesetzen, die solche Abirrungen zuließen; den Modalitäten ihrer Anwendung – dazu gehörten nicht nur die Erinnerung an den 16. Mai 1877, sondern auch die Praktiken von Jules Grévy oder der Wahlmodus –; und schließlich die Ideologien und die Tradition, die beide die absolute Machtstellung von Senat und Kammer förderten. Der französische Parlamentarismus hatte sich in früheren Regierungen als Opposition zur Macht herausgebildet, und dies sollte ihn für immer prägen.

Die zunehmend schwächere Position des Präsidenten der Republik in dieser Zeit darf man nicht überbewerten. Jules Grévy und seine Nachfolger handelten nicht mehr als konstitutionelle Monarchen, die keine Macht mehr besaßen. Sie behielten, angefangen bei Sadi Carnot über Félix Faure bis zu Raymond Poincaré, stets ihre herausragende Stellung in der Außen- und Kolonialpolitik. Manche Verträge, vor allem Bündnis- und Protektoratsverträge, konnten sie selbständig ratifizieren. Diese Verträge legten Frankreichs Zukunft langfristig fest; als Beispiel sei hier nur das Bündnis mit Rußland erwähnt. Der Präsident der Republik führte seit der Verabschiedung des Gesetzes Rivet auch den Vorsitz im Ministerrat und ernannte den Premierminister (übrigens fälschlicherweise Präsident des Ministerrats genannt). Grévy wie auch einige seiner Nachfolger hatten es verstanden, ihr Privileg in dieser Hinsicht zu nutzen und die Rolle des Regierungschefs einzugrenzen. Die Abgeordneten und die Senatoren waren natürlich daran interessiert – mit Ausnahme Raymond Poincarés –, für das Amt des Präsidenten Männer von geringem Format vorzuschlagen, zumindest sollten sie keine allzu große Ausstrahlung besitzen oder keine gar zu markante Persönlichkeit verkörpern. Denn dies war der sicherste Weg, die Aufwertung dieses Amtes zu verhindern. Ferrys Scheitern 1889 stand dafür als Beispiel. Dieser Machtschwund des französischen Staatspräsidenten war auf drei einander ergänzende Umstände zurückzuführen: Zum einen verlor er sein Recht zur Auflösung der Nationalversammlung nicht nur, weil die Verfassung dieses Recht stark einengte und seine Ausübung von der Zustimmung des Senats abhängig machte, sondern auch, weil Mac-Mahon es gegen die Republik benutzt hatte – zumindest sahen es ihre Verteidiger so; zum anderen hing der Präsident aufgrund des Wahlmodus von den Kammern ab und war damit fest in das Spiel der Parlamentsintrigen eingebunden; schließlich und vor allem trug der Präsident keine parlamentarische Verantwortung, was insbesondere in der Praxis des Gegenzeichnens seiner Erlasse durch einen Fachminister zum Ausdruck kam. Die Verfassungsgesetze von 1875, die die konstitutionelle Monarchie vorbereiten sollten, enthielten bereits im Ansatz viel stärker als gedacht eine Schwächung des Präsidentenamts und seiner Funktionen.

Diese Schwächung wurde durch den größeren Kompetenzbereich des Ministerpräsidenten nicht ausgeglichen, wobei die Schwäche aber auch hier nicht überbewertet werden sollte. Die Zahl der Minister war begrenzt und der Regierungschef ernannte seine Minister persönlich. Seitdem hatte es der III. Republik nicht an führenden Persönlichkeiten gefehlt, die sich kraft ihrer Autorität gegenüber den Ministern durchsetzen konnten, wie man dies bei Ferry, aber auch bei Waldeck-Rousseau und Georges Clemenceau beobachten konnte. Wahr ist auch, daß die Instabilität der Kabinette durch die politische Stabilität der einzelnen Minister ausgeglichen wurde, vor allem in den Ressorts Äußeres, Landwirtschaft und Finanzen. So konnte in vielen Fällen die für eine Entscheidung notwendige Kontinuität gewahrt bleiben, um so mehr als das Überleben der Minister durch die Leiter der Ministerialbürokratie gestützt wurde, die in ihrer Arbeit nicht von den Kabinettsmitgliedern behindert wurden.

Im übrigen jedoch blieb hinsichtlich der beiden Kammern die Machtbefugnis der Ministerien stets gefährdet; die Minister waren zwar nicht machtlos, aber sie waren vor allem schwach und angreifbar. Bis 1914 gab es nur drei Kabinette, die länger als Ferry (dieser blieb 25 Monate im Amt) regierten: Waldeck-Rousseau amtierte von Juni 1889 bis Juni 1902, Combes von Juni 1902 bis Januar 1905 und Clemenceau von Oktober 1906 bis Juli 1909. Mit Clemenceaus Sturz begann eine Periode höchster Instabilität. Die genannten Regierungen waren Kabinette der »Verteidigung der Republik«; ihre jeweilige Dauer hing mit einer besonderen Verkettung von Umständen zusammen. Instabilität war die Regel, das hieß, die Kabinette waren ständig vom Sturz bedroht, der entweder durch die Nationalversammlung, seit 1890 aber auch durch den Senat erfolgen konnte. Auch die absolute Autonomie der beiden Institutionen gegenüber der Regierung wurde zur Regel.

Was in der III. Republik den Charakter der Gewohnheit annahm, stand am Ende zweier Erfahrungen: die eine ergab sich aus den parlamentarischen Lernprozessen des ganzen Jahrhunderts, die andere unmittelbar aus den Ereignissen nach den Wahlen von 1876. Die parlamentarische Prozedur, die beide Kammern übernommen hatten, wurzelte in der Tradition der konstitutionellen Monarchie. Vorschläge und Gesetzentwürfe wurden seit 1814 zuerst in Ausschüssen beraten. Die Kammer bekam bei der Plenarsitzung den Bericht der Kommission und nicht den Entwurf der Regierung vorgelegt. Seitdem mußte sich die Regierung in der III. Republik praktisch an einen Abgeordneten wenden, der den Text als Abänderungsantrag einbringen mußte, damit er überhaupt debattiert wurde. Da die Kommissionen seit 1902 nicht mehr ad hoc eingesetzt, sondern zu einer ständigen Einrichtung wurden, wuchsen damit auch ihre und ihrer Vorsitzenden Machtbefugnisse beträchtlich. Im Kaiserreich war der Einfluß von Kommissionen durch prozedurale Finessen übrigens begünstigt worden. Ihre Rolle in der III. Republik trug viel dazu bei, das Kräftegleichgewicht zugunsten der Legislative zu verschieben.

Ähnlich verlief die Entwicklung beim Interpellationsrecht, das die Nationalversammlung und der Senat nach 1890 übernommen hatten. Die beiden Kammern, die bei der Festlegung der Tagesordnungspunkte absolut souverän verfahren konnten, brachten es schließlich so weit, daß sie während einer Sitzung – unter dem Geschäftsordnungsvorwand, den Zeitpunkt für eine Anfrage festzulegen – eine Aussprache provozieren und einen Minister und damit die Regierung in Schwierigkeiten bringen konnten. Die Minister verhielten sich dabei untereinander absolut solidarisch. Dieser Vorgang war das Ergebnis eines Abdriftens von früheren Praktiken. Zum besseren Verständnis sei dazu gesagt, daß die republikanische Linke in den Anfängen der Republik oft auf die Stimmen der Radikalen angewiesen war. Nun aber hielten die Radikalen an ihrem basisdemokratischen System, wie man es nennen könnte, fest, das heißt an einem System, das immer unter der Kontrolle des eigentlichen Souveräns – der Wählerschaft des Arrondissements – stand. Als ewiges Opfer der Unterdrückung durch die Verwaltung suchte er hier seinen Ausgleich.

Das Experiment der Listenwahl wurde nach 1885 nicht wiederholt; die Wahl auf Arrondissementsebene, die noch aus der Kaiserzeit stammte, wurde beibehalten, das heißt, der Abgeordnete wurde gezwungen, »stets seinen Wahlkreis im Auge zu behalten«. Gambetta war der Meinung, er könne die Spaltung der Republikaner durch die Listenwahl beenden. Diese Spaltung hatte sich 1885 drastisch vertieft, wofür vor allem Clemenceau verantwortlich zeichnete. Der Radikalismus, obgleich selbst auch in sich gespalten, präsentierte sich nach außen aber doch als eine mächtige, organisierte Kraft, deren ideologischer Elan durch einige Amnestierte der Kommune wieder aufgefrischt wurde. Im März 1883 wurde die »Republikanische Liga zur Verfassungsrevision« gegründet, die Camille Pelletan (1846–1915) leitete. Sie strebte eine Art von Basisdemokratie an, die auf einer strengen Kontrolle der Abgeordneten durch die Wähler gründen sollte. Auch sah sich der Radikalismus gegenüber dem Opportunismus vor allem als patriotische Partei, aber »patriotisch von innen heraus« und damit scharf antikolonialistisch eingestellt. Er verlangte eine Reform der Wehrpflicht mit kürzerem Wehrdienst und ohne Gewährung von Ausnahmen. Der Radikalismus fühlte revisionistisch, denn seiner Ansicht nach war die zweite Kammer in ihrer Funktion eine antidemokratische Institution. Sein linksradikaler Flügel, darunter auch Henri Rochefort, der damals den *»Intransigeant«* übernommen hatte, forderte eine starke und volksnahe Regierung. Im übrigen verlangte er die Trennung von Kirche und Staat sowie die Aufhebung der Verträge von 1883 mit den Eisenbahngesellschaften, die er als »schurkisch« bezeichnete. In ihren gesellschaftlichen Vorstellungen blieb er eher ungenau, so daß es zwischen diesem Programm und Ferrys Vorstellungen zum völligen Bruch kam; damit gingen die Republikaner gespalten in die Wahlen.

DER UNAUFHALTSAME AUFSTIEG EINES GENERALS

Die Republikaner mußten ihre Zerrissenheit beim ersten Wahlgang für die Legislative im Oktober 1885 teuer bezahlen. Die Konservativen hingegen stellten sich tatsächlich als geeinte Partei vor. In den meisten Departements bildeten sie eine konservative Bündnis- und Oppositionsliste, in der Royalisten neben Bonapartisten vertreten waren; sie entwickelten antikolonialistische Thesen und riefen zum Widerstand gegen die Laisierung auf. Dagegen herrschten in der Linken recht unterschiedliche Strömungen: in 37 Departements stand einer Liste der Radikalen eine Liste der Opportunisten gegenüber. Einige »republikanisch liberale« Listen im

Gefolge Léon Says spalteten die Opportunisten noch zusätzlich, hatten damit jedoch wenig Erfolg. Linke Bündnisse gab es in der Regel nur dort, wo man wußte, daß die konservative Liste sehr stark war. Nach dem ersten Wahlgang lagen die Konservativen mit 177 gewählten Abgeordneten gegenüber 129 Republikanern vorne. Nun machte sich sofort die republikanische Disziplin bemerkbar: Vom linken Zentrum bis zu den Radikalen verzichtete man zugunsten der Personen, die sich beim ersten Wahlgang an die Spitze gesetzt hatten. Nach dem zweiten Wahlgang waren insgesamt 380 Republikaner, die Hälfte von ihnen Radikale, und 200 Konservative gewählt. Somit war die Nationalversammlung in drei Gruppierungen geteilt, die sich in etwa die Waage hielten. Das linke Zentrum verschwand, die gambettistische *Union des Gauches* und die *Gauche républicaine* Ferrys gingen zusammen und erhielten 206 Sitze. Die Radikalen hatten etwa hundert Mandate errungen, die sich die Gruppen um Brisson und Clemenceau teilten; die übrigen republikanischen Abgeordneten verhielten sich abwartend. Ferrys Nachfolger, Henri Brisson, trat nicht sogleich zurück, denn er wollte zuvor noch die Kredite für Tongking verabschiedet haben. Es gelang ihm auch tatsächlich im Dezember mit vier Stimmen Mehrheit dank der zahlreichen Annullierungen, die die Versammlung gegen die Konservativen wegen »klerikaler Einmischung« ausgesprochen hatte. Am 7. Januar beauftragte Jules Grévy, der sich kurz zuvor wieder zum Präsidenten hatte wählen lassen, de Freycinet mit der Regierungsbildung. Dieser mußte sich neue Männer suchen, denn Clemenceau hatte, unversöhnlich, wie er war, bei jedem ehemaligen Mitarbeiter Ferrys sein Veto eingelegt. Einzig und allein um der extremen Linken einen Beweis seiner Stärke zu liefern, ließ de Freycinet am 22. Juni das Exilgesetz passieren, was die beiden orléanistischen und legitimistischen Thronprätendenten denn auch tatsächlich verblüffte. Außerdem gelang es ihm, am 30. Oktober das Gesetz Goblet über die Laizisierung des Lehrpersonals durchzubringen. Als Kriegsminister berief er General Boulanger, einen Mann der Radikalen.

Georges Boulanger (1837–1889) war ein Freund Clemenceaus und damals fünfzig Jahre alt. 1884 hatte man ihn zum General ernannt und nach Tunesien geschickt, wo er in einen schweren Konflikt mit dem dortigen Residenten Paul Cambon geriet. Nach seiner Ernennung zum Kriegsminister versuchte er sofort die Aufmerksamkeit auf sich zu ziehen. Er zog sämtliche Regimenter aus Paris zurück, die unter dem Kommando von Monarchisten standen; außerdem enthob er den Herzog d'Aumale seiner militärischen Ämter. (Als der Herzog später seine Korrespondenz veröffentlichte, versäumte er nicht zu erwähnen, wie ihm Boulanger noch in den siebziger Jahren, als dieser in Besançon unter seinem Befehl Dienst tat, seine Ergebenheit bezeugt habe.) Anläßlich des Streiks von Decazeville verkündete er, die Truppe sei nicht ausgerückt, um den Streik zu unterdrücken.

Gleich nach seinem Amtsantritt nahm er die Revision des Militärgesetzes in Angriff. Bei der Parade am 14. Juli 1886 erhielt Boulanger großen Beifall, da er bei dieser Gelegenheit in aller Öffentlichkeit seine revanchistische Einstellung bekundete, die damals auch von der Patriotenliga Paul Déroulèdes mit großer Entschiedenheit vertreten wurde. Seit dem Frühjahr 1886 begannen Boulangers Aktivitäten zunehmend Bismarcks Argwohn zu wecken, aber Freycinet versuchte dessen Unruhe mit der Versicherung zu beschwichtigen, daß »das französische Volk absolut friedliebend« sei.

EIN »DEUTSCHES KABINETT«

Im Dezember 1886 wurde de Freycinet als Regierungschef von Goblet abgelöst, der jedoch Boulanger im Amt behielt. Bismarck, der de Freycinet geschätzt hatte, äußerte seine Verstimmung. Da er im Reichstag seine Heeresvorlage verabschieden lassen wollte, brauchte er dafür ein französisches Schreckgespenst. Mit diesem Gesetz erreichte Deutschland wieder eine zahlenmäßige Überlegenheit, die es bis dahin verloren hatte (461 000 deutsche Soldaten gegen 440 000 Franzosen). Gleichzeitig scheiterte Bismarck mit seinem Wahlaufruf bei den Elsässern, die nach den Wahlen vom 21. Februar 1887 nur »Protestler« in den Reichstag schickten. Bismarck ergriff Maßnahmen zur Einberufung der Reservisten, und man hatte allgemein den Eindruck, daß er den Krieg wünschte. Dies war jedenfalls die ernsthafte Befürchtung von Außenminister Flourens. Die französische Presse reagierte sehr besorgt.

In diese gespannte Atmosphäre platzte die Affäre Schnaebelé. Dieser Polizeikommisar aus Pagny-sur-Moselle war am 20. April 1887 auf deutschem Gebiet festgenommen worden, wohin ihn seine deutschen Amtskollegen gelockt hatten. Dies war auf Anordnung und mit Einverständnis Bismarcks geschehen. Der Reichskanzler vollstreckte damit einen Gerichtsentscheid, nachdem sich herausgestellt hatte, daß Schnaebelé einen Spionagering unterhielt. Die französische Regierung verlangte die Auslieferung des Kommissars innerhalb von 48 Stunden. Die Affäre wurde auch ohne großes Aufheben beigelegt. Bismarck gab zu, daß der Hinterhalt nicht korrekt war, und die Franzosen gestanden ihrerseits die Unrechtmäßigkeit der Aktivitäten Schnaebelés ein. Zu diesem Zeitpunkt verstärkte Bismarck die Isolierung Frankreichs, indem er einen Rückversicherungsvertrag mit Rußland schloß und mit Großbritannien und Italien die Mittelmeerentente unterzeichnete. Außerdem erhielt er, was er gewollt hatte – Boulanger verließ das Kriegsministerium.

In Paris war im Mai 1887 die Regierung bei der Verabschiedung des Haushalts von einer Koalition aus Konservativen und gemäßigten Republikanern gestürzt worden, die gemeinsam gegen die Radikalen und Boulanger vorgingen. Zum selben Zeitpunkt stellte sich Boulanger auf Betreiben Rocheforts bei einer Teilwahl in Paris als Kandidat zur Verfügung und erhielt 39000 Stimmen. Daraufhin kam es zu einem in der französischen Geschichte ziemlich außergewöhnlichen Ereignis, das erst später in seiner ganzen Tragweite erkannt wurde: Grévy schlug nämlich eine völlig neue Taktik ein mit dem Ziel, Boulanger aus dem Kabinett zu entfernen. Er beauftragte Maurice Rouvier mit der Bildung einer neuen Regierung, nachdem er den Chef der vereinigten Rechten, Baron de Mackau (1832–1918), Abgeordneter von Argentan, empfangen hatte. Rouvier war ein Anhänger Gambettas und konnte auf die Neutralität der Rechten zählen. Diese forderte er auf, sich ihm anzuschließen, während er Boulanger aus dem Kabinett entfernte. Rochefort beschimpfte die Regierung daraufhin als »deutsches Kabinett«, denn schließlich habe Bismarck die Entlassung Boulangers gefordert. Das neue Kabinett stand auf schwachen Füßen, denn die Republikaner hingen an ihren heroischen Erinnerungen an die Gründung der III. Republik, und Rouvier hatte sich stillschweigend verpflichtet, nur die Stimmen der Republikaner zu berücksichtigen. Die Zusammenarbeit zwischen der Rechten und den gemäßigten Republikanern in der Nationalversammlung klappte nicht gut. Die Auseinandersetzung um die Wehrpflicht vergiftete die Atmosphäre, denn die Republikaner wollten die Ausnahmeregelungen für die Seminaristen abschaffen. Dabei wußten sie sehr genau, daß die Rechte befürchtete, diese Aufhebung würde die Berufungen für den geistlichen Stand zum Versiegen bringen. Die Frage der nichtkonfessionellen Lehrerschaft war noch immer brisant, und die maßvolle Durchführung des Gesetzes Goblet konnte die Rechte nicht besänftigen.

Gegen Ende des Jahres erreichte die Parlamentskrise mit dem Wilson-Skandal ihren Höhepunkt. Daniel Wilson (1840–1902), Schwiegersohn von Präsident Grévy, Abgeordneter und Geschäftsmann, hatte nämlich mit Ordensauszeichnungen gehandelt, und dieses Geschäft wurde im November aufgedeckt. Clemenceau verlangte eine sofortige Anfrage an die Regierung, während Rouvier einen Aufschub forderte. Am 19. November wurde er jedoch mit 317 Stimmen bei 228 Gegenstimmen gestürzt, das heißt, die Mehrheit der Rechten ließ Rouvier fallen. Diese Abstimmung bedeutete, daß die Kammer Grévys Entlassung forderte. Als dieser sich weigerte, kam es zu einem regelrechten Streik der Minister, dem er am 2. Dezember 1887 nachgeben mußte.

Bereits am Tag darauf wurde Sadi Carnot (1837–1894) zum Präsidenten der Republik gewählt. Diese Wahl entsprang dem Haß, den Clemenceau dem einzigen Mann entgegenbrachte, dessen Ansehen, Erfahrung und Intelligenz allgemein beeindruckt hatten – Jules Ferry. Als sich die Republikaner in Versailles, dem Ort der Wahl, versammelten, erhielt Ferry zunächst mehr Stimmen als Freycinet. In der dritten Runde dann setzte sich Clemenceau für die Kandidatur Carnots ein, des Enkels des Organisators der Victoire und einstigen Finanzministers. Die Rechte beging den Fehler, Ferry nicht zu unterstützen – gegen den Rat einiger Mitglieder –, sondern stellte sich hinter General Saussier, den Gouverneur von Paris, der gar nicht als Kandidat nominiert war. Carnot war ein fleißiger und eher farbloser Mann, der seine Wahl hauptsächlich einem Mangel an geeigneten Persönlichkeiten verdankte. Alles verlief so, als ob die Republikaner ganz bewußt eine Schwächung des Präsidentenamtes anstrebten. Nach dem Verzicht Freycinets auf eine Kandidatur wurde Carnot mit 616 Stimmen gewählt.

DIE REPUBLIK IN GEFAHR?

Ferry war nicht der einzige, der bei dieser Wahl eine Niederlage hinnehmen mußte. Boulanger war ebenfalls gescheitert, obwohl er in der Nacht vom 2. auf den 3. Dezember heimliche Absprachen getroffen und Verhandlungen geführt hatte. Er war seit Mai nicht untätig gewesen. Rouvier, der fürchtete, daß es am 14. Juli zu Zwischenfällen kommen würde, hatte ihn nach Clermont-Ferrand abkommandieren lassen. Bei seiner Abreise am 8. Juli kam es am Bahnhof zu Kundgebungen; man sang die *»Marseillaise«* und klatschte dem General »Revanche« Applaus. Die Parole lautete: Er kommt wieder. Die Menge hinderte den Zug an der Abfahrt, und so mußte der General selbst eine Lokomotive ersteigen, um überhaupt aus dem Bahnhof zu kommen.

Die Radikalen spalteten sich; diejenigen, die die Bedrohung spürten, die auf der Regierung lastete, distanzierten sich von Boulanger; die anderen blieben ihm treu. Zur gleichen Zeit war innerhalb der Rechten eine spürbare Bewegung in Richtung auf eine Aussöhnung mit der Republik zu beobachten, die den Grafen von Paris beunruhigte. Er folgte dem Beispiel des Prinzen Victor Napoleon, der im August feierlich die bonapartistische Fahne entrollt hatte, und veröffentlichte am 15. September eine Erklärung, die ganz im Geiste orléanistischer Tradition eine Menge plebiszitärer Ansätze und einige Konzessionen an die eingefleischten Monarchisten, vor allem die Vorstellung eines Senats, der die »großen gesellschaftlichen Kräfte und Interessen« repräsentierte, enthielt. In der Tat wich seine Erklärung gegenüber der Tradition, die er so sehr betonte, in einigen Punkten ab, insbesondere als er den reinen Parlamentarismus in Frage stellte. »Das Land wünscht eine starke Regierung, denn es weiß, daß auch eine echte parlamentarische Regierung ... nicht mit einer Versammlung vereinbar ist, die in allgemeiner Wahl gewählt wurde.« Der Prinz wollte damit ganz offiziell an seine Rechte erinnern, verwarf aber, indem er dies tat, zugleich die sich abzeichnende Sammlungspolitik, denn darauf lief die Unterstützung der Rechten für Rouvier hinaus.

Am 8. Juli war Boulanger von den Radikalen, den Sozialisten und sogar von den ehemaligen Kommunarden begeistert gefeiert worden. Obwohl Clemenceau sich von ihm distanziert hatte, weigerte er sich nicht, im Dezember mit ihm zusammenzutreffen, denn er wollte Ferry mit allen Mitteln schlagen. Boulangers Umgebung bestand durchweg aus Überläufern von seiten des Radikalismus und der extremen Linken. Zu diesem Kreis gehörten Georges Laguerre (1858–1912), der ehemalige Sekretär von Louis Blanc und frühere Anwalt der Anarchisten, sowie Lehérissé und der Senator Naquet, aber auch Charles Laisant, der Direktor des *»Petit Parisien«*, der im übrigen auch ein begabter Mathematiker war, und vor allem Henri Rochefort, der 1874 aus der Haft entflohen und bis 1880 verbannt war und danach den *»Intransigeant«* gegründet hatte, der Ferry und Gambetta unerbittlich angriff. Sogar Déroulède stand lange Zeit den Radikalen nahe. Diese Politiker wollten eine demokratische und soziale Republik errichten. Im Dezember 1887 formierten sich die Boulangisten zu einer Gruppierung, die sich als »Sozialisten« bezeichnete und ein in sich geschlossenes soziales Gesetzgebungsprogramm präsentierte.

Vor allem aber waren sie Patrioten. Der radikale Revisionismus bekam hier eine neue Bedeutung, denn die Revision wurde zur notwendigen Voraussetzung der Revanche. »Bevor Frankreich nicht gesundet ist, kann nach außen hin nichts unternommen werden«, sagte Déroulède im April 1888. Die Wandlung des Nationalismus in einen Antiparlamentarismus bedeutete den entscheidenden Wendepunkt. Boulangers Slogan: »Auflösung, Verfassunggebende Versammlung, Revision« war in seinem Ursprung radikal, doch wurde die Propaganda von einem nationalen Parteikomitee organisiert, das auch weit außerhalb des radikalen Milieus Anhänger warb.

Boulanger hatte nicht bis zum 3. Dezember gewartet, um mit der Rechten Kontakt aufzunehmen und darüber hinaus auch indirekt mit dem Prätendenten. Die ersten Verhandlungen mit Boulanger fanden zwischen dem 25. und 29. November 1887 statt. Baron de Mackau und Boulanger erklärten sich zu einem gemeinsamen Vorgehen bereit; Boulanger schien dies zugunsten des Grafen von Paris zu akzeptieren, mit dem de Mackau Kontakt aufnehmen sollte. So kehrte der Traum vom Konnetabel als Restaurator der Monarchie zurück, mit dem bereits Mac-Mahon 1873 und Ducrot 1877 geliebäugelt hatten. Der »Konnetabel« Boulanger verschaffte der Sache der Monarchie die nötige Portion Popularität – über die der Graf von Paris absolut nicht verfügte – und die Einigkeit, während es zwischen der Tradition der christlichen Monarchie eines Albert de Mun, der bonapartistischen und der orléanistischen Tradition eigentlich keine

Gemeinsamkeiten gab. Doch zeichnete sich neben den Verhandlungen auf Generalstabsebene in der Öffentlichkeit immer deutlicher ein antiparlamentaristischer und nationalistischer Zug ab, der 1900 seinen beredtsten Ausdruck im *»Appel au soldat«* (»Der Appell an den Soldaten«) von Maurice Barrès (1862–1923) fand, der das Abenteuer der Boulangisten bis zum Ende mitmachte. Barrès stellte dem republikanischen, zentralistischen, verbeamteten und in die Mittelmäßigkeit abgesunkenen Frankreich ein authentischeres Frankreich gegenüber, das in seinen Augen seinen symbolischen Ausdruck in dem »Schauer« fand, der Lothringen anläßlich der Affäre Schnaebelé durchlief, ein Frankreich, das sich auf seine Wurzeln besinnt und auf sein überkommenes Erbe. So entstand mit dem Boulangismus eine neue Form des Nationalismus.

Verglichen mit dieser Begeisterung, die ihn damals umgab, nehmen sich die Höhepunkte des Boulangismus aus heutiger Sicht eher bescheiden aus. Carnot ernannte Emmanuel Tirard (1827–1893) zum Ministerpräsidenten, einen Senator auf Lebenszeit, der ein reines Zentrumskabinett zusammenstellte und am 27. März Boulangers Pensionierung verfügte. Dieser nutzte auf den Rat des jungen bonapartistischen Journalisten Georges Thiébaud hin die Möglichkeit, sich schon vor seiner Versetzung in den Ruhestand als Mehrfachkandidat aufstellen zu lassen. Ihren Höhepunkt erreichte die Krise im April: Während Laguerre der Kammer einen Revisionsantrag vorlegte, der mit 286 gegen 237 Stimmen angenommen wurde und den Sturz Tirards nach sich zog, wurde Boulanger am 8. April in der Dordogne und am 15. April im Departement Nord gewählt. Dies wurde möglich, nachdem sich zu Beginn des Monats das Bündnis mit den Monarchisten gefestigt hatte. Obgleich die Berater des Grafen von Paris sämtlich dagegen waren, nahm dieser doch entschlossen die Herausforderung an, dieses Spiel mitzuspielen, und bildete ein siebenköpfiges Komitee (darunter auch Albert de Mun), das die Ereignisse verfolgen sollte. Allerdings hielt der Graf streng darauf, seine Sache nicht mit der Boulangers zu vermengen. Dieser fand indes auch finanziellen Rückhalt bei einigen Monarchisten, unter ihnen die Herzogin von Uzès, und begann mit der Vorbereitung einer großangelegten Meinungskampagne.

Die radikalsozialistischen Gegner des Generals wollten dagegen die Revision ohne ihn durchführen; zumindest war dies das Programm des neuen Ministerpräsidenten Charles Floquet (1828–1896). De Freycinet wurde zum Kriegsminister ernannt und wurde dabei von der Gesellschaft für Menschenrechte, die Georges Clemenceau und Arthur Ranc im Mai gegründet hatten, unterstützt. Bei dieser Gesellschaft handelte es sich um ein Unternehmen der Freimaurer. Zu Beginn des Sommers schien Boulanger jedoch an Terrain einzubüßen; er verlor im Departement Ardèche und Déroulède im Departement Charente. Zu allem hin hatten sich Floquet und Boulanger nach einem heftigen Wortwechsel in der Nationalversammlung auch noch duelliert, wobei der General von Floquet ziemlich schwer verletzt wurde. Doch schon im August kehrte sich die Situation wieder um, als in Paris der große Streik der Erdarbeiter ausbrach. Am 19. August wurde Boulanger in den Departements Nord, Somme und Charente-Inférieure gewählt. Es war ihm gelungen, die Stimmen der Konservativen und Klerikalen, der Radikalen und der Sozialisten auf sich zu vereinen. Die Wahlveranstaltungen nahmen ganz unverhüllt plebiszitäre Formen an. In den Kreisen der Opportunisten herrschte große Unruhe. Am 27. Januar 1889 stellte sich Boulanger bei einer Teilwahl in Paris. Die radikalen Antiboulangisten und die Opportunisten stellten als Gegenkandidaten Jacques, den Präsidenten des *Conseil général* des Departements Seine, auf, der alsbald als »der arme Jakob« durch die Zeitungen geisterte. Nach einem ähnlich heftigen Wahlkampf wie dem Barodet-Rémusats im Jahre 1872 errang Boulanger einen triumphalen Wahlsieg. Die Arbeiterviertel hatten für ihn gestimmt. Doch der General weigerte sich, zum Elyséepalast zu marschieren, obwohl einige, doch sicher zu Unrecht, glaubten, Rufer in der Menge gehört zu haben, die schrien: »Auf, zum Elysée!« Er wollte keinen 2. Dezember 1852. Der Graf von Paris glaubte trotz seines siebenköpfigen Komitees, daß die Wahl vom 27. Januar 1889, weit davon entfernt, der Monarchie den Weg zu ebnen, vielmehr »den Triumph der nationalen Republik« bedeutete. Die Monarchie habe ihre Unabhängigkeit wiedergewonnen. Tatsächlich aber entschwand sie immer mehr in das Reich der Sagen und Legenden.

DIE GESTÄRKTE REPUBLIK

Allen Anzeichen zum Trotz ging die Republik aus der Krise des Boulangismus gestärkt hervor. Angesichts dieser Bedrohung waren die Republikaner enger zusammengerückt und konnten hinter sich alle vernünftigen und wirklich konservativen Männer Frankreichs vereinen. Im April schrieb Leroy-Beaulieu nach Boulangers Wahl im Departement Dordogne an seine Frau: »Boulanger ist jetzt mit Volldampf gestartet. Durch die Listenwahl wird er bei allgemeinen Wahlen zwei Millionen Stimmen gewinnen, vielleicht aber auch mehr. Gegen diese Lawine sind nur wenige Regierungen gefeit. Man muß deshalb die Situation ernst nehmen. Durch diese Verwirrung könnte es zu einem Schock in Europa kommen, Frankreich vielleicht sogar untergehen. Die republikanische Sippschaft bedauere ich wegen ihres Mißkredits überhaupt nicht.«

Die »republikanische Sippschaft« bewies indes ihre Kaltblütigkeit. Floquet bekehrte sich sogleich zur Persönlichkeitswahl. Obwohl die Republikaner um die Gefahr einer Listenwahl wußten, hatten sie begriffen, daß sie sich auf die Provinz verlassen konnten. Das Persönlichkeitswahlrecht wurde im Februar verabschiedet. Floquet beharrte jedoch auf seinem Plan einer Verfassungsreform, bei der der Senat in allgemeiner Wahl gewählt werden sollte. Die gemäßigten Republikaner stimmten mit Unterstützung der Rechten für einen Aufschub, woraufhin Floquet demissionierte und Tirard wieder zurückkehrte. Constans wurde, wie schon im ersten Kabinett Ferrys, Innenminister und organisierte die republikanische Verteidigung: die »Liga der Patrioten« wurde aufgelöst. Doch auch Boulanger beging am 17. März einen schweren taktischen Fehler. In einer Rede in Tours bekundete er seine Treue zur Republik und forderte zugleich den Bruch mit dem Antiklerikalismus: »Die Republik muß das Erbe der Jakobiner ablehnen.« So überwarf er sich gleichzeitig mit den Monarchisten und den Radikalen. Constans leitete gegen ihn einen Prozeß am Obersten Gerichtshof in die Wege, dem sich Boulanger am 1. April durch seine Flucht nach Brüssel entzog.

Am 5. Mai wurde die Weltausstellung eröffnet, die unter anderem an die Revolution von 1789 erinnerte. Die Feier der Republik kam wieder zu ihrem Recht. Am 4. Juli wurden die sterblichen Überreste von Lazare Carnot, La Tour d'Auvergne und Baudin, einem Opfer des 2. Dezember, in den Panthéon überführt. Am 18. August lud Sadi Carnot 19000 Bürgermeister zu einem Bankett. Bevor die Kammer in die Sommerpause ging, erließ sie noch eine Reihe wichtiger Maßnahmen. Am 13. Juli wurde die Mehrfachkandidatur verboten und am 18. Juli der dreijährige Wehrdienst eingeführt. Damit realisierte Freycinet als ehemaliger Minister Gambettas den republikanischen Traum einer Volksarmee. Die nationale Einheit verwirklichte sich endlich in der Armee. Der Boulangismus dagegen zerbrach; bei den Wahlen zu den *Conseils généraux* gewann Boulanger in nur zwölf Wahlbezirken, obwohl er sich in achtzig um ein Mandat beworben hatte.

Dieses Ergebnis nahm bereits den Mißerfolg der Wahlen vom Oktober 1889 vorweg. Die Rechnung der Republikaner war aufgegangen. Die Boulangisten stellten Kandidaten in 191 Wahlbezirken, in 99 von ihnen gab es keinen konservativen Gegenbewerber. Trotzdem errang die konservative Rechte 168 Sitze. Die Republikaner kamen auf 366, und die Boulangisten auf 42 Mandate; eines von ihnen fiel an Maurice Barrès. Hatten die Konservativen beim zweiten Wahlgang boulangistisch gewählt, so hatten die Boulangisten ihre Stimmen zersplittert. Sie blieben in Paris und in einigen anderen Großstädten weiterhin stark vertreten. Die Republikaner hatten wieder die ländlichen Wahlkreise gewonnen; der Boulangismus hatte an den Umständen des Problems nichts geändert.

Insgesamt stellte der Boulangismus, wenn auch nicht so sehr in seinem Wesen, so doch in seinen Konsequenzen, eine bedeutende Bewegung dar. Die III. Republik zeigte nach der Krise nicht mehr dasselbe Gesicht wie zuvor. Angesichts der Gefahr hatte der Radikalismus an Reife gewonnen. Er begann sich von der Revolution zu distanzieren, löste sich von Paris und setzte sich dank der Persönlichkeitswahl besonders auf dem Land durch. Er integrierte sich in die konservative Republik und verzichtete auf jeglichen Revisionismus. Die ehemaligen Boulangisten begannen sich mehr und mehr dem Sozialismus oder dem Nationalismus zuzuwenden, dem Sozialismus, weil dieser die Lücke füllte, die durch das Verschwinden des populären Boulangismus bei den Volkswahlen entstanden war, dem Nationalismus, weil dieser im Denken der Rechten das im Verfall begriffene Ideal der Monarchie ersetzte. Was Boulanger selbst betrifft, so beging dieser in Brüssel am Grab der Frau, die er liebte, Selbstmord.

KAPITEL VII

Die Republik und die Intellektuellen

EINE SACHE FÜR JURISTEN

In den Jahren 1889 bis 1900 vollzogen sich im politischen und sozialen Leben Frankreichs zahlreiche Veränderungen infolge einiger ideologischer Verschiebungen, die sich aus der Krise des Boulangismus und infolge tiefgreifender Wandlungen auf intellektuellem Gebiet ergeben hatten. Die wichtigste betraf zweifellos die Infragestellung des positivistischen Denkens. Von nun an trat die Symbiose zwischen »Intelligenz« und Politik immer deutlicher zutage.

Tatsächlich schienen die intellektuellen Rahmenbedingungen, wie sie durch die Bildungsgesetzgebung geschaffen wurden, fest gegründet. Die Masse der Bevölkerung war im Rahmen der Volksschulpflicht in raschen Schritten eingeschult worden. So stieg die Zahl der staatlichen Volksschulen von fast 50000 in den Jahren 1880/81 auf fast 66000 im Jahr 1903, das heißt, ihr Anteil machte inzwischen vier Fünftel aller Grundschulen aus und nicht mehr nur zwei Drittel wie noch im Jahr 1880. Sie ermöglichten den Abschluß des Alphabetisierungsprozesses, der durch die Bildungsgesetze Ferrys fast schon sein Ziel erreicht hatte, und sicherten die Einbindung der nachwachsenden Bevölkerung in die Republik. Das zu jener Zeit meistbenutzte Schulbuch stammte von Ernest Lavisse und begann mit den Worten: »In diesem Buch lernst Du die Geschichte Frankreichs kennen. Du sollst Frankreich lieben, weil die Natur es schön und die Geschichte es groß gemacht hat.« In Lavisses Darstellung präsentierte sich die III. Republik als eine Art abschließender Synthese, als die Krönung einer jahrhundertelangen Geschichte, als die Staatsform, in der Frankreich wieder zur

Einheit gefunden hatte. Daneben sorgte die Grundschule auch für die Verbreitung hygienischer, wissenschaftlicher und pragmatischer Wertvorstellungen, deren Inhalte rasch in die tägliche Erfahrungswelt der Schüler Eingang fanden. Das gleiche Phänomen ließ sich auch in den Hauptschulen beobachten.

Im Gegensatz dazu blieb der Unterricht für die künftigen Eliten lange Zeit abgeschnitten von den sozialen Realitäten. Die Zahl der Kinder an höheren Schulen nahm in den neunziger Jahren spürbar ab, stieg aber in den Jahren nach 1900 wieder an. Am Vorabend des Ersten Weltkriegs betrug ihre Zahl kaum mehr als 70000, während die Zahl der Abiturienten nur bei 7000 lag. Die höhere Schulbildung für Mädchen setzte sich nur zögernd durch: 1900 öffneten 71 Schulen für 7000 Schülerinnen ihre Pforten, 1913 nahmen 130 Schulen bereits 19800 Schülerinnen auf. Das höhere Schulwesen für Mädchen nach den Vorstellungen eines Duruy hatte sich überlebt; bei Ausbruch des Krieges gab es nur noch 55 solcher Schulen. Dieser Unterricht leitete eine tiefgreifende Veränderung im gesellschaftlichen Rollenverständnis der Frau ein, doch waren die Grenzen insofern klar gezogen, als den Mädchen der Zugang zur griechischen und lateinischen Sprache wie auch zur Philosophie verwehrt war. Das männliche Monopol in diesen Disziplinen macht ihr Prestige ziemlich deutlich. Die alten Sprachen behielten ihren Stellenwert im normalen Unterricht bei; sie wurden zwar 1880 eingeschränkt, waren jedoch bereits 1884 und 1890 wieder voll etabliert. Gleichzeitig wurde der von Duruy eingeführte Fachunterricht dank der Einrichtung eines »modernen« Gymnasiums wieder in den allgemeinen Fächerkanon integriert. Diese Fachrichtung erfreute sich indes einer deutlich geringeren Wertschätzung als der Unterricht in den klassischen Fächern.

1902 war die Entwicklung abgeschlossen. Die moderne Fachrichtung war von da an nur noch eine Imitation des klassischen Unterrichts, der nur »brillanten« Schülern vorbehalten blieb – »brillant« hier verstanden als ein Schlüsselwort zum Verständnis der hierarchischen Gliederung innerhalb der Intellektuellenwelt. In der Tat hatte es die geistige Schicht der Lehrer und Intellektuellen verstanden, sich das Instrumentarium ihrer Macht ungeschmälert zu erhalten. Die Verehrung des Lateinischen, weit davon entfernt, nur ein Mittel zur Erhaltung der Vormachtstellung der bürgerlichen Kreise zu sein, war vor allem ein Schutzwall, den die »intellektuelle Partei« errichtet hatte, um ihren Einfluß zu behaupten. Im übrigen ist keineswegs bewiesen, daß der Unterricht in den humanistischen Fächern für die Schaffung einer Elite so ungeeignet war, wie man immer glauben machen wollte. Ganz im Gegenteil sicherte er vielmehr das Überleben eines humanistischen Weltbildes, das vor ideologischen Verführungen bewahrte. Doch abgesehen von der Gymnasialbildung unterschieden sich die Ausbildungssysteme der französischen Eliten ganz erheblich voneinander. Die Hochschulen waren das Reservoir, aus dem Staat und Industrie ihre Führungskräfte rekrutierten. Deren Ausbildung war infolge einer wachsenden Zahl neuer Institute, die, wie bereits erwähnt, in den achtziger und neunziger Jahren oftmals auf Initiative der Universitäten geschaffen worden waren, zunehmend besser den Bedürfnissen und Erfordernissen technischen Wandels angepaßt. Die meisten Neugründungen verzeichneten dabei die Bereiche Chemie und Elektrotechnik. Etwa zur gleichen Zeit, also zu Beginn der achtziger Jahre, entstanden auch die Handelshochschulen. Daneben hatten die traditionellen Schulen wie die *École Polytechnique, École Centrale* und *École des Arts et Métiers* einen viel bedeutenderen Anpassungsprozeß erlebt als bisher angenommen. Parallel zu dieser Entwicklung nahm auch die Zahl der Studenten ständig zu. Wenn dabei auch noch nicht von einem Massenphänomen die Rede sein konnte, so doch von einer bis dahin nicht gekannten Umschichtung innerhalb der Bildungselite: Waren es 1876 noch 293 Studenten, die sich für die Naturwissenschaften eingeschrieben hatten, so betrug ihre Zahl 1914 bereits 7330; in der Medizin und Pharmakologie stieg ihre Zahl von 3500 auf 9700; in den Geisteswissenschaften von 238 auf 6588; und in der Jurisprudenz von 5200 auf 16 500. Insgesamt war die Zahl der Studenten von 11 200 auf 41 000 angewachsen – ein wahrhaft beachtliches Phänomen, das die »Partei der Intellektuellen« stärkte.

Politisch wurde der Staat seit 1870 von einer relativ geschlossenen Gruppe machthungriger Männer beherrscht, deren soziologische Zusammensetzung bisher nur wenig bekannt war. Inzwischen erlauben jedoch die Untersuchungen von Jean Estèbe eine genauere Beschreibung der Minister in den Jahren zwischen 1871 und 1914. Ein Drittel von ihnen waren Advokaten, danach folgten die Lehrer mit 10 Prozent und die Journalisten mit 7 Prozent. Diese drei Gruppen stellten insgesamt die Hälfte des ausgewählten Personenkreises, während »Haus- und Grundbesitzer, Kaufleute und Bankiers« nur 9 Prozent ausmachten. Die restlichen 40 Prozent setzten sich aus Ingenieuren, Beamten oder Freiberuflern zusammen. Hieraus läßt sich leicht erkennen, daß es sich bei den Ministern überwiegend um juristisch vorgebildete Personen handelte: 53 Prozent von ihnen hatten die rechtswissenschaftlichen Fakultäten und 27 Prozent die Hochschulen besucht.

Die III. Republik wurde also zu einer Angelegenheit von Juristen, das heißt von Männern, die sich, wie Waldeck-Rousseau, in erster Linie dem Gedanken einer notwendigen Hegemonie des Gesetzes verpflichtet fühlten. Die Laufbahn eines Ministers begann zunächst während der juristischen Referendarzeit und in den Seminaren »Molé-Tocqueville«, die erstmals 1876 abgehalten wurden und aus der Fusion zwischen dem Seminar »Molé« – 1832 eingerichtet – und dem Seminar »Tocqueville« aus dem Jahr 1863 hervorgegangen waren. Die jungen Anwälte, die eine politische Karriere einschlagen wollten, verdienten sich dort ihre ersten Sporen, indem sie in Rollenspielen wie etwa dem Ausarbeiten und Einreichen von Gesetzesvorlagen die parlamentarische Praxis mitsamt ihren Spielregeln einübten. So waren es vor allem die Juristen, die den Geist und die Arbeit der Legislative während der III. Republik prägten. Dieser Geist hatte sich gewandelt, als seit 1878 die juristischen Fakultäten durch neue Fachrichtungen wie etwa der Politischen Ökonomie erweitert wurden und sich einer kritischeren Analyse gesellschaftlicher Wirklichkeit öffneten. Überdies nahm auch der Einfluß der reinen Intellektuellen und insbesondere der Absolventen der *École normale supérieure* immer spürbarer zu. Dieses Phänomen wurde einige Jahre später von Charles Péguy als »Einkreisung« des Staates durch die »intellektuelle Partei« beschrieben, die sich aus Historikern und Soziologen zusammensetzte, die der ganzen Nation ihre »Metaphysik« überstülpen wollte und in deren Händen Jaurès letzten Endes nur ein Werkzeug war. Zwar bezog sich Péguys Schilderung nur auf die Jahre um 1900, doch existierte diese Wirklichkeit, die er beschrieb, auch schon früher. Der Intellektuelle wurde seit den neunziger Jahren zu einem Hauptakteur im politischen Leben: Er gefiel sich in der Rolle des nationalen Gewissens und fühlte sich als Richter im Tribunal der Geschichte, deren wahren Sinn einzig nur er allein zu kennen glaubte.

DER IRRATIONALISMUS

Die Welt der Künste und der Literatur wurde während der achtziger und neunziger Jahre zur Bühne des allgemeinen Wandels. Nunmehr begann man, die Beziehung zwischen dem Mensch und der Welt, zwischen dem Künstler und der Gesellschaft auch innerhalb der Kunst und Literatur zu thematisieren. Dieser Wandel war in der Tat sehr tiefgreifender Natur und führte zu einem völligen Bruch mit den früheren Vorstellungen. In der Literatur erfolgte in den achtziger Jahren eine totale Kehrtwendung. Während der Naturalismus mehr und mehr seine ursprüngliche Kraft einbüßte, erlebte man gleichzeitig den machtvollen Aufstieg der sogenannten »Literatur der Dekadenz«, in der die »Rückkehr zur Seele« – man muß es wohl so nennen – ihren Wegbereiter fand. Im Jahr 1889 veröffentlichte Henri Bergson, ein dreißigjähriger Absolvent der *École normale*, seine Dissertation *»L'Essai sur les données immédiates de la conscience«* (»Abhandlung über die unmittelbaren Bewußtseinstatsachen«). 1880 gaben sechs Naturalisten, unter ihnen Guy de Maupassant und J. K. Huysmans, eine Sammlung von Erzählungen heraus, die unter dem Titel *»Les soirées de Medan«* (»Abende in Medan«) erschien und grausame, zum Teil auch widerliche Episoden aus dem Krieg von 1870 enthielten, aus denen jeglicher heroische Überschwang verbannt war. 1871 begann Émile Zola mit der Veröffentlichung seiner auf zwanzig Bände angelegten Romanfolge *»Les Rougon-Macquart«*, die er 1893 abschloß. Es handelte sich um »experimentelle Romane«, die auf einem positivistischen Determinismus basierten, den die philosophischen Besorgnisse des Autors letztlich hinter sich ließen. Diese Besorgnisse mündeten zum Zeitpunkt der Dreyfus-Affäre in einer letzten Analyse in einen »demonstrativen Optimismus«. Der letzte Band der *»Rougon-Macquart«*, *»Le Docteur Pascal«* (»Doktor Pascal«) endet mit Clôtildes Mutterschaft. 1899 erschien sein Roman *»Fécondité«* (»Fruchtbarkeit«) als erster einer unvollendet gebliebenen Reihe von Romanen mit dem Titel *»Les Quatres Évangiles«* (»Die vier Evangelien«), in denen er die Natur als höchsten Wert darstellte. Guy de Maupassant ging noch über das Konzept des Naturalismus hinaus und führte ihn bis zur Höhe einer Kunst der absoluten Objektivität, die in seinem Roman »Pierre et Jean« (1887) ihre Vollendung erreichte. Nach ihm kam als einziger wirklich naturalistischer Schriftsteller nur noch Jules

Renard (1864–1910), dessen Hauptwerk, *»L'Écornifleur«* (»Der Parasit«), 1892 erschien.

Seit den achtziger Jahren hatte sich jedoch ein deutlicher Bruch vollzogen. Er begann zunächst mit der Bewegung der Dekadenz, die sich, wenn man von kleineren, recht zahlreichen szenischen Handlungen und anekdotischen Inszenierungen absieht, am augenfälligsten in Huysmans' *»À rebours«* (»Gegen den Strich«) manifestierte. Literaturgeschichtlich gesehen, bedeutete die Dekadenz nur ein Strohfeuer, doch in ihrer Ablehnung der Wirklichkeit wurde sie zum notwendigen Wegbereiter des Symbolismus, jenes Abenteuers, das als Suche nach einer neuen Geistigkeit die ausgehenden achtziger und die neunziger Jahre kennzeichnete. Sie wies recht unterschiedliche, aber zugleich auch einander ergänzende und sehr spezifische Aspekte auf. Vier davon markierten den Ursprung neuer und dauerhafter Tendenzen: der Hang zum Übernatürlichen, eine neue Vision vom Abenteuer der Poesie, der Wagnerianismus, dessen Einfluß bis in das Theater des Symbolismus hineinreichte, und eine Welle religiöser Bekehrungen, deren spektakulärste Paul Claudel erlebte. Die Neigung zum Übernatürlichen zeigte sich bei Schriftstellern, die bereits am Ende ihres Lebens standen wie Barbey d'Aurevilly (1808–1889) oder Villiers de L'Isle-Adam (1838–1889), der ein Jahr vor seinem Tod *»Les Nouveaux Contes Cruels«* (»Neue grausame Geschichten«) veröffentlichte, aber auch bei Maupassant. Diese Neigung zum Übernatürlichen verband sich mit der Neugier auf den Okkultismus, der Ende der achtziger Jahre aufkam. Von Édouard Schuré erschienen 1889 seine *»Grands Initiés«* (»Die großen Eingeweihten«), während Huysmans 1891 in seinem Roman *»Là-bas«* (»Da unten«) seine Erfahrungen in der Welt des Übernatürlichen als eine erste Etappe auf dem Weg zu Bekehrung schilderte, die er 1903 in seiner Erzählung *»L'Oblat«* (»Der Laienbruder«) vollendete.

1883 veröffentlichte Paul Verlaine, nachdem er nach seinen Erlebnissen mit Rimbaud und seinen Erfahrungen mit dem Landleben während der siebziger Jahre nach Paris zurückgekehrt war, den Band *»Les Poètes maudits«* (»Die verfemten Dichter«). Er enthielt drei Studien über Tristan Corbière (1845–1875), den Autor der *»Amours jaunes«* (»Die gelben Liebschaften«), über Rimbaud (1854–1891), der 1875 sein dichterisches Schaffen beendet hatte, und vor allem über Stéphane Mallarmé (1842–1898), dessen Dichtung *»L'après-midi d'un Faune«* (»Der Nachmittag eines Fauns«) 1876 erschien und der dank Verlaine und Huysmans (in *»À rebours«*) auf einen Schlag zum Lehrmeister einer ganzen Dichtergeneration geworden war und zum Helden eines neuen Abenteuers – dem der Poesie – erhoben wurde. Die Poesie war nun nicht mehr länger angenehme Zerstreuung, sondern wurde zu einem Instrument auf der Suche nach neuer, nicht eigentlich geistiger, sondern poetischer Erkenntnis – das, was Mallarmé einmal die »orphische Erklärung der Erde« nannte. Mallarmé starb 1898, zu früh, um sein größtes Werk zu vollenden, von dem mit *»Un coup de dés jamais n'abolira le hasard«* nur ein bescheidener Anfang vorliegt. Mallarmé hat seinen Schülern eine anspruchsvolle Konzeption der Poesie vermittelt, die jedoch nur von Valéry bewahrt worden ist. Mallarmés Botschaft wurde nicht verstanden; die Schule der symbolistischen Lyriker wie Albert Samain oder Henri de Régnier bot nur einen faden Abklatsch. Jean Moréas, Leiter der Zeitschrift *»Symboliste«* und Verfasser des symbolistischen Manifests, das im September 1886 im *»Figaro«* abgedruckt wurde, distanzierte sich seit Anfang der neunziger Jahre von dieser Schule.

Dagegen zeigte das Theater des Symbolismus mehr Beständigkeit und schuf 1902 mit *»Pelléas et Mélisande«* von Claude Debussy eines seiner Meisterwerke, eine bewundernswerte Synthese der Sensibilität dieser Zeit. Am Beginn dieses Wagnisses stand die Erfahrung mit Richard Wagner und seiner Musik. 1884 erschien die *»Revue wagnérienne«*; 1885 veröffentlichte Mallarmé einen Artikel mit dem Titel *»Richard Wagner, rêverie d'un poète français«* (»Richard Wagner, Träumerei eines französischen Dichters«), in dem er den Unterschied zwischen einem Musikdrama Richard Wagners und einem symbolistischen Drama französischer Prägung aufzeigte, von dem Édourd Schuré sagte, es solle »das große Werk der Seele« in der Geschichte der Welt erzählen. Diese Vorstellung schloß an Ibsen an, dessen Stück »Die Frau vom Meere« 1892 von Lugné-Poe (1869–1940) am *Théâtre de l'Oeuvre* aufgeführt wurde. 1893 folgte *»Pelléas et Mélisande«* von Maurice Maeterlinck (1862–1949), einem Belgier und Meister des Mysterienspiels. Lugné-Poes Experimente erhielten übrigens ihre Bedeutung mehr durch die neue Konzeption des Theaters als durch die Qualität der aufgeführten Stücke.

Claudels religiöse Bekehrung eröffnete eine lange Reihe weiterer Bekehrungen, die bis weit über die Jahrhundertwende hinaus reichten und die französische Literatur nachhaltig prägten. Denken wir nur an Francis

Jammes, Max Jacob, Ernest Psichari, den Enkel Renans, und an Charles Péguy. Claudel erlebte seine Bekehrung an Weihnachten 1886 während des »Magnifikats« in der Pariser Notre-Dame, trat aber erst 1890 zum Katholizismus über. Im gleichen Jahr 1886 machte Claudel die Entdekkung Jean-Arthur Rimbauds. Claudel war sicher der einzige Dichter, der in der Lage war, das geistige Programm des symbolistischen Theaters zu verwirklichen. Sein erstes Stück schrieb er Anfang der neunziger Jahre: die erste Version von *»Tête d'or«* (»Goldhaupt«) sowie die erste Fassung von *»La Ville«* (»Die Stadt«) entstanden 1890; *»L'Échange«* (»Der Tausch«) 1893. Dreizehn Jahre später erst, 1906, erschien *»Le Partage du midi«* (»Mittagswende«) und in den Jahren 1900 bis 1908 *»Les Cinq Grandes Odes«* (»Fünf große Oden«), in denen er nach einem heftigen Leidenskampf zur Ruhe und Aussöhnung in der Liebe Gottes fand.

Nach 1900 machte sich Bergsons Einfluß immer deutlicher bemerkbar. Indes war die Entstehung des Bergsonismus untrennbar mit der Stimmung in den achtziger Jahren und mit der Wiederentdeckung des Irrationalen verbunden. In seinem *»Essai sur les données immédiates de la conscience«* (»Zeit und Freiheit. Eine Abhandlung über die unmittelbaren Bewußtseinstatsachen«) von 1889 vertrat er die Auffassung, daß menschliches Bewußtsein, wenn es zu sich selbst gelangt, fähig sei, die Realität in einer ihrer wesentlichen Dimensionen zu erfassen: in dem ihrer zeitlichen Beständigkeit, während die »wissenschaftliche Welt nicht von Bestand ist«. So eröffneten sich neue Wege der Erfahrung, unabhängig von jenen, die die Positivisten aufgezeigt hatten, die deshalb in den achtziger Jahren immer mehr an Boden verloren.

Die Literatur der Belle Époque war Reaktion und Vollendung zugleich, Reaktion zunächst gegen das intellektuelle »Mandarinat« der etablierten Schriftsteller auf der Linken wie Anatole France oder der Rechten wie Paul Bourget. Dieser im Formelhaften erstickenden Literatur setzte ein Siebengestirn junger Schriftsteller eine um Authentizität bemühte Literatur entgegen, die alle pedantischen Manierismen über Bord warf und hinter sich ließ. Die unbestrittene Leitfigur dieser Reaktion, dieser leidenschaftlich um absolute Aufrichtigkeit bemühten Literatur war André Gide (1869–1951) mit seinen 1895 erschienenen *»Paludes«*, mit *»La Porte étroite«* (»Die enge Pforte«) von 1909 und *»Les Caves du Vatican«* (»Die Verliese des Vatikans«) von 1914. In seinem Werk vermischt sich Autobiographisches mit Fiktivem; es spiegelt neben seinen eigenen Erfahrungen auch die seiner Zeit wider. Zusammen mit Jacques Copeau, Jean Schlumberger und bald auch Jacques Rivière gründete er im Jahre 1909 die *»Nouvelle Revue française«*. Die Suche nach Aufrichtigkeit, *sincérité*, verband sich bei den Mitgliedern dieser Gruppe zu einer neuen, gereinigten literarischen Form und führte zur Herausbildung eines neuen Klassizismus. Das eigentliche Genie mußte man indes woanders suchen: dies war Marcel Proust (1871–1922), der 1906 mit der Abfassung seines Hauptwerkes *»À la Recherche du Temps perdu«* (»Auf der Suche nach der verlorenen Zeit«) begann, in dem sich alle Leidenschaften und Sehnsüchte, aber auch die innere Ermattung seiner Zeit miteinander verbanden und ihren vollendeten Ausdruck fanden. Sein Roman wurde zum Ort der Begegnung zwischen einem ungewöhnlich begabten, einzigartigen Menschen und einer Epoche, deren Sehnsüchte und Geist er zusammenfassend begriff und denen er einen völlig neuen und beunruhigenden Ausdruck verlieh.

JEDER »SINGT SEIN LIED«

Die Malerei hatte sich nach 1870 in einem subtilen, abenteuerlichen Durcheinander von Theorien und verschiedenartigen Visionen von der Wirklichkeit erschöpft, die sich bemerkenswert konsequent ergänzten. Die akademische blieb ihrem ursprünglichen Weg treu und setzte mit Bonnat die Porträtmalerei, mit Meissonier die Schlachtenmalerei und mit Bouguereau die Kunst der Allegorien fort. Ihre raffinierte Handhabung dieser Genres wurde von Liebhabern geschätzt und verdiente keineswegs die Schmähungen, mit denen sie von manchen Kritikern verfolgt wurde. Diese erklärten ihr Verdikt damit, daß diese Künstler einen »bürgerlichen Geschmack« verträten und sie es abgelehnt hätten, sich mit der impressionistischen und nachimpressionistischen Schule auseinanderzusetzen und sie in ihr Werk miteinzubeziehen. Doch diese Sehweise entbehrt jeden Haltes; vielmehr muß man geradezu bewundern, daß sich in einer Gesellschaft so viele neue und revolutionäre Tendenzen entwickeln und schließlich integrieren konnten – ein Beweis dafür, daß die Gesellschaft der III. Republik alles andere als »erstarrt« war.

Als Édouard Manet 1883 starb, hatte ihn die impressionistische Bewegung, die in den siebziger Jahren ihren Aufschwung nahm, nur noch flüchtig gestreift. Zwei Daten mögen dabei zur Orientierung dienen: die Ausstellung bei dem Photographen Félix Nadar im Jahre 1874 durch die *Société anonyme des artistes peintres, sculpteurs et graveurs,* zu der auch die Künstler aus dem Café Guerbois gehörten; und die Veröffentlichung der *»Nouvelle Peinture«* (»Die neue Malerei«) von Edmond Duranty im Jahre 1876, eine eindringliche Analyse jener künstlerischen Strömung, deren Hauptvertreter Claude Monet (1840–1920) war. Er gelangte zu beträchtlichem Ansehen, nachdem er seine Werke 1889 zusammen mit Auguste Rodin ausgestellt hatte. Er blieb der ursprünglichen Idee der Gruppe treu. Mit der überbordenden Fülle der *»Nymphéas«*, die er in den ersten Jahren des 20. Jahrhunderts malte, verlieh er einer der am stärksten ausgeprägten Strömungen seiner Zeit Ausdruck, die sich ebenso in den exotischen Wäldern Henri Rousseaus, genannt »Le Douanier«, und in der Art deco der *art nouveau* (Jugendstil) wiederfand. Zu dieser Zeit gehörte der Impressionismus schon der Kunst einer fernen Vergangenheit an, denn die letzte Ausstellung dieser Gruppe hatte 1886 stattgefunden.

Zu diesem Zeitpunkt hatte die »post-impressionistische« Reaktion bereits weitgehend eingesetzt. Dies läßt sich auf zweierlei Weise erkennen: Viele der großen Maler trennten sich sehr bald wieder vom Impressionismus oder entwickelten sich unabhängig von ihm weiter; außerdem entstanden nach 1884 neue Kunstrichtungen, die sich deutlich gegen den Impressionismus absetzten. Paul Cézanne (1839–1906), Edgar Degas (1834–1917) und Auguste Renoir (1841–1919) gingen ihre eigenen Wege, die die Eingebungen ihres Genies ihnen wiesen, und prägten eher selbst den Geschmack ihrer Zeit, als daß sie sich von ihm beeinflussen ließen. Jeder arbeitete für sich in der Tradition der modernen Malerei. Die Monumentalität eines Cézanne, die vibrierenden Zeichnungen eines Degas und die Natur, wie Renoir sie in seinen Bildern wiedergab, waren Krönungen und Früchte eines Zusammenwirkens einzigartiger künstlerischer Erfahrungen, wie sie nur auf dem breiten Nährboden einer reichen Kultur und durch den hartnäckigen Willen eines jeden, »sein eigenes Lied zu singen« (Renoir), entstehen konnten.

Im Juni 1884 gründete Dubois-Pillet die Gesellschaft für unabhängige Künstler. Damit begann die post-impressionistische Reaktion, deren unbestrittene Leitfigur Georges Seurat (1859–1891) war. Dieser wollte die technischen Neuerungen der Impressionisten rationalisieren, indem er eine neue Farbentheorie entwickelte, und gleichzeitig der Komposition der Gemälde mehr formale Strenge verleihen. 1885/86 malte er *»Un dimanche après-midi à l'île de la Grande-Jatte«* (»Ein Sonntagnachmittag auf der Insel Grande-Jatte«), wobei er die Prinzipien der Auflösungstechnik konsequent anwandte. Seurats großartige Gemälde dürfen aber andere Künstler wie Paul Signac (1863–1935) nicht vergessen lassen, der die Theorien der Gruppe in seiner Schrift *»D'Eugène Delacroix au néo-impressionisme«* (»Von Eugène Delacroix bis zum Neo-Impressionismus«) dargelegt hat, oder Henri-Edmond Cross, dessen Malweise den Fauvismus vorwegnahm. Selbst Camille Pissaro bediente sich in den achtziger Jahren der divisionistischen Methode, und auch sein letzter Malstil nach 1890 verdankt ihr noch viel.

Viel deutlicher noch zeigt sich der Bruch mit dem Impressionismus bei der Schule von Pont-Aven, die seit 1888 eine Gruppe von Malern um Paul Gauguin (1848–1903) versammelte, die 1889 im Café Volponi eine Ausstellung veranstaltete. Die Malerei, so hatte Gauguin gesagt, »müsse zu starken Abstraktionen übergehen«. Um dies zu erreichen, müsse man darauf verzichten, vergängliche Eindrücke festzuhalten und sich statt dessen an den Verfahren der Kirchenglasmalerei oder des Cloisonnéemails orientieren, um auf diese Weise zu einer »synthetischen Kunst« zu gelangen, die den Bedürfnissen einer Malerei mit spiritualistischer Zielsetzung angepaßt sei. Die Nabi-Bewegung (hebräisch: Prophet) führte die Theorie der Schule von Pont-Aven fort. Nach ihrer Gründung durch Paul Sérusier (1865–1927) fand auch sie ihren Theoretiker in Maurice Denis und ihr bevorzugtes Publikationsorgan in der *»Revue blanche«*, die von 1889 bis 1903 erschien. Ablehnung der Perspektive, extreme Stilisierung, Zurückweisung jeglicher Art von Realismus – diese Forderungen hatte der Nabismus großteils vom Japonismus übernommen, der in den siebziger Jahren aufkam und ein wesentliches, konstitutives Element der *art nouveau* bildete. Die Künstler, die alle nach den gleichen ästhetischen Gesichtspunkten gearbeitet hatten – das Gemälde *»Au lit«* (»Im Bett«, 1891) von Édouard Vuillard (1868–1940) liefert dafür eine perfekte Anschauung – gingen nach diesen gemeinsamen Erfahrungen sämtlich ihre eigenen Wege. Vuillards intimer Realismus, die Farbstudien Pierre Bonnards und die religiöse Thematik Pierre Denis' sowie die Malerei Toulouse-Lautrecs waren untrennbar mit dem Nabismus verbunden.

Die Malerei um die Jahrhundertwende neigte – allem äußeren Anschein zum Trotz – eher dazu, frühere Tendenzen wiederaufzunehmen, als sich von ihnen abzusetzen. Die sogenannte fauvistische Strömung, die mit Matisse, Dufy, Marquet, Dérain und Fresz auf dem Herbstsalon 1905 die Szene beherrschte, verdankte Cézanne und van Gogh sehr viel. Mehr noch: Nachdem diese Maler erst einmal die ersten Übertreibungen revolutionärer Manifeste hinter sich gelassen hatten, mit denen ja nur die entschiedene Absicht eines radikalen Neubeginns dokumentiert werden sollte, zeigte sich, sobald jeder sein eigenes Malsystem ausgebildet hatte, daß diese voller Reminiszenzen an frühere Richtungen steckte. So verstand sich der Kubismus etwa als Reaktion auf die expressive Wildheit des Fauvismus und wollte wieder an den wahren Geist eines Cézanne und Seurat anknüpfen, indem er das zu schaffende Werk wieder stärker an eine zusammenhängende und spezifische Sicht des zu malenden Objektes band. Die Existenz dieser Bewegung wurde 1908 durch eine Ausstellung in der Galerie Kahnweiler im Bewußtsein der Öffentlichkeit verankert. Es handelte sich bei ihr um eine stark intellektualisierende Kunst, um eine in bezug auf sich und andere gleichsam augenzwinkernde Kunst und damit wesensmäßig um eine Kunst des Spiels, des Spiels nämlich dreier Akteure: des Gegenstands, des Malers und des Betrachters – um eine Kunst, die eher das Ende einer Entwicklung als ihren Anfang markierte. Ihre bedeutendsten Vertreter befreiten sich sehr bald wieder von all dem Formelhaften, das ihr eigen war.

TRADITION UND MODERNE

Jenseits aller Schulen und Stilrichtungen spiegelte sich die künstlerische Empfindung jedes Augenblicks dieser Zeit in den Gemälden der Künstler wider, unabhängig von ihrer jeweiligen Zugehörigkeit zu einer bestimmten Strömung. So bildeten sich ähnliche Formen etwa in der Kunst eines Maurice Denis, eines Cross, eines Puis de Chavannes und mancher symbolistischer Künstler heraus und fand sich im Werk Rousseaus »Le Douanier«, Cézannes oder Monets dieselbe Freude an der Pflanzenwelt oder die Landschaft ohne Himmel. Der Jugendstil *(art nouveau)* manifestierte sich als Synthese dieser neuen Empfindungswelt, die weit über den Bereich der Malerei hinausging.

Die bemerkenswertesten und vollendetsten Schöpfungen fanden sich auf dem Gebiet der Art deco und der Architektur. Der Jugendstil befreite beide von der Last der Geschichtlichkeit und erlaubte es ihnen, sich völlig ungezwungen außerhalb der von einem sterilen Eklektizismus gebahnten Weg zu entfalten. Doch wäre die starke Rückkehr zu einer ursprünglichen und authentischen Inspiration ohne die schöpferische Auseinandersetzung zwischen den ältesten künstlerischen Techniken, deren Erneuerung im Zweiten Kaiserreich stattfand, und den neuesten Produktionsverfahren der Industrie nicht möglich gewesen. Dies traf für die Möbelbaukunst wie für die Architektur zu. Das Werk Émile Gallés (1846–1904), eines Glasermeisters und späteren Kunstschreiners, hatte bei der Ausstellung von 1889 großen Erfolg und war das beste Beispiel für diese Verbindung zwischen Tradition und Moderne. Von Pflanzen – denken wir nur an Wagners »Blumenmädchen« – und Tieren (Libellen) inspiriert, schuf er Möbel, die völlig mit den Gewohnheiten seiner Zeit brachen. Einer seiner größten Bewunderer und Kunden war Robert de Montesquiou, dem man nachsagte, er habe Marcel Proust als Vorbild für die Person des Baron de Charlus gedient. Indes gelang Gallé die Gründung einer Schule, der Schule von Nancy, zu deren bedeutendsten Vertretern Louis Majorelle gehörte, der mit seinen Arbeiten auf der Ausstellung im Jahre 1900 Triumphe feierte.

Die Erneuerung der Architektur, die sich um 1890 abzeichnete und nach 1900 feste Formen annahm, ging großenteils auf die Theorien Viollet-de-Ducs zurück, der eine ganze Generation beeinflußte. Konkret jedoch resultierte sie aus dem Zusammenfluß dreier Strömungen: der Renaissance – vor allem unter dem Aspekt des Jugendstils – einer formgebenden Inspiration; den fortschreitenden Bedürfnissen moderner Lebensart mit ihren Kaufhäusern, Thermalbädern und Kurhäusern, Hotels und Fabriken; und schließlich den Möglichkeiten der industriellen Fertigung mit den Materialien Beton und Eisen. Architekten wie Hector Guimard oder Henri Sauvage, ein Freund Majorelles, standen eine Zeitlang unter dem Einfluß des Jugendstils. Für beide bedeutete dies jedoch nur eine Episode in ihrem Schaffen, als sie nach einer neuen Konzeption für Wohnungen, insbesondere für Mietwohnungen suchten; man denke nur an das von H. Sauvage 1912 erbaute, stufenförmig angelegte Haus in der Pariser Rue Vavin. Ihre Überlegungen zielten wie die Perrets auf die Integration und Verwendung neuer Baumaterialien und auf eine neue städtebauliche Konzeption. Darin bestand, wie bereits erwähnt, die Revanche der Industrie, die die Künstler der Dekadenz einst abgelehnt hatten.

»FRANZÖSISCHE« MUSIK

Die achtziger Jahre wurden von der Musik Richard Wagners beherrscht. 1891 wurde an der Pariser Oper »Lohengrin« gegeben, 1893 »Die Walküre«, 1897 »Die Meistersinger von Nürnberg«. Doch schon vor dieser Zeit pilgerten immer mehr Besucher nach Bayreuth. Die größten französischen Komponisten versuchten sich an Werken, die deutlich von dem Meister inspiriert waren. So komponierte Vincent d'Indy zwischen 1889 und 1895 *»Fervaal«* und 1898–1901 *»L'Étranger«*. Emmanuel Chabrier, der unbestrittene Meister der Opera buffa, komponierte aus Begeisterung für Wagner und für den Impressionismus die Oper *»Gwendoline«*, die 1886 in Brüssel uraufgeführt wurde. Trotzdem zog das französische Publikum die traditionellen Werke vor. 1875, im Todesjahr des Komponisten, wurde Bizets Oper *»Carmen«* mit Erfolg aufgeführt. Der eigentliche Bruch vollzog sich jedoch erst 1902 mit der Aufführung von *»Pelléas et Mélisande«* von Claude Debussy.

Eine nach 1890 wichtige zweite Quelle der inspirativen Erneuerung bildete auch die russische Musik. Seine eigentliche Renaissance verdankte das französische Musikleben im wesentlichen jedoch der Wirkung César Francks, dessen anfänglich religiöse Inspiration sich zur symphonischen Musik (*»Psyché«*, 1887) und vor allem zur Kammermusik hin weiter entwickelte. 1879 entstand sein »Quintett«, 1886 seine »Sonate für Klavier und Violine« und 1889 sein »Quartett«. In diesen drei Werken verschmolzen der leidenschaftliche, ausdrucksstarke Gestus der neuen Kammermusik und ein verhaltener, schmerzerfüllter Ton zu einer neuen Musik, einer Musik der Seele. César Franck legte damit die Grundlagen für die »französische Schule«, die vor allem durch Gabriel Fauré (1845–1924) und Claude Debussy (1865–1935) berühmt wurde. Faurés »Requiem« entstand ein Jahr nach Claudels Bekehrung 1886, doch interessierte sich Fauré mehr für die antike Psyche als für die christliche Seele. 1900 vertonte er »Prometheus« von Aischylos im Stile Wagners. Er brachte sein Genie vor allem in der Kunst der Melodie und der Kammermusik zur Geltung. Debussy erhielt 1884 den begehrten Preis von Rom. 1892 komponierte er ein Quartett, im gleichen Jahr die *»Prélude à l'après-midi d'un faune«*. Den Höhepunkt seines Schaffens erreichte er 1902 mit der Komposition von *»Pelléas et Mélisande«*, einem Werk, an dem er zehn Jahre lang gearbeitet hatte. In *»Pelléas«* spiegelt sich der Geschmack einer ganzen Epoche wider; in ihm realisiert sich die von Mallarmé so herbeigesehnte Verschmelzung der Künste. Diese Tendenz setzte sich nach der Jahrhundertwende fort und wurde von den Ballets russes vor Ausbruch des Ersten Weltkriegs zu höchster Vollendung geführt. Inzwischen hatte Paul Dukas in *»Ariane et Barbe-Bleue«* (1907) nach einem Gedicht Maurice Maeterlincks Debussys Programm wieder aufgenommen. Dagegen ging Maurice Ravel, der vom Wettbewerb um den Preis von Rom 1905 ausgeschlossen worden war, ganz andere Wege als Debussy und gelangte erst dadurch zu seiner vollen Entfaltung. Seit 1907 begann er mit der Komposition seiner großen Orchesterwerke.

DIE NOTWENDIGE WISSENSCHAFT

In den Jahren nach 1890 verstärkten sich die Zweifel an der Glaubwürdigkeit der positivistischen Gewißheiten in allen Bereichen des intellektuellen Lebens und markierten damit eine entscheidende neue Etappe. Tatsächlich war der Positivismus im Wandel begriffen. Émile Durkheim (1858–1917), Absolvent der *École normale*, bestand 1882 sein Staatsexamen in Philosophie, wurde 1902 Professor an der Sorbonne und war ein Schüler Auguste Comtes. Wie Comte glaubte auch er, daß die Gesellschaft auf einen Konsensus angewiesen ist, und versuchte wie dieser eine wissenschaftlich begründete Ethik zu entwickeln, die die religiös orientierten, traditionellen Moralvorstellungen ablösen sollte. Die Soziologie wurde also in den Dienst der sozialen Ordnung gestellt und entwickelte sich, wie Péguy meinte, zu einer Ideologie der Sozialisation der Massen. Seine Dissertation erschien 1893 unter dem Titel *»De la division du travail social«* (»Von der Teilung der gesellschaftlichen Arbeit«) und bot eine erhellende Analyse der zunehmenden Differenzierung der Berufsausbildung, die im Gefolge der Entwicklung von Wirtschaft und Technik aufgetreten war, und sie stellte die Frage, mit welchen Mitteln der Zusammenhang einer geteilten Gesellschaft erhalten werden könnte. Sein Werk *»Le Suicide«* (»Der Selbstmord«, 1897) ging von der Untersuchung eines pathologischen Phänomens aus, das der Zerstörung der Normen (Anomie) zugeschrieben wurde, und wollte damit eine neue Moral und Disziplin aufstellen. Durkheims Denken läßt sich nicht in einem Satz zusammenfassen; wichtig für uns ist jedoch die Feststellung, daß der Philosoph an diesem Punkt seiner Überlegungen vorschlug, die Gesellschaft und die für sie unentbehrliche Moral auf die berufliche Organisation zu gründen. Er benutzte zwar das Wort »Korporation«, meinte aber »Beruf«: Das ganz auf sich allein gestellte Individuum empfindet Bedürfnisse und grenzenlose Wünsche. Sie zu kanalisieren ist nur einer beruflichen Organisation möglich, indem sie eine Disziplin begründet. Gewiß war Durkheim der beherrschende Geist seiner Zeit, doch seine Gedanken offenbarten auch die Sorgen der Zeit. In einer Vorlesung im Jahr 1928 über den Sozialismus distanzierte er sich klar von Lehrmeinungen wie dem auf dem Klassenkampf basierenden Marxismus; der Sozialismus war für ihn ein Organisationssystem. Nicht alle französischen Soziologen konnten ihm darin folgen.

Angesichts des zunehmenden Irrationalismus waren es nicht allein die materialistischen Lehren, die Antworten boten. Die politische Geschichte liefert dafür gute Beispiele. Drei Strömungen stellten die Grundlagen jener positivistischen Republik in Frage, die sich in den achtziger Jahren herausgebildet hatte: der größtenteils materialistisch beeinflußte Sozialismus, die christliche Demokratie und der Nationalismus. Der »Progressismus« als die dominierende Regierungsform der neunziger Jahre und Fortsetzung des Opportunismus und der Radikalismus vermochten schlüssige Antworten auf die Probleme der französischen Gesellschaft zu geben, während sich die republikanische und patriotische Ideologie tief bei den Massen eingewurzelt hatte.

DER SOZIALISMUS

Mit der Verabschiedung der Amnestiegesetze im Jahre 1880 erhielt der Sozialismus neuen Aufschwung. Der Bereitschaft zur gemäßigten Kooperation seitens der Anhänger Joseph Barberets standen zwei ideologische Richtungen gegenüber: die eine gründete in der revolutionären Tradition Frankreichs, die andere war vom deutschen Sozialismus beeinflußt. Die Geschichte dieser beiden Strömungen (man könnte auch sagen, dieser Konfessionen) verdient Beachtung, denn der Sozialismus erwies sich nach dem Positivismus und allem Anschein zum Trotz gegen den republikanischen Radikalismus als eine neue und wirksame Massenstrategie. Seine ersten Erfolge errang er in den Gemeinden, da die Einheit des Sozialismus damaliger Prägung dem Wunsch entsprang, die Rathäuser zu erobern. Dabei lernten die Sozialisten viel, vor allem über die Schwierigkeiten des politischen Kampfes. Saint-Denis, das die Sozialisten 1892 für sich gewannen, eroberten sie zum zweiten Mal erst wieder 1912. 1896 kamen die Guesdisten vorübergehend in Lille und Marseille an die Macht. Um dies alles zu verstehen, beginnen wir mit einem Bankett sozialistischer Bürgermeister, das 1896 in Saint-Mandé veranstaltet wurde...

Am 30. Mai 1896 gaben die sozialistischen Republikaner aus dem 12. Arrondissement in einem Restaurant an der Porte-Dorée in Paris ein Essen, zu dem sie alle sozialistischen Bürgermeister Frankreichs eingeladen hatten. Diese Einladung erfolgte unter dem Eindruck einiger großartiger Siege bei Nachwahlen für die 1893 gewählte Legislative. 1893 hatten etwa vierzig Sozialisten ein Mandat errungen, von denen die Hälfte den Unabhängigen angehörte. Jean Jaurès sprach später (1913) über diese »Art von Morgenröte 1893« die »etwas undefinierbar Jugendliches und Glühendes« an sich hatte. Wer nahm an diesem Bankett an der Porte-Dorée teil? Der Einladung waren alle sozialistischen Gruppen gefolgt, nur Jean Allemane (1843–1935) und seine Anhänger nicht. Der französische Sozialismus umfaßte damals fünf untereinander opponierende Gruppierungen, und die Reden am Ende des Banketts spiegelten die verschiedenen Strömungen deutlich wider.

Am meisten wartete man auf die Rede von Jules Guesde (1845–1925), einem jener vierzig sozialistischen Abgeordneten, die drei Jahre zuvor gewählt worden waren – er war damals in Roubaix. Guesde mußte 1871 außer Landes gehen, weil er die Kommune in seinen Artikeln verteidigt hatte. Nach Kontakten mit Anarchisten schloß er sich dem Marxismus an, den er bei einem emigrierten Deutschen namens Karl Hirsch kennengelernt hatte. Als er im September 1876 nach Frankreich zurückkehrte, gründete er 1877 die Zeitung *»Égalité«*, die bis zum Juli 1878 und dann wieder ab 1880 erschien. In diesem Jahr traf er in London auch mit Karl Marx zusammen, und Marx schrieb am 5. November an Sorge von »dem Übergang Guesdes zu uns«. Jules Guesde wollte seinen eigenen Worten zufolge keine Partei aus dem Nichts gründen, denn er hatte »sich strikt geweigert, eine außerhalb der (bestehenden) Arbeiterbewegung zu gründen, wie diese auch immer beschaffen sein mochte«, und das hieß aus seiner Sicht soviel wie: selbst wenn sie so gemäßigt sein mochte wie damals die französischen Gewerkschaftler vom Schlage eines Barbaret. So entstand hinter den Kulissen der Gewerkschaftskongresse die französische Arbeiterpartei P.O.F. Als echter Marxist wollte sie Guesde im Sinn einer klassenkämpferischen Partei organisieren, die die Gewerkschaftsbewegung und die Arbeiterklasse überhaupt unterwandern sollte. Während des Kongresses in Marseille im Oktober 1887 gelang es seinen Anhängern, einen Antrag zur Annahme zu bringen, durch den die Arbeiterbewegung eine kollektivistisch-revolutionäre Zielrichtung erhielt. 1880 entwickelte Marx ein Wahlprogramm, das die Partei 1881 den Wählern vorstellte. Es wurde im November 1880 auf dem Kongreß in Le Havre angenommen, auf dem sich die Abspaltung vom kooperativ-gemäßigten Block vollzog. Um diesen Sieg zu erreichen, mußten sich die Guesdisten mit den »kommunalen Sozialisten« um Paul Brousse und den Anarchisten verbünden. Brousse, ein sogenannter Possibilist, brach auf dem Kongreß von 1882 in Saint-Étienne jedoch wieder mit ihnen, indem er dem »veralteten Materialismus« und »skrupellos« autoritären Stil eines Marx den Krieg erklärte. Seine heftigen Anklagen veranlaßten die Guesdisten zum Rückzug, das heißt, sie hielten ihren eigenen Kongreß in Roanne ab. Friedrich Engels erklärte zu diesen Kämpfen: »Und das ist gut ... Es scheint, *jede* Arbeiterpartei eines großen Landes kann sich nur in innerem Kampf entwickeln, wie das in dialektischen Entwicklungsgesetzen überhaupt begründet ist.«

Die Guesdisten befanden sich innerhalb des französischen Sozialismus ganz eindeutig in der Minderheit. Der Marxismus mußte sich durch die fest verwurzelten und wuchernden sozialistischen Theorien »einen Weg bahnen« (C. Willard). Doch die Aktivisten unter den Guesdisten, zu denen auch Marx' Schwiegersohn Paul Lafargue gehörte, gaben ihren Glauben nicht auf. Die Arbeiterpartei verstand sich als »Anwerbe- und Lernpartei«. Sie entwickelte sich in den achtziger Jahren nur langsam; es gelang ihr auch nicht, sich gegenüber dem Boulangismus abzugrenzen. 1889 erhielt sie im Departement Nord, ihrer Hochburg, etwa 6000 Stimmen, General Boulanger dagegen 130000 Stimmen. Die Partei faßte nur dank des Einsatzes einiger Aktivisten in den Departements Nord und Pas-de-Calais (Lille und Roubaix), in den Städten Reims, Saint-Quentin und Troyes, in den Departements Allier und Loire (Roanne, Montluçon, Commentry) und in einigen Städten am Mittelmeer auf breiter Ebene Fuß.

Der eigentliche Durchbruch erfolgte erst in den Jahren nach 1890. Die Guesdisten waren die eigentlichen Nutznießer der Streikbereitschaft der französischen Arbeiter; sie waren auch die Apostel und Initiatoren des 1. Mai, denn sie kannten den Weg zu Massendemonstrationen. Am 1. Mai 1890 kam es in den Textil- und Bergarbeiterzentren zu beeindruckenden Straßenkundgebungen und Streiks; der 1. Mai 1891 ging als Tag des »Gemetzels« von Fourmies in die Geschichte ein. Aufgrund einer seltsamen Verkettung von Umständen verstärkte dieses fast revolutionäre Ausmaße annehmende Drama das wahltaktische Verhalten des Guesdismus. Lafargue wurde von einem Gericht in Douai wegen einer Rede, die er am 11. April in Fourmies gehalten hatte, zu einem Jahr Gefängnis verurteilt. Er ging zum Gegenangriff über und stellte sich am 25. Oktober 1891 in Lille bei einer Teilwahl; nach dem Rücktritt des Kandidaten der Radikalen wurde er im zweiten Durchgang gewählt. Paul Leroy-Beaulieu meinte, damit ziehe nun der Kollektivismus in das Parlament ein. Demgegenüber muß jedoch angemerkt werden, daß der Guesdismus nun auch mit Wahlsorgen und den Nöten des politischen Alltagskampfes konfrontiert wurde. Bei Gemeinderatswahlen verbuchten die Guesdisten bereits zahlreiche Erfolge, allerdings verlief ihr Einsatz nun auch gezielter. Sie hatten 1888 in Commentry und Narbonne gewonnen und wurden 1892 wieder gewählt; im gleichen Jahr gewannen sie Roubaix, Montluçon und Caudry dazu. Ein Journalist kommentierte: »Der vierte Stand kommt ins Amt.« Die Partei triumphierte: »Nun beginnt eine neue Ära«, und Engels schrieb an Sorge, die Arbeiterpartei habe endlich gelernt, »das allgemeine Stimmrecht zu benutzen, statt es auszuschimpfen«. Lafargue ließ er wissen, daß die allgemeine Wahl »langsamer und langweiliger ist als der Aufruf zur Revolution, aber zehnmal sicherer«!

Die Entwicklung war nicht aufzuhalten: bei den Wahlen 1893 stellte die Partei 69 Kandidaten auf und erhielt im ersten Wahlgang 2,15 Prozent der Stimmen. Sie schickte zwar nur sechs Abgeordnete in die Nationalversammlung, wobei die Zahl noch schmeichelhaft war, doch 1896 eroberten die Guesdisten mit Delory, einem ehemaligen Weber, das Rathaus von Lille. 1898 bekamen ihre 98 Kandidaten bei den Wahlen zur Nationalversammlung bereits 3,6 Prozent der Stimmen und erhielt die Partei 13 Sitze. Geographisch gesehen hatte sich an der bereits erwähnten Verteilung nichts geändert; die Partei besaß in den Städten, in der Arbeiterschaft, in den großen Textil- und Metallzentren ihren größten Zulauf. Zu diesem Zeitpunkt zählte die Partei 16000 Mitglieder.

»Man nehme sich vor dem Wahlsozialismus in acht«, verkündete 1899 ein Aktivist aus Lille. Tatsächlich hatte das Schielen nach Wählerstimmen nicht nur den »Opfergeist und den Verzicht« der Aktivisten der ersten Stunde gefährdet und ihn durch einen »ärgerlichen Geisteszustand ersetzt, der persönliche Eitelkeit und Gier nach Positionen« erzeugte, sondern es verlangte auch eine Änderung der Parteidoktrin. Die Kritik an der kapitalistischen Gesellschaft ertönte um so lauter, je mehr die Wirtschaftskrise der achtziger Jahre in den Augen der Partei ihren endgültigen Sturz anzukündigen schien. Das ideologische Durcheinander vor dem Hintergrund des glänzenden wirtschaftlichen Aufschwungs seit 1895 war deshalb begreiflich. Gleichzeitig zeigten die Wahlerfolge, daß die Republik in dem Augenblick, in dem sie den heftigsten Angriffen ausgesetzt war, mit friedlichen Mitteln zu erobern war. Deshalb reihten sich die Guesdisten bei den Verteidigern der republikanischen Staatsform ein. Doch Guesde warnte in Saint-Mandé vor den Gefahren kompromittierender Kontakte mit den bürgerlichen Parteien. In der Tat stagnierte die reformistische Entwicklung der Guesdisten nach den Wahlen von 1898, denn die Ergebnisse fielen nicht so großartig aus wie erwartet. Schließlich – und vor allem – geriet die Partei seit 1893 in ein noch unzweideutig patriotisches Fahrwasser, betonte aber gleichzeitig noch immer ihren Internationalismus. Die sozialistischen Gemeinderäte enthüllten Denkmäler für die Toten des Krieges von 1870/71 und der kolonialen Unternehmungen. In Lille wurde General Louis Faidherbe ein Denkmal errichtet. Aus diesem Anlaß erklärte die Arbeiterpartei: »Die Sozialisten werden sich immer daran erinnern, daß sie zuerst Franzosen sind (...) Am Sonntag sollen die, die man als ›vaterlandslose Gesellen‹ bezeichnet, nichts anderes rufen als

›Es lebe Faidherbe! Es lebe Frankreich!‹« Dieser Kurs der Partei wurde durch die Dreyfus-Affäre unterbrochen, doch machten die Guesdisten für diese mehr den parteigängerischen Nationalismus als den Patriotismus verantwortlich, der ansonsten alle Parteikämpfe beherrschte. Innerhalb der Sozialistischen Partei Frankreichs hielt sich um die Jahrhundertwende eine patriotische Tendenz und besaßen die Kundgebungen gegen den Krieg eher platonischen Charakter.

Konkurrenz erhielten die Guesdisten in Saint-Mandé durch einen Anhänger Louis-Auguste Blanquis namens Édouard Vaillant. Am 11. Juni 1879 trat Blanqui aus der sozialistischen Dachorganisation in Clairvaux aus. Er hatte 33 Jahre seines Lebens im Gefängnis und zehn Jahre im Exil verbracht. Zusammen mit Freunden gründete er die Zeitung *»Ni Dieu ni maître«;* er starb am 1. Januar 1881. Seine Anhänger gründeten das »Zentrale Revolutionskomitee«. Unter ihnen befand sich Édouard Vaillant, geboren 1840, ehemaliger Schüler der *École centrale* und früher aktives Mitglied der Kommune. Er wurde in Paris in den Stadtrat gewählt und gehörte zu den populärsten Gestalten des französischen Sozialismus. Er nahm an zahlreichen Wahlen teil, verhehlte allerdings nie seine tiefe Verachtung des Parlamentarismus, den er 1893 als ohnmächtig und korrupt und als exaktes Abbild bürgerlicher Unfähigkeit, Korruption und Dummheit bezeichnete. Trotzdem erwies er in Saint-Mandé den »unabhängigen Sozialisten«, also denjenigen Politikern, die seit 1885 im Parlament sozialistische Ideale verteidigten, ohne einer Partei anzugehören, die schuldige Ehre. Gleichzeitig aber lehnte er jeden Bruch mit den Anarchisten ab.

Édouard Vaillant war eine vielschichtige Persönlichkeit. Seine Partei dominierte vor allem im Departement Cher, aus dem er selbst stammte. Im Stadtrat von Paris setzte er sich stets für Reformen ein, brachte es aber nicht über sich, sich von den Massen abzusetzen. Der Entwicklung der beiden anderen Gründer von *»Ni Dieu ni maître«*, Émile Eudes und Henri Granger, verlief völlig anders, denn beide drifteten zum Boulangismus ab. Eudes (1843–1888) starb während einer Versammlung streikender Arbeiter im August 1888, während es Granger 1889 zum Abgeordneten Boulangers in der Nationalversammlung brachte; danach kehrte er der Politik den Rücken.

In Saint-Mandé war mit dem Possibilismus des Doktors Paul Brousse (1844–1912) eine weitere Strömung des französischen Sozialismus vertreten. Auch Brousse hatte sich enttäuscht vom Anarchismus abgewandt; die reformistische Position, die er danach vertrat, rechtfertigte er mit dem Mißerfolg der Sozialisten bei den Wahlen von 1881. Er befürwortete die Annäherung an die Radikalen und gründete nach der Spaltung im Jahr 1882 die »Föderation sozialistischer Arbeiter«. Brousse blieb der Welt der Arbeiter und vor allem dem Pariser Handwerk eng verbunden. Er verfocht eine strikt friedliche, an Wahlerfolgen orientierte Politik und glaubte, durch die natürliche Entwicklung des Kapitalismus würden sich die verschiedenen Wirtschaftsunternehmungen samt und sonders in öffentliche Dienstleistungsbetriebe umwandeln. 1897 sagte er: »Wir wünschen keine schnelle Revolution, sondern eine langsame und folgerichtige Veränderung.« In den achtziger Jahren brachte ihn sein politisches Handeln ganz in die Nähe der Radikalen. 1888 wurde er Mitglied der »Gesellschaft für Menschenrechte« – wie schon erwähnt, eine Reaktion der Freimaurer auf den Boulangismus. Doch verlor seine Partei mehr und mehr an Kraft und verfiel schließlich zu einem Konglomerat von Wahlkomitees, die gerade noch in Paris und einigen Departements in Westfrankreich aktiv waren.

1890 wurde der Possibilismus durch die Abspaltung der Allemaneisten ernsthaft geschwächt. Jean Allemane (1843–1935), ein etwas schroffer Mensch, war in bescheidenen Verhältnissen aufgewachsen. Mit seiner Familie zog er aus den Pyrenäen nach Paris um, wurde dort Drucker und als Kommunarde zur Deportation nach Neukaledonien verurteilt. Nach seiner Amnestie kehrte er 1880 nach Paris zurück und arbeitete wieder als Drucker. In der Partei von Paul Brousse leitete er die Gruppe der militanten Handarbeiter, während Brousse die intellektuelle Gruppe hinter sich vereinte. Er und seine Freunde gründeten 1890 die »Revolutionäre Sozialistische Arbeiterpartei«. Er versuchte, die Parteiabgeordneten zur Herausgabe ihrer Diäten zu zwingen, worauf die meisten von ihnen abwanderten. Allemane graute es vor den Politikern, deshalb erschien er auch nicht in Saint-Mandé. 1891 unterstützte seine Partei einen Antrag zum Generalstreik. Innerhalb dieser sozialistischen Splittergruppe fand Lucien Herr, ein Bibliothekar der *École normale supérieure*, seinen Weg zum Volk. Er hatte sich 1889 dem Sozialismus angeschlossen, ging dann zur P.O.S.R., »weil sie von echt proletarischer Herkunft« war, und predigte das enge Bündnis zwischen Sozialismus und Gewerkschaft, um auf friedlichem Weg an die Macht zu gelangen. Er bewunderte die deutsche

Sozialdemokratie, betonte aber die Besonderheit des französischen Sozialismus. Seiner Sichtweise des Sozialismus folgte Jean Jaurès, den er zwei Jahre später überzeugte.

Jean Allemane, ein Arbeiter, der den Intellektuellen mißtraute, lenkt unseren Blick wieder auf die Intellektuellen und ihr wahltaktisches Verhalten. Seit 1885 saßen in der Kammer einige sozialistische Abgeordnete, unter ihnen auch echte Arbeiter, vor allem die Bergleute Basly und Lamendin, aber auch Anwälte und Lehrer. Alexandre Millerand (1859–1943) war Anwalt und wurde durch Nachwahl im Dezember 1885 Abgeordneter. Er kam vom Radikalismus zum Sozialismus, lehnte aber jede Form von Gewalt ab. Er betonte die unmittelbare Verbindung zwischen der republikanischen und der sozialistischen Ideologie. Als er die Zeitung *»La Petite République«* übernahm, gründete er gleichzeitig die »Fédération républicaine socialiste de la Seine«. Er spielte also eine entscheidende Rolle bei dem sozialistischen Wahlerfolg von 1893. 1896 sagte Millerand in Saint-Mandé, daß der Übergang vom kapitalistischen zum gesellschaftlichen Eigentum »allmählich« stattfinden und die Eroberung der Macht das Ergebnis allgemeiner Wahlen sein müsse, daß die Heimat nicht einem Internationalismus geopfert werden dürfe.

Jean Jaurès, 1878 zum Studium an der *École normale* zugelassen, Philosophiedozent und Professor an der Fakultät in Toulouse, hatte einen Admiral zum Vetter. Dieser schlug ihn 1885 als republikanischen Gegenkandidaten im Departement Tarn gegen Baron Reille vor. So wurde Jaurès mit 26 Jahren zum Abgeordneten gewählt; in der Nationalversammlung saß er im Zentrum in der Gruppe der Opportunisten. 1889 unterlag er in Castres. Zu diesem Zeitpunkt hatte er sich bereits weitgehend dem Sozialismus zugewandt. Er strebte einen menschlicheren, auch idealistischeren Sozialismus an, als ihn Guesde und Blanqui vertraten. 1892 trat er mit Unterstützung der Guesdisten in Carmaux gegen den Grubendirektor Marquis de Solages an. Doch die Beziehung zwischen Jaurès und Guesde sollte sich schnell abkühlen. 1896 hatte Jaurès gerade seine Erfahrungen durch den Umgang mit den Glasbläsern von Carmaux vertieft, die 1895 lange gestreikt hatten. Wie R. Trempé bemerkt, war »der Intellektuelle in die Arena gestiegen«. Jaurès wurde ein echter Sozialist. Er hatte eine wissenschaftliche Abhandlung über die Ursprünge des deutschen Sozialismus geschrieben und war mit dem Marxismus gut vertraut.

Doch Jean Jaurès war nicht Paul Guesde. Sein Sozialismus stand in einer nationalen und republikanischen Tradition, die über seinen Marxismus hinausging. Jaurès war ein aufrichtiger und überzeugter Patriot. Er nahm zwar am Kongreß der II. Internationalen 1896 in London teil, aber er betonte immer seine Bindung an sein Vaterland, eine Haltung, der auch die Internationalisten in ihrem Handeln Rechnung tragen mußten und die von der aktiven Friedenspolitik nicht zu trennen war.

War zwischen diesen beiden Männern eine Übereinstimmung überhaupt möglich? In Saint-Mandé schien dies schwierig. Die Annäherung sollte zehn Jahre dauern, und dann erfolgte sie auch noch von außen. Die unterschiedlichen Auffassungen lagen in der mehr oder weniger revolutionären und internationalistischen Konzeption des strategischen Vorgehens und in den verschiedenartigen Vorstellungen von einer sozialistischen Gesellschaft begründet. Der Marxismus hatte Proudhons Erbe und die im eigentlichen Sinn französischen revolutionären Traditionen nicht zerstört, gleichgültig ob es sich um 1793, um die Republik von 1848 oder um die Kommune handelte. Bei einem Bankett in Albi anläßlich der Einweihung einer von Arbeitern betriebenen Glasbläserei im Jahre 1896 stieg Jaurès auf den Tisch und stimmte die *»Carmagnole«* an, danach wurde die *»Marseillaise«* und nicht etwa die *»Internationale«* gesungen. Der französische Sozialismus hatte Mühe, alle diese Erbschaften zu integrieren, und es gab und gibt bis heute noch Bemühungen um eine Synthese dieser verschiedenen Traditionen. Benoît Malon (1841–1893), ein ehemaliger Kommunarde, übernahm 1885 von den Guesdisten die *»Revue socialiste«*. Er fühlte den Ehrgeiz, die Lehre des »integralen Sozialismus« weiterzuentwickeln. Die *»Revue«* sollte einen »gemeinsamen Mittelpunkt« im Kampf gegen »doktrinäre Intoleranzen« bilden, den Sozialismus vor allem als eine Religion der neuen Zeit darstellen und ihn unter philosophischen, historischen und moralischen, aber auch politischen und wirtschaftlichen Aspekten diskutieren. Die Überlegungen bezüglich der sozialistischen Einheit waren untrennbar mit den Reflexionen nach mehr Menschlichkeit verknüpft. Allein Jaurès aber vermochte dieses Programm in die Tat umzusetzen.

DER SOZIALE KATHOLIZISMUS UND DAS »RALLIEMENT«

In Reims fand 1896 der dritte christdemokratische Arbeiterkongreß statt. Seine Programmpunkte hießen »Gott«, »Familie«, »Vaterland«, »Arbeit« und »Eigentum«. Aus diesen Begriffen ging klar hervor, daß die katholische Soziallehre sich auf einen entschieden restaurativen und konterrevolutionären Ursprung zurückführte. Zwei Faktoren hatten hauptsächlich zu ihrer Herausbildung beigetragen: die Arbeitervereine von Albert de Mun und die *Réforme sociale* der Schüler von Le Play.

Die Anfänge der Arbeitervereine gingen auf das Jahr 1864 und die Gründung eines Vereins junger Arbeiter durch Maurice Maignen zurück. Maignen vertrat eine eindeutig korporative und antirevolutionäre Position, er glaubte an die sittliche Läuterung des Arbeitgebers durch den Umgang mit dem Arbeitnehmer. Seit 1871 gehörte Albert de Mun (1841–1914), ein ehemaliger Offizier und Kenner der christlichen Soziallehre in Deutschland, zusammen mit René La Tour du Pin (1834–1924), Maurice Maignen und Léon Harmel, einem Industriellen aus der Champagne, der in seiner Fabrik in Val des Bois in einer eher familiären als korporativen Gemeinschaft mit seinen Arbeitern lebte, zu den bedeutendsten Förderern dieser Vereine. Die Arbeitervereine litten sehr unter den Spaltungen, die ihre Führer aus weltanschaulichen oder gefühlsmäßigen Gründen vollzogen. Maignen war ein Doktrinär und vertrat eine starre Konzeption, wonach die Mitgliedschaft in Korporationen obligatorisch sein sollte, während Léon Harmel sich eher für die Erhaltung von Freiräumen für Arbeitgeber wie Arbeitnehmer aussprach. Er zählte auf die soziale Wirkung des Glaubens. Die Arbeitervereine sollten nach Auffassung de Muns 1878 zunächst als »unversöhnliche Konterrevolution« und gleichzeitig als ein Instrument wirken, um »das soziale Regime Christi einzuführen«. Natürlich kam es zwischen diesen beiden Modellen zu einer allmählichen Differenzierung. Schon vor de Muns politischer Wandlung bestand innerhalb der Arbeitervereine eine starke Opposition zu seinen Vorstellungen. So antwortete ihm Émile Keller einmal: »Weder das Ancien régime noch die Revolution, sondern allein die christliche Gesellschaft ist die wahre Devise.« Weder 1881 noch 1887 gelang es de Mun, die Vereine für die Sache der Monarchie zu gewinnen.

Anfang der neunziger Jahre verlor die Bewegung etwas an Kraft, und die Arbeitervereine beschränkten sich streng auf ihr »katholisches und gesellschaftliches Terrain«. Zwischen 1881 und 1893 saß Albert de Mun in der Nationalversammlung, wo er neben seiner politischen Tätigkeit, besonders während des Boulangismus, für eine fortschrittliche Sozialgesetzgebung eintrat. Auch Léon Harmel hatte inzwischen eine bedeutende Entwicklung durchgemacht und sich allmählich von seinen monarchistischen Ursprüngen gelöst. Für ihn stand die notwendige Autonomie der Arbeiter, ausgehend von einem geläuterten Paternalismus, der auch die Arbeitergewerkschaften zuließ, im Vordergrund.

Die andere Strömung ging von den Schülern Frédéric Le Plays, dem Gründer der Schule der *Réforme sociale*, aus. Le Plays Theorien verbanden, wie schon erwähnt, christliche, liberale und soziologische Ansätze zur Beurteilung der sozialen Wirklichkeit. Gerade letzterer beeinflußte besonders das Denken christlich-sozialer Priester wie des Abbé Lemire (1853–1928), der 1893 Abgeordneter von Hazebrouck wurde. Seine Vorstellungen waren damals weit verbreitet, denn sie verbanden soziale und christliche Demokratie mit dem Ideal des Patriotismus. Der »Herrschaft des Geldes, das sich selber vermehrt«, das heißt dem von ihm inkriminierten Finanzkapitalismus stellte er eine Solidargemeinschaft gegenüber, die auf Kleinbesitz basierte. An diesem Punkt traf sich Lemire wieder mit Le Play und predigte die Rückkehr zur Scholle und zum eigenen Herd. Durch die wachsende Zahl der Proletarier fühlte er die Gesellschaft bedroht, denn jene waren weder an ein Heim noch an einen Beruf oder einen Ort gebunden. Diese Menschen liefen Gefahr, »weder Glauben noch Gesetz« zu kennen.

Das christlich-soziale Theorem vereinte unterschiedliche Tendenzen, war sich aber in der großen Linie einig. Der Sozialismus wurde ebenso deutlich abgelehnt wie die Theorie vom »fruchtbaren Geld«. Die Bindung an die Heimat besaß allerdings großen Stellenwert. Anläßlich der Gedenkfeier an die Taufe des Frankenkönigs Chlodwig 1896 definierte Abbé Lemire Frankreich als ein Land, das »von reinen Lichtern des Glaubens umgeben« sei und »inmitten der anderen Nationen strahlt; ihm werden alle anderen folgen«. Das Thema »Vaterland« war bei ihm wie bei Maurice Barrès mit der Bindung an die Scholle verbunden.

Die sozialchristliche Demokratie manifestierte sich in häufiger und beeindruckender Weise. Dies zeigte sich in den ersten Ansätzen zu einer christlichen Gewerkschaftsbewegung, die seit 1885 auf Initiative von

Abbé Six im Departement Nord oder von Frère Hiéron 1887 in Paris und 1893 wiederum in Nordfrankreich Demonstrationen organisierte, vor allem in Roubaix, der Hochburg der Guesdisten, wo Abbé Bataille am 4. Juni die *Union des vrais travailleurs de l'industrie textile* ins Leben rief. Léon Harmel organisierte Pilgerfahrten für Arbeiter nach Rom. 1887 nahmen 1800, 1890 10000 Arbeiter daran teil.

Die Enzyklika *»Rerum novarum«* vom 15. Mai 1891 war weitgehend eine Reaktion auf diese Bestrebungen. Leo XIII. verurteilte darin sowohl den Sozialismus und Manchesterliberalismus mit der gleichen Entschlossenheit. Er predigte nicht nur die Wiederherstellung der christlichen Berufsverbände, sondern auch die Fortentwicklung der Sozialgesetzgebung und der Sozialeinrichtungen. Die Enzyklika verlieh der Bewegung neue Impulse; die Zahl der Wochen- und Tageszeitungen, die sich diesem Thema widmeten, nahm wieder zu, in allen Bereichen des sozialen Lebens kam es zur Gründung neuer Verbände. Neben die ländlichen Hilfskassen, die der Staat unterstützte, traten die Kassen, die auf katholische Initiative zurückgingen. Die christlichen Arbeitergewerkschaften faßten in Paris und in Nordfrankreich Fuß, und es war vor allem das Verdienst Léon Harmels, daß am 1. Mai 1893 der erste Kongreß der christlichen Arbeiterschaft eröffnet wurde. 1894 fanden weitere Kongresse statt, auf denen es zu Zusammenschlüssen der *Cercles d'études sociales* auf regionaler Ebene kam. Die Versuche wurden aber nach dem dritten Kongreß von 1896 nicht weiter fortgesetzt.

Dieser Mißerfolg zeigte einer Bewegung, die gerade erst entstanden war, schon bald ihre Grenzen auf, obwohl die Bemühungen zur Einführung einer christlichen Demokratie sicher kein beiläufiges Phänomen waren. So hatten sich um zumeist junge Priester kleine Gruppen geschart, die dieses Experiment fortsetzen wollten, so im Südwesten in Lyon und Saint-Étienne, in den nordfranzösischen Städten Lille und Roubaix, im Osten in Reims und Nancy und in Westfrankreich in Brest und Rennes. Doch in vielen Gegenden kam es schnell zu Mißverständnissen, die die Bewegung stagnieren und zu einem »Strohfeuer« (Y.-M. Hilaire) werden ließen. Zwei Reden, die Albert de Mun und Abbé Naudet in Boulogne 1893 im Rahmen der seit 1891 stattfindenden *Conférences populaires* hielten, bedeuteten das Ende für die Bewegung. Naudet ergriff lebhaft Partei für die Lohnempfänger und stellte sich gegen die Arbeitgeber, worauf es zu einer Kampagne gegen die »Demagogen in der Soutane«

kam. Diese überließen, wie in Boulogne und Calais, das Feld kampflos den antiklerikalen Sozialisten. Die besorgten Notabeln kamen zu Pfarrer Joncquel, dem Initiator der *Conférences*, und baten ihn, sie fortzusetzen, doch dieser antwortete ihnen enttäuscht: »Wir haben den Beginn der Demokratie miterlebt, wir wollten sie in Grenzen halten, sie katholischer machen... Sie haben uns daran gehindert... Sie sehen, was geschehen ist...« Hatte nicht Henry Schneider gesagt, Albert de Mun verkünde gefährliche Theorien?

Zwischen dem »Ralliement«, das heißt der politischen Annäherung der Monarchisten an die III. Republik und der christlichen Demokratiebewegung gab es Berührungspunkte, und sei es auch nur durch Albert de Mun selbst. Trotzdem ließen sich zwei verschiedene Tendenzen unterscheiden. Als der Bischof von Algier, Msgr. Lavigerie, im November 1890 auf einem Empfang der Mittelmeerflotte, in der sehr viele monarchistische Offiziere Dienst taten, einen Toast ausbrachte, forderte er die Katholiken auf, die Republik »im Namen der Liebe zum Vaterland« zu akzeptieren, wobei er im Auftrag Leos XIII. handelte. Somit rechtfertigte gerade der Patriotismus dieses Zusammenrücken, nachdem »der Wille eines Volkes sich deutlich erklärt hatte«.

Die Reaktionen fielen zumindest sehr gemäßigt aus. Msgr. Freppel, Anführer des orthodoxen Episkopats, erklärte, die französische Republik sei religionsfeindlich, und demzufolge könne sich ein Katholik ihr nicht anschließen. Doch die entmutigendste Antwort kam von Kardinal Richard, dem Pariser Erzbischof, persönlich: Am 2. März veröffentlichte er eine »Antwort an die hervorragenden Katholiken, die ihn wegen ihrer sozialen Pflichten unter den aktuellen Umständen um Rat gefragt hatten«. Er betonte, der Kampf der Katholiken gegen die antikirchlichen Gesetze habe absoluten Vorrang, denn sie seien wesentlicher Bestandteil der Republik. Ihm schlossen sich 62 Bischöfe an. Damals wurde die *Union de la France chrétienne* gegründet, in der die führenden konservativen Köpfe des Landes vertreten waren. Diese Union propagierte die Wiederherstellung der religiösen Freiheit, da sie von der bürgerlichen Freiheit nicht zu trennen sei. Die Republik wurde in diesem Manifest nicht erwähnt. Die Politik des »Ralliement« wurde durch eine ausschließlich katholische Politik beantwortet.

Doch hätten sich die Umstände für den Papst durchaus auch günstig entwickeln können, insofern, als der beginnende Aufstieg des Sozialismus und Anarchismus zu einer wachsenden Gefahr für die soziale Ordnung wurden in dem Augenblick, als das Scheitern des Boulangismus die Festigkeit des Regimes bewiesen hatte. Im März 1890, also bereits ein halbes Jahr vor dem Trinkspruch des Bischofs in Algier, hatte der katholisch-liberale Anwalt aus Toulouse und Abgeordnete von Saint-Gaudens, Jacques Piou, die »Konstitutionelle Rechte« in der Kammer gegründet. Ihr Programm war klar: Die republikanischen Institutionen sollten, da sie legal waren, akzeptiert werden, um die Gesellschaft vor der Gefahr gesellschaftlicher Umwälzung zu bewahren. Deshalb hielt Leo XIII. angesichts der Widerstände in den katholischen Kreisen Frankreichs daran fest, die Zögernden umzustimmen. Im Februar 1892 veröffentlichte er die Enzyklika *»Inter sollicitudines«*, in der er erklärte, das Einverständnis mit der Republik bedeute nicht zugleich auch das Einverständnis mit der Gesetzgebung, die der Religion feindlich gesinnt sei und deshalb weiterhin bekämpft werden müsse.

Die *Union de la France chrétienne* löste sich auf. Ihre Anführer, darunter altgediente Kämpfer für die katholische Sache wie Keller und Chesnelong, zogen sich aus der Politik zurück. Es kam zu eigenartigen Umgruppierungen, indem Orléanisten wie d'Haussonville das »Ralliement« ablehnten, während ehemals unnachgiebige Monarchisten es unterstützten. De Mun erklärte im Mai, daß »ich zu jenen gehöre, die entschlossen sind, ihr Handeln auf den Boden der Verfassung zu stellen und somit ihre Haltung zu der vom Papst vorgegebenen Richtung zu bekräftigen«. Diese Art »Ralliement« war eng mit der Enzyklika *»Rerum novarum«* und dem Willen zu sozialem Handeln verbunden. Man wäre fast versucht zu behaupten, daß es ebenso viele Bündnisformen wie Verbündete gab. Manche Katholiken, unter ihnen auch Albert de Mun, träumten von einem konfessionellen Staat; andere dagegen, die Leo XIII. näherstanden, wollten eine große konservative Partei gründen und strebten eine laizistische Republik an, in der die katholische Kirche völlige Freiheit genieße. Jacques Piou änderte den Namen seiner Gruppierung in »Republikanische Rechte«. Um ihn scharten sich Menschen vor allem aus industriellen Kreisen, denen es vorwiegend um Fragen der gesellschaftlichen Ordnung ging.

MAURICE BARRÈS. DER NATIONALISMUS

Trotz seiner chauvinistischen Orientierung nach dem Krieg 1870 hatte sich der Patriotismus in Frankreich schnell wieder auf seine universalistischen Traditionen besonnen. Der Verzicht auf unmittelbare Revanche als Rechtfertigung der Kolonialpolitik fand seinen Ausdruck auch in der wieder auflebenden Vorstellung von Frankreich als einem Land der humanitären Berufung, von einem idealen Frankreich, von dem die Saat großer Ideen ausgehe. Diese Entwicklung verlief parallel zum allmählichen Verschwinden des Revanchegedankens. Damals gründete Gambettas Freundin, Madame Adam, die *»Nouvelle Revue«*, deren Ziel es war, die Flamme am Brennen zu halten. Drei Jahrzehnte lang hielt sie den Geist der Werke hoch, die der Krieg entstehen ließ, und verband aufs engste den Republikgedanken mit dem Revanchegedanken: gerade weil Frankreich republikanisch war, würde es eines Tages über das reaktionäre Deutschland siegen. Der Boulangismus hatte dieser Einstellung viel zu verdanken. Beide Formen des Patriotismus, die universalistische und die revanchistische, hatten die Kriegsgeneration von 1870 überlebt. Beide hatten jedoch eine neue Form angenommen.

Wer den französischen Nationalismus verstehen und ihn von den traditionellen Formen des Patriotismus abgrenzen will, muß den Weg von Maurice Barrès (1862–1923) verfolgen, der, wie bereits erwähnt, 1889 als boulangistischer Abgeordneter in Nancy gewählt wurde. Die Ursprünge seines Nationalismus erklärten dessen Eigenart. Zwei Erfahrungen hatten den jungen Mann geprägt, der 1883 nach Paris kam und zwischen 1888 und 1891 eine erste Trilogie veröffentlichte (*»Sous l'œil des Barbares«*, 1888; *»Un Homme libre«*, 1889; *»Le Jardin de Bérénice«*, 1891). Alle drei Bände zeigen den Haß auf die vorangegangene Generation, das Gefühl der Schwäche Frankreichs, dessen einstige Größe seine Generation nicht gekannt hatte. Barrès empfand Verachtung für den Opportunismus der Republikaner, die er mit vielen Zeitgenossen teilte. 1897 schrieb er: »Diese Generation, die den Krieg gemacht oder durchgemacht hat, die uns keinen großen Mann hinterlassen hat, die Taine nicht begraben konnte..., deren letzter Politiker Ferry war und nach ihm niemand mehr – ich ertappe mich dabei, wie ich sie hasse.« Seit 1888 sprach er von der »Erniedrigung und der Isolierung«, die er »inmitten der obskuren Runde dummer Freidenker, Büroleiter und Tierärzte« erlebte. Weniger polemisch, dafür um so entschiedener, warf er dieser Generation vor, sie habe versucht, die Jugend Frankreichs »zu Bürgern der Humanität, zu freien Menschen und Eingeweihten der reinen Vernunft« zu machen, sie damit aber von ihren Wurzeln abgeschnitten zu haben.

Frankreichs Schwäche wurde damals von vielen schmerzlich empfunden. Doch während dieses Gefühl der Dekadenz bei manchen in einen Nihilismus und eine Verachtung des Nationalismus mündete, ließ der Gedanke an die Abtrennung Elsaß-Lothringens bei Barrès die Vorstellung eines neuen Nationalismus reifen, der seine Kraft aus dem Bewußtsein der Zugehörigkeit zu einem Land und aus dem Wunsch, die Verbindung zu den Toten wiederherzustellen, schöpfen sollte.

Der geistige Ursprung von Barrès' Nationalismus lag, wie auch der Sozialismus eines Jaurès, vor allem in Deutschland und in seiner Kenntnis der deutschen Philosophie. Die Trilogie der Jahre 1888 bis 1891 beschrieb den Übergang vom »Ich-Kult« zum Rassenkult. Hier war wohl Hegels Einfluß ausschlaggebend. In *»Homme libre«* (1889) schrieb er: »Auch wenn die Individuen noch so vollkommen sind, so sind sie doch nur Bestandteile des umfassenderen Systems, das die Rasse darstellt, die selbst wiederum ein fragmentarischer Ausdruck Gottes ist.« Später gesellte sich zum Thema der Rasse der Begriff der Region. In *»Les Déracinés«* (»Die Entwurzelten«) von 1897 sprach er das Thema Lothringen noch deutlicher an: Barrès war vor allem Franzose, weil er Lothringer war, und warf den Deutschen insbesondere vor, daß sie den Geist Lothringens zerstörten. Ferner betrachtete er Lothringen als französischen Vorposten gegen das Deutsche Reich.

Ein zweites, direkt von Herder übernommenes Thema tauchte schon sehr früh bei Barrès auf: die Herrschaft der Nation über das Individuum. Sein anfänglicher Sozialismus entwickelte sich rasch zu einem sozialen Nationalismus. In seinem regionalistischen Eifer und mit seiner Behauptung, daß jede Nation in unterschiedlicher und irrationaler Weise ihre Eigenart herausbilde, schloß er an seinen Lehrer Hippolyte Taine an. Die universalistische und kantische Philosophie Burdeaus (1851–1894), eines Professors und Übersetzers Schopenhauers, den er in *»Les Déracinés«* beschrieb, konnte nur in der Verzweiflung und im Nihilismus enden. Eine solche Philosophie zerstörte das nationale Bewußtsein und das Gefühl, der gleichen Nation anzugehören, also »einem Land, in dem die Menschen gemeinsame Erinnerungen, gemeinsame Sitten und ein gemeinsames Ideal besitzen«, wie er 1900 in *»L'Appel du soldat«* schrieb, worin er seine Erinnerungen an den Boulangismus erzählte.

Seit 1896 stärkte die Affäre Dreyfus Barrès' Nationalgefühl. Zuerst betonte er den deterministischen Charakter der Nation. Sie erschien ihm als »lebendiger Organismus, beseeltes Wesen oder als Baum« (Z. Sternhell), dem die einzelnen Individuen völlig untergeordnet waren. »Die Tatsache, der gleichen Rasse, der gleichen Familie anzugehören, wirkt psychologisch determinierend.« Barrès ordnete ihm auch die Moral und die Gerechtigkeit unter, denn »es gibt keine absoluten Wahrheiten, es gibt nur relative Wahrheiten«. Für ihn gab es nur eine französische Wahrheit, und schon im *»Jardin de Bérénice«* (»Der Garten der Bérénice«) bezeugte er seine »Demut vor dem Unbewußten«. Somit verstärkte die Dreyfus-Affäre nur bereits bestehende Tendenzen bei ihm. Gleiches galt für seinen Wunsch einer Rückkehr zum Volk, das während der Affäre ständig im Gegensatz zu den »Intellektuellen« stand. Im *»Jardin de Bérénice«* schrieb er, das Volk habe ihm »die menschliche Substanz offenbart und mehr noch als das: die schöpferische Energie, den Lebenssaft der Welt, das Unbewußte«. Der natürliche Instinkt des Volkes solle das Land vor der zerstörerischen Wirkung der intellektuellen Abstraktion retten. Dazu paßt auch, daß Barrès' Antisemitismus nicht erst durch die Dreyfus-Affäre entstanden ist.

Als die Dreyfus-Affäre aufkam, hatte sich der Antisemitismus in der Nation schon besorgniserregend ausgebreitet. Er hatte seinen Nährboden auch außerhalb der nationalistischen Kreise, besonders im revolutionären Gewerkschaftsmilieu; dort hielt er sich auch nach dem Ende der Affäre. Seine zunächst noch schleichende Ausbreitung eskalierte jedoch ganz plötzlich in den achtziger Jahren, ein Vorgang, der 1886 mit der Veröffentlichung von *»La France juive«* (»Das jüdische Frankreich«) von Édouard Drumont seinen symbolischen Ausdruck fand. Die Bedeutung des Antisemitismus in der französischen Gesellschaft dieser Zeit darf nicht unterschätzt werden; er basierte zum großen Teil auf dem Mythos der Rothschilds und der geradezu romanhaft ausgeschmückten Geschichte des Zusammenbruchs der *Union générale.* Der Antisemitismus nahm in dem Maße zu, wie die christliche Arbeiterbewegung Geld und Reichtum verurteilte. Der Jude war verhaßt, weil er der Arbeitgeber, genauer gesagt, der Bankier war. Er stand als Symbol für wucherischen oder, was noch schlimmer war, für den weltweiten Finanzkapitalismus. Der Panamaskandal hatte dieser Kampagne neue Argumente geliefert, denn man sah in ihm nur einen kleinen Teil eines riesigen, weltweit angelegten Komplotts jüdischer Bankkreise, durch das die Christen enteignet werden sollten. Im November 1894 antwortete die Zeitung *»La Croix«* auf Jules Guesdes Feststellung, der Kapitalismus sei für die soziale Frage verantwortlich: »Das soziale Problem ist eigentlich ein jüdisches Problem.«

Die weltweiten Finanzgeschäfte der Juden ließen die Vorstellung eines jüdischen Komplotts glaubwürdig erscheinen. Diese Vorstellung wurde anschließend von nationalistischen Kreisen aufgegriffen und bezog ihre stärksten Impulse aus dem Rassegedanken, dessen Bedeutung im Denken des 19. Jahrhunderts, vor allem in der Anthropologie, besonders hervorgehoben werden muß. Auf ihn beriefen sich sowohl die Kolonial- wie auch die antisemitische Ideologie. Der Einfluß des Grafen Josef Gobineau (1816–1882) und seiner Schrift *»Essai sur l'inégalité des races humaines«* (»Über die Ungleichheit der Rassen«), die zwischen 1853 und 1855 veröffentlicht wurde, darf nicht unterschätzt werden, denn Gobineau hatte seinen Begriff der Degeneration gerade am Beispiel der Juden demonstriert. Auch bei Drumont war Gobineaus wie auch Darwins Einfluß zu spüren. So erklärte sich der beharrliche Versuch der antisemitischen Literatur, eine konkrete, nach spezifischen Körpermerkmalen suchende Beschreibung des Juden zu liefern. Doch war dies nur die Variante eines Themas, das sich auch in anderen Bereichen wiederholte. In den sechziger Jahren beispielsweise hielt Flourens am Collège de France vergleichende Vorlesungen über die französische und die deutsche Rasse. Derartige Ansätze fanden sich auch in der antipreußischen Literatur der Nachkriegszeit sowie in der Kolonialideologie.

Dennoch war der Antisemitismus in Frankreich um 1896 nicht in dem Maße fortgeschritten, wie man gerne glauben machen wollte. Die beiden 1889 (von Drumont) und 1892 gegründeten Antisemitenligen fanden wenig Anklang. Auch Barrès' Gedanken kreisten bei weitem nicht allein um den Antisemitismus, und der Erfolg der *»Libre Parole«*, von Drumont 1892 gegründet, war nicht allein auf ihren Antisemitismus zurückzuführen. Dagegen war klar, daß der Antisemitismus in der für die damalige Atmosphäre typischen heftigen Polemik einen immer radikaleren, schmutzigeren und irrationaleren Charakter annahm, doch blieben seine Auswüchse auf das Medium des Wortes beschränkt. Der Antidreyfusismus entsprang zwar nicht in erster Linie dem Antisemitismus, aber dieser leistete ihm immerhin Vorschub.

Der Antisemitismus war ein monströser intellektueller Irrweg: Er war keineswegs mit dem gesamten Nationalismus gleichzusetzen und auch nicht nur nationalistisch, der Nationalismus war auch nicht auf ihn angewiesen. Der Nationalismus entsprang vielmehr der Reaktion auf die von Barrès so tief empfundene Schwäche Frankreichs und einer Reaktion auf die Anzeichen von Dekadenz, gegen die man einen Damm errichten wollte. Erstes Anzeichen einer bereits vorhandenen Dekadenz war das Vergnügen an der Dekadenz, das ein Teil dieser Generation empfand; Albert de Mun sagte bei der Aufnahme Henri de Régniers in die *Académie française*, daß diese Generation als »Tochter der ungerächten Niederlage die bittere Qual der Revanche nicht mehr im Herzen« trage. »Ihr Denken wird nicht mehr von der glühenden Hoffnung auf eine glorreiche Wiedererstehung bewegt... So pflückt sie anstelle des schweren Lorbeers als Schmuck für die Stirn Blumen in verwelkten Farben und geht gebeugt auf die Dekadenz zu wie ein Wanderer über dem Abgrund, der noch stolz auf seinen Todesmut ist. Doch dieser Stolz verbirgt ein Elend, nämlich die Enttäuschung über das Leben.«

Angesichts der Kränze, die man der Dekadenz in literarischen oder soziologischen Werken flocht, wollten die Nationalisten alles das, was in ihren Augen die Nation gefährden könnte, bekämpfen: das Vergessen des Revanchegedankens, den Internationalismus (als etwa bei Arbeiterkundgebungen die *»Marseillaise«* von der *»Internationale«* abgelöst wurde und bestimmte Formen des Sozialismus ihren antipatriotischen Charakter lauthals bekräftigten), den Antikolonialismus (obgleich nicht alle Nationalisten kolonialistisch gesinnt waren) und schließlich den Antimilitarismus. Dieser Kurs wurde außer von ihnen auch von zahlreichen Republikanern geteilt. Dagegen hatte der Nationalismus wieder die Tradition des plebiszitären, antiparlamentarischen Boulangismus und eines gewissen Radikalismus aufgenommen. Aber auch hier standen die Nationalisten nicht allein, denn der Antiparlamentarismus war auch in der extremen Linken stark ausgeprägt, und auch die Guesdisten taten sich schwer, sich davon freizumachen, während ihn die revolutionären Gewerkschaften ständig praktizierten.

DIE ANTWORT DER REPUBLIKANER

Die Republikaner mußten somit auf drei neue Herausforderungen antworten: auf den Sozialismus, auf die verbündeten Katholiken und die Nationalisten als Erben des Boulangismus. Es gehörte bisher zum guten Ton zu behaupten, daß diese Antworten frostig, konservativ und wenig angemessen ausgefallen seien, doch dies traf nicht zu. Nicht allein die Männer der ersten Generation der Republikaner wie de Freycinet, Méline und Tirard hatten plausible Argumente anzubieten, die sie von den Anhängern Gambettas und Ferrys übernahmen; man sah vielmehr eine neue Generation heranwachsen, die infolge des Panamaskandals nun rascher an die Macht kam. Auch sie verfügte über ein Programm: Die Republikaner begegneten der sozialistischen Herausforderung nicht einfach mit dem Einsatz des Ordnungsdienstes. Vielmehr wurden in den neunziger Jahren nicht nur wichtige Sozialgesetze verabschiedet, sondern man schuf auch eine neue Struktur der Landwirtschaft. Dabei spielten Überlegungen eine Rolle, die ihren originellsten Niederschlag im Solidarismus des von den Freimaurern beeinflußten Léon Bourgeois fanden.

Der erste Schritt, um den sozialen Dialog auf eine feste Grundlage zu stellen, war getan. Mit dem Gesetz vom 20. Juli 1891 wurde ein Arbeitsamt geschaffen, das vor allem der Information und dem sozialen Dialog dienen sollte. Vertreter der Arbeitsämter saßen im »Oberen Arbeitsrat«, der im gleichen Jahr gegründet wurde. Es wäre zu einfach und auch falsch, all dies als belanglos hinzustellen. Was den Protektionismus betrifft, so hielt er sich in viel engeren Grenzen als bisher angenommen. Angesichts des »Ralliements« von Monarchisten und III. Republik versuchten es einige führende Köpfe der Republikaner mit einer »Befriedungspolitik«, die natürlich nicht die Laiengesetze widerrufen durfte, aber bei ihrer Anwendung doch mehr Toleranz walten lassen konnte. Es ist absurd, in dieser Einstellung nur den ängstlichen Wunsch nach Rettung der Gesellschaftsordnung zu sehen, zumal fraglich ist, ob sie so bedroht war, wie häufig behauptet wurde. Schließlich begründeten die Politiker der neunziger Jahre trotz der Drohung des Nationalismus auch noch eine neue Außenpolitik und errichteten eine neue Armee, durch die Frankreich am Ende des Jahrhunderts wieder einen Platz unter den Großmächten einnahm.

Vielleicht war dies eine Reaktion auf den Boulangismus; in jedem Fall aber handelte es sich um angewandten Gambettismus. Nach dem Besuch des russischen Herrscherpaares 1896, der in einer Militärparade im Lager von Chalon seinen Höhepunkt fand, konnte Henri Brisson, der radikalrepublikanische Präsident der Kammer, erklären: »Die französische Demokratie hat bewiesen, daß ihre Institutionen im Sinne der Ordnung, der Beständigkeit und der Einigkeit weiterarbeiten.« Eine Antwort an alle, die auf die Schwäche des Regimes spekulierten, aber auch eine Antwort auf die Zurückhaltung des Zaren.

DIE NEUE DIPLOMATIE

Nach den Wahlen von 1889 beruhigte sich das parlamentarische Leben einigermaßen. Die gemäßigten Republikaner waren gestärkt, und die Radikalen wurden vorsichtiger, denn sie hatten ihre Lehren aus dem Boulangismus gezogen. Die erste, von Tirard gebildete Regierung mußte bereits im März 1890 zurücktreten. Charles de Freycinet, der seit 1888 als Kriegsminister amtierte, übernahm die Regierung. Er hielt sich bis März 1892, also fast zwei Jahre, im Amt. Sein Nachfolger Émile Loubet (1838–1929) mußte den Panamaskandal, die zweite größere Krise des parlamentarischen Systems, durchfechten. Im Januar 1893 wurde er von Alexandre Ribot abgelöst, einem Mann des linken Zentrums, der im gemäßigten Republikanismus eine wichtige Rolle spielte. Im März folgte ihm Charles Dupuy (1851–1923) nach, Abgeordneter des Departements Haute-Loire, ein Emporkömmling, der neue Gesichter mitbrachte, unter ihnen Raymond Poincaré, damals 33 Jahre alt und Minister für Schulwesen.

Diese Kabinette brachten ein ansehnliches gesetzgeberisches Werk zum Abschluß, von dem an anderer Stelle schon die Rede war: die Rückkehr zum Protektionismus, die Verkündung einer Sozialgesetzgebung sowie die Schaffung eines Arbeitsamts, dessen weitreichende Bedeutung nicht zu unterschätzen ist. Ein Gesetz aus dem Jahre 1892 regelte die Frauenarbeit und die Beschäftigung von Kindern beiderlei Geschlechts. Ein weiteres Gesetz führte nach den Erfahrungen des Streiks von Carmaux ein freiwilliges Schlichtungsverfahren ein, das freilich nur selten

Anwendung fand. 1893 wurde die Sicherheit am Arbeitsplatz gesetzlich geregelt, und schließlich wurden die gesetzlichen Grundlagen geschaffen, um den sozialen Wohnungsbau voranzutreiben.

Doch die wichtigsten Vorhaben waren patriotischer Natur. Dabei ging es um dreierlei: Fortführung der Kolonialpolitik, auf die wir noch zu sprechen kommen, das Bündnis mit Rußland und die militärische Neuorganisation. Die ersten Anleihen nahm Rußland im Oktober 1888 in Frankreich auf, nachdem Bismarck der Reichsbank verboten hatte, Rußland einen Kredit zu gewähren. Die Plazierung einer russischen Anleihe kam jedoch nur mühsam und unter Schwierigkeiten in Gang. Erst die deutsche Weigerung nach dem Regierungsantritt Wilhelms II. und dem Sturz Bismarcks, den Rückversicherungsvertrag zu erneuern, stimmte den Zaren um. Deutsche Diplomaten hielten ein französisch-russisches Bündnis für ausgeschlossen. Alexandre Ribot, der Außenminister, leistete dem Zarenreich einen Freundschaftsdienst und ließ im Mai 1890 russische Anarchisten verhaften. Diese Geste sollte die tiefe Abneigung des Zaren gegenüber einem republikanischen Regime beseitigen. Im August begab sich der französische Generalquartiermeister nach Rußland, um dort die großen Armeemanöver zu beobachten; bei spontanen Gesprächen mit den russischen Generälen kam man überein, daß im Fall eines gemeinsamen Vorgehens beider Armeen beide »gleichzeitig« operieren sollten. Im Januar 1891 vergab der Zar einen Rüstungsauftrag an Frankreich und verlieh Präsident Sadi Carnot den Sankt-Andreas-Orden. Doch dabei blieb es auch. Die französische Regierung forderte die Großbanken auf, Schwierigkeiten für die Plazierung neuer Anleihen zu entdecken.

Die endgültige Entscheidung des Zaren folgte nach einer neuerlichen Weigerung Deutschlands. Wilhelm II. erneuerte im Mai 1891 den Dreibund, im Juni gab die italienische Regierung die Existenz der Mittelmeerentente von 1887 bekannt. Der Zar wurde sich seiner Isolierung bewußt. Im Juli empfing er die französische Flotte in Kronstadt und äußerte den Wunsch nach Verhandlungen, die der Vorbereitung eines Bündnisses dienen sollten. Der größte Wunsch Adolphe Thiers schien nunmehr mit zwanzig Jahren Verspätung Wirklichkeit zu werden. Ribot beeilte sich; er versuchte sofort, die Zusage für eine automatische und gemeinsame Mobilmachung der französischen und der russischen Armee im Falle einer Mobilmachung des Dreibunds zu bekommen. Doch erst nach zwei Jahren schwieriger Verhandlungen wurde er zufriedengestellt. Der Vertrag, der im August 1891 unterzeichnet wurde, blieb zwar sehr vage, doch war, wie Ribot meinte, »der Baum gepflanzt«. Es ergaben sich Schwierigkeiten, weil Frankreich das Bündnis vor allem gegen Deutschland, Rußland aber gegen Österreich ausrichten wollte. Am Ende zielte er gegen beide Länder. Die Militärkonvention, die am 18. August 1892 unterzeichnet worden war, wurde erst achtzehn Monate später vom Zaren ratifiziert, den der Panamaskandal beunruhigt hatte. Doch die entschieden feindliche deutsche Haltung ließ seine Bedenken schwinden. Im Oktober 1893 schickte er ein Geschwader nach Toulon, das mit außergewöhnlich patriotischer Begeisterung empfangen wurde, die, wie Ferdinand Bac schrieb, »aus einem neuen Sicherheitsgefühl nach einer langen Zeit der Isolierung« rührte. Am 4. Januar 1894 wurde die Konvention ratifiziert. Es war ein großer, aber auch gefährlicher Erfolg für die Republik, denn Frankreich wurde dadurch in die Wirren auf dem Balkan hineingezogen und riskierte dafür fast einen Krieg, aber das war der Preis für das Ende der Isolierung.

Bevor die Legislaturperiode zu Ende ging, hatten die Abgeordneten die lang ersehnte Militärreform verabschiedet, die die Wehrpflicht auf drei Jahre festsetzte und keine Ausnahmen mehr zuließ. Dieses Gesetz geriet rasch in den Ruf, es sei antiklerikal, denn es betraf unter anderem auch die Priester. In Wirklichkeit aber gehörte es zu den Gesetzen, die die Republik wesentlich mit begründeten. Der aktive Wehrdienst dauerte nun drei Jahre (seit 1904 betrug er nur zwei, seit 1913 wiederum drei Jahre), daran anschließend folgten sieben Jahre als Reservist des stehenden Heeres, sechs Jahre im Territorialheer und neun Jahre in der Reserve des Territorialheeres. Ein Gesetz von 1892 legte die Altersgrenze für die Befreiung vom Wehrdienst auf 45 Jahre fest. Doch zwei Fünftel eines Rekrutenjahrgangs leisteten nur ein Jahr ab, womit die Ungleichheit weiter bestehen blieb. Charles de Freycinet, der fünf aufeinanderfolgende Jahre als Kriegsminister amtiert hatte, hatte die Aufgabe, dieses Gesetz in vollem Umfang anzuwenden. Er tat es im Sinne der *levée en masse* von 1870. Die Mobilisierungspläne sahen eine weitgehende Eingliederung der Reserven in die Regimenter des stehenden Heeres vor, was die Aufstellung einer stattlichen Anzahl von Soldaten erlaubte. Der Plan XIII von 1895, das heißt der dreizehnte seit 1870, stützte sich auf 66 Divisionen, darunter 38 im aktiven Dienst.

Die Militärdoktrin änderte sich erst 1898. Seit 1887 nahmen die Pläne übrigens einen zunehmend offensiven Charakter an, wobei die russisch-französische Militärkonvention diesen Akzent noch verstärkte. Zunächst waren die Truppenstärken in den elsässisch-lothringischen Grenzgebieten verdoppelt worden, und schließlich unternahm der Staat große Anstrengungen, um die französische Rüstung zu modernisieren. Man verzichtete wie Deutschland auf das Maschinengewehr, verbesserte dafür aber das Lebelgewehr und entwickelte die 75-Millimeter-Kanone weiter, die in der folgenden Legislaturperiode in Auftrag gegeben wurde. Angesichts dieser militärischen Erneuerung, die aus der Nation heraus erfolgte, weil sie auf dem Gesetz von 1889 basierte, schrieb der deutsche Botschafter nach Berlin, weil er dortige Befürchtungen beruhigen wollte: »Das Selbstvertrauen der Nation ist durch diese übertriebenen Anstrengungen sehr gewachsen, der kriegerische Sinn der Nation aber nicht. Die allgemeine Wehrpflicht hat, Gott sei es gedankt, ganz anders gewirkt als bei uns (...) Die Franzosen freuen sich darüber, daß sie sich wieder stark fühlen können, haben aber noch keine Lust, ihre Kraft auf die Probe zu stellen.« Der Botschafter hatte sicher recht, denn welches Volk möchte schon gern den Ausbruch eines Krieges erleben? Ein Krieg ist nie erwünscht. Er kann nur hingenommen werden.

Trotzdem ist diese Frage eine Untersuchung wert. Die Anwendung des Gesetzes von 1889 bewies, daß der Militärdienst selbst in Regionen wie dem Languedoc, das keine militärische Tradition besaß, ohne Vorbehalte abgeleistet wurde. Er wurde als Garantie für den Frieden verstanden und war verbunden mit einem »mehr oder weniger bewußten patriotischen Gefühl, das zu einem vertrauten Gedanken wurde« (Maurin) in Erinnerung an die Niederlage von 1870. Diese Erinnerung wurde von den weltlichen wie auch geistlichen Lehrern wachgehalten. 1882 hatte man »Schülerbataillone« gebildet, die mit Holzgewehren übten und die Kinder auf den Militärdienst vorbereiten sollten. Sie wurden 1892 abgeschafft, doch die Einstellung, aus der heraus sie eingerichtet worden waren, blieb bestehen. Die erste Lehrergeneration hatte zwar den Frieden gepriesen, aber auch die Notwendigkeit einer Kriegsvorbereitung, denn es gab auch gerechte Kriege, und Frankreich war amputiert worden. Eines Tages mußte dieses Unrecht gesühnt werden. Ein Lehrer, der 1888 geboren wurde, schrieb über die Art des Unterrichts seines Vaters folgendes: »Er glaubte, die Revanche sei notwendig; er pries in seinem Unterricht die Heimat, Frankreich als Königin der Welt, die Pflichten eines Soldaten...

Die Stücke, die aufgesagt werden mußten, stammten von Paul Déroulède, zum Beispiel *›Le Clairon‹*.« Frankreich war zwar friedlich, stand aber Gewehr bei Fuß.

WAR DIE REPUBLIK BEDROHT?

Der Panamaskandal wurde zu einer regelrechten Abrechnung. Die ehemaligen Boulangisten nahmen Rache und zwangen dabei ihre alten Widersacher zu einem zumindest vorübergehenden politischen Rückzug. Im September 1892 eröffnete Drumonts *»Libre Parole«* das Feuer. Die Zeitung beschuldigte den Bankier Baron Reinach und den Makler Arton, für die Panamagesellschaft die Stimmen einiger Abgeordneter gekauft zu haben. Die Gesellschaft, die 1880 von Ferdinand de Lesseps gegründet worden war, wollte den finanziellen Erfolg des Suezkanals wiederholen. Der Plan war jedoch technisch schlecht vorbereitet, da sich die Voruntersuchungen als ungenügend erwiesen. Infolgedessen traten so viele unvorhergesehene Schwierigkeiten auf, daß die Gesellschaft immer mehr Obligationen ausgeben mußte. Als diese jedoch immer schlechter gehandelt wurden, wollte sie 1885 Prämienanleihen auflegen. Das entsprechende Gesetz wurde erst im Juni 1888 verabschiedet. Das war zu spät, die Gesellschaft wurde am 2. Februar 1889 aufgelöst. Das Verfahren, das damit in die Wege geleitet wurde, kam nur langsam voran. Erst am 11. Mai 1891 ließ der Generalstaatsanwalt Quesnay de Beaurepaire eine Untersuchung gegen die Geschäftsführer der Panamagesellschaft eröffnen.

Als die *»Libre Parole«* ihren ersten Artikel veröffentlichte, zirkulierten bereits mehrere Listen mit den Namen kompromittierter Parlamentarier. Innenminister Ernest Constans besaß eine, aber auch Cornélius Herz (1844–1898), ein vielseitiger Geschäftsmann, der sich auch auf politischem Parkett bewegte und Gesellschafter der Zeitung *»La Justice«* von Georges Clemenceau war. Seine Beziehungen zu Reinach waren alt und dergestalt, daß er ihn erfolgreich erpressen konnte. Reinach und er waren Teilhaber bei Ferdinand de Lesseps, als die Emissionen der Panamagesellschaft in Frankreich ausgegeben wurden, wofür sich beide fürstlich bezahlen ließen. Daraus bahnte sich eine unheilvolle Zusammenarbeit an, bei der auch vor Erpressung nicht zurückgeschreckt wurde.

Am 5. November beschloß Quesnay de Beaurepaire, die Ermittlungen gegen die Geschäftsführer der Gesellschaft einzustellen. Am 8. November erschienen neuerlich Artikel in »*La Libre Parole*«, die Clemenceau angeregt hatte, um damit die Opportunisten zu treffen. Auch Floquet als Präsident der Kammer wurde beschuldigt, im Jahr 1888 300000 Francs von der Gesellschaft erhalten zu haben. Am 18. November erschien ein weiterer Artikel in »*La Cocarde*«, der neuerlich Zweifel an Floquets Integrität anmeldete. Am 19. November beschloß Justizminister Ricard, die Ermittlungen wieder aufzunehmen, am selben Tag trafen Reinach, Herz und Clemenceau bei Rouvier zusammen. Reinach und er begaben sich zu Constans und wollten ihn veranlassen, die Veröffentlichung seiner Artikel in »*La Cocarde*« einzustellen, doch der lehnte ab. In der Nacht vom 19. auf den 20. November starb Reinach in seinem Haus – ob aufgrund von Selbstmord oder eines Gehirnschlages steht nicht fest.

Am 21. November richtete der boulangistische Abgeordnete, Jules Delahaye, ein ehemaliger Gewerkschaftler der Linken, eine offizielle Anfrage an die Regierung. Er hielt eine lange Rede, weigerte sich aber, Namen zu nennen. Dennoch erhielt er die Genehmigung, einen parlamentarischen Untersuchungsausschuß einzurichten, der eine Autopsie Reinachs verlangte. Ministerpräsident Loubet lehnte dieses Ansinnen ab; als das Parlament den Antrag billigte, trat er zurück. Sein Nachfolger wurde Alexandre Ribot, der sein Amt am 5. Dezember antrat, das Kabinett im übrigen unverändert ließ. Der Präsident der Republik wünschte kein großes Aufsehen, um die russisch-französischen Verhandlungen nicht zu stören. Inzwischen war Cornélius Herz nach England geflüchtet.

Am 28. November bestätigte ein hoher Justizbeamter namens Prinet vor der Untersuchungskommission, daß etwa 500 bis 600 Personen von der Gesellschaft gekauft worden seien. Tags darauf erklärte der Bankier Thierry, Reinachs Nachfolger, er sei im Besitz von 28 Schecks, die er der Kommission aushändigte. Doch die Kontrollabschnitte mit den Namen der eigentlichen Inhaber wurden erst am 19. Dezember zurückgegeben. Am nächsten Tag wurde die Immunität einer Reihe von Abgeordneten aufgehoben. Déroulède beschuldigte Clemenceau, 1888 von Herz zwei Millionen Francs erhalten zu haben. Clemenceau, der als »ausländischer Agent« bezeichnet wurde, forderte ihn zum Duell; die Begegnung fand am 22. Dezember statt. Die Gerechtigkeit nahm ihren Lauf, und im Januar 1893 kam es durch Charles de Lesseps zu neuen Enthüllungen: Baïhaut, der Minister für öffentliche Arbeiten, hatte 1885 Geld erhalten; Floquet hatte 1888 fünf radikale Journalisten bezahlt; Clemenceau und Freycinet hatten im gleichen Jahr Reinach gedrängt, er solle den Bitten von Herz nachgeben.

Am 9. Februar wurden Ferdinand de Lesseps und Gustave Eiffel verurteilt, bald darauf aber vom Kassationsgericht auf freien Fuß gesetzt. Der Korruptionsprozeß begann am 8. März. Baïhaut gestand als einziger und wurde auch als einziger verurteilt. Tatsächlich hatte Rouvier am 20. Dezember die Handlungsweise der »panamistes« gerechtfertigt. Er erklärte, das Geld, das sie erhalten hatten, sollte die gefährdete Republik retten, denn die Geheimfonds hätten nicht ausgereicht: »Ich habe in den Geheimfonds nicht die Mittel gefunden, die benötigt wurden, und appellierte deshalb an den Geldbeutel meiner Freunde.« Clemenceau gab in der gleichen Sitzung Déroulède die Antwort: »Ja, es ist wahr, meine Zeitung ist den Anweisungen von Cornélius Herz gefolgt – und denen vieler anderer.« Anders ausgedrückt: Die republikanische Presse mußte am Leben gehalten werden, sogar auf Kosten der Zeichner von Panamaaktien. Für Clemenceau und Rouvier begann die lange Zeit der Buße. Ersterer verlor bei den Wahlen von 1893 und kehrte erst 1906 wieder in ein Kabinett zurück.

Die Boulangisten waren gescheitert, sie konnten das Regime nicht erschüttern. Die Panama-Affäre verschärfte zwei Tendenzen der öffentlichen Meinung, den Antiparlamentarismus und den Antisemitismus, doch bewies der Skandal auch die Festigkeit der Regierung und bewirkte in den Reihen der Politiker eine heilsame Erneuerung.

»CLIO IN DER HÖLLE«

Zur gleichen Zeit sah sich die Republik Angriffen ganz anderer Art, nämlich Bombenanschlägen ausgesetzt. Der Anarchismus war der sinnfällige Ausdruck einer antipatriotischen Strömung, die nie ganz verschwand und nach der Krise des Boulangismus wieder zunahm. In den achtziger Jahren breitete er sich in einer von polizeilichen Provokationen aufgeheizten Atmosphäre immer weiter aus. Seine wichtigsten Anführer waren damals neben Louise Michel vor allem Jean Grave, ein Schuhmacher, der *»La Révolte«* veröffentlichte, und Émile Pouget, der Herausgeber des *»Père Reinard«*. Ihre verbalen Exzesse, die uns heute eher dürftig anmuten, wurden von einigen bürgerlichen literarischen Zirkeln gebilligt. Die anarchistischen Gedankenspielereien wurden schließlich in Taten umgesetzt. 1887 kam es zu einer Reihe von Attentaten, deren Anstifter sich auf anarchistische Ideale beriefen. Seit 1892 nahmen diese Attentate beunruhigende Ausmaße an. Am 11., 18. und 29. März explodierten in Paris in einem Wohnhaus und einer Kaserne insgesamt drei Bomben, wobei es aber nur wenige Verletzte gab. Am 30. März konnte der Attentäter aufgrund eines – zugegeben etwas merkwürdigen – anonymen Hinweises festgenommen werden. Es handelte sich um einen gefährlichen Kriminellen, der sich Ravachol nannte und ideelle Motive angab. Die Gesellschaft sei verdorben, erklärte er zur Rechtfertigung seiner Tat. Er wurde zum Tod verurteilt, aber nicht wegen der Bombenattentate, sondern wegen seiner früheren Vergehen. Danach kam es zu weiteren Attentaten: Nach einem sehr langen und harten Streik, der auch von Jaurès unterstützt worden war, kamen am 5. November der Sekretär und drei Angestellte der Bergbaugesellschaft Carmaux bei einem Bombenanschlag ums Leben.

Nach diesem Streik wurden Ende 1892 zwei wichtige Sozialgesetze verabschiedet: das Gesetz über das freiwillige Schlichtungsverfahren bei Streiks und das Gesetz über die Erwerbstätigkeit von Frauen und von Kindern beiderlei Geschlechts. Das Kabinett Ribot hielt sich bis März, dann folgte das Kabinett Dupuy, das eine neue Personalpolitik und eine Öffnung eher zum rechten Zentrum als zu den Radikalen anstrebte. Dupuy war dankbar für das katholische »Ralliement«, indem er hart gegen die Straßendemonstrationen in Paris vorging. Diese waren von Studenten nach der Verurteilung eines Kommilitonen wegen Verstoßes gegen die öffentlichen Sitten angestiftet worden. Als die Arbeiter sich dieser Bewegung anschlossen, ließ Dupuy am 7. Juli die Arbeitsbörse unter dem Vorwand besetzen, die Gewerkschaften hätten ihre Demonstration nicht pflichtgemäß zuvor angemeldet. Bei all diesen Ereignissen spielte die Provokation durch die Polizei eine ausschlaggebende Rolle. Thibaudet, ein Augenzeuge, beschrieb diese später in seinem Buch *»Clio aux enfers«* (»Clio in der Hölle«).

DIE PROGRESSISTEN

1893 hielten vierzig Sozialisten ihren aufsehenerregenden Einzug ins Parlament. Im übrigen hatte sich durch die Wahlen das bisher bestehende Kräfteverhältnis nicht geändert. Die Radikalen zählten 140 Abgeordnete. Sie hatten auf dem Land, vor allem im Südwesten, stark zugenommen. Floquet und Clemenceau, Opfer des Panamaskandals, wurden nicht gewählt. Die gemäßigten Republikaner hatten ihre Position gestärkt, da sie nun 300 Sitze einnahmen und aus eigener Kraft die Mehrheit stellen konnten. Es dauerte aber eine Zeitlang, bis sie sich dessen bewußt wurden. Die konservative Rechte verfügte nur über 56 Abgeordnete, und der Block der Monarchisten spielte nur noch eine marginale Rolle. Die Gründe für diese Verschiebungen lagen auf der Hand: Die Stimmenthaltungen beliefen sich als Reaktion der Katholiken, die das Bündnis einiger Monarchisten mit der III. Republik verwirrte, auf fast 29 Prozent. Darüber hinaus hatten die katholischen Wähler ihre Stimme lieber den gemäßigten Republikanern als den mit ihnen verbündeten Konservativen gegeben. Die führenden Köpfe der Politik des »Ralliement« waren die Verlierer – der Orléanist Jacques Battu sowie der frühere Legitimist Albert de Mun und der liberale Katholik Étienne Lamy. Als zweite Generation der Republikaner, deren Laufbahn erst nach dem Krieg von 1870 und den Ereignissen des 18. Mai 1877 begonnen hatte, zogen 190 neue Abgeordnete ein. Sie wollten angesichts drohender revolutionärer Tendenzen eine ehrgeizige neue Politik definieren, die sie selbst als »progressistisch« bezeichneten.

Diesem Progressismus fehlten allerdings die Führungspersönlichkeiten; immerhin kam es in der Umgebung von Waldeck-Rousseau zu Überlegungen und zur Skizzierung eines Programms. Seit der großen Koalition hatte er eine bedeutende Karriere als Anwalt gemacht und es zu einem ansehnlichen Vermögen gebracht. Er plante, in die Politik zurückzukehren, und betrieb dieses Ziel mit großem Ehrgeiz, indem er sich Ende 1894 zum Senator im Departement Loire wählen ließ. Waldeck-Rousseau vertraute auf die Zukunft der liberalen Gesellschaft und fürchtete im Gegensatz zu vielen seiner Zeitgenossen keine sozialistische Bedrohung. Er sagte 1899, er »gehe nur von einer mittelmäßigen Verbreitung und Durchführung sozialistischer Doktrinen und kollektivistischer Lehren aus«, denn »sie können eine Gesellschaft, deren Vorliebe und Neigung zu individuellem Eigentum so vollendet enwickelt ist, nicht wirklich gefährden«. Waldeck-Rousseau versuchte also »eine große einheitliche und geschlossene Partei mit hehren und standhaften Prinzipien« zu gründen, die auf einer Linie mit den Vorstellungen Gambettas lagen. 1897 gründete er zusammen mit Jules Siegfried und dem damals noch jungen Raymond Poincaré das »Republikanische Nationalkomitee für Handel und Industrie«. Waldeck-Rousseau glaubte, daß die Geschäftsleute, »die die Interessen des Landes vertreten und es am Leben erhalten«, auch an der Macht teilhaben sollten, »um die Ära der Politiker zu beenden«. Das Komitee arbeitete in der Tat wie eine Lobby. Marcel Fournier, Leiter der erst kürzlich gegründeten *»Revue politique et parlementaire«* (1894) ergriff in Übereinstimmung mit Waldeck-Rousseau die Initiative und schuf den *Grand Cercle Républicain.* Die Anfänge gestalteten sich schwierig, denn er fand zwar in Paris Anklang, blieb aber außerhalb weitgehend unbeachtet. Dieser *Cercle* hatte sich am 22. März 1898 konstituiert und fand nur etwa tausend Anhänger. Viele Abgeordnete hielten den Verein für zu pariserisch und für zu eng mit den gemäßigten katholischen Kreisen verbunden, die Méline an die Republik herangeführt hatte. Auf beiden Seiten waren die laizistischen Gesetze noch nicht vergessen.

In der Kammer fand sich nur mit Mühe eine Mehrheit. Erst Méline gelang die Bildung einer Regierung, die von April 1896 bis Juni 1898 hielt. Der Übergang von der Instabilität zur Stabilität vollzog sich in zwei, für die III. Republik sehr charakteristischen Schritten. Zunächst kam keine Zentrumsmehrheit zustande, weil sich die Radikalen immer radikaler gebärdeten, danach versuchte man es von Oktober 1895 bis April 1896 mit den Radikalen; die dadurch hervorgerufenen Befürchtungen führten zu einer Stärkung des Zentrums. Während der ersten Phase versuchten die Kabinette unter Jean-Casimir Périer und Charles Dupuy die Stimmen des Progressismus für sich zu gewinnen. Casimir-Périer entstammte einer berühmten, orléanistisch gesinnten Familie, die inzwischen ihren Frieden mit der Republik gemacht hatte. Als 1888 auf seinem Schloß Vizille des Jahrestages der Versammlung, die 1788 dort getagt hatte, feierlich gedacht wurde, appellierte er an die Republikaner, die Prinzipien der Revolution zu Instrumenten der Ordnung zu machen. Er sollte Gelegenheit bekommen, seine Prinzipien in die Tat umzusetzen, denn am 9. Dezember, sechs Tage nach der Bildung seines Kabinetts, warf der Anarchist Auguste

Vaillant, übrigens ein Einzeltäter, eine Bombe von der Tribüne in die Kammer. Einige Abgeordnete, unter ihnen Abbé Lemaire, wurden verletzt. Vaillant wurde am 7. Februar 1894 hingerichtet. Casimir-Périer ließ ein Gesetz gegen die Unterstützung oder Verherrlichung von Gewalt in der Presse und ein weiteres über »Verbrecherbanden« verabschieden, das sich zum Einsatz im Kampf gegen den Sozialismus eignete.

Trotz Vaillants Hinrichtung setzte sich 1894 die Reihe der Attentate fort. Am 13. Februar tötete eine Bombe in einem Café am Bahnhof Saint-Lazare eine Person und verletzte zwanzig weitere. Am 20. Februar kam eine Person durch die Explosion einer Bombe in der rue Saint-Jácques ums Leben, eine andere Höllenmaschine verletzte am 25. März mehrere Personen im Restaurant »Foyer« schwer. Sadi Carnot, der Präsident der Republik, wurde am 25. Juni in Lyon von einem Italiener ermordet. Kurz vor seiner Hinrichtung rief dieser aus: »Mut! Kameraden! Es lebe die soziale Revolution!« Charles Dupuy, der Nachfolger Casimir-Périers als Regierungschef, ließ ein neues Gesetz gegen den Anarchismus verabschieden, das den Strafkammern »das Delikt anarchistischer Propaganda über die Presse« übertrug. Es stieß auf heftigen Widerstand der Radikalen und Sozialisten, wurde aber am 27. Juli verabschiedet. Eine Woche später wurde der »Prozeß der Dreißig« gegen militante Anarchisten eröffnet, zu denen auch Jean Grave und Sébastien Faure gehörten, der 1892 die Zeitung *»Le Libertaire«* gegründet hatte. Entgegen dem Antrag der Staatsanwaltschaft sprach das Gericht die Intellektuellen unter den Angeklagten frei, verurteilte aber diejenigen, die nach allgemeinem Recht bereits straffällig geworden waren. In Wirklichkeit zeigte sich hier die gewalttätige Form des Anarchismus in seiner extremsten Form. Aber seine Umwandlung in Richtung eines revolutionär gewerkschaftlichen Handelns hatte bereits begonnen. Das drückte sich in der Billigung des Generalstreiks aus, die der Kongreß der Gewerkschaftsverbände im September auf Antrag Briands aussprach, und darüber hinaus in der Rechtfertigung »direkter Aktionen«.

Die zweite Aktion der Kabinette Périer und Dupuy betraf die Kirche. Es ging darum, in diesem Bereich einen »neuen Geist« zu etablieren, den Eugène Spuller, Unterrichtsminister und ehemaliger Mitarbeiter Gambettas, als »den Geist« definierte, der »alle Franzosen um eine gemeinsame Vorstellung von Vernunft, Gerechtigkeit und Nächstenliebe versammelt, ohne die keine Gesellschaft leben kann, die leben will«. Die Radikalen und ein Teil der Gemäßigten, die nur auf ihre Wahlkreise fixiert waren, beschuldigten die Regierung, sie würde mit dem Feind paktieren. Innerhalb der Gemäßigten bildete sich die Gruppe der progressistischen Union heraus und tat ihre Mißbilligung dieser Politik kund. Casimir-Périer wurde am 30. Mai gestürzt, als die Regierung »Arbeitern und Angestellten von Staatsbetrieben« gegen den Willen der Radikalen, der Sozialisten und der extremen Rechten das Recht auf gewerkschaftliche Organisation verweigern wollte.

ZWEI ENTSCHEIDENDE ENTWICKLUNGEN DER VERFASSUNGSORGANE

Sadi Carnots Tod löste eine Krise der Präsidentschaft aus, die den endgültigen Niedergang dieses Amts ankündigte. Casimir-Périer wurde von beiden Kammern mit 451 von 851 Stimmen zum Nachfolger gewählt. In seiner Ansprache erklärte er: »Ich habe die Pflicht, die mir verfassungsmäßig zustehenden Rechte weder zu mißachten noch sie mir von jemandem vorschreiben zu lassen.« Man durfte folglich auf die Aufwertung dieses Amts hoffen, doch war dies nicht der Fall. Die linke Presse führte wegen seines Vermögens und seiner Tätigkeit als Großaktionär der Gesellschaft von Anzin, vor allem aber wegen der Tatsache, daß er der Sproß einer seit langem orléanistisch orientierten großen Dynastie war, eine Verleumdungskampagne gegen ihn. Die Republik zog es vor, ihre Politiker im Kreis von Emporkömmlingen zu suchen und mit Geschäftemachern von geringerem Format zu verkehren. Die Person eines Casimir-Périer an der Spitze des Staates wirkte zu offensichtlich als Symbol für das Bündnis zwischen Republik und »Großkapital«! Am 15. Januar trat Casimir-Périer zurück. Er hatte genug von den Beleidigungen und war es vor allem leid, keine politische Rolle mehr zu spielen. Jean Jaurès persönlich verteidigte einen Journalisten vor Gericht, der einen beleidigenden Artikel geschrieben hatte, in dem er die Familie Périer zum Symbol »der larmoyanten und arroganten Tradition des großbürgerlichen Despotismus« erklärte. Derselbe Journalist wurde zwei Monate später zum Abgeordneten des 13. Arrondissement gewählt. Außerdem informierten Regierungschef Charles Dupuy und seine Minister den Präsidenten der Republik nicht über den Gang der Geschäfte. Er trat also zurück, nachdem er die »Ohnmacht, zu der er verurteilt war«, beklagt hatte. Am 17. Januar bestimmte das Parlament Félix Faure zu seinem Nachfolger, einen ehemaligen Gerberlehrling ohne jedes politische Charisma. Er beschränkte die Rolle des Präsidenten der Republik strikt auf ihren repräsentativen Teil. Niemand übertraf ihn in seiner Fähigkeit, republikanische Feste zu feiern, die an den Glanz der Feste an europäischen Höfen erinnern sollten. Die Präsidentschaft war nur mehr ein Symbol.

Erst nach dem Rücktritt zweier Regierungen bildete die Mehrheit, die sich bei der Wahl Félix Faures formiert hatte, ein Kabinett: Zunächst regierte Alexandre Ribot zusammen mit einigen Radikalen; ihm folgte am 28. Oktober 1895 ein Kabinett unter Léon Bourgeois (1851–1925), der bereits auf eine lange Erfahrung als Minister zurückblicken konnte. Beide Regierungen setzten eine Finanzreform auf die Tagesordnung, wobei Ribot eine gestaffelte Erbschaftsteuer und Bourgeois eine Einkommenssteuer vorschlug. Trotz äußerst behutsamer Formulierungen stieß letztere auf einhellige Ablehnung, da man ihr eine zu große Nähe zur Theorie des sogenannten Solidarismus vorwarf, der auf eine Gesetzgebung abzielte – so die Meinung der Mehrheit –, die es den Privilegierten erlaube, »ihre Schulden gegenüber den Benachteiligten« abzubezahlen. Industrieminister Mesureur (1847–1925), der spätere Direktor der Öffentlichen Fürsorge nach der Jahrhundertwende, sprach hingegen von einem »vernünftigen und praktischen Sozialismus«.

Die Kammer war zwar nicht begeistert von dem Plan der Einkommenssteuer, den Finanzminister Paul Doumer vorlegte; der größte Widerstand aber kam aus dem Senat. Die Ereignisse, die sich dann abspielten, kamen praktisch einer Neugründung des Senats gleich. Die Radikalen fanden sich mehr oder weniger damit ab: Die zweite Kammer erwarb ganz allmählich großes Ansehen, und ein Mandat im Senat galt ganz selbstverständlich als die Krönung einer Laufbahn im Dienst der Republik. Man betrachtete sie als eine Elite parlamentarischer Vernunft, die ihre Sitzungen im Palais du Luxembourg abhielt. Die Senatoren wollten in der Mehrzahl keine Einkommenssteuer; anstatt aber Ministerpräsident Bourgeois deshalb offen anzugreifen, wählten sie den sichereren und dezenteren Weg über einen juristischen Formfehler, um die Vorlage abzuschmettern. Am 11. Februar stimmten sie für einen Tadelsantrag gegen die Regierung, da diese in einer Affäre, die ein wenig an den Panamaskandal erinnerte, nämlich jener der südfranzösischen Eisenbahngesellschaft, einen Untersuchungsbeamten durch einen anderen ersetzt hatte. Aus dieser Rüge entstand ein ernsthaftes Verfassungsproblem: mußte Bourgeois zurücktreten oder nicht? Er weigerte sich, und die Kammer gab ihm recht.

Der Konflikt dauerte drei Monate. Die Stellung des Senats wurde im Frühjahr bei einer Sitzung der Departementsräte gestärkt, da sich 70 gegen die Einführung einer umfassenden Einkommensteuer aussprachen. Der Senat weigerte sich am 21. April, die notwendigen Mittel für die Rückführung der Truppen aus Madagaskar in die Heimat zu bewilligen, bis ein »Kabinett gebildet« sei, »das das Vertrauen beider Kammern besitzt«. Am 23. April gab Léon Bourgeois auf. Er trat aus »patriotischen Motiven« zurück, aber eigentlich hatte ihn die erste Kammer fallenlassen. So wie die Wahl Félix Faures die Schwäche des Präsidentenamtes bestätigt hatte, bestätigte die vom Senat ausgelöste Krise die Macht des Senats, die sich immer offener zeigte. Auf dem Gebiet der Sozialgesetzgebung verhielt er sich so konservativ, wie er Entschlossenheit bei der Verteidigung republikanischer Institutionen zeigte – eine subtile Mischung zwar, aber durchaus eine Basis für einen Konsens.

Aus dieser Situation heraus wurde das Kabinett Méline geboren, das außerordentlich lange, nämlich zwei Jahre, regierte. Ihm gehörten zwei frühere Parteigänger Ferrys an: Arthur Rambaud als Unterrichtsminister und Gabriel Hanotaux (1853–1944), früher Archivar im Außenministerium; Méline selbst hatte das Landwirtschaftsministerium übernommen. In dieser Funktion entwickelte er eine groß angelegte Kreditpolitik. Denn dieses Ministerium, dem so viele Historiker vorwarfen, es habe nichts getan, gehörte sicher zu denen, die an der Ausarbeitung der fälligen Reformen am meisten beteiligt waren, zum Beispiel dem Gesetz über Unfälle am Arbeitsplatz, das trotz seiner Unvollkommenheit einen entscheidenden Fortschritt darstellte. Zuvor war das Gesetz über sanitäre und Sicherheitsmaßnahmen am Arbeitsplatz verabschiedet worden. Ein weiteres Gesetz betraf die Unterstützungsvereine, die ihr Wirkungsfeld über die Kreise der Arbeiter hinaus ausgedehnt hatten.

Gleichzeitig griff Méline wieder auf die Politik der »geistigen Erneuerung« zurück, die Léon Bourgeois aufgegeben hatte. Offiziell lehnte er jeden Antiklerikalismus ab. Er stellte die Laiengesetzgebung nicht in Frage, ließ aber eine Rückkehr der Ordensgemeinschaften zu und verzögerte die Verstaatlichung der Mädchenschulen. Insgesamt gesehen verhielten sich die beiden Kammern, die 1889 und 1893 gewählt worden waren, bezüglich der Probleme, vor die sich die Franzosen gestellt sahen, nicht so reserviert, wie bisher oft behauptet wurde. Weder der »Solidarismus« eines Léon Bourgeois noch die Förderung der Versicherungen durch den Staat, die Méline am Herzen lag, dürfen als nebensächlich betrachtet werden. Bourgeois' »Solidarismus« besaß sicher seine juristischen und philosophischen Schwächen, historisch gesehen war er jedoch enorm wichtig. Er bot nämlich im Rahmen eines liberalen und positivistisch beeinflußten Denkens die moralisch-politische Rechtfertigung der Sozialgesetzgebung, die als ein »Quasivertrag der menschlichen Gesellschaft« betrachtet wurde. Er entsprang der Vorstellung Auguste Comtes, der die Menschheit auf ihrem Weg als eine lange Reihe von Toten und Lebenden sah. Ebenso wäre es auch falsch zu behaupten, daß die Reformen in der Landwirtschaft von einer völlig »blockierten« Vorstellung über die französische Gesellschaft beeinflußt worden wären, und die Notwendigkeit einer Solidargemeinschaft der Versicherten, inzwischen eine der bedeutendsten Institutionen unseres sozialen Lebens, eine Nebensächlichkeit gewesen wäre. Die wahren Revolutionäre sind nicht immer die, die man dafür hält!

FRANKREICHS AUSSENPOLITISCHE UND KOLONIALE MISSION

Am 30. Mai 1894 wurde Gabriel Hanotaux zum Außenminister ernannt. Er hatte dieses Amt – ausgenommen das Kabinett Bourgeois vom November 1895 bis April 1896 – bis zum Sturz Mélines im Juni 1898 inne. Außenminister im Kabinett Bourgeois war der Gelehrte Marcelin Berthelot, der sich darin aber keine besonderen Verdienste erwarb. Gabriel Hanotaux betrieb eine konsequente, gemäßigte Politik, die viel zur Entspannung der diplomatischen Szene am Ende des 19. Jahrhunderts beitrug. Vor dem Hintergrund einer Art Entkrampfung der französisch-deutschen Beziehungen hielt er an der französisch-russischen Militärkonvention fest, wollte sie aber nur strikt defensiv verstanden wissen. Er engagierte sich nachdrücklich für eine Annäherung an Italien und verteidigte entschlossen die kolonialen Ambitionen Frankreichs.

Bei zwei Anlässen konnte Gabriel Hanotaux ein zu starkes Engagement Frankreichs an der Seite Rußlands verhindern. Die erste Gelegenheit bot sich in Asien, als Japan nach der Niederlage Chinas im April 1895 den Vertrag von Shimonoseki diktierte, der unter anderem die Abtretung Port Arthurs vorsah, das Rußland als Endstation der Transsibirischen Eisenbahn vorgesehen hatte. Wilhelm II. schlug eine sofortige Intervention vor, die der Zar sofort akzeptierte. Frankreich begriff, daß die Allianz bedroht war, und beteiligte sich daher an der Demarche. Die japanische Regierung gab alsbald nach. Auf den chinesisch-japanischen Krieg folgte eine Aufteilung Chinas, an der sich auch Frankreich beteiligte und sich seine Präsenz im Süden des Landes bestätigen ließ. Im Juni 1895 hatte es einen Vertrag durchgesetzt, der es ihm erlaubte, eine Eisenbahnlinie in die Provinz Jünnan zu bauen und die Bergwerke in diesem Gebiet auszubeuten. Als Deutschland im April 1898 das Signal gegeben hatte und durch einen Handstreich den Hafen Kiautschou erhielt, bekam Frankreich die Bucht von Kuangtschouwan zur Pacht.

Im August 1894, im September 1895 und im August 1896 ereigneten sich in Armenien, das unter türkischer Herrschaft stand, drei Massaker. Die Zahl der Opfer belief sich auf mehr als 200000 Menschen. Im März 1896 kam es auf Kreta nach einem Aufstand im Gefolge eines Krieges zwischen der Türkei und Griechenland ebenfalls zu blutigen Ausschreitungen. Danach erhielt die Insel einen autonomen Status zuerkannt. Auch in Mazedonien flammten Revolten auf, doch wahrte Hanotaux in allen drei Fällen seine kluge Zurückhaltung und erklärte, er sei gegen jede Form der Einmischung. Der russische Verbündete verteidigte übrigens diesmal die Integrität der Hohen Pforte gegen England.

Seit Beginn der achtziger Jahre hatten sich die französisch-italienischen Beziehungen verschlechtert. Der Dreibund war, wie bereits erwähnt, eine direkte Konsequenz aus der Tunesienfrage und seit 1887 wütete überdies ein Zollkrieg zwischen Frankreich und Italien. 1896 änderte sich die Situation, was Hanotaux sofort zu nutzen verstand: Seit 1887 betrieb Francesco Crispi eine koloniale Expansionspolitik in Afrika, das heißt, Italien setzte sich 1890 in Eritrea und 1891 in Somalia fest. Angesichts des Widerstands des äthiopischen Königs beschloß Crispi 1895 einen Unterwerfungsfeldzug. Dieser endete mit der Katastrophe von Adua, bei der mehr als 12000 Italiener getötet wurden und derethalben Crispi seinen Hut nehmen mußte. Der neue Außenminister, Marquis

Visconti-Venosta, war einer Annäherung an Frankreich nicht abgeneigt. Er räumte den Verpflichtungen des Dreibundes lediglich einen defensiven Stellenwert ein. Die Franzosen ließen sich zwar bitten, zögerten dann aber nicht länger. Im September 1896 wurden ein Vertrag zur Regelung der tunesischen Frage und im November 1898 von Théophile Delcassé, dem Nachfolger Hanotaux', ein Handelsvertrag unterzeichnet. Die Verhandlungen gestalteten sich bei der großen Zahl gegensätzlicher Interessen äußerst schwierig. Zu diesem Zeitpunkt trat ein neuer Botschafter Frankreichs, Camille Varrière, in Rom sein Amt an. Bereits im Dezember 1900 unterzeichnete er einen Geheimvertrag mit der italienischen Regierung. Doch stand dies auf einem anderen Blatt und war nur ein Teil des von Delcassé eingefädelten Spiels.

In den deutsch-französischen Beziehungen zeichnete sich eine gewisse Entspannung ab, die in eher nebensächlichen Abkommen ihren Niederschlag fand, wie in der Angelegenheit Dahomé im Juli 1897 oder in der Einwilligung Frankreichs, gemeinsam mit Deutschland im Fernen Osten vorzugehen. Doch mußte Rußland starken Druck ausüben, damit Frankreich 1895 wie andere Nationen Schiffe zur Einweihung des neuen Kaiser-Wilhelm-Kanals nach Kiel schickte. Diese Teilnahme Frankreichs lieferte der nationalistisch eingestellten Presse den Vorwand zu einer heftigen Kampagne. Doch schien der Feind nun eher England zu sein. Die Kolonialpartei hatte sich in den neunziger Jahren kräftig entwickelt. Am 4. August 1890 gründeten »ein paar Personen mit patriotischem Eifer« das *Comité d'Afrique française,* dessen Ziel es war, Gelder für die französischen Missionen in Afrika zu sammeln. Im August 1893 wurde die *Union coloniale française* gegründet, bei der es sich um den »Zusammenschluß der wichtigsten französischen Häuser handelte, die an unseren Kolonien interessiert sind«. Diese Gesellschaft verfügte über das notwendige Kapital und den entsprechenden Elan. 1894 entstand eine *Ligue coloniale de la jeunesse française,* die in den Gymnasien für die Kolonien werben sollte.

Der unbestrittene Wortführer in Sachen Kolonialpolitik innerhalb der Regierung und des Verwaltungsapparates, aber auch der Öffentlichkeit, war Eugène Étienne (1844–1921), ein republikanischer Abgeordneter aus Oran, der zwischen 1887 und 1892 als Unterstaatssekretär in den Kolonien aktiv und ein ebenso glühender Republikaner wie geschickter Geschäftsmann war. Er gründete die Gruppe der an Fragen der Kolonialpolitik interessierten Abgeordneten in der Nationalversammlung, die 1902 200 Mitglieder zählte.

Innerhalb des Staates formierte sich die Kolonialverwaltung. Seit 1894 existierte ein Kolonialministerium, das auf das Amt eines Unterstaatssekretärs folgte, das 1883 von Jules Ferry geschaffen worden war. Im November 1885 wurde eine Kolonialschule nach dem Vorbild der Hochschulen ins Leben gerufen und 1896 in der Avenue de l'Observatoire in einem Haus im maurischen Stil untergebracht. Ihre Absolventen stellten damals übrigens erst eine geringe Minderheit innerhalb des kolonialen Beamtentums. Die Zeit wurde noch von der Figur des Kolonialoffiziers vom Typ Hubert Lyautey beherrscht, eines ehemaligen Adjutanten Gallienis in Indochina und Madagaskar. Im Jahr 1900 veröffentlichte er in der *»Revue des Deux Mondes«* seine »Briefe aus Tongking und Madagaskar«; sie zeichneten das Bild eines friedensstiftenden Offiziers, das man seit der Gründung Algeriens und anderer Kolonien in Saharanähe kannte. Der französische Kolonialoffizier sah sich als Verwalter, Lehrer, Erzieher und Erneuerer der »Eingeborenen«, die ihn liebten und respektierten. Als er den Arbeitstag eines dieser Beamten in Madagaskar beschrieb, notierte er: »Er ist der einzige Krieg, den ich mag und verstehe, denn er bringt schnell mehr Reichtum, mehr Kultur und mehr Sicherheit.« Sobald die Unterwerfung der Einheimischen erfolgreich abgeschlossen war – so sein Lehrmeister Gallieni –, bestand die erste Pflicht eines Kolonialoffiziers darin, »das Dorf wieder aufzubauen und einen Markt sowie eine Schule einzurichten.«

Die Kolonialideologie baute nicht bloß auf wirtschaftlichen Argumenten auf. Eugène Étienne versicherte 1897 vergeblich, das einzige Kriterium bei einer kolonialen Unternehmung sei »sein Grad an Nützlichkeit«; die Gegner des Kolonialsystems konnten mühelos beweisen, daß die Kolonien viel Geld kosteten – der Kolonialhaushalt wuchs zwischen 1885 und 1902 von 42,6 auf 116 Millionen Francs – und nicht viel einbrachten. Zwischen 1896 und 1900 betrug der Anteil der Exporte in die französischen Kolonien lediglich 9,8 Prozent des Gesamtexports, die Importe aus den Kolonien nur 7,8 Prozent der Gesamteinfuhr. Der Kolonialismus war eigentlich eine Form des Nationalismus: Nicht nur, daß er Frankreich wieder zu Ruhm und Ehre brachte, er erlaubte ihm auch, seinen zivilisatorischen Auftrag in der Welt zu erfüllen. Frankreich brachte nicht nur »Märkte und Schulen«, sondern auch die Befreiung von

Unterdrückern und Sklavenhaltern. 1888 gründete Kardinal Lavigerie die *Société antiesclavagiste,* ganz im Sinne Brazzas, der den afrikanischen Sklaven erklärt hatte: »Überall dort, wo diese Fahne weht, erhalten die Sklaven ihre Freiheit zurück.« Seitdem glaubte man an den Gedanken einer französischen Überlegenheit, die Frankreichs Vorherrschaft zu rechtfertigen schien. Es war das Erbe des christlich-missionarischen und des zivisatorisch-republikanischen, aber auch anthropologisch-ethnologischen Denkens, das mit einer hierarchischen Vorstellung von Rassen und Kulturen operierte. Diese Hierarchie basierte auf dem Begriff der »primitiven Kultur«; dies war auch der Titel eines Buches von Tylor, das 1877 ins Französische übersetzt worden war und dem Begriff »eingeboren« seine eigentliche Bedeutung verlieh. Diese irrige Denkweise war nicht nur kennzeichnend für die Kolonialideologie, man begegnete ihr auch in antideutschen oder antisemitischen Argumentationen. Doch handelte es sich hierbei eher um Randerscheinungen, denn seit dieser Zeit setzte sich mehr und mehr die Vorstellung von der Kolonialisierung als Erziehungsaufgabe durch. Unter diesem Gesichtspunkt war sie durchaus vergleichbar mit der »Mission« der Verstaatlichung der Schulen. In der Vorstellungswelt der populären oder für Kinder verfaßten Kolonialromane wurde Frankreich als das einzige Volk dargestellt, das fähig war, die Aufgabe der geistigen und moralischen Entwicklung der überseeischen Völker zu erfüllen; dieses Mehr an Humanität und dieses pädagogische Bemühen galt als eine Besonderheit der französischen Kolonialpolitik.

Unter diesen Voraussetzungen war die Schwächung der antikolonialistischen Partei verständlich; sie gab aber nicht auf, sondern bekam einen zunehmend revolutionären Anstrich, der sie in Mißkredit brachte. Die feindlichen Stimmen im konservativen Lager wie die Albert de Broglies verschafften sich zunehmend weniger Gehör. Das Kolonial- und das Außenministerium konnten den Vormarsch an der Kolonialfront mühelos organisieren. Zwischen 1887 und 1893 hatte Frankreich im Fernen Osten seinen Einfluß auf Laos ausgedehnt: Ein Flottenaufmarsch vor Siam sollte das Land zwingen, die französische Präsenz anzuerkennen. Die Blockade der siamesischen Küste führte zwar zu einer Verstimmung der Engländer, zwang aber die Siamesen, die Annektion von Laos anzuerkennen. 1896 wurde ein Vertrag unterzeichnet, der die Grenze zwischen Französisch-Indochina und Birma festlegte und Siams Unabhängigkeit garantierte.

In Afrika lenkten zwei Unternehmungen die Aufmerksamkeit auf sich: der Vormarsch in der Sahara und die Eroberung Madagaskars. Die Saharaunternehmung bildete den krönenden Abschluß eines gefährlichen und langwierigen Abenteuers, das in »wissenschaftlicher« Mission durchgeführt wurde, jedoch nicht ohne den Beistand kleiner militärischer Expeditionskorps auskam. Stellvertretend dafür stand der Erfolg der Mission Foureaus und Lamys, die 1898 mit 300 Mann von Biskra bis Ouargla, Temmasinin und Aïr marschiert waren. Im November 1899 begegneten sie einer Expedition, die vom Niger aufgebrochen war, und im Februar 1900 einer Gruppe, die aus Äquatorialafrika kam. Es hatte überaus symbolischen Charakter, als die drei Expeditionen sich zum gemeinsamen Angriff gegen einen Eingeborenenhäuptling, einem Sklavenhändler, vereinten. Das Hoggar-Gebirge wurde erst 1902 besetzt. Père Charles de Foucauld, ein ehemaliger Offizier, der 1901 die Priesterweihe empfangen hatte, kam 1902 nach Béni-Abbès und 1905 nach Tamanrasset. Er schrieb im Mai 1909 Henri de Castries, einem Offizier und Mitarbeiter Lyauteys: »Es ist unsere Pflicht, die Muselmanen geistig und moralisch uns anzugleichen. Ein Volk hat seinen Kolonien gegenüber die gleichen Pflichten wie Eltern gegenüber ihren Kindern!«

Im Jahre 1885 wurde zwischen Frankreich und Madagaskar ein Vertrag über ein noch vage definiertes französisches Protektorat geschlossen. 1890 erklärte England seine Zustimmung. Doch wenig später änderten die örtlichen Machthaber ihre Haltung und erklärten Frankreich am 27. November den »Heiligen Krieg«. Daraufhin entsandte Hanotaux ein Expeditionskorps, das im September 1895 Tananarive besetzte und das Protektorat über der Insel errichtete. Als es dagegen mit offenkundiger Unterstützung der Hova-Regierung zum Aufstand kam, wurde Gallieni, der gerade Tongking befriedet hatte, mit dessen Niederschlagung betraut. Als erstes schickte er die madegassische Königin nach Frankreich ins Exil und hob danach mit Hilfe Lyauteys ein Widerstandsnest nach dem anderen aus. Er blieb bis zum Jahr 1905 Gouverneur von Madagaskar. Gallieni verkörperte das Idealbild eines Offiziers in der Rolle eines Friedensstifters, der lieber verhandelte, als daß er Krieg führte.

Die Franzosen waren nun damit zwar zufrieden, mußten aber eine Demütigung einstecken. Sie hatten der englischen Vorherrschaft am Suezkanal nur widerstrebend zugestimmt. Das britische Ziel, einen durchgehend englisch beherrschten Gebietsstreifen vom Kap bis Kairo zu schaffen, kollidierte mit dem Wunsch der Franzosen, Dakar mit Dschibuti zu verbinden. Nachdem die Engländer 1885 in Khartum im Sudan gescheitert waren, bereiteten sie nun eine großangelegte Expedition mit 3000 Mann vor, die das obere Niltal erobern sollte. Die französische Regierung in Person von Marcelin Berthelot beschloß im Februar 1896 in höchst leichtfertiger Manier, eine Expedition unter der Leitung von Oberst Marchand in das gleiche Gebiet zu schicken. Gabriel Hanotaux, der inzwischen wieder das Außenministerium leitete, stimmte diesem Vorhaben zu. Am 18. September 1898 sah Kitchener in Faschoda die französische Flagge wehen. Es kam zu Verhandlungen, an deren Ende Delcassé am 3. November 1899 einem Rückzug aus diesem Gebiet zustimmte. J. Chastenet zitiert seine Worte: »Wir können uns einen so mächtigen Staat wie England nicht zum Feind machen, solange wir noch an unserer Ostgrenze bluten ...« Die Niederlage von Faschoda führt uns wieder in das Frankreich der Patrioten zurück.

DRITTER TEIL

Das Opfer

1899–1918

Frankreichs innenpolitische Geschichte war zwischen 1900 und 1914 mit vier leidenschaftlich umkämpften Fragen verknüpft: Von 1899 bis 1902 ging es um die Suche nach Wahrheit, zwischen 1902 und 1906 um den Antiklerikalismus und von 1906 bis 1910 um das Aufbrechen revolutionärer Leidenschaften; 1914 schließlich geriet das Land in den Sog des Nationalismus. Wer die Logik dieser Abfolge verstehen will, muß bei der Dreyfus-Affäre beginnen. Sie bewirkte neben dem Kampf um die Wahrheitsfindung eine Neuverteilung der politischen Kräfte, die auf zehn Jahre hinaus jede Öffnung zur Mitte blockieren sollte. Mit der Dreyfus-Affäre wurde der Progressismus zu Grabe getragen. Wieder einmal standen sich die beiden Frankreich gegenüber.

Im Anschluß daran wird man nicht umhin können, die Entwicklung der politischen Parteien zu betrachten, deren Organisation sich zunehmend verbesserte und deren weltanschauliche Positionen sich immer mehr verhärteten. Desgleichen wird man die wirtschaftlichen und gesellschaftlichen Veränderungen, die ihnen innewohnende Hoffnung auf allgemeinen Wohlstand und einen friedlichen sozialen Dialog ebenso begreifen müssen wie das demütigende Gefühl der deutschen Überlegenheit. Dies vorausgesetzt, läßt sich die Politik eines Émile Combes wie auch eines Georges Clemenceau leichter erklären. Und ebenso wird man im Licht der diplomatischen und militärischen Geschichte der Jahre 1899 bis 1911 den Nationalismus der Jahre 1910 bis 1914 begreifen lernen; denn die Wiedergeburt jenes hemmungslosen Nationalismus schöpfte ihre Themen und die Szenarien zu ihrer Dramatisierung aus der Geschichte der Diplomatie. Die Rede, die Wilhelm II. in Tanger hielt, hatte eine größere Wirkung auf das Bewußtsein der Franzosen als auf die Diplomatie.

KAPITEL I

Die beiden Frankreich

DIE ENTSTEHUNG DES DREYFUSIANISMUS

Die Wahlen zur Nationalversammlung im Mai 1898 wurden nicht wesentlich von der Dreyfus-Affäre beeinflußt, obwohl Zola am 14. Januar den Artikel *»J'accuse«* veröffentlicht hatte. Den Wahlkampf beherrschte vielmehr die auffallende Aktivität der Radikalen, die sich auch in der Gründung einer Partei im Jahre 1901 niederschlug. Angesichts der Konkurrenz der Sozialisten hatten sich die Radikalen etwas Neues einfallen lassen und verfielen wieder in antiklerikale Töne. 1895 hatte man ein Komitee für republikanische Reformen gegründet, das zwei bereits bestehende Komitees zusammenfaßte. Das eine war auf Initiative Mesureurs 1893 entstanden und setzte sich aus Parlamentariern zusammen, das andere war von Brisson, Bourgeois und Floquet 1894 einberufen worden und vereinte militantere Naturen. Dieses neue Aktionskomitee umfaßte in kürzester Zeit 62 Zeitungen, 53 Freimaurerlogen und 70 Lokalkomitees. Es handelte sich also um ein höchst ehrgeiziges Vorhaben mit dem Ziel, die französische Gesellschaft als Ganzes fest in den Griff zu bekommen. In der Tat breitete es sich auch rasch aus. Der Übergang der Freimaurerei vom republikanischen Opportunismus zum Radikalismus beschleunigte sich. Die Radikalen hatten auf parlamentarischer Ebene bereits 1891 begonnen, den Senat zu erobern, und waren dort schon mit 40 Senatoren vertreten. Seit 1893 konnten sie mit der Unterstützung der Landbevölkerung besonders im Südwesten rechnen. Zwischen 1893 und 1898 hatten sie sich in der Nationalversammlung in die Radikalsozialisten, die nicht mit den Sozialisten brechen wollten, und in die Linksradikalen gespalten, die eher den

Gemäßigten nahestanden. Gemeinsames Thema bei den Wahlen 1898 bildete der Antiklerikalismus. – Aber auch die Rechte zeigte tiefe Risse. Wahlkomitees unter dem Slogan »Gerechtigkeit und Gleichheit«, die von den Assomptionisten und ihren Zeitungen *»La Croix«* und *»Le Pèlerin«* gefördert wurden, führten eine heftige Kampagne gegen Laizismus und Juden. Die republikfreundlichen Katholiken sahen sich außerstande, ihr Wahlbündnis auf eine feste Grundlage zu stellen, unterstützten aber auch die gemäßigten Republikaner nicht.

Méline glaubte, die Wahlen gewonnen zu haben, denn seine Parteifreunde hatten 250 Sitze erobert. Die Sozialisten dagegen hatten den erwarteten Durchbruch nicht geschafft. Méline ging also davon aus, er würde an der Macht bleiben. Dennoch mußte er am 15. Juni zurücktreten, nachdem die Linke einen Antrag durchgebracht hatte, der die Forderung enthielt, daß sich die Regierung auf eine ausschließlich republikanische Mehrheit stützen müsse, während Méline auch die Stimmen der Konservativen nicht verschmähte. Er mußte den Abfall von etwa 50 progressistischen Abgeordneten hinnehmen, die wohl den Freimaurern nahestanden. Den Wirren der Dreyfus-Affäre ging also zunächst eine Neuorientierung in der Politik voraus. In der Tat kam es zur Bildung eines Kabinetts radikalrepublikanischer Tendenz unter Henri Brisson, und seit diesem Zeitpunkt beherrschte die Dreyfus-Affäre mehr und mehr die französische Politik.

Am 15. Oktober 1894 war Hauptmann Alfred Dreyfus festgenommen worden. Man hatte ihn aufgrund eines Briefs und einer Liste verhaftet, die in einem Papierkorb der Deutschen Botschaft gefunden wurden. Da in dem Brief weitere Dokumente zugesagt wurden, klagte man Dreyfus der Spionage an und machte ihm aufgrund eines mehr als oberflächlichen graphologischen Gutachtens den Prozeß. Der Hauptmann, damals 35 Jahre alt, stammte aus einer begüterten elsässischen Familie; er war verheiratet, Vater zweier Kinder, und er war unschuldig. Als der wahre Schuldige wurde später Major Esterhazy, ein Offizier ungarischer Abstammung, ehemaliger Leutnant in der Fremdenlegion und eine auf höchst verschwenderischem Fuß lebende Persönlichkeit entlarvt. Der Beschluß, Dreyfus zu verhaften, wurde in engstem Kreis gefaßt. Kriegsminister General Mercier zeigte sich von Dreyfus' Schuld überzeugt. Am 29. Oktober gelangte die Affäre durch einen Artikel in der *»Libre Parole«* an die Öffentlichkeit. Der Herausgeber der Zeitung, Édouard Drumont, wurde offenbar – was aber nicht sicher ist – von Oberst Henry, einem Mitglied des französischen Nachrichtendienstes informiert, der Dreyfus festnehmen ließ. Die Zeitung gab der Affäre sofort eine antisemitische Note. Am 1. November lautete die Schlagzeile: »Hochverrat. Festnahme von Offizier A. Dreyfus.« Der Generalstab konnte nicht mehr zurück. Mathieu, Dreyfus' Bruder, suchte einen Rechtsanwalt. Waldeck-Rousseau erklärte sich auf Anfrage für befangen und empfahl Maître Demange, einen konservativen und katholischen Anwalt, der nach dem Studium der Akten den Fall auch übernahm. Er führte die Verteidigung bis zum Ende der Affäre. Der Prozeß begann am 19. Dezember 1894. General Mercier und die Ankläger setzten dabei ihre Karriere aufs Spiel. Dreyfus zeigte sich im Blick auf den Ausgang der Verhandlung zuversichtlich, doch es sollte anders kommen: Das Urteil lautete auf Deportation nach Cayenne.

Ein Graphologe namens Alphonse Bertillon hatte erklärt, Dreyfus habe das Dokument gefälscht, indem er seine eigene Handschrift nachgeahmt habe. Oberst Henry schwor bei seiner Ehre, daß er von Dreyfus' Schuld überzeugt sei. Im Verlauf des Prozesses wurde dem Gericht ein Geheimdossier übergeben, das dem Verteidiger jedoch vorenthalten wurde. In der Tat enthielt dieses entstellte Dokumente, die aus verschiedenen authentischen Papieren zusammengetragen worden waren, aber von einer anderen Affäre stammten. Presse und Kammer billigten das Urteil einstimmig. Jean Jaurès beklagte sogar in der Nationalversammlung, »daß Dreyfus, obwohl einstimmig des Verrats überführt, nicht zum Tod verurteilt worden« sei. Er führte diese Milde auf den Umstand zurück, daß Dreyfus Offizier und außerdem noch vermögend war. Clemenceau bezeichnete den Hauptmann am 25. Dezember als »eine schmutzige Seele und verwerfliche Person«. Die französischen Juden schwiegen. Für alle schien Dreyfus eindeutig überführt zu sein. Am 5. Januar 1895 wurde Dreyfus unter Beschimpfungen der Menge im Hof der École militaire öffentlich degradiert und am 21. Januar auf die Teufelsinsel geschickt.

Eine Affäre Dreyfus gab es bis dahin nicht. Sie entstand erst durch das Aufeinandertreffen des hartnäckigen, bisweilen etwas ungeschickt agierenden Willens seines Bruders, der von Joseph Reinach, dem ehemaligen Kabinettschef Gambettas zur Zeit des »Großen Ministeriums«, unterstützt wurde, und der eiskalten Entschlossenheit eines in seiner Karriere und Ehre bedrohten Mannes, Oberst Picquard, auch er Elsässer, der im Juli 1895 in den Nachrichtendienst des Generalstabs versetzt worden war.

Bis dahin hatte Mathieu Dreyfus umsonst Hilfe und Unterstützung gesucht. Bernard Lazare (1865–1903) war der erste, der neben der Familie Partei für Dreyfus ergriff. Seine Rolle in dieser Affäre wurde von der Geschichtsschreibung systematisch unterbewertet. Nach Aussage von Dreyfus selbst »war er der erste, der zu seinen Gunsten sprach«. Lazare verkehrte in den Kreisen des literarischen Journalismus in Paris und tendierte zum Anarchismus. Vor allem hatte er das 1894 erschienene Buch *»L'Antisemitisme, son histoire et ses causes«* (»Der Antisemitismus, seine Geschichte und seine Ursachen«) verfaßt, in dem er nach den Ursprüngen des Antisemitismus suchte und nachwies, daß »fast alle Theoretiker des Sozialismus Antisemiten waren«. Nach seiner Überzeugung würde der Antisemitismus bald verschwinden. 1896 veröffentlichte er eine Broschüre, in der Dreyfus als ein Opfer seines jüdischen Glaubens dargestellt wurde. Die Dreyfusgegner mieden bei ihren Erörterungen dieses Terrain, die Themen des Dreyfusianismus schöpften aus ureigener »republikanischer Mystik«.

Im Juli 1895 wurde Oberst Picquart zum Chef des Nachrichtendienstes ernannt. Er gehörte zu der Gruppe, die auf eine Verurteilung von Dreyfus gedrängt hatte. Im Einvernehmen mit General de Boisdeffre, dem Chef des Generalstabs, wollte er die Stichhaltigkeit des Urteils bekräftigen und suchte nach Motiven. Im März 1896 erhielt er ein »kleines blaues« Dokument, das an Major Esterhazy adressiert war und an der Art seiner Beziehungen zur deutschen Botschaft keinen Zweifel ließ. Im August, als sich sein Verdacht bestätigte, informierte Picquart seine Vorgesetzten, die ihm allerdings klar machten, daß er beide Affären getrennt voneinander behandeln müsse. Im September erklärte er, er sei von Dreyfus' Unschuld überzeugt. General Gonse jedoch, stellvertretender Chef des Generalstabs, verlangte von ihm, nichts davon verlauten zu lassen, denn dies sei »eine Geschichte, die nicht wieder aufgerollt werden kann«. Die Gründe für diese Reaktion blieben zwar unklar, taten aber auch nichts zur Sache. Der Generalstab wollte eine Revision dieses Prozesses um jeden Preis verhindern und stellte sich hinter Esterhazy – ein schwerer Fehler, wie sich noch zeigen sollte. Am 1. November legte Oberst Henry ein neues Beweisstück vor, das er angeblich im gleichen Papierkorb gefunden hatte. Es handelte sich indes um eine von ihm selbst vorgenommene Fälschung; sie täuschte einen Briefwechsel zwischen dem italienischen und dem deutschen Militärattaché vor und sprach auch von »Beziehungen zu diesem Juden«. Picquart wurde am 14. November kaltgestellt, im Januar 1897 nach Tunesien geschickt und von Oberst Henry abgelöst.

Am 7. November 1896 wurde den Parlamentariern das kleine Werk von Bernard Lazare *»Une erreur judiciaire. La vérité sur l'affaire Dreyfus«* (»Ein Justizirrtum. Die Wahrheit über die Affäre Dreyfus«) zugespielt. Am 10. November veröffentlichte die Zeitung *»Le Matin«* das Faksimile des Briefes mit der Liste. Diese Veröffentlichung beschleunigte die Suspendierung Picquarts noch zusätzlich. In Intellektuellenkreisen nahmen dank der Schrift Bernard Lazares immer mehr Partei für Dreyfus, von dessen Unschuld sie überzeugt waren. Zu diesen Dreyfusianern gehörten unter anderem auch der Historiker Gabriel Monod (1844–1912), einer der Begründer der *»Revue Historique«* im Jahr 1875, und Lucien Herr, Bibliothekar der *École normale supérieure*, aber auch der Katholik Denys Cochin.

Im Jahr 1897 kam es zu zwei parallelen Entwicklungen, die Ende des Jahres zusammentrafen: Einerseits fühlte sich Oberst Picquart, gegen den Oberst Henry gefälschte »Beweise« sammelte, direkt bedroht und beauftragte den Anwalt Leblois mit seinem Fall, wobei er ihm berichtete, was er von Esterhazys Schuld wußte. Andererseits nahm die Zahl der Intellektuellen, die für Dreyfus Partei ergriffen, immer mehr zu. Maurice Barrès, mit dem Léon Blum Kontakt aufnahm, verweigerte sich und antwortete, er folge dem »nationalen Instinkt als Sammelpunkt«. In diesem Satz war der ganze Antidreyfusianismus enthalten. Doch Lucien Herr sorgte in der *École normale* für weitere »Bekehrungen«. Die Mehrheit der Sozialisten verhielt sich jedoch abwartend. Jaurès selbst ließ sich erst im Juli 1898 umstimmen. Auch Politiker, allen voran Clemenceau, änderten mit der Zeit ihre Meinung. Beide Entwicklungen verknüpften sich schließlich Ende 1897. Im Juni teilte Leblois dem Vizepräsidenten des Senats, Auguste Scheurer-Kestner, einem angesehenen Protestanten aus dem Elsaß, alles mit, was er wußte, und bat ihn auf Wunsch Picquarts um Geheimhaltung. Er berichtete aber nichts von Esterhazy. Am 29. Oktober äußerte Scheurer-Kestner seinen Verdacht gegenüber Félix Faure und Kriegsminister Billot, doch blieb sein Vorstoß wirkungslos. Da Mathieu aber die Liste überall verteilt hatte, brachte ein zufälliger Vergleich mit der Schrift Esterhazys die Wahrheit ans Licht. Nunmehr ging er selbst in die Offensive: am 15. November klagte Mathieu offiziell und öffentlich Esterhazy als Verfasser dieser Liste an.

Der Generalstab war damit gezwungen, gegen Esterhazy eine Untersuchung anzustrengen. Er wurde entlastet und am 11. Januar 1898 von einem Kriegsgericht freigesprochen, dafür wurde Picquart verhaftet. Am 14. Januar veröffentlichte Émile Zola in »*L'Aurore*«, der Zeitung Clemenceaus, seinen Artikel »*J'accuse*«, dessen provozierender Ton gerade die Strafverfolgungbehörde zum Einschreiten bewegen sollte. Zolas Schrift war mehr eine Anklage gegen die Armee als eine Beweisführung für Dreyfus' Unschuld. Während Bernard Lazare die Affäre als Mittel im Kampf gegen den Antisemitismus benutzt hatte, wurde sie durch Zola zu einem Kampf für Gerechtigkeit gegen die Kräfte des Bösen, gegen die Macht der Lüge und für die Wahrheit. Doch auch er machte dafür den »häßlichen Antisemitismus« verantwortlich. Erst von diesem Zeitpunkt an ließ sich die Zahl der Anhänger beider Parteien entsprechend der Bruchlinien überblicken, die indes nicht immer so verliefen, wie man erwartete.

Am 7. Februar fand der Prozeß gegen Zola in gespannter Atmosphäre statt. Der Schriftsteller wurde wegen Verleumdung zu einer Geldstrafe von 3000 Francs und einer Gefängnisstrafe verurteilt. Um ihr zu entgehen, floh er nach London. Das Publikum im Gerichtssaal, in der Mehrheit gegen Dreyfus eingestellt, rief: »Es lebe die Armee! Tod den Verrätern!« Es kam zu schweren antisemitischen Ausschreitungen sowohl in Paris als auch in der Provinz und in Algier. Im übrigen konnte Picquart während des Prozesses beweisen, daß das Dokument, das die beiden Militärattachés angeblich ausgetauscht hatten, eine Fälschung war. Trotzdem wurde er aus der Armee entlassen.

EIN MISSGLÜCKTER STAATSSTREICH

Nach den Wahlen kam es im Juni zur Bildung des Kabinetts Brisson. Neuer Kriegsminister wurde Godefroy Cavaignac (1853–1905) aus einer traditionell republikanisch gesinnten Familie, von dem man wußte, daß er einer Revision ablehnend gegenüberstand. Angesichts einer wachsenden Pro-Dreyfus-Kampagne, die auch die im Februar neugebildete Liga für Menschenrechte betrieb, gab er am 7. Juli vor der Nationalversammlung die Existenz von Geheimpapieren in dem Dossier bekannt. Picquart wurde als Agent des »jüdischen Syndikats« bezeichnet. Er veröffentlichte einen Brief, in dem er versicherte, daß das von Cavaignac erwähnte Dokument eine Fälschung sei. Daraufhin wurde er verhaftet. Am 13. August jedoch fand Hauptmann Louis Cuignet, den Cavaignac mit der Durchsicht der Akte betraut hatte, heraus, daß das berüchtigte Dokument, das Oberst Henry im Papierkorb gefunden und wieder zusammengeklebt haben wollte, eigentlich aus verschiedenen Schriftstücken bestand. Am 30. August rief der Minister Oberst Henry und die Generäle Gonse und Boisdeffre zu sich. Henry gab zu, das Papier gefälscht zu haben. Er wurde auf dem Mont Valérien festgesetzt, wo er Selbstmord beging. Manche glaubten, er sei ohne ein förmliches Verfahren hingerichtet worden. General de Boisdeffre reichte seinen Rücktritt ein, Esterhazy floh. Godefroy Cavaignac trat am 4. September zurück. Er blieb von der Schuld Dreyfus' überzeugt und schloß sich bald darauf der »Patrie française« an, einem Sammelbecken aller Dreyfusgegner.

Seit diesem Zeitpunkt spielte die Dreyfus-Affäre eine entscheidende Rolle in der französischen Politik. Am 14. September beschloß der Ministerrat, dem Revisionsantrag von Madame Dreyfus stattzugeben. Am 29. Oktober erklärte die Strafkammer des Kassationsgerichts die Berufung von Madame Dreyfus für zulässig, das hieß, ihr sollte stattgegeben werden.

Am 26. Oktober wurde die Regierung nach einer parlamentarischen Anfrage der nationalistischen Abgeordneten gestürzt und folgte damit dem Beispiel des Kriegsministers Cavaignac, der bereits zuvor zurückgetreten war, nachdem er sich gegen eine Revision ausgesprochen hatte. Der Antrag, der auch gebilligt wurde, forderte »die Regierung auf, die Angriffe auf die Armee zu unterbinden«.

Am 1. November konstituierte sich das Kabinett Charles Dupuy. Zu diesem Zeitpunkt hatte die Nationalistische Partei bereits Gestalt angenommen, und die Republikaner spürten immer deutlicher, welche Bedrohung über der Republik lag. Die Gefahr kam nicht von den kleinen Gruppierungen des antisemitischen Lagers. Sie ging vielmehr von neuen Strömungen aus, die mit Unterstützung einer Handvoll Intellektueller die nationalistischen Themen aus den neunziger Jahren wieder aufgriffen. Am 31. Dezember 1898 wurde ein Aufruf veröffentlicht, den renommierte Schriftsteller wie François Coppée (1842–1908), Jules Lemaître (1853–1914) und auch Universitätsprofessoren unterschrieben hatten

Die neue Liga bestand aus einem Sammelsurium unterschiedlicher Tendenzen, unter denen sich die antiparlamentarischen Anhänger Coppées eher in der Minderheit befanden. Sie galt als nationalistisch, aber auch republikanisch. Auch der ehemalige Kriegsminister General Godefroy Cavaignac schloß sich ihr im Namen des republikanischen Ideals an. Manche Argumente der Dreyfusanhänger schienen den Zulauf zur Partei der Dreyfusgegner zu begünstigen, doch galt dies auch umgekehrt. Schließlich gab es auch noch die alte Patriotenliga, die Déroulède Ende 1898 wieder zu neuem Leben erweckte. Es gelang ihm wiederholt, beträchtliche Menschenmengen um sich zu versammeln.

Mehrmals kam es zu Zwischenfällen, die den Verdacht eines aufrührerischen Komplotts nahelegten. Der unrühmliche Tod von Félix Faure, dem Präsidenten der Republik, am 16. Februar führte zur Wahl des Senatspräsidenten Émile Loubet. Allerdings ließen es sich die nationalistischen Zeitungen nicht nehmen, daran zu erinnern, daß er zum Zeitpunkt der Panamaereignisse Ministerpräsident gewesen war. Er wurde mit einem heftigen Pfeifkonzert am Bahnhof Saint-Lazare empfangen. Gleichzeitig hatte Dupuy das sogenannte »Unzuständigkeitsgesetz« in der Nationalversammlung verabschieden lassen, das der Strafkammer die Kompetenz entzog, über die Revisionsanträge zu entscheiden, und diese der Vollversammlung der drei Kammern des Kassationsgerichts übertrug. Mit diesem Schritt war man den Dreyfusgegnern entgegengekommen, da man glaubte, die Strafkammer sei Dreyfus gegenüber positiv eingestellt.

In den ersten drei Februarwochen 1899 vermehrte sich die Zahl der Ligen rasant; sie organisierten sich nach Stadtvierteln und hielten eine Versammlung nach der anderen ab. Man zählte 4000 Rohrpostbriefe, in denen die Aufständischen zusammengerufen wurden. Der Umsturz sollte am 23. Februar, dem Tag der Beisetzung Félix Faures, stattfinden. Im entscheidenden Augenblick zogen jedoch die Anhänger des Herzogs von Orléans und die Bonapartisten, die ihre Unterstützung zugesagt hatten, ihre Bereitschaft zurück. Die Anführer der Patriotenliga sahen sich plötzlich alleingelassen. Déroulède versuchte, die Brigade von General Roget im Elysée auf seine Seite zu bringen, doch dieser weigerte sich. Déroulède folgte ihm in die Kaserne, versuchte die Truppen umzustimmen und wurde verhaftet. Die Geschichte fing an, zur Farce zu werden. Die darauffolgenden Wochen verliefen ohne besondere Vorkommnisse. Am 31. Mai wurde Déroulède vor ein Schwurgericht gestellt und freigesprochen. Clemenceau sprach von Bürgerkrieg. Neuerlich machte sich Unruhe breit. Am 3. Juni hoben die drei Kammern des Kassationsgerichts das Urteil gegen Dreyfus von 1894 auf und verwiesen das Verfahren an ein neues Kriegsgericht. In Auteuil wurde der nur mangelhaft abgeschirmte Präsident der Republik zwei Stunden lang beschimpft und von einem Stockschlag getroffen. Am 11. Juni, dem Tag des Großen Preises von Longchamp, organisierten die Dreyfusianer eine Gegendemonstration.

DER VERTEIDIGER DER REPUBLIK

Nun war die Stunde Waldeck-Rousseaus gekommen, der schon seit dem 29. Februar seine Besorgnis geäußert hatte. Er verzichtete auf die Öffnung nach rechts, die er 1898 noch selbst angedeutet hatte, und unterstützte die Republik mit allen Mitteln. Sein Kabinett bestand aus lauter Namenlosen, zu dem auch der junge Joseph Caillaux gehörte, denn nach Waldeck-Rousseaus Meinung »herrscht in einem guten Kabinett immer der Kopf und schluckt den Rest«. Außerdem berief er Alexandre Millerand in seine Regierung, da, wie er meinte, »ein gezähmter Revolutionär ein guter Mann der Ordnung wird«. Die einzig markante Persönlichkeit in seinem Kabinett war der seit 1895 pensionierte General de Gallifet, ein echtes Original, den Waldeck-Rousseau in der Umgebung Gambettas kennengelernt hatte. De Gallifet hatte die Kommune niedergeschlagen, nach Ansicht der einen »sehr energisch«, nach Aussagen anderer »eher grausam«. Waldeck-Rousseau betrat die Arena nicht, um Dreyfus zu retten, sondern um die republikanische Ordnung wiederherzustellen. Er dachte ganz im Sinne Gambettas, wonach die Republik sich Respekt verschaffen müsse, und dies um so mehr, als die Ligen in seinen Augen nichts weiter als »Banden« waren. Seine Strategie war darauf gerichtet, die öffentliche Meinung für sich zu gewinnen. Der Senat stimmte einem Antrag zu, worin es hieß, daß der Senat auf die »Wachsamkeit und Entschlossenheit der Regierung zähle, die republikanischen Institutionen zu verteidigen«.

Waldeck-Rousseau hielt sich fast drei Jahre an der Macht. Indes hatte niemand erwartet, daß es ihm gelingen werde, eine Mehrheit in der Nationalversammlung zu bekommen. In der Tat gewann er nicht nur die

Mehrheit der Sozialisten und die überwiegende Mehrheit der Radikalen für sich, sondern auch einen Teil der gemäßigten Republikaner, die dafür ihr Bündnis mit der Rechten aufgaben. Bei dieser Kehrtwendung spielte Édouard Aynard (1837–1913), ein bedeutender Bankier aus Lyon und liberaler Abgeordneter dieser Stadt, außerdem Katholik und Vizepräsident der Kammer, eine entscheidende Rolle. Aynards Schwiegersohn Célestin Jonnart schrieb über diese neue parlamentarische Mehrheit, sie lehne »neue Rassen- und Religionskriege ab«. Ihr ging es im wesentlichen darum, die Verfassungsorgane zu erhalten. Mit anderen Worten: die Mehrheit von 1877 kehrte wieder zurück.

Gallifet nahm die Armee fest in seinen Griff, sei es durch eine Reihe individueller Maßnahmen oder indem er die Beförderung der Offiziere zum alleinigen Recht des Kriegsministers erklärte. Doch schon ein knappes Jahr später, am 28. Mai 1900, zog er sich zurück und wurde von General Louis André ersetzt, der versuchte, die Armee zu republikanisieren. In der Dreyfus-Affäre ging Waldeck-Rousseau in doppelter Weise vor, indem er einerseits versuchte, auf juristischer Ebene eine friedliche Lösung zu erreichen, und sich auf politischer Ebene energisch hinter die Autorität des Staates stellte, indem er die »Ligisten« verfolgte. Der zweite Prozeß gegen Dreyfus wurde zwischen dem 7. August und dem 9. September in Rennes verhandelt. Waldeck hoffte auf einen Freispruch, wurde aber enttäuscht. Mit fünf gegen zwei Stimmen wurde Dreyfus erneut verurteilt, bekam aber mildernde Umstände zugebilligt. Waldeck spielte mit dem Gedanken, den Prozeß wieder dem Kassationsgericht zu übergeben, doch Gallifet riet ihm davon ab. Der Prozeß hatte in gespannter Atmosphäre stattgefunden, so daß eine Fortsetzung nicht wünschenswert erschien. Manche Nationalisten, unter ihnen auch Jules Lemaître, waren mit dem erreichten Erfolg zufrieden. Daraufhin schlug Waldeck eine Begnadigung vor, die Dreyfus in seiner patriotischen Einstellung akzeptierte. Erst 1906 sollte das Kassationsgericht in einer feierlichen Entscheidung seine vollständige Rehabilitierung verkünden.

Gleichzeitig ließ Waldeck-Rousseau die Anführer der Ligen unter dem Vorwurf der Vorbereitung eines Komplotts verfolgen. Am 12. August wurden Déroulède und die Anführer der Patriotenliga, der Royalistischen Jugend und der Liga der Antisemiten festgenommen, um dem Obersten Gerichtshof vorgeführt zu werden. Eine Gruppe von Antisemiten unter Führung von Jules Guérin verschanzte sich allerdings in einem

Haus in der Impasse Chabrol. Waldeck-Rousseau weigerte sich, den Befehl zur Erstürmung zu geben. Die Belagerten hielten bis zum 20. September aus, wobei ihr Unternehmen bereits anfing, lächerlich zu wirken. Am 24. September teilte Senator Bérenger Waldeck-Rousseau mit, er könne keinen stichhaltigen Anklagepunkt gegen die Beschuldigten finden. Waldeck-Rousseau aber hatte, indem er die Anführer der Nationalisten während des Prozesses inhaftieren ließ, erreicht, was er wollte und woran er nicht zweifelte: Die nationalistische Bewegung wurde auf ihre eigentliche Bedeutung reduziert.

DAS GEWISSEN DER NATION

Die politischen Kräfte hatten es schwer, angesichts der Affäre Position zu beziehen. Auf parlamentarischer Ebene manifestierten vor allem Angehörige des Zentrums und Liberale, die auf juristische Abweichungen sehr empfindlich reagierten, revisionistische Gefühle. Die Parteien verfolgten die Affäre mit vielen Hintergedanken und machten sie zu einem Instrument ihrer jeweiligen Strategie. Die Sozialisten vertraten anfänglich bei weitem keine einheitliche Meinung. Lucien Herr und seine deutschorientierten Freunde blieben lange isoliert. Nach der Veröffentlichung von *»J'accuse«* ließ die sozialistische Fraktion in der Nationalversammlung eine Entschließung verabschieden, die Jaurès persönlich unterzeichnet hatte und die »dem jüdischen oder christlichen Kapital« den Kampf ansagte. Jaurès hatte sich noch bis zum Sommer 1898 vom Revisionismus ferngehalten, und auch die Guesdisten erklärten noch im Juli, daß »die Proletarier mit diesem Kampf nichts zu tun haben, da er nicht der ihre ist«. Die Gewerkschaft C.G.T. wollte ebenfalls nichts von ihm wissen, während die teilweise noch stark antisemitisch eingestellten Anarchisten gespalten waren. Im übrigen war der Antisemitismus nicht – wie fälschlich behauptet wurde – nach dem Ende der Dreyfus-Affäre aus dem politischen Instrumentarium der Linken verschwunden, denn nach 1906 tauchte er mit Gustave Hervé und Urban Gohier (1862–1951) dort wieder auf. Einige dieser Männer traf man bei den Kollaborateuren während des Zweiten Weltkriegs wieder. Auch die Radikalen verhielten sich äußerst zurückhaltend. Die Zeitung *»Le Dépêche«* in Toulouse bekämpfte Dreyfus bis zum Prozeß von Rennes. Brisson, Bourgeois und Pelletan folgten Clemenceau, der in der Affäre für sich die Möglichkeit einer Rückkehr in die Politik erblickte, nur langsam.

Nun betraten die »Intellektuellen« die politische Bühne, was übrigens so neu nicht war, denn das in den achtziger Jahren geprägte Schlagwort von den »Intellektuellen« breitete sich immer mehr aus. So trug der Aufruf, den nach Zolas *»J'accuse«* manche von ihnen unterzeichnet hatten, den bezeichnenden Titel *»Manifeste des intellectuels«* (»Manifest der Intellektuellen«). Anatole France (1844–1924) hatte schon sehr früh erklärt, er halte Dreyfus für unschuldig. Nun war Anatole France zwar ein bekannter Schriftsteller, gehörte aber nicht zur literarischen Avantgarde. Der Dreyfusianismus ging sicher nicht nur die nonkonformistischen und etablierten Schriftsteller an, sondern war eine Gewissensfrage für jeden einzelnen. Insofern war es nur natürlich, daß sich unter den Verteidigern von Dreyfus viele avantgardistische Gruppierungen fanden wie etwa um Fernand Gregh, André Gide, Marcel Proust und vor allem aus dem Kreis der Mitarbeiter der *»Revue blanche«* wie Mallarmé, Péguy, Psichari, Renard und Benda, aber auch aus den Symbolisten wie Maurice Maeterlinck und Saint-Pol-Roux. Die Universität verhielt sich gespalten. Die geisteswissenschaftlichen Fakultäten hielten zum großen Teil, aber nicht ausschließlich, zu Dreyfus, darunter auch so arrivierte und anerkannte Professoren wie der Historiker Charles Seignobos, der Literaturhistoriker Lanson, die Soziologen Lévy-Bruhl und Émile Durkheim. Das Zentrum des intellektuellen Dreyfusianismus blieb jedoch die *École normale supérieure*, die Hochburg der geistigen Elite Frankreichs.

Die juristische und die medizinische Fakultät wie auch die Académie stellten sich gegen Dreyfus, wobei es Paul Bourget, Jules Lemaître, Pierre Loti und François Coppée eher darum ging, ihre Überzeugungen zu verteidigen, als etwa eine beneidenswerte Situation zu retten, die sie für bedroht gehalten hätten, wie behauptet wurde. Von Paul Bourget wußte man, daß er seit langem jede Art von Tradition verteidigte und ein Gegner des Positivismus und Naturalismus war. Man könnte den Weg jedes einzelnen von ihnen verfolgen, der sie, wie im Fall von Barrès, gleichsam zwangsläufig zum Antidreyfusianismus hinführte. Darin drückte sich – wie bei Barrès ersichtlich – die Ablehnung eines rationalistischen Universalismus aus und der Wunsch, die tiefer liegenden, mehr instinkthaften Ursprünge der nationalen Einheit zu betonen. In dieser Einstellung zeigte sich aber auch die Abneigung vor verbalen Exzessen, die einem gewissen antimilitaristischen und antipatriotischen Dreyfusianismus eigen waren.

Die Presse stellte sich bis zum Prozeß von Rennes mehrheitlich gegen Dreyfus – nach einer Umfrage 85 Prozent der damals erscheinenden Zeitungen. Nur ein Drittel übrigens billigte der Affäre vorrangige Bedeutung zu. Die Bevölkerung auf dem Land war von der Angelegenheit weniger als behauptet betroffen. Sicher jedoch war, daß die Kampagne gegen Dreyfus in der Bevölkerung auf Widerhall stieß. Das politische Klima in Paris wurde im Jahre 1900 von Nationalisten geprägt; von den 100000 Anhängern der *Ligue de la Patrie française* stammten 10000 Arbeiter aus der Hauptstadt. Die Dreyfus-Affäre hatte die traditionellen Formen öffentlicher Meinungsäußerung zu neuem Leben erweckt, denn nun kamen die Straßendemonstrationen wieder zu ihrem Recht. Man glaubte sich in die letzten Jahre des Kaiserreichs zurückversetzt. Charles Péguy hinterließ uns eine unvergeßliche Erinnerung an die Demonstration vom 19. November 1899, als eine Statue von Jules Dalou, *»Le Triomphe de la République«*, eingeweiht wurde. Später erinnerte er sich »an den Marsch den Faubourg Saint-Antoine hinunter«: »Man sang wieder die *›Marseillaise‹*, die erst vor kurzem bei den revolutionären Sozialisten wegen des Übereifers nationalistischer Banditen in Mißkredit gebracht worden war.«

DER VERRAT AM DREYFUSIANISMUS

Die Affäre Dreyfus erschien der Generation der Zwanzig- und Dreißigjährigen wie Léon Blum oder Charles Péguy wie ein aufregendes Abenteuer. Doch jeder hatte sie ganz individuell und auf seine Weise erlebt. Léon Blum etwa ging es seinen »Erinnerungen« zufolge vor allem um den Kampf für die Menschenrechte und die Freiheit; Péguy beschrieb die Dreyfus-Affäre 1910 in seinem Aufruf *»Notre jeunesse«* (»Unsere Jugend«). Sie fiel zusammen mit der Eröffnung seiner Buchhandlung am 1. Mai 1898. Die Buchhandlung diente als Treff- und Mittelpunkt aller Studenten, die sich für Dreyfus engagierten; von hier gingen die Gegendemonstrationen aus, wenn Dreyfusgegner oder Nationalisten auf die Straße gegangen waren. Sie war auch der Ort unendlich vieler und langer Diskussionen. Péguy agierte dabei als der »große Hauptmann« des Dreyfusianismus an der Sorbonne und *École normale*. Er hatte *»Les Loups«* (»Die Wölfe«) von Romain Rolland herausgebracht, ein Stück, das die Dreyfus-Affäre in das Jahr 1793 verlegte. In *»Notre Jeunesse«* interpretierte Péguy die Affäre als »das Hervorbrechen dreier Mystiken« (F. Gerbod): einer jüdischen Mystik, die Bernard Lazare verkörperte, der Repräsentant dieser »auserwählten Rasse der unruhigen Geister«; einer christlichen Mystik, die der Dreyfusianismus illustrierte, denn dieser bedeutete für die Jugend ein Opfer, den Verzicht auf Geld und Karriere; und schließlich einer französischen Mystik, die er als eine Art von »Fügsamkeit« und zugleich als eine »ständige Revolte gegen das Ereignis« definierte. Denn »in diesem Wirbel um die Dreyfus-Affäre kam auch eine Tugend zum Vorschein, nämlich die Tugend der Nächstenliebe«. Zugleich bedeutete für Péguy die Affäre Dreyfus aber auch das Ende, das »letzte Aufbäumen« jeglicher Mystik...

Schließlich war der Dreyfusianismus eine im wesentlichen patriotisch geprägte Bewegung. 1898 schrieb Péguy einem Journalisten: »Sie machen glauben, wir seien keine Patrioten. Wir sind es aber, denn wir wollen die Heimat nicht durch eine Lüge entehren.« Er wollte Frankreich nicht »im Zustand der Todsünde« wissen. Der Dreyfusianismus setzte also jenen Patriotismus fort, der Frankreich, wie wir bereits ausgeführt haben, als das Licht der Welt betrachtete und der die akademische Jugend erfüllte. Diesem idealistischen Patriotismus stand der Patriotismus »der Scholle und der Ahnen«, des »nationalen Gefühls«, der Patriotismus der Ehre der Armee gegenüber, was viel mehr bedeutete als Staatsräson. Dieser Patriotismus erfüllte auch einen Barrès, der verlangte, »alles in Bezug auf Frankreich zu beurteilen«, und er wurde zumindest in einigen seiner Aspekte von Männern auf der Linken geteilt. Die Dreyfusgegner riefen am häufigsten »Es lebe die Armee!«, und Cavaignac bekannte sich zum Antidreyfusianismus, weil er den Begründern der Republik, soweit sie die Armee verteidigten, die Treue hielt.

Somit war es nur natürlich, daß ein Mann zur Lösung dieser Affäre berufen wurde, der niemals von großen patriotischen Empfindungen überwältigt wurde: Pierre Waldeck-Rousseau.

Die Dreyfus-Affäre hatte, trotz Dreyfus, heftige und gefährliche Reaktionen nach sich gezogen und zu Spaltungen geführt. Es genügt, die

Kommentare zu der Spendenliste zu lesen, die *»La Libre Parole«* für die Witwe des Oberst Henry aufgelegt hatte. Man verspürte einen heftigen Antisemitismus, der die Themen der antisemitischen Presse erneut aufgriff. Als Beispiel sei genannt: »Gott und Vaterland! Nieder mit den Juden! Das ist die Devise eines Franzosen!« Damit ist alles gesagt: Der Antisemitismus verband sich mit dem Nationalismus eines Barrès. Gleichzeitig setzte sich mit dem Dreyfusianismus in der französischen Gesellschaft ein stark antipatriotisch gefärbter Antimilitarismus fest. Bei einer Gegendemonstration rissen die militanten Anarchisten von Sébastien Faure in dem Saal, in dem die Liga der Patrioten ihre Versammlung abhielt, die Trikoloren herunter. Daniel Halévy erinnerte sich 1910 in *»L'Apologie pour notre passé«* (»Rechtfertigung unserer Vergangenheit«) daran und bedauerte, sich nicht für die Gerechtigkeit entschieden, sondern sich auf die Seite eines zerstörerischen Handelns gestellt zu haben, das die »verehrungswürdigen« Institutionen Armee und Kirche vernichten wollte, denn »unter unseren Schlägen brachen die ältesten Institutionen zusammen ...« Daniel Halévy entsetzte sich angesichts dieses wachsenden Antipatriotismus: »Das hatten wir nicht gewollt.« (S. Fraisse).

Die Dreyfus-Affäre trug zusammen mit dem Antimilitarismus zum Wiederaufleben des Antiklerikalismus bei; oder richtiger, sie wurde benutzt, um diesem neue Impulse zu geben. Dabei gaben sich die Kirche und die Katholiken durchaus ihre Blößen. Während sich die Dreyfusanhänger innerhalb des Katholizismus in der Minderheit befanden und mehr im Hintergrund blieben, artikulierte sich der Klerikalismus der Dreyfusgegner wesentlich deutlicher und bediente sich dafür der Zeitung *»La Croix«* und ihrer Ableger in der Provinz. Viele Pfarrer hatten sich in die Spendenliste für die Witwe Henrys eingetragen. Dennoch schwiegen die Bischöfe, und man muß lange suchen, um außerhalb von *»La Croix«* verbale Entgleisungen zu finden. Für die Antiklerikalen bedeutete die Dreyfus-Affäre nichts anderes als ein Vorwand zur Mobilisierung der öffentlichen Meinung.

WALDECK-ROUSSEAU ALS WEGBEREITER ÉMILE COMBES'

Noch auf seinem Totenbett sagte Waldeck-Rousseau zu Louis Lépine: »Sie werden sagen, daß ich niemals ein Sozialist noch ein Radikaler gewesen sei, nicht wahr?« Um also die Verschiebung von der Politik eines Waldeck-Rousseau zu der eines Émile Combes zu begreifen, dieser extremen Form des Antiklerikalismus, die schließlich in eine völlige Religionslosigkeit abglitt, muß man zunächst die Haltung des ersteren untersuchen, um danach die Entwicklung innerhalb der Verfassungsorgane ins Auge zu fassen, durch die die Abgeordneten mehr und mehr zu Gefangenen ihrer Parteien, insbesondere auf seiten der Linken, wurden.

Waldeck-Rousseau war kein Freund der Ordensgemeinschaften; er hielt sie für überflüssig, und ihr Wohlstand mißfiel ihm. Zu allem Überfluß erzogen sie die Jugend in einem antirepublikanischen Geist. Doch dienten sie Waldeck-Rousseau eher als Sündenbock; denn da er die Armee nicht noch mehr seinen Säuberungsaktionen aussetzen wollte, unternahm er seine Vorstöße lieber in dieser Richtung. Er ließ die Assomptionisten verfolgen und verurteilen, denen »das große Presse- und Meinungskaufhaus« *»La Croix«* gehörte. Dennoch wollte er nicht alle Ordensgemeinschaften verbieten. Als er im Juli 1901 das Vereinsgesetz einbrachte, sah er darin für die Ordenskongregationen keine Ausnahmeregelungen vor, sondern plante statt dessen auf lange Sicht ihre spätere Integration in das allgemeine Bürgerrecht. Erst die antiklerikalen Radikalen unter dem Einfluß Georges Trouillots führten Ausnahmeregelungen ein: Ihr Gesetz legte eine strenge Kontrolle der Ordensvermögen fest und verbot den Schulunterricht durch alle nicht dazu autorisierten Ordensmitglieder. Während Waldeck-Rousseau noch ein »Konkordat mit den Ordenskongregationen« anstrebte und die engen Grenzen der republikanischen Verteidigung nicht überschreiten wollte, verpflichteten ihn die Radikalen auf eine republikanische Offensive. Jaurès schrieb damals, daß das Gesetz, das die Kammer verabschiedet hatte, »erst der Beginn eines Kampfes, eine erste Anstrengung« sei, »die notgedrungen fortgesetzt werden« müsse.

Zur gleichen Zeit brachte Alexandre Millerand mit Billigung von Jaurès ein weitreichendes Sozialgesetz zur Abstimmung, das im Senat zunächst auf Schwierigkeiten stieß. Millerand wandelte das *Office du Travail* in die *Direction du Travail* um und übertrug deren Leitung dem

Bergbauingenieur Arthur Fontaine (1860–1913). Damit erreichte das staatliche Handeln in der Sozialpolitik zuletzt eine spezifische und technische Dimension, die es damit allmählich allen Emotionen entzog. Ein Dekret vom 10. August 1899 legte die Arbeitsbedingungen bei vom Staat ausgeschriebenen Arbeiten fest. Es enthielt Verfügungen, die in sozialistischen Stadtverwaltungen bereits angewandt wurden und auf eine Garantie der Lohntarife und Arbeitszeiten hin tendierten. Ein Gesetz, das der Senat übrigens stark abänderte, begrenzte die Dauer der Arbeitszeit auf elf Stunden. Schließlich bemühte sich die Regierung auch wieder um den Dialog zwischen den Sozialpartnern und legte ein Gesetz über ein obligatorisches Schlichtungsverfahren vor.

Dieser Entwurf stieß im Senat, aber auch beim Verband der Arbeiterbörsen auf heftigen Widerstand, die Millerand eine Bevorzugung der Arbeitgeber vorwarfen. Dennoch gelang es diesem, den Obersten Rat der Arbeit neu zu organisieren, der sich von nun an aus gewählten Vertretern der Arbeitgeber und Arbeiter sowie aus Persönlichkeiten des öffentlichen Lebens zusammensetzte. Keine Gewerkschaft lehnte ihn ab, und 1914 trat ihm schließlich auch die C.G.T. bei. Jaurès jedenfalls begrüßte diese Lösung und machte daraus auch keinen Hehl. Dennoch waren es vor allem die Schwierigkeiten in der Sozialpolitik, die dem Combismus den Weg bereiteten; in ihm sah man den einzigen Ausweg zur Erhaltung der Einheit zwischen den Radikalen und den Sozialisten.

DER IDEALIST AUS DER PROVINZ UND DER PROKONSUL

Seit 1901 ließen die mehr oder weniger rigiden Strukturen der Parteien zwar noch Wünsche offen, aber ihre Organisation machte unverkennbare Fortschritte. Als die Nationalversammlung 1910 die Einrichtung ständig tagender und allgemeiner Kommissionen übernahm, die sich entsprechend dem zahlenmäßigen Verhältnis der Fraktionen in der Kammer zusammensetzten, hatte dies zweierlei Auswirkungen: eine Stärkung dieser Kommissionen auf Kosten der Regierung, die nun keinerlei Möglichkeit des direkten Kontakts zu der Kammer mehr besaß; und gleichzeitig einen damit verbundenen Zwang zur Fraktionsbildung und zur Mitarbeit des einzelnen Abgeordneten in nur einer Fraktion. Die auf die Einzelperson fixierte Demokratie des unabhängig und allein nach seinem Gewissen handelnden Abgeordneten wurde damit von der Parteiendemokratie abgelöst, die den damaligen Werbefeldzug rechtfertigte, den die Rechtsparteien für das Verhältniswahlrecht führten, da sie sich zu Recht »unterrepräsentiert« fühlten. Aber diese Kampagne traf auf den unüberwindlichen Widerstand der Radikalen um Émile Combes. So wurde dem Aufstieg der Parteiorganisation eine echte Grenze gesetzt: der Abgeordnete war auch derjenige, der über lokale Einflußnahme verfügte, weil er die Interessen seiner Wähler gegenüber der allmächtigen Bürokratie in Paris vertrat, das heißt gegen die »Hornochsen«, wie sie der Philosoph Alain, mit bürgerlichem Namen Émile Chartier, nannte, der gegen seinen Willen zum Theoretiker des Radikalismus wurde.

Der Höhenflug der Radikalen, der sich bereits in den neunziger Jahren abgezeichnet hatte, führte schließlich im Juni 1901 zur Einberufung eines Kongresses, dem die Rolle einer Gründungsversammlung der Partei zukam. Auf ihm waren 1132 Delegierte, 78 Senatoren, 201 Abgeordnete, 476 republikanische Komitees, 155 Freimaurerlogen, 849 Delegierte der General- und Gemeinderäte sowie verschiedener anderer Vereinigungen und 215 Zeitungen versammelt. Die Radikalen stellten eigentlich keine Partei im heutigen Sinn dar, aber man konnte sie auch nicht nur als eine »Bewegung« betrachten. Sie verbanden auf manchmal komplizierte Weise zwei Strukturen miteinander: die Struktur lokaler Komitees, die eifersüchtig über ihre Vorrechte und ihre Selbständigkeit wachten gegenüber einem zentralen Exekutivkomitee, dessen Rolle nicht unterschätzt werden darf. Es sorgte für die notwendige taktische Kohärenz, die stärker ausgeprägt war, als oft gesagt wird, was wiederum auf drei Voraussetzungen beruhte: seinen Bindungen an die Freimaurerei, der Übereinstimmung der Parteidoktrin mit bestimmten Wertvorstellungen und den Verbindungen der Partei zu Geschäftskreisen.

Die Loge *Le Grand Orient* spielte bei der Konstituierung der Partei 1901 eine entscheidende Rolle. Senator Delpech meinte ein Jahr später, daß die Freimaurerei »die Verbände der republikanischen Armee rekrutiert« habe. Die Führer der Freimaurer waren radikal und die radikalen Führer waren Freimaurer. Dennoch war der Geist des Radikalismus nicht einfach gleichzusetzen mit dem Katechismus der Freimaurer. Er läßt sich vielmehr mit den Worten des Philosophen Alain im Jahre 1906 folgendermaßen beschreiben: »Sein Prinzip ist eine Regierung, die so wirklichkeitsnah und direkt wie möglich das Volk durch das Volk regiert. [...] Die Diktaturen beseitigen, ob sie nun Korruption oder Einschüchterung betreiben; die Kontrolle der Kammern sichern; die Minister gegen alles um sie herum schützen, was sie glauben macht, sie seien die wahren Herren und nicht die Diener des Volkes.« Er schloß: »Der Radikalismus hat zwei Feinde, die Aristokratie und die Anarchie.« Dieses Idealbild vom allmächtigen Bürger und Abgeordneten, der ständig die »Kleinen« gegen die »Großen« und das Individuum gegen den Staat oder gegen die Kräfte der Einschüchterung verteidigt, bildete ein Grundelement der radikalen Doktrin. Der Radikale kämpfte dauernd gegen das Wiederaufkommen neuer Mächte und neuer Monarchien, und daraus erklärte sich auch der Antiklerikalismus der Radikalen. Alain schrieb 1910: »Warum sollen den Priestern die Provinzen des Herzens überlassen werden? Der ganze Mensch muß verweltlicht werden.«

So vermochten die Radikalen mit ihrer befreienden Sprache in der ersten Hälfte des zwanzigsten Jahrhunderts ebenso zu überzeugen wie die Katholiken in den fünfziger Jahren während der religiösen Erneuerung. Sie konnten sich dabei auf mächtige Verbündete stützen, wie etwa auf die Liga für Menschenrechte, deren Kampf sie in Wahrheit organisierte. Im Jahr 1906 zählte diese mehr als 40000 Mitglieder. Die Radikalen dominierten sie natürlich nicht vollständig. Die Sozialisten und Anarchisten besaßen dort ebenfalls großen Einfluß. Die zentrale Führung der Liga indes war hauptsächlich mit Radikalen besetzt, die bei der Eroberung des Rathauses von Lyon durch Édouard Herriot im November 1905 kräftig mithalfen.

Die volkstümlicheren Freidenkergesellschaften unterstützten die antiklerikale Politik. Diese Ligen, die sehr früh entstanden waren, schlossen sich 1901 unter dem Vorsitz eines ehemaligen Priesters zusammen, dessen Antiklerikalismus frenetische Züge trug. 1902 wurde die *Association nationale des libres penseurs de France* gegründet, die immer stärker von materialistischem und sozialistischem Gedankengut unterwandert wurde. Doch kennt man diese Bewegung in ihrer Zusammensetzung noch zu wenig. Die berufsständische Lobby war in den »republikanischen Komitees für Handel und Wirtschaft« recht zahlreich vertreten. So wie es 1870 eine mächtige und aktive Arbeitgeberschaft republikanischer Prägung gab, existierte nun eine Arbeitgeberschaft radikaler Prägung. Im Jahre

1898 gründete ein Juwelier aus Paris namens Mascuraud ein Komitee, das hauptsächlich aus kleinen Unternehmern und Kaufleuten bestand.

Der Radikalismus unterschied sich zwar regional, basierte insgesamt aber auf der besonderen Orientierung an den unmittelbaren Interessen des Wählers. Man könnte ihn auch als »Klientel-Radikalismus« bezeichnen, weil er sich zunehmend auf die Probleme der Bauern und des Kleinhandels spezialisierte. Jener Radikalismus, der auf Alain (Émile Chartier) zurückging, erhielt sein Gegengewicht in der Verantwortung, die radikale Politiker in den Kolonien und anderswo übernahmen. Paul Doumer bekleidete zwischen 1897 und 1902 das Amt eines Gouverneurs von Indochina und nach ihm Albert Sarraut zwischen 1911 und 1914. So hatten die Radikalen in ihre Ideologie auch die Rolle eines starken und aktiven Staates integriert und setzten damit die Tradition eines Gambetta fort. Man kann hier durchaus von einem »prokonsularischen« Radikalismus sprechen.

Der Radikalismus hatte sich in der Tat weiterentwickelt. Die Einheit der Partei, die anfangs aus dem gemeinsamen Kampf gegen die Kirche resultierte, konnte nur durch ein Programm gesichert werden, das 1907 in Nancy beschlossen wurde und bei dessen Ausarbeitung Édouard Herriot eine bedeutende Rolle spielte. Es basierte auf der Bejahung der bestehenden Institutionen, auch des Senats, auf einem Programm sozialer Reformen, das sich am Solidarismus eines Léon Bourgeois orientierte, auf dem Willen zur Modernisierung des Steuerwesens und schließlich auf der Ablehnung von jeglichem Chauvinismus. Auf internationaler Ebene zeigte das Programm Ansätze, die man als »vorwilsonianisch« bezeichnen kann. Es wies den heftigen Antimilitarismus dieser Jahre weit von sich. Die Partei der Radikalen »respektiert die Militärdienstpflicht, verurteilt aber Auswüchse und Vorurteile der militaristischen Gesinnung«.

Die radikale Partei besaß keine Führerpersönlichkeit, die sie zu leiten vermochte. Die dominierende Stellung Émile Combes' bis 1905 wies teilweise diktatorische Züge auf; er war kein wirklicher Anhänger Clemenceaus. So wirkte die Partei um 1910 wie eine »Armee ohne General« (S. Berstein), während gleichzeitig Joseph Caillaux als »General ohne Truppen« dastand. 1913 übernahm er die Führung der Partei und flößte ihr einen neuen Geist ein: Er wollte aus ihr eine Regierungspartei machen, die eine vernünftige und fundierte Politik anbieten konnte, die ihrerseits von »technischen« Maximen inspiriert war. Caillaux bahnte der Partei den

Weg in die Zukunft, doch als seine Frau am 17. März 1914 den Direktor des *»Figaro«* erschoß, mußte er zurücktreten, denn er sah sich einer heftigen Verleumdungskampagne ausgesetzt.

Der Radikalismus hatte überwältigende Wahlsiege zu verzeichnen, doch schwächte sich deren Bedeutung mit der Zeit ab, da zu viele Kandidaten zu diesen Siegen beitrugen. Sie waren die großen Sieger der Wahlen zur Nationalversammlung im Jahre 1902. Während der gesamte Block der Republikaner mit seiner antiklerikalen Politik 350 Sitze erhielt, fielen den Radikalen davon insgesamt 200 zu. Am 1. Juni wurde Léon Bourgeois zum Präsidenten der Kammer gewählt. Der Block gewann auch die Wahlen vom Mai 1906. Die Radikalen, 247 an der Zahl, waren in zwei Lager gespalten, in die Radikalen mit 115 und die »Radikalsozialisten« mit 132 Sitzen. Die meisten dieser neuen radikalen Politiker erinnerten an die früheren Opportunisten. Die zunehmende Mäßigung der Radikalen wurde bei den Wahlen 1910 bestätigt. Damals entsandten sie zwar 261 Abgeordnete ins Parlament, aber nur 168 von ihnen rechneten sich zur radikalen Gruppe, während sie in der vorhergehenden Legislaturperiode noch 195 Abgeordnete zählte. Im Mai 1914 erreichte die Partei mühelos die Wahl aller 165 offiziell aufgestellten Kandidaten. Ihr Einflußbereich lag im Süden, vor allem im Südwesten Frankreichs, wo er vom Department Landes bis zum Departement Hérault reichte, aber auch in Zentralfrankreich (Cantal, Lozère) und östlich davon (Côte-d'Or und Ain) sowie in den Departements, die an das Departement Seine grenzten.

So also war der Kern der französischen Politik beschaffen, und man kann ihn beileibe nicht als einen harten bezeichnen. Albert Thibaudet hat die Radikalen oft verspottet, und Édouard Aynard bemerkte 1905 an der Bar der Kammer süffisant zu ihnen hin: »Aber meine lieben Freunde, was wollen Sie denn machen, wenn keine Gefahr mehr von seiten des Klerus droht?« Es war eine Partei, die nach den Wahlen bemerkte, daß sie abgesehen von Sarrien, den seine Anhänger an Saône und Loire das »alte Tier« nannten, keine einzige Persönlichkeit zur Führung Frankreichs besaßen. Man konnte also nach 1906 durchaus von einer Krise des Radikalismus sprechen. Wie wiederum Thibaudet bemerkte, besaß »der Idealist aus der Provinz«, das heißt der Radikalrepublikaner, wie ihn sich Alain wünschte, nach der Dreyfus-Affäre und nach der Trennung von Staat und Kirche »kein Korn zum Mahlen« mehr. Jaurès formulierte es ähnlich, als er 1912 von einem »entarteten Radikalismus« sprach, »der sich selbst aufgegeben hat und merkt, daß er mit seinem reaktionären, engen und subalternen Nationalismus nichts mehr im Herzen noch im Kopf hat«.

ES GIBT KEIN IKARIEN MEHR

Bei den Sozialisten gab es eher zuviel Korn zum Mahlen. Das Ausland mußte sie zwingen, damit sie sich in einer Partei zusammenschlossen. Im Dezember 1899 fand ein erster Einigungskongreß statt. Während der Debatte wurde auch der »Fall Millerand« erörtert, also die Frage, ob ein Sozialist Mitglied einer bürgerlichen Regierung sein dürfe. Der Kongreß nahm einen Antrag an, den Jules Guesde eingebracht hatte: »Der Klassenkampf verbietet den Eintritt eines Sozialisten in eine bürgerliche Regierung.« Man richtete ein Generalkomitee ein, das die Vereinigung vorbereiten sollte. Im September des folgenden Jahres fand in der Salle Wagram im Anschluß an einen Kongreß der sozialistischen Internationale erneut ein Kongreß statt, der mit einem Mißerfolg endete. Die Aktivisten der guesdistisch geprägten französischen Arbeiterpartei verließen den Saal. Im Jahr 1902 vereinigten sie sich mit der revolutionären sozialistischen Partei Édouard Vaillants zur »Sozialistischen Partei Frankreichs«, die ideologisch vom Klassenkampf beherrscht wurde und jeglichen Kompromiß mit dem bürgerlichen Staat, selbst bei der Verabschiedung des Haushalts, ablehnte. Ein Jahr zuvor schon, 1901, hatte sich auf dem Kongreß von Lyon die von Jaurès beeinflußte Sozialistische französische Partei gebildet. In ihrem Programm, das 1902 in Tours angenommen wurde, bezeichnete sie sich als Partei der »sozialen Veränderung und Verteidigung der Republik«. Allerdings handelte es sich bei ihr mehr um eine Partei von Mandatsträgern als um eine von Aktivisten. Acht Verbände hielten sich zunächst noch zurück und warteten das Ergebnis der Einigungsbemühungen ab. Bei den Wahlen von 1902 siegte der Taktiker Jaurès über Guesde, als die Sozialistische Partei Frankreichs 37 Sitze, die Sozialistische französische Partei dagegen nur 14 Mandate erhielt.

Im August 1904 verurteilte der Kongreß der Arbeiterinternationale in Amsterdam die von Jaurès eingeschlagene Taktik einer Allianz mit den Radikalen. Gleichzeitig wurde aber auch der dringende Wunsch geäußert, daß sich in jedem Land starke und vereinte sozialistische Parteien bilden sollten. Damit konnte nunmehr auf dem lange vorbereiteten Kongreß im Jahre 1905 die Gründung der S.F.I.O. *(Section française de l'Internationale ouvrière)* erfolgen, die sich »die Umwandlung der kapitalistischen Gesellschaft in eine kommunistische Kollektivgesellschaft« zum Ziel setzte. Die Partei verstand sich als revolutionär, versagte sich dabei aber keineswegs der Notwendigkeit »sofortiger Reformen«. Seit 1907 splitterte sie sich in verschiedene Strömungen auf und erkannte damit ihre Gespaltenheit an. Diese Gruppierungen waren in der ständigen Verwaltungskommission proportional vertreten. Doch trotz der Autorität eines Jean Jaurès, der regelmäßig in *»L'Humanité«*, einer 1904 gegründeten Zeitung, das Wort ergriff, war die Partei in sich zerrissen. Die Verbände im Norden hielten an der Tradition der Guesdisten fest, die ideologischen Dogmatismus mit behutsamem Taktieren verband. Um Gustave Hervé jedoch, der 1901 wegen antimilitaristischer Artikel von der Universität verwiesen wurde und der 1908 die Zeitung *»La Guerre sociale«* gründete, scharte sich eine starke antimilitaristisch und revolutionär gesinnte Gruppe. Dieser Kreis stand bestimmten revolutionären gewerkschaftlichen Gruppierungen in der C.G.T. nahe. Auf dem Kongreß von Toulouse 1908 gelang es Jaurès, eine »Synthese« durchzusetzen, die die Unabhängigkeit der Gewerkschaften zuließ und einen Generalstreik der Arbeiter anerkannte – und als letzten Ausweg auch den Aufstand nicht ausschloß, wenn die Nation als ganze darauf vorbereitet sei. Gleichzeitig betrachtete es der Kongreß als »wesentliche Pflicht seiner Aktivisten, durch die Wahlen für den parlamentarischen und legislativen Machtzuwachs des Sozialismus« zu arbeiten.

Diese wohl zu Recht als »zweideutig« bezeichnete Synthese entsprang ebenso den persönlichen Erfahrungen von Jaurès wie der Suche nach einem Kompromiß. In den neunziger Jahren glaubte Jaurès mit vielen französischen Sozialisten aufgrund der Wahlergebnisse an einen unmittelbar bevorstehenden Sieg. »Das Proletariat«, so meinte er, »muß als Klasse die Eroberung der Macht in Angriff nehmen«. Zu diesem Zeitpunkt akzeptierte er auch Millerands Plan, Konflikte friedlich beizulegen, wobei er selbst mehrmals als Vermittler herangezogen wurde. Sein Scheitern im Jahre 1898, das enttäuschende Abschneiden der Sozialisten insgesamt und sein Ausschluß aus den Streikbewegungen der folgenden Jahre veränderten seine Sichtweise des Sozialismus. Diese innere Entwicklung fiel mit der Dreyfus-Affäre und dem Aufkommen der nationalistischen Bewegung zusammen, in denen er Vorzeichen einer »neuen Barbarei« erblickte. Sie bewogen ihn zur Unterstützung des Kampfes gegen Kirche und Klerus, den er als Fortsetzung des früheren Kampfes für die Republik betrachtete. Nach dem Kongreß von 1905 und dem danach erfolgten parlamentarischen Bruch mit den Radikalen tendierte Jaurès zu einer stärker auf die Arbeiter hin orientierten Vorstellung vom Sozialismus. Gegenüber den revolutionären Sozialisten und vor allem den revolutionären Gewerkschaftlern der C.G.T. vertrat er einen reformistischen Standpunkt, lehnte es aber ab, alle Brücken hinter sich abzubrechen: Er wurde nach einem Wort Jacques Juillards ihr »objektiver Verbündeter« oder, was auf dasselbe hinauslief, ein wenig ihr Gefangener. Er verteidigte sie gegen Clemenceau, den »Streikbrecher«. In den Debatten brillierte er mit seiner Rhetorik, schlug eine pazifistische Richtung ein und unterstützte am Ende die Ideologie des Generalstreiks. So wird verständlich, daß es in den wenigen Monaten vor Kriegsausbruch zu einer Fusion zwischen Jaurès' Weg der Annäherung an den Sozialismus und dem der C.G.T. kam. Er war der Anführer der Bewegung, die mit der Aufforderung zum Generalstreik als Mittel zur Verhinderung des Ersten Weltkrieges ernst machen wollte.

In Wirklichkeit gehörte dieses Bündnis in den Bereich der Rhetorik und nicht in den fundamentaler Entscheidungen. Jaurès war aus Überzeugung Reformist geblieben, eine Tendenz, die nun vor dem Ersten Weltkrieg verstärkt in der Partei auftrat. Sein pazifistischer Internationalismus bedeutete noch lange nicht dasselbe wie der Antimilitarismus eines Gustave Hervé und der Mehrheit der revolutionären Gewerkschaftler. Während des Kongresses von Saint-Quentin im Jahre 1911 sagte er: »Wir müssen geschmeidiger vorgehen, ohne dabei jedoch das Feuer unserer Ideale zu löschen.« Anders ausgedrückt, man mußte über das Rentengesetz diskutieren, das einige Extremisten ablehnten, man mußte über die Möglichkeit nachdenken, durch Einrichtung von Kommunalbetrieben den Sozialismus auf Gemeindeebene aufzubauen, und man mußte auf dem Eisenbahnsektor über mögliche Komponenten der Verstaatlichung diskutieren. In dieser Zeit kurz vor Ausbruch des Ersten Weltkriegs gelang Albert Thomas (1878–1932), dem künftigen Rüstungsminister während des Krieges und späteren Direktor des B.I.T. *(Bureau International du Travail)*, der 1910 zum Abgeordneten gewählt wurde, der Durchbruch innerhalb der Partei. Er vertrat ganz offen ein reformistisches

Weltbild und wurde darin von Jaurès unterstützt. Das Programm für einen kommunalen Sozialismus wurde in Saint-Quentin gebilligt. Der alte Streit zwischen Brousse und den Guesdisten endete mit dem Sieg des ersteren und seiner Theorien. Außerhalb der Partei überlebte übrigens in der Kammer ein unabhängiger Sozialismus, der 1910 eine Gruppe von etwa zwanzig Parlamentariern umfaßte. Zu ihnen gehörte Alexandre Millerand; aber auch René Viviani (1863–1925), der in der Regierung Clemenceau 1906 als erster Arbeitsminister amtierte, zählte dazu sowie Paul Boncour, der 1901 eine Dissertation mit dem Titel *»Le Fédéralisme économique. Étude sur le syndicalisme obligatoire«* vorlegte und 1911 als Arbeitsminister wirkte. Die Partei hatte infolge ihres Fanatismus viel verloren, weil sie sich solchen Persönlichkeiten verschloß, die den Weg eines partnerschaftlichen Sozialismus und des Dialogs suchten, wie er Aristide Briand im Jahre 1909 vorschwebte.

Jaurès' pazifistischer Internationalismus stand im Gegensatz zum Antimilitarismus und Antipatriotismus der revolutionären Gewerkschaftsbewegung. Jaurès war Patriot geblieben, dies unterstrich er am Vorabend des Krieges in *»L'armée nouvelle«* (»Die neue Armee«) ganz deutlich. »Die Stunde«, meinte er, »ist vorbei, da die Utopisten den Kommunismus für eine künstliche Blume hielten, die man nach Belieben in einem Klima, das ein Sektenoberhaupt ausgewählt hätte, zur Blüte bringen könnte. Es gibt kein Ikarien mehr. Der Sozialismus trennt nicht mehr vom Leben, er trennt nicht mehr von der Nation; er bedient sich des Vaterlandes selbst, um es umzubilden und zu vergrößern.« Jaurès brachte seinen Internationalismus in Einklang mit seinem Patriotismus und verband beides zu der Vision einer internationalen Kooperation. Denn so, wie er den Sozialismus nicht als Sieg des Staates, sondern als Triumph der individuellen Entwicklung betrachtete, so glaubte er auch, daß der Internationalismus »die Nationen frei über sich selbst verfügen läßt«.

Dieser Satz stammte aus einer Rede, die er 1905 in Berlin halten wollte, an der er aber von der Polizei gehindert wurde. In dieser Rede stand auch der aufschlußreiche Satz: »Wir Sozialisten haben keine Angst vor dem Krieg. Wenn er ausbricht, werden wir den Ereignissen ins Auge blicken und versuchen, das Beste für die Unabhängigkeit der Nation, für die Freiheit der Völker und die Befreiung des Proletariats daraus zu machen.« Die »Flecken«, die Europa aufwies, mußten ihm zufolge entfernt werden; das aber konnte nicht durch den Krieg, sondern nur durch die Verwirklichung des Sozialismus geschehen. Ob Jaurès die Ideologie des gerechten Kriegs akzeptiert hätte, weiß niemand genau. Man hatte dem Toten, der für seine Ideen ermordet wurde, schon zu viele Worte in den Mund gelegt. Sicher ist aber, daß er viele Sozialisten mit seinen Reden so weit vorbereitet hatte, daß sie diesen gerechten Krieg akzeptierten.

Die Zahl der Parteimitglieder stieg zwischen 1906 und dem Jahr des Kriegsausbruchs von 40000 auf 90000, vielleicht aber auch nur auf 73 000. Verglichen mit den Sozialdemokraten in Deutschland war das nicht viel. Die Führungsschicht setzte sich im wesentlichen aus kleinbürgerlichen Intellektuellen, das heißt kleinen Beamten, Volksschullehrern, aber auch Gymnasiallehrern zusammen. Die Partei war auch in der einfachen Arbeiterschaft vertreten, blieb aber nicht ausschließlich auf die arbeitende Bevölkerung beschränkt. Erst nach 1910 stellten sich Wahlerfolge ein, als die Stimmenzahl von 900000 im Jahr 1906 auf 1,4 Millionen im Jahr 1914 anstieg. Gleichzeitig erhöhte sich die Zahl ihrer Abgeordneten von 52 im Jahr 1906 auf 76 im Jahr 1910 und 101 im ersten Kriegsjahr. Die Hochburgen des Sozialismus lagen in den Vororten von Paris und in den Departements Nord und Pas-de-Calais, aber auch in Gebieten mit überwiegend bäuerlicher Struktur, wo er alte, manchmal sehr alte republikanische Traditionen wieder aufnahm und fortsetzte, wie etwa in der Provence, im Languedoc und im Limousin. Er stützte sich auf die mittelgroßen Industriestädte wie Roanne, Montluçon oder Commentry mit sozialistisch beherrschtem Gemeinderat, aber auch auf Städte wie Toulon, Limoges oder Dijon. Dagegen mußte er Lille und Marseille wie auch Saint-Denis preisgeben, gewann 1908 jedoch die Stadt Ivry.

Insgesamt spielte die Sozialistische Partei trotz ihrer revolutionären Sprache in den Augen der Wähler vor allem die Rolle einer fortschrittlichen republikanischen Partei. Sie übernahm aus den Händen des »entarteten« Radikalismus die von diesem aufgegebene Tradition. In diese Tradition wollte übrigens Jaurès – dank einer Rhetorik, die er bei den brillantesten Technikern dieses Metiers erlernt hatte – das marxistische Gedankengut in einer etwas seltsam sublimierten Form einbringen.

ZUKUNFTSGEDANKEN

Aber auch die Gemäßigten formierten sich. Ihre Anhänger sammelten sich in der *Action libérale populaire* (A. L. P.), die nach den Wahlen von 1902 gegründet wurde und sich um Jacques Piou scharte, der behauptete, den Anhängern der Enzyklika »*Rerum novarum*« ebenso wie denen der Enzyklika »*Inter sollicitudines*« eine politische Heimat bieten zu können. Er vereinigte konservative und liberale Katholiken mit den ehemaligen Führern der *Association catholique de la jeunesse française,* die, 1884 gegründet, ein Zentrum des sozialen Katholizismus war. Die *Action libérale populaire* galt als echte Partei mit Komitees und zahlreichen Mitgliedern, die engagiert gegen die antiklerikale Politik kämpften. Sie wurde jedoch von reaktionären Katholiken wie auch christdemokratischen Aktivisten heftig angegriffen, die hinter Marc Sangnier, dem Direktor der Zeitung »*Le Sillon*« standen. Der anfängliche Elan kam rasch zum Erliegen und die parlamentarische Gruppe der A. L. P. erreichte nie mehr als etwa dreißig Abgeordnete.

Immerhin war sie ein Zentrum schöpferischen Nachdenkens, das die Reformen der Zukunft vorbereitete: So engagierte sie sich öffentlich für das Verhältniswahlrecht, für die Schaffung von Berufsverbänden, deren Krönung ein berufsständischer Senat gewesen wäre, für eine Erweiterung des Wahlkörpers bei der Präsidentenwahl und schließlich für einen Schulzuschuß, der auch armen Familien ermöglichte, ihre Kinder auf eine freie Schule zu schicken. Die A. L. P. hatte aber eine ganze Reihe von Ideen aus dem liberalen oder orthodoxen Katholizismus des 19. Jahrhunderts gesammelt und wollte sie in aktualisierter Form für eine christliche Demokratie anwenden. Sie brachte die Überlegungen über eine notwendige Reform der Verfassungsorgane in Gang, deren Auswirkungen sich teilweise noch nach 1945 und vor allem 1958 niederschlugen. In diesem Bereich war die Gruppe eher der Tradition der Bonapartisten und Boulangisten verpflichtet, zumal auch Baron de Mackau, der Führer der Rechten in den achtziger Jahren, zu dieser Gruppe zählte.

Die erste Ausgabe von »*Le Sillon*« erschien 1894. Marc Sangnier, ein Absolvent des Polytechnikums, aus einer katholischen Familie, die früh auf seiten der Republik stand, gab eine Karriere in der Armee und in der Industrie auf um einer Zeitung und einer Bewegung willen, die den demokratisch gesinnten Geistlichen der neunziger Jahre sehr nahestand. Doch Sangnier verlieh diesen Ideen eine neue, politischere und militantere Dimension. Nach 1906 wollte Marc Sangnier die Basis des *»Sillon«* »erweitern«, indem er eine politische Bewegung gründete, die auch Nichtkatholiken offenstand. Sobald er soziale Ungerechtigkeiten anklagte, klang seine Sprache radikaler. 1910 gründete er die Tageszeitung *»La Démocratie«*. Papst Pius X. verurteilte diesen Kurs, dem man vorwarf, er würde den Sozialismus unterstützen und wolle den Charakter einer Bewegung verfälschen, die sich ursprünglich als reine Berufsvertretung verstanden hatte. Sangnier gab sofort nach und gründete die »Liga der jungen Republik«. Diese Partei, ebenfalls ein Zentrum der Besinnung, scharte den linken Flügel der Christdemokraten um sich und entwickelte einen sozialpartnerschaftlichen Reformismus, der seither nach einer dritten Möglichkeit zwischen Sozialismus und Kapitalismus sucht.

Die *Fédération républicaine* war parlamentarischen Ursprungs, denn sie entstand aus der Abspaltung jener Progressisten, die der *Défense républicaine* Waldeck-Rousseaus ihre Unterstützung verweigerten. Es handelte sich dabei um eine im Wahlkampf und Parlament gleichermaßen mächtige Gruppe, deren ganze Loyalität der Republik gehörte und deren Mitglieder die antiklerikale Politik eines Combes für übertrieben hielten, gleichzeitig aber auch dem »Klerikalismus« mißtrauten. Die Partei verfügte in Paris nur über ein Leitungskomitee, das die Aktivitäten lokaler und untereinander ziemlich unabhängiger Gruppen koordinierte. Sie siedelte sich im rechten Zentrum an, während die *Alliance démocratique* an dessen linkem Rand stand. 1901 gegründet, vereinigte die Partei die Progressisten, die Waldeck-Rousseau unterstützt hatten. In ihr fanden sich Männer, deren gemäßigte Einstellung sie regierungsfähig machte. Sie hatten sich zwar hinter Waldeck-Rousseau und gegen Combes gestellt, votierten aber weiterhin für den Laizismus, denn sie bezeichneten sich als »antiklerikal, aber nicht antireligiös«, antinationalistisch, aber auch als »eifersüchtige Wächter über Macht und Ehre des Vaterlandes«. Zu ihren Mitgliedern gehörten unter anderen Raymond Poincaré und Joseph Caillaux.

DIE UNMÖGLICHEN REFORMEN?

Der »radikalen« Republik der Jahre um 1900 gelang es nicht, großangelegte Reformen zu verwirklichen. Die Sozialgesetzgebung, die der Senat und selbst die Gewerkschaften mit ihrer Opposition bremsten, blieb weit hinter ihren Möglichkeiten zurück. Auf dem Gebiet der Steuerpolitik wurde die Einführung der Einkommensteuer erst am 15. Juli 1914 nach zwanzig Jahren parlamentarischer Diskussion verabschiedet. Die Struktur der Staatseinkünfte hatte sich 1913 im Vergleich zu 1871 nicht wesentlich geändert. Etwas mehr als die Hälfte stammte aus der indirekten Verbrauchs- und Umsatzsteuer, etwas mehr als ein Viertel aus der Vermögensteuer, ein Fünftel etwa aus den »vier alten« (Abgaben): Grundsteuer, Kopfsteuer, Besitzsteuer und Gewerbesteuer.

Diese »steuerliche Unbeweglichkeit« muß hauptsächlich dem Senat angelastet werden. Gleiches galt für die institutionellen Reformen, die Jules Dansette seit 1902 propagierte, wobei er die Ideen Gambettas aus den achtziger Jahren wieder aufgriff. Man glaubte, das Verhältniswahlrecht würde den Einfluß lokaler Interessen in den Kammern ausschalten und Koalitionen in der Stichwahl verhindern, die als unmoralisch galten. Das Verhältniswahlrecht, das die Kammer 1911 gebilligt hatte, wurde jedoch vom Senat verworfen. Es ist übrigens wenig wahrscheinlich, daß diese Reform, wäre sie angenommen worden, die Stabilität der Kabinette gewährleistet hätte, denn am Vorabend des Ersten Weltkriegs waren Regierungswechsel an der Tagesordnung. Zwischen dem Sturz Clemenceaus am 20. Juli 1909 und dem Ausbruch des Krieges regierten elf Kabinette, als Folge des Auseinanderbrechens des linken Blocks und des Mangels an Selbstdisziplin bei den Radikalen. Die Instabilität gehörte zur Natur des Regimes selbst, das immer mehr in ein »Fraktionsregime« abgeglitten war. Perioden einer stabilen Regierung bildeten die Ausnahme. Der Republik mußte immer erst Gefahr drohen oder das antiklerikale Programm die Reihen der Republikaner schließen, damit sie vereint marschierten. Die Mitwirkung der Rechten an der Regierung war nicht wirklich akzeptiert worden. Seitdem kamen Regierungsmehrheiten durch die wenigen Abgeordneten zustande, die die Lage beherrschten.

KAPITEL II

Eine Belle Époque

SOZIALE PLAGEN UND GEBURTENSCHWUND

An der Stagnation der Bevölkerungszahl änderte sich nichts. Daher wurde 1913 durch Gesetzesbeschluß der Wehrdienst auf drei Jahre angehoben, nachdem man ihn 1905 auf zwei Jahre begrenzt hatte. Zwischen 1901 und 1911 stieg die Zahl der Bevölkerung von 38,4 Millionen nur auf 39,2 Millionen Franzosen, wobei ein nicht unerheblicher Prozentsatz dieses Zuwachses auf die seit 1906 verstärkte Einwanderungsrate zurückging, die wiederum mit dem starken Aufschwung der Industrie zusammenhing. Hierbei handelte es sich vor allem um Italiener, deren demographische Bedeutung in den Bergbaugebieten Lothringens bekannt ist. Die Bevölkerungszahl stagnierte auch, obwohl die Sterblichkeitsrate abgenommen hatte. Diese lag zwischen 1891 und 1895 noch bei 23,3 Promille, betrug zwischen 1911 und 1913 aber nur noch 18,3 Promille. Diese Entwicklung bestätigte eine wenn auch nur langsame, so doch ständige Verbesserung der sanitären Bedingungen.

Wie das Beispiel des zwanzigsten Arrondissements zeigt, hatten sich die hygienischen Zustände weiter verbessert, die Epidemien waren verschwunden, durch die Massenschutzimpfungen konnten sogar die Blattern eingedämmt werden. Doch die drei Geißeln der damaligen Gesellschaft, Tuberkulose, Geschlechtskrankheiten und Alkoholismus, existierten immer noch.

Die Tuberkulose trat immer noch akut und je nach sozialer Schicht in unterschiedlicher Verbreitung auf. Nachdem die Hygieniker anfangs die Wohnverhältnisse dafür verantwortlich gemacht hatten, sahen sie nun die

Ursache in den Lebensbedingungen insgesamt. Nach Angaben medizinischer Fachleute starben um 1910 in Paris jährlich 3000 bis 4000 Menschen an Geschlechtskrankheiten. Doch verfügte man bereits über wirksamere Bekämpfungsmethoden und hielt intensivere Kontrolle der Prostituierten kurz vor Ausbruch des Krieges für gerechtfertigt. Diese Maßnahme reihte sich in die seit 1870 kontinuierlich verfolgte Gesundheitspolitik ein, die versuchte, Repression durch Kontrolle zu ersetzen, und dabei gleichzeitig Wert auf Vorbeugungsmaßnahmen legte. Die Diagnose bei dieser Krankheit war nicht immer einfach. Im Krankenhaus von Tenon litten 1905/1906 fast acht Prozent der Wöchnerinnen daran, doch lagen die tatsächlichen Zahlen vermutlich weit höher. Die Syphilis versetzte die Bevölkerung in Angst – um so mehr, als sie vererbbar war. Der sittliche wie körperliche Verfall von Familien mit Syphiliskranken wurde immer häufiger auch zum Gegenstand der Literatur; ein im Jahre 1901 aufgeführtes Theaterstück, *»Les Avariés«* (»Die Syphilitiker«) trug dieses Thema sogar in seinem Titel. Trunksucht und Tuberkulose traten häufig zusammen auf. Zwar fingen die Warnungen der verschiedenen Vereine an, erste Wirkungen zu zeigen – so verlangte Clemenceau 1907 von den Präfekten die Einschränkung des lizenzierten Getränkeausschanks –, doch blieb die Situation vor Ausbruch des Krieges in der Arbeiterbevölkerung, aber auch in einigen ländlichen Gebieten wie in Westfrankreich katastrophal. In beiden Milieus trat auch sehr früh schon der Kinderalkoholismus auf. Eine einschneidende Verbesserung der Wohnbedingungen in den unteren Bevölkerungsschichten setzte nur zögernd ein. Die Gesellschaften der H.B.M. *(Habitations à Bon Marché)* entwickelten sich trotz einiger bemerkenswerter Leistungen, die durch das Gesetz von 1906 begünstigt wurden, nur begrenzt und änderten nichts an der Tatsache, daß die Elendsquartiere am Vorabend des Krieges eine Geißel der Gesellschaft blieben, die als um so unerträglicher empfunden wurde, je deutlicher sich eine allmähliche Besserung abzuzeichnen begann.

Der Geburtenrückgang hielt an; in den Jahren 1911 bis 1913 fiel die Geburtenziffer auf 18,8 pro Tausend. Die reine Reproduktionsziffer sank unter eins. 1891 betrug sie noch 1,02, 1911 nur noch 0,96. Der Streit zwischen den Neomalthusianern und den Befürwortern einer aktiven Bevölkerungspolitik nahm immer heftigere Formen an. Was die einen als untrügliches Anzeichen für die Emanzipation der Frau betrachteten, galt den anderen als Beweis für einen unaufhaltsamen sittlich-moralischen

Verfall. Während auf der einen Seite die Propaganda für Empfängnisverhütung intensiviert wurde und Massencharakter annahm, meldeten sich zum gleichen Zeitpunkt alle jene Ligen zu Wort, die sich für steigende Geburtenzahlen einsetzten. Hauptmann Maire, selbst Vater von zwölf Kindern, gründete 1908 die *Ligue populaire des pères et mères de familles nombreuses*, die alsbald Straßenkundgebungen organisierte. Was zunächst nur auf das Thema Geburten beschränkt war, wurde immer mehr zu einer Familienbewegung und zu einer Lobby wie alle anderen. Über die eigentlichen Gründe des Geburtenrückgangs, der auch auf dem Lande immer spürbarer wurde, sagte Paul Leroy-Beaulieu: »Frankreich tendiert immer mehr dazu, ein Volk von kleinen und mittleren Rentnern, von mittelmäßigen und schablonenhaft denkenden Beamten zu werden. Die Aussicht auf eine Stellung im öffentlichen Dienst beherrscht die Träume der meisten französischen Familien. Diese Bevölkerung von armseligen Rentnern, von kleinen und mittleren Beamtenstubenhockern, von Bauern, denen der Fortschritt gleichgültig ist, und Arbeitern, die sich vor harter Arbeit drücken und sich lieber mit der Arbeit für Luxus- und Halbluxuswaren ihr Brot verdienen, dies alles ist ein Zeichen für das weitere Dahinsiechen Frankreichs.« Harte Worte, die jedoch keineswegs unbegründet waren. Leroy-Beaulieu verband hier, wie später Alfred Sauvy, den demographischen mit dem wirtschaftlichen Malthusianismus.

DIE RETTUNG DER BAUERN

In den letzten Jahren vor der Jahrhundertwende fand die französische Landwirtschaft wieder zu ihrer früheren Kraft zurück. So konnte sich inmitten eines raschen industriellen Aufschwungs dennoch eine bäuerliche Lebenskultur erhalten. Eine Alternative wäre weder vernünftig noch realistisch und möglich gewesen: In einem Land, dessen Absatzmärkte infolge der Bevölkerungsstagnation nur langsam wuchsen, konnten die Veränderungen im agrarischen Bereich nur schrittweise vor sich gehen. Politisch gesehen hatte die Republik keine andere Wahl. Wenn die Bauern damals für die Republik stimmten, geschah dies nur aus Achtung vor der Person Mélines.

Die Preise waren, stärker als bei anderen Produkten, vor allem beim

Fleisch erneut gestiegen und sicherten vor allem den Landwirten direkt oder indirekt eine spürbare Einkommensverbesserung, während die Empfänger von Grundrente wesentlich weniger davon profitierten. Relativ gesehen nahmen die Einkünfte aus solchen Renten sogar in dieser Phase eines gewissen Wohlstands ab. Dabei handelte es sich um ein grundsätzliches Phänomen, das man bis heute durch das ganze 20. Jahrhundert hindurch beobachten kann. Die Modernisierung der Landwirtschaft schritt voran, eine Entwicklung, die durch den Aufschwung des Agrarkredits und des Genossenschaftswesens wesentlich gefördert wurde. Zwei Kreditsysteme, ein vom Staat und den Radikalen organisiertes, das von der Gesellschaft des Boulevard Saint-Germain unterstützt wurde, und ein klerikales, das von der Vereinigung der Rue d'Athènes gefördert wurde, rivalisierten miteinander. Der Initiator der staatlichen Kassen war Albert Viger, ein Radikaler und Schüler Mélines, der an den jährlichen Kongressen teilnahm, die die Einheit von Republik und eines auf Gegenseitigkeit beruhenden Versicherungswesens als eine nicht zu unterschätzende Stütze der republikanischen Ordnung symbolisierten. Zwischen 1904 und 1910 stieg die Zahl der staatlichen Kassen von 963 auf 3388, die der Mitglieder von 30000 auf 185000. Die Darlehen wuchsen zwischen 1910 und 1913 von 71 auf 100 Millionen Francs. Die Gesetze von 1906 und 1910 ermöglichten sowohl die Gründung einer echten Bodenkreditanstalt als auch die Gewährung langfristiger Darlehen, was sich bei der Gründung von Genossenschaften für Milchprodukte und Gemüse als äußerst vorteilhaft erwies. Die offiziellen Kassen blieben jedoch hinsichtlich ihrer Finanzierung weiterhin stark vom Staat abhängig.

Louis Durand, 1859 geboren und Anwalt in Lyon, gründete in den neunziger Jahren die Durand-Raiffeisenkassen nach deutschem Muster. Die erste wurde im Departement Landes von einem Priester eingerichtet, der seine Gemeindemitglieder vor Wucher schützen wollte. Diese Kassen waren das bevorzugte Aktionsfeld des sozialen Katholizismus und wurden zumindest unter Papst Leo XIII. vom katholischen Episkopat unterstützt. 1893 entstand die *Union des caisses rurales et ouvrières de France*, in deren Vorstand Männer wie Abbé Lemire, Albert de Mun und Jacques Piou saßen. 1898 existierten schon 301 solcher Kassen, 1911 waren es bereits 1000 mit fast 45000 Kunden, deren Kredite sich auf 21 Millionen Francs, das heißt 30 Prozent der Kredite der staatlich geförderten Kassen beliefen. Der Aufschwung des *Crédit agricole* verlief parallel zu einer großen Vereins- und Gewerkschaftsbewegung und zielte sowohl auf die Bildung genossenschaftlicher Zusammenschlüsse wie auch auf Aktionen, die ihren Forderungen Ausdruck verleihen sollten. Die Fortschrittsfeindlichkeit der französischen Bauern beschränkte sich auf immer entlegenere Randgebiete.

Die landwirtschaftlichen Leistungen hatten sich in der Tat deutlich verbessert. Die gesamte Arbeitsproduktivität war zwischen 1890 und 1914 dreimal so rasch (um 35 Prozent) gestiegen wie zwischen 1860 und 1890 (11 Prozent). Diese Zunahme resultierte wie in den Jahren zuvor aus einer raschen Verbesserung der Anbaumethoden, aber auch aus der zunehmenden Verwendung von Düngemitteln und mechanischen Geräten. Zwischen 1892 und 1912 verdreifachte sich zusätzlich der Wert der landwirtschaftlichen Maschinen von einer Milliarde auf 3,2 Milliarden Francs. Diese Maschinen kamen aber nicht nur auf den Anwesen der Großgrundbesitzer zum Einsatz. Die Mähmaschinen und Heuwender wurden vor allem deshalb vermehrt eingesetzt, weil die Zahl der Landarbeiter immer mehr zurückging, während die Agrarlöhne weiter stark anstiegen; deren Steigerung betrug zwischen 1890 und 1910 fast 30 Prozent. Manche Bauern im Pariser Becken arbeiteten sogar bereits mit Elektromotoren. Insgesamt gesehen dehnte sich die Mechanisierungswelle weit über den Bereich der landwirtschaftlichen Großbetriebe hinweg auch auf kleinere Betriebe aus.

Zu den auffälligsten Erscheinungen dieser Zeit innerhalb der Landwirtschaft gehört jedoch die zunehmende Tendenz zu regionaler Spezialisierung. Der Weizenanbau ging zwar flächenmäßig zurück, steigerte jedoch seine Erträge; auf diese Weise bildete sich innerhalb der Getreideanbaugebiete eine spezialisierte Zone heraus. Daß der Weizenanbau auch in Gegenden überlebte, die sich weniger dafür eigneten, lag jedoch an der Mentalität der Menschen, die sehr an dieser edlen und kostbaren Getreidekultur hingen. Die Verbesserung des Zuckerrübenanbaus zeigte sich in der vom Gesetzgeber geförderten Steigerung der Zuckererträge, die sich zwischen 1891 und 1912 verdoppelten. Auf ihm beruhte noch immer der Reichtum der fünf Departements zwischen der Oise und dem Norden Frankreichs.

Als die dynamischsten Faktoren innerhalb der Landwirtschaft erwiesen sich jedoch die Rinderzucht und der Obst- und Gemüseanbau – beide eine Reaktion auf die zunehmende Nachfrage in den Städten und auf die allgemeine Steigerung des Lebensmittelkonsums, der seinerseits wiederum Folge und Ausdruck des steigenden Lebensstandards der Massenbevölkerung war. Die Ausgaben für Brot machten nur noch einen geringen Teil – nie mehr als ein Fünftel – der allgemeinen Ernährungskosten einer Arbeiterfamilie aus. Dafür nahm der Verbrauch von Fleisch-, Milch- und Zuckerprodukten zu.

Die Steigerung der Anbauflächen und -mengen verdankte sich auch den Initiativen der Eisenbahngesellschaften, deren Handelsbüros für eine gezielte Produktförderung mit besonderen Tarifsystemen und einer entsprechenden Werbung bei den Erzeugern sorgten. Ein Vorreiter in dieser Richtung war die Eisenbahngesellschaft Paris – Orléans. Im Bereich der Milchwirtschaft kamen noch andere Faktoren hinzu wie etwa der technische Fortschritt bei der Produktverarbeitung und der Aufschwung des Genossenschaftswesens. Insgesamt hat sich die Anbaufläche für Viehfutter zwischen 1890 und 1912 um 60 Prozent vergrößert, während sich die Futtermittelproduktion im gleichen Zeitraum verdoppelt hat. Die Rinderzucht wurde in manchen Gebieten durch künstlich angelegte Wiesen und besonders durch die Verfütterung von Zuckerrüben erweitert, in anderen Gegenden durch die Extensivierung in Form von Freilandweiden. Das Gebiet der französischen Milchwirtschaft erstreckte sich von der Charente bis zu den Ardennen und südlich von Paris in einem Streifen, der vom Ostrand des Zentralmassivs bis zum Jura verlief. Der Erfolg der Milchwirtschaft hing stark von der Nähe oder der guten Verbindung zu den städtischen Ballungszentren ab. Das galt auch für den Obst- und Gemüseanbau, für den die Eisenbahnlinien eine bedeutende Rolle spielten; hier konnten sogar am Vorabend des Krieges Exporterfolge verbucht werden. Ihr Anteil an der Agrarproduktion betrug damals fünf Prozent.

Im Bereich des Weinanbaus drohte seit dem Ende des 19. Jahrhunderts eine Überproduktion. Zu Beginn des 20. Jahrhunderts spitzte sich die Krise dramatisch zu, als die besseren algerischen Weine mit den Weinen des Languedoc konkurrierten. Die Kurse fielen und rutschten von 26 Francs gegen Ende des Jahrhunderts auf 14 Francs im Jahr 1904. Tatsächlich vermochten sich Qualitätsweine ungeachtet der langsameren Zunahme des Konsums zu behaupten, während eine Reihe von regionalen Weinen verschwanden, die keinen Absatz mehr fanden. Die Weinbauern des Languedoc reagierten darauf mit einer Umstellung ihrer Betriebe auf Massenproduktion und einer konzentrierten Bewirtschaftung. Diese regionale Überspezialisierung (im Departement Hérault lieferte der Weinanbau 88 Prozent der landwirtschaftlichen Erzeugnisse) brachte ernsthafte Nachteile mit sich, da diese Art des Massenweinanbaus stark von Kurs- und Marktschwankungen abhing und daher viel anfälliger war als der Anbau von Qualitätsweinen. Am besten ließ sich diese Entwicklung an den Weinen aus der Champagne verdeutlichen, die zum bevorzugten Getränk der Londoner Clubs avancierten.

Diese Überproduktion an Wein führte 1907 zu einem Aufstand in der Monokultur des Languedoc. Die aufgebrachten Winzer glaubten, daß der schlechte Absatz ihrer Weine die Folge eines abgekarteten Spiels einiger betrügerischer Großhändler sei, gegen das die Regierung nichts unternehme. Eine Untersuchungskommission in Narbonne nahm sich der Reklamationen der Dorfbewohner an. Doch die Unzufriedenheit wuchs immer weiter und nahm allmählich die Form einer echten Revolte an, nachdem sich Marcellin Albert, der Präsident eines Verteidigungskomitees im Departement Aude, eingeschaltet hatte. Im Frühjahr 1907 kam es zu Massenkundgebungen, und am 9. Juni versammelte sich eine halbe Million Menschen in Montpellier. Gleichzeitig drohte nach dem Rücktritt mehrerer Stadträte ein Steuerstreik, was die Ablösung Marcellin Alberts durch Doktor Ferroul, einen sozialistischen Abgeordneten und Bürgermeister von Narbonne, zur Folge hatte. Clemenceau bewies nur recht zögerlich seine Entschlossenheit und erließ verschiedene Haftbefehle. Dies führte jedoch nur zu einer weiteren Radikalisierung der Bewegung. In Perpignan und in Béziers kam es zu regelrechtem Aufruhr und zur Verwüstung von Verwaltungsgebäuden. Das 17. Linienregiment weigerte sich in einem Akt von Meuterei, gegen diese Kundgebungen vorzugehen. Das Ganze erwies sich jedoch nur als Strohfeuer. Clemenceau gelang es, Marcellin geschickt auszumanövrieren und ihn sogar in Mißkredit zu bringen, während das Parlament in aller Eile ein Gesetz gegen das Zuckern und Panschen von Wein verabschiedete. Der Weinmarkt erholte sich zwar nach 1907 wieder etwas, doch wies diese Krise auf eine recht charakteristische Entwicklung der bäuerlichen Mentalität hin, die sich übrigens nicht allein auf Frankreich beschränkte: Für die Lage auf dem Markt wurde der Staat verantwortlich gemacht, der damit gezwungen wurde, ein eigenes, in sich schlüssiges agrarpolitisches Konzept vorzulegen. So gesehen bewies die Krise die Richtigkeit der Politik Mélines.

Indes präsentierte sich die französische Landwirtschaft am Vorabend des Krieges nicht so glänzend wie ihre ausländische Konkurrenz; dies galt für den Bodenertrag ebenso wie auch für die Arbeitsproduktivität. In den meisten Analysen wurde die große Zersplitterung der Betriebe dafür verantwortlich gemacht. 1908 besaßen 84 Prozent von ihnen weniger als zehn Hektar, fast die Hälfte davon beschäftigte keine bezahlten Arbeitskräfte. Sie bewirtschafteten jedoch nur 30 Prozent der gesamten Anbaufläche, während 1350000 Betriebe zumindest einen Arbeitnehmer beschäftigten. In den Untersuchungen wurde auch immer wieder die Kapitalvergeudung angeprangert, die der Drang nach Grund und Boden, also nach eigenem Grundbesitz bedeutete. In Wahrheit aber fand die Landwirtschaft zu ihrem Gleichgewicht, indem es ihr gelang, einen exzessiven Exodus der bäuerlichen Bevölkerung zu vermeiden. So blühte sie in der Bretagne auf und zeigte sich dort einer technologischen Innovation gegenüber aufgeschlossen, die das Arbeitskräfteüberangebot zu nutzen verstand, obwohl die Abwanderungsquote der Bauern immer noch recht hoch blieb. Anders im Tal der Garonne, das mit seinem Mehrfruchtanbau ähnlich strukturiert war wie die Bretagne; dort war die Landwirtschaft im gleichen Zeitraum trotz eines einschneidenden Exodus der Bauern im Rückgang begriffen. Dieser Unterschied lag vor allem an dem schwachen Bevölkerungswachstum Aquitaniens im Vergleich zu dem starken der Bretagne. Ein drittes Modell lieferte das Pariser Becken, dessen Landwirtschaft auf dem Einsatz großen Betriebskapitals und der entsprechenden Einsparung manueller Arbeit basierte. Insgesamt jedoch war die alle Sektoren erfassende Wachtumsschwäche des heimischen Marktes schuld an der schleppenden Entwicklung der französischen Landwirtschaft. Ein stärkerer Bevölkerungsdruck, wie er etwa in Deutschland zu beobachten war, hätte die französische Gesellschaft gezwungen, revolutionäre Wege der Anpassung zu suchen. Der vergleichsweise langsame Verlauf der bäuerlichen Abwanderung war nicht Ursache, sondern Folge. Den Republikanern blieb nur der Versuch, die Bauern vor dem drohenden Untergang zu retten, der sich schon Ende des Jahrhunderts abgezeichnet hatte. Am Vorabend des Krieges arbeiteten zwei von fünf Franzosen in der Landwirtschaft.

ARBEITGEBER UND INGENIEURE

Die französische Gesellschaft nahm mehr und mehr berufsständisch gegliederte Züge an. Anstelle der früheren, eher romantisch anmutenden Gegenüberstellung von Volk und Bürgertum trat nun allem Anschein und allen revolutionären Reden zum Trotz eine neue soziale Differenzierung. Während die großen Vermögensunterschiede den Blick auf die weitaus geringeren Einkommensunterschiede verstellten, zeichnete sich in zunehmend schärferen Umrissen die Herausbildung von Berufsgruppen ab, die in sich geschlossen waren und sich immer mehr selbst reglementierten.

1911 starben 72 Prozent der Pariser Bevölkerung, ohne ein Vermögen zu hinterlassen. 0,4 Prozent verfügten über 30 Prozent aller Vermögen, während 30 Prozent der Verstorbenen nur 0,1 Prozent der offiziell ausgewiesenen Vermögen besaßen. Ähnlich war die Lage in den Provinzstädten. In Toulouse beispielsweise lagen 30 Prozent aller Vermögen in der Hand von einem Prozent der Bevölkerung, während 30 Prozent der Verstorbenen nur ein Prozent davon besaßen. Bei den Einkommen war die Ungleichheit weniger stark ausgeprägt. So lagen 6 Prozent der Vermögen im Paris des Jahres 1911 zwischen 50 000 und einer Million Francs, also auf einem mittleren Niveau, während ein Viertel der Haushalte nach Abzug der Miete noch über ein Einkommen von 3000 bis 50 000 Francs verfügte, das man ebenfalls als ein »mittleres« bezeichnen kann. Diese Angaben beweisen, daß Einkommensunterschiede weder ausschließlich noch hauptsächlich von müßigen Einkommen abhingen. Die Rente spielte bei den Vermögensunterschieden sogar eine immer geringere Rolle. In Paris war der Anteil der Rentiers und Hauseigentümer an der Gesamtzahl der Steuerpflichtigen zwischen 1847 und 1911 um 20 Prozent gestiegen, ihr Anteil am Gesamtwert der Erbschaften war hingegen um 16 Prozent gesunken. Nach Meinung von Madame Daumard profitierten die Unternehmer am meisten von dem Vermögenszuwachs; auf sie fielen 1911 32 Prozent der Vermögenssumme, während es 1847 nur zwanzig Prozent waren. Die Vermögens- und mehr noch die Einkommensverhältnisse hingen von der Art der Beschäftigung ab.

Die schon mehrfach geschilderte Vielfalt des Arbeitgebermilieus entzieht sich einer genauen Analyse. Wir wollen uns nicht allzusehr von den oberen Zehntausend beeindrucken lassen; dennoch ist es interessant festzustellen, daß 1913 das Führungspersonal der dreißig bedeutendsten französischen Industriebetriebe – wie sich am Beispiel von 67 Personen zeigen läßt – nur zu zwei Fünfteln aus ebendiesem Milieu stammte, 26 Prozent dagegen aus hohen Beamten- oder Freiberuflerfamilien kamen, 12 Prozent aus Familien von Kleinbetrieben und 21 Prozent aus Handwerkerkreisen, mittleren Beamten-, Arbeiter- oder Angestelltenfamilien. Das Großunternehmertum schien also keineswegs aus einer in sich geschlossenen Gesellschaft zu bestehen. Nicht anders stand es auch um die mittelständischen Unternehmer in Lyon oder die Kleinunternehmer in Belleville. P. Cayez hatte in Lyon eine spürbare Erneuerung dieser Schicht aus dem Umkreis der Ingenieurschulabsolventen festgestellt, die mit ihrem technischen Wissen, das sie mitbrachten, entweder eigene Betriebe eröffneten oder die Leitung von bestehenden Betrieben übernahmen. Ein Beispiel dafür war auch Camille Cavaillier in Pont-à-Mousson.

Viele Unternehmerfamilien konnten sich dadurch halten, daß sie ihre Nachkommen zu einem Ingenieurstudium schickten. In der Familie Coignet beispielsweise in Lyon wuchs seit 1880 eine neue Generation heran, die die *École Centrale* oder die *École Polytechnique* besucht hatte. Das gleiche Bild zeigte sich bei Großunternehmen, die sich auf öffentliche Bauaufträge spezialisiert hatten; auch dort wurde es für die Erben Pflicht, die Schule für Straßenbau absolviert zu haben. Eine genaue Analyse der Gewerbesteuerzahler im Jahre 1911 in Belleville zeigt, daß sich zwischen den Kleinunternehmer und den Arbeiter der Heimarbeiter schob. Dieser konnte entweder ein Arbeiter sein, der zum Kleinunternehmer aufstieg, oder ein Unternehmer, der wieder zum Arbeiter wurde. 21 Prozent der Gewerbesteuerpflichtigen im Bereich der Industrie und 39 Prozent im Bereich des Handels hatten Eltern, die bereits ein Gewerbe betrieben.

Eine der sichersten Chancen für sozialen Aufstieg lag somit im technischen Wissen begründet. Gegenüber dem Arbeitgeber und dem Wissenschaftler etablierte sich nun mehr und mehr der Ingenieur mit einem eigenständigen Profil. Vor Ausbruch des Krieges gab es 40000 Ingenieure, von denen die meisten – jedoch nicht alle – eine Fachhochschule absolviert hatten. Noch war der Ingenieur als Autodidakt nicht ganz verschwunden, der seinen Titel durch seinen Betrieb oder aufgrund seines Ansehens erworben hatte. Doch in der Regel leitete sich sein Anspruch auf fachliche Kompetenz von seinem Titel ab. Neben die traditionellen Schulen wie das Polytechnikum, die *École centrale* oder die *École des Arts et Métiers* traten seit den achtziger Jahren eine Reihe von Fachschulen vor allem für Elektrotechnik und Chemie. Die einen waren, vor allem nach dem Dekret 1897, von den Universitäten, die anderen von den Kommunen gegründet worden wie beispielsweise die *École de physique et de chimie* in Paris. Andere wiederum waren (wie das 1905 gegründete Sudria) rein privater Natur und besaßen kein so hohes Niveau.

Zwischen diesen Schulen herrschte eine fein abgestufte Hierarchie, die sich im späteren Berufsleben in einer neuen sozialen Schichtung niederschlug. Konnte diese Hierarchie sich bisweilen auch ändern, so behielt der Staatsingenieur doch stets seine Überlegenheit gegenüber dem Zivilingenieur. Der Titel eines Staatsingenieurs wurde nur den Absolventen des Polytechnikums zuerkannt, die am Ende ihrer Ausbildung noch ein Praktikum durchliefen. Am Beispiel der Eisenbahn ließ sich dies besonders deutlich ablesen. Seit den achtziger Jahren blieben die Direktionsposten stets staatlichen Ingenieuren vorbehalten; gleichzeitig setzten sich die Bergbauingenieure in den Direktionen privater Großbetriebe fest, vor allem im Bereich des Bergbaus und in der eisenverarbeitenden Industrie. Das Weltbild des Ingenieurs beruhte auf dem Glauben an die Gültigkeit technischen Fortschritts und an die Eigenständigkeit technischen Wissens sowohl gegenüber der reinen Wissenschaft als auch gegenüber der einfachen Praxis des Arbeiters. In dieser Zeit übrigens veröffentlichte Émile Cheysson, ein Ingenieur aus dem Ministerium für öffentliche Arbeiten und Schüler von Le Play, ein Buch mit dem bezeichnenden Titel *»Le rôle social de l'ingénieur«* (»Die soziale Rolle des Ingenieurs«), das gewissermaßen eine Replik auf die Publikation Lyauteys über die soziale Rolle des Beamten darstellte.

DIE INDUSTRIELLE ZERSPLITTERUNG

In der Tat wurden die Ingenieure in den ersten Jahren des neuen Jahrhunderts zu Vorkämpfern einer Neugestaltung der Arbeitswelt, die sich keineswegs auf die Einführung der Lehren Frederick Taylors beschränkte. Trotz ihrer allzu eng wissenschaftlich ausgerichteten Bildung bewiesen die Ingenieure doch mehr Sinn für die Realität eines Betriebes, als immer behauptet wurde. Sie kannten im Gegenteil sehr genau die Problematik einer Arbeitsrationalisierung und gingen bei der Einführung neuer Arbeitsmethoden äußerst umsichtig vor. Drei Entwicklungen vor allem waren es, die das Leben des Arbeiters prägten: das unaufhaltsame Vordringen der Fabrikarbeit, die Aneignung und Beherrschung neuer Arbeitsmethoden sowie die allmähliche und sehr unterschiedliche Verbesserung der Lebensbedingungen.

Die Heimarbeit und die kleinen Werkstätten hatten überlebt, und es sollte sie noch lange geben. Manche Beobachter des industriellen Lebens prophezeiten sogar eine Rückkehr zu dieser Form der »industriellen Zersplitterung«. Die Entwicklung des Elektromotors, der Nähmaschine und der Kleinmechanik schien allgemein eine Erneuerung der traditionellen Arbeitsteilung einzuleiten. Die französische Intelligenzija hing wieder einmal ihrem nie ganz aufgegebenen Traum einer Industrie ohne Industrialisierung nach, dem Traum von einer Werkstatt in freier Natur. 1906 machten die Einzelarbeiter 24 Prozent der im industriellen Bereich beschäftigten Bevölkerung aus; 32 Prozent der 3680000 Industriearbeiter verdienten ihr Brot in Werkstätten mit weniger als zehn Mitarbeitern. Alfred Aftalion, damals Professor an der Universität von Lille, forschte nach den Ursachen für den Fortbestand der Heimarbeit in der Bekleidungsindustrie, und zwar in den Bereichen Schuhe, Konfektionskleidung und Strumpfwaren, und kam in allen drei Fällen zu dem Schluß, daß das Überleben dieser Art von Arbeit von einer »unbarmherzigen Ausbeutung menschlicher Arbeitskraft« abhing, das heißt, daß miserable Löhne gezahlt wurden, daß diese Arbeitsform Waren entweder sehr hoher oder sehr niedriger Qualität hervorbrachte und daß die »Heimarbeit schließlich trotz großer Anstrengung nur einen Teil ihrer früheren Vormachtstellung retten konnte«. Marie-Catherine Santerre, die ihr Leben Serge Grafteaux erzählte, bestätigt diese Ansicht. Sie kam 1891 in einer sehr frommen Familie von Heimarbeitern zur Welt und hatte zehn Geschwister. Ihre Schwestern und sie webten in einem Dorf in der Nähe von Avesnes im Keller eines Hauses auf vier Rahmen Tücher. Die Arbeit begann um vier Uhr morgens und endete um 22 Uhr. Im Sommer zog die Familie in das Departement Seine-Inférieure, um dort bei der Ernte zu helfen.

In Frankreich gab es 1906 nur 189 Betriebe mit mehr als tausend Arbeitern, vor allem Textilfabriken, Bergbauunternehmen sowie Stahl- und Eisenfabriken. Eine normale französische Fabrik beschäftigte hundert bis dreihundert Arbeiter, durchschnittlich 241 Personen. Eine Fabrik stand und fiel mit den Pferdestärken ihrer Motoren, weshalb die Volkszählungsstatistiker im Jahr 1906 auch nicht versäumten, zu erwähnen, daß die Anzahl der Pferdestärken pro Arbeiter mit der Größe des Unternehmens zunahm. Dies ließ sich an den Pariser Vorstädten illustrieren: Dort nahm zwischen 1888 und 1914 die Zahl der Großbetriebe mit mehr als hundert Arbeitern um 60 Prozent zu – kurz vor dem Ersten Weltkrieg zählte man 369 solcher Betriebe. Die im Süden und Westen gelegenen Vororte entwickelten die größte Dynamik, wie die Beispiele der Chemiefabrik Lefranc und Gévélot in Issy, die *Société des matières colorantes* und die *Pharmacie centrale de France* in Saint-Denis, aber auch die Fabriken für Elektroausrüstung wie die *Compagnie Générale d'Électricité* in Ivry mit über 3000 Beschäftigten oder Lacombe in Levallois zeigten. Die große Neuheit stellte jedoch die Automobil- und Flugzeugindustrie dar: De Dion in Puteaux, Renault in Boulogne, Darracq in Suresnes und Voisin in Boulogne. Diese Großbetriebe beschäftigten ein ganzes Heer von Zulieferungsbetrieben mit Heimarbeitern, die sich aus den mechanischen Werkstätten des Zweiten Kaiserreichs entwickelt hatten. Man traf sie in Paris ebenso wie auf dem Land. Kleinbetriebe vermochten zu überleben, weil sie unterschiedliche Formen der Ergänzung zur großen Fabrik boten.

DIE RATIONALISIERUNG DER ARBEIT

In den Jahren um 1900 kam es im Bereich der industriellen Fertigungsarbeit zu einem einschneidenden Umdenkungsprozeß. Das Gesetz von 1898 über Arbeitsunfälle bedeutete einen unbestreitbaren Fortschritt, da im Gefolge der wachsenden Mechanisierung auch die Gefahren zugenommen hatten. Die Hauptursache von Arbeitsunfällen lag vor allem im Umgang mit schweren Gegenständen. Die Hälfte der 226 Unfälle, die 1905 im Krankenhaus von Tenon behandelt wurden, waren Knochenbrüche. Aber auch das Problem der Berufskrankheiten wurde besser erkannt. In verschiedenen Dekreten wurde die Verwendung von Bleiweiß bei Malerarbeiten verboten; auch konnten einige der schädlichsten Krankheiten, wie man sie aus dem 19. Jahrhundert kannte, stark eingedämmt werden, doch verhinderte die Verschleppungstaktik des Senats eine Gesetzgebung für den gesamten Bereich der Berufskrankheiten.

Die Maßnahmen zur Arbeitsrationalisierung knüpften eigentlich nur an die uralte, sich ständig fortentwickelnde Tendenz zur Arbeitsteilung an. Neu war jedoch in den Jahren um 1900, daß nun auch die Metallbearbeitung davon betroffen war, nachdem die Erfindung neuer Schnellschneidemaschinen und der Energietransport über große Entfernungen durch Elektrizität oder pneumatische Verfahren diese Entwicklung ermöglicht hatten. Schon vor 1910 wurden in der Schwerindustrie unabhängig von Taylors Einfluß Versuche einer Fließbandproduktion auf der Grundlage einer verstärkten Arbeitsteilung unternommen, so zum Beispiel bei Berliet, der die »Lyoner Organisationsmethode« entwickelte, und bei Lorraine-Dietrich in Argenteuil. Diese Versuche entsprangen dem Wunsch, die Selbstkostenpreise in den Griff zu bekommen und waren vom Denken Henry Fayols oder anderer »Organisatoren« beeinflußt. Taylors bedeutendster Wegbereiter in Frankreich war kein anderer als Henri Lechatelier, der Fachmann für Eisenverarbeitung und Gründer der *»Revue de métallurgie«* im Jahr 1904. Sein Bruder leitete die »Französische Gesellschaft für mechanische Konstruktion«, die Nachfolgefirma der Cail-Werke.

Der Taylorismus breitete sich vor dem Krieg in Frankreich nur sehr partiell aus und blieb im wesentlichen auf die Technik der Zeitmessung begrenzt, die übrigens äußerst ungeschickt angewandt und in höchstens zehn Betrieben praktiziert wurde, darunter auch in den Renaultwerken. Gleichzeitig besann man sich wieder auf die traditionelle Ergonomie, die einige Ärzte, unter ihnen auch Jules Marey (1830–1904) im 19. Jahrhundert entwickelt hatten. Es handelte sich dabei um die Erforschung der Leistungsmöglichkeiten und optimalen Arbeitsbedingungen des Menschen. Diese Entwicklung mündete 1905 schließlich in die Frage J.-M. Lalys (1872–1943) nach einer möglichen Überforderung der Arbeiter, die er als eine »Verschwendung menschlichen Kapitals« bezeichnete. Er entwickelte auch berufliche Eignungstests, eine Methode, die 1908 bei den Straßenbahnern im östlichen Teil von Paris angewandt wurde. So entstand die Psychophysiologie der Arbeit und der Eignung; sie bildete den Endpunkt der absoluten Unterwerfung menschlicher Arbeit unter die Kriterien der Rationalität. Ein Grund für diese Überlegungen bildete übrigens auch der Wunsch, die Gefahr von Arbeitsunfällen so weit als möglich einzudämmen.

Die Rationalisierung der Fabrikarbeit stieß aber auch auf Widerstand.

Zunächst bei den Unternehmern, da in Kreisen der französischen Industriellen die Meinung herrschte, die Anwendung dieser Methoden in Frankreich sei so lange nicht möglich, wie die Herstellung von Qualitätsprodukten das erklärte Ziel der französischen Industrie bliebe. Die französischen Unternehmer hielten die Fließbandarbeit für gleichbedeutend mit Massenproduktion, die folglich die Produktvielfalt einschränke. Ein gutes Beispiel dafür bot der Bau von Lokomotiven. Die Franzosen fertigten nur kleine und spezialisierte Bauserien, die sich nach der Bestellung einer bestimmten Eisenbahngesellschaft richteten. Deshalb war eine Montage der Lokomotiven am Fließband wie in den Baldwinfabriken in Amerika nicht möglich. Im übrigen lag die französische Industrie auch nicht falsch mit ihrem Festhalten an Qualitätsprodukten.

Der Widerstand unter den Arbeitern, der sich 1913 in zwei Streiks bei Renault entlud, hatte zwei Ursachen: Zum einen erschien ihnen die Zeitmessung als zu willkürlich, zum andern – und dies vor allem – sahen sie im Taylorismus den bis zum äußersten gesteigerten Ausdruck einer Arbeitsteilung, die seit jeher als für die Qualifikation des Arbeiters abträglich betrachtet wurde. Bei Renault bildeten die 390 Arbeiter an den Werkzeugmaschinen den harten Kern der Streikenden. Das Unbehagen war jedoch viel allgemeinerer Natur und bestand schon wesentlich länger. Die Gewerkschaftler erklärten schon 1893 in einer Befragung durch das Arbeitsamt: »Es kommt häufig vor, daß die eigentlichen Facharbeiter eines Betriebs kaum mehr als bessere Handarbeiter sind, die in höchstens ein oder zwei Wochen angelernt werden (...) Sie sind reine Handarbeiter, die nur noch den Ablauf und die Geschwindigkeit von Bewegungen überwachen müssen.« Solche Sätze hörte man seit dem Zweiten Kaiserreich. Mit fortschreitender technischer Entwicklung verschwanden die beruflichen Qualifikationen mit langer Lehrzeit fast völlig.

DIE PROFESSIONALISIERUNG DER ARBEITER

Der technische Fortschritt förderte aber auch das Entstehen neuer beruflicher Fachqualifikationen, für die die Arbeiter eine entsprechende Anerkennung und Bewertung forderten. Madeleine Rebérioux hat am Beispiel der Druckergewerkschaft aufgezeigt, wie diese um die Jahrhundertwende den technischen Fortschritt für sich nutzte, als die Zeilensetzmaschine die Qualifikation des Handsetzers überflüssig machte. Damals wählte die mächtige Gewerkschaft, nachdem sie zunächst versucht war, die Lösung im Widerstand zu suchen, den Weg über Verhandlungen, um als Gegenleistung für ihre Einwilligung in die neue Technik eine Lohnzulage und bessere Arbeitsbedingungen durchzusetzen. Somit entstanden mit den neuen Technologien auch neue Qualifikationen, die ihrerseits wiederum neue Fertigkeiten und neue Ausbildungsplätze schufen. Es wurde an anderer Stelle bereits aufgezeigt, wie sich die Arbeit eines Lokomotivführers durch immer neue Anforderungen qualifizierte und veränderte. Desgleichen führte auch der Ausbau des Stromnetzes und die Zunahme der Telefonverbindungen zu neuen Berufszweigen, die oft gut bezahlt waren, da gelernte Arbeiter noch knapp waren.

Innerhalb der Arbeiterwelt wie auch anderswo zeichnete sich eine zunehmende Tendenz zur Professionalisierung ab. Jeder Berufsstand strebte nach einer eigenen Satzung. Auch hier wirkten die Eisenbahner wieder einmal bahnbrechend und aufklärend: Die Eisenbahngesellschaften hatten detaillierte Organogramme aufgestellt, die vom einfachen Streckenwärter bis zum Lokomotivführer jedem seinen genauen Platz zuwiesen. Für jede Kategorie war der berufliche Werdegang jeweils exakt reglementiert. Die Gewerkschaften tendierten nun ihrerseits dazu, dieses System zu verfestigen und die unternehmerische Entscheidungswillkür bei der Beförderung durch das Prinzip der langen Betriebszugehörigkeit zu ersetzen. Im Oktober 1910 kam es auf den Strecken in Nord- und Westfrankreich zu kurzen, aber massiven Streiks der Eisenbahner, die, wenn sie auch kurzfristig gesehen scheiterten, im Denken der leitenden Männer immerhin bereits den künftigen Status der Eisenbahner vorbereiteten. Dasselbe galt für den Streik der Postangestellten im Jahre 1906, der ebenfalls in erster Linie die Regelung des beruflichen Aufstiegs zum Ziel hatte.

Die gehobenen Schichten innerhalb der Arbeiterklasse bekamen nun ein neues Gesicht, da zum einen ihre Qualifikation nun nicht mehr ausschließlich das Resultat einer Lehre war und sich zum anderen eine berufliche Hierarchie entsprechend den jeweils erreichten Qualifikationen herauskristallisierte. Im übrigen wurde die Ausbildung der Arbeiter keineswegs in dem Maße vernachlässigt, wie immer behauptet wurde. Neuere Arbeiten zeigen, daß die technische Ausbildung nicht nur in den städtischen Berufsschulen (wie in der 1872 gegründeten *École Diderot*), sondern auch in den betrieblichen oder privaten Ausbildungsstätten sowie in den Hauptschulen keineswegs schlechter war als in vergleichbaren deutschen Schulen. Dank ihrer Anpassung an die Bedürfnisse der ortsansässigen Industriezweige fiel es etwa einem Armand Peugeot nicht schwer, die qualifizierten Arbeitskräfte zu finden, die er benötigte. Diese Schulen waren zumeist auch gleichzeitig Pflanzstätten der mittleren Führungskräfte und Werkmeister. Nur wenige Schüler der *École Diderot* blieben ihr Leben lang Arbeiter.

Die Reallöhne stiegen um die Jahrhundertwende weiter an, stießen aber dann an eine Grenze, die mit dem zusammenhing, was man damals die Krise des »teuren Lebens« nannte. Infolgedessen kam es zu massiven Störungen vor allem auf den Märkten im Norden Frankreichs. Die Preissteigerungen wirkten sich vor allem bei Obst, Fleisch und Gemüse aus. An ihnen ließ sich die Entwicklung verfolgen, die die Ernährungsgewohnheiten der Arbeiter genommen hatten. Die allgemeine Situation der Arbeiter blieb aber weiterhin geprägt von ihren eher dürftigen Wohnverhältnissen. Sie resultierten aus einer Konsumentscheidung, die der Soziologe Halbwachs 1913 als die Fähigkeit des Arbeiters charakterisierte, »sich mühelos mit einer mittelmäßigen Wohnung abzufinden«, und von der »Unfähigkeit, seine Vorstellungen von Komfort zu artikulieren« sprach. Die Verbesserungen, die den Gesetzen von 1906 und 1908 über den Gemeinnützigen Wohnungsbau (H.B.M.) folgten, zeigten zwar durchaus Wirkung, erreichten aber auch keine Veränderung der Gesamtperspektive. Die Elendsquartiere zählten noch am Vorabend des Krieges zu den fortdauernden sozialen Mißständen.

Tatsächlich zeigten sich krasse Unterschiede im Lebensstandard der einzelnen Arbeiterberufe. Der Drucker oder Metallarbeiter wurde in Paris gleich oder noch höher bezahlt als der Angestellte, während sich die niedere Arbeiterschicht nahe an der Armutsgrenze bewegte. Diese Situation war vor allem geprägt von großer Unsicherheit, wie dies eine Untersuchung des Pariser Arbeitsamtes im Jahre 1907 bei den Heimarbeiterinnen einer Pariser Wäschefabrik feststellte.

HAUSPERSONAL UND GESCHÄFTE

Zu jener Zeit kamen in Frankreich auf einen Hausangestellten vier Arbeiter. Die Zahl des Hauspersonals belief sich auf 900 000 Personen; 17 Prozent davon waren Männer, 1851 waren es noch 32 Prozent. Die Rangordnung innerhalb des Personals war streng reglementiert und reichte von der Bauernmagd bis zur Kammerzofe eines vornehmen Hauses. Die »vornehmen Häuser« beschäftigten mindestens vier Angestellte, das heißt zwei Kammerzofen, eine Köchin und einen Diener oder Gärtner. In den sogenannten »guten Häusern« gab es zwei Angestellte, eine Kammerzofe und eine Köchin, wobei es immer mehr in Mode kam, nur eine Hausangestellte als »Mädchen für alles« zu beschäftigen. Ihre Lebens- und Arbeitsbedingungen gestalteten sich oft mehr als dürftig, lagen aber in den meisten Fällen wohl über den Bedingungen der Bediensteten und Zimmermädchen in Krankenhäusern und anderen öffentlichen Einrichtungen. Das Milieu der Hausbediensteten war sehr individualistisch geprägt, und die Versuche, sie korporativ zu erfassen, blieben ohne großen Erfolg. Das größte Ziel eines Zimmermädchens war es, sich »zu etablieren«.

Das Hauspersonal und sein Milieu ähnelte in vielem dem der Ladenangestellten, die es trotz gegenteiliger Prophezeiungen vieler Schriftsteller des 19. Jahrhunderts und trotz des Aufkommens der großen Kaufhäuser oder, wie in unserer Zeit, der Filialketten nach Art des »Casino« immer noch gab. 1914 zählte man mindestens 12 000 Geschäfte im Besitz derartiger Großunternehmen. Das Ladengeschäft hatte überlebt: Die Zahl der Gewerbesteuerpflichtigen auf diesem Gebiet stieg von 1,7 Millionen im Jahr 1872 auf 2,33 Millionen Personen im Jahr 1913. Der Zuwachs war nicht allein auf die Schankwirtschaften zurückzuführen, die nur ein Viertel davon ausmachten. Der Fortbestand hatte vielmehr drei Gründe: manche Tätigkeiten, die früher vom Hauspersonal verrichtet wurden, wie das Wäschewaschen, wurden zunehmend von kleinen Dienstleistungsbetrieben übernommen. Ferner entstanden neue Fachgeschäfte, wie zum Beispiel für Foto-, Fahrrad- und anderen Bedarf sowie für Elektroartikel und Autozubehör. Schließlich hatte das Handelsnetz nun auch das ländliche Frankreich erfaßt. 1906 entsprach die Zahl der im kaufmännischen Bereich Beschäftigten etwa der Hälfte der in Industriebetrieben beschäftigten Arbeiter.

FREIE BEAMTEN- UND BEAMTENÄHNLICHE BERUFE

Bei der Suche nach beruflicher Identität und Spezifizierung spielte das Bewußtsein, eine bedeutende Aufgabe zu erfüllen, eine wichtige Rolle, die von der Vertretung berufsspezifischer Interessen nicht zu trennen ist. Dafür lieferten die Ärzte ein bemerkenswertes Beispiel: Die Fortschritte im medizinischen Bereich hatten die Zweifel und das frühere Gefühl der Hilflosigkeit gegenüber Leiden und Tod vertrieben; es wich einem zunehmenden, durch die Leistungen der Medizin gerechtfertigten Vertrauen. Die Medizin als Erbin der Hygiene-Ideologie setzte zu ihrem Siegeszug an; auch der Staat anerkannte ihre Rolle innerhalb der Nation. Diese Wertschätzung kam in mehreren Gesetzen, besonders im Gesetz über das Gesundheitswesen von 1902, zum Ausdruck. Die Gesetze vom 30. November 1892 und vom 15. Juli 1893 sicherten den Ärzten präzise berufliche Garantien, ohne jedoch den freien Charakter dieses Berufsstands zu gefährden. Manche Autoren haben von einer regelrechten »Vermedizinerung« des Staates und der Gesellschaft gesprochen, die sich an der wachsenden Bedeutung der Ärzte im politischen Leben sowohl auf nationaler, regionaler wie auch lokaler Ebene ablesen ließ.

Bei den Beamten nahm die Tendenz zur Professionalisierung und die damit verbundene Aneignung neuer Rechte und Standesgarantien zu. Im Gegensatz zu den Offizieren verfügten die Zivilbeamten noch über kein echtes Beamtenstatut. Jeder Entwurf, der diskutiert wurde – und es waren nicht wenige –, endete mit der Frage nach dem Streikrecht. In Wahrheit besaßen sie jedoch solide Garantien. So war die Laufbahn im Unterrichtswesen durch das Gesetz vom Februar 1880 für die Gymnasiallehrer, und vom 30. Oktober 1886 für die Hauptschullehrer geregelt worden. Für die übrigen Beamten regelten einzelne Dekrete und Bestimmungen die Ernennungs-, Besoldungs- und Beförderungsbedingungen, wobei sich die Verwaltung zum Schutz vor eigener Willkür selbst strenge Beschränkungen auferlegt hatte wie etwa mit dem Gesetz vom 22. April 1905, das die Einsichtnahme in die Personalakte bei bestimmten Anlässen erlaubte. Schließlich verlieh das Gesetz von 1853 über Pensionszahlungen den Beamten einen privilegierten Status auf diesem Gebiet.

In Frankreich gab es 1872 632 000 Staatsdiener, von denen zwei Drittel dem Militär angehörten. Von 1872 bis 1891 hatte sich die Zahl der Zivilbeamten verdoppelt und war von 204000 auf 416000 gestiegen. Zwischen 1891 und 1911 war die Beamtenschaft um fast 66 Prozent angewachsen und zählte nun nahezu 700000 Beamte, von denen ungefähr 10 Prozent in den öffentlichen Versorgungsbetrieben arbeiteten. Es handelte sich also, wie eine 1877 geborene Lehrerin aus dem Departement Saône-et-Loire schrieb, um eine sehr beträchtliche Zahl, die »von Garantien auf Anstellung, Lohn, gesicherte Beförderungsbedingungen, Pensionsansprüche und Krankheitsurlaub profitierten«, was ihnen deshalb ihrer Meinung nach nicht das Recht gab, sich einer Gewerkschaft anzuschließen.

Die Offiziere genossen durch ihre Privilegien, die aus der Julimonarchie stammten, größere Vorteile als der zivile Beamtenstand. Die Militärlaufbahn verlief in festen Bahnen, ein Offizier konnte nur bei Verrat suspendiert werden. Als Gegenleistung wurde seine bedingungslose Unterwerfung unter die Disziplin gefordert. Die Mehrzahl der Offiziere war aus Mannschaftsdienstgraden aufgestiegen, doch wurden frühere Schüler des Polytechnikums und Absolventen der Militärakademie von Saint-Cyr vorrangig behandelt. Ihre Rekrutierung erfolgte hauptsächlich aus der bürgerlichen Mittelschicht und erst in zweiter Linie aus den einfacheren Volksschichten. Die Schulen von Saint-Maixent, Saumur und Versailles gehörten zu den wichtigsten Stationen einer militärischen Karriere.

Die Armee stellte also einen nicht zu übersehenden Faktor sozialer Mobilität dar. Die Gründung der *École Supérieure de Guerre* hatte jedoch innerhalb des Offizierskorps die Entstehung eines gewissen Mandarinats zur Folge gehabt. Die Offiziere bildeten eine relativ geschlossene Welt für sich mit einem eigenen Wertesystem. Doch brachte der unaufhaltsam wachsende Antimilitarismus die Offiziere in eine zwiespältige Position. Schließlich wurde ihnen durch das Dekret vom 15. Juni 1907 ihr bisheriger Vorrang vor den Zivilbehörden aberkannt. Diese Entscheidung hatte General Picquart getroffen, der nach der Dreyfus-Affäre zum Kriegsminister in einem Kabinett der Radikalen berufen wurde. Sie illustrierte nach Meinung der Offiziere den Niedergang ihres Prestiges.

Demgegenüber hatten die etwa 120000 Lehrer vor Kriegsausbruch den Zenit ihres Ansehens erklommen. Sie waren allerdings oft schlechter bezahlt als ein Setzer in Paris und hatten oft auch mit dem ihnen feindlich gesinnten bäuerlichen Milieu zu kämpfen. Indes pflegten sie ein geschlossenes System von Wertvorstellungen, das aus einer Mischung von Liebe zum Beruf und dem Gefühl bestand, einer gleichermaßen edlen republikanischen wie patriotischen Sache zu dienen. In den Jahren um 1900 zeigten sich jedoch schon erste ernsthafte Bestrebungen nach Unabhängigkeit und Selbständigkeit gegenüber einer Hierarchie, die sie als Belastung empfanden. Bereits in den Jahren zuvor hatten sich zahlreiche Lehrervereine gebildet, die sich in den ersten Jahren des 20. Jahrhunderts zu größeren Verbänden zusammenschlossen. Innerhalb dieser Vereine erhoben sich nun die Stimmen junger Lehrer gegen den Despotismus ihrer Vorgesetzten, gegen die Methoden der Ernennung auf Empfehlung, und sie verlangten die Beseitigung jeglicher Willkür bei der Beförderung. Als aber diese Vereinsbewegung mehr und mehr zu erstarren drohte, kam es zu ersten Bemühungen eines gewerkschaftlichen Zusammenschlusses, denen Clemenceau 1907 sogleich energisch den Kampf ansagte und ihnen im April desselben Jahres sogar mit der Auflösung drohte.

Bis 1914 nahm die Bewegung nur in begrenztem Umfang zu, nicht nur wegen der Risiken, die die gewerkschaftlich organisierten Mitglieder eingingen, sondern auch wegen der starken Zurückhaltung der meisten Lehrer selbst. J. Ozouf meint dazu: »Die wesentliche Bremse einer Vereinigung auf gewerkschaftlicher Ebene war immer noch das alte Bild des republikanischen Lehrers.« Einen Streik hätten die französischen Lehrer der damaligen Zeit samt und sonders als Ungehörigkeit empfunden.

Inzwischen hatten die Eisenbahner in den neunziger Jahren eine mächtige parlamentarische Lobby hinter sich versammelt. 1894 war sie schon so stark, daß sie die Zustimmung zu einem Tagesordnungspunkt erzwingen konnte, der den gewerkschaftlichen Zusammenschluß der Beschäftigten bei den staatlichen Eisenbahnlinien zuließ. Diese Bresche in die bis dahin gültige Doktrin, wonach Beamte nicht das Recht hatten, sich in Berufsverbänden zu organisieren, wurde alsbald von den staatlichen Arbeitern ausgenutzt. So schlossen sich die Arbeiter bei der Post zu einer eigenen Postgewerkschaft zusammen, die sich 1899 der C. G. T. anschloß. Auch die Angestellten begannen sich nach dem Vorbild der Lehrer in Fachverbänden zu organisieren, die seit dem Gesetz von 1901 zugelassen waren. 1908 gehörten ihnen bereits fast 50 Prozent der Angestellten im öffentlichen Dienst an. Indes brach im April 1906 innerhalb der unteren Beamtenschaft ein Streik aus, den 380 Bedienstete mit ihrer Entlassung bezahlten. 1908 griff man zu neuen Maßnahmen, um den Aufschwung der Gewerkschaftsbewegung zu stoppen. Im März 1909 kam es im Pariser Telegraphenamt zu Arbeitsniederlegungen. Auch die übrigen Postbediensteten wurden allmählich von der Streikbewegung ergriffen. Nachdem der Streik zunächst unterbrochen worden war, flammte er im Mai erneut auf, als die erhoffte Entlassung des zuständigen Unterstaatssekretärs nicht erfolgte. Ein etwas halbherziger Aufruf zum Generalstreik durch die C.G.T. blieb ohne Wirkung, doch hatte der Streik 805 Entlassungen zur Folge, von denen allerdings die meisten wieder zurückgenommen wurden. Die drei Gewerkschaften, die sich bis dahin konstituiert hatten, schlossen sich zusammen, und nach dem Rücktritt Clemenceaus gab man auch den Plan für die neuen Beförderungsregelungen, die er hatte durchsetzen wollen, wieder auf.

Der Streik der Postbediensteten verdeutlicht zwei Tatsachen von allgemeinerer Bedeutung: Zum einen waren sich die Beamten ihres Rechts auf gewerkschaftlichen Zusammenschluß gewiß, wobei sie sich auf das Gesetz von 1901 beriefen; zum anderen hatte der Staatsrat seinerseits die Rechtmäßigkeit der Beamtenverbände zur Wahrung ihrer Berufsinteressen anerkannt, wobei er sich allerdings auf eine mehr als fragwürdige Argumentation stützte.

Nach dem Poststreik kam es zur Bildung der *Fédération Nationale Postale* sowie der *Fédération Générale des Fonctionnaires.* Damit betrat die französische Gesellschaft den Weg zu einem neuen Korporatismus. Die Forderung nach einer Gehalts- und Laufbahngarantie, die den einzelnen vor Willkür schützen sollte, blieb nicht nur auf die Postbediensteten und Lehrer beschränkt. Sie war charakteristisch für alle Beamten, auch für die Eisenbahner oder die Angestellten in den Kommunalverwaltungen und anderen öffentlichen Diensten. Das Verlangen nach einem eigenen Statut bildete die natürliche Fortsetzung der Professionalisierung. Selbst innerhalb der Arbeiterklasse wurde die Forderung nach einer stärkeren, solideren Absicherung des Qualifikationssystems laut. Doch beim Wettlauf um die Privilegien geriet die Masse der Arbeiter bedenklich in Rückstand.

Angesichts dieser Feststellungen ist man verblüfft von der Aktualität und Triftigkeit der Theorien Émile Durkheims; denn die eigentliche Herausforderung für einen uneingeschränkten Liberalismus bestand in dem Verlangen nach Sicherheit in allen Fragen des Berufs, und die eigentliche Quelle der Disziplin lag im selbstverpflichtenden Bewußtsein eines anspruchsvollen »Berufsethos«.

DIE INDUSTRIE FLORIERT

Seit 1895 setzte, wenn auch mit einiger Verspätung, in der französischen Industrie wie in den Industrien anderer Länder eine Phase des konjunkturellen Aufschwungs ein, die Erinnerungen an die glücklichen Zeiten des Zweiten Kaiserreichs wachrief. Dieser kam jedoch nur langsam in Gang, da Frankreich nach einer kurzen Zeitspanne intensiver Wirtschaftstätigkeit vor der Weltausstellung im Jahre 1900 bereits wieder in eine langanhaltende Phase der Depression fiel, die bis 1904 währte und die Ursache von Arbeitslosigkeit und zahlreichen Firmenzusammenbrüchen bildete. Doch danach, eingeleitet von besonders heftig wütenden Streiks, erhielt die französische Industrie erneut Aufwind, der erst 1930 wieder abflaute. Zwischen 1905 und 1914 lag die industrielle Zuwachsrate bei fünf Prozent, was keineswegs mit den Kriegsvorbereitungen zusammenhing. Wie im Zweiten Kaiserreich wurde auch dieser Aufschwung von einem Aufschwung in der Landwirtschaft unterstützt, was allerdings nicht mehr ausschlaggebend war, da sowohl die Städte als auch die Industrie die Kraft für ihre wirtschaftliche Dynamik inzwischen aus sich selbst schöpften. Vier Gründe waren dafür ausschlaggebend: Der Konsum der Einzelhaushalte und die Basisinvestitionen entwickelten sich rasch, die industriellen Gewinne waren gestiegen, der Handel mit dem Ausland verstärkte sich wieder, und – dies war der wichtigste Grund – zahlreiche technische Neuerungen fanden ihren Markt.

Die Zunahme des Pro-Kopf-Einkommens entsprach wieder ungefähr der Wachstumsrate zur Zeit des Zweiten Kaiserreichs und betrug jährlich etwa 1,3 Prozent. Auch die Realeinkommen der Lohnempfänger stiegen ungeachtet der Preissteigerungen zumindest bis zum Jahr 1911. Innerhalb der Arbeiterschaft bewegte man sich, wie Y. Lequin feststellte, »auf dem Weg zwischen einer noch nicht beseitigten Armut und einer Sicherheit, die später einmal sein würde«. Doch ließ sich die Entwicklung nicht mehr aufhalten; die gehobene Schicht innerhalb der Arbeiterschaft hatte sie bereits voll durchlaufen. Auch die Gesamtheit der übrigen Lohnempfänger kannte jetzt nur noch ein Ziel: das Streben nach materiellem Wohlbefinden, zunächst im Bereich der Ernährung, aber auch im Blick auf bessere Wohnverhältnisse, auf komfortablere Wohnungseinrichtungen und auf die Bekleidung, wo man sich am Habitus der höheren sozialen Schichten orientierte. »Bürgerliche« Konsumgewohnheiten kamen rasch in Mode, gleichgültig, ob es sich um Möbel handelte, die immer funktionaler gestaltet wurden, oder um Bekleidung, die »sportlicher« und weniger steif geschnitten war. Das Korsett hatte ausgedient, und der Körper konnte wieder freier durchatmen.

Bei der Verbreitung dieser Moden spielten die Kataloge der großen Kauf- und Versandhäuser eine wesentliche Rolle. Jedes Familienmitglied, ob Mann, Frau, Kind oder Hausangestellte, besaß eine eigene Ausstattung, jeder Raum innerhalb des Hauses seine eigene Einrichtung. Innerhalb dieser Konsumschablonen tauchten neue Produkte auf; das Fahrrad wurde bald zum gängigen Gebrauchsgegenstand, das Automobil entwikkelte sich zum halbluxuriösen Objekt, aber auch zum Gegenstand technischer Basteleien, wie es der Journalist Max Nansouty 1909 in seinem Buch *»Le Machinisme dans la vie quotidienne«* (»Die Technik im Alltag«) beschrieb. Einrichtungen, die zum Nutzen der Allgemeinheit dienten, wie Aufzüge oder Belüftungsapparate, wurden ebenso von der Mechanisierung ergriffen wie der Bereich der Haushaltsgeräte, wo nun Nähmaschinen, Schreibmaschinen, die ersten Kühlschränke, Staubsauger und Rasenmäher Einzug hielten. Auch Toiletten- und Wäscheartikel zählten dazu ebenso wie Badewannen, Henkelkannen, Waschbecken und Wäschekessel, aber auch Seifen und Parfümeriewaren. Denn allen Legenden zum Trotz waren die Franzosen reinliche Menschen: sie wuschen sich, sie wuschen auch ihre Wäsche, und sie taten dies immer häufiger. Alles, was zum Bereich der Küche gehörte, war Gegenstand unablässiger Neuerungen, und zwar nicht nur was ihren Verwendungszweck betraf, sondern auch ihre äußere Form. Nansouty beschrieb die verschiedenartigsten Knet- und Zerkleinerungsmaschinen. Die Hauswirtschaft war somit in einem völligen Umbruch begriffen.

Auch die städtischen Investitionen erlebten einen neuen Aufschwung. Wie in Marseille im Jahre 1892 wurde auch andernorts mit Sanierungsarbeiten begonnen und das Straßenbahnnetz ausgebaut. Ende des 19. Jahrhunderts begann man mit dem Bau der Pariser Metro und nahm ihn vor dem Ausbruch des Krieges erneut in Angriff; ebenso wurden die Wasser-, Gas- und Stromleitungsnetze systematisch erweitert. Diese Arbeiten bedeuteten einen fortwährenden Anreiz für industrielle Investitionen. Die Eisenbahngesellschaften, die ihre Investitionstätigkeit unter dem Eindruck der Überkapazitätskrise im Jahre 1880 zunächst verlangsamt hatten, mußten sie nun unter dem zunehmenden Druck des Verkehrsaufkommens wieder aufnehmen. Dies führte zu einer Wiederbelebung im Bereich des Lokomotivenbaus und der Eisenbahnindustrie im allgemeinen. Auch die Bauindustrie fand wieder zu ihrem alten Schwung zurück.

Die Dynamik dieses Marktes, die durch die Ausgabebereitschaft öffentlicher und privater Haushalte sowie durch Basisinvestitionen vorangetrieben wurde, war mit einer anhaltenden Preissteigerung verbunden. Auch die Preise für die Rohstoffe, die sich in dieser Phase der Hochkonjunktur zu verknappen schienen, zogen an. Diese Tendenz kam erst in den Jahren zwischen 1902 und 1904 zum Stillstand. Seitdem konnten sich die Gewinne der Industrie trotz steigender Löhne auf einem befriedigenden Niveau halten; viele Unternehmen verzeichneten sogar kräftige Steigerungen. Eine Ausnahme bildeten die Eisenbahnen, die ihre Preise nicht mehr selbständig festsetzen konnten. Auf Druck des Staates, der von den Verbraucherverbänden beherrscht wurde, konnten sie ihre Preise nicht mehr den inflationsbedingt gestiegenen Kosten anpassen. Die Aktiennotierungen der Eisenbahngesellschaften spielten an der Börse nicht mehr die erste Rolle, und der relative Wert ihrer Effekten verschlechterte sich. Dadurch erklärte sich zumindest teilweise der »Konkurs« des westfranzösischen Streckennetzes, das der Staat 1908 zurückgekauft und damit das seit 1883 bestehende Netz ergänzt hatte. Für die Inhaber anderer Wertpapiere (mit Ausnahme Pariser Eisenbahnaktien) bestand jedoch Grund zur Freude, denn der Dividendenindex lag zwischen 1909 und 1913 um 62 Prozent höher als zwischen 1894 und 1898. Und das war nur ein sehr indirektes Anzeichen. Die Hausse der Gewinne ermöglichte entweder aufgrund von Eigenfinanzierung oder durch Inanspruchnahme des Kapitalmarkts ein Wachstum der reinen Industrieinvestitionen, was zur Folge hatte, daß sich die Unternehmen modernisieren konnten.

Die Spartätigkeit nahm beträchtlich zu und richtete sich bevorzugt auf mobile Werte. Der Effektenbestand der Banken belief sich auf insgesamt 111 Milliarden Francs vor Ausbruch des Krieges, wobei 32 Milliarden in französischen Aktien angelegt waren. Diese Dynamik zeigte sich auch in einem Aufschwung der Bankinstitute. Der *Crédit Lyonnais* steigerte die Zahl der von ihm verwalteten Konten zwischen 1887 und 1907 von 95 000 auf 461 000 und im Jahr vor dem Ersten Weltkrieg bis auf 700 000 Konten. Die Zahl der Wertpapierdepots der *Banque de France* belief sich vor Kriegsausbruch auf 121 000 gegenüber 47 000 im Jahr 1890. Die vier großen Bankhäuser *Crédit Lyonnais, Société Générale, Crédit Industriel et Commercial* und *Comptoir d'Escompte de Paris* erhielten zunehmend Konkurrenz. Im Jahr 1891 kontrollierte der *Crédit Lyonnais* 29 Banken, im Jahr 1912 bereits 105. Der Anteil der vier Großbanken in den Bankbilanzen fiel von 60 auf 50 Prozent. Die Banken hatten nicht nur, wie lange behauptet wurde, französische Spareinlagen »sterilisiert«, um sie ins Ausland zu lenken, sondern hatten auch und vor allem den industriellen Aufschwung nach 1905 finanziert, wie die Geschichte der Elektrifizierung in Frankreich beweist.

Das Netz der Banken dehnte sich im übrigen noch weiter aus, als neue Geschäftsbanken errichtet wurden wie die *Banque Française pour le Commerce et l'Industrie,* die Rouvier 1901 gegründet hatte, und die *Banque de l'Union parisienne* im Jahr 1904. Diese Banken vertraten sowohl im Ausland als auch innerhalb der Industrie unterschiedliche Interessen. Ebenso unterstützten auch die großen Regionalbanken wie die *Société Nancéenne,* der *Crédit du Nord* oder die *Banque Charpenany* in Grenoble (die den Aufschwung der Elektroindustrie finanzierte) die Bemühungen um weitere Industrialisierung.

Die wachsende Spartätigkeit wurde durch die Expansion der Geldmenge gestützt, die sich zwischen 1895 und 1913 verdoppelte und bei 27 Milliarden Francs lag. Fast die Hälfte davon, das heißt 12,3 Milliarden Francs, machte das Buchgeld aus. Die *Banque de France* verhielt sich während der III. Republik vorsichtiger als noch während des Zweiten Kaiserreichs, denn die Diskontsätze schwankten viel weniger als damals. Die Bank hatte ihre Politik der hohen Geldreserven beibehalten. Ihr Barbestand belief sich auf 3,9 Milliarden Francs im Jahr 1913; 3,3 Milliarden Francs davon hielt sie in Gold, bei einem Notenumlauf von 5,7 Milliarden Francs. Diese Politik hat den Aufschwung der Zahlungsmittel in keiner Weise gebremst. Frankreich besaß die Möglichkeit, eine Geldpolitik zu betreiben, die die Währungsstabilität sicherte. Im Fall einer internationalen Währungskrise fungierte das Land als »Geldgeber der letzten Zuflucht«, wie sich während der Depression in den Vereinigten Staaten im Jahr 1907 zeigte.

Diese Situation war nicht zuletzt das Resultat einer guten Zahlungsbilanz. Nach 1895 nahmen die Auslandsumsätze wieder zu; die Exporte stiegen bis 1914 jährlich um 3,7 Prozent (zwischen 1875 und 1895 nur um 0,8 Prozent). Trotzdem gelang es Frankreich nicht, den Rückstand früherer Jahre wieder aufzuholen. Sein Exportanteil an Fertigprodukten belief sich 1876 weltweit auf 16 Prozent, kurz vor dem Ersten Weltkrieg auf 12 Prozent. Die koloniale Schutzzollpolitik spielte bei diesen Exporten eine nicht zu unterschätzende Rolle; in die Kolonien flossen fast 14 Prozent der Exporte, wobei manche Industriezweige ihre Existenz allein diesem Zollschutz verdankten, wie zum Beispiel die Baumwollindustrie in Rouen. Der neue Zolltarif, der 1910 in Kraft trat, sollte bei Verhandlungen mit ausländischen Konkurrenten eher als Waffe wirken denn als Instrument einer allgemeinen Zollerhöhung. Frankreich hatte große Schwierigkeiten, seine Industrie an die weltweite Nachfrage anzupassen. Fälle wie der Durchbruch des Automobils bildeten dabei eher die Ausnahme, denn im französischen Export dominierten Qualitätsartikel wie etwa aus dem Bereich der Seidenindustrie, wo sich die Konkurrenz immer lebhafter entwickelte.

Dennoch erzielte Frankreich bedeutende Überschüsse, die ihm eine aktive Investitionspolitik im Ausland erlaubten. Der Außenhandelsbilanzüberschuß hatte sich zwischen 1895 und 1913 um 121 Prozent erhöht, und am Vorabend des Krieges belegte Frankreich durch den Wert seiner Auslandsinvestitionen den zweiten Platz in der Welt. Diese beliefen sich auf zwanzig Prozent aller internationalen Auslandsinvestitionen, während England 43 Prozent und Deutschland 13 Prozent im Ausland investiert hatten. Die Schwäche der Situation Frankreichs lag in der Art dieser Investitionen, die zu drei Vierteln von Staatsrenten und nur zu 15 Prozent von Aktien getragen wurden. Anders gesagt, litten die französischen Anlageinvestitionen im Ausland durch die relativ schwach ausgeprägte direkte Investitionstätigkeit, wenn man von einigen Ländern wie Rußland absieht. Dieses Land nahm damals 27 Prozent der gesamten Anlageinvestitionen auf und bahnte damit den Weg für das Drama der russischen Anleihen. In die französischen Kolonien flossen dagegen nur 8,7 Prozent der Anleihen des Mutterlandes. Ein echter Konsens zwischen dem Kurs der französischen Kolonialpolitik und den Dispositionen französischer Geschäftsleute bestand nicht. Algerien und Indochina erhielten von allen Kolonien noch am meisten französisches Kapital.

Diese günstigen Faktoren hätten insgesamt nicht die Bedeutung, hätte sich nicht die Welle der Neuerungen und Erfindungen aus der vorangegangenen Epoche fortgesetzt, die das Wachstum in zweierlei Hinsicht erklärt: erstens durch die Entstehung neuer Arbeitsbereiche und entsprechender Beschäftigungsmöglichkeiten, und zweitens durch die Entwicklung neuer Verfahren, die eine Steigerung der Produktivität bewirkten. Die neuen Arbeitsgebiete, die nach 1880 entstanden, konnten ihre Dynamik behaupten. So wurde die Elektrizitätsversorgung – vor allem in den Städten – weiter ausgebaut. In Frankreich gab es im Jahre 1908 insgesamt 1413 Kraftwerke, die 2912 Orte mit Strom belieferten. Von diesen Kraftwerken wurden 831 mit Wasserkraft betrieben. Das Departement Isère, in dem 166 Ortschaften an das Stromnetz angeschlossen waren, besaß die beste Stromversorgung.

Die Zunahme des Stromverbrauchs brachte weitreichende technische Probleme mit sich: 1907 wurde deshalb das Pariser Stromnetz zusammengelegt und kurz vor dem Ersten Weltkrieg eine neue Stromverteilungszentrale gebaut. Doch dieses Problem betraf nicht nur Paris; zu ähnlichen Entwicklungen kam es auch in Le Havre und vielen anderen Städten. Überall wurden Anstrengungen unternommen, um die Einzelstromerzeuger in größeren Verbänden zu vereinigen; mit ihnen kündigten sich die großen Elektrizitätsgesellschaften der Nachkriegszeit an. Ihre Einführung geschah damals zunächst auf regionaler Ebene; erst danach erkannte man allmählich die Notwendigkeit einer Interdependenz zwischen den verschiedenen Stromversorgungsnetzen. Bis etwa 1905 wurde die Entwicklung der Elektroindustrie durch den engen französischen Markt gebremst; als ebenso hemmend erwies sich die Verpflichtung der Hersteller elektrotechnischer Geräte, die Stromerzeuger oder Straßenbahngesellschaften zu unterstützen, die sie belieferten. Seit etwa 1905 änderte sich die Situation, nachdem die verschiedenen Hersteller ausreichende Gewinne verbuchten. Seitdem konnte sich die französische Elektroindustrie entfalten und ihren Rückstand zum Ausland teilweise aufholen. Die Gesellschaft für Elektromechanik Schneider, 1901 in Champagne-sur-Seine gegründet, die C.G.E. in Ivry und Thomson konnten nun konsequente Forschungs- und Investitionsstrategien entwickeln.

Frankreich galt 1913 mit 45 000 Produkteinheiten als der zweitwichtigste Autoproduzent der Welt und stand beim Export an erster Stelle. Seine bis 1907 unbestrittene Vorherrschaft wurde danach allerdings von Amerika abgelöst. Doch standen die französischen Autohersteller auch dann noch in dem Ruf, über den besten Erfindungsgeist zu verfügen. Die Zahl der Konstrukteure nahm zu: 1900 waren es 30, 1910 bereits 57 und 1914 155 Konstrukteure. Wirkliche Autofabriken gab es jedoch nur 48.

Lediglich ein Viertel der Konstrukteure arbeitete in Paris, die aber 70 Prozent der Gesamtproduktion erbrachten. Besonders bekannte Namen waren: Alexandre Darracq in Suresnes, der aus der Fahrradbranche kam; Hotchkiss und Delaunay-Belleville in Saint-Denis als Hersteller großer Wagen; Georges Richard, der mit Hilfe der Rothschilds die Firma Unic gründete, die Taxis baute; Graf Albert de Dion-Bouton in Puteaux, der 1912 von seinen einzylindrigen Autos auf teurere Modelle umstieg, und Louis Renault. Die Zahl der Beschäftigten in diesem Unternehmen stieg zwischen 1900 und 1913 von 110 auf fast 4000. Die jährliche Anzahl produzierter Autos betrug im gleichen Zeitraum anfangs 179, zuletzt 4481 Fahrzeuge. Der Umsatz belief sich zuerst auf 569 000 Francs, danach auf 57,8 Millionen Francs. Die Bruttogewinne stiegen von 334 000 Francs im Jahr 1900 auf 16,7 Millionen Francs (1913). Renault bot seinen Kunden bereits damals zehn verschiedene Modelle an. Wichtigstes Zentrum der Automobilbranche außerhalb von Paris war Lyon, wo Rochet-Schneider und Berliet ein Dutzend Firmen kontrollierten. Die beiden anderen bedeutenden Konstrukteure in der Provinz waren Peugeot in Montbéliard-Sochaux und Lorraine-Dietrich in Lunéville. Nach einer schwierigen Anfangsphase zwischen 1905 und 1910 hatte sich Peugeot gefangen und brachte 1912 einen kleinen preiswerten Vierzylinder heraus. Lorraine-Dietrich orientierte sich zu dieser Zeit in der gleichen Richtung. Doch war die Automobilindustrie auch in Marseille vertreten mit Turcat-Méry und in Lille, wo Peugeot ebenfalls eine Fabrik errichtet hatte. Weitere Fabriken gab es in Bordeaux, in Tours (Rolland-Pilain), in Le Mans (Bollée), in Vierzon, in Orléans und in Besançon.

Die große Schwäche der französischen Autoindustrie lag in der Vielfalt ihrer Produktionspalette, den zahlreichen Serien und Modellen, die meistens »im oberen Bereich« lagen. Darin lag aber auch ihre Stärke, denn durch diese starke Diversifikation bewahrte sie sich ihre Innovationskraft in diesem Produktionszweig. Die Franzosen hatten eine Reihe weitreichender und einschneidender Verbesserungen eingebracht: die elektrische Zündung im Jahr 1900, die Innenlenkung 1904 und die ständige Erweiterung des Hubraums, aber auch in der Bauweise der Wagen selbst im Bereich von Fahrwerk und Karosserie. Die Autoindustrie bot der Metallindustrie einen starken Anreiz, Spezialstähle herzustellen. De Dion gründete deshalb sogar ein eigenes Labor unter der Leitung von E. Guillet. Trotzdem zeigte sich kurz vor dem Ersten Weltkrieg ganz klar, daß die französische Hegemonie auf technischem Gebiet der Vergangenheit angehörte.

Ein neuer Industriezweig entstand auf der Basis der Auto- und Fahrradindustrie: die Luftfahrt. Der erste Luftfahrtsalon wurde am 25. September 1909 von Staatspräsident Fallières eröffnet und zog 115 Aussteller an. Am 25. Juli hatte Louis Blériot den Ärmelkanal mit einem von ihm konstruierten Eindecker überquert. Doch dies war nur einer von zahlreichen Rekorden, denn am 23. September 1910 überquerte Chavez die Alpen. Zu der damaligen Zeit war das Fliegen noch eine rein sportliche Angelegenheit. Ohne diesen Markt hätte es diesen Aufschwung nicht nehmen können. Die damalige Flugzeugindustrie war »die Frucht von erfinderischem Kalkül und technischem Know-how, die auf traditionelle Fabrikationstechniken aufgepfropft wurden« (E. Chadeau). Sie war das reine Produkt einer »Ingenieurskunst« und ihrer engen Verbindung zur »industriellen Tradition Frankreichs«. Diese Kreativität hatte sich aus der Synthese zwischen dem praktischen Wissen des Arbeiters und dem des Ingenieurs herausgebildet. Charles Voisin eröffnete 1906 seine Werkstatt in Billancourt, 1909 folgte Louis Blériot in Paris und Louis Bréguet in Douai. Die rasch ansteigende Zahl von Flugzeugherstellern fand ihr einziges Gegenstück in der immer größeren Zahl von Motorenherstellern, zu denen sich auch Automobilfabrikanten wie Renault und Darracq gesellten. Die Fahrrad- und Autoindustrie sowie der Flugzeugbau ergänzten einander. Vor Kriegsausbruch, 1913, gab es in Frankreich 80 Fabrikanten in der Umgebung von Paris, davon 22 Motorenbauer, und 14 in der Provinz, von denen aber nur einer Motoren baute.

Weitere Neuerungen zogen die Errichtung neuer Industriezweige nach sich: Die Aluminiumproduktion, die aufs engste mit der Entwicklung der Automobilindustrie zusammenhing, stieg zwischen 1905 und 1913 von 1900 Tonnen auf 13 500 Tonnen an. Diese Zunahme wurde parallel dazu von einem kontinuierlichen Sinken der Selbstkostenpreise begleitet, die kurz vor dem Krieg als niedrigste der Welt notiert wurden. Deshalb errichteten französische Industrielle damals eine Aluminiumfabrik in den Vereinigten Staaten. 1911 stellten sie ihren Konkurrenzstreit ein und gründeten die *Aluminium français* als Vorboten der Fusionswelle, die in den zwanziger Jahren eintreten sollte. Der Höhenflug der Aluminiumproduktion war übrigens eng mit dem Aufschwung der Elektrochemie und der Elektrometallurgie in den Alpen und Pyrenäen verbunden.

Doch trotz einiger ansehnlicher Erfolge konnte sich die Aluminiumerzeugung nicht weiterentwickeln, da sich die französische Chemieindustrie gegenüber der Farbenindustrie abgrenzte und sich ihr allenfalls auf dem Umweg über deutsche und schweizerische Filialen öffnete. Diese Abhängigkeit signalisierte nach Meinung der Zeitgenossen den deutlichen Rückstand Frankreichs im Vergleich zum Deutschen Reich.

Doch gab es in den chemienahen Bereichen und auf dem Gebiet der Feinchemie Neuerungen zu verzeichnen. 1896 gelang es Georges Claude, einem ehemaligen Schüler der *École de Physique et Chimie* und Ingenieur der Thomson-Gesellschaft, Acetylen in Aceton zu lösen und es damit transportfähig zu machen. 1902 trennte er durch Destillation flüssiger Luft Sauerstoff und Luft. Im gleichen Jahr entstand die Gesellschaft *L'Air liquide* und seit 1905 wurde mit der Herstellung von reinem Sauerstoff in der Fabrik von Boulogne-sur-Seine begonnen. Der erste Markt für die Firma, den übrigens eine Gesellschaft aus dem Südosten, *L'Acétylène dissous du Sud-Est,* erschlossen hatte, öffnete sich bei der Anwendung von Schneid- und Schweißbrennern bei der Reparatur von Schiffen. Zwischen 1906 und 1915 gründete die Gesellschaft *L'Air liquide* in vierzehn Ländern Niederlassungen. Sie sicherte sich ihre Vorrangstellung durch weitere Forschungsbemühungen, durch die sie ihren Vorsprung halten konnte. Sie entwickelte, vor allem dank der Arbeiten Charles Picards, die Schneid- und Schweißverfahren weiter, hielt aber auch dank Georges Claude nach neuen Bereichen Ausschau, der bereits 1910 die ersten Neonröhren hergestellt hatte; sie erleuchteten 1911 die Fassade des Automobilsalons im Grand Palais.

Die erste Kunstseidenfabrik erbaute der Erfinder dieses Verfahrens Hilaire Chardonnet (1839–1924), ein Polytechniker und außerdem Experte für ultraviolette Strahlen. Um die Jahrhundertwende wurde diese Fabrik jedoch von einem Unternehmen aus Rouen verdrängt, das zwar englischer Herkunft, aber von der *Société Française de la Viscose* aufgekauft worden war. Die *Société des Usines du Rhône* entwickelte in Lyon vielfältige feinchemische Verfahren und Produkte. Die Chemieunternehmer in Lyon hatten an ihren Traditionen festgehalten, obwohl sie vorübergehend von ihren Schweizer und deutschen Konkurrenten überholt wurden.

Die herkömmlichen Branchen wie die Textil- und die Eisenindustrie unternahmen beträchtliche Anstrengungen zur Modernisierung und Umstrukturierung ihrer Betriebe. Der Textilsektor produzierte weiterhin zweigleisig, da in diesem Bereich die Heimarbeit oder die Arbeit in Kleinwerkstätten immer noch das Bild bestimmten. Auf diesem Weg entstanden die Seidenbandindustrie von Saint-Étienne oder die Trikotagenfabrikation in Troyes sowie eine Reihe anderer, sehr verschiedener Industriezweige – und dies trotz der Rezession der achtziger Jahre.

Die Fabrikanten traten dabei nur als Kaufleute auf, die Lohnarbeit anfertigen ließen. In einem amtlichen Bericht von 1911 heißt es, dieser Anlagetypus genüge den Anforderungen einer modernen Produktion nicht mehr. In den Gegenden mit überwiegender Textilindustrie vollzogen sich bedeutende Veränderungen, denn die Erhöhung der Löhne und Rohstoffpreise zwang die Unternehmer zu bedeutenden Produktionsinvestitionen. In der Seidenindustrie stieg die Zahl der Maschinenarbeiter zwischen 1875 und 1914 von 7000 auf 42500, während die der Handarbeiter im gleichen Zeitraum von 80000 auf 17000 sank. In der baumwollverarbeitenden Industrie wurde gegen Ende des 19. Jahrhunderts die Fließbandarbeit eingeführt. Im Jahr 1913 liefen von insgesamt 7,2 Millionen Spindeln 3,2 Millionen auf dem Fließband. Ihre Geschwindigkeit hatte sich zwischen 1888 und 1913 von 4000 auf 11000 Drehungen pro Minute erhöht. Im Bereich Spinnereien setzte ein starker Konzentrationsprozeß ein, stärker als bei den Webereien. In der Wollwarenindustrie hatte sich dieser Prozeß zugunsten von Roubaix vollzogen. Dennoch zeigte die industrielle Infrastruktur der Stadt die typische Streulage der französischen Industrie, denn nach einer Inventarliste, die die Deutschen während des Ersten Weltkriegs erstellt hatten, teilten sich nicht weniger als 86 Spinnereien ein Kapital von 86 Millionen Francs. Die Fabrik der Gebrüder Masurel, das bedeutendste dieser Unternehmen, verfügte über vier Millionen Francs Eigenkapital.

Auf dem Sektor der Eisenindustrie, die Hochkonjunktur hatte, war die Streuung weniger ausgeprägt, doch auch hier wie im Bergbau wurde die Industrielandschaft von zehn Unternehmen beherrscht, die 70 Prozent des Gesamtkapitals in Händen hielten. Daran änderten auch die Verschiebungen der Jahre nach 1900 nichts – nicht einmal die Fusion der Fabrik *Homécourt* in Lothringen im Jahre 1905 mit der *Société de la Marine et des Chemins de fer* im Departement Loire, die *Marine et Homécourt* die Kontrolle über 11 Prozent des Gesamtkapitals verschaffte.

Die Klagen über eine maßlose kapitalistische Konzentration entbehrten offensichtlich jeglicher Begründung, da auch die Absprachen untereinander, abgesehen vom chemischen Bereich, weniger effektiv und viel weniger zuverlässig waren als im benachbarten Deutschen Reich.

Angesichts eines wirtschaftlich triumphierenden Deutschen Reichs zu Beginn des 20. Jahrhunderts empfanden die für die französische Wirtschaft und die öffentliche Meinung Verantwortlichen ein ständiges Minderwertigkeitsgefühl, das zwar nicht neu war, sich aber verstärkt hatte. Marcel Schwob (1876–1905) veröffentlichte schon 1896 *»Le Danger allemand«* (»Die deutsche Gefahr«); zusammen mit anderen Büchern stand es am Anfang einer langen Reihe, aus der auch *»L'Allemagne moderne«* (»Das moderne Deutschland«, 1907) von Henri Lichtenberger, einem Dozenten für deutsche Literatur an der Sorbonne, und vor allem *»L'Allemagne au travail«* (»Deutschland bei der Arbeit«) von Victor Cambon, einem Ingenieur und Anhänger des Taylorismus, erwähnt werden müssen.

Letzteres Buch fand ein enormes Echo. Nachdem er zunächst die demographische Stärke der Deutschen, die Kraft ihrer Industrie, ihres Handels und ihrer Wissenschaft festgestellt hatte, fand Cambon den Hauptgrund dafür in der Tatsache, daß »das Bemühen um die Macht bei den Deutschen so geordnet wie nur möglich ist«. Ihre Überlegenheit lag in der Fähigkeit, sich zu organisieren, und in der Bereitschaft des einzelnen, sich einer Gruppe unterzuordnen. Die Absprachen und Kartelle, die gegenüber Frankreich wesentlich einflußreicheren Gewerkschaften, die Fähigkeit, wissenschaftliche Forschung den Erfordernissen der Industrie unterzuordnen – all diese Eigenschaften stachen dem erstaunten und zugleich erschreckten Beobachter ins Auge. Die deutsche Stadt, das deutsche Forschungslabor und der deutsche Handelsvertreter entwickelten sich in den Augen der Franzosen zu belastenden Mythen, die eng mit dem Gefühl eigener Dekadenz verbunden waren. Victor Cambons Buch schloß mit einer heftigen Kritik am Alkoholkonsum, der die französische Rasse zerstöre. Während Deutschland unaufhaltsam die Stufenleiter der Nationen erklimme, versinke Frankreich im Alkoholismus.

Die französischen Industriellen, die sich auf der Anklagebank wiederfanden, vertraten nicht ganz zu Unrecht die Meinung, daß sie nicht mehr tun könnten, da der französische Markt nun einmal nicht groß genug war – womit wir wieder bei der Bevölkerungsstruktur angelangt sind.

KAPITEL III

Ein gespaltenes Frankreich

ÉMILE COMBES UND DER ANTIKLERIKALISMUS

Als Alexandre Ribot eines Tages Émile Combes, dem Ministerpräsidenten und Abgeordneten des Departement Tarn vorhielt: »Man kann die Politik eines großen Landes nicht auf den Kampf gegen die geistlichen Orden beschränken«, entgegnete ihm dieser: »Ich habe die Macht nur deshalb übernommen.« Combes erblickte nahe Castres als Sohn einer frommen Mutter das Licht der Welt, studierte zuerst am Priesterseminar dieser Stadt, wechselte aber später an die École des Carmes in Paris. In Rennes promovierte er mit einer Arbeit über Thomas von Aquin. Als ihm jedoch die Zulassung zum Subdiakonat verweigert wurde, zog er die Soutane aus, wurde Atheist und schlug sich auf die Seite des Radikalismus. 1869 wurde er Bürgermeister und amtierte später als Unterrichtsminister im Kabinett Léon Bourgeois. Ob er, wie er selbst behauptet hatte, Spiritualist war oder nicht, mag dahingestellt bleiben; entscheidend war, daß dieser Mann von einer einzigen politischen Leidenschaft, von einer einzigen Manie besessen war.

Bei den Wahlen von 1902 erreichten die Sozialisten und die radikale Linke die Mehrheit in der Kammer. Der äußerst scharf geführte Wahlkampf erhitzte sich vor allem an dem Thema der Ordenskongregationen. Bemerkenswert war, daß am Ende die Rechte nur 200000 Stimmen von der Linken trennten. Die Linke erhielt lediglich 52 Prozent der Stimmen, verfügte jedoch über 370 von 590 Sitzen. Am Abend der Wahl notierte Waldeck-Rousseau: »Es sind zu viele«, und meinte damit die Radikalen!

Kurz darauf trat er zurück und überließ Combes das Feld. Zusammen mit Jean Jaurès formierte er eine effizient arbeitende Gruppe von Abgeordneten, die ihn unterstützte. Die Verbindung unter den linken Gruppierungen innerhalb der neuen Kammer, die sich anläßlich der Verteidigung der Republik in der vorangegangenen Legislaturperiode gebildet hatte, wurde neu geknüpft. Diese »Delegation der Linken« setzte sich aus Abgeordneten zusammen, die aus den verschiedenen, die Mehrheit bildenden Gruppen gewählt worden waren, das heißt aus den beiden radikalen Fraktionen, der sozialistischen Gruppe und der *Union démocratique* (aus der später die *Alliance démocratique* hervorging). Diese »Delegation« bestimmte die parlamentarische Taktik, arbeitete die Tagesordnung aus und hielt ständigen Kontakt zur Regierung, der sie ihre Ansichten mitteilte. Dies bedeutete eine schwerwiegende Verzerrung des parlamentarischen Systems. Die »Delegation« stand unter dem Einfluß der Persönlichkeit Jean Jaurès', während der nominelle Vorsitzende Ferdinand Sarrien, Abgeordneter des Departements Saône-et-Loire, war.

Jaurès' Teilnahme an diesem Unternehmen lag darin begründet, daß er auf den Trümmern des katholischen Glaubens einen neuen Glauben errichten wollte: den Glauben an einen siegreichen Sozialismus. Jaurès, der große Vorkämpfer der Freiheit, wollte selber auch eine Art Kirche errichten.

Combes benutzte zur Absicherung seiner Mehrheit Methoden, die er zwar sicher nicht erfunden hat, aber politisch zu rechtfertigen verstand und weiterentwickelte und mit denen er den Gegnern des parlamentarischen Systems prächtige Argumente lieferte. Der Combismus warf Frankreich fünfzig Jahre, bis in die Zeit des Zweiten Kaiserreichs zurück, denn er bestand in der Tat darin, sämtliche Vorteile der Macht den politischen Freunden der Herrschenden vorzubehalten und auf »alle öffentlichen Dienste politischen Einfluß zu nehmen«, wie es in einem Rundschreiben des Innenministeriums wortwörtlich hieß. Gehörten Gemeinderäte der Opposition an, verlangte er von den Präfekten, sie sollten »Verwaltungsdelegierte« – nicht selten Freimaurer – zu deren Überwachung einsetzen. Dieselben Präfekten wurden aufgefordert, ihre Mitarbeiter unter jenen Personen auszuwählen, die die Vorstellungen der Regierung teilten. Die »Verwaltungsdelegierten« erhielten den Auftrag, die Präfekten bei dieser Aufgabe zu unterstützen. Was die Abgeordneten betrifft, so genügte die Befürchtung, nicht mehr als Kandidaten der Linken aufgestellt zu werden, um sie fest an der Kandare zu halten: »Achtet auf euren Wahlkreis«, schärfte ihnen Combes ein. Der Combismus stellte eine neue Moralordnung auf, die unter dem Vorwand, die Republik retten zu wollen, deren Prinzipien zerstörte. Die antiklerikale Einstellung mußte sehr tief reichen, damit sich die Abgeordneten so lange unter dieses Joch beugten.

Als erste Maßnahme ging Combe – unter Berufung auf das Gesetz aus dem Jahre 1901 und trotz des Protestes von Waldeck-Rousseau – gegen die nicht genehmigten Einrichtungen der zugelassenen Ordensgemeinschaften vor und verweigerte all denen die Genehmigung, die darum nachsuchten. Danach attackierte er die nicht zugelassenen Kongregationen und ließ die Zulassungsverweigerung zwischen März und Juli 1903 durch beide Kammern verabschieden. Schulen wurden geschlossen, Orden mit Gewalt zur Auflösung gezwungen und ihr Besitz konfisziert. Die vertriebenen Ordensmitglieder gingen entweder ins Exil oder wechselten in den Laienstand über. Dabei kam es besonders in den Nonnenklöstern zu menschlichen Dramen, von denen uns René Bazin in seinem Roman *»L'Isolée«* (»Schwester Pascale«) einige überliefert hat. Doch kümmerten Combes, wie Adrien Dansette notierte, »diese zerstörten Lebensschicksale« herzlich wenig. Im Gegenteil, er hielt es sich sogar zugute, die Nonnen befreit zu haben! Im Oktober hatte man mehr als 10000 Ordensschulen geschlossen, von denen später weniger als 6000 unter der Leitung weltlicher Lehrer wieder eröffnet wurden. Das Gesetz vom 7. Juli 1904 entzog den Nonnen und Patres die Unterrichtserlaubnis, selbst wenn diese die offizielle Lehrbefähigung besaßen. Zwischen 1904 und 1911 wurden weitere 1843 Klosterschulen geschlossen. Dabei stieß der Staat diesmal jedoch auf Widerstand wie etwa im Falle der Grande Chartreuse, wo sich die Bevölkerung während der Nacht zusammenrottete, um die Vertreibung zu verhindern. Als auch die Bischöfe dagegen protestierten, ließ Combes daraufhin ihre Besoldung aussetzen. Besonders überrascht hatte ihn die Reaktion der Laien. Der Religionsunterricht verschwand damit zwar nicht völlig, doch hatte er spürbar an Bedeutung verloren, da ein Drittel der Volksschüler und ein Viertel der Oberschüler ihn nicht mehr besuchten.

Der Bruch mit dem Vatikan ergab sich nicht direkt aus dem Kampf gegen die Ordensgemeinschaften. Er resultierte vielmehr aus den Protesten des neuen Papstes Pius X., dem Nachfolger Leos XIII., im Anschluß an den Besuch von Präsident Loubet in Rom und der Weigerung der französischen Regierung, zwei Bischöfe mit republikanischer Gesinnung nach Rom fahren zu lassen. Der Papst hatte sie zu sich berufen, nachdem es innerhalb ihrer Diözesen zu Schwierigkeiten mit ihren Gläubigen gekommen war. Der erste Zwischenfall wurde unter Beihilfe von Jaurès durch die Presse publik gemacht. Am 30. Mai 1904 brach die französische Regierung die diplomatischen Beziehungen zum Vatikan ab; etwa zum gleichen Zeitpunkt begann Combes' Stern zu sinken. Zwar fand er bei der Bevölkerung in den Provinzen sowie in jenen Kleinstädten, deren Antiklerikalismus schon vorher existierte und den er sublimiert hatte, indem er ihn zu einer Politik machte, einen gewissen Rückhalt, doch erhob sich unter den aufrührerischen Geistern im Parlament ein unüberhörbares Murren. In der *Union démocratique*, ja selbst bei den Radikalen (mit Doumer) und bei den Sozialisten (mit Millerand, der diese Praktiken »verwerflich« fand) kritisierte man den Combismus. In diese Stimmung hinein platzte die »Karteikartenaffäre« *(Affaire des Fiches)*, die die Verhältnisse am anschaulichsten beleuchtete.

General André wollte als Nachfolger Galliffets die Armee auf die Republik einschwören und griff dabei zu den völlig legitimen Mitteln der Propaganda und der »Erziehung«. Er griff dabei auf die Gedanken Lyauteys zurück, die dieser seit 1891 über die gesellschaftliche Rolle des Offiziers geäußert hatte, und forderte G. Duruy auf, die Ausbildung in Saint-Cyr und auf dem Polytechnikum in diesem Sinn zu organisieren. Es ging darum, den jungen Leuten zu zeigen, daß man »die Traditionen von Ehre, Mut, Disziplin und des Verzichts« in der Armee hochhalten und dabei gleichzeitig den bisherigen »Kastengeist« durch den »Geist der Solidarität« ersetzen müsse. Die Offiziere wurden mit zahlreichen Büchern entsprechenden Inhalts überhäuft: *»L'officier dans la nation«; »L'Armée et les forces morales«* (»Der Offizier in der Nation«; »Die Armee und die Kräfte der Moral«), etc. Darüber hinaus aber wollte André auch Offiziere mit republikanischer Gesinnung bevorzugt befördern, weil solche Beförderungen in den Jahren zuvor unter General de Miribel eingeschränkt worden waren. André war sogar der Meinung, daß »zwei Drittel der Offiziere für eine Beförderung in Frage kamen«, und hielt es für absolut legitim, die Anhänger der herrschenden Regierung zu bevorzugen. Zu diesem Zweck legte er eine Art Karteikartensystem mit Einzeldossiers an, für die er seine Informationen aus den besten Quellen, vornehmlich aus Freimaurerkreisen, bezog. Die Kategorie »geht in die Kirche« war beispielsweise in vier Aspekte unterteilt: »allein«, »mit der Familie«, »freiwillig« oder »unter dem Einfluß seiner Frau«. André behauptete zwar, diese Kartei sei nur für die betreffenden zwei Drittel des Offizierskorps angelegt worden, doch wollte ihm das niemand glauben. Als ein Abgeordneter der Nationalisten hierzu einen Antrag im Parlament einbrachte, wurde dieser am 28. Oktober 1904 mit 294 gegen 263 Stimmen angenommen.

Im Januar 1905 mußte die Regierung zurücktreten. Mit Combes' Sturz ging eine lange Periode der Regierungsstabilität zu Ende. Sie beruhte zum einen auf dem besonderen Charakter ihrer politischen Debatten, die ihre Ausrichtung durch die zunächst republikanischen, später antiklerikalen Mobilisierungs- und Einigungsbestrebungen erhielten, zum anderen auf dem politischen Vorgehen der von Jaurès inspirierten »Delegation der Linken« in der Kammer.

Nachfolger Combes' wurde Maurice Rouvier, ein Anhänger Gambettas, der seine Regierung auf einen Teil der Rechten stützte. Wie bereits im Jahr 1887 war er auch diesmal ein Mann der Neuordnung. Seit Mai 1903 hatte die Versammlung der Freidenkervereinigungen die Trennung von Staat und Kirche gefordert. Sie wurde im Oktober 1904 nach einem Bericht von Ferdinand Buisson auf dem Kongreß der Radikalen in Toulouse verabschiedet. Dieser Beschluß stürzte die Katholiken in tiefe Uneinigkeit. Selbst ein so modernistisch gesinnter Bischof wie Mgr. Mignot lehnte sie ab. Andere hingegen sahen darin den möglichen Anfang zu einer Erneuerung der Kirche. Aristide Briand, ehemals revolutionärer Sozialist und Berichterstatter der Kommission, suchte nach einer für alle akzeptablen Lösung. Die Katholiken befürchteten, das Gesetz könnte das Aufbrechen von Kirchenspaltungen begünstigen. Deshalb wurde auf Vorschlag Jaurès' ein vierter Artikel eingefügt, der die Kontrolle der katholischen Hierarchie über die Religionsausübung sicherte. Das Gesetz wurde am 9. Dezember 1904 verabschiedet.

Der Papst verhielt sich ablehnend. Nicht nur, daß er bei der Beratung übergangen worden war, er glaubte auch, daß die vom Gesetz vorgesehenen *associations cultuelles* dem Geist des Katholizismus widersprachen. Er verbot die Konstituierung derartiger »Kultgemeinschaften« in der Enzyklika *»Vehementer Nos«* vom 11. Februar 1906, während eine nicht zu unterschätzende Anzahl französischer Bischöfe und Katholiken das Gesetz begrüßten. Als man jenen Paragraphen des Gesetzes anwenden wollte, der eine Bestandsaufnahme der kirchlichen Liegenschaften vorsah, kam es zu schweren Zwischenfällen. Sie waren jedoch keineswegs alle auf politische Agitation zurückzuführen. Marxistische Historiker behaupteten, diese »Inventarkarte« entspräche jener der »Unterentwicklung«! Die Unruhen brachen genau dort aus, wo religiöse Empfindungen unmittelbar mit politischen Reaktionen zusammenfielen, also in Flandern (wo ein Antiklerikaler einen Verteidiger der Kirche tötete), in den westlichen Departements und am Ostrand des Zentralmassivs. Aufgrund des Versöhnungswillens der meisten Bischöfe und auch Aristide Briands, der im Kabinett Sarrien, das im März 1906 auf Rouvier gefolgt war, wie auch im Kabinett Clemenceau, das nach den Wahlen gebildet wurde, als Kultusminister amtierte, fanden sich trotz der Widerstände von Papst und orthodoxen Katholiken Möglichkeiten für eine Versöhnung. Briand überließ den Gläubigen die Benutzung der Kirchen und verabschiedete 1907 ein Gesetz, das die Feier der Messe legalisierte. Auch der Staatsrat interpretierte die Gesetzesbestimmungen über »kultische Gebäude« äußerst kirchenfreundlich und überließ sie den Gläubigen. Hingegen führten die antiklerikalen Stadträte bis 1914 einen Kleinkrieg gegen die Geistlichen, der ihnen die Verfügung über deren Gebäude erleichtern sollte. Die Katholiken hatten also selbst die Waffen geschmiedet, mit denen sie nun bekämpft wurden.

Durch die Trennung von Staat und Kirche, die einen Wendepunkt in der religiösen und politischen Geschichte Frankreichs darstellte, schien die religiöse Frage gelöst zu sein. Der Kampf der Antiklerikalen richtete sich nun ausschließlich auf die Probleme des Unterrichtswesens. Die Radikalen propagierten die Forderung nach einer einheitlichen Schule, doch war damit kein Regierungsprogramm zu füllen. Gleichzeitig sahen viele Katholiken zusammen mit Graf d'Haussonville in der Trennung vom Staat eine Gelegenheit für die Kirche, zu ihrer alten Kraft zurückzufinden, indem sie »die Grundlagen für ihre Existenz aus dem Herzen des Volkes schöpft«. Die Trennung bot in ihren Augen den wahren Weg zum Aufbau einer wahrhaft religiösen Gemeinschaft. Doch war die Trennung insofern auch ein »Triumph Roms«, als sie den Tod des Gallikanismus bedeutete. Schließlich stellte sich mit der Trennung auch noch die Frage nach dem Nachwuchs des Klerus, denn die Zahl der Priesterweihen nahm vor allem auf dem Land immer mehr ab.

DIE REVOLUTION AUF DEM VORMARSCH

Als Fernand Pelloutier 1901 starb, hinterließ er eine in doppelter Hinsicht gespaltene Gewerkschaftsbewegung. Weder hatte sich die Fusion der C.G.T. und der *Fédération des Bourses* verwirklichen noch die Spaltung der C.G.T. in zwei Lager verhindern lassen, das heißt in revolutionäre Gewerkschaftler einerseits und Reformisten andererseits, die bereit waren, die Vorteile zu nutzen, die der Staat im Rahmen der Politik eines Alexandre Millerand bieten konnte. Der Kongreß in Montpellier im Jahre 1902 löste das Problem auf ziemlich rigorose Weise: durch eine Fusion der C.G.T. und der *Fédération des Bourses*. Die neue C.G.T. wurde bis 1909 von einer revolutionären Aktivistengruppe geführt, die sieben Jahre lang bestrebt war, der Gesamtgewerkschaft ihre Strategie und Taktik vorzuschreiben.

Die beiden Führer dieser Bewegung waren V. Griffuelhes und Émile Puget, ein enger Mitarbeiter Pelloutiers. Für Griffuelhes, einem waschechten Arbeiter und ehemaligen Anhänger Blanquis, der zur Gewerkschaftsarbeit umgeschwenkt war, war die Arbeiterbewegung »das Resultat einer langen Praxis« und nicht »das Ergebnis einer Aktion, die allein auf Prinzipien pochte, sondern eines Lebens, das sich mit jedem Tag erneuerte und veränderte«. Deshalb behauptete er, daß er sich je nach dem, wie die Streiks verliefen, von der Welle der Arbeiteraktionen tragen lasse. Aber wohin tragen? In Richtung auf eine von Gewerkschaften dominierte Gesellschaft. Diese sollte sich unverzüglich von der politisch-paternalistischen Gesellschaft trennen, um sich danach um so mehr auf die Gründung einer Gesellschaft von Kleinproduzenten zu konzentrieren.

Um diese totalitäre Perspektive des Gewerkschaftswesens besser verstehen zu können, muß an den Antrag erinnert werden, den Griffuelhes und seine Freunde auf dem Kongreß von Amiens 1906 durchsetzten: »Die Aufgabe der Gewerkschaft, die heute noch eine Widerstandsorganisation darstellt, wird künftig die der Produktion, der Umverteilung und der gesellschaftlichen Neuorganisation sein.« Das revolutionäre Gewerkschaftswesen entwickelte in der Praxis gegenüber der Arbeiterklasse eine Rahmenstrategie, die sich zum damaligen Zeitpunkt zwar des Streiks und besonders des Generalstreiks bediente, darüber hinaus aber in ein alles umfassendes System gesellschaftlicher Organisation einmünden sollte.

Émile Pouget, ehemaliger Redakteur des *»Père Peinard«*, später von *»La Sociale«*, vertrat dieselbe Meinung. Sein Anarchismus ging in seinem Syndikalismus auf, demzufolge die Revolution im täglichen Kampf vorbereitet, organisiert und so schließlich verwirklicht würde. Dabei stellte der Streik übrigens nur eine, wenngleich die bevorzugte Form der Kampfmaßnahmen dar, von der Pouget sagte, »sie bedeute den Aufstand des Produzenten gegen die gegenwärtige Gesellschaft, die nur den Bürger kennt«. Man distanzierte sich bewußt von der bürgerlichen Gesellschaft, so wie sie sich gab, um sie später desto besser erobern zu können.

Der revolutionäre Syndikalismus fand inbesondere unter den Intellektuellen Verbündete, die versuchten, die historische Bedeutung ihrer Ideologie darzulegen. Georges Sorel (1847–1922), Polytechniker und Ingenieur im Ministerium für öffentliche Arbeiten, gab dieser Bewegung wieder einen Platz in einer ihm eigenen Sicht der zeitgenössischen Geschichte. Im Jahre 1900 veröffentlichte er *»L'Avenir socialiste des syndicats«* (»Die sozialistische Zukunft der Gewerkschaften«) und 1906 seine *»Réflexions sur la violence«* (»Gedanken über die Gewalt«). Für ihn stellte die Gewerkschaftsbewegung ein bevorzugtes Mittel im Kampf gegen die Demokratie dar: allein die Gewerkschaftsbewegung könne den europäischen Nationen, »die vor lauter Menschenfreundlichkeit abgestumpft sind«, ihre frühere Energie zurückgeben.

Angesichts der Angriffe der Gewerkschaften mußte die bürgerliche Gesellschaft reagieren. In Sorels Denken besaß der Generalstreik vor allem die Eigenschaft eines wirksamen Mythos', einer »treibenden Kraft« und eines Mittels, um auf die Gegenwart einzuwirken. Sorel verließ 1910 die Revue *»Le Mouvement socialiste«* und übernahm bis 1913 die Leitung der antisemitischen Zeitschrift *»L'Indépendance«*. Sein Nachfolger bei *»Le Mouvement socialiste«* wurde Hubert Lagardelle, der ebenfalls die Demokratie bekämpfte und seinen Glauben an das Gewerkschaftswesen bekräftigte. In seinen Augen lieferte das Gewerkschaftswesen »die Grundlagen einer sozialen Erneuerung«, da es »den Aufstand der Wirtschaftsgesellschaft gegen die politische Gesellschaft« demonstriere. Auch Lagardelle wollte den Syndikalismus von der politischen Gesellschaft abtrennen, um sie danach um so besser durchdringen zu können. Hubert Lagardelle war 1942 während des Zweiten Weltkriegs Arbeitsminister. Er war nicht der einzige revolutionäre Gewerkschaftler, der diese Entwicklung mitmachte.

Nach Meinung der revolutionären Gewerkschaftler mußten also zwei Rahmenstrategien aufeinanderfolgen: zunächst und unmittelbar die Arbeiterbewegung mit ihren Streiks und später im Sinne eines postrevolutionären Programms die Organisation der Gesellschaft. Sie lehnten jeden Dialog, jede Form sozialer Gesetzgebung ab, denn die Entscheidung, sofern es dazu kommen sollte, hatte durch sie zu erfolgen. Unter diesen Umständen mußte man sich fragen, wen sie denn eigentlich repräsentierten? Denn im Grunde waren sie nicht mehr als die Minderheit einer Minderheit. Tatsächlich existierte innerhalb der C.G.T. auch eine andere Strömung, die der Reformisten, die mitgliederstarke Organisationen vertraten, deren Zahl jedoch gering war, so etwa die Eisenbahner, die nach dem jämmerlichen Mißerfolg von 1898 die Idee vom Generalstreik aufgegeben hatten. Ihr Vorsitzender war Eugène Guérard, der im Arbeitsministerium ein- und ausging und für »seine« Eisenbahner bedeutsame Vorteile herausschlagen konnte. Außerdem gab es noch die Organisation der Bergarbeiter unter der Führung von Basly und Lamendin, den Unterhändlern der »Konvention von Arras«, deren Einfluß Griffuelhes zu untergraben versuchte. Und schließlich zählten zu den Reformisten auch die Organisation der Schriftsetzer unter der Führung Keufers und andere.

Die zahlenmäßig überwiegenden sogenannten »revolutionären« Organisationen wurden jedoch nur von wenigen Anhängern getragen. Hätte man, nach Ansicht von J. Julliard, den Einfluß der »Revolutionären« allein an ihrer zahlenmäßigen Vertretung gemessen, hätten sie 1904 auf dem Kongreß in Bourges die Kontrolle über die C.G.T. verloren. Es handelte sich also nur um eine Minderheit innerhalb der C.G.T., die ihrerseits wiederum nur eine fast verschwindende Minderheit innerhalb der Arbeiterklasse darstellte. In den Jahren 1910 und 1911 zählte die C.G.T. höchstens 350000 Mitglieder, das heißt zwei bis drei Prozent der gesamten potentiell organisierbaren Bevölkerung. Diese sehr dürftigen Mitgliederzahlen standen in deutlichem Kontrast zur Situation in Deutschland, wo sich die gewerkschaftliche Sprache durch »Mäßigung« auszeichnete. Allerdings lag die Zahl der französischen Gewerkschaftssympathisanten wesentlich höher als die der eingeschriebenen, aktiv kämpfenden Mitglieder. Ebensowenig kann man die Hypothese zurückweisen, daß sich die »revolutionären« Positionen angesichts der Mentalität der Arbeiter in einer schwierigen Lage befanden. Diese Ansicht wird durch den Erfolg der »gelben Gewerkschaften« belegt, den man, wie man heute weiß, bisher stark unterschätzt hatte. In der Praxis entsprachen jedoch weder sie noch die C.G.T. den Vorstellungen und Erwartungen der großen Mehrheit der französischen Arbeiter. Dafür stand die C.G.T. zu sehr unter dem Einfluß von seiten der Theoretiker der direkten Aktion, die im Streik nur eine Gelegenheit zur »Erziehung« der Arbeiterklasse sahen, um sie zu einem Instrument der – wie man wohl sagen muß – Machtergreifung zu formen.

Denn die Streiks nahmen zu. Sie setzten mit ihrer anfänglichen Spontaneität die – weiter oben bereits untersuchte – Bewegung fort. Sie folgten übrigens ziemlich genau dem Verlauf der Wirtschaftskonjunktur: Nach deren Höhepunkt in den Jahren 1899 und 1900 mit 902 Streiks und 222 000 Streikenden flachte die Welle während der Krisenjahre 1901–1903 mit durchschnittlich 530 Streiks ab, lag danach jedoch wieder ab 1904 bei durchschnittlich über tausend Streiks pro Jahr. Abgesehen vom Jahr 1905 hielt sich diese Zahl bis zum Kriegsausbruch mit zwei ungewöhnlichen Ausnahmen: Im Jahr 1906 stieg die Zahl der Streiks auf 1300 mit 438 000 Streikenden, 1910 sogar auf mehr als 1500 Streiks mit 281 000 Streikenden. 1906 kam auf sechzehn Arbeiter ein Streikender. Die Situation gestaltete sich um so schwieriger, als die Streiks oft in bis dahin davon verschont gebliebenen Branchen ausbrachen, in denen ein patriarchalisch-hierarchisches System herrschte. Wie die Streiks von Le Creusot 1899 und 1900 zeigten sie das typische Scheitern des paternalistischen und korporatistischen Gesellschaftsentwurfs. Camille Cavailler in Pont-à-Mousson fühlte sich durch die Bewegung 1905 um so stärker betroffen, als er seine Arbeiter »als seine Kameraden, fast als seine Brüder« betrachtete. Diese Streiks bedeuteten »das Ende der Vaterfigur«. Vom Paternalismus blieben nur die karitativen Einrichtungen übrig. Diese Streiks wurden oft von Gewaltaktionen begleitet, da die Unternehmer sie falsch verstanden und die Gewerkschaftler ihnen einen revolutionären Sinn zu geben versuchten. Nach anfänglich verbalen Beleidigungen kam es manchmal zu gewaltsamen Ausschreitungen. Der Streik der Metallarbeiter 1905 in Lothringen steht hier nur als Beispiel für tausend andere: Alphonse Merrheim hatte sie die Bedeutung der roten Fahne als ein »Sinnbild für die Forderungen des Proletariats der ganzen Welt und für das Blut« gelehrt.

Angesichts der drohenden Revolution reagierte die radikale Republik mit Gewalt, denn ihre Zielsetzung war nicht mehr so klar wie im 19. Jahrhundert, als es sich der liberale Staat in seinen besten Augenblicken zur

Aufgabe gesetzt hatte, die Freiheit eines jeden einzelnen zu respektieren. Nach Ansicht der radikalen Republik verlangte die Sozialgesetzgebung, die sie durchgesetzt hatte, als Gegenleistung von seiten der Arbeiter eine wachsende Disziplin. Der Staat wollte die Regelung der sozialen Beziehungen selbst in die Hand nehmen. Der Streik wurde also nicht mehr geduldet. Millerand hatte 1900 versucht, ihn überflüssig zu machen, als er ihn durch das Schlichtungsverfahren ersetzen wollte. Verständlich, daß sich unter diesen Voraussetzungen der Prozentsatz erfolgreicher Streiks um die Jahrhundertwende in Grenzen hielt.

Georges Clemenceau wurde im März 1906 als Innenminister in das Kabinett Sarrien berufen, blieb auch nach den Wahlen vom Mai 1906 im Amt und wurde am 25. Oktober Ministerpräsident. Er mußte sich gleich zu Beginn mit zwei Unruhen auseinandersetzen: mit denen der Arbeiter, wie wir gesehen haben, und denen der Weinbauern in Südfrankreich. Das Jahr 1906 bedeutete für die Arbeiterklasse ein Jahr der Trauer. Am 10. März ereignete sich mitten in der Regierungskrise eine noch nie dagewesene Grubenkatastrophe in Courrières im Departement Nord mit über tausend Toten. Am 13. März brach ein Streik aus, nachdem sich das Gerücht verbreitet hatte, die Gefahr sei noch nicht gebannt. Der Streik wurde von der Gewerkschaft der »jungen Bergarbeiter« unterstützt, die der C. G. T. nahestanden und den reformistisch gesinnten Flügel der Gewerkschaft um Basly bekämpfte. Am 20. März griffen die Streikenden das Rathaus in Lens an. Die »alte Gewerkschaft« übte heftige Kritik an den Revolutionären und organisierte eine Abstimmung unter den Arbeitern, die sich gegen eine Wiederaufnahme der Arbeit entschieden. Am 30. März fand man dreizehn schon totgeglaubte Bergleute in einem Stollen. Trotzdem ging der Streik weiter; Mitte April kam es zu schweren Zwischenfällen, bei denen ein Dragonerleutnant getötet wurde. Am 23. April wurde Pierre Monatte, der geistige Vater der »jungen Bergarbeiter«, zusammen mit einigen anderen Aktivisten wegen Anstiftung zum Aufstand festgenommen. Unterdessen führte die »alte Gewerkschaft« Verhandlungen, bei denen sie bedeutsame Zugeständnisse, besonders bezüglich der Arbeitszeiten erreichte.

In Wirklichkeit hatte die C. G. T. die Bewegung nicht nachhaltig unterstützt. Der 1. Mai 1906 rückte näher, und auf dem Kongreß in Bourges 1904 war beschlossen worden, die Forderung nach dem Acht-Stunden-Tag allgemein zu unterstützen. Die C. G. T. führte eine breitangelegte

Meinungskampagne, die eine gewisse Unruhe, ja sogar einen Anflug von Panik erzeugte. Clemenceau trat die Flucht nach vorne an und erklärte, er habe ein bonapartistisches Komplott aufgedeckt; am Vorabend des 1. Mai ließ er Griffuelhes verhaften und für den folgenden Tag jede weitere Kundgebung verbieten. Der Polizei gelang es ohne Mühe, die Demonstranten unter Kontrolle zu halten. In der Provinz dagegen ließ sich die Bewegung nach Griffuelhes eigenen Worten »weniger bedeutsam an, als wir erhofft hatten«. Manche Streiks führten zu Ergebnissen, insgesamt aber stellten sie einen Mißerfolg dar: Lagardelle glaubte, die Bedeutung dieser Bewegung liege »vor allem auf moralischer Ebene«. Trotz des Sieges des sogenannten revolutionären Flügels auf dem Kongreß von Amiens im Oktober bereitete dieser Mißerfolg die Krise von 1909 vor.

Kaum hatte Clemenceau sein Amt als Ministerpräsident angetreten, mußte er sich mit einer Reihe weiterer, gewalttätiger Arbeitskonflikte befassen. Im November 1906 tobte in der Schuhindustrie von Fougères ein extrem langer Streik, in dessen Verlauf es aufgrund der Solidarität der Unternehmer zu Aussperrungen kam. Ein Streik der Hafenarbeiter in Nantes im März 1907 endete in gewalttätigen Auseinandersetzungen mit der Polizei, wobei es einen Toten gab. In Paris ereignete sich bei einem Streik der Elektrizitätsarbeiter im März 1907 ein Novum, als die Regierung Pioniere einsetzte, um die Stromversorgung sicherzustellen. Am 2. Juni 1908 ereigneten sich bei Streiks der Bauarbeiter schwere Zwischenfälle in Draveil, wobei zwei Menschen getötet wurden; am 30. Juli gab es vier Tote in Villeneuve-Saint-Georges zu beklagen. Clemenceau ließ die Anführer unverzüglich festnehmen und leitete Strafverfahren gegen sie ein. Nach den Ereignissen von Villeneuve-Saint-Georges wurden zwölf Gewerkschaftler inhaftiert. Auch nach Clemenceaus Sturz gingen die Arbeitsniederlegungen weiter. Der Streik der Eisenbahner in Nord- und Westfrankreich im Oktober 1910 stand beispielhaft für viele andere und gehörte nach Ansicht Leroy-Beaulieus zu den schwersten und beunruhigendsten Zwischenfällen seit 1871. Es handelte sich nämlich um den ersten Massenstreik der Eisenbahner; im Norden nahmen über vierzig Prozent daran teil. Diese Ausdehnung hatte man der – wenn auch sehr gemäßigten – Teilnahme der Lokomotivführergewerkschaft zu verdanken sowie den Aktivisten der C.G.T., die aus einfacher Solidarität dem Aufruf einer Minderheit von Revolutionären folgten.

Sie schreckten auch vor Sabotage nicht zurück. Die damalige Regierung unter dem Vorsitz von Aristide Briand, der ehemals Generalstreiks befürwortet hatte, schickte nun den Streikenden Mobilmachungsbefehle. Die Methode wirkte, die Arbeit wurde wieder aufgenommen, und die Eisenbahner auf den anderen Streckennetzen schlossen sich dem Streik nicht an. Die für den Verkehr in Nordfrankreich zuständige Eisenbahngesellschaft beurlaubte oder entließ 1147 ihrer 45000 Beschäftigten. Dieser Streik brachte also nicht den erwarteten Erfolg, doch schrieb Jean Jaurès zu Recht in der *»Humanité«* vom 16. Oktober, »daß es unmöglich ist, die Arbeiterklasse als Besiegte zu behandeln, nachdem sie sich in solcher Stärke gezeigt hat«. Die meisten ihrer Forderungen wurden in den darauffolgenden Monaten erfüllt und die entlassenen Personen bei Ausbruch des Krieges wieder eingestellt.

Die Erfahrungen des Jahres 1910 schlossen sich unmittelbar an die aus dem Jahre 1909 an. Es gehörte zur Ironie der Geschichte, daß es gerade der revolutionäre Syndikalismus und die sich entschlossen gebenden Regierungen waren, die die Voraussetzungen für eine wirkliche Anerkennung einer berufsständischen Charta schufen. Der Anfang dazu war gemacht; die Gewerkschaftsführer wie die Regierenden waren bereits vor 1914 gezwungen, gewisse Regeln zu respektieren, die zwar nicht offiziell festgelegt, deshalb aber nicht weniger verpflichtend waren. Die Tatsachen haben das gesetzliche Recht wenn schon nicht vorweggenommen, so doch wenigstens vorbereitet.

DIE KRISE DER GEWERKSCHAFTEN

Clemenceaus Entschlossenheit bedeutete für ihn das natürliche Gegenstück zu seiner Sozialpolitik. In seiner Regierung wurde erstmalig das Amt eines Arbeitsministers eingerichtet, das René Viviani (1863–1925), Anwalt und Abgeordneter aus dem fünften Arrondissement, bis Oktober 1910 innehatte. Viviani nahm Millerands Tradition wieder auf und legte ein umfassendes Programm sozialer Reformen bezüglich Arbeiterrenten, Tarifverträgen und Betriebsunfällen vor. Er stellte es als die logische Fortsetzung der antiklerikalen Politik dar, denn »wir haben am Himmel Lichter ausgelöscht, die nicht mehr angehen«. Es ging darum, denjenigen etwas anzubieten, »denen wir gesagt haben, daß der Himmel keine Gerechtigkeit kennt, und die folglich das Recht hier unten suchen!« Die Sozialgesetzgebung wurde damit in Form einer besonders vereinfachenden ideologischen Verkürzung als eine natürliche Folge der Politik präsentiert, die Viviani selbst als »Werk des Unglaubens« bezeichnete. Das Arbeitsministerium verstand sich gleichzeitig als »Ministerium für empirische Forschung« und als ein Ort des Dialogs zwischen jenen Sozialpartnern, die sich zu einer Diskussion bereit fanden. Sie waren allerdings dünn gesät.

Die gesetzgeberische Bilanz der radikalen Republik bleibt trotzdem dürftig. Dies lag zum großen Teil an der Opposition des Senats, aber auch an der mangelnden Zusammenarbeit zwischen Unternehmern und Arbeitern als den natürlichen Sozialpartnern. Die Ergebnisse sind schnell aufgezählt: Nach dem Gesetz Millerand im Jahr 1900, das die Frauenarbeit auf elf Stunden begrenzte, war als einziger Fortschritt in diesem Bereich die Einführung des Acht-Stunden-Tags im Bergbau (1905) und das Gesetz über die Sonntagsruhe zu verzeichnen, das am 13. Juli 1906 nach dem Streik vom 1. Mai desselben Jahres verabschiedet worden war. In Sachen Berufskrankheiten kam man trotz einiger neuer Regelungen nicht voran. Durch ein Gesetz vom 25. März 1910 wurden – abgesehen von der Eisenbahn – betriebseigene Verkaufsstellen verboten. Es ging also mehr darum, dem verhaßten Unternehmertum zu schaden, als den Arbeitern einen Dienst zu erweisen. Im gleichen Jahr wurde auch der Modus der Lohnzahlungen endgültig geregelt. Darüber hinaus führte man ein Schutzsystem für arbeitende und schwangere Frauen ein. In den »April«-Gesetzen von 1910 und 1912 wurden mit den Rentenbeschlüssen für die Bauern und Arbeiter der größte Fortschritt erzielt. Gerade das Gesetz vom 18. April 1912 entsprach einem tiefen Bedürfnis, wie der Ansturm auf Berufe mit geregelter Rente etwa bei den Bergarbeitern oder Eisenbahnern bewies. Es sei übrigens daran erinnert, daß die Einrichtung von Hilfskassen vor allem in den Großunternehmen zu den Erfolgen des Paternalismus gezählt werden muß. Das Gesetz von 1910 glich die unterschiedlichen Voraussetzungen aus, indem es diesem System allgemeine Gültigkeit verlieh. Finanziert wurde es zu gleichen Teilen von Arbeitnehmern, Arbeitgebern und dem Staat. Die C.G.T. hielt jedoch an ihrer Opposition fest, die sie diesem Programm seit jeher entgegengebracht hatte. Pierre Merrheim erklärte 1912 in Le Havre, er fürchte »die Eingliederung der Arbeiterklasse in die kapitalistische Ordnung«. Gerade diese Einstellung war der Grund dafür, daß sich die Sozialgesetzgebung nicht in dem erforderlichen Maß entfalten konnte.

Der Widerstand gegen jede Form von Institutionalisierung des sozialen Dialogs war bei denjenigen, die in der C.G.T. das Sagen hatten, nicht weniger ausgeprägt. Der Plan Millerands, der Betriebsräte auf regionaler und Unternehmensebene vorsah, stieß bei Unternehmer- wie Arbeitervereinigungen auf gleichermaßen heftige Ablehnung. Die Arbeitgeber sahen darin eine Gefährdung ihrer Autorität, die sie als eine natürliche Folge ihrer Verantwortung betrachteten, während die Gewerkschaften ihrerseits jede Form von Schlichtungszwang ablehnten. Briand legte 1909 und 1910 ein breitgefächertes soziales Reformprogramm vor, das sowohl auf der Einführung eines Dialogs wie auf der Idee der Beteiligung basierte. Dabei wurde er von einigen reformistischen Elementen in der C.G.T. unterstützt, stieß jedoch bei der Masse der Gewerkschaftler und Unternehmer auf allgemeines Unverständnis. Der Ausstand der Eisenbahner im Oktober 1910 bot allen Beteiligten einen willkommenen Vorwand, diesen Plan endgültig zu Grabe zu tragen.

In Wirklichkeit kämpfte die C.G.T. seit 1906 um ihre Identität. Victor Griffuelhes trat am 24. Februar 1909 zurück und wurde am 13. Juli von Léon Jouhaux abgelöst. Jouhaux, 1879 geboren, war nach Ansicht einiger nichts anderes als das »Sprachrohr« seines Vorgängers. Dieser ehemals anarchistische Aktivist vertrat noch immer den revolutionären Syndikalismus, präsentierte ihn aber in einem neuen und eher friedlichen Gewand. Er pochte auf die Notwendigkeit gewerkschaftlicher Organisation, die er als »das große Schiff« betrachtete. Jouhaux war kein Intellektueller, sondern ein Empiriker, der sich den Umständen anzupassen verstand. Ihm zur Seite standen Alphonse Merrheim, verantwortlich für die in der *Fédération des métaux* organisierten Metallarbeiter, und Pierre Monatte. Merrheim hatte außerdem die Kampagne gegen den Taylorismus geführt, äußerte sich aber, nachdem er von revolutionären Extremisten heftig angegriffen worden war, häufig pessimistisch über die Fähigkeit der französischen Arbeiterklasse, sich gewerkschaftlich zu organisieren.

Pierre Monatte hingegen kannte solche Zweifel nicht. 1909 gründete er die Zeitung *»La Vie ouvrière«*, die diese neue Tendenz vertrat. Das Blatt verurteilte die Arbeiterrenten und den »Subventionismus« und distanzierte sich damit ganz klar vom Anarchismus; demgegenüber entwickelte es eine Form des Ökonomismus mit dem Ziel, die Realität stärker zu betonen, die aus den revolutionären Träumen herausführen sollte. Diese Tendenz stieß bei den Reformisten immer noch auf heftige Ablehnung, an ihrer Spitze der Eisenbahner Eugène Guérard. Dieser wies 1909 in Marseille zu Recht darauf hin, daß die meisten der als reformistisch eingestuften Organisationen ihre Mitgliederzahl vermehrt hätten, da sie, wie er hinzufügte, weder »antimilitaristische noch antipatriotische Propaganda« betrieben hätten.

Inzwischen hatte sich nämlich auf der Gegenseite um die Zeitung *»La Guerre sociale«*, gegründet im Dezember 1906, und ihren Direktor Gustave Hervé eine Strömung herausgebildet, die vorgab, die eigentlichen revolutionären und freiheitlichen Traditionen aufrechtzuerhalten. Hervé befürwortete – auch mit Hilfe von Aufwieglern wie beim Streik von 1910 – Sabotageakte und betrieb eine antimilitaristische und antipatriotische Propaganda. G. Yvetot ließ 1906 in Amiens über eine Vorlage abstimmen, die gegen den Rat der Reformisten um Keufer mit 488 gegen 310 Stimmen und 49 Enthaltungen angenommen wurde. In ihr wurde betont, daß die »antimilitaristische und antipatriotische Propaganda noch intensiver und kühner geführt werden muß«, denn in jedem Krieg nationaler und kolonialer Art werde die Arbeiterklasse getäuscht und den Profitinteressen der Ausbeuterklasse und bourgeoiser Schmarotzer geopfert. Doch kurz vor dem Ersten Weltkrieg kamen Émile Pouget auf einer vorbereitenden Sitzung für den Kongreß der C. G. T., der im September 1914 stattfinden sollte, Zweifel, ob man den nicht zu übersehenden Mitgliederschwund nicht auch den antipatriotischen Parolen zuzuschreiben hatte, die in Amiens gebilligt worden waren!

KAPITEL IV

Die nationale Frage

DIE ARMEE

Nach allgemeiner Auffassung war Frankreichs Macht zu Beginn des neuen Jahrhunderts im Rückgang begriffen. Die Nation war durch die Dreyfus-Affäre gespalten, die wiederum das Bündnis zwischen Republik und Armee belastete. Die revolutionäre antimilitaristische und antipatriotische Propaganda und der Pazifismus eines Teils der Linken schienen einen Verlust nationaler Stärke anzuzeigen. Dennoch wäre es falsch, an der Vorstellung festzuhalten, wonach eine kriegslüsterne Regierung einer zögernden Öffentlichkeit den Krieg aufgezwungen hätte. Ebenso falsch wäre die Vorstellung von einer Armee, die nicht mehr an die Möglichkeit eines Sieges geglaubt und sich nicht dafür gerüstet hätte. Weder die Militärpolitik hinsichtlich Truppenstärke und Bewaffnung noch die Aufmarschpläne rechtfertigen diese Annahmen. Zwar hatten die heftige Polemik und die daraus resultierenden Verunsicherungen notwendige Entscheidungen verzögert, auch war der schließlich gebilligte Kriegsplan sicher nicht der beste; doch abgesehen von einigen wenigen Ausnahmen behielten die französischen Politiker klaren Kopf und suchten nach Lösungen, die sich am besten für die Verteidigung der bedrohten Heimat eigneten – Jaurès hatte nichts anderes im Sinn, als er *»L'Armée nouvelle«* veröffentlichte.

Das Problem der Truppenstärke ließ sich recht einfach erklären: Frankreichs Bevölkerung zählte 39 Millionen Menschen, das Deutsche Reich hingegen mehr als 60 Millionen und 1913 fast 68 Millionen. Um 1905 umfaßte ein deutscher Rekrutenjahrgang 500000, ein französischer

300000 Mann. Zu diesem Zeitpunkt dienten in der deutschen Armee 625000 und in der französischen Armee 604000 Soldaten. Auf diese relativ hohe Zahl kam man aber nach Ansicht von Henri Contamine nur deshalb, weil man »alle Schwächlinge mitgezählt hatte«. Der 1905 eingeführte zweijährige Militärdienst erbrachte hinsichtlich der Rekrutierung spürbare Verbesserungen. Während 1889 zwei Fünftel eines Rekrutenjahrgangs nur ein Jahr diente, mußten von 1905 an alle Einberufenen zwei Jahre Wehrdienst ableisten; das galt auch für die gebildeten jungen Leute, die sich zum Reserveoffizier ausbilden lassen konnten. Die neue Armee sollte straffer und besser geführt werden, und dies um so mehr, als man gleichzeitig die Zahl der längerdienenden Unteroffiziere spürbar erhöhte. Auf diese Weise vollzog sich eine Neustrukturierung der Armee, die neun Jahre später ihre Schlagkraft unter Beweis stellen sollte. Die Kritik richtete sich hauptsächlich auf Mängel in der Kavallerie, bei der man eine zweijährige Ausbildungszeit für ungenügend hielt.

Im März 1911 betrug die deutsche Truppenstärke 645000 Mann, die französische 524000 Mann. Am 28. Juli 1911 wurde Joseph Joffre zum Chef des französischen Generalstabs ernannt; der neue Titel wurde von Adolphe Messimy, Kriegsminister im Kabinett Joseph Caillaux, geschaffen, um die Befehlsgewalt zu vereinheitlichen. Messimy, Abgeordneter aus dem Departement Ain, war ein ehemaliger Offizier, der während der Dreyfus-Affäre seinen Abschied aus dem Militärdienst genommen hatte. Joffre und Messimy beschlossen, die Einberufung auch auf die algerischen »Eingeborenen« auszudehnen. Tatsächlich wurden jedoch, dank der großen Zahl Freiwilliger, nur 4000 von 12000 Wehrpflichtigen einberufen. Gleichzeitig begann General Mangin (1866–1925) mit seiner Kampagne für die Gründung einer »schwarzen Streitmacht«. Doch scheiterte er vor allem an der Ablehnung des Generalstabs; so wurden die senegalesischen Schützen nur in Marokko eingesetzt. Im März 1913 kam es zu einer Pressekampagne, in der die Rückkehr zum dreijährigen Militärdienst gefordert wurde. Sie stützte sich auf die neuerliche Verstärkung der deutschen Armee und auf die Furcht vor der Möglichkeit eines Überraschungsangriffs, die durch ein Geheimdokument der Deutschen bestätigt wurde. Die Fachleute hielten diese Möglichkeit zwar für unwahrscheinlich, doch nahm Joffre dieses Argument zum Vorwand, um vom Obersten Kriegsrat die Zustimmung für die dreijährige Militärdienstzeit zu erhalten. So standen also 710000 Franzosen gegen 760000 Deutsche, deren

Truppenstärke jedoch bis 1914 weiter auf 830000 anstieg. Die deutsche Übermacht betrug im Jahr 1912 165000 Mann, sank Ende 1913 auf 50000, um danach wieder auf 120000 anzusteigen. Zu den 710000 Franzosen mußten allerdings die 165000 Soldaten der Kolonialtruppen hinzugezählt werden.

Rechnete man die Polizei, die im Aufbau begriffenen Truppenteile und die Marine hinzu, verfügte Frankreich am Vorabend des Ersten Weltkrieges über fast eine Million Mann unter Waffen. Mehr als einer von zwanzig französischen Erwachsenen gegenüber einem Verhältnis von 1:30 im Deutschen Reich trug Uniform. Nachdem es in einigen Kasernen zu sehr sporadischen antimilitaristischen Kundgebungen gekommen war, beging man den schweren Fehler, den ältesten Wehrpflichtigenjahrgang des stehenden Heeres zu entlassen und gleichzeitig die beiden Jahrgänge 1892 und 1893 einzuberufen.

Frankreich verfügte im Jahr des Kriegsausbruchs über 768 Bataillone im aktiven Dienst, nachdem man daraus vier Zuaven- und vier Schützenbataillone zusammengestellt hatte. Abzüglich des Bedarfs für die Kolonien blieben somit 620 Bataillone für das Mutterland. Deutschland verfügte über 670 Bataillone, von denen 72 für die russische Front bestimmt waren. Joffre glaubte, damit seine Aufgabe erfüllt zu haben. Dieselbe Entschlossenheit bewies er auf dem Gebiet der Rüstung.

Die ersten Jahre nach der Jahrhundertwende brachten keine großen Neuerungen. Unter Mac-Mahon hatte man Wert auf eine starke Artillerie gelegt, die »opportunistische« Republik (1879–1898) hatte das Heer mit der Kanone vom Kaliber 75 und dem Lebelgewehr ausgerüstet, die Republik der Radikalen jedoch hatte bis 1909 enttäuschend wenig geleistet. Man hatte weder das schwere Maschinengewehr noch die schwere Artillerie übernommen. Finanzminister Caillaux machte dafür den »mangelnden Zusammenhalt«, »die Reibereien zwischen Ämtern und Personen« verantwortlich, die im Kriegsministerium ihr Unwesen trieben. Der radikale Minister Maurice Berteaux (1852–1911) im Kabinett Monis, der 1911 von einem Flugzeugpropeller getötet wurde, ließ 1909 die Zahl der mit 75er-Kanonen bestückten Batterien der Armeekorps von 22 auf 30 erhöhen. Doch bei der schweren Artillerie war immer noch nichts geschehen. Es sollte bis Juli 1911 dauern, bevor unter Messimy und Caillaux wenigstens schüchterne Anfänge gemacht wurden. Das Programm der »höchsten Dringlichkeit«, das Anfang 1913 ausgearbeitet wurde und beträchtliche Kredite für die schwere Artillerie vorsah, wurde aber erst am 15. Juli 1914 verabschiedet.

Sehr rasch hatte Frankreich auch seine Position als zweitstärkste Seemacht der Welt eingebüßt. Trotz einiger Planungsfehler hatte es die Dritte Republik bis dahin immer verstanden, die Flotte den neuen Bedürfnissen anzupassen. Die lange Amtszeit des Marineministers Camille Pelletan (1902–1905) sollte sich jedoch verheerend auswirken. Erst nach 1906 wurden neue Anstrengungen unternommen und die Ausgaben bis 1913 verdoppelt. Doch das zwischen 1910 und 1914 aufgelegte Programm für den Bau von zwölf Riesenschlachtschiffen vom Typ »Dreadnought« kam zu spät. Bei Ausbruch des Krieges waren erst sieben davon fertiggestellt. Frankreich hatte die Aufrüstung der deutschen Kriegsmarine verschlafen. Es verfügte inzwischen zwar über 21 Schlachtschiffe, 30 Kreuzer, 80 Zerstörer und 67 U-Boote, doch lag fast die gesamte Flotte im Mittelmeer. Somit war die französische Westküste nahezu schutzlos einem Angriff der deutschen Flotte ausgeliefert.

Die französische Armee hatte sich jedoch mehr und mehr neuen Techniken geöffnet; dazu gehörte die drahtlose Telegraphie, der Einsatz von Schwertransportlastwagen, steuerbaren Ballons und schließlich – darin war Frankreich führend – der Einsatz von Flugzeugen, deren Bedeutung durch die Aufklärungsflüge Blériots und Farmans im Jahre 1910 bei den Manövern in der Picardie augenfällig wurde. Doch bereits 1914 geriet auch dieser Vorsprung in Gefahr. Erst jetzt besann man sich endlich auf das Maschinengewehr.

Seit 1889 war es geltende Lehre, daß Reservistenverbände nicht in die regulären Truppen integriert werden sollten. Tatsächlich wurden seit 1909 jedoch große Fortschritte bei der Planung ihres Einsatzes erzielt. Der Plan XVI, der 1909 unter Leitung von General Michel erstellt wurde, sah die Schaffung von 22 Reservedivisionen mit voller Truppenstärke vor, außerdem für die meisten Armeekorps eine fünfte Brigade. Dieser Plan wurde von General Joffre mit nur geringfügigen Änderungen in den Plan XVII übernommen, den Kriegsminister Caillaux als »absurd und unverständlich« verurteilte. Seit dem Plan XV aus dem Jahr 1905 war man von der Hypothese einer Invasion in Nordfrankreich ausgegangen, die die belgische Neutralität verletzte, doch die vorgesehenen Gegenmaßnahmen hielten sich in Grenzen. Die Pläne XVI und XVII korrigierten diesen wesentlichen Fehler nicht. Danach sollten die Armeen ihre Angriffe mit vereinten Kräften auf dem rechten Flügel zwischen Toul und den Vogesen und auf dem linken Flügel nördlich von Verdun vortragen; im Zentrum war eine Reserve vorgesehen, die im Bedarfsfall eingesetzt werden konnte. Auch hierbei hatte Joffre im Vergleich zu dem früheren Plan keine Änderungen vorgenommen, sondern lediglich die Umgehungsbewegung der möglichen Frontlinie angenähert. Joffre bestätigte seinen Ruf, ein Mann mit besonderem Augenmerk für die Eisenbahn und die Bedeutung des Transportwesens zu sein, denn er hatte außerordentlich klar erkannt, daß der Krieg auf den Schienen und Straßen entschieden würde. Im Mai 1914 leitete er in der Umgebung von Saint-Quentin ein großes Manöver, in dessen Verlauf er sein Vertrauen in den Einsatz der Eisenbahn bekräftigte. Wie Henri Contamine bemerkt, kam »dieser Frucht der traditionellen französischen Bewegungsstrategie ein wesentliches Verdienst zu, denn der Krieg des 20. Jahrhunderts sollte sich als eine Frage der Transportkapazität herausstellen«. Damit hatte man die Lehren aus dem Desaster von 1870 gezogen, denn nunmehr wurden die Fragen des Transports im Plan XVII besonders aufmerksam behandelt.

In den Jahren vor Ausbruch des Krieges, nach der Dreyfus-Affäre und trotz der antimilitaristischen Einstellung weiter Kreise, hatte die Rolle des Offiziers in den Augen der Nation immer erhabenere Züge angenommen, was bereits eine Vorbereitung auf seine späteren Aufgaben im Kriege bedeutete. Lyauteys Artikel über die gesellschaftliche Aufgabe des Offiziers, der 1891 veröffentlicht wurde, fand damals große Verbreitung und beeinflußte die Politik von General Louis André, dem Kriegsminister im Kabinett Combes (1902–1905). Die wesentliche Wirkung dieses Artikels bestand darin, der Beziehung des Offiziers zu seinen Untergebenen einen neuen Inhalt, das heißt einen erzieherischen Charakter zu geben. Art Roë, ein Verfasser militärischer Schriften, schrieb, der Offizier »hält in seinen Händen Menschenleben«; damit habe er, je länger der Militärdienst dauere, eine um so wichtigere Aufgabe zu erfüllen. Diese Führer- und Beschützerrolle sollte den Offizier besser auf seine Aufgaben im Krieg vorbereiten. In diesem Sinn mußte man auch die neuen Vorstellungen von Ernest Psichari in *»L'Appel des armes«* (»Aufruf zu den Waffen«) verstehen: Die Überhöhung der Rolle des Kolonialoffiziers, die dem Verfall der zivilen Gesellschaft gegenübergestellt wurde, bedeutete in der Tat eine übersteigerte Vorstellung von der Armee als solcher, »die in sich selbst ihre eigene Moral, ihre eigenen Gesetze und ihre eigene Mystik besitzt.

Doch dies ist weder die Moral noch die Mystik der Nation«, die »sich im Fortschritt daherwälzt.« Eine stolze und hochmütige Vorstellung, die das kriegerische Abenteuer vorbereitete; denn der Krieg brachte diesen Offizieren gerade das, was Psichari von der Kolonialarmee forderte, nämlich »totales Engagement, die Ablehnung bürgerlicher Normen und Sicherheiten, das Risiko, dem man sich willentlich aussetzte, die unbeugsame und in klarer Einsicht vollzogene Anwendung von Gewalt, aber auch diese reine und harte Waffenbrüderschaft, diese brüderliche Freundschaft unter Männern, diese fordernde und zugleich schamhafte Zärtlichkeit, die die Kameraden im Kampf untereinander verbindet.« (Raoul Girardet)

Was jene betraf, die später zum Kriegsdienst einberufen wurden, so zogen sie sicher nicht aus Begeisterung in den Krieg, aber sie waren bereit, ihn zu akzeptieren. Die Kundgebungen gegen eine Verlängerung der Militärdienstzeit hielten sich in Grenzen und beschränkten sich auf die Kasernen von Belfort, Toul, Verdun, Saint-Dié, Épinal, Châlons und Mâcon, wo es zu einigen Zwischenfällen kam. Lediglich in Rodez gab es Ansätze zur Meuterei. Als schließlich die Stunde der Mobilmachung schlug, verweigerten 1,5 Prozent den Einberufungsbefehl – angesichts der in den Jahren 1911 bis 1913 heraufziehenden Gefahr etwas reichlich sorglos. Als Jules Maurin ehemalige Soldaten aus dem Languedoc befragte, gab einer vom Rekrutenjahrgang 1912 ihm zur Antwort: »Wir wurden unter dem Zeichen der Revanche geboren, der Schmach, die uns 1870 zugefügt wurde. Elsaß und Lothringen waren klingende Namen für mich, die ständig in unseren Schulbüchern auftauchten und durch ein berühmtes Lied, das auch die Militärkapellen spielten, populär wurden. Wir waren sicher ein wenig konditioniert, wie man heute sagen würde.« Diese Männer waren wie die Lehrer, die sie unterichteten, Pazifisten, aber auch glühende Patrioten. Die Gleichgültigkeit der Landbevölkerung, von der in manchen Handbüchern die Rede ist, war eine Legende, die von einer Historikergeneration in die Welt gesetzt wurde, die die Schrecken des Krieges erlebt hatte.

WARUM KRIEG?

Im Gegensatz zu Lenins Behauptung brach der Erste Weltkrieg weder infolge des unversöhnlichen Gegensatzes zweier miteinander rivalisierender, imperialistischer Wirtschaftssysteme aus, noch weil er dem Kapitalismus dazu dienen sollte, seine inneren Widersprüche zu überwinden. Die Einstellung der französischen Geschäftsleute, ob Bankiers oder Industrielle, war »internationalistisch«: Sie akzeptierten und suchten sogar die Zusammenarbeit mit ihren deutschen Kollegen. Gewiß hatten die Industriellen seit 1905 ihren Anteil an Aufträgen aus Finanzabkommen gefordert, an denen die französische Finanzwelt führend beteiligt war. Diese Forderung war verständlich. Doch entwickelte sich bis 1910 eine lebhafte deutsch-französische Zusammenarbeit, die auf zahlreichen Gebieten zu einem echten Interessenausgleich führte. Die Dynamik dieser Zusammenarbeit wurde schließlich von Politikern gestoppt, die nach einem Ausspruch von Rouvier (der immerhin direkt an dieser Kooperation beteiligt war) gezwungen waren, »die öffentliche Meinung zu berücksichtigen«. Die Politik war der Hemmschuh, der viele Versuche wirtschaftlicher Annäherung scheitern ließ. Es gab natürlich Konkurrenzkämpfe, und der weitaus berühmteste und härteste war der Kampf zwischen den Firmen Krupp und Schneider im Bereich der Metallerzeugnisse, insbesondere auf dem Sektor der Rüstung; er wurde jedoch von den Politikern selbst geschürt. Krupp und Schneider waren gleichermaßen Werkzeuge in der Hand von Politikern wie selbständige Akteure.

Eine erste diskrete, aber wesentliche Form dieser Zusammenarbeit bestand in der Unterstützung, die die Pariser Börse der Berliner Börse bei finanziellen Spannungen zukommen ließ. Im Mai 1906 konnte auf Intervention von Paris ein Krach an der Frankfurter Börse vermieden werden, ein Vorgang, der sich 1908 wiederholte. Die Fluktuation kurzfristig angelegter Kapitalien zwischen diesen beiden Finanzplätzen war intensiv und sicherte das Gleichgewicht des Zahlungsverkehrs. Die Beziehungen der Banken untereinander waren ebenfalls sehr gut entwickelt, ihre Arbeit wurde jedoch durch chauvinistische Reaktionen von seiten der öffentlichen Meinung erschwert. Der Kosmopolitismus der Bankiers kannte keine Grenzen. Die *Société Générale* hatte auf dem Weg über die elsässische Filiale ihr Netz in Deutschland ausgebaut. Ebenso war auch die deutsche Industrie mit ihren Interessen in Frankreich früh und intensiv vertreten, obwohl eine industrielle Zusammenarbeit beider Länder von den meisten französischen Verantwortlichen, besonders von Théophile Delcassé, torpediert wurde. Zwei Vorgänge, nämlich die Erteilung von Konzessionen an Eisenminen in Frankreich und Ouenza an deutsche Eisenindustrielle, gelangten in die Öffentlichkeit und riefen heftige nationalistische Reaktionen hervor. In beiden Fällen griffen sozialistische Abgeordnete die Argumente der Nationalisten auf. Im Fall der Eisenbergwerke von Ouenza in Algerien handelte es sich um eine gemeinsam beantragte Konzession der Firmen Krupp und Schneider, aber im Juli 1908 protestierten die Sozialisten gegen die internationale Finanzwelt, die »auf der Jagd nach französischen Minen« sei. Jean Jaurès opponierte dabei gegen Eugène Étienne, den Führer der Kolonialpartei, bekräftigte aber im gleichen Atemzug in der *»Humanité«*, er wolle »Deutschland die Weltmärkte nicht verschließen«. Desgleichen setzte Albert Thomas im Juli 1911 einen Zusatzartikel des Haushaltsgesetzes durch, der die Vergabe von Minenkonzessionen der Genehmigung durch die Regierung unterwarf. Tatsächlich aber ging es ihm darum, eine deutsche »Übernahme« der Bergwerke im französisch gebliebenen Teil Lothringens zu verhindern.

Dieses Verhalten der Sozialisten offenbarte die Zwänge, denen die Politiker unterlagen. Abgesehen von den extremen Nationalisten, waren es gerade die größten Pazifisten unter den Politikern, die die antideutsche Stimmung am geschicktesten schürten. So konnte sich trotz einiger positiver Ansätze die deutsch-französische Wirtschaftskooperation nicht in dem Umfang entwickeln, wie es die Geschäftswelt gerne gesehen hätte. Keine Regierung, auch wenn sie es gewollt hätte, wagte die Zulassung deutscher Wertpapiere an der Börse. Jules Cambon, Botschafter in Berlin und keineswegs ein »Chauvinist«, äußerte 1908 dazu: »Man wird unser Geld nehmen, aber unser Feind bleiben.«

So blieb der Einfluß der deutschen Wirtschaft in Frankreich entweder begrenzt oder war, wie im Fall der Elektroindustrie, auf dem Weg über belgische oder Schweizer Filialen nur indirekt wirksam. Das zunehmende Engagement seitens der Firma Thyssen in der Normandie, das von einer Kampagne der Nationalisten gestört wurde, entsprach der wirtschaftlichen Logik. Als sich nach der Unterzeichnung eines Finanzabkommens in Marokko im Februar 1909 eine Zusammenarbeit in Afrika abzeichnete, wurde sie von deutschen wie auch französischen Politikern gestoppt. Die

Situation in den Krisenzonen wirtschaftlicher Rivalität hatte sich nicht nur bilateral, sondern weltweit in den Monaten vor Kriegsausbruch stark beruhigt. Man näherte sich einem umfassenden Ausgleich: In der Türkei zeichnete sich allmählich eine Art von Interessenaufteilung nach geographischen und sachlichen Bereichen ab. Die Deutschen erhielten schon 1903 die Konzession für den Bau der Bagdadbahn, die wichtigste türkische Eisenbahnverbindung, deren Errichtung durch die Mißgunst französischer und englischer Bankiers zunächst zwar verzögert, schließlich aber doch verwirklicht wurde. Die Franzosen ihrerseits hatten die türkischen Staatsfinanzen fest unter Kontrolle, da sie den größten Teil der türkischen Schuldentitel besaßen. Die Briten wiederum kontrollierten den Bereich der Minenkonzessionen.

Diese Aufteilung in Sachbereiche wurde zunehmend von dem Prinzip einer Teilung nach geographischen Gesichtspunkten überlagert, die schließlich in eine Art Definition von Einflußzonen mündete. Frankreich beispielsweise besaß viele Interessen in der syrischen Provinz des Landes. Vor Ausbruch des Krieges wurde dieses Modell eines »Co-Imperialismus« durch eine Reihe von Vertragsabschlüssen abgesichert, die einen Schlußstrich unter frühere Meinungsverschiedenheiten und Streitigkeiten zogen. Im deutsch-französischen Vertrag vom 15. Februar 1914 verpflichtete sich die französische Regierung, die Aktien der Bagdadbahn an der Börse zuzulassen, und am 15. Juni 1914 wurde ein entsprechendes deutsch-englisches Abkommen geschlossen. Weitere Verträge zur Regelung der finanziellen Fragen wurden zwischen Frankreich und der Türkei unterzeichnet.

Zu einer ähnlichen Zusammenarbeit kam es in China, wo am 27. April 1913 der Präsident der chinesischen Republik, Yuan Chi-Kai, einen Kreditvertrag mit einem internationalen Bankenkonsortium unterzeichnet hatte, um die notwendigen finanziellen Mittel für den Neuaufbau der chinesischen Verwaltung zu bekommen. Im Gegenzug führte dieses Abkommen zu einer spürbaren Erhöhung der wirtschaftlichen Einflußnahme der Großmächte in China, doch war diese im Rahmen einer Kooperation geplant, die auch hier zu einer Festlegung von Einflußzonen führte und darauf abzielte, die Bedingungen für eine »gemeinsame« Nutzung des chinesischen Markts festzulegen. Sie bremste damit den Aufteilungsprozeß, der seit dem Ende des vorigen Jahrhunderts im Gang war.

Die eigentlichen wirtschaftlichen Konkurrenzkämpfe schienen vor

Ausbruch des Krieges nachzulassen, und dies sollte sich wohltuend auf die politische Rivalität auswirken. Dennoch litten die Franzosen, wie bereits bemerkt, gegenüber den Deutschen an Minderwertigkeitsgefühlen. Einerseits schürten diese Gefühle den Nationalismus weiter an, andererseits war es, umgekehrt, ebendieser Nationalismus, und nur er allein, der den Aufschwung der deutsch-französischen Wirtschaftskooperation in den drei Jahren vor Ausbruch des Krieges bremste. Deutschland war zu dieser Zeit durch die Machenschaften französischer Banken systematisch aus verschiedenen Finanzgeschäften gedrängt worden, da diese sich um die Reaktion der Öffentlichkeit sorgten. Selbst die Zusammenarbeit bei kurzfristigen Anleihen wurde aufgekündigt. Jules Cambon hatte keineswegs unrecht, wenn er die Auswirkungen einer derartigen Politik befürchtete: »Wenn man alle Ventile eines Kessels verstopft, muß er dann nicht explodieren? (...) Wäre es nicht vernünftiger, nicht überall einer unvermeidlichen Expansion entgegenzuwirken?« Man muß also Lenins These umkehren: Es waren die Politiker vom Schlag eines Delcassé bis selbst zu Caillaux, die die »Waffe der Finanzen« benutzten und damit die Spannungen verschärften, die der Aufschwung des Kapitalismus bis dahin tendenziell eher beschwichtigt hatte.

Der Krieg bildete den Kulminationspunkt eines gefährlichen politischen Spiels, das in den letzten Jahren vor der Jahrhundertwende begonnen hatte und zwei einander sich ergänzende Elemente enthielt: zunächst den Machtzuwachs Deutschlands, das innerhalb von wenigen Jahren zur zweiten Seemacht der Welt aufstieg. Großbritannien sah darin eine so unerträgliche Bedrohung, daß es de facto seine traditionelle Neutralitätspolitik auf dem Kontinent aufgab. Parallel dazu im gleichen Zeitraum wurde Deutschlands politische Position jedoch immer schwächer. Das Bismarcksche Bündnissystem löste sich auf, der Dreibund brach unaufhaltsam auseinander, während Frankreich um sich herum ein Bündnisnetz flocht, das nicht nur Großbritannien und Rußland, sondern auch Italien einschloß, das mit dem 1887 erneuerten Dreibund nur noch nominell verbunden war. So bekam der Satz Jules Cambons seinen vollen Sinn: Deutschland spürte seine Isolation und verstärkte seine militärische Stärke. Die pazifistischen und internationalistischen Kreise, die Bemühungen unternahmen, sich einem Krieg zu widersetzen, hatten keine Möglichkeit zum Eingreifen. Alle Verschwörungen fielen wie Kartenhäuser zusammen. Zumindest in Frankreich bekamen diese beiden Tendenzen einen mehr als doppeldeutigen Sinn, denn sie schadeten dem idealistischen Patriotismus nicht, der damit den gerechten Krieg rechtfertigen konnte. Andererseits begründete zur gleichen Zeit der zunehmende Machtzuwachs Deutschlands und sein aggressives und oft ungeschicktes diplomatisches Auftreten aber einen neuen nationalistischen Trend, der ebenfalls für sich beanspruchte, auf die antipatriotischen Übertreibungen einer Ideologie zu reagieren, die ein gewisser Dreyfusianismus (den Daniel Halévy ablehnte) gerade im Begriff war zu verstärken. Unter diesen Voraussetzungen war der Krieg zwar nicht gewollt, wurde aber akzeptiert.

DIE EINKREISUNG

Théophile Delcassé (1852–1923), ein früherer Mitarbeiter Gambettas in der Zeitung *»La République française«* und seit 1889 Abgeordneter im Wahlkreis Foix, wurde im Juni 1898 zum Außenminister im Kabinett Brisson berufen; er bekleidete dieses Amt sieben Jahre lang. Er begann zunächst damit, die Faschodafrage im Sinne einer friedlichen Einigung zu lösen, und öffnete damit den Weg zu einer neuen Politik, die sich spürbar von der seines Amtsvorgängers Hanotaux unterschied. Sie verzichtete auf jeden Gedanken einer Annäherung an das Deutsche Reich, da der Streit zwischen Deutschland und Frankreich »unverjährbar« sei. Tatsächlich aber strebte Delcassé anfänglich keineswegs eine Isolierung des Deutschen Reiches an, sondern wollte zunächst nur die kolonialen Konflikte ohne dessen Beteiligung regeln. Darüber hinaus aber war klar, daß er ab 1902 einen Weg eingeschlagen hatte, den er nicht mehr verlassen sollte.

Die erste Etappe im Einkreisungsprozeß bildete die Erneuerung der Bündnisse mit Italien und Rußland. Camille Barrère, 1879 Direktor der Zeitung *»La République française«*, als Delcassé für dieses Blatt schrieb, war nun neuer Botschafter Frankreichs in Italien und leitete die Verhandlungen. Er blieb 28 Jahre auf diesem Posten und sollte sich als wichtigster Akteur der Wende entpuppen. Der Geheimvertrag vom Dezember 1900 garantierte die Neutralität Frankreichs im Fall eines italienischen Vorgehens in Tripolis, während Italien Frankreich freie Hand in Marokko ließ. Im April 1901 begrüßte ein italienisches Flottengeschwader den Präsidenten der französischen Republik in Toulon, und im Juni 1902 wurde erneut ein Geheimvertrag unterzeichnet, in dem Italien für den Fall eines deutsch-französischen Krieges seine Neutralität zusagte. 1903 kam der italienische König auf Staatsbesuch nach Paris. Doch hinderte dies Italien nicht an der Erneuerung des Dreibunds mit dem Deutschen Reich im Jahre 1902.

Mit Rußland hatte Delcassé seit 1899 eine Erweiterung der russisch-französischen Militärkonvention ausgehandelt, die nun nicht mehr ausschließlich nur den Frieden wahren, sondern auch »das europäische Gleichgewicht« erhalten sollte. Dies bedeutete, daß beide Mächte nunmehr stärker in die Interessen des jeweils anderen eingebunden waren: Frankreich in der Balkanfrage, Rußland in der Frage Elsaß-Lothringen. Darüber hinaus bezog der Vertrag von 1900 klar Stellung gegen England, denn im Fall eines Krieges mit Großbritannien sagten sich die Bündnispartner jeweils operative Ablenkungsmaßnahmen zu. Der Zar staunte also nicht schlecht, als er sah, wie wenige Jahre darauf derselbe Delcassé die Politik der Entente cordiale mit England begann.

An dieser Stelle muß auch die Rolle eines bedeutenden Botschafters und ehemaligen Anhängers von Gambetta erwähnt werden, der 1884 als Präfekt von Lille den Streik der Grubenarbeiter in Anzin beendet hatte. Die Rede ist von Paul Cambon, der 1898 zum Botschafter in London ernannt wurde und diesen Posten bis 1920 innehatte. Die Politik der Entente cordiale bahnte sich just in dem Augenblick an, als eine heftige Pressekampagne Großbritannien so beunruhigte, daß sich Königin Victoria weigerte, die Pariser Weltausstellung im Jahre 1900 zu eröffnen. Faschoda war noch nicht vergessen, und die Franzosen erinnerten sich wieder an ihren Erbfeind. Zunächst gelang es Cambon und Delcassé, die strittigen Kolonialfragen zwischen England und Frankreich zu schlichten. Cambon versuchte in Verhandlungen, Marokko gegen Ägypten zu tauschen. Von britischer Seite erhielt er am 8. April 1903 in einer Erklärung die Einwilligung in dreiseitige Verhandlungen (Frankreich, Spanien und Großbritannien) über Marokko. Im Mai 1903 kam der neue König Eduard VII. zum Staatsbesuch nach Paris. Wenngleich ihm auch ein unfreundlicher Empfang bereitet wurde, entspannte sich die Atmosphäre doch allmählich, so daß Staatspräsident Loubet im Juli nach London reisen konnte. Die Verhandlungen zogen sich in die Länge, da man keine Frage ungeklärt lassen wollte, ob es sich dabei um die Abgrenzung der

Einflußbereiche in Siam, die Fischereirechte Frankreichs in Neufundland (die gegen die Los-Inseln vor Guinea getauscht wurden), um das französisch-britische Kondominium über die Neuen Hebriden oder den »Tausch« Marokko – Ägypten als Leckerbissen handelte. In Geheimklauseln wurden sogar eventuelle Protektorate vorgesehen. Der Vertrag stellte kein Bündnis im eigentlichen Sinn dar, steckte aber voller Drohungen gegen Deutschland, das im Augenblick eine gute Figur machte, obgleich es über die Risiken einer engeren englisch-französischen Verständigung keine Zweifel haben konnte.

Diese wollte die deutsche Diplomatie um jeden Preis verhindern, und darin lag der eigentliche Grund der Marokko-Krise 1905, die in der französischen Öffentlichkeit so heftige Reaktionen hervorrief. Seit der Konferenz von Madrid 1880 hatte Frankreich in Marokko geschickt seine Politik der »friedlichen Durchdringung« betrieben. Auf militärischer Ebene hatte es sich mit der Ausübung des *droit de suite* (Rechts auf militärische Verfolgung) von Algerien aus begnügt. Doch seit 1894 und der Ablösung des Sultans schwand die politische Macht des Landes, während Frankreich die Sahara zu erobern versuchte und im Frühjahr 1900 die Oase Touat in Besitz nahm. Italien hatte Deutschland aufgefordert zu intervenieren, doch dieses weigerte sich. Diese Haltung bildete einen der Gründe für die französisch-italienische Annäherung. Deutschlands Desinteresse an Marokko bestätigte sich auch in der Folgezeit. Delcassé versuchte mit Baron Holstein, dem heimlichen Chef der Wilhelmstraße, ins Gespräch zu kommen, doch dieser wich aus. Daraufhin kam er zu der Überzeugung, daß Deutschlands einziges Ziel in dieser Angelegenheit nur darin bestehe, »das Mißtrauen zwischen Frankreich und England sorgfältig zu schüren«. Nachdem ein deutsch-englischer Versuch, dem Sultan von Marokko ein Reformprogramm zu diktieren, gescheitert war, gab die englische Regierung diesen Plan auf und suchte sich mit Frankreich zu arrangieren. Deutschland hielt aber an dem Plan fest, ohne daß seine Regierung dabei jedoch die Unterstützung der Großindustrie und den Banken erhielt. Die französische Regierung war überzeugt, daß Deutschland diese Politik nicht bis zum äußersten treiben würde. Unter diesen Umständen gewährte Frankreich im Juni 1904 Marokko einen Kredit von 62,5 Millionen Francs, der durch die marokkanischen Zolleinnahmen abgesichert war. Im November legte Frankreich ein Reformprogramm vor, das de facto einem Protektorat entsprach.

Das Deutsche Reich entwickelte damals eine große diplomatische Offensive, aber nicht zur Wahrung seiner Interessen in Marokko, sondern um die Isolierung Englands zu betreiben, das zuerst von Frankreich und danach von Rußland abgeschnitten werden sollte. Allerdings betrieb Frankreich in Marokko auf wirtschaftlichem Sektor eine Politik, die andere Mächte ausschloß und Deutschland damit die nötigen Argumente lieferte. Am 31. Mai 1905 erhielt Kanzler Bülow mit einiger Mühe von Kaiser Wilhelm II. die Zusage, bei der Durchreise in Tanger eine Rede zu halten, die nur als scharfe Mahnung an Frankreich aufgefaßt werden konnte. Auf den Rat des Kanzlers hin verlangte der Sultan von Marokko auch die Einberufung einer internationalen Konferenz. Delcassé versuchte mit Deutschland in bilaterale Verhandlungen einzutreten, stieß aber auf eine förmliche Ablehnung. Nunmehr empfahl er Widerstand, denn zum einen glaubte er nur an einen Bluff der Deutschen, zum anderen nahm die englische Regierung eine entschlossene Haltung ein und schlug Verhandlungen für den Mai vor, bei denen alle Möglichkeiten ins Auge gefaßt werden sollten.

Ministerpräsident Rouvier wollte keinen Krieg riskieren, denn er war zu Recht der Meinung, daß Frankreich zu diesem Zeitpunkt militärisch unterlegen war. Die deutsche Regierung, die über diese internen Meinungsverschiedenheiten genau im Bilde war, forderte am 30. Mai nachdrücklich Delcassés Rücktritt. Am 6. Juni 1905 fand eine dramatische Sitzung des Ministerrats statt. Delcassé machte geltend, daß Deutschland seiner Meinung nach seine Drohungen nicht wahrmache und daß es unklug wäre, Englands Angebote abzulehnen. Rouvier erklärte: »Sind wir in der Lage, einen Krieg zu führen? Natürlich nicht!« Die Minister schlossen sich einhellig seiner Meinung an. Deutschland schien zu triumphieren: Delcassé mußte gehen, während Rouvier in die internationale Konferenz einwilligte. Doch am 24. Juli 1905 geschah etwas völlig Unerwartetes: Wilhelm II. gelang es in Björkö, den Zar zu einem Verteidigungsbündnis zu bewegen, das in seinen Augen den ersten Schritt zu einer gegen England gerichteten »Kontinentalallianz« unter Einschluß Frankreichs bilden sollte. Der Zar hatte kurz zuvor gegen Japan eine schwere Niederlage erlitten und war dabei von seinem westlichen Verbündeten nicht so unterstützt worden, wie er es erhofft hatte.

Die Rechnung Wilhelms II. konnte jedoch nicht aufgehen. Der russische Außenminister – der Zar hatte ohne sein Wissen gehandelt – nahm sogleich eine vorsichtige Haltung ein und ließ bei Rouvier die Möglichkeit eines Kontinentalbundes sondieren; dieser hielt nicht allzuviel davon und antwortete, daß seine Regierung »auf die Stimmung im Lande Rücksicht nehmen« müsse. Der russische Außenminister, Graf Lamsdorff, betonte gegenüber dem Zaren, er habe einen Fehler begangen, denn Rußland könne nicht auf die französischen Kredite verzichten. Der Zar ließ Wilhelm II. mitteilen, der Vertrag von Björkö besäße im Fall eines deutsch-französischen Krieges keine Gültigkeit, was einer de-facto-Annullierung gleichkam. Der Fehlschlag der deutschen Politik wurde noch durch das Ergebnis der Konferenz bestätigt, die der Sultan gefordert hatte; denn als diese im Januar 1906 in Algeciras stattfand, stand Deutschland alleine da. Auf ihr wurden zwei wichtige Entscheidungen getroffen, nämlich die Gründung einer Bank von Marokko, wobei Frankreich als Hauptgläubiger eine privilegierte Position einnahm, und die Einrichtung einer marokkanischen Hafenpolizei unter französischen und spanischen Offizieren. Die Vertreter Großbritanniens hatten sich der Lösung einer internationalen Polizei entschlossen widersetzt, denn Deutschland hätte dadurch die Möglichkeit bekommen, sich in einem Hafen am Atlantik festzusetzen. Diese Haltung unterstützten auch die Vereinigten Staaten. Deutschland hatte also bei der Marokko-Krise genau das Gegenteil von dem erreicht, was es sich vorgestellt hatte. Sie endete mit der Stärkung der Entente cordiale und mit der Annäherung Rußlands an England.

Die englischen Liberalen, die 1906 in England an die Macht gelangten, änderten kaum etwas an der Politik ihrer konservativen Vorgänger. Das Rüstungsprogramm für die Flotte, das 1905 begonnen worden war, wurde weitergeführt; es umfaßte den Bau großer Schlachtschiffe, unter ihnen die »Dreadnought«, die diesem Schiffstyp den Namen geben sollte. Die Deutschen ihrerseits beschlossen 1906, jährlich vier große Schlachtschiffe zu bauen. Die Engländer zogen nach und entschlossen sich, vor allem mit Frankreich in militärische Verhandlungen einzutreten, um die französisch-britische Kooperation für den Kriegsfall vorzubereiten; sie lehnten dabei aber formelle Verpflichtungen im Rahmen eines echten Bündnisses ab.

Diese Weigerung blieb gültig bis 1914. Die neue englische Politik war nicht nur eine Folge des maritimen Wettrüstens, sondern auch eine Reaktion auf die Schwächung der russischen Machtstellung, durch die Frankreich gegenüber seinem östlichen Nachbarn, dessen Auftreten einen aggressiven Eindruck machte, auf sich allein gestellt war. Unter diesen Voraussetzungen schlug Großbritannien auf Betreiben Frankreichs der russischen Regierung vor, die Streitigkeiten zwischen beiden Ländern beizulegen. Es kam zu Verhandlungen, für die Frankreich seine Mittlerdienste anbot. Am 31. August 1907 wurde der Vertrag unterzeichnet, der die englischen und russischen Einflußbereiche in Asien abgrenzte. So zeichnete sich genau zu dem Zeitpunkt, als sich der Dreibund auflöste, als neuer Block die Tripelentente ab. Die Deutschen mußten unter allen Umständen versuchen, diese Umklammerung zu sprengen.

Seit 1907 hatte sich die Spannung international so weit verschärft, daß die jeweiligen Partner im Jahr 1914 glaubten, nun keinerlei Konzessionen mehr machen zu können. Während dreier aufeinanderfolgender Krisen wurde jedesmal die Kriegsdrohung als Argument in die Debatte geworfen: eine sehr gefährliche Waffe. Die Bosnienkrise 1908/09 konnte in diesem Sinne als eine Art Generalprobe für den Krieg von 1914 gelten. Nach 1895 hatte sich die Lage auf dem Balkan beruhigt, da die Russen ihre Aktivität nach Fernost verlagert hatten. Als diese Politik aber mit der Niederlage gegen die Japaner 1905 endete, war Außenminister Iswolskij 1906 entschlossen, den russischen Einfluß in dieser Zone neuerlich zu bekräftigen. Inzwischen war es jedoch 1903 in Serbien zu einem aufsehenerregenden Ereignis gekommen, als das Land nach einem Staatsstreich in die Hände einer prorussisch und profranzösisch eingestellten Dynastie fiel. Auf diese Weise fanden die nationalistischen Bestrebungen der Kroaten, der Dalmatier, der Slowenen und Bosnier Unterstützung, da Serbien versuchte, nach italienischem Vorbild einen Staat zu gründen, der die Südslawen in einem »Jugoslawien« vereinen sollte. Österreich-Ungarn war davon direkt bedroht. Sein neuer Außenminister, Freiherr Lexa von Aehrenthal, war entschlossen, mit einer aktiven Politik die serbischen Ambitionen in Schach zu halten, und entfachte seit 1907 einen Wirtschaftskrieg, der aber scheiterte. 1908 bot sich eine neue Gelegenheit zum Handeln, die Österreich ergriff. Dieses Land war 1878 mit der Verwaltung von Bosnien und Herzegowina betraut worden; doch die neue türkische Regierung, die aus der »jungtürkischen« Revolution hervorgegangen war, wollte dieses Gebiet wieder dem Osmanischen Reich einverleiben. Mit Einverständnis von Deutschland und Bulgarien besprach Aehrenthal die Angelegenheit im September 1908 mit Iswolskij und beschloß am 5. Oktober, Bosnien und Herzegowina zu annektieren. Iswolskij behauptete sofort darauf, er sei getäuscht worden, und forderte die Einberufung einer internationalen Konferenz. Deutschland, das Frankreich zwingen wollte, Stellung zu beziehen, verweigerte jede Vermittlung. Der französische Außenminister Pichon, ein Mann Clemenceaus, ließ verlauten, Frankreich halte Rußlands vitale Interessen für nicht gefährdet. Jetzt konnte Österreich-Ungarn seinen Vorteil ausspielen und zwang Rußland am 22. März 1909 zu einer »vorbehaltlosen« Zustimmung zu den neuen Gebietsveränderungen. Gleichzeitig wurde die serbische Regierung gezwungen, eine Erklärung abzugeben, in der sie auf jede Unterstützung der südslawisch-nationalistischen Bewegungen verzichtete.

Damit war in diesem Teil Europas eine äußerst explosive Lage geschaffen worden. Dennoch hatte die Bosnienkrise keine Schwächung der französisch-russischen Allianz zur Folge, ganz im Gegenteil: Rußland hatte lediglich auf den starken Druck Deutschlands reagiert, der es zur Annahme des österreichischen Ultimatums zwang. Es war entschlossen, sich zu rächen, und suchte deshalb das Bündnis mit Frankreich noch enger zu gestalten. Im übrigen konnte es bereits unmittelbar danach gleich zwei spektakuläre Erfolge für sich verbuchen, als es Bulgarien auf seine Seite zog und mit Italien am 24. Oktober 1909 einen Vertrag unterzeichnete. Darin bekam Italien freie Hand in Tripolis, mußte aber seine Unterstützung in der Meerengenfrage zusagen.

Die Bosnienkrise wirkte sich günstig auf die marokkanische Angelegenheit aus, indem sie die Unterzeichnung eines deutsch-französischen Vertrages bewirkte, der die wirtschaftliche Zusammenarbeit beider Länder in diesem Gebiet begründete. Wilhelm II. wollte »endlich aus den Friktionen mit Frankreich herauskommen, jetzt, wo große Fragen auf dem Spiel stehen«. So wurde am 9. Februar 1909 eine Akte unterzeichnet, die Frankreich eine beherrschende Rolle in Marokko im Tausch gegen eine echte wirtschaftliche Zusammenarbeit beider Länder zusicherte. Pichon ging sogar soweit, in diesem Vertrag den Anfang einer deutsch-französischen Verständigung zu sehen.

Die Anwendung dieses Vertrags verlief keineswegs so unbefriedigend, wie immer behauptet wurde. In Marokko kam es sogar zu verschiedenen gemeinsamen Großprojekten auf dem Bank- bzw. öffentlichen Bausektor. Die Zahl der deutschen Firmen in Marokko stieg zwischen 1911 und 1913 von 61 auf 201! Dennoch stieß der Vertrag an gewisse Grenzen: In Marokko stellte sich das Problem der Nutzung der Eisenbahnen, an der die Deutschen partizipieren wollten; auch im Bergbau kam es zu Rivalitäten, da die Firma Mannesmann ältere Rechte geltend machte. Insgesamt resultierte aus diesem Vertrag keine größere wirtschaftliche Zusammenarbeit beider Länder. In Frankreich führte Ernest Monis, der Briand am 2. März 1911 abgelöst hatte, »eine aggressive Politik in kleinen und eine kraftlose Politik in großen Fragen«, wie Jules Cambon, Botschafter in Berlin, schrieb. Weder Parlament noch Regierung ließen eine Verwirklichung der Zusagen des Vertrags vom Februar 1909 zu. Das Scheitern eines deutsch-französischen Konsortiums im Kongobecken war der parlamentarischen Opposition in Frankreich zuzuschreiben, die die geplante Verbindung im April 1911 endgültig verwarf.

In Wirklichkeit war die deutsche Regierung seit Ende 1910 entschlossen, die marokkanische Frage wieder auf die internationale Tagesordnung zu setzen. Die Gelegenheit dazu bot sich im Mai, als die französische Regierung eine Expedition nach Fez schickte, um den Sultan zu befreien, der dort von Rebellen eingeschlossen war. Diese Besetzung ging über die Bestimmungen des Vertrages von Algeciras hinaus. Der Staatssekretär im deutschen Außenministerium, Kiderlen-Wächter, entwickelte damals einen Plan, der darauf abzielte, von Frankreich Entschädigungen zu verlangen, wenn das Deutsche Reich das französische Protektorat über Marokko anerkannte. Dafür aber brauchte Berlin ein Pfand. Auf französischer Seite sprachen sich einige Politiker von Anfang an für diesen Gedanken einer Entschädigung aus, insbesondere Botschafter Jules Cambon, der dies übrigens dem deutschen Kanzler im Juni mitteilte, und ebenso auch Joseph Caillaux, der am 27. Juni Monis' Nachfolge als Ministerpräsident antrat. Am 1. Juli 1911 nahm sich Deutschland sein Pfand, indem es ein kleines Kanonenboot in den Hafen von Agadir (in den Süden Marokkos, um die Engländer nicht zu erschrecken) entsandte. Gleichzeitig schlug die deutsche Regierung »einen freundschaftlichen Gedankenaustausch« vor.

Der französische Außenminister Selves erbat daraufhin bei der englischen Regierung die Einwilligung, ein Schiff nach Mogador zu schicken, doch diese lehnte ab und riet zu Verhandlungen. Kiderlen-Wächter ließ Cambon danach wissen, daß die deutsche Regierung die Abtretung des gesamten Kongogebiets verlange. Am 17. Juli lehnte Caillaux dieses Ansinnen ab; am 21. Juli erklärte Sir E. Grey die deutschen Forderungen für übertrieben und ließ die britischen Geschwader in Alarmbereitschaft versetzen. Es folgten äußerst schwierige Verhandlungen, die auf offizieller

Ebene zwischen Cambon und Kiderlen-Wächter, auf halboffizieller Ebene zwischen einem französischen Unterhändler namens Fondère, den Caillaux geschickt hatte, und einem deutschen Vertreter geführt wurden. Diese doppelte Verhandlungsführung warf man Caillaux später vor und zwang ihn damit zum Rücktritt. Tatsächlich war Selves noch weniger als Caillaux an einer Aussöhnung interessiert. Die Verhandlungen wären im August fast gescheitert, doch als man den Generalstab befragte, ließ dieser wissen, daß Frankreich militärisch, vor allem bei der schweren Artillerie, nur ungenügend gerüstet sei. Übrigens wollten es weder London noch Petersburg (das Frankreich mitteilte, seine »vitalen Interessen« stünden nicht auf dem Spiel, so wie Paris es 1909 Rußland erklärt hatte) auf einen bewaffneten Konflikt ankommen lassen. Zum selben Zeitpunkt brach an der Berliner Börse Panik aus, die Caillaux, wie er später in seinen »*Memoiren*« stolz vermerkte, »durch einige Telefonanrufe« ausgelöst hatte. Tatsächlich hatten die Franzosen schon seit Januar 1911 begonnen, Kapital abzuziehen, eine Entwicklung, die sich im Mai und September noch verschärfen sollte. Die Politiker hatten also nur eine Entwicklung gefördert, die sich, wie in jeder Phase hoher Spannung, ganz von selbst ergeben hatte.

Der deutsch-französische Vertrag vom 4. November 1911 sah die Abtretung eines Großteils des französischen Kongo zwischen Kamerun und Belgisch-Kongo vor. Frankreich sollte dafür ein kleines Gebiet im Süden des Tschadsees erhalten. Das Deutsche Reich wollte dafür das französische Protektorat über Marokko im voraus anerkennen. Außerdem wurde der Vertrag von 1909 »präzisiert und ergänzt«, was heißen sollte, daß die Deutschen auf ihre Forderung nach einer Beteiligung an der Nutzung der marokkanischen Eisenbahnen verzichteten. Im großen und ganzen hatten sie aber ihre Handelsinteressen im Land gewahrt, selbst wenn sie auf Beteiligungen an Finanz-, Bergbau- und Baugeschäften verzichteten.

Das Protektoratsabkommen mit Marokko wurde am 30. März 1912 abgeschlossen und darin das Rifgebirge als spanischer Einflußbereich abgetrennt. Dieser Vertrag basierte auf derselben Grundlage wie das französische Protektorat über Tunesien. General Lyautey wurde als Generalresident eingesetzt. Damit begann ein langer Krieg der pacification.

Die zweite Marokkokrise belastete die Zukunft des Friedens mit zwei schwerwiegenden Konsequenzen: Sie stärkte in beiden Ländern die nationalistischen Tendenzen und intensivierte die Beziehungen zwischen Frankreich und seinen Verbündeten, verdeutlichte damit aber nur noch mehr die Einkreisung des Deutschen Reiches. In Frankreich wurde Caillaux schon am 14. November heftig in der Kammer angegriffen, vor allem von Albert de Mun. Doch am 20. Dezember ratifizierte die Nationalversammlung den Vertrag. Im Senat mußte Caillaux die Angriffe Clemenceaus über sich ergehen lassen; dieser forderte Außenminister Selves auf, die Aussage seines Ministerpräsidenten zu bestätigen, daß es keine geheimen Verhandlungen gegeben habe. Selves schwieg und trat zurück. Caillaux bat Delcassé, der damals Marineminister war, dessen Nachfolge zu übernehmen, und Delcassé nahm an. Doch da Caillaux keinen Nachfolger für Delcassé finden konnte, mußte schließlich auch er selbst am 11. Januar 1912 zurücktreten.

Ihm folgte Raymond Poincaré, der die Beziehungen zum Deutschen Reich völlig anders sah. Ein Jahr später wurde er zum Präsidenten der Republik gewählt. Auf diplomatischer Ebene hatte die Krise gezeigt, daß Großbritannien gewillt war, seine Allianz mit Leben zu erfüllen, denn auf seine Intervention hin hatte die deutsche Diplomatie darauf verzichtet, das gesamte Kongogebiet zu fordern. Dennoch willigte England im Februar 1912 in Verhandlungen mit Deutschland ein, um eine Begrenzung beim Bau von Kriegsschiffen zu erreichen. Die Gespräche scheiterten, da die deutschen Unterhändler von den Briten Neutralität und damit den Bruch der Entente cordiale forderten. Die Einkreisung war also nicht durchbrochen worden – ganz im Gegenteil.

Seit September 1911 nahmen die Spannungen auf dem Balkan wieder zu. Die Lage dort entwickelte sich folgendermaßen: Im September 1911 begann Italien Krieg mit dem Osmanischen Reich, um es dadurch zur Anerkennung seiner Besetzung von Tripolis zu zwingen. Die Angelegenheit wurde am 15. Oktober 1912 im Vertrag von Lausanne geregelt. Danach wollten die kleinen Balkanstaaten wie Serbien, Bulgarien, Montenegro und Griechenland von der Schwächung der Türken profitieren und sie veranlassen, ihre europäischen Gebiete abzutreten. Am 13. März 1912 wurde ein bulgarisch-serbischer Bündnisvertrag unterzeichnet, ein griechisch-bulgarisches Bündnis folgte am 29. Mai 1912. Im August 1912 äußerte Poincaré während eines Besuches in Rußland seine Besorgnis über den friedensgefährdenden Charakter dieser Verträge. Der Zar riet auf diese Warnung hin seinen Klienten auf dem Balkan zur Vorsicht, doch es nützte nichts: Im Oktober 1912 begannen sie den Krieg gegen das Osmanische Reich; unmittelbar danach erfolgte die Niederlage der Türken. Am 3. November baten sie um die Vermittlung der Großmächte. Österreich und Rußland machten mobil, der Krieg schien unausweichlich. Frankreich und Deutschland versprachen, wenn auch nur sehr widerstrebend, ihre Unterstützung. Großbritannien intervenierte jedoch entschieden in Rußland und Serbien, die Poincarés Konferenzvorschlag annahmen. Die Konferenz fand in London statt, wo – nach einem kurzen Aufflackern des Krieges im Februar – am 30. Mai 1913 der Vertrag unterzeichnet wurde. Darin wurden den Balkanverbündeten alle europäischen Gebiete der Türkei überlassen, die westlich der Linie Enos-Midia lagen, ebenso die Inseln im Ägäischen Meer und Kreta.

In einer dritten Phase dieser südosteuropäischen Wirren kam es zum zweiten Balkankrieg, in dem diesmal die Bulgaren gegen die übrigen Staaten der Region standen. Im Juli 1913 wurden die Bulgaren besiegt; Österreich-Ungarn wollte zur Rettung Bulgariens intervenieren, um Serbiens Vormarsch zu stoppen, doch übten Italien und Deutschland so starken Druck auf Wien aus, daß dieses seinen Plan aufgab. In der Tat ging die deutsche Diplomatie davon aus, daß Österreichs vitale Interessen nicht auf dem Spiel standen, denn die Londoner Konferenz hatte die Gründung eines albanischen Staates unter österreichischem Protektorat beschlossen, durch die eine serbische Expansion in Richtung Adria verhindert werden sollte. Österreich-Ungarn, von seinen Verbündeten im Stich gelassen, mußte sich folglich damit abfinden und Bulgarien seinem Schicksal überlassen. Die Balkanfrage wurde im Vertrag von Bukarest am 10. August 1913 geregelt. Dieser Rückzug der Österreicher führte letztlich zum Ausbruch des Ersten Weltkriegs: Nicht nur war Österreich, das Bulgarien gegen Serbien aufgehetzt hatte, keineswegs bereit, diesen neuerlichen Mißerfolg gegenüber einem Land hinzunehmen, dessen Bevölkerung sich um 1,2 Millionen Einwohner vergrößert hatte, sondern auch Kaiser Wilhelm II. erklärte noch im Oktober 1913, er bedauere, Österreich zur Vorsicht geraten zu haben, und dies um so mehr, als Deutschlands Ansehen in der Türkei einen schweren Rückschlag erlitten hatte. Der Krieg von 1914 hatte damit einen »unvermeidlichen« Charakter angenommen.

Die Bündnisse rückten enger zusammen: Im Juli 1912 verkürzte eine Vereinbarung der Generalstäbe Rußlands und Frankreichs die Fristen für eine Mobilmachung der russischen Streitkräfte, um die französische Front so bald wie möglich zu entlasten. Rußland erhielt eine neue Anleihe bewilligt, um im Hinblick auf die Mobilmachung sein Eisenbahnnetz ausbauen zu können. Schließlich wurde Delcassé Ende 1913 zum französischen Botschafter in Petersburg ernannt. Im November 1913 wurde mit Großbritannien ein Flottenabkommen unterzeichnet, das Frankreich den Schutz des Mittelmeers übertrug. Doch scheute Englands Außenminister, Sir Edward Grey, vor einem echten Bündnisvertrag zurück. Der allgemeine Rüstungswettlauf ging weiter: Deutschland beschloß im Juli 1913 den Ausbau seiner Streitkräfte auf 820000 Mann, und Frankreich reagierte darauf mit der Verlängerung des Militärdienstes auf drei Jahre.

DIE INNERE ERSCHLIESSUNG DES FRANZÖSISCHEN KOLONIALREICHS

Die Erfolge der Kolonialpolitik trugen zur Stärkung des nationalen Stolzes bei, doch kannte die öffentliche Meinung deren Schattenseiten und Gefahren nur wenig. Die Verwaltungen waren von Kolonie zu Kolonie immer noch sehr unterschiedlich strukturiert und ausgebaut. Zu den traditionellen Verwaltungsbeamten kamen nun zunehmend Lehrer, Ärzte und Agronomen, die alle an diesem langfristig angelegten Werk zu arbeiten begannen, dessen Wirkungen allmählich spürbar wurden. Der Investitionsaufschwung im Bereich des Straßenbaus (in Tunesien existierte 1914 bereits ein 4150 Kilometer langes Straßennetz), der Eisenbahnen und der Hafenanlagen war stärker als bisher angenommen. Im Bereich der Wasserversorgung und der Maßnahmen zur Erhaltung des Baumbestandes waren die Fortschritte vielleicht sogar noch beachtlicher. Die Historiker pflegen jedoch in der Regel einzig und allein die bisweilen spekulativen Aspekte dieser Maßnahmen zu betonen, übertreiben dabei ihr Ausmaß und vergessen darüber ihre positiven Auswirkungen. Eine neuere Studie über den Senegal zeigt, daß der Bau der Eisenbahn in diesem Land den Fortschritt seiner Wirtschaft und ihrer Modernisierung entscheidend beeinflußte. Am Senegal läßt sich auch demonstrieren, daß die sogenannte Eingeborenenwirtschaft dank des Anbaus von Erdnüssen florierte, deren Handel übrigens keineswegs überwiegend mit dem Mutterland abgewikkelt wurde. Recht erhellend ist in diesem Zusammenhang ein Vergleich zwischen Französisch-Westafrika und Französisch-Äquatorialafrika, denn in den Ländern Äquatorialafrikas wurde seit 1898 das System der privilegierten Handelsgesellschaften eingeführt, die katastrophale Ergebnisse erwirtschafteten. Indochina und Senegal lieferten hingegen ein umgekehrtes Bild: Indochina erlebte während der Amtszeit des dortigen Generalgouverneurs Paul Doumer (1897–1902) dank des von ihm initiierten Beschaffungsprogramms die Anfänge eines Wirtschaftswachstums, das nicht nur von »kolonialen« Erträgen und Pflanzungen profitierte.

Es war jedoch klar, daß die Kolonialwirtschaft in sich schwerwiegende Faktoren eines Ungleichgewichts aufwies. Aus der Sicht des Mutterlandes garantierte sie das etwas künstliche Überleben von Industrien, die vom kolonialen Absatzmarkt lebten (wie manche Baumwoll- und Metallindustrien, Seifen- und sogar Zuckerfabriken). Der Katalog der Waffenfabrik von Saint-Étienne war in allen afrikanischen Völkern verbreitet! Aus der Sicht der Kolonien blieben die davon »mitgezogenen« Bereiche der einheimischen Wirtschaft eingeschränkt, wenn nicht gar nur Randerscheinungen, während die traditionellen Wirtschaftsbereiche in ihrer Funktion gefährdet waren, um so mehr als die Verbesserung der sanitären Bedingungen den demographischen Druck verstärkte. Doch wäre es pure Träumerei zu behaupten, die traditionellen Methoden für die Ausbeutung der natürlichen Reichtümer reichten aus, die Probleme einer steigenden Bevölkerungszahl zu lösen! Eine Synthese wäre richtig gewesen, aber das »zivilisatorische« Image der französischen Kolonisierung war keineswegs so abwegig, wie uns fast alle modernen Historiker der Kolonialgeschichte einreden wollen. Besonders die medizinischen Leistungen verdienen Aufmerksamkeit; das erste Labor für Mikrobiologie in Schwarzafrika wurde 1896 gegründet, und bereits zwei Jahre zuvor hatte sich das Institut Pasteur in Algier niedergelassen.

Algerien stellt innerhalb der französischen Kolonialgeschichte einen Modell- und Ausnahmefall zugleich dar: einen Modellfall, weil die Bemühungen um Investitionen, Erschließung und Verwaltung dort eindrucksvoller als anderswo ausfielen; und einen Ausnahmefall wegen der Bedeutung des französischen Bevölkerungsanteils.

Die Gründung der Republik hatte die Anhänger der Zivilregierung in die Lage versetzt, ihren Vorteil zu nutzen. Minister Crémieux unterzeichnete mit Gambetta Dekrete, deren Ziel es war, »das abscheuliche Militärregime, die Geißel unserer reichen Kolonie, zu vernichten und, mit einem Wort, Algerien vollständig Frankreich anzugleichen«. Eines dieser Dekrete gestand den algerischen Juden die französische Staatsbürgerschaft zu. Die Einwohner Algiers probten den Aufstand, der aber in sich zusammenfiel, als im April 1871 in der Kabylei eine Revolte von bisher nicht gekanntem Ausmaß ausbrach. Sie dauerte sieben Monate und erfaßte den gesamten östlichen Teil Algeriens. Die Zivilverwaltung trug eine schwere Verantwortung für diesen Aufstand. Seine Niederschlagung war entsetzlich, und über 400000 Hektar Land wurden beschlagnahmt.

Die offizielle Kolonisierung erfolgte in den Jahren von 1870 bis 1882 und schwächte sich danach merklich ab. Zwischen 1871 und 1895 umfaßte sie 284 Dörfer. Die überwiegende Mehrzahl der Siedler aus Elsaß-Lothringen scheiterte völlig. Die abgehärtetsten Siedler entstammten Familien, die dort bereits Fuß gefaßt hatten. Die schweren Mißerfolge sagen genug über die Schwierigkeit eines solchen Unternehmens aus: die Bedingungen, unter denen sich die staatlich gelenkte Kolonisierung entwickelte, waren einem Erfolg abträglich. Sie erforderte Hartnäckigkeit, Kapital und vor allem Erfahrung, über die die meisten Siedler nicht verfügten. Diese Art der Erschließung setzte sich bis nach der Jahrhundertwende fort, verlor dann aber im Vergleich zur privaten Kolonisierung an Bedeutung, die sich dank des Gesetzes Warnier aus dem Jahre 1873 entwickelte. Dieses Gesetz dehnte den Geltungsbereich des französischen Code civil auf die Einheimischen und ihre Gebiete aus. In dem Gesetz hieß es ausdrücklich, »daß niemand gehalten ist, auf ungeteiltem, gemeinschaftlichem Eigentum zu verbleiben«. Es zerstörte damit die Grundlagen familiären Eigentums nach moslemischem Recht und öffnete zahlreichen wucherischen Aufkäufen Tür und Tor. Zwischen 1877 und 1897 gingen auf dieser Basis 432000 Hektar Eigentum von den »Eingeborenen« in die Hände von »Franzosen« über. Auch bei dieser Form der Besiedlung blieben Enttäuschungen nicht aus, doch erlaubte sie wenigstens eine bessere Anpassung der Betriebsgrößen an die tatsächlichen Bodenerträge. Sie ermöglichte darüber hinaus einige spektakuläre Erfolge, die die antikolonialistische Propaganda begierig aufgriff, um daraus das Bild vom perversen, sich bereichernden Siedler zu konstruieren, das immer noch durch die französischen Schulbücher geistert.

Die europäische Bevölkerung in Algerien zählte 1901 mehr als 700000 Personen. Dazu gehörten nicht nur in Frankreich und in Algerien geborene Franzosen, sondern seit 1889 auch die Kinder der in Algerien ansässigen Ausländer, vor allem Malteser, Spanier und Italiener. Doch überwog weiterhin der Anteil der Franzosen infolge einer regelmäßigen Zufuhr nicht nur neuer Siedler, sondern auch von Beamten, Offizieren und Führungskräften, die am Anfang ihrer Karriere standen und oft im Lande blieben. In der Tat durfte sich die »französische Gemeinde in Algerien« stets als vollwertiges Mitglied des Mutterlandes fühlen. Sie war, auch wenn viele ihrer Mitglieder erst seit kurzem Franzosen waren, sein verlängerter Arm. Ihre Eingliederung spielte sich genauso ab wie etwa die von Belgiern und Italienern in Frankreich. Charles Ageron, quasi offizieller Historiker der Geschichte Algeriens, begegnete diesen Neuankömmlingen mit einem völlig unerklärlichen beispiellosen Haß und wilder Verachtung. Er stützte sich dabei auf die schlimmsten Machwerke zeitgenössischer Literatur und nährte den abenteuerlichen Mythos einer »Rassenmischung« europäischen Ursprungs, die unmittelbar eingesetzt und zur Entstehung eines »französisch-algerischen Volkes« geführt habe, das sich vom französischen Volk unterscheide... Diesen »Algerier« beschrieb er als eine Art von unkultiviertem und hochmütigem Prahlhans, der von einem grenzenlosen »Überlegenheitsgefühl« durchdrungen sei und dessen Bindung an Frankreich sich einzig und allein aus der Furcht vor den »Eingeborenen« erkläre. Ageron verstieg sich sogar zu der Behauptung, die Algerierfranzosen hätten sich während des Ersten Weltkrieges massenweise vor dem Kriegsdienst gedrückt, während genau das Gegenteil der Fall war! In Wahrheit klaffen die Realität und die Beschreibung, wie Ageron sie liefert, weit auseinander: Die französische Bevölkerung in Algerien war in ihren Anschauungen und ihrem Verhalten ebenso unendlich vielschichtig und vielfältig wie die Franzosen im Mutterland auch. Sie boten ein äußerst lebendiges, manchmal bis zur Karikatur reichendes Bild der französischen Gefühlsskala. Es gab keine Algerienfranzosen, es gab ganz einfach nur Franzosen!

Der Erfolg der Juden nach ihrer Eingliederung war bemerkenswert und wirkte sich für manche schon unmittelbar darauf günstig aus. Er führte jedoch ab 1881 zu antijüdischen Reaktionen in Wahlkreisen wie Miliana, wo die jüdische Gemeinde über die Mehrheit verfügte. Angestachelt von Antisemiten aller Art, die aus dem Mutterland gekommen waren, nahm der Antisemitismus in Algerien während der Dreyfus-Affäre beängstigende Ausmaße an. Algier fand sich nach der Wahl des

Bürgermeisters Max Régis, eines Franzosen spanischer Abstammung, in einem Zustand des Aufruhrs. Gouverneur Laferrière meisterte jedoch die Krise, indem er die Agitatoren gegeneinander ausspielte. Charles Ageron übertreibt die Risiken einer Unabhängigkeitserklärung im Jahr 1899 viel zu sehr, denn zu den beständigsten Wesenszügen der Geschichte Algeriens der damaligen Zeit gehörte die Ernennung von ausschließlich hervorragenden Gouverneuren. So verstand es Jules Cambon zwischen 1891 und 1897, die staatliche Autorität wieder zu festigen; er entwarf eine Politik, die wesentlich von den Verteidigern der »eingeborenen« Bevölkerung beeinflußt war. Gouverneur Laferrière, dessen Ernennung mit den Schwierigkeiten des Jahres 1898 zusammenfiel, schuf die ersten Organe einer relativen Autonomie, die *Délégations financières*. Sein Nachfolger Charles Jonnart verfolgte wiederum die Politik Jules Cambons, die der Bewahrung einer eigenständigen Wirtschaft und Gesellschaft der »Eingeborenen« gewidmet war.

Die Lage hatte sich infolge einer Verdoppelung des moslemischen Bevölkerungsanteils in den Jahren zwischen 1871 und 1914 zunehmend verschärft. Dieser wachsende demographische Druck wurde auf einem anfangs durch die offizielle, später durch die private Kolonisation stark geschrumpften Gebiet deutlich spürbar. Die Lage verschlimmerte sich zusätzlich noch durch die Steuerlast, die Regelung der Forstwirtschaft und den Zusammenbruch ganzer Bereiche der traditionellen Landwirtschaft, insbesondere der Viehzucht. Infolgedessen trat bis zu Beginn des Jahrhunderts eine rapide Verarmung der moslemischen Bevölkerung ein. Erst in den Jahren nach 1900 und auch nur in manchen Gebieten änderte sich diese Tendenz. Der von Charles Jonnart initiierte Wiederaufschwung erwies sich als eine ungeheure Aufgabe. Gleichzeitig schritt die Entwicklung der Kolonialwirtschaft voran, zunächst auf der Grundlage des Weizenanbaus, später auf dem Anbau von Wein. Die algerische Landwirtschaft litt in den achtziger Jahren, ebenso wie die französische, grundsätzlich unter den weltweiten Niedrigpreisen, ergriff jedoch ihre Chance, die sich ihr durch die verheerende Ausbreitung der Reblaus in Frankreich bot. Doch bedeuteten Absatzstockungen beim Wein, wie sie zu Beginn des Jahrhunderts auftraten, in Algerien ebenso wie in Frankreich eine stete Gefahr für die öffentliche Ordnung.

Die Verstädterung des Landes und der Ausbau seiner Infrastruktur hatten beträchtlich zugenommen: Bis 1914 waren in Algerien 13000

Kilometer Straßen und 3500 Kilometer Eisenbahn gebaut worden. Die einheimische Bevölkerung zog es immer stärker in die Städte. Angesichts der Mohammedaner und Kabylen suchte Frankreich nach einem Mittelweg, der die Integration einer Minderheit und den Respekt vor den moslemischen Traditionen gleichermaßen gewährleisten würde. Cambon galt als der wichtigste Verfechter dieser »Politik der Rücksichtnahmen«, die durch den Antiklerikalismus der Jahre um 1900 stark in Mißkredit gebracht werden sollte. Am Vorabend des Krieges sah man sich dann genötigt, wieder auf diese Politik zurückzukommen. Zur gleichen Zeit gelang es Frankreich, fünf Prozent der Kabylen einzuschulen, aber die Anstrengungen, die noch unternommen werden mußten, blieben nach wie vor immens. Andererseits beging man aber den Fehler, den arabisch-französischen Unterricht nicht weiter zu pflegen, den es noch 1870 gegeben hatte. Einer der positivsten Aspekte französischer Kolonialpolitik bestand im medizinischen Fortschritt. Die 1853 erstmals eingesetzten Kolonialärzte setzten ihre Arbeit fort; die Zahl der medizinischen Versorgungsbezirke wurde vermehrt. Jonnart stattete sie 1904 mit einer Notaufnahmestation, die über acht Betten verfügte, aus und schuf »einheimisches medizinisches Hilfspersonal«. Die medizinische Forschung wurde zunehmend effektiv und produktiv: Seit 1890 gelang es, die Geißel der Epidemien in nachhaltiger Weise einzudämmen; der letzte Choleraalarm wurde 1911 gegeben, und die Pest war seit 1907 nicht mehr aufgetreten. Die Bekämpfung des Typhus gestaltete sich dagegen wesentlich schwieriger. Im Jahr 1914 gab es noch viel zu tun, aber ein Anfang war gemacht.

Es wäre deshalb angebracht, die Probleme der Kolonialgeschichte etwas gelassener anzugehen, als dies die meisten Historiker an den Universitäten heute tun. Kolonisation bedeutete nicht nur Ausbeutung und Massaker, sondern häufig auch eine mögliche Etappe auf dem Weg zum Fortschritt, eine Ansicht, die auch Lyautey vertrat.

Bereits vor dem Ersten Weltkrieg hatte sich die Frage nach dem politischen Status der Kolonien gestellt, wobei sich zwei gegnerische Bewegungen herausbildeten: die eine verlangte eine Angleichung des Rechts, das heißt gleichen Rechtsstatus im Rahmen der französischen Rechtsordnung. Diesen Standpunkt vertraten vor allem junge französisierte Intellektuelle, die zwar nicht zahlreich, dafür aber aktiv und oft Lehrer oder Offiziere waren. Zu ihnen gehörte in Algerien auch Hauptmann Khaled, ein Enkel des Emirs Abd El-Kader, der 1875 in Damaskus geboren und ehemaliger Schüler von Saint-Cyr war. Er sagte: »Laßt uns an eurem Wohlstand teilhaben und an eurem Recht. Wir werden in der Stunde der Gefahr bei euch sein.« Eine andere Gruppe forderte dagegen die Unabhängigkeit und appellierte dabei an die traditionellen Kräfte: Bereits vor dem Krieg ertönten in Algerien die ersten Aufrufe für die »Islâh« (islamische Reformbewegung). Im benachbarten Tunesien und in Marokko fanden sich beide Tendenzen, jedoch wesentlich aktiver und stärker, wieder.

Im Mutterland und bei den »Siedlern« selbst entstand der Wunsch, diesen Bestrebungen nachzukommen: Im Falle Algeriens richteten sich die Forderungen der »Liberalen« – zu denen Charles Gide, der Onkel André Gides, Wirtschaftswissenschaftler und Professor an der Universität von Paris, gehörte – hauptsächlich (und klugerweise) auf die Reform des Eingeborenenstatus. Das Problem existierte schon lange, es hatte sich schon Jules Ferry bei seinen Algerienstudien in den achtziger Jahren gestellt und später Jules Cambon. Ein erstes Gesetz wurde am 15. Juli 1914 verabschiedet, das eine Verminderung der Vorschriften und Strafen sowie die Aufhebung der Reisebeschränkungen vorsah. Ein weiteres Gesetz wurde am 1. August 1918 verabschiedet, das die »djemâa« (einheimische Notabelnversammlung) in den regulären Gemeindebezirken wieder einführte, um das kommunale Eigentum besser zu schützen. Diese Reformen wurden 1919 fortgesetzt. Doch die so eingeleitete Politik schwankte immer noch zwischen der Assimilierung und der Achtung vor der traditionellen Kultur. Die Schwierigkeiten schienen unüberbrückbar zu sein! Das Problem beschränkte sich aber nicht allein auf Algerien. Die Lösung der Assimilierungsfrage war zweifellos ganz vernünftig und wurde bereits konsequent und effektiv im Senegal in den *Quatre Communes* (Saint-Louis, Garée, Dakar, Rufisque) praktiziert. Die Kolonien sollten sich an den Kriegslasten beteiligen und Freiwillige entsenden, aber auch, wie in Algerien und im Senegal, durch eine Teilmobilisierung des dortigen Kontingents. In diesen beiden Ländern kam es deswegen zu Unruhen, die aber eher auf Mängel bei der Einberufung als auf das Prinzip selbst zurückzuführen waren. Niemals jedoch wurde die französische Souveränität ernsthaft in Frage gestellt.

DER ANTIMILITARISMUS

Auf dem Hintergrund der Szene der achtziger Jahre war auch der Antimilitarismus wieder aufgetaucht. Zu Anfang handelte es sich eher um einen »literarischen« Antimilitarismus, wie zwei weitverbreitete Romane bewiesen, der 1887 erschienene *»Cavalier Miserey«* von Abel Hermant und 1889 der Roman *»Les Sous-off«* von Lucien Descaves. Sie waren Teil einer langen Reihe von Werken, in denen Elend und Enge des Militärlebens in häufig ungeschminkten, gewaltsamen Bildern beschrieben wurden. Das Militär wurde als entwürdigend und demütigend hingestellt, als Quelle aller Laster. Diese Themen wurden dann durch das Gesetz von 1889 in den neunziger Jahren wieder aufgegriffen und die Armee als Ort der Verdammnis hingestellt, wo die Arbeiterklasse unterjocht und dem Alkohol und der Syphilis ausgeliefert wurde, wie Hamon zumindest in seinem Buch *»Patrie et Internationalisme«* (»Heimat und Internationalismus«) 1892 schrieb. So verlor das Proletariat, nachdem es einmal degeneriert war, den Willen zum Aufstand! Die Auswüchse übertriebener Disziplin und die Privilegien der Offiziere, die derselbe Hamon – wohlgemerkt ein Freund Pelloutiers – als »mißgebildete Verbrecher« oder einfacher als »Gamaschenhengste« diffamierte, bildeten die bevorzugten Themen dieser Art von Literatur.

Diese Form des Antimilitarismus hatte es immer gegeben. Im *»Manuel du soldat«* (»Handbuch des Soldaten«), das die C. G. T. seit 1902 veröffentlichte, stand zu lesen, die militärische Disziplin verwandle die Menschen in »Maschinen des Gehorsams«, in »passive Tiere«. Die Offiziere wurden als »Säbelraßler« beschrieben, die die »Dummheit und Brutalität der Vergangenheit repräsentieren«. Es war nur zu verständlich, daß die Regierung den Autor Georges Yvetot strafrechtlich verfolgen ließ, doch die Geschworenen sprachen ihn frei. 1908 war bereits die sechzehnte Auflage gedruckt, die Gesamtauflage betrug 185 000 Exemplare.

Die Kritik an der Militärinstitution fand in den neunziger Jahren ihren Nährboden aber auch in der Tatsache, daß die Armee mehrmals zur Aufrechterhaltung der Ordnung bei Streiks eingesetzt worden war. Die Schießerei von Fourmies am 1. Mai 1891 und einige andere Zwischenfälle boten überreichlich Gelegenheit, die Armee als Instrument zur Aufrechterhaltung der bürgerlichen Ordnung hinzustellen. Das Thema war auch zwanzig Jahre später noch nicht vergessen, als Léon Jouhaux auf einer Versammlung in Angers 1909 erklärte: »Der Antimilitarismus wurde an dem Tag geboren, als die Regierung die ihr obliegende Neutralität mißachtete und die Armee bei Streiks eingesetzt hat, um die kapitalistischen Forderungen zu unterstützen.«

Die beiden »institutionellen« Formen des Antimilitarismus erstarkten bei der Berührung mit dem Antipatriotismus, der sich dabei seinerseits stabilisierte. Auch hier war der literarische Ursprung evident. Männer wie Guy de Maupassant und Rémy de Gourmont empfanden tiefste Verachtung für das, was letzterer »das Spielzeug der Patrioten« nannte. Nicht nur in Kreisen der Sozialisten tauchten in den neunziger Jahren die antipatriotischen Themen der späten sechziger Jahre wieder auf, die durch die Niederlage eine Zeitlang in Vergessenheit geraten waren. Aber die Sozialisten waren doch die Hauptträger dieser antipatriotischen Ideologie. Auf dem ersten Kongreß der II. Internationalen im Jahre 1889 wurde verkündet, daß »der Friede die erste und unerläßliche Bedingung jeder Arbeiterbefreiung« sei. Diese Position führte in Frankreich zu tiefgreifenden Meinungsverschiedenheiten. Während Jules Guesde von Anfang an »jedem militärischen Streik« ablehnend gegenüberstand, »(...) der (...) den Hochverrat am Sozialismus bedeuten würde, da er sich notgedrungen auf das Land mit einer starken sozialistischen Partei beschränken würde«, vertraten die Anhänger Allemanes die Idee eines Generalstreiks als das geeignete Mittel, den Krieg zu verhindern, und trafen sich dabei mit der Haltung des revolutionären Flügels der Gewerkschaften. Der heftige Antipatriotismus der neunziger Jahre sah im Vaterland ein Mittel zur Beseitigung des Klassenkampfes. Er lehnte den Begriff Vaterland als solchen zwar nicht ab, leugnete aber, daß er sich auf eine kapitalistische Gesellschaft anwenden lasse.

Die Zeitung *»La Guerre sociale«* von Gustave Hervé stellte zwischen 1906 und 1910 eine Synthese zwischen diesen Ideologien her. Gleichzeitig mobilisierte Georges Yvetot die *Association internationale antimilitariste*, deren beherrschende Idee darin bestand, daß die Revolutionäre auf eine Kriegserklärung mit der Ausrufung eines revolutionären Generalstreiks antworten sollten. In den Jahren vor dem Ausbruch des Ersten Weltkriegs erlitt Hervés Ideologie jedoch einen herben und entscheidenden Rückschlag. Am 24. und 25. November 1912 beschloß der außerordentliche Kongreß der C.G.T. für den 16. Dezember einen Generalstreik gegen den

Krieg: Er wurde nur in Lyon und in den Ardennen befolgt; in Paris fiel das Ergebnis gerade noch »achtbar« aus. Jacques Julliard folgert zu Recht, daß »zwischen den Bemühungen der Gewerkschaftsführung und ihrer begrenzten Wirkung auf die Arbeiterklasse eine beträchtliche Diskrepanz bestand«. In der Tat kamen erstere nicht umhin, sich einer schonungslosen Bestandsaufnahme zu unterwerfen. Der Rückgang oder zumindest die Stagnation ihrer Mitgliederzahl schien sich zum Teil aus ihrem Antimilitarismus zu erklären. Gustave Hervé selbst hatte angesichts der wirklichen Gewerkschaftsverhältnisse »eine Zielkorrektur vorgenommen«. Oder wie Georges Dumoulin sagte: »Diese Art von revolutionärem, antimilitaristischem, antikriegerischem und antipatriotischem Hauch war wirklich nur ein Hauch.« Es war schließlich Alphonse Merrheim, der die C.G.T. von ihrer »antimilitaristischen Spirale« wegführte. Doch trotz »Zielkorrektur« blieben die Stellungnahmen der C.G.T. bis zum Krieg von der alten Ideologie geprägt.

DER PATRIOTISMUS DER SOZIALISTEN

Der Pazifismus der meisten militanten Sozialisten ließ sich wie bei Jaurès mit ihrem Patriotismus vereinen, vielleicht stellte er sogar selbst eine besondere Form desselben dar. 1893 schrieb Paul Brousse: »Im Augenblick haben wir mehr Vertrauen in die Kanonade von Valmy als in den Generalstreik, der noch nichts gebracht hat.« Der sozialistische Patriotismus fügte sich mühelos in die revolutionäre Tradition ein. Der Abgeordnete Avez, immerhin ein Anhänger Jean Allemanes, rief damals: »Wenn französisches Gebiet überfallen wird, sind wir die ersten bei der Verteidigung des Landes, in dem die Prinzipien der Revolution, des Fortschritts und der Zivilisation zu Hause sind.« Damit ist alles zur Erklärung des Juli 1914 gesagt. Denn diese Einstellung hatte die Dreyfus-Affäre überdauert und beeinflußte Jaurès' Ideologie. Auf dem Kongreß der Sozialistischen Partei im Juni 1914 trat Jaurès als Berichterstatter der Kommission »Imperialismus und Schiedsgericht« auf. Es handelte sich darum, den Antrag, den Édouard Vaillant 1910 eingebracht hatte und in dem für den Kriegsfall der Generalstreik angekündigt wurde, anzunehmen oder abzulehnen. Die Guesdisten und Gustave Hervé, der, wie bereits erwähnt, »eine Zielkorrektur vorgenommen hatte«, stimmten dagegen. Jaurès aber sprach sich eigenartigerweise dafür aus, änderte den Antrag aber wesentlich ab: Der Generalstreik sollte nicht mehr nur ein Mittel sein, um den Krieg zu verhindern, sondern um »einen Schiedsspruch zu erzwingen«.

Diese abgeänderte Textvorlage wurde mit nur 1690 Stimmen gegen 1174 Stimmen bei 83 Enthaltungen angenommen. Jaurès geriet in das Kreuzfeuer der nationalistischen Presse, die ihn des Verrats beschuldigte. Am 18. Juli (dreizehn Tage vor seiner Ermordung) antwortete er: »Es gibt keinen Widerspruch, wenn man alles aufbietet, um einen Krieg zu verhindern, aber dann, wenn der Krieg trotzdem ausbricht, alles daran setzt, um in dem schrecklichen Sturm die Unabhängigkeit und Integrität der Nation zu sichern. Um so schlimmer für jene, die nicht an die Möglichkeit glauben, daß sich beide Aktionen miteinander vereinen lassen. Sie sprächen sich selber schuldig, am Menschengeschlecht oder am Vaterland.«

Als Jaurès diesen Antrag zur Abstimmung vorlegte, hatte er eigentlich vor allem die Aussöhnung mit der Sozialistischen Partei und der C. G. T. im Auge, der er einen Gefallen tun wollte. Jedenfalls ließ sich der Antrag in dieser Form nicht unmittelbar in die Praxis umsetzen. Er zeigte vielmehr, wie er selber sagte, »eine Richtung für die Zukunft an«. Sämtliche Sozialisten waren sich, worauf J.-J. Becker hinwies, darin einig, daß sie, »sollte der Krieg ausbrechen, die Heimat verteidigen und – koste, was es wolle – nach Möglichkeiten suchen würden, um den Konflikt rasch zu beenden«.

DIE TRILOGIE DER NATIONALISTEN

Frankreich erlebte in den zehn Jahren vor dem Ausbruch des Krieges einen nicht zu leugnenden Auftrieb der nationalistischen Ideologie. Dieser wies zwei einander ergänzende Aspekte auf: Einerseits gab er sich in kleinen, aber kampflustigen Zirkeln der Öffentlichkeit energisch und schwungvoll; andererseits herrschte in den Kreisen des politischen Establishments eine unwiderstehliche Welle eines »defensiven Nationalismus«, der sich dort hartnäckig und konsequent durchsetzte. Die erste Richtung berief sich auf drei Leitfiguren: auf Maurice Barrès, Charles Maurras und Charles Péguy. Sie erwuchs aus dem Ekel angesichts des Verfalls einer

Nation, der sich in ihren Augen im Pazifismus und Antipatriotismus manifestierte (wo die Nation doch nach Meinung von Maurras »in der Hierarchie politischer Ideen ganz oben steht«). Sie basierte aber auch auf der überschwenglichen Begeisterung angesichts eines drohenden Krieges, der sich ab 1905 immer deutlicher abzeichnete. Beide Tendenzen sind nicht zu trennen und nur im beiderseitigen Zusammenhang zu verstehen.

Maurice Barrès wurde 1906 in die Académie française aufgenommen und wurde im gleichen Jahr Abgeordneter von Paris. Er beklagte stets, daß die nationale Gemeinschaft »zersetzt und hirnlos« sei, versuchte aber vor allem, sie wiederherzustellen. »Man müßte«, sagte er 1902, »den Dreyfusianismus und Antidreyfusianismus in einer höheren Form vereinen.« Er wollte die höchsten Werte nationaler Verwurzelung wieder neu beleben. Deshalb wollte er die Franzosen glauben machen, daß Elsaß-Lothringen – entgegen allem Anschein übrigens – weiterhin standhaften Widerstand leistete. *»Colette Baudouche«*, die Heldin des gleichnamigen Romans, weigerte sich, einen Deutschen zu heiraten, und bewies damit »ihren Willen, sich nicht zu unterwerfen« und nur das zu akzeptieren, was sich mit ihrem Inneren in Einklang bringen ließ. Der Nationalismus eines Barrès war nicht mehr politischer, sondern nur noch moralischer Natur. Er wollte der Gemeinschaft der Franzosen »Energie« und »nationalen Lebenswillen« zurückgeben. Barrès machte sich selbst im November 1913 den Vorwurf, »Anhänger Boulangers und Antidreyfusiard« gewesen zu sein.

Unter diesen Voraussetzungen war eine Verständigung mit Maurras (1870–1952), einem Gegner vor allem der Demokratie, die seiner Meinung nach von der Geschichte, der Wissenschaft und der Vernunft verurteilt war, ausgeschlossen. Die erste Zusammenkunft der *Action française* fand am 20. Juni 1899 statt und wurde von zwei republikanisch gesinnten Journalisten, Henri Vaugeois und Maurice Pujo, organisiert. Beiden ging es darum, den absoluten Vorrang des Glaubens an die Nation aus antidreyfusianischer Perspektive zu bekräftigen. Keiner von beiden lehnte einen »sozialistischen Einfluß« ab. Maurras, der 1898 eine Verteidigungsschrift für Oberst Henry nach dessen Selbstmord veröffentlicht hatte, lenkte die Bewegung gleich nach seinem Eintritt in eine ganz neue Richtung. 1900 veröffentlichte er *»L'Enquête sur la monarchie«* (»Eine Untersuchung der Monarchie«), worin er, ausgehend von dem »nationalistischen Postulat«, ein gedankliches System entwickelte, das auf die notwendige Wiederherstellung einer »erblichen, traditionellen, antiparlamentarischen und dezentralisierten Monarchie« hinauslief: »Wenn Sie beschlossen haben, Patriot zu sein, sind Sie notwendigerweise auch Royalist.« Dieses Gedankengebäude, das sowohl konterrevolutionären Schriftstellern des 19. Jahrhunderts wie Bonald oder Joseph de Maistre, aber auch Auguste Comte verpflichtet war, faszinierte einen Teil der Intelligenzija: Jules Lemaître und Léon Daudet schlossen sich ihm an. Ab 1905 kamen mit der *Ligue d'action française* (1905) und dem *Institut d'Action française* (1906) zwei militante Organe hinzu. Im März 1908 erschien die erste Nummer der Tageszeitung *»Action française«*.

Vor Ausbruch des Krieges 1914 war die Bewegung fraglos die bestorganisierte aller nationalistischen Gruppierungen. Sie umfaßte 300 Sektionen und Gruppen mit jeweils mindestens vierzig Mitgliedern aus allen Bevölkerungsschichten. Zu ihnen gehörten auch die *Camelots du roi*, die das Quartier Latin in Paris beherrschten. Doch lag der Erfolg der Bewegung in Wirklichkeit eher an ihrer nationalistischen Ideologie als an ihrem Royalismus. Maurras hatte im Gegensatz zu Barrès kein moralisches, sondern vor allem ein politisches Ziel vor Augen. Er wollte das »Gemeinwesen wiederherstellen« und »die fatalen Irrtümer bekämpfen«, die das republikanische Frankreich daran hinderten, gegenüber den Monarchien eine konsequente Außenpolitik zu betreiben. Aber Maurras, wie man sieht, täuschte sich gründlich!

Der Weg von Charles Péguy vom dreyfusianistischen Sozialismus zum kämpferischen Patrioten vollzog sich nicht von heute auf morgen. In seiner politischen Entwicklung zählten drei Erfahrungen: die Gründung der *»Cahiers«*, die Ideologie von Combes und die deutsche Gefahr. 1898 hatte Péguy mit der Mitgift seiner Frau eine Buchhandlung eröffnet, die aber nicht gut lief. Um einen Konkurs zu vermeiden, gründete Lucien Herr die *Société nouvelle de librairie et d'Édition* (Neue Buchhandels- und Verlagsgesellschaft), die fünf Verwalter leiteten: Lucien Herr, der Soziologe François Simiand, der Philologe Mario Roque sowie Hubert Bourgin und Léon Blum. Péguy fungierte als »Delegierter des Verlags«. Der Bruch ließ nicht lange auf sich warten, denn Péguy konnte die »Tyrannei der fünf«, nach einem Wort Daniel Halévys, nicht ertragen, das heißt, er weigerte sich, seine Veröffentlichungen den Vorschriften der sozialistischen Partei anzupassen. Als die fünf einen von ihm entworfenen Text ablehnten, zog er sich »unter dem eisigen Lorgnon des Herrn Blum«, wie er selber erzählte, zurück. Im Januar 1900 erschien das erste *»Cahier de la quinzaine«*. Péguy veröffentlichte alsbald ein weiteres Manuskript, das die fünf abgelehnt hatten, *»Jean Coste«* von B. Lavergne, das von dem Weg eines Lehrerehepaars in den Selbstmord erzählte, nachdem sie Opfer einer erpresserischen Bürokratie geworden waren. Für Péguy bedeutete dieser Roman nur eine Beschreibung der selbst erlebten Hölle.

Ab 1903 spürte Péguy den Zerfall des Dreyfusianismus: Der mystische Dreyfusianismus wandelte sich ganz allmählich in einen parlamentarischen Dreyfusianismus. Einige Jahre später, 1913, beschrieb er diese Entwicklung folgendermaßen: »Der Dreyfusianismus, ein System absoluter Freiheit, absoluter Wahrheit, absoluter Gerechtigkeit und wahrer geistiger Ordnung wurde unter dem Namen des Combismus und Jauresismus ein System des Zwangs, der Staatsräson, der politischen Lüge, der Begünstigung, der Unterdrückung und der Ungleichheit, aber auch zu einem System der Korruption, des Betrugs und der Verderbtheit.«

Ausgehend vom Combismus beschuldigte Péguy die »Intellektuellenpartei«, eine Metaphysik zu besitzen, die Soziologie, und »sie jedem mittels der Regierungsgewalt aufzwingen zu wollen, und zwar sowohl im Bezug auf die Geschichte als auch im Bezug auf die Soziologie, durch einen Mißbrauch der Geschichte und durch die Anwendung der Soziologie, um sich auf diese Weise nach der geistigen auch die materielle Herrschaft zu sichern.« 1906 attackierte er weiter: »Die ganze Partei von Jaurès macht so aus vergreisten jungen Leuten gut erhaltene Intellektuelle, die ihre Seele verkaufen würden, um erstens nicht ihren Militärdienst in einem Departement ableisten zu müssen und zweitens sich einen Teil politischer Macht über die servilen Franzosen unter den Nagel zu reißen und auszuüben.« Die Aktualität eines Péguy ist auch heute noch bewundernswert!

Das Gefühl, von den Combisten und Jauresisten verraten worden zu sein, ging der Bewußtwerdung seines Patriotismus voraus, die eine natürliche Folge jenes Gefühls war. Denn der Internationalismus eines Jaurès erschien Péguy nur als ein Teil der verderblichen Jaurèsschen Metaphysik, die Freiheit und Nation zerstörte. Es ist kaum zu bestreiten, daß der Wendepunkt in das Jahr 1905 fiel: Die Rede Wilhelms II. in Tanger öffnete ihm die Augen. Hier ein Ausschnitt aus *»Notre Patrie«* vom 22. Oktober 1905:

»Wie alle anderen kehrte ich morgens um neun Uhr nach Paris zurück;

wie alle, das heißt, wie etwa achthundert bis neunhundert Menschen wurde mir im Verlauf der nächsten zwei Stunden bis gegen halb zwölf Uhr klar, daß ein neuer Abschnitt in meinem Leben, in der Geschichte dieses Landes und sicher auch in der Geschichte der Welt begonnen hatte.

(...) Wir waren also nach Paris gekommen und fühlten uns etwas befreit von den früheren Sorgen... Es gab nur mehr eine uns bekannte Welt, die Welt der täglichen Sorgen, die feindliche und den vertrauten Sorgen verwandte Welt.

Wie an einem Morgen alle, ich meine damit die oben angegebene Zahl, wußten, daß Frankreich vor einer drohenden Invasion der Deutschen stand, das will ich zuerst schreiben...

Alle, so wie ich es sagte, alle erfuhren gleichzeitig, daß die drohende deutsche Invasion aktuell gegenwärtig, daß sie da war, daß die unmittelbare Drohung wirklich war (...) Das Wissen um die Wirklichkeit verbreitete sich Schritt für Schritt, aber es verbreitete sich wie eine innere Ansteckung, eine Ansteckung des inneren Wissens, der Erkenntnis, der fast platonischen Erinnerung und der früheren Gewißheit, nicht wie eine gewöhnliche wörtliche Mitteilung: in Wirklichkeit fand jeder in sich selbst, empfing und fand wieder dieses totale, unmittelbare, fertige, taube und unbewegliche Wissen um die Bedrohung, die da war.«

Unsere Hypothese ist einfach: die umwälzende Veränderung, die Péguy empfand, war keine individuelle und vereinzelte Empfindung, sondern wurde auch von anderen so gefühlt, die es nicht sagten. Diesen Standpunkt vertritt auch Eugen Weber, der amerikanische Historiker des französischen Nationalismus, denn nach Tanger hatte sich etwas ereignet, das nicht mehr rückgängig gemacht werden konnte. Dieses Ereignis führte zu einer Bewußtseinserschütterung, die nur Péguy zu beschreiben vermochte. Sein späterer Weg verlief stürmisch und schmerzhaft. Immer heftiger attackierte er die »Intellektuellenpartei«, die »Alten« wie Ernest Lavisse oder Charles Seignobos, die deren Führung übernommen hatten. Er griff die Liga der Menschenrechte an, der er den Patriotismus der Männer der Revolution von 1789 entgegenhielt: »Wir fragen Mathiez«, schrieb er im April 1913, »was unter der Herrschaft des Nationalkonvents geschah und wie man die inneren Feinde behandelte.« »Man darf sich nichts vormachen: Die Politik des Nationalkonvents heute wäre Jaurès in einem Karren und ein Trommelwirbel, der diese laute Stimme übertönt.«

In seinen letzten Schriften widmete er sich vor allem dem Geld: das

Sparbuch galt ihm als Symbol für die Niederträchtigkeit der Welt. Diese letzte kritische Analyse blieb unvollendet: Charles Péguy wurde am 1. August 1914 einberufen und starb am 5. September in Villeroy als Leutnant des 276. Infanterieregiments. Eine Kugel hatte ihn in die Stirn getroffen.

DER »DEFENSIVE« NATIONALISMUS

Péguys Stimme war keine vereinzelte Stimme. Unter dem Pseudonym »Agathon« veröffentlichten Gabriel de Tarde und Henri Massis eine Untersuchung mit dem Titel *»Les Jeunes d'aujourd'hui«* (»Die Jugend von heute«), die eine Reihe von Interviews mit Studenten im Alter zwischen achtzehn und zwanzig Jahren enthielt. »Agathon« folgerte daraus einen intensiven »patriotischen Glauben« dieser Jugend, verbunden mit einer Hinwendung zu neuen Werten, die er als Zeichen einer französischen Wiedergeburt verstand: Heroismus, Pflege der klassischen Tradition, moralische Erneuerung, politischer Realismus. Die neuere Geschichtsschreibung hat ohne ersichtlichen Grund versucht, die Bedeutung dieser Untersuchung herunterzuspielen. Auch wenn nur eine »Elitejugend« befragt wurde, stellte diese Befragung doch ein beachtliches Zeugnis über Ursachen und Herkunft dieser neuen Empfindungen dar. Wie einer der Befragten sagte, handelte es sich um einen »defensiven Patriotismus«, der entstand, weil »uns Deutschland seit 1905 nicht mehr in Ruhe gelassen hat« und Frankreich damit »in ständiger Kriegsgefahr« halten wollte. Darüber hinaus bedeutete dieser Nationalismus vor allem eine Rückkehr zu den Quellen: »Ich würde genauso kämpfen, um ein Sonett von Ronsard oder eine Provinz im Osten, ein Bild von Poussin oder eine Landschaft der Ile-de-France zu retten. Durch das eine wie das andere verstehe ich mich selber besser; ich verliere jede Unruhe und mag mich selber mehr.« Ähnliche Empfindungen äußerte Albert Malet, Professor am Lycée Louis-Le-Grand, der aktiv gegen den Pazifismus kämpfte und in seinen Büchern, die er für den Unterricht an den Gymnasien schrieb, die dreijährige Militärdienstzeit mit der »deutschen Gefahr« rechtfertigte.

Im ganzen gesehen hatte das Gefühl einer »deutschen Gefahr« den Aufschwung einer Literatur bewirkt, die ganz im Geiste eines Barrès *»La*

Renaissance de l'orgueil français« (»Die Wiedergeburt des französischen Stolzes«) – so auch der Titel eines Buches von Étienne Rey, das 1912 erschien – hervorhob. Diese Literatur vergegenwärtigte immer mehr die Idee eines bevorstehenden Krieges, den nicht die Franzosen, sondern die Deutschen wollten. Sie ließ die Vorstellung von einem Elsaß-Lothringen wieder aufleben, das auf seine nahe Befreiung wartete, obwohl die Entwicklung beider Provinzen offensichtlich eine andere Richtung genommen hatte. Seit dem Erscheinen von *»Les Oberlé«* von René Bazin (1901) bis hin zu *»Juste Lobel, Alsacien«* (1911) von André Lichtenberger hatte sich eine literarische Strömung herausgebildet, die die Erinnerung an die verlorenen Provinzen wieder wach werden ließ. 1907 wurde das Komitee *Vers l'Alsace* gegründet, dem Raymond Poincaré angehörte; 1909 gründete Georges Ducrocq die Zeitschrift *»Les Marches de l'Est«*. Der kleinste Zwischenfall wie die polizeilichen Maßnahmen, die der Karikaturist Hansi zu spüren bekam, oder der unbedeutende Vorfall, der sich im November 1912 in Zabern ereignete, als Offiziere aus der deutschen Garnison der Bevölkerung des Ortes gegenüberstanden, wurde benutzt, um das Thema des elsässisch-lothringischen Martyriums immer neu zu variieren.

In parlamentarischen und literarischen Kreisen bildeten sich andere Strömungen heraus, die eine pazifistische Ideologie und den Willen zur Versöhnung vertraten, doch waren sie in ihrer Zweideutigkeit ebenso vielfältig wie der sozialistische Pazifismus. Romain Rolland zeichnete in seinem Roman *»Jean-Christophe«*, der zwischen 1904 und 1912 erschien, kein positives Bild des Deutschen Reiches unter Wilhelm II. Der Sieg von 1870 hatte in den Augen Rollands das frühere Deutschland zerstört; er betrachtete ihn als »eine Abdankung, ja Herabwürdigung des deutschen Ideals«. Der Sieg der Gewalt implizierte für Rolland ein unvermeidliches Absinken. In Wirklichkeit bot *»Jean-Christophe«* seinen französischen Lesern eine grausame Satire auf das Deutschland der damaligen Zeit. In diesem Roman wurde dem Land, in dem »der Stolz einer neuen Kraft« entstand, ein Frankreich gegenübergestellt, das von destruktiven Streitigkeiten und fruchtlosem Individualismus heimgesucht wurde. Tatsächlich beschreibt Romain Rollands Buch diese Gegenüberstellung als recht fatal. Im Jahr 1912, nach Erscheinen des letzten Bandes von Rollands Zyklus, präsentierte Charles Andler, Absolvent der École Normale, Professor an der Sorbonne und Sozialist, der französischen Öffentlichkeit eine harsche Kritik der deutschen Sozialdemokratie und ihrer offen imperialistischen

Ziele. Jaurès Versuch, den Eindruck, den Andlers Schriften hinterließen, zu verwischen, gelang nicht.

So muß man doch, ohne die ehrliche Absicht und die Intensität der pazifistischen Tendenzen leugnen zu wollen, ihre Grenzen markieren, denn die Realität im damaligen Deutschland sah anders aus. Die Pazifisten konnten weder den Machtzuwachs des östlichen Nachbarn noch die Existenz einer nationalistisch-pangermanistischen Strömung ignorieren, der man Widerstand leisten mußte. Am Vorabend des Krieges wurden jedoch Versuche unternommen, um den Konflikt zu vermeiden. Jeweils im Mai der Jahre 1913 und 1914 trafen sich deutsche und französische Volksvertreter zu interparlamentarischen Konferenzen in Bern und in Basel. Etwa 120–150 Sozialisten, Radikale oder Linksrepublikaner der französischen Nationalversammlung trafen sich mit etwa vierzig deutschen Parlamentariern. In Bern beschloß man die Bildung eines deutsch-französischen Komitees, das auch Elsaß-Lothringen umfaßte und das sich »die Verständigung beider Länder durch ein gemeinsames zivilisatorisches Werk« zum Ziel gesetzt hatte. Unter den Initiatoren dieses parlamentarischen Pazifismus ragte der bürgerliche Senator Estournelles de Constans (1852–1924) heraus, der Frankreich im Jahre 1907 auf der Friedenskonferenz in Den Haag vertreten und den Friedensnobelpreis erhalten hatte. Im Juli 1914 unterzeichneten 70 Intellektuelle einen Text, in dem sie öffentlich erklärten, daß »die Hoffnung auf eine Rückkehr der beiden Provinzen« als »Chimäre« betrachtet werden müsse und nicht der »innersten Überzeugung der Elsaß-Lothringer« entspreche.

Dieser Pazifismus hatte in der Tat seine Grenzen. Schrieb nicht Paul Cambon persönlich am 12. Mai 1909 an Estournelles: »Sie reden von gegenseitigem guten Willen; doch Sie wissen genau, daß die Voraussetzungen *sine quibus non* Deutschlands für eine Annäherung sind: 1. der Bruch unserer Entente mit England, 2. die offizielle Aufgabe jedes friedlichen oder bewaffneten Anspruchs auf Elsaß-Lothringen. Was mich an Ihrer Sache ärgert ist, daß Sie zwar selbst voller Patriotismus und Mut sind und sich dennoch zum Wortführer von Leuten machen, die aus sentimentaler Dummheit oder einfach nur Feigheit antipatriotisch sind.«

Damit waren die Grenzen des Pazifismus gezogen. Man konnte den Gesprächspartner immer verdächtigen, er hege Hintergedanken, aber die Pazifisten machten sich zu Werkzeugen der Bekräftigung eines inakzeptablen Status quo.

Clemenceaus Haltung war zu diesem Zeitpunkt wesentlich typischer für die Meinung der politischen Schicht insgesamt als Estournelles de Constans. Er definierte sehr genau den Begriff des »defensiven Patriotismus«, von dem wir soeben sprachen. Auch Clemenceau betrachtete sich als Pazifisten, aber in einem sehr speziellen Sinn. Bei der Beratung über die Konvention vom 4. November 1911 verkündete er: »Wir glauben nicht, daß die logische Folge unserer Niederlage die Vasallität ist (...) Wir sind friedlich, aber wir sind nicht unterwürfig (...) Wenn man uns den Krieg aufzwingt, werden wir ihn führen.« Um den dreijährigen Militärdienst durchzusetzen, ging er sogar soweit, in einem Leitartikel vom 24. Mai 1913 unter dem Titel *»Vouloir mourir«* (»Sterben wollen«), den Krieg zu rühmen, »der Menschenleben in einem gewaltigen Sturm von Eisen hinwegfegen wird«. Am 15. Juli 1914 fügte er jedoch hinzu: »Es genügt nicht, ein Held zu sein, wir wollen Sieger sein.«

Damit stand er nicht allein. Die nationale Frage hatte die Politik der letzten Monate vor Kriegsbeginn beherrscht. Caillaux' Sturz im Januar 1912 kurz nach der zweiten Marokkokrise und die Machtübernahme Poincarés setzten ebenso wie seine Wahl zum Präsidenten der Republik ein Jahr später einen äußerst nationalistischen Akzent. In seiner Rede vor beiden Kammern am 20. Februar 1913 versicherte Poincaré: »Ein Volk kann nur dann im Frieden leben, wenn es sich stets kriegsbereit hält. Ein geschwächtes Frankreich, ein Frankreich, das durch eigene Schuld Herausforderungen und Demütigungen ausgesetzt wäre, wäre kein Frankreich.« So entstand in Wirklichkeit eine neue parlamentarische Mehrheit, die an die neunziger Jahre erinnerte; diese billigte am 7. Juli 1913 mit 339 gegen 223 Stimmen das Gesetz über die dreijährige Dienstzeit. Bei den Radikalen stimmten nur einige wenige Abgeordnete dafür, jedoch die allermeisten Senatoren. Die Regierung Barthou, die das Gesetz verabschiedete, fiel am 2. Dezember 1913 über die Steuerfrage. Die neue Regierungsmannschaft um Gaston Doumergue behielt trotz ihrer wesentlich stärkeren Linksorientierung die dreijährige Dienstzeit bei. Der Unterstaatssekretär im Kriegsministerium war kein geringerer als André Maginot, Mitglied der *Alliance démocratique*.

Das Hauptthema der Wahlen im April–Mai 1914 war die dreijährige Militärdienstzeit. Obwohl man damals überwiegend glaubte, daß ihre Befürworter verloren hätten, fand sich in Wirklichkeit eine wenn auch schwache und labile Mehrheit dafür. Nach der Zahl der abgegebenen

Stimmen zu urteilen, stimmten 55 Prozent der Franzosen für Anhänger und nur 44 Prozent für Gegner des Gesetzes. Daß die letzteren dennoch eine Mehrheit an Sitzen errangen, lag ausschließlich an den Eigenheiten des Wahlsystems. Die Linke war mit 104 Sozialisten, 24 sozialistischen Republikanern, 172 Radikalen – also zusammen der Hälfte der Sitze – überrepräsentiert. Die verschiedenen Parteien der Mitte verfügten über 180 Abgeordnete, die Rechte über 121 Mandate. Es hatte einen spürbaren Linksruck gegeben. Alexandre Ribot scheiterte am 12. Juni 1914 mit der Regierungsbildung, worauf René Viviani ein Kabinett bildete, in dem Abel Ferry, der Neffe Jules Ferrys, das Amt des Unterstaatssekretärs im Außenministerium erhielt. Viviani befürwortete den dreijährigen Militärdienst und bekam bei seiner Regierungserklärung 362 Stimmen bei 139 Gegenstimmen. Am 18. Juni stellte *»L'Humanité«* fest: »Frankreich wurde zum Narren gehalten.« Geben wir zu, daß es das mit sich geschehen ließ. Eines aber ist sicher: die Gegner der dreijährigen Dienstzeit waren keineswegs mehr sicher, ob sie recht hatten.

Die Mobilmachung stieß, wie bereits erwähnt, auf keine große Begeisterung, eher schon auf resignatives Vertrauen. Um diese Einstellung eines Landes zu verstehen, das antimilitaristischer Propaganda ausgesetzt war, muß man sich an die Doppelbödigkeit des republikanischen und sozialistischen Pazifismus erinnern. Ein typisches Beispiel sind die Lehrer. Unter ihnen fanden sich engagierte Aktivisten des internationalen Antimilitarismus, die seit 1911 polizeilich verfolgt wurden. Sie alle hatten ihren Schülern eine pazifistische Moral gepredigt. Doch waren sie von einem unglaublichen Heroismus beseelt. Jacques Ozouf hatte gezeigt, daß dies kein Widerspruch in sich sein mußte: »Wenn die Republik Lehrmeisterin der Nationen ist, dann deshalb, weil das republikanische Frankreich seine Sache immer mühelos mit der Sache der Menschheit gleichgesetzt hat. Das Gefühl dieser Wesensgleichheit wurde von den Lehrern nie ernsthaft bezweifelt.« Ferdinand Buisson, ehemaliger Pazifist der sechziger Jahre, versicherte im *»Manuel général«* von 1905: »Die Volksschule (...) unterrichtet und lehrt die absolute Verpflichtung eines jungen Franzosen, das Opfer anzunehmen, das ihm sein Land auferlegt, und sei es auch das seines Lebens.« Charles de Gaulle schrieb in seinen *»Memoiren«:* »Ich muß sagen, daß ich mir seit meiner frühesten Jugend dieses unbekannte Abenteuer vorstellte und dabei keinen Schrecken bekam, sondern es mir in den prächtigsten Farben ausmalte.«

KAPITEL V

»Das unbekannte Abenteuer«

Am 28. Juni 1914 wurde Erzherzog Franz Ferdinand von Österreich in Sarajewo in Bosnien von einem Studenten ermordet, einem Mitglied der serbischen Nationalistenbewegung, deren Führer der Chef des serbischen Nachrichtendienstes war. Am 5. Juli wurden in Berlin ein Handschreiben des Kaisers und ein Memorandum übergeben, in denen um deutsche Rückendeckung für die österreichische Balkanpolitik nachgesucht wurde, die Wilhelm II. auch gewährte. Am 23. Juli richtete Österreich ein (von Deutschland grundsätzlich gebilligtes) Ultimatum an Serbien, in dem die Beendigung aller nationalistischen Umtriebe sowie die Teilnahme des serbischen Staats an der Untersuchung des Attentats und der Suche nach weiteren Komplizen unter Mitwirkung österreichisch-ungarischer Polizeibeamter auf serbischem Territorium gefordert wurde. Die deutsche Regierung versicherte, ihr sei an einer lokalen Begrenzung des Konflikts gelegen. Doch mußte schnell gehandelt werden: Am 25. Juli akzeptierte Serbien das Ultimatum, nicht aber seinen letzten Punkt, der die Modalitäten der polizeilichen Untersuchung betraf. Am Nachmittag des 25. Juli rief Serbien eine Teilmobilmachung aus, ebenso auch Österreich, das acht Armeekorps mobilisierte. Am 26. Juli schlug Großbritannien eine Botschafterkonferenz vor, an der Frankreich, Deutschland, Italien und Großbritannien teilnehmen sollten, um nach einer Lösung des Konflikts zu suchen. Deutschland seinerseits schlug Verhandlungen zwischen den beiden Hauptbeteiligten Rußland und Österreich vor, doch ohne Erfolg. Am 28. Juli erklärte Österreich Serbien den Krieg; am 29. Juli beschloß Rußland die Mobilmachung von dreizehn Armeekorps. Sir Edward Grey, der britische Außenminister, bot noch einmal seine Vermittlung an und schlug Österreich als »Pfand« die Besetzung Belgrads vor, um die Verhandlungen in Gang zu bringen. Zwar liebäugelte Reichskanzler Bethmann-Hollweg für kurze Zeit mit dieser Lösung, aber Österreich lehnte ab. Am 28. Juli verlangte Deutschland den Stopp der russischen Mobilmachung, doch Rußland rief am 30. Juli trotz der Warnungen Frankreichs die Generalmobilmachung aus. Von nun an hatten die Generalstäbe das Wort, die einen Überraschungsangriff fürchteten. Am 31. Juli stellte das Deutsche Reich Rußland ein Ultimatum, in dem gefordert wurde, die Maßnahmen für eine Mobilmachung einzustellen, und fragte in einem weiteren Ultimatum bei Frankreich an, welche Haltung es im Fall eines deutsch-russischen Krieges einzunehmen beabsichtige. Als Deutschland keine zufriedenstellende Antwort erhielt, machte es am 1. August mobil und erklärte Rußland den Krieg. Auch Frankreich machte am selben Tag mobil. Am 2. August forderte Deutschland von Belgien freien Durchzug für seine Truppen. Am 3. August erklärte es Frankreich den Krieg. Die Verletzung der belgischen Neutralität veranlaßte Großbritannien am 4. August zu einem Ultimatum an Deutschland, was einer Kriegserklärung gleichkam. Nur Italien und Rumänien verhielten sich zunächst weiterhin neutral.

DER KRIEG WIRD AKZEPTIERT

Die am 1. August 1914 in Frankreich ausgerufene Mobilmachung verlief unter zufriedenstellenden Umständen. Die Pläne für die Generalstreiks fielen wie Kartenhäuser zusammen; die technische Durchführung der Einberufung verlief reibungslos, die Moral der Truppen war zufriedenstellend. In den Tagen vor der Mobilmachung war es in Paris und in den Provinzen zu pazifistischen Demonstrationen gekommen, die am 30. Juli ihren Höhepunkt erreichten. Sie waren größer, als man bisher angenommen hatte; doch bei ihnen ging es vor allem darum, den Ablauf einer diplomatischen Krise zu beeinflussen, von der man glaubte, sie müsse so lange dauern wie die vorangegangenen. Ein Journalist aus der Picardie faßte seine Eindrücke zusammen: »Diejenigen, die ›Nieder mit dem Krieg!‹ rufen, sind heute die ersten, die morgen zum Gewehr greifen.« Am 28. Juli 1914 versammelten sich am Sitz der C. G. T. abends um neun Uhr Vertreter aller Gewerkschaften; man zählte sechzig anwesende Aktivisten. »Alle hatten Angst und fürchteten um ihr Leben«, schrieb später G. Dumoulin. Jeder dachte, daß die Verantwortlichen festgenommen würden, und es war ja auch alles getan worden, damit sie dies glaubten.

Man fühlte sich von Exekutionskommandos oder vom Internierungslager bedroht. Am Vorabend war Léon Jouhaux zufällig in Brüssel mit dem Sekretär des deutschen Gewerkschaftsbundes Karl Legien zusammengetroffen. Er wußte, erzählte derselbe Dumoulin, der bei der Unterhaltung zugegen war, daß es »keine Hoffnung mehr gab«. Von diesem Zeitpunkt an unternahm Jouhaux nichts mehr, was die Furcht vor einer Verhaftung hätte mildern können, noch betrieb er irgendwelche weitere revolutionäre Resolutionen; das heißt, er handelte im Sinne einer Mäßigung. Es wurde eine Kommission eingesetzt mit dem Auftrag, ein Manifest abzufassen. Die Beweggründe dieser Männer lagen auf der Hand: Sie hatten keine Angst vor einer Verhaftung, weil sie das physische Risiko gefürchtet hätten, sondern wegen der Anklage des Verrats, der ihnen angelastet werden könnte. Sie fürchteten nicht den Tod und die Verhaftung, sondern die öffentliche Schande.

Die Tendenz zur Mäßigung zeigte sich auch bei der Versammlung der Gewerkschaftsräte im Bezirk Seine. Um halb elf Uhr abends stellte sich Jules Bled die Frage, ob »die Franzosen nicht die Betrogenen wären, wenn sie den Generalstreik mit allen Konsequenzen ausrufen würden.« Tatsächlich kam es am 30. Juli nicht zu den beabsichtigten Festnahmen, nachdem es Innenminister Malvy schließlich doch noch gelungen war, die Regierung davon zu überzeugen, daß eine Verfolgung der aktiven Gewerkschaftler und der Verdächtigen der »Liste B« unnötig sei. Zwar zeigten sich erneute Anzeichen für einen Widerstand, doch fanden die Anführer der C.G.T. einen Ausweg, indem sie sich hinter die Sozialistische Partei stellten, was einen Verzicht auf den Generalstreik bedeutete. Am 30. Juli bemühten sie sich um ein Zusammentreffen mit den Parteiführern, am 31. wurde auf einer neuerlichen Versammlung des Bündniskomitees – nachdem Jaurès' Ermordung bekanntgeworden war – formell entschieden, den Initiativen der Sozialistischen Partei Folge zu leisten.

Jean Jaurès' Ermordung besaß in der Geschichte des Krieges nicht die Bedeutung, die ihr gewisse Historiker gerne zuweisen. Sicher trug sie symbolhaften Charakter, aber niemand würde ernsthaft behaupten wollen, Jaurès hätte, wenn er noch gelebt hätte, die *Union sacrée,* das heißt den Zusammenschluß aller Parteien gegen den gemeinsamen Feind, nicht gebilligt. Jean Jaurès hatte die Zeit vor dem Kriegsausbruch in »einer Art von Verzweiflung« erlebt, wie er in seiner letzten Rede am 25. Juli in Lyon sagte. Er versicherte mit Nachdruck, er sei überzeugt von den friedlichen

Absichten der französischen Politik, machte aber immer noch den Imperialismus für den Krieg verantwortlich. Beim Treffen der sozialistischen Gruppe in der Nationalversammlung am 28. Juli änderte sich die Tonlage: Österreich wurde nun als der Schuldige angesehen. Die Sozialisten stellten sich hinter die Regierung. Am 29. Juli wagte Gustave Hervé laut auszusprechen, was alle dachten. In *»La Guerre sociale«* schrieb er einen Artikel *»Ni insurrection ni grève générale«* (»Weder Aufstand noch Generalstreik«). Die sozialistischen Organisationen hatten faktisch jeden Gedanken an eine Störung der Mobilmachung verworfen.

Jaurès hielt seine letzte Rede am 29. Juli vor dem Sozialistischen Internationalen Büro in Brüssel. Er versicherte erneut, die französische Regierung handle friedfertig, er stimme für eine präzise Gegenaktion gegen den Krieg nur im Falle eines offensiven Vorgehens Rußlands. Jaurès zeigte sich hinsichtlich des Ausgangs der Krise zunächst noch optimistisch. Dieser Optimismus wich im Laufe des 31. Juli jedoch einer immer stärkeren Unruhe, denn er bemerkte, daß die russische Regierung auch ihren Teil der Verantwortung an der Krise trug und die französische Regierung entschlossener hätte für den Frieden eintreten können. Seine Ermordung – die Tat eines durch die nationalistische Presse provozierten Einzelgängers – erregte nach Meinung von J.-J. Becker nur »ein sehr flüchtiges Interesse«. Bei den Trauerfeierlichkeiten definierte Léon Jouhaux die innere Annäherung der C. G. T. an den Krieg im Sinne der revolutionären Tradition der Soldaten des Jahres II (1793), »die die Freiheit in die Welt trugen«. Miguel Almeyreda, der Hervé sehr nahestand, schrieb am 1. August: »Frankreich will den Frieden [...]. Wenn der deutsche Kaiser [...] das Verbrechen begeht, die Katastrophe auszulösen, dann sind wir bereit.« Am 2. August stimmten die sozialistischen Führer in der Salle Wagram für den Krieg und die Teilnahme an der nationalen Verteidigung. Unter den Rednern befanden sich Jean Longuet, der Schwiegersohn von Karl Marx, und der betagte Édouard Vaillant. Gustave Hervés Rede schwang sich gar bis zu einem bedingungslosen »Kampf bis zum letzten Mann!« hoch.

Am 4. August fand in der Kammer die entscheidende Sitzung statt, die die *Union sacrée* besiegelte; dieser Begriff stammte aus einer Botschaft Raymond Poincarés, die Ministerpräsident Viviani verlas. Tags zuvor war die Regierung geringfügig umgebildet worden; neu war, daß der Ministerpräsident darin kein eigenes Ressort mehr übernahm. Die Regierung erhielt die Sondervollmachten, die sie gefordert hatte, und die Kammer vertagte sich auf unbestimmte Zeit. Die eigentliche Bedeutung der *Union sacrée*, die hier erläutert werden muß, bestand darin, daß es sich dabei, nach einem Ausdruck J.-J. Beckers, zwar um ein nationales »Verteidigungsbündnis«, nicht aber um den Verzicht auf Kontroversen zwischen den Parteien handelte. Die Wahlen im sechsten Wahlkreis des Departements Rhône nach dem Tod eines Abgeordneten fanden am 10. August statt. Die Wahlbeteiligung war sehr hoch, und am Ende wurde der Sozialist Markus Moutet ohne Schwierigkeiten gewählt. Auch die Kommentare von Barrès und Longuet nach dem Tod von Charles Péguy sprachen gleichermaßen für sich. Barrès erklärte: »Die Erneuerung wird ihren Nutzen ziehen aus dem Werk Péguys, das durch sein Opfer die wahre Echtheit erlangt hat!« Und Jean Longuet meinte: »Wir haben ihm seine gedanklichen Irrtümer verziehen, denn er besaß ein seltenes Talent und unbestreitbaren Mut.« Was Émile Combes betraf, so machte er sich über den aufkommenden Heroismus der Geistlichkeit nach 1915 Sorgen, denn er befürchtete die Forderung nach der Wiedereinsetzung des Konkordats!

Technisch gesehen war die Mobilmachung ein voller Erfolg. Die Organisation der Truppentransporte, die zwar die Verantwortung der Militärs unterstanden, in Wirklichkeit aber von den Eisenbahnern abgewikkelt wurden, verlief ohne Klagen. Alles klappte wie »der Mechanismus eines Uhrwerks«, stellte ein leitender Angestellter der nordfranzösischen Eisenbahngesellschaft fest. Was die Stimmung betrifft, so herrschte eher eine Atmosphäre »tiefer Resignation und diffuser Beklemmung«, wie der Historiker André Latreille bezeugte. Es gab eigentlich keinen feierlichen Aufruf zu den Waffen; die Mehrheit der Franzosen wurde überrascht. Von allen Zeugnissen seien zwei für die französische Provinzbevölkerung typische Reaktionen herausgegriffen: Im burgundischen Thénissey (Departement Côte-d'Or), »kündigten die Glocken das schreckliche Ereignis an. Die ganze Bevölkerung begriff den Ernst der Stunde. Viele weinten, aber niemand dachte daran, sich seiner Pflicht zu entziehen.« In Rioux (Charente-Inférieure) schickten sich die meisten Bürger resigniert in das Unvermeidliche. Es gab weder heftige Gefühlsbekundungen noch Wutgeschrei.« Zwei Worte standen für diese Reaktion: Betroffenheit und Bereitschaft. Im Languedoc herrschte »entschlossene Resignation« vor. Das Gefühl, seine Pflicht erfüllen zu müssen, verbunden mit der Hoffnung, etwas Großes zu vollbringen, überwog alle anderen.

Insgesamt gesehen war die Kriegsbegeisterung in den Städten, wo es zu zahlreichen patriotischen Demonstrationen kam, größer als auf dem Land. Doch sollte man deren Bedeutung nicht überbewerten. In Frankreich wußte am Abend des 1. August jeder um den Ernst der Stunde. Die Abfahrt der Soldaten war für die Bevölkerung Anlaß, am Bahnhof ihre Unterstützung zu bekunden, doch sollte man nicht, wie dies oft der Fall war, die blinde Begeisterung der Massen übertreiben. Obwohl jedermann meinte, der Krieg dauere nicht lange, und an einen sicheren Sieg glaubte, konnte doch niemand seine Unruhe verbergen. Leutnant Charles de Gaulle hat »resolut wirkende Leute beobachtet, die mit ihren Tränen kämpften«.

Zahlreiche Franzosen meldeten sich aus patriotischen Gründen zu den Fahnen, einer davon war der dreiundfünfzigjährige Albert Malet, der später als vermißt gemeldet wurde. Viele ehemalige Unteroffiziere und Offiziere ließen sich reaktivieren, wohingegen sich etwa 1,5 Prozent der Dienstpflichtigen ihrer Einberufung entzogen. Desgleichen ließen sich mancherorts hartnäckig antimilitaristische Gefühle nicht ganz ausschalten, wobei es auch zu einigen Zwischenfällen kam, wie Kriegsgerichtsarchive belegen. In Saint-Étienne – hier handelte es sich um einen einmaligen Fall – formierte sich eine kleine Gruppe von Anarchisten zu einer Art Partisanenbewegung – doch nur für wenige Tage! Die große Mehrheit der Franzosen bejahte den Krieg, denn in ihren Augen handelte es sich um einen gerechten Krieg, eine Meinung, die auch innerhalb der Arbeiterschaft vorherrschte.

Die Mobilmachung 1914 war nur der erste Akt des Krieges; er sollte entgegen allen Prognosen noch lange dauern. Die Zahl der 1914 aufgebotenen Truppen belief sich auf 2,9 Millionen Mann; weitere Truppen, insgesamt 2,7 Millionen Mann, wurden 1915 aufgestellt. Insgesamt mobilisierte Frankreich im Ersten Weltkrieg 7395000 Soldaten, ohne die 607000 Eingeborenen aus den Kolonien, die noch dazukamen. In Algerien meldeten sich zu Kriegsbeginn 27000 Freiwillige. Ihre Zahl stieg 1917 auf 45000 Mann. 1916 beschloß man, zehn Prozent der algerischen Wehrpflichtigen einzuberufen; 18695 Mann wurden der kämpfenden Truppe zugeteilt und 10000 Mann den Nachschub- und Verpflegungseinheiten. Das zweitgrößte koloniale Truppenkontingent stammte aus dem Senegal, vor allem den *Quatre Communes,* in denen man Massenaushebungen vornahm. Diese Rekrutierung löste 1915 einen schweren Aufstand im

Obervolta aus. Französisch-Westafrika stellte insgesamt 170800 Mann und Indochina fast 50000 Mann.

Bevor im folgenden kurz die militärischen Ereignisse skizziert werden, seien zunächst noch die Kriegsverluste präzisiert: Jeder fünfte Franzose (genau gesagt 21 Prozent) war zu den Waffen gerufen worden, aber nur 84 Prozent der Streitkräfte kehrten zurück, das heißt, daß fast jeder sechste der Einberufenen gefallen war. Der Prozentsatz an Gefallenen bei den Kolonialtruppen erreichte etwa den der Franzosen. Bei den Algeriern betrug er 14,5 Prozent, dagegen 22 Prozent bei den Soldaten aus Französisch-Westafrika. Die Tapferkeit dieser Männer im Kampf stand hinter der der Franzosen nicht zurück. Die Zahl der Verwundeten in den französischen Streitkräften belief sich auf 2,8 Millionen.

DER KRIEGSBEGINN

General Joffre leitete von seinem Hauptquartier in Vitry-le-François aus die Operationen der ersten Kriegsmonate mit kaltblütiger Gelassenheit. Plan XVII sah eine Offensive im Osten vor. Trotz der deutschen Invasion in Belgien seit dem 6. August 1914, die mit der Besetzung von Namur am 23. August endete, setzte Joffre ab dem 14. August die erste und zweite französische Armee in Richtung Saarburg und Saarbrücken in Bewegung. Dieser Vormarsch kam am 20. August in Morhange zum Stehen. Doch die deutschen Truppen, die sich an ihre Verfolgung gemacht hatten, wurden ihrerseits am 24. und 26. August vor Nancy und durch eine Linie von Schanzgräben gestoppt. Am 20. August eröffneten die dritte und vierte Armee die Offensive in den Ardennen und Luxemburg. Doch auch sie mußten sich zurückziehen.

Dennoch waren diese Operationen nicht ganz wirkungslos. Die Offensive vom 14. August zwang den deutschen Generalstab zum Verzicht auf seinen Plan, die siebte Armee von Straßburg nach Aachen zu verlegen. Damit konnte das Kräftegleichgewicht im Westabschnitt der Front gewahrt bleiben. In diesem Bereich hatte General de Lanrezac, der Kommandeur der fünften Armee, auf seinem linken Flügel die Verbindung zu Marschall French hergestellt und bereitete für den 23. August einen eigenen Angriff vor. Nachdem Lanrezac vom Rückzug der vierten Armee erfahren hatte, mußte er jedoch darauf verzichten und gab am 23. August abends den Befehl zum Rückzug; tags darauf ordnete General Joffre den allgemeinen Rückzug an.

Die französischen Mißerfolge waren nicht etwa auf strategische Fehler zurückzuführen, sondern die Folge einer erdrückenden taktischen Unterlegenheit. Die Offiziere wandten die Grundsätze nicht an, die man ihnen beigebracht hatte. Im Reglement von 1913 wurde eine »enge, ständige und absolute« Zusammenarbeit zwischen Infanterie und Artillerie gefordert. Danach durfte kein Angriff ohne hinreichende Artillerievorbereitung und ohne genauen Plan des vorgesehenen Kampfverlaufs erfolgen. Es handelte sich somit nicht um ein Scheitern der Doktrin, sondern schlicht um deren Nichtbefolgung. Auch spielte die unerwartete Intensität der deutschen Feuerkraft eine Rolle, die viele Offiziere verwirrte. Joffre ordnete daraufhin an, »die gesamte Artillerie ohne Rücksicht auf Personalaufwand und Munitionsverbrauch zusammenzufassen«. Der Angriff, meinte er, »muß von stärkstem Geschützfeuer vorbereitet und begleitet werden«; damit erinnerte er nur an Grundsätze, die, da sie ja altbekannt waren, schließlich seit Ende August mühelos angewandt wurden.

Der lange und ermüdende Rückzug vollzog sich geordnet. Am 29. August konnte General de Lanrezac bei Guise einen wichtigen Sieg erringen. Dennoch befahl Joffre den weiteren Rückzug, bereitete aber im Hinblick auf eine neuerliche Offensive die Aufstellung einer sechsten Armee vor. Die Stellungen der zweiten Auffanglinie Laon – La Fère und Reims wurden infolge des heftigen deutschen Geschützfeuers aufgegeben; am 2. September gelangte die Vorhut der ersten deutschen Armee bis südlich Senlis, 25 Kilometer von Paris entfernt. Die Regierung beschloß, ihren Sitz von Paris nach Bordeaux zu verlegen, während General de Gallieni die Hauptstadt in Verteidigungszustand versetzte. Die Deutschen fühlten sich ihres Sieges bereits sicher. In Wirklichkeit aber wartete Joffre nur auf seine Stunde: Die Aufstellung der sechsten Armee mit Truppenteilen aus Ostfrankreich verlief erfolgreich, weil das Eisenbahntransportwesen ebenso gut funktionierte wie im Fall der Aufstellung und Verlegung der neunten Armee, deren Kommando General Foch anvertraut wurde.

Nun beging General Alexander von Kluck, der Kommandant der ersten deutschen Armee, der die Anweisungen des deutschen Generalstabschefs Graf Helmuth von Moltke nur ungenügend befolgte, den

Fehler, ohne ausreichende Deckung seiner Westflanke die französischen und englischen Truppen nach Süden zu verfolgen, wobei er Paris zu seiner Rechten liegen ließ. Seine Absicht war, die fünfte Armee General Lanrezacs zu überflügeln. Das übergeordnete Ziel war, »die Franzosen in südöstlicher Richtung von Paris abzudrängen«. Doch von Kluck war zu schnell vorgerückt und lag weit vor der zweiten Armee von Bülows. In der Tat dachten die Deutschen, die französische Armee sei bereits in die Knie gezwungen, und sie könnten sich deshalb eine solche Unvorsichtigkeit leisten.

Sie sollten sich täuschen: Joffre hatte sich nicht nur auf den Gegenangriff vorbereitet, sondern wahrte auch seine Autorität mit aller Entschlossenheit. Beim kleinsten Versagen, beim geringsten Anzeichen von Schwäche wurden Armee- oder Korpschefs abgelöst. Dieser Entschlußkraft fiel auch General de Lanrezac, der Sieger von Guise, zum Opfer, weil er sich zu schlecht mit French verstand. Er wurde von General Franchet d'Esperey abgelöst. Die Truppe war zwar physisch erschöpft, doch wurden die Zügel nicht gelockert. Ein Dekret vom 6. September setzte nun auch wieder Kriegsgerichte ein. Trotz der Verluste in den Grenzgefechten und trotz der Strapazen des Rückzugs hatte sich der Widerstandsgeist behauptet.

Die Offiziere waren sich der taktischen Notwendigkeit dieser neuen Kämpfe bewußt. Der Sieg an der Marne war sowohl taktischer als auch strategischer Natur. Der Beschluß, am 6. September 1914 dort anzugreifen, war das Ergebnis einer Absprache zwischen Joffre, Gallieni und Franchet d'Esperey, dem Verhandlungen mit dem englischen Bundesgenossen vorausgingen, um dessen Einverständnis einzuholen. Die Briten, von den Kämpfen stark mitgenommen, forderten für ihren linken Flügel Unterstützung durch die sechste Armee. Am 4. September gab Joffre nach einem Telefonat mit Gallieni den Generalbefehl Nr. 6 aus, mit dem die Marneschlacht begann. Am 5. September gelang es ihm, die letzten Bedenken der Engländer zu zerstreuen. Der Regierung telegrafierte er: »Der Kampf, der nun beginnt, kann zu einem entscheidenden Ergebnis führen; er kann im Fall einer Niederlage für das Land aber auch die gravierendsten Konsequenzen nach sich ziehen.« Der Angriff begann am 6. September. Der Tagesbefehl an die Truppen lautete: »Kann eine Truppe nicht weiter vorrücken, hat sie das eroberte Gebiet um jeden Preis zu halten und sich eher töten zu lassen, als zurückzuweichen.«

Seit dem 5. September hatten die Angriffsspitzen der sechsten Armee General Maunourys schwere Verluste hinnehmen müssen. Während dieser Vorbereitungsaktionen war Charles Péguy an der Spitze seiner Abteilung in der Nähe von Villeroy gefallen. Die Marneschlacht fand unter schwierigen Bedingungen statt und dauerte vom 6. bis zum 13. September. Die Angriffe der sechsten Armee stießen im Westen auf erbitterten deutschen Widerstand: zwischen dem 6. und 9. September tobten äußerst heftige Kämpfe im Tal der Ourcq. Die Deutschen versuchten, im Ostabschnitt der Front durchzubrechen. Doch Fochs neunte Armee hielt in den Sümpfen von Saint-Gond stand, während weiter östlich auch die dritte und vierte Armee unter den Generalen Sarrail und Langle de Carry ihre Stellungen halten konnten. Die Deutschen begingen den Fehler, ihre dritte Armee zu teilen und damit zwischen ihrer ersten und zweiten Armee eine Bresche zu öffnen. Die französischen Truppen drängten nach, worauf Moltkes Vertreter, Oberstleutnant Hentsch, den Befehl zum Rückzug gab. Ein »unbestreitbarer Sieg« der Franzosen, den sie nur nicht ganz ausnutzen konnten, da sie nicht zu verhindern vermochten, daß sich die Deutschen, die Verstärkung erhalten hatten, an der Aisne, in der Champagne und in den Argonnen neu formierten. Generalstabschef von Moltke wurde durch den preußischen Kriegsminister Falkenhayn abgelöst. Von Joffre hieß es, er habe nach der Schlacht gesagt: »Ich weiß nicht, wer [die Marneschlacht] gewonnen hat, aber ich weiß, wer sie verloren hätte!«

Sofort hoben die Deutschen in ihren Rückzugsstellungen Schützengräben aus. Der Vorstoß der französischen Armee wurde von heftigem Feuer der feindlichen Armee gestoppt. Auch die Franzosen ihrerseits verschanzten sich nun in Schützengräben: Die glühendsten Verfechter einer Offensive schlossen sich diesem Vorgehen an, und Foch persönlich empfahl die Aushebung tiefer Schützengräben, um sich »den Augen der Feinde zu entziehen«. Im Westen jedoch versuchten die Deutschen, indem sie Truppen von der lothringischen Front abzogen, die Armeen der Verbündeten zu überrennen. Als dies nicht gelang, plante nun Joffre seinerseits eine »Überflügelung«. Auf diese Weise lieferten sich beide Armeen einen außerordentlich blutigen »Wettlauf zum Meer«. Joffre lenkte dank der Unterstützung der Verantwortlichen des nördlichen Eisenbahnnetzes die Truppenbewegungen auf dem Schienenweg mit meisterhafter Hand. Große Kontingente an Pferden und Soldaten wurden auf den bisher als Nebenstrecken geltenden Linien mühelos transportiert. Beide Seiten lieferten sich mörderische Schlachten: vom 23. bis 26. September an der Somme, vom 2. bis 9. Oktober im Artois und vom 12. Oktober bis 13. November vor allem in Flandern. Beide Armeen rechneten tatsächlich damit, in einem letzten Anlauf den Gegner umfassen zu können. Im äußersten Westen wurde Foch mit der Koordination der Operationen beauftragt, um eine Entscheidung herbeizuführen; dabei wurden die französischen, belgischen und englischen Truppen von 200000 Mann angegriffen, die bisher noch nicht in die Kämpfe eingegriffen hatten: So kam es zu den äußerst heftigen und verlustreichen Schlachten an der Yser und bei Ypern. Bei diesen Kämpfen zeichneten sich die Marinefüsiliere des Konteradmirals Ronarch besonders aus. Die Front war nun auf einer Länge von 700 Kilometern von Nieuport bis zu den Vogesen und im Elsaß erstarrt. Bis auf einige lokale Verschiebungen sollte sich daran bis zu Beginn des Jahres 1918 nichts ändern.

DIE UNMÖGLICHE ENTSCHEIDUNG

Erst zu diesem Zeitpunkt, Ende 1914, erkannte man in Frankreich, daß der Krieg lange dauern würde. Doch daß er so lange dauern würde, wie es dann tatsächlich der Fall war, ahnte auch damals noch niemand. Vom Dezember 1914 bis September 1917, dem Zeitpunkt, als Clemenceau die Macht übernahm, erlahmte infolge der unendlich langen Strapazen allmählich der Widerstandsgeist. Das Jahr 1917 stellte nach Meinung von Pierre Renouvin das Jahr einer allgemeinen »Erschöpfung der Völker« dar. Dieser Prozeß allmählichen Erlahmens resultierte aus der Hilflosigkeit angesichts der nichtendenwollenden gegenseitigen Zerfleischung, aus dem Gefühl der Absurdität angesichts der Unmöglichkeit einer militärischen Entscheidung. Diese Auflösungserscheinungen zeigten sich auch in einem spürbaren Verfall der Truppenmoral wie in dem Aufkommen defätistischer Tendenzen und kulminierten in zunehmend ernsteren politischen Spannungen. Dennoch gab es zwei Faktoren, die dieses Gefühl der Hilflosigkeit einigermaßen kompensierten: Zum einen kam es trotz Zögerns und tastender Versuche zur Errichtung einer echten Kriegsindustrie und Kriegswirtschaft; zum andern ließ trotz der Niederlage des russischen Verbündeten der Eintritt der Vereinigten Staaten in den Krieg auf einen baldigen Sieg hoffen.

Der Eindruck unnötiger Massaker ergab sich aus dem Geschehen selbst, wie ein kurzer Abriß der militärischen Ereignisse beweist. Während im Jahr 1915 die Mittelmächte Punkte machten, waren es im Jahr 1916 die Alliierten, doch die extremen Bemühungen im April 1917 an der Westfront endeten mit einem neuerlichen Mißerfolg. An der Ostfront kam es bereits ab 1914 zu Rückschlägen. Mitte August hatte Großfürst Nikolaus, getreu seiner Zusage, in Ostpreußen die Initiative übernommen und das erhoffte Ergebnis erreicht, als Moltke zwei Armeekorps von der Westfront abzog. Doch gelang es General Hindenburg, die beiden russischen Armeen voneinander zu trennen und einzukreisen, bevor er sie in den Schlachten von Tannenberg vom 26. bis 30. August (zweite Armee) und an den Masurischen Seen zwischen dem 6. und 15. September vollends schlug. Dasselbe Manöver war auch in Frankreich versucht worden, hatte aber dort zu keinem Erfolg geführt. Dagegen wurden die Österreicher bei Lemberg zwischen dem 3. und 11. September geschlagen, während es den Serben gelang, Belgrad zurückzuerobern, das die österreichische Armee besetzt hatte.

Die Alliierten erlitten 1915 an der Ostfront einen Schicksalsschlag nach dem anderen. Der Angriff auf die russische Front erfolgte am 1. Mai, am 22. Juni war Galizien erobert und im Juli Polen verloren. Die russischen Truppen wurden bis an die Beresina zurückgedrängt. Ihre Verluste waren hoch, doch hatte sich die Front stabilisiert. Am selben Tag, dem 21. September, an dem die Deutschen die Beresina erreichten, verkündete Zar Ferdinand von Bulgarien die Mobilmachung. Er hatte sein Lager entsprechend der »Kriegskarte« gewählt. Sogleich griffen die deutschen Truppen Serbien an, das sie in sechs Wochen eroberten, woraufhin die serbischen Streitkräfte nach Korfu evakuiert wurden.

Unter dem Vorwand, den Russen zu Hilfe zu kommen, schlug der erste Lord der Admiralität, Winston Churchill, ein Eingreifen bei den Dardanellen vor. Die Türkei war am 1. November 1914 an der Seite der Mittelmächte in den Krieg eingetreten. Am 18. März 1915 versuchten die Geschwader der alliierten Flotte, sich den Zugang zu den Meerengen zu erzwingen; dabei wurde ein Drittel ihrer Schiffe vernichtet. Französische und englische Truppenkorps landeten daraufhin im östlichen Teil der Halbinsel Gallipoli, doch stießen sie erneut auf eine so heftige Gegenwehr der Türken, daß sie sich im Dezember 1915 und Januar 1916 wieder einschifften, um sich mit den Truppen zu vereinigen, die bereits im Oktober 1915 unter Sarrails Befehl und unter Verletzung der griechischen Neutralität nach Saloniki geschickt worden waren. Ihre Aufgabe bestand darin, den Serben zu Hilfe zu kommen. Doch blieb die Saloniki-Armee auf sich allein gestellt und konnte somit der Niederlage der Serben nur hilflos zusehen.

Inzwischen hatte im Westen der Stellungskrieg begonnen. Die Truppen hoben Gräben aus, richteten sich in Unterständen ein und legten Stacheldrahtverhaue an. Nach und nach wurde auch die Waffenausrüstung verbessert: Die Soldaten trugen Helme, die Handgranaten wurden weiterentwickelt, die bis dahin für den Werfenden ebenso gefährlich waren wie für seinen Gegner; ebenso die verschiedenen Arten von Mörsern. Im April 1915 setzten die Deutschen erstmalig Giftgas ein. Doch wirklich nennenswerte Verbesserungen betrafen vor allem die Weiterentwicklung des leichten Maschinengewehrs und die schwere Artillerie. Zum Einsatz von Panzern durch die Engländer kam es erst 1916 ... Das französische Oberkommando ließ indes weiter angreifen und versuchte, die feindlichen Linien zu durchbrechen: in der Champagne zwischen Januar und März, im Woëvre zwischen März und April, im Mai vor allem im Artois und dann erneut im September vom Artois bis zur Champagne. 1915 war das mörderischste Kriegsjahr überhaupt. Die Herbstschlacht Joffres in der Champagne im September 1915 kostete die Alliierten 135 000 Gefallene und 290 000 Verwundete. Insgesamt eine Million Soldaten wurden im Verlauf dieses einen Jahres außer Gefecht gesetzt.

Doch der französische Generalstab ließ sich nicht entmutigen und bereitete mit Einverständnis des neuen britischen Oberkommandierenden Douglais Haig für den Juli 1916 eine Offensive vor. Am 21. Februar 1916 griff jedoch Falkenhayn nach einem vorbereitenden Trommelfeuer der deutschen Artillerie Verdun am rechten Maasufer an und überwand die ersten französischen Stellungen. Am 25. Februar fiel Fort Douaumont, und am gleichen Tag übernahm General Pétain das Kommando in Verdun. Der Einsatz der Artillerie verlieh den Kämpfen eine bis dahin nicht gekannte Härte und Grausamkeit. Die Einnahme von Fort Vaux am 9. Juni 1916 sollte einer der letzten Erfolge der Deutschen sein. Die Alliierten begannen Mitte Juli, nach dem Scheitern des deutschen Angriffs vor dem Fort Souville, zurückzuschlagen; doch dauerte es bis zum

24. Oktober beziehungsweise bis zum 2. November 1916, bis die Forts Douaumont und Vaux von General Mangin zurückerobert wurden.

Inzwischen hatte Joffre an der Somme das Unmögliche versucht. Foch war es gelungen, ihn zu einer Angriffstaktik zu überreden, die aus mehreren aufeinanderfolgenden Vorstößen und wiederholten Angriffen bestand, die den Feind zermürben sollten und von heftigem Artilleriefeuer begleitet waren. Foch selbst leitete die Schlacht an der Somme und griff auf einer Front von dreißig Kilometer Breite an; es gelangen ihm indes nur einige lokal begrenzte Erfolge. Foch setzte seine Bemühungen bis September 1916 fort. Sein Mißerfolg schien beträchtlich. Allerdings hatte auch die deutsche Armee große Verluste zu beklagen: Auf deutscher Seite waren 267000 Mann und 6000 Offiziere gefallen; außerdem konnte Verdun entsetzt werden.

Ende des Jahres 1916 bekamen die Alliierten die Oberhand. An der Ostfront hatten die Russen erneut angegriffen, aber ihre Offensive lief sich fest. Rumänien trat an der Seite der Alliierten in den Krieg ein, wurde aber gleich darauf zwischen dem 15. November und Ende Dezember 1916 besetzt. Dieser Rückschlag änderte jedoch am Gesamtkräfteverhältnis nichts, da es auch Deutschland im Mai 1916 nicht gelang, in der Skagerrakschlacht die Seeblockade zu durchbrechen, womit die Briten endgültig die Kontrolle über das Meer errangen. Um diesen Rückschlag auszugleichen, eröffneten die Deutschen 1917 den unbeschränkten Unterseebootkrieg, was allerdings den Kriegseintritt der USA nach sich zog.

Am 27. November 1916 wurde Joffre von General Robert Nivelle als Oberkommandierender abgelöst, der zu einer raschen Offensive an der Westfront entschlossen war. Er ersetzte die Zermürbungstaktik durch schnelle Attacken. Im März 1917 zogen sich die deutschen Truppen aus strategischen Gründen zurück, um den vorspringenden Frontbogen zwischen Lens und Craonne zu beseitigen; zuvor hatten sie starke Verschanzungen errichtet. Nichtsdestoweniger entschloß sich Nivelle im April 1917 zu einem Angriff im englischen Frontabschnitt im Artois und an der französischen Linie zwischen Soissons und den Argonnen. Doch bereits am 19. April zeichnete sich der Mißerfolg ab, und am 15. Mai wurde Nivelle von Pétain abgelöst, der eine völlig demoralisierte Armee übernahm.

DIE MORAL DER SOLDATEN UND DIE MORAL DER NATION

Die Disziplin im französischen Heer war immer streng gehandhabt worden. Die Kriegsgerichte, seit September 1914 wieder im Einsatz, hatten anfangs vor allem gegen Deserteure harte Strafen verhängt. Zu Beginn des Kriegs kam es jedoch zu schweren Mißständen, und manche Hinrichtungen wurden mehr als überstürzt ausgeführt. Diese Härte wurde mit der Zeit gemildert, zumindest bei den Delinquenten aus dem Languedoc. Die meisten von ihnen waren übrigens nach ihrer Verwundung im Kampf verurteilt worden, und »ihr Vergehen erschien«, so J. Maurin, »als ein Akt der Schwäche, begangen von Menschen, die durch die Kämpfe physisch wie nervlich erschöpft waren«.

Wie aus zeitgenössischen Berichten und heutiger mündlicher Überlieferung bekannt, erfuhren die Soldaten doppeltes Leid in einem Umfeld, das von der übrigen Welt völlig abgeschnitten war: Physisch dominierten die Ermüdungserscheinungen durch die langen Märsche infolge der dauernden Verlegungen, die Entbehrungen und das körperliche Elend in den Schützengräben. Die Erfindung der »Feldküchen« 1915 blieb in der Erinnerung der meisten besser haften als das Handeln Pétains im Jahr 1917! Der vorherrschende Eindruck aus den Kämpfen und blinden Artillerieduellen, die Tod und Verwundungen säten, war der, daß die Infanteristen als reines »Kanonenfutter« dienten (A.V., Jahrgang 1915, 133. Infanterieregiment). J. Maurin bezeichnete diesen Krieg als einen Krieg der »Gelegenheitssoldaten«. – Seelisch blieb am Ende nur das erstickende Gefühl der Einsamkeit übrig. Als Ausgleich wurde eine »weitgehend künstliche Frontwelt« geschaffen, eine Welt der Kameradschaft, miteinander geteilter Gewohnheiten und einer unerbittlichen Disziplin. Keiner sprach mehr, wie noch im August 1914, von Patriotismus, sondern nur noch von der Fügung in das Schicksal, das einem die Ordnung der Dinge aufzwang.

Nivelles Offensive löste Reaktionen des Ungehorsams aus. Am 4. Mai 1917 weigerte sich eine Kompanie, nach Laffaux zu marschieren, wo für den 5. Mai ein Angriff beschlossen worden war. Derartige Verweigerungen häuften sich. Manche höheren Offiziere erkannten darin Anzeichen eines Komplotts, doch waren die Meutereien ganz offensichtlich auf die Fortsetzung der Offensiven im Mai und im Juni 1917 zurückzuführen. Es waren gerade die »guten Soldaten«, die meuterten. Die Regimenter, die am stärksten von pazifistischer Propaganda infiltriert waren, wurden nicht unbedingt am stärksten von der Tendenz zur Verweigerung beeinflußt. Die Meuterer versuchten auch niemals, Gesinnungsgenossen zu finden – sie weigerten sich einfach anzugreifen. Pétain, schon immer ein Gegner unüberlegter Attacken (»Feuer tötet«), kam den Erwartungen der Truppe nach und gab den Befehl, die Angriffe vom 19. Mai an auszusetzen.

Die Militärgerichte wurden so organisiert, daß die Rechte der Verteidigung besser gesichert wurden und auch der Prozeß zügiger ablief. Es wurden 3427 Urteile gefällt, das entsprach zehn Prozent der Meuterer. Von 629 Todesurteilen wurden nur 43 vollstreckt. Pétain sorgte auch für eine ausgeglichenere Urlaubsregelung, für Quartiere, Ablösung und Ruhepausen. Er versuchte, die Verluste in Grenzen zu halten, indem er bei feindlichen Angriffen in der ersten Verteidigungslinie nur eine kleine Anzahl von Stellungen beibehielt. Für die Offensiven plante er sorgfältig vorbereitete, begrenzte Operationen. So gelang es ihm im Oktober 1917 in der Schlacht von Malmaison die Anhöhe des »Chemin des Dames« zurückzuerobern.

Die Moral im Hinterland schien 1917 ebenfalls stark angeschlagen zu sein. Die Belastungen, denen die Zivilbevölkerung ausgesetzt war, erreichte damals ein Ausmaß, das sie unmöglich lange durchhalten konnte. Ein Gesetz vom 5. August 1914, das viel zu oft vergessen wird, erleichterte auf dem Lande und in den Kolonien die materielle Situation der ärmsten Familien der eingezogenen Soldaten. Jede bedürftige Familie, deren Ernährer im Krieg stand, erhielt pro Tag 1,25 Francs und für jedes Kind unter 16 Jahren weitere 0,50 Franc. Durch diese Unterstützung ging es vielen Familien materiell so gut, daß viele Bürgermeister und Lehrer dies als »ungewöhnlich« bezeichneten. »Dieses Gesetz«, so meinte der Bürgermeister von Fieux (im Departement Lot-et-Garonne) »hat trotz seiner Unzulänglichkeiten vielleicht Unruhen und Aufstände vermieden«.

In ländlichen Gebieten spielte es eine entscheidende Rolle. Der Mangel an Arbeitskräften machte sich dort nämlich empfindlich bemerkbar, doch lag die sinkende Produktion vor allem an dem Verlust wichtiger Anbaugebiete. Die Weizenernte sank von durchschnittlich 88 Millionen Doppelzentner zwischen 1904 und 1913 auf 58 Millionen Doppelzentner in den Kriegsjahren 1914–1918. Das Urteil eines Bürgermeisters im Departement Côtes-du-Nord klang vielleicht ein bißchen zu optimistisch, doch schätzte er die Situation richtig ein: »Der Boden hat nicht unter der Abwesenheit der Männer gelitten, da die Frauen die Feldarbeit fortführten.«

Der Krieg wirkte sich zugunsten der Landwirtschaft aus. Er hatte den Landwirten in der Tat eine günstige Konjunktur beschert, da die Preise gestiegen waren. Dadurch beschleunigte sich die Umstrukturierung der bäuerlichen Gesellschaft. Die erwirtschafteten Gewinne ermöglichten den Erwerb von Land, eine Verbesserung des Viehbestandes und den Kauf von Maschinen. Der Krieg begünstigte jene, die den Boden bestellten. Der allgemeine Eindruck der Lehrer beispielsweise im Departement Côtes-du-Nord war, daß die Landwirte reicher geworden waren und sich nach all der harten Arbeit bei ihnen auch materieller Wohlstand einstellte. Dieses positive Bild wurde allein durch die hohe Zahl der Toten getrübt, denn die Verluste an Menschen betrafen die Bauern mehr als die anderen Bevölkerungsschichten. Bei der Einberufung in Béziers stellten die Bauern acht Prozent der eingezogenen Soldaten, beklagten aber zwölf Prozent der Toten. Aus Winzerkreisen stammten 36 Prozent der Soldaten, von denen vierzig Prozent fielen; in Mende waren 44 Prozent der Einberufenen Bauern, der Anteil an Gefallenen betrug 58 Prozent. Bei allen Zahlen trat dieses Mißverhältnis zutage: während in ganz Frankreich 16,1 Prozent der Eingezogenen fielen, lag dieser Prozentsatz in den meisten Dörfern des Departements Côtes-du-Nord bei zwanzig Prozent. Doch fielen in den ersten Kriegsjahren mehr Soldaten als gegen Ende des Krieges. Trotz ihres immensen Blutzolls hatte sich die bäuerliche Welt mit dem Krieg abgefunden. Wir besitzen von ihr nur wenige Zeichen einer allgemeinen Kriegsmüdigkeit im Jahre 1917.

Die Arbeiter erlebten den Krieg auf eine völlig andere Art und Weise. Ihre Mobilmachung bedeutete eine abrupte Störung des Produktionsapparates. Im August 1914 belief sich die Zahl der Arbeitslosen auf 1,9 Millionen Personen. Doch die Arbeitslosigkeit wich zunehmend personellen Engpässen. Bei der Mobilmachung hatte man keinerlei Rücksicht auf die Erfordernisse der Produktion genommen, da man nur mit einer kurzen Kriegsdauer rechnete. Zuerst kam es bei den Bäckern zu Arbeitskräftemangel. In der Tat erforderten die Bedürfnisse der Kriegsproduktion, die durch Gebietsverluste in den industriellen Ballungsgebieten und Bergbauzentren verschärft wurden, sowie die Intensivierung von Transporten zu Wasser und zu Land auch die Heranziehung der Arbeiter zum militärischen Dienst. Anfangs verlief alles völlig improvisiert: Die Industriellen fuhren zu den Regimentern, um ihre Arbeiter zu suchen. Doch die Krise wurde unerträglich. Am 5. Juni 1915 verabschiedete man das »Gesetz Dalbiez«, das ein Programm für »speziell Zugeteilte« enthielt. Zuerst wurden die Arbeiter für die Rüstungsindustrie, dann die Gruben- und Metallarbeiter für die Fabriken als »unabkömmlich« abgestellt, ohne aber deswegen von der Mobilmachung freigestellt zu werden. Die C. G. T. erklärte sich bereit, bei der Arbeit der »gemischten Kommissionen« mitzuarbeiten, die das Gesetz vorsah.

Durch diese Maßnahmen konnte der Notstand, der, von der Rüstungsindustrie ausgehend, allmählich das gesamte französische Produktionssystem ergriff, allerdings nur partiell beseitigt werden. Man mußte also im großen Stil auf ausländische Arbeitskräfte, vor allem auf belgische Flüchtlinge, zurückgreifen. Durch die Vermittlung des Dienstes »Ausländische Arbeitskräfte« kamen in der Zeit zwischen dem 1. Juli 1916 und dem 1. Januar 1919 82000 Arbeiter nach Frankreich, die belgischen Flüchtlinge nicht mitgerechnet. Aber man mußte auch die Kolonien heranziehen; am Tag des Waffenstillstands lebten in Frankreich 140400 »Eingeborene«, die sich zu 42 Prozent aus Nordafrikanern und zu 33 Prozent aus Indochinesen zusammensetzten, wobei es bei den Nordafrikanern vor allem die ihnen zugesagten höheren Löhne waren, die sie nach Frankreich zogen. Die Franzosen sahen die ausländischen Arbeitskräfte jedoch nicht gern in ihrem Land. Sie klagten die Wirtschaftsführer an, sie würden diese Arbeiter nur beschäftigen, um Franzosen an die Front schicken zu können.

Auch Frauen wurden zunehmend zur Industriearbeit herangezogen, aber man sollte ihre Bedeutung nicht übertreiben. Eine im Juli 1917 durchgeführte Untersuchung in 52278 Betrieben, die vor dem Krieg insgesamt 1,5 Millionen Arbeitskräfte beschäftigten, zeigt, daß der Prozentsatz beschäftigter Frauen von 32 Prozent im Jahr 1914 auf 40 Prozent im Jahr 1917 gestiegen war. In den Betrieben der nationalen Verteidigung wurden Frauen in der Fließbandarbeit eingesetzt, während die Männer in »festumrissenen Aufgabenbereichen arbeiteten, die eine lange Berufsausbildung erforderten«.

Die Steigerung der Lebensmittelpreise bedeutete eine empfindliche Senkung der meisten Reallöhne, ausgenommen davon waren nur die in den Rüstungsbetrieben gezahlten Löhne. Im Vergleich zur Vorkriegssituation betrug die Minderung Ende 1916 16 Prozent. Die schwierige Anpassung der Löhne an die Lebenshaltungskosten war der Hauptgrund von Streiks, die bis 1917 übrigens nur vereinzelt stattfanden. Im Jahr 1915 kam es zu achtzehn Arbeitsniederlegungen verglichen mit 654 Streiks in den ersten sieben Monaten des Jahres 1914; 1916 kam es zu 315 Streiks mit 41 400 Teilnehmern; in 84 Prozent dieser Arbeitskämpfe ging es um höhere Löhne. Im Jahr 1917 erhöhte sich die Zahl der Streiks; man verzeichnete 696 Ausstände, das heißt 56 Prozent der zwischen 1909 und 1913 errechneten jährlichen Streikdurchschnittszahl. 90 Prozent dieser Streiks, die häufig von Frauen getragen wurden, entstanden aus Lohnkonflikten. Der prozentuale Anteil dieses Streikgrunds fiel 1918 auf 84 Prozent bei deutlich weniger Ausständen (499). Manche streikten auch für den Frieden. Die Arbeitsniederlegungen während des Krieges waren jeweils nur von kurzer Dauer; sie betrug durchschnittlich sechs Tage, denn sie zogen jeweils »zahlreiche, offizielle, erfolgreiche und fruchtbare Interventionen« nach sich, wie Arthur Fontaine schrieb. Die Streiks wurden häufig durch die Unterzeichnung von Betriebsvereinbarungen beendet.

Es ist also stark übertrieben, wenn die meisten Historiker behaupten, die *Union sacrée* habe an der sozialen Front nicht gehalten. Der Sozialist Albert Thomas, zuständiger Unterstaatssekretär für die Artillerie am 29. Oktober 1914 und danach Rüstungsminister zwischen Dezember 1916 und September 1917, entwarf zusammen mit dem Gewerkschaftsführer Léon Jouhaux ein wirksames Kooperationskonzept. Letzterer wandte im Interesse seiner gewerkschaftlichen Klientel und der Kriegsanstrengungen bereits die Politik der »Präsenz« an. Selbst Alphonse Merrheim, der führende Kopf des Minderheitsflügels, verwarf diese Strategie nicht völlig. Als Sekretär der Metallarbeitergewerkschaft wurde er in beratender Funktion bei der Ausarbeitung des Gesetzes Dalbiez hinzugezogen und unterstützte die darin vorgesehene Einrichtung »gemischter« Kommissionen. Die C.G.T. kritisierte zwar die Ausführungsbestimmungen des Gesetzes, behinderte aber die Kommissionen nicht, die bis zum Dekret vom Dezember 1916, das die Kompetenzen des Rüstungsministeriums erweiterte, eine große Rolle spielten. Der Krieg schuf die Grundlage für eine dialogbereite Gewerkschaftsbewegung, ließ sie nach einer Formulierung von Albert Thomas »ihren Kinderschuhen« entwachsen und eröffnete damit den Weg zu einer Massengewerkschaft. Schon vor November 1918 traten ihr zahlreiche Eisenbahner bei.

Dennoch blieb die Arbeiterbewegung nicht von einer inneren und dauerhaften Spaltung verschont. Seit Herbst 1914 bildete sich eine Minderheit, die sich mit ihrer Auffassung von der *Union sacrée* distanzierte, weil sie in ihren Augen auf jenen »Kampf bis zum letzten Mann« hinauslief, den die Anhänger Hervés praktizierten. Die *Minoritaires* wollten sämtliche Möglichkeiten für einen Friedensschluß ausgeschöpft sehen. Diese kleine Gruppe verurteilte aufs schärfste die Einwilligung Jouhaux', der Regierung als »Kommissar der Nation« nach Bordeaux zu folgen. Merrheim sprach sich schon im Dezember 1914 klar und deutlich gegen eine zu enge Zusammenarbeit aus; mit nur 21 gegen 20 Stimmen entschied sich das *Comité confédéral* am 3. Dezember 1914, nicht an der Internationalen Konferenz der Sozialisten in Kopenhagen teilzunehmen. Pierre Monatte, Anführer der *Jeunes mineurs*, schied am 3. Januar 1915 aus dem Komitee aus und veröffentlichte sein Manifest *»Pourquoi je démissione du comité Confédéral«*. Seiner Meinung nach hatte sich die C.G.T. entwürdigt. Die *Minoritaires* gründeten die Zeitung *»La Vie ouvrière«* im Umfeld von Leo Trotzki und seinen Mitarbeitern Merrheim, Rossmer und Martinet. Zum Verband der Metallarbeiter gesellten sich die Gewerkschaften der leder- und fellverarbeitenden Industrie, später auch des Unterrichtswesens. Am 1. Mai 1915 gab der Verband der Metallarbeiter seiner Überzeugung in einer Erklärung Ausdruck: »Dieser Krieg ist das Ergebnis einer aggressiven und imperialistischen Kolonialpolitik, für die alle Regierungen ihren Teil an Verantwortung tragen.«

Im September 1915 nahmen Merrheim und Bouderon an der Konferenz in Zimmerwald in der Schweiz teil und unterzeichneten zusammen mit den deutschen Vertretern ein gemeinsames Manifest: »Dieser Krieg«, so erklärten sie, »ist nicht unser Krieg«, doch weigerten sie sich, dem Vorschlag Lenins zu folgen und eine gemeinsame Organisation zu gründen. Der Einfluß der *Minoritaires* nahm im Verlaufe des Jahres 1916 immer stärker zu. In den letzten Kriegsjahren näherten sich beide Standpunkte jedoch einander an: Die C.G.T. machte konkrete Vorschläge zu den Klauseln eines zukünftigen Friedensvertrags in einem der Intention Wilsons sehr nahekommenden Geist, während Merrheim sich vorsichtig zurückhielt. Später meinte er: »Wir wollten Frankreich einen Frieden wie den von Brest-Litowsk ersparen.« Beim Kongreß von Clermont-Ferrand im Dezember 1917 stimmte er einem Kompromißantrag zu, der besagte: kein Separatfrieden, aber eine »autonome« Gewerkschaftsaktion. Merrheim wirkte 1918 an der Beilegung sozialer Konflikte mit. Doch die Spaltung als Folge des Krieges sollte sich auf die spätere Geschichte der Gewerkschaft nachhaltig auswirken.

Der Protest der Pazifisten schöpfte seine Argumente aus den Schrekken des Krieges. Aus dieser Sicht markiert die Veröffentlichung des Buches *»Feu«* (»Feuer«) von Henri Barbusse in den letzten Monaten des Jahres 1916 und seine Auszeichnung mit dem Prix Goncourt ein entscheidendes Datum; denn die Franzosen lehnten damit eine Literatur, die militärisches Heldentum in patriotischer Übertreibung auf Kosten einer konkreten Beschreibung der Schlachtenwirklichkeit verherrlichte, ab. Dies bedeutete jedoch keineswegs eine Schwächung ihres Patriotismus. Das letzte Kapitel von *»Feu«*, ein leidenschaftliches Plädoyer gegen den Krieg, blieb unverstanden. Auch Romain Rollands Botschaft, der bereits am 29. August von Genf aus den ersten Artikel von *»Au-dessus de la mêlée«* (»Der freie Geist«) veröffentlichte, fand, abgesehen von einem kleinen Kreis, keinen Widerhall. Ebenso erging es einer pazifistischen Bewegung, die innerhalb der Lehrerschaft um François und Marie Mayoux entstand und der nur etwa dreißig Personen angehörten.

DER PARLAMENTARISMUS IM KRIEG

Am 2. August 1914 wurde per Dekret für alle Departements der Belagerungszustand beschlossen. Die Präfekten und Bürgermeister bekamen ihre Polizeigewalt außerhalb der Militärverwaltungszonen erst im September 1915 zurück. Gleichzeitig wurde die Zensur wieder eingeführt, das heißt, das politische Leben veränderte sich grundlegend. Trotzdem konnte man während des ganzen Krieges die unterschiedlichsten politischen Ansichten und Meinungen hören und verzichtete das Parlament nie auf seine Rolle als Kontrollorgan. Das Kabinett Viviani wurde am 26. August 1914 umgebildet. Delcassé übernahm das Außen-, Millerand das Kriegsressort. Zwei Sozialisten traten in die Regierung ein, nämlich Jules Guesde als Minister ohne Portefeuille, und Marcel Sembat, als Minister für Öffentliche Arbeiten. Doch saßen im Kabinett auch Anhänger einer Koalition mit dem Zentrum wie beispielsweise Alexandre Ribot, der bis März 1917 Finanzminister war, sowie Aristide Briand als Justizminister.

Am 4. September 1914 legte sich die Regierung, die inzwischen nach Bordeaux geflohen war, geradezu diktatorische Machtbefugnisse zu.

Seit Dezember jedoch gewann das parlamentarische Leben wieder an Kraft. Bis zum Ende des Konflikts war es geprägt von schwierigen Verhandlungen über die jeweilige Rolle der drei Gewalten: das militärische Oberkommando, die Regierung und die beiden Kammern des Parlaments. Innerhalb des Parlaments war ausschlaggebend, daß frühere Brüche und Spaltungen wieder aufbrachen. Nur der Autorität eines Georges Clemenceau, der als Inkarnation des kompromißlosen Patriotismus einer ganzen Epoche galt, konnte es gelingen, sie zu überwinden. Als Ende des Jahres 1914 die Armee unter großem Mangel an Nachschub und Munition litt, wollte das Parlament seinen Teil zu den kollektiven Bemühungen beitragen und vom weiteren Handeln der Regierung unterrichtet werden. Die Fortführung der Diktatur wäre nur bei einer kurzen Kriegsdauer möglich gewesen. So wurde das Parlament am 22. Dezember 1914 einberufen. Kriegsminister Millerand mußte einen Angriff über sich ergehen lassen, der unter anderem von Charles de Freycinet, dem Vorsitzenden des Militärausschusses im Senat, gegen ihn geführt wurde. Man stellte ihm drei Unterstaatssekretäre zur Seite, für die Artillerie den Sozialisten Albert Thomas, für Staatsaufträge den Progressiven Joseph Thierry und für die Intendantur und das Sanitätswesen den Radikalen Justin Godart; jeder der drei erhielt weitgehende Handlungsfreiheit. Millerand sah sich übrigens mit dem Vorwurf konfrontiert, er würde die ausufernden Kompetenzen des Großen Hauptquartiers nicht kontrollieren, das in Anbetracht der Tatsache, daß der Krieg zum totalen Krieg geworden war, immer mehr Dienststellen einrichtete, die mit dem Kriegsministerium konkurrierten.

Der Mißerfolg des Feldzugs in der Champagne und der Eintritt Bulgariens in den Krieg brachten die Regierung vollends in Mißkredit. Delcassé, der den Feldzug nach Saloniki nicht gebilligt und soeben seinen Sohn im Krieg verloren hatte, trat am 12. Oktober zurück. Viviani fühlte sich vom Parlament nicht genügend unterstützt und trat am 29. Oktober ebenfalls zurück. Das neue Kabinett bildete Aristide Briand, dessen Zusammensetzung die *Union sacrée* symbolisierte. In dieser Regierung amtierten fünf Staatsminister: Léon Bourgeois, Émile Combes, Charles de Freycinet, aber auch der Sozialist Jules Guesde und der Orléanist Denys Cochin, ein reiner Vertreter der katholischen Rechten. Außerdem übernahm Gallieni das Kriegsministerium. Aber das Experiment mißlang. Am

2. Dezember 1915 wurde Joffre zum Oberbefehlshaber aller französischen Armeen ernannt; er geriet ziemlich bald schon in Konflikt mit Gallieni über die Verteidigungskonzeption und die Kontrolle der militärischen Operationen, die Gallieni von Joffre beanspruchte. Der neue Kriegsminister forderte daraufhin Joffres Entlassung, aber Briand lehnte ab. Der bereits schwerkranke Gallieni trat Mitte März zurück und starb schon zweieinhalb Monate später am 27. Mai 1916.

Die Regierung hatte ihr eigenes Schicksal zu eng mit der Zukunft des Oberkommandos verknüpft. Das Parlament wollte seine Kontrollfunktion unterstreichen und legte das Aktionsprogramm der Kommissionen fest, die an die Front geschickt werden sollten. Unter diesen Umständen und unter Berufung auf das Gesetz vom 16. Juli 1875 konstituierte es sich am 16. Juni 1916 als geheimer Ausschuß, um über die Schlacht von Verdun zu debattieren, die seit Ende Februar tobte. Der Abgeordnete und Kriegsteilnehmer André Maginot kritisierte dabei scharf die Art und Weise, in der die militärischen Operationen durchgeführt worden waren.

Vor dem Hintergrund der Schlacht an der Somme und den zunehmenden wirtschaftlichen Schwierigkeiten fanden zwei weitere geheime Sitzungen am 28. November und 7. Dezember 1916 statt. Briand mußte unter dem Druck des Parlaments das Dekret vom 2. Dezember 1915 außer Kraft setzen und einer Umbildung des militärischen Oberkommandos zustimmen. Damit verlor die Militärgewalt die außergewöhnliche und fast schon illegale Stellung, die sie sich angeeignet hatte. Joffre wurde zum »technischen Berater« der Regierung ernannt. Am 12. Dezember 1916 bildete Briand ein neues Ministerium; außer Denys Cochin, der mit der Organisation der Blockade beauftragt worden war, quittierten alle fünf Staatsminister ihren Dienst. Kriegsminister wurde nun General Hubert Lyautey; Albert Thomas blieb als einziger sozialistischer Minister übrig, denn Guesde und Sembat wurden durch Édouard Herriot ersetzt und schienen aus der Regierung aus. Louis Loucheur, ein Polytechniker, wurde mit der Aufsicht über die Rüstungsproduktion beauftragt. Außerdem setzte Briand einen Kriegsrat ein, bestehend aus dem Marine-, dem Außen-, dem Finanz- und dem Rüstungsminister. Dessen Aufgabe bestand jedoch allein darin, die Beschlüsse des Ministerrats vorzubereiten. So wurde zwar die Macht des Militärs beschnitten, aber kein echtes ziviles Machtzentrum geschaffen.

Doch auch dieser Versuch scheiterte: Lyautey weigerte sich im März, der Kammer die Erklärungen über die Luftwaffe abzugeben, die diese gefordert hatte, und trat am 14. März 1917 zurück. Vier Tage später folgte ihm die Regierung. So entstand eine politische Krise, die bis September 1917 andauern sollte und ganz Frankreich erfaßte, denn nach dem Scheitern der Offensive Nivelles im April 1917 machte sich eine defätistische Stimmung breit. In 44 Departements stuften die Behörden die Stimmung als mittelmäßig bis schlecht ein. Die Streikwelle machte Eindruck. Am 1. Mai 1917 kam es in Paris zu einer Demonstration von einigen hundert Menschen, aus deren Reihen Rufe wie »Nieder mit dem Krieg!« ertönten. Zu diesem Zeitpunkt kristallisierten sich auch immer offener pazifistische, wenn nicht gar defätistische Bestrebungen heraus. Man munkelte gar von Verrat.

Innerhalb der sozialistischen Partei und der C.G.T. regte sich recht früh der Widerstand gegen den Krieg und die *Union sacrée.* Die sozialistische Föderation von Haute-Vienne kündigte schon im Mai 1915 die Gemeinsamkeit auf. Ein Anhänger der Guesdisten, Paul Faure, veröffentlichte ein Manifest, in dem er forderte, daß sich die Partei »mit allen Friedensvorschlägen« befasse. Die nunmehr unter dem Begriff *Minoritaire* auftretende Strömung organisierte sich rasch: Dem Beispiel des Departements Haute-Vienne schlossen sich die Departements Isère und Rhône sowie Paris mit Jean Longuet, dem Schwiegersohn von Karl Marx, und Saint-Denis mit Pierre Laval an. Am 1. Mai 1916 gründeten sie die Zeitung *»Le Populaire«.* Die Teilnehmer an der Konferenz von Zimmerwald im September 1915 übten großen Einfluß auf die minoritären Sozialisten aus, die sich das Motto »Frieden ohne Annexionen und Kriegsentschädigungen« zu eigen gemacht hatten. Drei Parlamentarier, die allesamt Lehrer waren (Louis Blanc aus dem Departement Vaucluse, Brizon aus dem Departement Allier und Raffin-Dugens aus dem Departement Isère), reisten im April 1916, während die Schlacht von Verdun in vollem Gange war, zur internationalen sozialistischen Konferenz nach Kienthal. Mit diesem Schritt vollzogen sie einen offensichtlichen Bruch mit der *Union sacrée,* da die drei Abgeordneten gegen die Kriegskredite stimmten, wobei Jean Longuet ihrem Beispiel jedoch nicht folgte. Sie begnügten sich indes mit aktiver Propaganda für einen raschen Friedensschluß und gegen den »imperialistischen Krieg«. Sie gründeten mit den *Minoritaires* in der C.G.T. ein Komitee zur Wiederaufnahme internationaler Beziehungen. Die Strömung der *Minoritaires* entwickelte sich unabhängig von früheren

Gruppenbildungen innerhalb der sozialistischen Partei. Während die Mehrheit der Guesdisten zur *Union sacrée* neigte, schloß sich eine größere Anzahl von ihnen den *Minoritaires* an. Im Dezember 1916 jedenfalls bestätigte eine nur geringe Mehrheit des sozialistischen Kongresses Albert Thomas weiterhin als Rüstungsminister, während im August 1916 die Partei noch das »gefährliche Abweichlertum von Kienthal« verurteilt hatte.

Doch 1917 gewannen die *Minoritaires* die Oberhand. Die Regierung weigerte sich, den sozialistischen Abgeordneten die notwendigen Pässe für ihre Reise zur Konferenz der sozialistischen Internationale in Stockholm auszustellen, wo über die Vorschläge der russischen Sozialisten für einen Frieden ohne Annexionen verhandelt werden sollte. Nach dieser Weigerung wurde der Regierung am 5. Juni mit nur 467 gegen 52 Stimmen das Vertrauen ausgesprochen. 47 Sozialisten hatten gegen sie gestimmt. Die *Union sacrée* war zerbrochen, und im September während der Regierungskrise mußte Albert Thomas seinen Rücktritt einreichen.

Gleichzeitig wurde die Öffentlichkeit von einigen Verratsaffären aufgeschreckt. Sogleich wurde ein Zusammenhang zwischen ihnen und den Friedensbemühungen einiger Politiker hergestellt. Joseph Caillaux drang seit 1915 auf einen Kompromißfrieden. Er war dabei etwas unvorsichtig vorgegangen, denn der radikale Abgeordnete Accambray, der Geschäftsmann und Journalist Bolo sowie der Ex-Gewerkschaftler und Redakteur des *»Bonnet rouge«*, Almeyreda, verdienten sein Vertrauen nicht. P. Meunier, Abgeordneter aus dem Departement Aube, hatte mit seiner Zustimmung Kontakte in die Schweiz geknüpft. Tatsächlich aber hatte Caillaux den Wunsch nach Versöhnung bei seinen indirekten Gesprächspartnern um einiges überschätzt. Briand selbst hatte Friedensfühler ausstrecken lassen, die jedoch ebenfalls negativ beschieden wurden. Das Deutsche Reich dachte nämlich gar nicht daran, Elsaß-Lothringen aufzugeben. In den Debatten während des Sommers 1917 spielten diese Sondierungen eine entscheidende Rolle, denn sie erlaubten es den Anhängern des totalen Kriegs, sich in den Vordergrund zu schieben und den ursprünglichen patriotischen Elan wiederaufleben zu lassen.

Im März 1917 folgte Alexandre Ribot Aristide Briand als Ministerpräsident. Er mußte die Verantwortung für die Offensive Nivelles auf sich nehmen und verlor, wie bereits gesagt, die Unterstützung eines beträchtlichen Teils der Sozialisten. Seit Juli prasselten die Angriffe Clemenceaus auf ihn hernieder. Am 22. Juli beschuldigte Clemenceau Louis Malvy, seit Kriegsbeginn Innenminister, mit antimilitaristischen Kreisen in Verbindung zu stehen. Am 2. August trat Marineminister Admiral Lacaze zurück, und am 17. August folgte ihm Denys Cochin. Cochins Rücktritt war hauptsächlich eine Folge des wiedererstarkten militanten Antiklerikalismus, der nach dem Vermittlungsangebot Papst Benedikts XV. vom 1. August 1917 erneut aufflackerte, das von den französischen Katholiken im übrigen nicht unterstützt wurde. Der Bruch der *Union sacrée* zeichnete sich immer deutlicher ab. Am 20. August beging Almeyreda, der festgenommen worden war, in seiner Zelle in Fresnes unter mysteriösen Umständen Selbstmord. Innenminister Malvy mußte daraufhin zurücktreten, Ministerpräsident Ribot folgte am 7. September. Bevor er Clemenceau rief, unternahm Staatspräsident Poincaré einen letzten Versuch und legte die Regierung in die Hände Paul Painlevés, des Außenministers unter Ribot.

Painlevé setzte ein Kriegskomitee ein, das diesmal Entscheidungsbefugnis besaß, und ebnete damit dem künftigen Kabinett Clemenceau den Weg. Seine Regierung aus Radikalen und sozialistischen Republikanern, denen er selber angehörte, besaß die Unterstützung der Rechten und Gemäßigten. Sechsundachtzig von sechsundneunzig sozialistischen Abgeordneten enthielten sich der Stimme. Doch wurde die politische Atmosphäre weiterhin von den »Verrats«-Affären vergiftet. Am 20. September wurde ein radikaler Abgeordneter des Hochverrats überführt, und am 29. wurde Bolo, der Partner Caillaux', festgenommen. Und während Léon Daudet noch eine heftige Kampagne gegen Malvy führte, wurde am 15. Oktober schließlich auch noch Aristide Briand von Clemenceau beschuldigt. Am 14. November bekam Painlevé, der die Vertagung der parlamentarischen Anfragen über die laufenden Gerichtsverfahren forderte, keine Mehrheit. Es war die einzige Regierung während des Krieges, die auf diese Art und Weise gestürzt wurde. Der Weg für Georges Clemenceau war damit frei.

UNERWARTETE BEDÜRFNISSE

Schon seit September 1914 wurde der reibungslose Verlauf der militärischen Operationen durch Waffen- und Munitionsmangel behindert, woraus sich auch die Einstellung der Angriffe gegen Monatsende und die Schwierigkeiten des Wettlaufs zum Meer erklärten. Vom 1. Oktober bis zum 15. November wurden die Kampfhandlungen mit sehr ungenügenden Materialreserven geführt, die weit unter den Erfordernissen lagen. Daraus ersieht man auch weitgehend die Bedeutung der erlittenen Verluste, wie dies folgende Zahlen illustrieren: Im Dezember 1914 besaß Frankreich 1,3 Millionen Gewehre an der Front, 350000 lagerten in Arsenalen und 50000 in Afrika. Waffenkäufe im Ausland bedeuteten auch keine Lösung, denn es hätte nur eine teure und uneinheitliche Bewaffnung geliefert; außerdem erwiesen sich die Arsenale als nicht in der Lage, den Bedarf zu decken. So mußte man bereits im Mai 1915 an die Privatindustrie appellieren. Dieses Beispiel verdeutlicht die generell und permanent bestehende Mangelsituation um so mehr, als sich die Versorgungsschwierigkeiten nicht nur auf den rein militärischen Bereich beschränkten und die Art der Waffen ständigen Modifikationen unterworfen war. So kam es zu immer neuen »strangulierenden Engpässen«.

Da die französische Industrie auf die neuen Bedürfnisse nicht eingerichtet war, ließen sich die Probleme nur schwer lösen. Frankreich besaß zwar in seiner exzellenten Auto- und Flugzeugindustrie einen entscheidenden Trumpf, wies aber schwere Defizite in der Eisen- und chemischen Industrie auf. Letztere produzierten beispielsweise weder Ammoniak noch Salpetersäure, die für die Herstellung von Explosivstoffen benötigt wurden. Darüber hinaus umfaßte die »Zone industrieller Nichtverfügbarkeit« infolge des gegnerischen Vordringens einen Flächenanteil von 74 Prozent bei der Kohle, 81 Prozent Roheisenproduktion, 63 Prozent beim Stahl, 55 Prozent im Bereich der Verhüttung, 76 Prozent beim Zucker und 25 Prozent im Maschinen- und Werkzeugbau. Lediglich dieser letztere Bereich, dessen Prozentsatz merklich niedriger lag, läßt darauf schließen, daß die unmittelbaren Erfordernisse befriedigt werden konnten. Schließlich machte sich im Verlauf des immer länger andauernden Konflikts ein weiterer Mangel bemerkbar: das Erdöl ging zur Neige.

Diese Verknappungsprobleme erforderten das direkte Eingreifen des Staates. Allerdings fehlte es ihm dafür an den einfachsten Voraussetzungen. So verfügte er nicht einmal über die notwendigen Informationsmittel wie etwa eine industrielle Statistik. Alles wurde in einer Atmosphäre überstürzter Improvisation abgewickelt. Albert Thomas und seine Mitarbeiter stützten sich bei ihrem Vorgehen auf die Organe der Unternehmer wie etwa das Komitee der Hüttenwerke unter der Leitung von Robert Pinot. Aber dieser Fall stand nicht allein. Die Dinge liefen um so besser, je mächtiger derartige Organisationen waren. In den ersten Monaten mangelte es an der nötigen Koordination der verschiedenen Maßnahmen: Man richtete deshalb Ämter ein (wie am 17. Oktober 1914 das für chemische Produkte), die über Subventionsmittel und eigene Budgets verfügten, außerdem wurden »Komitees« und »Kommissionen« gegründet, deren Kompetenzen wesentlich enger gefaßt und zudem höchst unterschiedlich waren. Ab Mitte 1916 kam es zur Bildung von Konsortien, Organen einer fruchtbaren Zusammenarbeit zwischen Staat, Gewerkschaften und Unternehmertum. Es handelte sich dabei um Gruppierungen von Kaufleuten und Industriellen, die über eigene Exekutivausschüsse verfügten. Sie entwickelten sich 1918 zu den wesentlichen Antriebskräften des Wirtschaftslebens. Trotz allem war man noch weit von einer einheitlichen Ausrichtung der gesamten Volkswirtschaft entfernt. Ende 1918 existierten nicht weniger als 191 Organisationen mit unterschiedlichen Statuten.

Manche Autoren sahen in diesem Prozeß den Anfang einer Sozialisierung der Wirtschaft. In Wirklichkeit spielten die Unternehmerorganisationen eine entscheidende Rolle, und der Staat stellte sich der Situation, indem er die Kräfte der Privatindustrie mobilisierte. Man darf auch die Auswirkungen der durch den Krieg bedingten Beschleunigung der industriellen Entwicklung keinesfalls überschätzen. Manche Leistungen waren sicher bemerkenswert und erforderten eine wesentliche Änderung der Herstellungsmethoden. Die tägliche Produktion von 75-Millimeter-Granaten stieg von 10000 Stück zu Beginn des Kriegs auf 300000 im Mai 1917, die Gewehrproduktion vervielfachte sich um 290 und die der Maschinengewehre um 170.

Neue Waffensysteme wurden notwendig. Gegen Ende des Krieges stellte Frankreich etwa dreißig Panzer pro Tag her. Die theoretische Zahl der einsatzfähigen Flugzeuge stieg von 540 am Ende des Jahres 1914 auf 22400 Maschinen im November 1918. Doch waren diese Zahlen illusorisch, denn tatsächlich waren im März 1917 nur 1600 Flugzeuge im Einsatz. Man hatte auch nur die üblichen Flugzeugtypen wieder nachgebaut und den Krieg nicht für aeronautische Forschungen benutzt. Überdies produzierte Frankreich nur Dinge wie Dynamos oder Stahldraht, die es bisher aus dem Ausland bezogen hatte. In den nichtbesetzten Gebieten Frankreichs stieg die Stahlproduktion um 40 Prozent: Le Creusot und die Stahlwerke von Homécourt verdoppelten ihre Produktion. Die großen Autohersteller wie Peugeot und Renault verzeichneten beträchtliche Auftragssteigerungen. Die chemische Industrie versuchte sich auf neuen Gebieten, die sie vor dem Krieg vernachlässigt hatte. Ein Beispiel dafür ist die sehr verspätete und mit staatlicher Hilfe erfolgte Gründung der *Compagnie nationale des matières colorantes et des produits chimiques* (Gesellschaft für Farbstoffe und Chemikalien).

Dagegen stagnierte die Entwicklung in allen nicht unbedingt kriegswichtigen Bereichen. Wenn viele Industriezweige hinter der Entwicklung zurückblieben, so war dies vor allem eine Folge des Krieges. Die Gewinne aus den Staatsaufträgen waren gestiegen und ermöglichten eine breite Eigenfinanzierung; sie bildete die Hauptquelle für Kriegsinvestitionen. Ziel der Politik des Rüstungsministeriums war es, »die Industriellen zu veranlassen, in neue Anlagen zu investieren«, indem sie bei den Selbstkosten großzügige Abschreibungen gewährte. Doch die Unternehmen, die entweder nicht in der Lage waren oder es nicht verstanden, ihre Gewinne zu reinvestieren, waren am Ende nicht die Gewinner. Der Index der französischen Aktienkurse blieb stabil, während die Preise und der Index der Dividenden Ende 1918 im Vergleich zu 1913 um 3,5 Punkte gestiegen waren. Der eigentliche Verlierer in dem großen Krieg war jedoch der kleine Sparer und mit ihm viele Kleinunternehmen, die von der Welle der Inflation weggespült worden waren.

Die Verknappung von Waren und Lebensmitteln führte unmittelbar zu einer inflationistischen Entwicklung. Die Versuche einer Preiskontrolle erwiesen sich als größtenteils unwirksam, sie griffen nur zögernd und im wesentlichen erst nach 1917. Der Krieg wurde außerdem hauptsächlich über Anleihen finanziert. Finanzminister Ribot, der bis 1917 nicht entlassen werden konnte, erklärte 1914, zunächst müsse das Land von der Invasion befreit sein, »bevor man die Steuern erhöhen könne«. So kam es erst 1917 zur Anwendung des bereits 1914 verabschiedeten neuen Einkommensteuersystems, das dann auch auf die Kriegsgewinne übertragen wurde. Zwischen 1914 und 1918 betrug die Ausgabendeckung durch Einnahmen nur 16 Prozent! Im Jahr 1918 betrugen die Einnahmen 6,8 Milliarden Francs gegenüber einem Ausgabenvolumen in Höhe von 54,2 Milliarden Francs! Verständlich, wenn ein Professor für Öffentliche Finanzen namens Jèze nach dem Krieg schrieb, diese Politik sei ein Beispiel dafür, »wie man es nicht machen darf«.

Die Defizite wurden also durch Kredite ausgeglichen, aber je länger der Krieg dauerte, desto kürzer wurde die Laufzeit der Kredite. Man emittierte »Gutscheine der Nationalen Verteidigung«, die beliebig erneuert werden konnten und mit fünf Prozent verzinst wurden. Insgesamt verdoppelte sich die langfristige Kapitalschuld zwischen 1913 und 1918 von 31 auf 62 Milliarden Francs; die schwebenden Schulden stiegen auf das 27fache, das heißt von 1,5 Milliarden auf 41,8 Milliarden Francs: Ihnen war es zu verdanken, daß die Banknotenpresse so gut funktionieren konnte. Ende des Jahres 1918 wog die verdeckte Inflation viel schwerer als die offene: die Preise waren um das 3,5fache gestiegen, die Menge des umlaufenden Papiergeldes war um das 5,3fache gewachsen. Eines der sichersten Opfer des Ersten Weltkriegs war der französische Franc, und 1918 sollte alles erst richtig anfangen ...

Exakt dasselbe Bild vermittelte auch die Außenhandelsbilanz. Wie ein Wirtschaftsfachmann damals sagte, führte der Krieg zu »abnorm hohen Importüberschüssen«. Für die Jahre 1914 bis 1918 machten die Exporte nur 29 Prozent des Wertes der Importe aus! Im Jahr 1918 beliefen sich die Importe auf 22 Milliarden Francs und die Exporte auf 4,7 Milliarden Francs! Wie ließ sich ein solches Defizit ausgleichen? Durch Einkommensüberschüsse konnten 39 Prozent gedeckt werden, von denen nur die Hälfte auf Erträge aus angelegtem Kapital, die traditionelle Quelle des Reichtums, entfiel. Durch Anleihen wurden dreißig Prozent abgedeckt, 31 Prozent, das heißt 20,4 Milliarden Francs, kamen aus Krediten mit extrem kurzer Laufzeit. Bis zum Eintritt Amerikas in den Krieg waren die finanziellen Schwierigkeiten schon groß, aber sie verschlechterten sich Ende 1916 rapide, als Präsident Wilson im Rahmen seiner Friedensbemühungen die strikte Gleichbehandlung aller kriegführenden Mächte in ihren Geschäften mit amerikanischen Banken durchsetzen wollte. Nach Amerikas Kriegseintritt wurden die französischen Auslandsschulden durch Vorschüsse der amerikanischen Staatsbank finanziert. Die Bilanz war einfach: vor dem Krieg war Frankreich Gläubiger Amerikas, nach dem Krieg kehrte sich das Verhältnis um und standen die USA Frankreich mit beachtlichen Forderungen ins Haus.

Amerikas Eintritt in den Krieg resultierte aus der Entscheidung Deutschlands vom 31. Januar 1917 – Wilson hatte noch eine Woche zuvor eine Neutralitätserklärung abgegeben –, den unbeschränkten U-Boot-Krieg zu erklären. Er hatte schon 1915 mit dem U-Boot-Krieg gegen englische Handelsschiffe begonnen, wurde aber im Mai 1916 mit Rücksicht auf die Amerikaner ausgesetzt.

Diese »letzte Karte« der deutschen Kriegsführung als Antwort auf die Blockade der Alliierten beruhte auf dem Gedanken, daß diese ohne amerikanische Lieferungen nicht mehr würden durchhalten können. Die Blokkade wurde somit umgekehrt. Nicht nur militärisch war der U-Boot-Krieg ein Mißerfolg, er wirkte sich auch entscheidend auf die öffentliche Meinung in Amerika aus, die Wilsons Entscheidung nun widerspruchslos akzeptierte. Die Zahl der versenkten Schiffe erreichte am 17. April ihren höchsten Stand; zu diesem Zeitpunkt kehrte einer von vier großen Dampfern zwischen London und Gibraltar nicht zurück. Als die Alliierten jedoch zu entsprechenden Gegenmaßnahmen griffen, konnte die Zahl der Verluste von 870000 Bruttoregistertonnen im April 1917 auf 351000 im September gesenkt werden. Am 3. Februar 1917 brach Wilson die diplomatischen Beziehungen zum Deutschen Reich ab, glaubte aber noch, daß Deutschland sich daraufhin eines anderen besinnen würde. Doch die amerikanische Öffentlichkeit stand unter dem Eindruck der Kontakte zwischen Mexiko und Deutschland (Zimmermann-Telegramm), und so verkündete Wilson am 2. April 1917 vor dem Kongreß, daß die Vereinigten Staaten »mit allen Streitkräften« in den Krieg eintreten würden.

Der Kriegseintritt Amerikas schien das Ausscheiden Rußlands auszugleichen. Nach dem Sturz des Zaren im März 1917 und dem liberalen Versuch Kerenskis hatte sich die bolschewistische Diktatur im Oktober installiert. Ihr Führer Lenin war von den Deutschen über die Schweiz nach Rußland gebracht worden. Das Deutsche Reich war in der Lage, dem neuen Regime seine Bedingungen zu diktieren: Seit dem 15. Dezember 1917 herrschte Waffenruhe, der Friedensvertrag selbst jedoch wurde erst im März 1918 in Brest-Litowsk unterzeichnet. Das Ausscheiden Rußlands zwang andererseits Rumänien, den Friedensvertrag am 7. Mai zu unterzeichnen. Erst jetzt konnten die Deutschen ihre Armeen von der Ost- an die Westfront verlegen. Insgesamt wogen die positiven Auswirkungen des Kriegseintritts der Vereinigten Staaten die unheilvollen Folgen des Ausscheidens des russischen Verbündeten mehr als auf.

DAS JAHR 1918

Bereits von Beginn an zeitigte Amerikas Eintritt auf dem Kriegsschauplatz weitreichende Folgen. Er beschleunigte und besiegelte das endgültige Scheitern des U-Boot-Krieges, befreite die Alliierten von ihren Versorgungsmängeln und Zahlungsschwierigkeiten, während er gleichzeitig die wirksame Fortsetzung der Blockade Deutschlands erlaubte. Im Frühjahr 1918 landeten schließlich die ersten amerikanischen Truppen in Frankreich, seit Juli nahmen sie an den Kämpfen teil. Außerdem hatte die Intervention Amerikas auch über 1918 hinaus zur Folge, daß es aufgrund von Wilsons »Vierzehn-Punkte-Programm« vom Januar 1918, in dem er deutlich von den Kriegszielen der Alliierten abgerückt war, zu besonders delikaten Friedensverhandlungen kam. Doch in den Augen der öffentlichen Meinung in Frankreich bestätigte die Botschaft des amerikanischen Präsidenten den »gerechten« Charakter des derzeitigen Krieges. Einige der von Wilson definierten Ziele deckten sich mit jenen, die die »Minderheitssozialisten« *(Minoritaires)* in ihren Erklärungen verfolgten.

Das wichtigste Ereignis des Jahres 1918 bestand aber wohl in der auffallenden Erneuerung des Geistes von 1914: die Niedergeschlagenheit des Jahres 1917 hatte sich verflüchtigt. Clemenceaus Erfolg beruhte hauptsächlich auf seinem Rückhalt in der französischen Öffentlichkeit. Am 20. November trat er vor die Kammern und erhielt 418 Stimmen bei 65 Gegenstimmen; darunter waren 64 Sozialisten, während sich 25 Sozialisten der Stimme enthielten, wie auch 15 Radikale, unter ihnen Caillaux und Malvy. »Weder Verrat noch Quasi-Verrat«, war das Motto, unter dem er antrat. Bereits am 11. Dezember ließ er Caillaux verfolgen, der anschließend am 14. Januar 1918 verhaftet wurde. Zum gleichen Zeitpunkt verlangte Malvy selbst, vor Gericht zu erscheinen. Sein Prozeß fand vom 16. Juli bis 4. August 1918 statt und brachte ihm fünf Jahre Verbannung ein, weil er »eine Gefahr nicht aufhielt, deren Ausmaß er sehr wohl kannte«. Caillaux hingegen wurde 1920 wegen »unbesonnenen Handelns« zu drei Jahren Gefängnis verurteilt. Der Sinn dieser Urteile lag auf der Hand: Jeder Schritt, der die Möglichkeiten eines Friedens ohne Sieger und Besiegte sondierte, galt gleichsam als Verrat.

Clemenceau errichtete keine »Diktatur« im eigentlichen Sinn, denn er hielt ständig Kontakt zum Parlament. Einzig in der Wirtschaftspolitik konnte er kraft des Gesetzes vom 2. Februar 1918 über Dekrete regieren – eine institutionelle Neuerung, die sich noch lange Zeit halten sollte. Es ging dabei vor allem um die Regelung des Imports von bzw. Handels mit Lebensmitteln. Clemenceaus Erfolg beruhte in der Tat auf seinem Rückhalt in der Bevölkerung, die sich seit August 1917 zunehmend deutlicher artikulierte. Dennoch nahmen die Streiks im Frühjahr 1918, vor allem im Industriebecken von Saint-Étienne, dem Rüstungszentrum, fast aufständischen Charakter an. Am 1. Mai 1918 demonstrierten dort 30000 Streikende, wobei es zu einigen Zusammenstößen mit Dragonern kam. In den Versammlungen wurde davon gesprochen, die Streiks bis zu einem Friedensschluß weiterzuführen. Am 24. Mai schien ein Aufstand nicht mehr ausgeschlossen. Aber Merrheim versuchte zu schlichten. Am 25. zeichnete sich eine Bereitschaft zur Wiederaufnahme der Arbeit ab, am 26. begann die Regierung mit Verhaftungen, und am 27. Mai begann die fürchterliche Offensive der Deutschen am Chemin des Dames.

Eigentlich waren diese Verhaftungen überflüssig, denn die Gewerkschaftler wollten die Arbeit wieder aufnehmen. Der Sinn ihres Engagements wurde von Jules Andrieu, dem Initiator der Streiks von Saint-Étienne, klar formuliert, als er im Dezember 1917 zu Clemenceau sagte, er sei »vor dem Krieg Pazifist gewesen und werde immer Pazifist bleiben, aber *niemals Defätist*«. Es kam zu weiteren Demonstrationen in den Departements Gard, Isère, Nièvre, Seine-Inférieure sowie in den Städten Bourges, Paris und Lyon, wobei sich überall zeigte, daß die Arbeiter nicht bereit waren, ihre Nationalgefühl zu opfern und in eine Niederlage einzuwilligen, auch wenn die Industriezentren teilweise stark von pazifistischen Ideen beeinflußt waren. Merrheim und Bourderon waren eben nicht Lenin. Bourderon äußerte sich später: »Nach dem entsetzlichen Frieden von Brest-Litowsk [...] und nach dem militärischen Einsatz der deutschen Truppen an unserer Front stand die deutsche Armee im Juli bis auf 65 und 80 Kilometer vor Paris und feuerte bereits mit ihrer Artillerie auf Paris. Ich wollte *trotzdem* keinen Frieden für mein Land akzeptieren, wie ihn die Russen annehmen mußten.« Dieses »trotzdem« machte den Unterschied aus, und dieser Unterschied war wichtig!

Zum Verständnis der Beschlüsse auf dem Gewerkschaftskongreß von Paris am 15.–18. Juli 1918 muß daran erinnert werden, daß er mit der letzten deutschen Offensive zusammenfiel. Auch die sehr gemäßigten *Minoritaires* hatten sich Jouhaux angenähert, der sich von den entschlossenen Anhängern des totalen Krieges distanziert hatte. Die Schlußresolution verurteilte »jegliche Fortsetzung der Geheimdiplomatie« und verwarf »die Beschlüsse, die ohne Kenntnis der Nation gefaßt wurden«. Das ganze Vertrauen der Gewerkschaftsführer richtete sich auf den amerikanischen Präsidenten.

Innerhalb der sozialistischen Partei setzten sich die *Majoritaires* am 17. Februar 1918 noch einmal durch. Doch nahm der Einfluß der *Minoritaires* zu, übrigens in dem Maß, in dem sie weniger scharfe Reden hielten und der Sieg sich abzeichnete. Albert Thomas wurde untersagt, ins Kabinett Clemenceau einzutreten. Am 28. Juli wurden die Mehrheitsverhältnisse im Nationalrat umgekehrt. Longuet schlug vor, die Verabschiedung des Kredits der Nationalen Verteidigung abzulehnen, was mit 1544 Stimmen gegen 1172 Stimmen angenommen wurde; auf dem Kongreß im Oktober 1918 übernahmen die ehemaligen *Minoritaires* die Führung der Partei. Der Sieg war zu diesem Zeitpunkt so gut wie sicher, man befand sich bereits in der Nachkriegszeit. Innerhalb der sozialistischen Partei kam es zu neuerlichen Meinungsverschiedenheiten um die Teilnahme an der III. Internationale, genauer gesagt um die Bindung an die bolschewistische Partei. Doch die *Minoritaires* der Kriegszeit waren nicht alle unter den *Majoritaires* von Tours zu finden. Einige von ihnen, wie Jean Longuet, schlossen sich der *Section Française de l'Internationale Ouvrière* (S.F.I.O.) an.

EIN NEUER KRIEG

Die Teilnahme der Amerikaner an den Kämpfen des Jahres 1918 war nicht die einzige Neuerung. Der Krieg selbst hatte sich verändert, denn er wurde erstens wirtschaftlich besser kontrolliert und zweitens wurde er taktisch – und damit auch strategisch – durch den Einsatz neuer und immer wirksamerer Waffen, vor allem durch Flugzeuge und Panzer, grundlegend gewandelt. Die wirtschaftliche Organisation der Nation kam erst 1918 voll zum Tragen, als die Industrie mit ergiebigeren Herstellungsverfahren eine regelmäßige Produktion sicherstellte und die Organe der Handelskontrolle und Einfuhrbegrenzung den Warenstrom zufriedenstellend kontrollieren konnten. Die Effektivität des Amts für Erdöl lieferte hierfür ein anschauliches Beispiel. Auf dem Lebensmittelsektor kam es nur zu begrenzten Rationierungen, um Hamsterkäufe zu verhindern. Am schlimmsten machte sich der Mangel an Kohle bemerkbar. Doch war die Not in Frankreich nicht vergleichbar mit der in Deutschland und mehr noch in den Besatzungsgebieten, für die der Winter 1917/18 zum Martyrium wurde.

In diesen Gebieten nahm der Druck der Deutschen zu – ein Anzeichen von Nervosität, die sich in Akten primitivster Grausamkeit entlud. Militärisch gesehen lief die Uhr gegen Deutschland. Der neue Erste Generalquartiermeister Erich Ludendorff setzte zu einem neuen Angriff auf achtzig Kilometer Breite zwischen den Flüssen Scarpe und Oise an, um einen Keil zwischen die französischen und die englischen Truppen zu treiben und Amiens zu besetzen. Eine englische Armee trat nach dem Zusammenprall bei Saint-Quentin den Rückzug an. Am 23. März 1918 hatten die Deutschen mit der Beschießung von Paris begonnen, bei der sie eine Kanone mit großer Reichweite verwendeten, die im Wald von Saint-Gobain aufgestellt war. Die Lücke zwischen den englischen und französischen Truppen drohte sich zu verbreitern. Die Konferenz von Doullens am 26. März 1918 übertrug General Foch den Auftrag, »das Vorgehen der alliierten Truppen an der Westfront zu koordinieren«. Dieser Auftrag wurde am 3. und 14. April noch erweitert, als Foch zum Oberbefehlshaber der alliierten Truppen ernannt wurde.

Der erste Angriff der Deutschen war am 30. März zunächst abgewehrt und am 5. April zum Stehen gebracht worden. Die Deutschen aber hatten 90000 Gefangene gemacht und die Orte Péronne, Noyon und Bapaume eingenommen: zweifellos ein Sieg, aber kein entscheidender. Am 9. April 1918 startete Ludendorff eine erneute Offensive gegen die englischen Truppen in Flandern, um sie vom Ärmelkanal abzuschneiden. Seine Armeen wurden dank einer kombinierten Operation der Alliierten gestoppt. Foch bereitete einen Gegenangriff vor, als Ludendorff am 27. Mai 1918 am Chemin des Dames einen dritten Anlauf nahm, den er nur als Scheinangriff plante, mit dem er aber einen unerwarteten Erfolg einheimste: die deutschen Truppen erreichten am 30. Mai 1918 Château-Thierry und nahmen die Beschießung von Paris wieder auf. In diesem Augenblick rannte sich ihre Offensive fest: Es gelang ihr nicht, Anfang Juni den Frontvorsprung zu verkürzen, der zwischen den beiden eroberten Gebieten erst im März/April, dann im Mai 1918 entstanden war.

In diesem Frühjahr 1918 geriet der Krieg wieder in Bewegung. Es wurden Maschinengewehre, eine immer beweglichere Artillerie, Flugzeuge und Panzer eingesetzt. Die Versuche mit den schweren Panzern in den Jahren 1915 und 1916 hatten sich als wenig hilfreich erwiesen. Louis Renault lieferte deshalb im Januar 1917 den Prototyp des leichten Kampfwagens aus. Er löste die taktischen Probleme, die dieses Gefährt stellte: An der Überlegenheit der leichten Kampfwagen gegenüber den schweren Panzern bestand gegen Ende des Jahres 1917 kein Zweifel mehr. Der erste Panzerwagen von Renault wurde erstmals am 31. Mai eingesetzt – mit außerordentlichem Erfolg. General Estienne, einer seiner entschiedensten Befürworter, schrieb 1932: »Die Aufgabe dieser Fahrzeuge besteht im wesentlichen darin, schwerpunktmäßig in Massenangriffen vorzugehen, die der Oberkommandierende leitet.« In diesem Bereich war die deutsche Armee eindeutig unterlegen, denn sie verfügte nicht nur über wenige Panzer, sondern auch über nur ungenügend Benzin.

Vor allem aber fehlte es ihr an Reserven. Am 15. Juli 1918 startete Ludendorff in der Champagne auf einer Breite von achtzig Kilometern seine fünfte Offensive. Die Franzosen, die von Pétain genaue Anweisungen bekommen hatten, waren gut gerüstet: Sie entblößten die erste Linie bis auf ein paar Posten, die sich dafür opferten, und konzentrierten ihre Hauptstoßkraft in der zweiten Linie. Am 17. Juli war die fünfte und letzte deutsche Offensive abgewehrt, einen Tag später, am 18., ging Foch zum Gegenangriff über, bei dem die französischen Angriffspanzer eine entscheidende Rolle spielten. Die zweite Marneschlacht unter der Leitung der Generäle Mangin und Degoutte war Ende Juli gewonnen: Paris wurde entsetzt, Château-Thierry und Soissons wurden befreit, und 35 000 deutsche Soldaten gerieten in Gefangenschaft.

Von da an lag die Initiative bei den Alliierten. Eine Million amerikanische Soldaten standen in Frankreich. Neunzehn Divisionen waren kampfbereit. Die Rüstungsindustrie lief auf Hochtouren; die Möglichkeit einer Generaloffensive an allen Fronten bot sich an. An der französischen Front kam es am 8. August 1918 zu ersten Angriffen, um die Eisenbahnlinie Paris – Amiens zu entsetzen. Innerhalb von ein paar Tagen mußten die

Deutschen sämtliche Gebiete aufgeben, die sie seit Jahresbeginn besetzt gehalten hatten. Bis Anfang September 1918 zogen sie sich auf die Siegfriedstellung von 1916 zurück.

Die alliierte Generaloffensive brach am 26. September los. Die Deutschen leisteten in Flandern und an der Maas Widerstand, doch ihr zentraler Frontabschnitt brach zusammen: Am 2. Oktober eroberten die Alliierten Saint-Quentin, am 9. Cambrai und am 12. Oktober Laon. Nun konnten die Deutschen keine Reservetruppen mehr einsetzen. Am 19. Oktober bereitete Foch eine neue Offensive für Mitte November vor. Am 10. November besetzten die Alliierten Gent, Mons, Rocroi, Mézières und Sedan. Die Lage der deutschen Truppen war aussichtslos.

In Syrien brach die türkische Front zusammen, am 1. Oktober wurde Damaskus und am 25. Oktober Aleppo erobert. Die von Franchet d'Esperey kommandierte Armee in Saloniki ging am 15. September 1918 zum Angriff über, der Widerstand der Bulgaren brach sofort zusammen. Die bulgarische Regierung ersuchte am 26. September um einen Waffenstillstand; damit war Österreich nun direkt bedroht. In Italien durchbrach General Diaz am 27. September die feindlichen Linien in Vittorio Veneto und nahm damit Revanche für die Niederlage von Caporetto im Jahr 1917.

Schon im August 1918 hatte Wilhelm II. begriffen: »Der Krieg muß beendet werden.« Doch erst am 29. September gab seine Oberste Heeresleitung ihre Verhandlungsbereitschaft bekannt. Nach Bulgarien hatte auch die Türkei am 30. Oktober einen Waffenstillstand unterzeichnet, am 3. November folgten Österreich und Italien. Damit war auch das Ende der österreichisch-ungarischen Doppelmonarchie besiegelt, die durch die Nationalitätenbewegung zerstört worden war. Die Alliierten erkannten die provisorischen Regierungen der Tschechoslowakei, Polens und, gegen den Rat Italiens, auch Jugoslawiens an. Die Ungarn versuchten die Anbahnung von Separatverhandlungen. Der deutsche Kaiser, der sich vergeblich um einen deutsch-österreichischen Staat unter seiner Führung bemühte hatte, floh am 10. November nach Holland.

Bereits am 29. September hatte Deutschland Präsident Wilson seine Bitte um sofortigen Waffenstillstand übermittelt. Dieser ließ wissen, daß ein Waffenstillstand zu Bedingungen erfolgen müsse, die eine Wiederaufnahme der Feindseligkeiten durch Deutschland unmöglich machen würden. Der Frieden würde demnach auf der Grundlage der Vierzehn Punkte

Wilsons geschlossen werden, was den Verzicht des Deutschen Reiches auf Elsaß-Lothringen und möglicherweise auch auf überwiegend von Polen besiedelte Gebiete einschloß. Außerdem stellte Wilson klar, daß die Verhandlungen nur mit Vertretern des deutschen Volkes geführt würden, nicht aber »mit denen, die es bisher regiert haben«. Am 27. Oktober ließ Deutschland jede Vorbedingung für Waffenstillstandsverhandlungen fallen. In Deutschland brach die Revolution aus, und Wilhelm II. dankte am 9. November ab. Am 11. November wurde in Rethondes der Waffenstillstand unterzeichnet. Die Deutschen mußten innerhalb von dreißig Tagen alle linksrheinischen Gebiete räumen. Die Alliierten sollten damit über Brückenköpfe in Köln, Koblenz und Mainz verfügen. Die Hintergedanken der Franzosen bezüglich des Rheinlandes lagen auf der Hand. Ludendorff wollte später glauben machen, Deutschland sei militärisch nicht besiegt worden. Tatsächlich aber wird die »Dolchstoßlegende« von den Fakten selbst widerlegt, da Ludendorff am 8. August 1918 selbst festgestellt hatte, daß der Krieg verloren sei.

In Paris kam es am 11. November zu ausgelassenen Freudenkundgebungen, oder, wie ein Beobachter der Polizeipräfektur feststellte: »Alle Gesichter sind trunken vor Freude.« Am 12. November wuchs die Begeisterung noch weiter an; erst am 13. November beruhigte sich die Lage. Ähnliche Kundgebungen fanden in ganz Frankreich statt. Ein Journalist aus Clermont-Ferrand notierte: »Die Begeisterung überstieg jede Vorstellung.«

SCHLUSS

Vergleicht man das Frankreich von 1918 mit dem Frankreich von 1852, so war es zwar kleiner geworden, aber befreit, und es war reich geworden an neuen Erfahrungen. Es war demographisch, wirtschaftlich und moralisch geschrumpft. Der demographische Niedergang und der Bevölkerungsverlust waren so bedeutend, daß das Land seinen Status als Großmacht verlor. Der Sieg war nur mit Hilfe der Alliierten möglich gewesen. Der Rückgang der Bevölkerung hatte schon vor dem Krieg zu einem Prestigeverlust im wirtschaftlichen, vor allem aber industriellen Bereich geführt. Während auf Frankreich 1880 noch neun Prozent der Weltindustrie entfielen, waren es 1914 nurmehr sechs Prozent. Natürlich ließ sich nicht alles auf die Bevölkerungsfrage zurückführen; die französische Industrie, wie sie sich unter Napoleon III. entwickelt hatte, versäumte es nach dem Krieg von 1870/71, dessen wirtschaftliche Auswirkungen nicht unterschätzt werden sollten, sich der Entwicklung auf dem Weltmarkt anzupassen.

Trotz einiger spektakulärer Erfolge vor allem in der Autoindustrie hatte die französische Industrie in den achtziger und neunziger Jahren große Mühe, den neuen technischen und wirtschaftlichen Gegebenheiten Rechnung zu tragen, währenddem der deutsche Nachbar in derselben Zeit bemerkenswerte Durchbrüche in den Schwerpunktindustrien Chemie und Elektromechanik erzielte. Bereits vor dem Krieg hatte man begonnen, die Versäumnisse nachzuholen, und in der Tat datierte der große Neubeginn nicht erst auf das Jahr 1914, sondern bereits auf die Jahre 1905 und 1906.

Der Krieg hatte den Bevölkerungsrückgang nur noch verschlimmert. Frankreich beklagte 1,35 Millionen Kriegstote, und von den 2,8 Verwundeten blieben 1,1 Millionen auf Dauer Invaliden. Dazu kamen noch 1,4 Millionen »aufgeschobene« Geburten, von denen die meisten nicht überlebten.

Trotz des Zuwachses von 1,7 Millionen Elsässern hatte die Bevölkerung Frankreichs abgenommen und bewegte sich bei 39,2 Millionen Einwohnern. Die Kriegsfolgen machten sich weiterhin bemerkbar. Ein Großteil des Sachkapitals war vernichtet: 368000 Häuser waren zerstört und 559000 Häuser beschädigt; 116000 Hektar Land ließen sich nicht mehr bewirtschaften. Grubenanlagen, Fabriken in den Departements Nord und Pas-de-Calais, aber auch viele Kunstwerke waren zerstört. Frankreich war fest entschlossen, Reparationen zu fordern, da es von der Kriegsschuld des Deutschen Reiches ausging.

Es existierte bereits auch ein Wirtschaftsplan für die Nachkriegszeit, der die deutsche Vormachtstellung auf diesem Gebiet zurückdrängen sollte. Die Vorarbeit hatten Kommissionen geleistet, die Handelsminister Clémentel einberufen hatte und die präzise Vorschläge vorlegten. Es handelte sich nicht nur darum, Deutschland »in seine Schranken zu weisen«, sondern auch darum, nach den Erfahrungen des Krieges die Basis für eine innere Erneuerung zu finden. Eine neue Technokratie war auf dem Vormarsch, deren Arbeit beim Wiederaufbau erstmals zum Tragen kam.

Doch, wie bereits erwähnt, betraf die zweite irreparable wirtschaftliche Folge des Krieges die Zerstörung der Gläubigerposition Frankreichs in der Welt. Vor allem bei den Vereinigten Staaten hatte sich das Land schwer verschuldet; 1918 wurde seine Währung künstlich durch amerikanische Vorschüsse gestützt. Die Solidarität unter den Alliierten fand jedoch im April 1919 schon bald ihr Ende. Die Kolonialherrschaft, die im wesentlichen seit 1852 errichtet worden war, stellte nach Meinung eines Teils der Öffentlichkeit einen gewissen Wertausgleich dar. Doch war klar, daß die Kolonialideologie, die genau zwischen den beiden Weltkriegen ihren absoluten Höhepunkt erreichte, gleich auf dreifache Art gefährdet war: im Innern durch die Stärkung der antikolonialistischen Partei, in den Kolonialgebieten selbst durch Ansätze von Befreiungsbewegungen, die, obzwar noch im embryonalen Stadium, bereits durchaus deutliche Strukturen zeigten – vor allem aber durch zwei einander widersprechende Ideologien, den Bolschewismus und das Vierzehn-Punkte-Programm Woodrow Wilsons. Die nationalistische Destour-Partei in Tunesien stützte sich bereits auf die Theorien des amerikanischen Präsidenten. Doch zunächst noch stärkte der Krieg den zivilisatorischen Willen des französischen Kolonialismus, da sich die Kolonien auch an der Verteidigung des Mutterlandes aktiv und wirksam beteiligt hatten. Auf diplomatischem Gebiet sah sich Frankreich zu einer »defensiven« Position gezwungen: Clemenceau dachte nur an die Größe der deutschen Gefahr, und seine ganze Strategie zielte darauf ab, Garantien »physischer« und diplomatischer Art gegen eine Revanche der Deutschen zu erhalten.

Und schließlich haben die Schrecken des Krieges zweifellos die pazifistischen Strömungen in der französischen Öffentlichkeit verstärkt. In den Ehren, die man den Kriegstoten und Veteranen erwies, schwang die Hoffnung mit, daß es nie wieder zu solchen Greueln kommen werde. Deshalb setzte die französische Öffentlichkeit so großes Vertrauen in die »Kongreßdiplomatie« und die Ideen Wilsons; seine Weltanschauung prägte, wie bereits erwähnt, sogar die gewerkschaftlichen Resolutionen. Schon bald stießen zwei gegensätzliche Konzeptionen der französischen Außenpolitik aufeinander: die Raymond Poincarés und die Aristide Briands. Und schließlich sollte sich wenig später auch der Internationalismus durch die unmittelbare Unterstützung seitens der Bolschewiken gestärkt sehen.

Das Frankreich von 1918 war, verglichen mit dem Frankreich von 1852, ein befreites Land – es hatte das Joch der Diktatur abgeschüttelt. Das Zweite Kaiserreich, eine autoritäre Herrschaftsform, die von sämtlichen Geschichtsdarstellungen aus republikanischer Feder mit Verachtung behandelt wurde, hatte es paradoxerweise geschafft, Demokratie und Freiheit miteinander in Einklang zu bringen. Als 1875 der Zusatzantrag Wallons verabschiedet wurde, war das wesentliche Ziel erreicht. Doch der Weg führte über die Grenzen hinaus, die für ein Gleichgewicht der Gewalten gut und notwendig waren. Die »absolute Republik« endete im Regime der parlamentarischen Körperschaften.

Frankreich war von materieller Not befreit – oder fast befreit. Der Lebensstandard der unteren Volksschichten hatte sich entscheidend verbessert. Die Revolution auf medizinischem Gebiet hatte, besonders dank Louis Pasteur, dem Leben einen neuen Sinn gegeben. Die Ernährungsgewohnheiten hatten sich verändert. Doch gab es immer noch zu viele kleine und zu unhygienische Wohnungen. Die 1914 beschlossene Mietsperre, die 1918 bestätigt wurde, verschlimmerte die Lage nur noch mehr...

Frankreich hatte sich auch von der Angst befreit. Ihretwegen hatte man die Diktatur hingenommen, sie erklärte die Schrecken bei der Unterdrückung der Kommune. Trotz der zahlreichen »Schreihälse« (der Ausdruck stammt von Victor Griffuelhes) und der Anhänger der totalen *guerre sociale* setzte sich der Dialog unter den Sozialpartnern durch, zuerst mit den Mitteln des Streiks, danach durch Verhandlungen. Der Krieg beschleunigte – dank Albert Thomas und Léon Jouhaux – diese Entwicklung... Dennoch konnte Frankreich seine religiösen Auseinandersetzungen nicht völlig überwinden. Der Combismus hatte alte Leidenschaften geschürt, die auch 1919 nicht zur Ruhe kamen. Hatte nicht der Radikalismus das Thema der staatlichen Einheitsschule in die Debatte geworfen? Die »religiöse Frage« spaltete Frankreich noch immer. Dennoch lebte der Geist des Fortschritts weiter, denn eine große Zahl von Republikanern wollte, ohne ihre Überzeugungen in Fragen der Laisierung zu verleugnen, die alten Streitigkeiten begraben.

Frankreich war reich an neuen Erfahrungen. Entgegen den Behauptungen eines Stanley Hoffmann war die französische Gesellschaft nicht erstarrt, die sich, wie er behauptet, auf das Bündnis eines unterdrückerischen Bürgertums mit einem konservativen Bauernstand gegen ein ausgebeutetes Proletariat gründete! Innerhalb dieser Gesellschaft blieben beträchtliche Vermögensunterschiede bestehen, doch allmählich war es immer mehr die berufliche Qualifikation, die über den sozialen Status entschied. Der Krieg unterstrich den Sieg des Lohnempfängers über den Sparer, der sein Vermögen unwiderruflich verloren hatte. Es genügte nicht, ein Vermögen zu erben; man mußte sein Geld auch anzulegen wissen. Die Grundrente verlor rapide an Wert! Kurz gesagt, Frankreich wurde professionalisiert. In Schulen und Universitäten wuchs eine immer größere Schicht von Privilegierten heran. Jeder Berufsstand versuchte, die gleichen Vorteile wie die Beamten zu erlangen. In dieser Einstellung zeichnete sich bereits die drohende Erstarrung ab.

Die Fähigkeit zur schöpferischen Erneuerung innerhalb der französischen Gesellschaft in der Zeit von 1852 und 1918 hatte etwas Faszinierendes an sich. Der zunehmende Lebensstandard, die gesellschaftliche Mobilität, die Neigung zur Originalität innerhalb der Eliten ließen eine neue Lebensart, neue Konsumvorstellungen und neue Geschmacksrichtungen entstehen. Die großen Industriegründer, die – angefangen bei Louis Renault über die Gebrüder Michelin und Gustave Eiffel bis zu Georges Claude – eher neue Produkte als neue Verfahren suchten, waren die

Helden einer Gesellschaft, die trotz ihrer Sperren, trotz ihrer Suche nach Sicherheit, doch bereit war, Wagemut zu honorieren. Die Künstler und die Schriftsteller waren ebenfalls Abenteurer. Lassen wir uns nicht vom Mythos des geächteten Künstlers einfangen, der auf eine Mauer von Unverständnis stieß. Weder Flaubert noch Courbet, weder Monet noch Cézanne, weder Pissarro noch Grimard, Fauré, Debussy oder Rodin lebten im Bruch mit der Gesellschaft ihrer Zeit, auch wenn sie oft deren grausame Chronisten waren. Sie waren reine Produkte ihrer Gesellschaft. Tatsächlich hat sich selten im Lauf der Geschichte eine Gesellschaft so aufgeschlossen für Wandel und Neuerung gezeigt wie diese.

Bleibt unsere am Anfang gestellte Frage nach dem »unbekannten Abenteuer« des Krieges und nach seiner Beziehung zum Patriotismus. Die schmerzlichen Erfahrungen konnten ihn nicht zerstören; sie trugen im Gegenteil dazu bei, das patriotische Gefühl zu vergeistigen. Aus dem Krieg ging ein gewandelter Patriotismus hervor, der einen neuen Sinngehalt gewann und tiefere Saiten zum Erklingen brachte. Doch über Frankreich schwebte der Leichengeruch, und viele defätistische Haltungen sahen darin ihre Bestätigung. Sie sollten sich zwar erst zwischen 1939 und 1940 voll entfalten, aber man konnte sie bereits 1918 erkennen.

ZEITTAFEL

1852

14. Januar	Inkrafttreten der Verfassung
29. Februar	Wahlen zum *Corps législatif*
25. März	Einrichtung der Präfekturverwaltung
7. November	Senatsbeschluß über die Wiederbegründung des Kaiserreichs
2. Dezember	Proklamation des Zweiten Kaiserreichs

1853

20. Januar	Vermählung Napoleons III.
23. Juni	Haussmann wird Präfekt des Departements Seine

1854

27. März	Kriegserklärung an Rußland
20. September	Schlacht an der Alma
14. November	Staatsanleihe, die direkt im Anlegerpublikum in Umlauf gebracht wird. Morny zum Präsidenten der Legislative ernannt
	Pasteur wird Professor an der Universität Lille

1855

26. Januar	Bündnis zwischen Frankreich, England und Sardinien
April	Scheitern der Verbündeten vor Sewastopol
Mai–November	Weltausstellung in Paris
27. August	Arbeiteraufstand in Trélazé
10. September	Einnahme von Sewastopol
	Courbet malt *»Das Atelier«*

1856

26. Februar–30. März	Pariser Konferenz
16. März	Geburt des kaiserlichen Prinzen
17. Juli	Senatsbeschluß über die Regentschaft
	Veröffentlichung von »*Madame Bovary*«
	Verkündigung des Dogmas von der Unbefleckten Empfängnis

1857

29. April	Auflösung des *Corps législatif*
9. Juni	Verlängerung der Sonderrechte der *Banque de France*
21./22. Juni	Wahlen zum *Corps législatif*
Dezember	Beginn der französisch-englischen Intervention in China
	Baudelaire veröffentlicht »*Les Fleurs du mal*« (»Die Blumen des Bösen«).
	Pasteur wird zum Direktor der *École Normale* ernannt

1858

14. Januar	Attentat Felice Orsinis
1. Februar	Dekret zur Einrichtung des *Conseil privé*
7. Februar	General Espinasse wird Innenminister
19. Februar	Gesetz über die Öffentliche Sicherheit
13. März	Hinrichtung Orsinis
11. Juni	General Espinasse als Innenminister entlassen
24. Juni	Einrichtung eines Ministeriums für Algerien
22. Juli	Begegnung zwischen Napoleon III. und Cavour in Plombières
	Émile Vacherot veröffentlicht »*La Démocratie*«

1859

23. Januar	Bündnis zwischen Frankreich und Sardinien
18. Februar	Französische Truppen besetzen Saigon
April	Beginn der Bauarbeiten am Suezkanal
4. Juni	Schlacht von Magenta
24. Juni	Schlacht von Solferino

11. Juli	Begegnung von Villafranca
15. August	Amnestieerlaß
	Gründung der *Société générale*

1860

1. Januar	Pius IX. spricht sich gegen die Italienpolitik Frankreichs aus
23. Januar	Handelsvertrag mit Großbritannien
30. Januar	Verbot der Zeitung *»L'Univers«* von Louis Veuillot
10. Februar	Algerien erhält wieder einen Generalgouverneur
24. März	Nizza und Savoyen an Frankreich
18. September	Schlacht von Castelfidardo
24. November	Gewährung des Antragsrechts für die Kammern
	César Franck komponiert die *»Messe für drei Stimmen«*

1861

14. Januar	Émile Ollivier schließt sich dem Zweiten Kaiserreich an
April	Gründung der Zeitung *»Le Temps«*
17. Oktober	Tolain fordert die Entsendung einer Arbeiterdelegation nach London
31. Dezember	Senatsbeschluß über die Erweiterung der Budgetrechte des *Corps législatif*
	Sainte-Claire-Deville in die *Académie française* aufgenommen. Wagners »Tannhäuser« wird dreimal in der Pariser Oper aufgeführt

1862

5. Mai	Katastrophe von Puebla in Mexiko
5. Juni	Cochinchina wird an Frankreich abgetreten
November	Napoleon III. begnadigt die streikenden Drucker
	Florence Royer übersetzt Charles Darwin

1863

April	Frankreich sichert sich das Protektorat über Kambodscha
23. Mai	Gesetz über die Zulassung von Aktiengesellschaften
30. Mai	Wahlen zum *Corps législatif*

18. Oktober	E. Rouher nach dem Tod Billaults zum Staatsminister ernannt
	Gründung des *Crédit lyonnais. Salon des refusés*
	Veröffentlichung des Buches *»Vie de Jésus«* von Ernest Renan
	Gründung der Zeitung *»Le Petit Journal«*

1864

11. Januar	Rede von Thiers über die »notwendigen Freiheiten«
25. Mai	Gesetz über Vereinsbildung: Das Streikrecht wird endgültig anerkannt
15. September	Vertrag zwischen Frankreich und Italien über die Räumung von Rom
28. September	Gründung der Ersten Internationale
8. Dezember	Veröffentlichung der Enzyklika *»Quanta cura«* und des *»Syllabus«*

1865

10. März	Tod Mornys
Oktober	Die Vereinigten Staaten fordern den Rückzug der französischen Truppen aus Mexiko
	Bismarck und Napoleon III. treffen sich in Biarritz

1866

März	Die Minister stimmen gegen die liberalen Reformen
12. Juni	Französisch-österreichischer Vertrag über Venetien
3. Juli	Schlacht von Königgrätz
18. Juli	Senatsbeschluß über das Recht, Zusatzanträge einzubringen
5. August	Napoleon III. fordert das linke Rheinufer als »Trinkgeld«
	Bankrott des *Crédit mobilier*

1867

19. Januar	Brief Napoleons III. mit der Ankündigung liberaler Reformen
Februar	Die französischen Streitkräfte verlassen Mexiko
April–November	Weltausstellung in Paris
19. Juni	Hinrichtung Maximilians in Mexiko
26. Juli	Zweites Gesetz über die Aktiengesellschaften

10. August	Gesetz über die Grundschule
3. November	Schlacht von Mentana
19. Dezember	Debatte über den Plan einer Militärreform

1868

14. Januar	Verabschiedung des Militärgesetzes Niel in stark abgeschwächter Form
11. Mai	Pressegesetz
30. Mai	Die erste Nummer von *»La Lanterne«* Rocheforts erscheint
6. Juni	Gesetz über die Versammlungsfreiheit
19. November	Erster politischer Auftritt Gambettas beim Plädoyer in der Affäre Baudin

1869

Mai	Wahlen zum *Corps législatif*
Juni	Streik in La Ricamarie: 14 Tote
Juli	Ankündigung neuer Reformen. Rücktritt Rouhers
8. September	Senatsbeschluß über die liberalen Reformen
16. November	Eröffnung des Suezkanals
27. Dezember	Émile Ollivier wird vom Kaiser berufen
	Gründung der Folies-Bergères
	César Franck beginnt mit der Komposition der *»Béatitudes«*

1870

5. Januar	Entlassung Haussmanns
10. Januar	Ermordung Victor Noirs
April	Rücktritt der Orléanisten Buffet und Daru
8. Mai	Volksentscheid: das Kaiserreich geht gestärkt daraus hervor
21. Mai	Ein Senatsbeschluß begründet das liberale Kaiserreich
13. Juli	Emser Depesche
19. Juli	Kriegserklärung an Preußen
6. August	Schlachten von Forbach und Fröschweiler
9. August	Sturz Émile Olliviers
2. September	Kapitulation Mac-Mahons und Gefangennahme Napoleons III. bei Sedan

4. September	Ausrufung der Republik unter Beibehaltung der Legalität
19. September	Beginn der Belagerung von Paris
12.–18. Sept.	Adolphe Thiers in London
9. Oktober	Gambetta in Tours
27. Oktober	Kapitulation von Metz
1.–5. November	Begegnung zwischen Thiers und Bismarck
3. November	Volksabstimmung in Paris
4. Dezember	Orléans wird geräumt
27. Dezember	Auflösung der am 18. September gegründeten *Ligue du Midi*

1871

11. Januar	General Chanzy bei Le Mans geschlagen
17. Januar	»Erscheinung« der Jungfrau Maria in Pontmain
28. Januar	Waffenstillstand und Kapitulation von Paris
12. Februar	Die Nationalversammlung tritt in Bordeaux zusammen
17. Februar	Thiers zum Regierungschef berufen
18. Februar	Räumung von Belfort durch Oberst Denfert-Rochereau
26. Februar	Vorfrieden von Versailles
3. März	Bildung des Zentralkomitees der Nationalgarde in Paris
10. März	»Pakt von Bordeaux«
18. März	Kanonenaffäre
26. März	Wahl des Pariser Gemeinderats
5. April	Dekret über die Geiseln
1. Mai	Schaffung des Wohlfahrtskomitees
10. Mai	Frieden von Frankfurt am Main
21.–28. Mai	Niederschlagung der Kommune
2. Juli	Teilwahlen zur Nationalversammlung mit Erfolgen für die Republikaner
Juli	Scheitern der Fusion
31. August	Das Gesetz Rivet legt Thiers' Kompetenzen fest
	Ernest Renan veröffentlicht *»La Réforme intellectuelle et morale«* (»Die geistige und moralische Erneuerung«)

1872

29. Juni	Vereinbarung über die Räumung der besetzten Gebiete
27. Juli	Militärgesetz
	Gründung der *Association pour l'avancement des sciences* (Verein zur Förderung der Wissenschaften)

1873

7. Januar	Tod Napoleons III.
15. März	Konvention über den Rückzug der deutschen Truppen
28. April	Wahl Barodets in Paris
24. Mai	Thiers tritt zurück
16. September	Frankreich von deutschen Truppen geräumt
19. November	Gesetz über die siebenjährige Amtszeit des Präsidenten der Republik. Francis Garnier nimmt Hanoi

1874

16. Mai	Sturz de Broglies
	Ausstellung der *Société des artistes, peintres, sculpteurs et graveurs* bei dem Fotografen Nadar
	Gründung des Alpenvereins

1875

30. Januar	Zusatzantrag Wallon: Aufnahme des Wortes »Republik« in die Verfassung
24. Februar	Erstes Verfassungsgesetz über den Senat
25. Februar	Zweites Verfassungsgesetz über die staatlichen Institutionen
10. März	Louis Buffet zum Ministerpräsidenten gewählt
12. Juli	Gesetz über die Freiheit der Hochschulbildung
16. Juli	Drittes Verfassungsgesetz über die Beziehungen zwischen den staatlichen Institutionen

1876

30. Januar	Senatswahlen
20. Februar–15. März	Kammerwahlen

9. März	Jules Dufaure zum Ministerpräsidenten gewählt
12. Dezember	Jules Simon zum Ministerpräsidenten gewählt
	Gründung der *»Revue historique«*
	Erste Expedition Pierre Savorgnan de Brazzas

1877

16. Mai	Entlassung Jules Simons
17. Mai	Regierung de Broglie
30. Mai	Wahlorganisation der Republikaner (»Manifest der 363«)
25. Juni	Auflösung der Kammer
14.–28. Oktober	Bildung des zweiten Kabinetts Dufaure

1878

6. Januar	Gemeinderatswahlen
Mai	Weltausstellung in Paris
30. Juni–13. Juli	Berliner Kongreß

1879

5. Januar	Senatswahlen
30. Januar	Rücktritt Mac-Mahons
4. Februar	Kabinett Waddington
9. August	Gesetz über die *Écoles Normales*
Oktober	In Marseille übernimmt der Sozialistische Kongreß den »Kollektivismus«
28. Dezember	Kabinett de Freycinet

1880

27. Februar	Gesetz über den *Conseil supérieur* für das Bildungswesen
29. März	Dekret über die nichtautorisierten Orden
Juli	Amnestie der Kommunarden
25. September	Kabinett Jules Ferry
21. Dezember	Gesetz über die höhere Schulbildung für Mädchen
	Veröffentlichung der *»Soirées de Médan«*

1881

12. Mai	Tunesien wird französisches Protektorat
Juni/Juli	Gesetze über die Presse, Volksschule und Versammlungsfreiheit
4. September	Kammerwahlen
14. November	Kabinett Gambetta
	Internationale Elektrizitätsausstellung in Paris Henri Poincaré wird an die Universität Paris berufen

1882

Januar	Zusammenbruch der *Union générale*
26. Januar	Sturz Gambettas
28. März	Gesetz über die allgemeine Schulpflicht
31. Dezember	Tod Gambettas

1883

21. Februar	Zweites Kabinett Ferry
Juli	Abkommen mit den Eisenbahngesellschaften
23. August	Protektorat über Annam
	Paul Verlaine kehrt nach Paris zurück

1884

21. März	Gesetz über die Gewerkschaften
5. April	Gesetz über die Munizipalordnung
14. August	Revision der Verfassungsgesetze
	Salon des Indépendants. Veröffentlichung von *»A Rebours«* (»Gegen den Strich«) von J. K. Huysmans Streik in den Kohlegruben von Anzin

1885

30. März	Sturz Ferrys wegen der Tongking-Affäre
9. Juni	Vertrag von Tientsin
Oktober	Kammerwahlen (Listenwahl)
	Pasteur impft erstmalig gegen die Tollwut Dritte Expedition Brazzas

1886

7. Januar	Kabinett de Freycinet. General Boulanger wird Kriegsminister
Januar	Streik in Decazeville
30. Oktober	Gesetz über die Laisierung der Lehrkräfte im staatlichen Schulwesen
	Veröffentlichung des Buches »*La France juive*« von Édouard Drumont.
	Paul Claudel bekehrt sich zum christlichen Glauben
	Georges Seurat vollendet sein Gemälde »*Un dimanche après-midi à l'île de la Grande-Jatte*«

1887

April	Affäre Schnaebelé
2./3. Dezember	Rücktritt Jules Grévys und Wahl von Sadi Carnot zum Staatspräsidenten
	Gabriel Fauré komponiert sein »*Requiem*«
	»*Pierre et Jean*« von Guy de Maupassant erschienen

1888

15. März	General Boulanger wird in den Ruhestand versetzt
15. April	Wahl Boulangers zum Abgeordneten des Departements Nord
Dezember	Erste russische Anleihe
	Entstehung der *Nabi*-Bewegung

1889

27. Januar	Wahl Boulangers in Paris
1. April	Flucht Boulangers nach Brüssel
15. Juli	Gesetz über die dreijährige Militärdienstpflicht
	Henri Bergson veröffentlicht sein »*Essai sur les données immédiates de la conscience*«
	Ende der Bauarbeiten am Eiffelturm für die Weltausstellung
	Émile Gallé stellt anläßlich der Weltausstellung seine Möbel aus
	Der Pariser Gemeinderat bewilligt die elektrische Straßenbeleuchtung

1890

17. März	Kabinett de Freycinet. Radrennen Paris–Brest–Paris: Charles Terront gewinnt mit Michelinreifen
12. November	Toast Kardinal Lavigeries in Algier auf die Republik

1891

1. Mai	Affäre von Fourmies
15. Mai	Enzyklika *»Rerum novarum«*
	Beginn der Kampagne gegen Samory

1892

Januar	Gesetz über die Zolltarife
Februar	Konstituierender Kongreß der Vereinigung der Arbeitsbörsen. Enzyklika *»Inter Sollicitudines«*
Juli	Militärkonvention zwischen Frankreich und Rußland
	Verabschiedung des Gesetzes zur Frauenarbeit *»L'Écornifleur«* (»Der Schmarotzer«) von Jules Renard erscheint

1893

3. September	Kammerwahlen: 40 sozialistische Abgeordnete werden gewählt

1894

24. Juni	Ermordung Sadi Carnots
27. Juni	Wahl von Jean Casimir-Périer zum Präsidenten der Republik
Juli	Verabschiedung der Gesetze gegen den Anarchismus
November	Gesetz über die Ortskassen des *Crédit agricole*
Dezember	Verurteilung von Alfred Dreyfus

1895

17. Januar	Wahl von Félix Faure zum Präsidenten der Republik
22. März	Erste Filmvorführung von Louis Lumière. Gründung des französischen Automobilclubs

	Konstituierender Kongreß der C.G.T. in Limoges
	Madagaskar wird französisches Protektorat
	André Gide schreibt *»Paludes«*

1896

29. April	Kabinett Méline
Mai	Christlicher Arbeiterkongreß in Reims. Bankett der Sozialisten in Saint-Mandé
Oktober	Autorennen Paris – Marseille
	Einsetzung des ersten französischen Generalgouverneurs Paul Doumer in Indochina

1897

Juli	Abkommen mit dem Deutschen Reich über Dahomé
	Veröffentlichung von Émile Durkheims *»Le suicide«* (»Der Selbstmord«)

1898

Januar	*»J'accuse«* von Émile Zola erscheint
Mai	Wahlen zur Nationalversammlung
Juli	Oberst Marchand in Faschoda
November	Handelsabkommen mit Italien
	Frankreich zieht sich aus Faschoda zurück
	Pierre und Marie Curie entdecken das Radium

1899

18. Februar	Émile Loubet zum Präsidenten der Republik gewählt
23. Februar	Staatsstreichversuch Paul Déroulèdes
11. Juni	Demonstration für Dreyfus in Longchamp
22. Juni	Kabinett Waldeck-Rousseau
August/ September	Prozeß von Rennes

1900

14. April	Eröffnung der Weltausstellung
19. Juli	Einweihung der ersten Métro
Dezember	Französisch-italienisches Geheimabkommen über Marokko und Tripolis
	Uraufführung von Gustave Charpentiers Oper »*Louise*«

1901

Mai	Gründung der *Alliance républicaine*
Juni	Gründung der radikalen und radikal-sozialistischen Partei
Juli	Vereinsgesetz
Dezember	Ratifizierung der Militärprotokolle zwischen Frankreich und Rußland

1902

27. Februar	»*Pelléas et Mélisande*« von Claude Debussy
24. März	Bildung der Sozialistischen Partei Frankreichs
11. Mai	Kammerwahlen
6. Juni	Kabinett Émile Combes
Juli	Französisch-italienische Geheimabsprachen
September	Gründung der Sozialistischen Partei Frankreichs

1903

	Erste Tour de France

1904

8. April	*Entente cordiale* mit Großbritannien
5. Juli	Gesetz über das Lehrverbot für Ordensangehörige
30. Juli	Abbruch der diplomatischen Beziehungen zum Vatikan
Dezember	Erster Kongreß der christlichen Gewerkschaften

1905

März	Gesetz zur Änderung der Militärdienstzeit (2 Jahre)
	Rede Wilhelms II. in Tanger
April	Gründung der S.F.I.O.
Juni	Sturz Delcassés. Einführung des Achtstundentags für Bergarbeiter
Dezember	Gesetz über die Trennung von Staat und Kirche
	Herbstsalon: Geburt des Fauvismus
	»*Les Grandes Baigneuses*« von Paul Cézanne
	Erster Film von Max Linder: »*La Première Sortie d'un collégien*«

1906

März	Katastrophe von Courrières
7. April	Vertrag von Algeciras
13. Juli	Gesetz über die Sonntagsruhe
Oktober	Kongreß der C.G.T. in Amiens. Kabinett Clemenceau
	»*Le Partage de midi*« (»Mittagswende«) von Paul Claudel
	Marcel Proust gibt sein literarisches Debüt
	Henri Poincaré: »*La Science et l'Hypothèse*« (»Wissenschaft und Hypothese«)

1907

April	Konflikt zwischen Regierung und Beamtenschaft
Juni	Höhepunkt der Winzerunruhen
Oktober	Der Radikalismus sucht sein Programm in Nancy
	»*Ariane et Barbe-Bleue*« von Paul Dukas

1908

Juli	Unruhen in Draveil und Villeneuve-Saint-Georges
	Rückkauf der westfranzösischen Eisenbahngesellschaft durch die Regierung
	Ausstellung in der Galerie Kahnweiler: Geburt des Kubismus

1909

Februar	Deutsch-französischer Vertrag über Marokko
Juli	Léon Jouhaux wird Sekretär der C.G.T.
	Louis Blériot überfliegt den Ärmelkanal
	Die *Ballets russes* gastieren im Châtelet in Paris

1910

April	Gesetz über die Arbeiter- und Bauernrenten
8. Mai	Kammerwahlen
Oktober	Streik der Eisenbahner in Nord- und Westfrankreich

1911

1. Juli	Panthersprung nach Agadir (2. Marokkokrise)
Juli	General Joffre wird von Ministerpräsident Caillaux zum Chef des Generalstabs ernannt
4. November	Deutsch-französisches Marokko- und Kongoabkommen

1912

14. Januar	Nach Caillaux' Sturz Kabinett Poincaré
März	Protektoratsvertrag mit Marokko

1913

17. Januar	Poincaré wird zum Präsidenten der Republik gewählt
7. August	Gesetz über die dreijährige Militärdienstzeit
	Marcel Proust veröffentlicht *»Du côté de chez Swann«*
	Maurice Ravel komponiert *»Ma Mère l'Oye«*

1914

Mai	Kammerwahlen
Juni	Kabinett Viviani
28. Juni	Attentat von Sarajewo
15. Juli	Verabschiedung der Einkommensteuer

23. Juli	Ultimatum Österreichs an Serbien
31. Juli	Deutsche Ultimaten an Frankreich und Rußland. Ermordung von Jean Jaurès
1. August	Allgemeine Mobilmachung
2. August	Einmarsch deutscher Streitkräfte in Belgien
3. August	Das Deutsche Reich erklärt Frankreich den Krieg
4. August	Einstimmige Verabschiedung des Gesetzes über die Vollmachten der Regierung
18.–22. August	Die Schlacht an den Grenzen
23. August	Die Schlacht bei Charleroi
26. August	Jules Guesde tritt in die Regierung der »Nationalen Verteidigung« ein
2. September	Die Regierung flieht aus Paris nach Bordeaux
4.–10. September	Schlacht an der Marne
14. November	Ende des »Wettlaufs zum Meer«
23. Dezember	Beide Kammern des französischen Parlaments treten in Paris zusammen

1915

April	Landung alliierter Streitkräfte bei den Dardanellen
Mai	Offensive im Artois
13. August	Gesetz Dalbiez
September	Konferenz von Zimmerwald
25. September	Offensive in der Champagne
Oktober	Landung britischer und französischer Truppen in Saloniki Bulgarien tritt in den Krieg ein
Dezember	Joffre wird zum Oberbefehlshaber ernannt
	»Au-dessus de la mêlée« (»Der freie Geist«) von Romain Rolland

1916

21. Februar	Beginn der deutschen Angriffe auf Verdun
April	Konferenz von Kienthal
16. Juni	Erste Geheimsitzung in der Kammer
Juli	Schlacht an der Somme
August	Rumänien tritt in den Krieg ein

26. Dezember	Joffre wird der Oberbefehl entzogen
	Henri Barbusse veröffentlicht »*Le Feu*« und erhält dafür den *Prix Goncourt*

1917

31. Januar	Beginn des uneingeschränkten U-Boot-Krieges
3. Februar	Abbruch der diplomatischen Beziehungen zwischen Amerika und Deutschland
17. März	Abdankung des Zaren
2. April	Kriegserklärung der Vereinigten Staaten
16. April	Nivelle-Offensive
4. Mai	Erste Meutereien
15. Mai	General Pétain löst Nivelle ab
28. Juni	Landung der ersten amerikanischen Division
22. Juli	Rede Clemenceaus, in der er Innenminister Malvy anklagt
31. August	Malvy tritt zurück
6. November	Übernahme der Macht in Rußland durch die Bolschewiken
16. November	Bildung des Kabinetts Clemenceau
15. Dezember	Waffenstillstand an der russischen Front

1918

8. Januar	Wilsons Vierzehn-Punkte-Programm
Februar	General Foch leitet das alliierte Exekutivkomitee
3. März	Frieden von Brest-Litowsk
21. März	Beginn der Offensive Ludendorffs bei Saint-Quentin
3. April	Foch wird zum Oberbefehlshaber ernannt
April	Offensive der Deutschen in Flandern
25. Mai	Beginn der deutschen Offensive an der Aisne
14.–16. Juli	Letzte Offensive der Deutschen in der Champagne
26. September	Generaloffensive der Alliierten
Oktober	Kongreß der Sozialistischen Partei: die *Minoritaires* setzen sich durch
3. November	Österreich schließt Waffenstillstand
11. November	Unterzeichnung des Waffenstillstands in Rethondes

Die französischen Departements um 1900

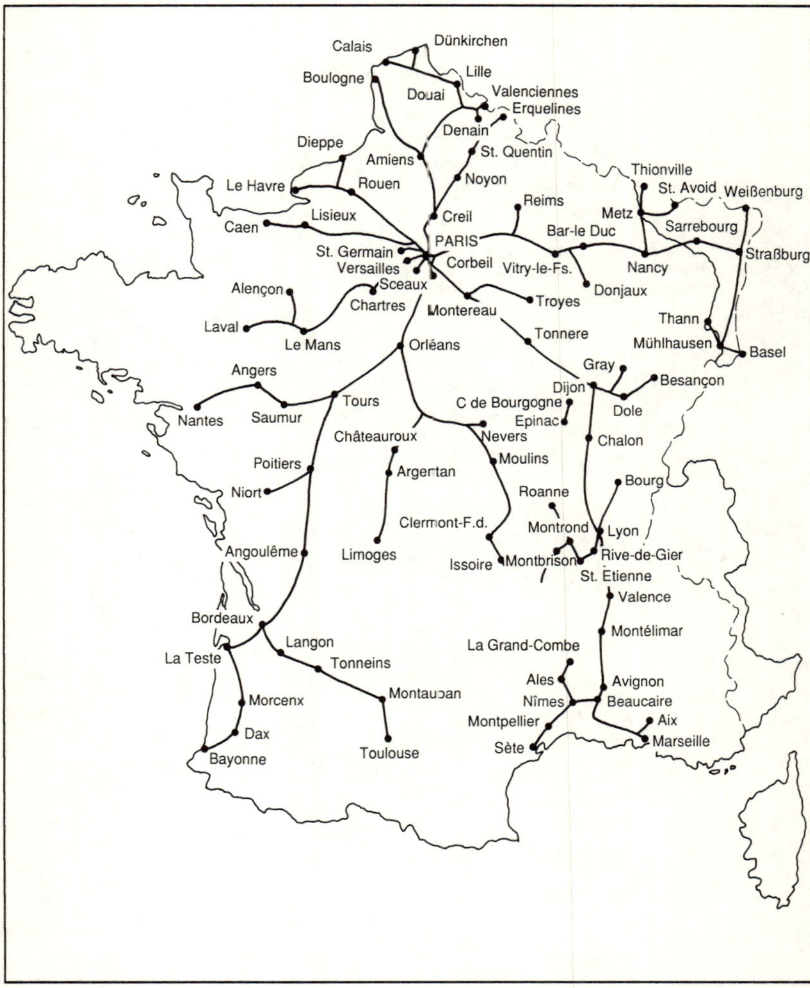

Das französische Eisenbahnnetz im Jahre 1856

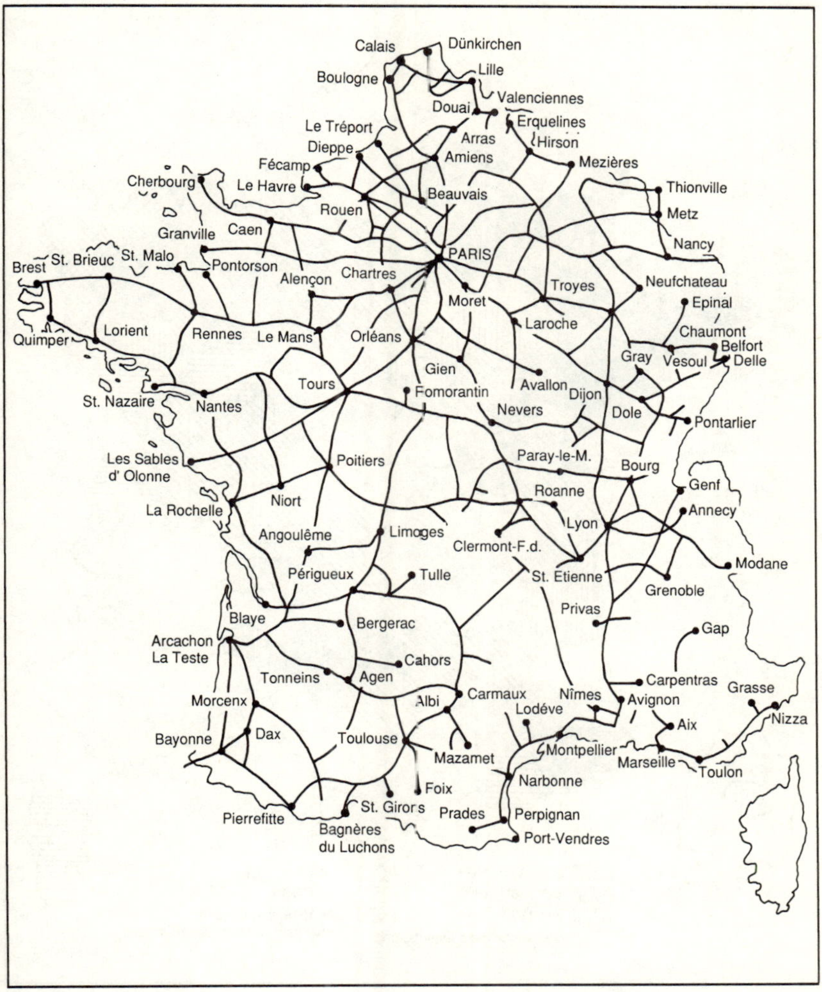

Das französische Eisenbahnnetz um 1880

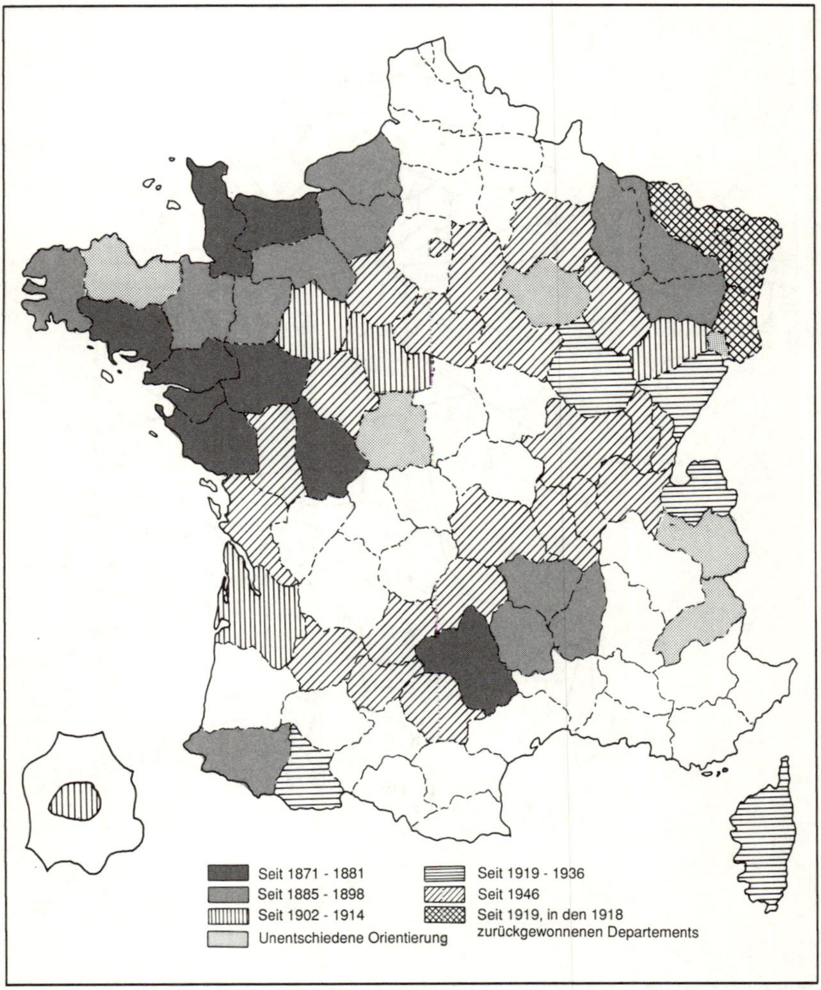

Kontinuität der Rechtsorientierung der französischen Wahlbevölkerung 1871–1946

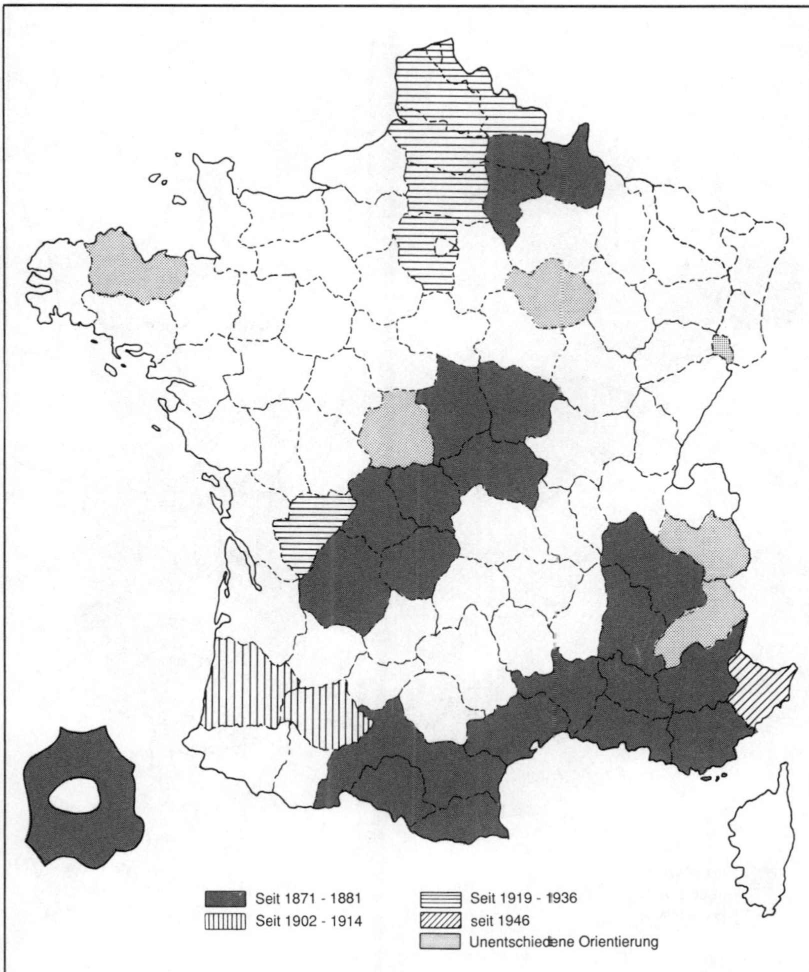

Kontinuität der Linksorientierung der französischen Wahlbevölkerung 1871–1946

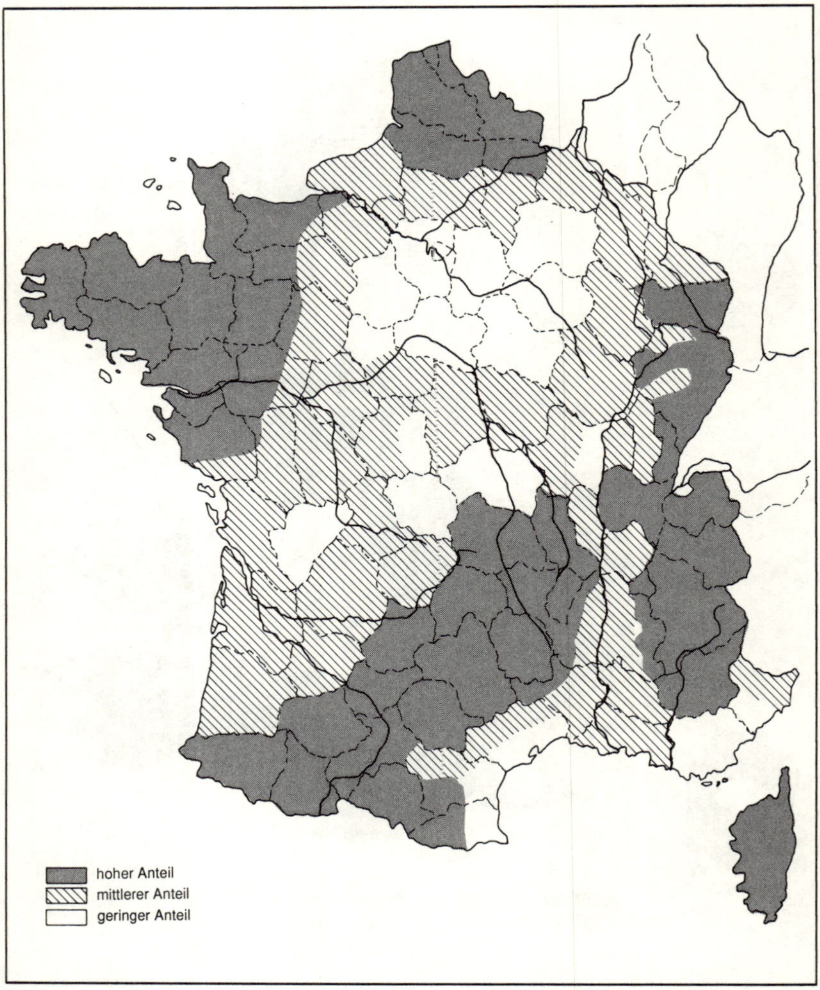

Anteil der praktizierenden Christen
an der französischen Gesamtbevölkerung um 1800

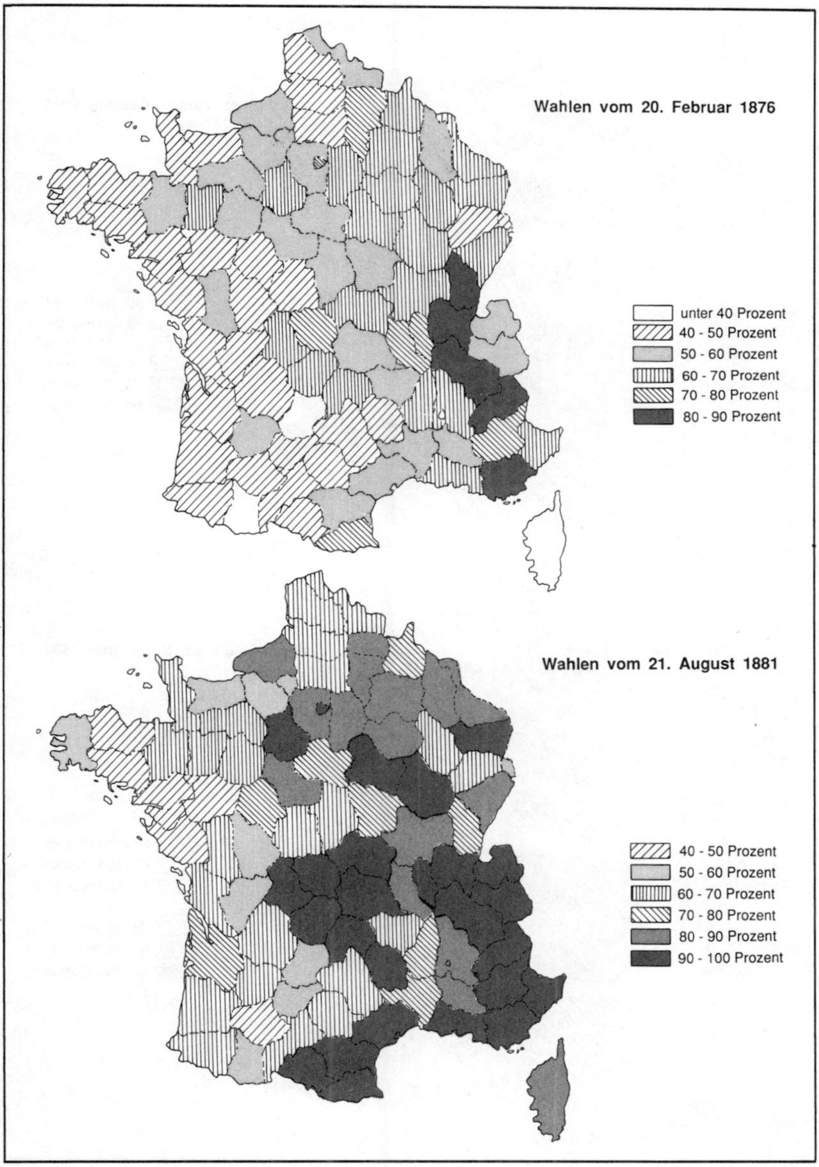

Das Vordringen der Republikaner in Frankreich bei den Parlamentswahlen seit 1876

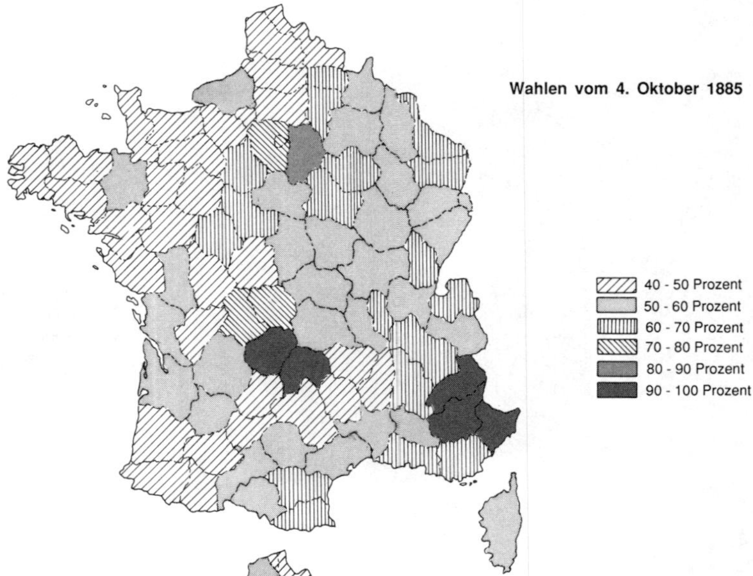

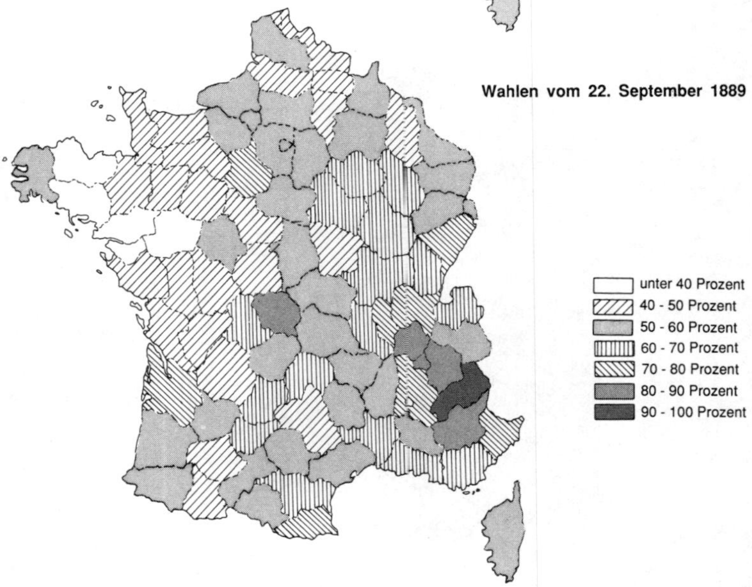

Das Vordringen der Republikaner in Frankreich bei den Parlamentswahlen seit 1876

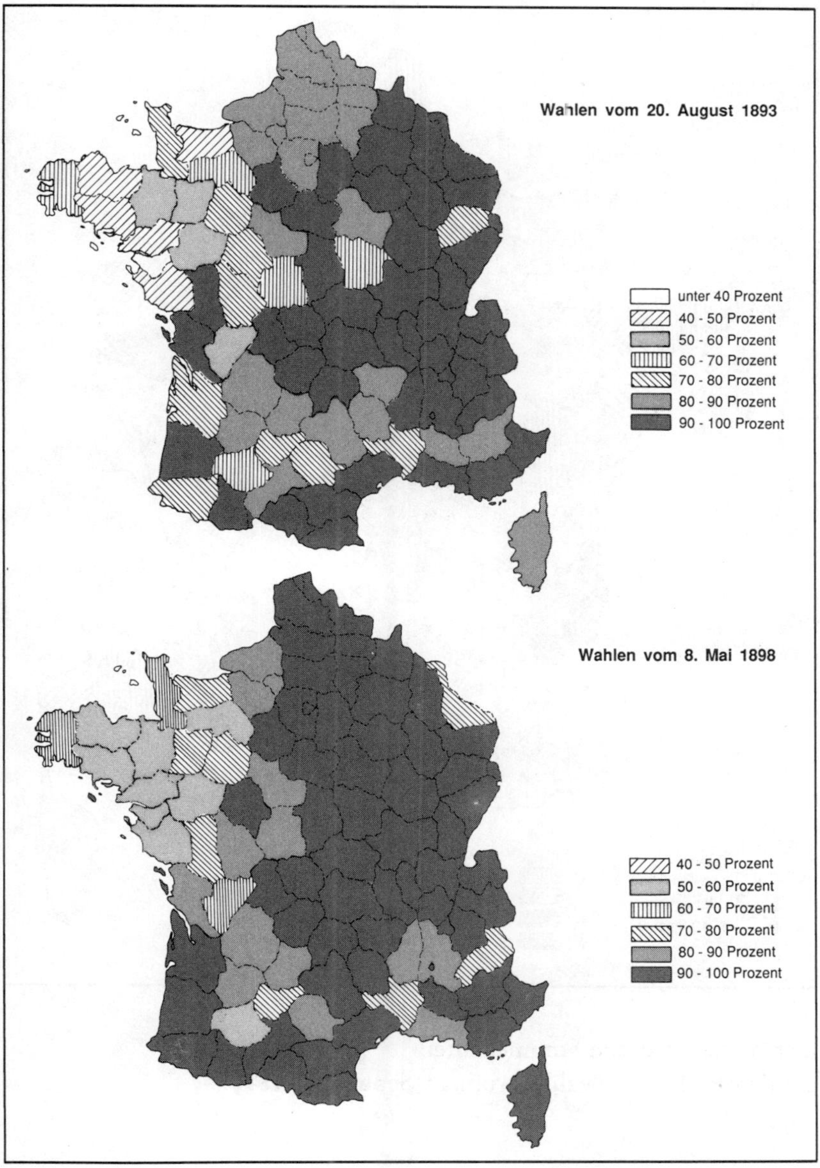

Das Vordringen der Republikaner in Frankreich
bei den Parlamentswahlen seit 1876

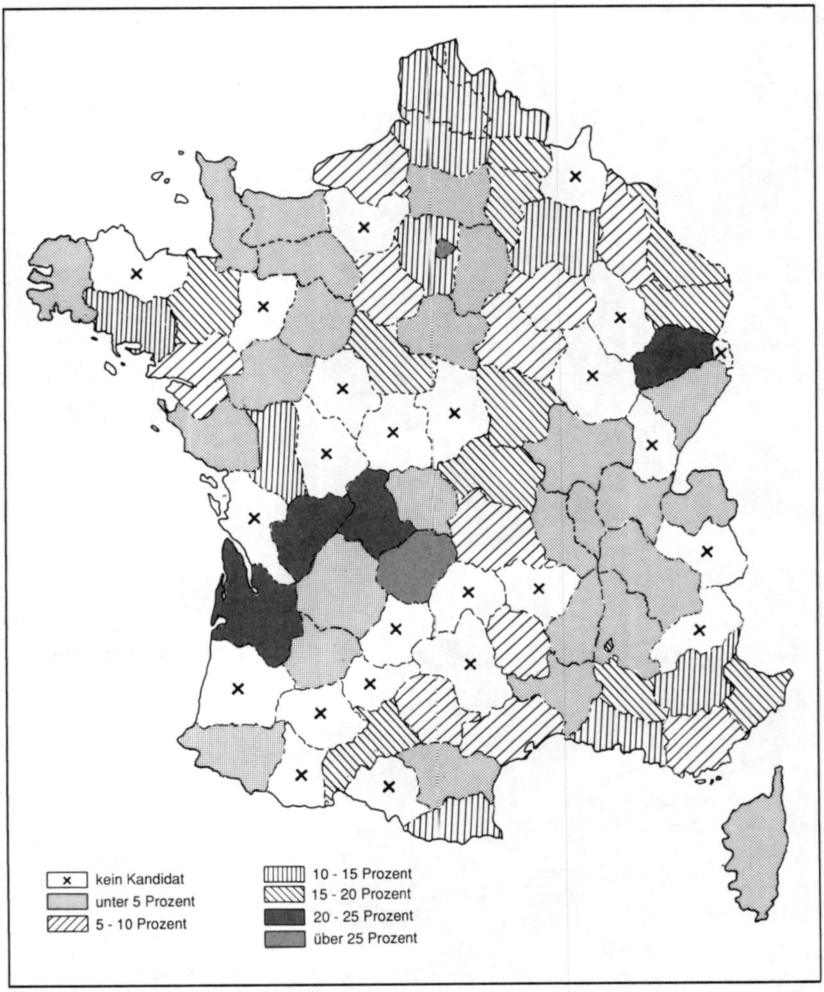

Der boulangistische Stimmenanteil
bei den Parlamentswahlen vom 22. September 1889

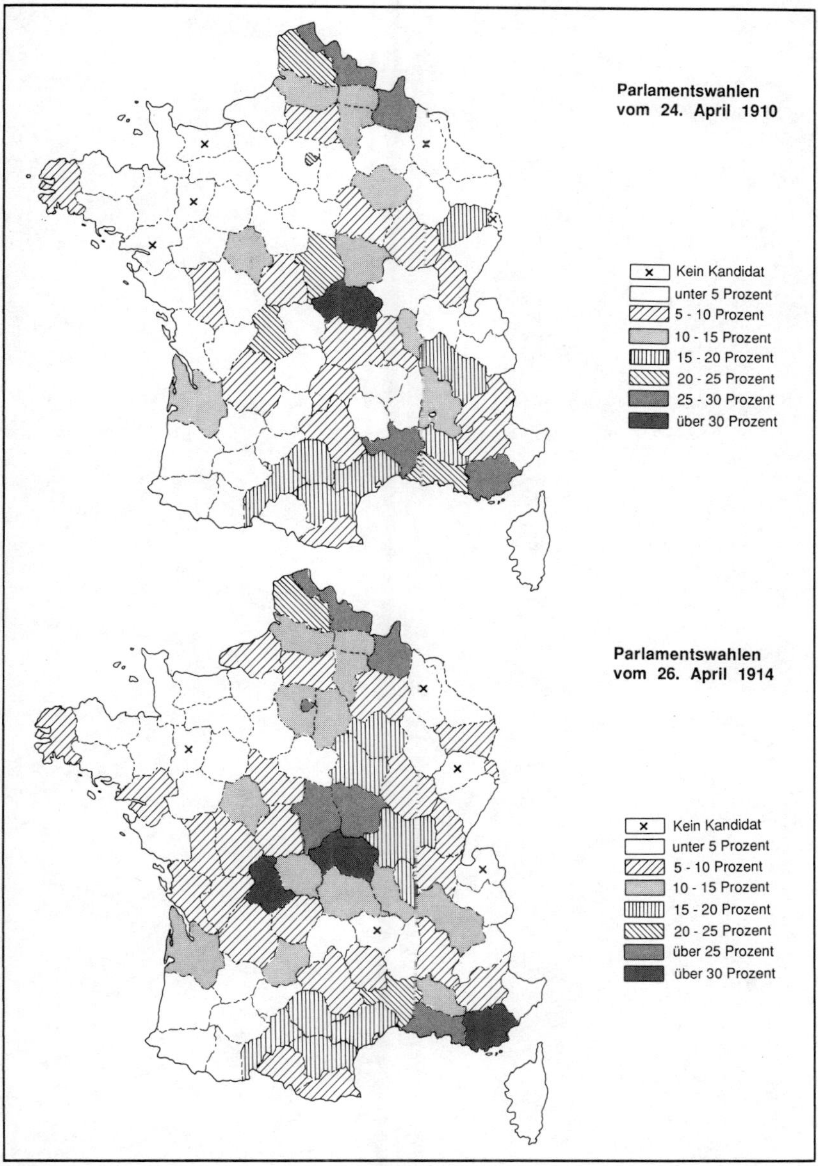

Stimmenanteil der Sozialisten
bei den beiden Parlamentswahlen vor dem Ersten Weltkrieg

BIBLIOGRAPHISCHE HINWEISE

Die folgenden Hinweise sollen vor allem dem deutschen Leser als weiterführende Orientierung dienen. Die Bibliographie der Originalausgabe wurde daher überarbeitet und wesentlich erweitert. Dennoch konnte Vollständigkeit aus Raumgründen nirgends angestrebt werden. Aufsätze aus Sammelwerken und Zeitschriften wurden nur ausnahmsweise genannt. Die Zusammenstellung der Bibliographie besorgte Rainer Hudemann.

ALLGEMEINE DARSTELLUNGEN

AGULHON, MAURICE, 1848 ou l'apprentissage de la République (1848–1852), Paris 1973 (Nouvelle histoire de la France contemporaine Bd. 8)

AGULHON, MAURICE, La République. De Jules Ferry à François Mitterrand. 1880 à nos jours, Paris 1990 (Histoire de France Hachette)

ALBERTINI, RUDOLF V., Die Dritte Republik bis zum Ende des I. Weltkrieges (1870 bis 1914), in: Theodor Schieder (Hrsg.), Handbuch der europäischen Geschichte, Bd. 6, Stuttgart 1968, S. 232–268

AMBROSI, CHRISTIAN u. ARLETTE, La France 1870–1986, 4. A. Paris 1986

ANDERSON, ROBERT DAVID, France 1870–1914. Politics and society, 2. A. London 1984

ASSELAIN, JEAN-CHARLES, Histoire économique de la France du XVIIIe siècle à nos jours, 2 Bde., Paris 1984

AZÉMA, JEAN-PIERRE/WINOCK, MICHEL, La IIIe République (1870–1940), 2. A. Paris 1978

BECKER, JEAN-JACQUES/BERSTEIN, SERGE, Victoire et frustrations. 1914–1929, Paris 1990 (Nouvelle histoire de la France contemporaine Bd. 12)

BERSTEIN, SERGE/MILZA, PIERRE, Histoire de la France au XXe siècle, Bd. 1: 1900–1930, Brüssel 1990

BLOCH, CHARLES, Die Dritte Französische Republik. Entwicklung und Kampf einer parlamentarischen Demokratie, Stuttgart 1972

BONNEFOUS, GEORGES u. ÉDOUARD, Histoire politique de la IIIe République, 7 Bde., Paris 1956–1967

BRAUDEL, FERNAND, L'identé de la France. Bd.1: Espace et histoire, Bd.2.1 und 2.2: Les Hommes et les choses, Paris 1986

BRAUDEL, FERNAND/LABROUSSE, ERNEST (Hrsg.), Histoire économique et sociale de la France, Bd.3.1 und 3.2: L'Avènement de l'ère industrielle 1789–1860, Paris 1976; Bd.4. 1–4.3: L'Ère industrielle et la société d'aujourd'hui 1880–1980, Paris 1979–1982. Dt. Teilausgabe: Wirtschaft und Gesellschaft in Frankreich im Zeitalter der Industrialisierung 1789–1880, 2.A. Frankfurt/M. 1989

BURY, J.P.T., France 1814–1940, 5.A. London 1985

CHARLE, CHRISTOPHE, Histoire sociale de la France au XIXe siècle, Paris 1991

CHASTENET, JACQUES, Histoire de la IIIe République, 6 Bde., Paris 1952–1963

COBBAN, ALFRED, A History of Modern France, Bd.2–3, Harmondsworth 1963–1965

DUBY, GEORGES (Hrsg.), Histoire de la France, Bd.2: Dynasties et révolutions. De 1348 à 1852; Bd.3: Les temps nouveaux. De 1852 à nos jours, Paris 1987

DUPEUX GEORGES, La société française 1789–1970, 6.A. Paris 1986

DUROSELLE, JEAN-BAPTISTE, La France et les Français 1900–1914, Paris 1972

DUROSELLE, JEAN-BAPTISTE, La France et les Français 1914–1920, Paris 1972

ERBE, MICHAEL, Geschichte Frankreichs von der Großen Revolution bis zur Dritten Republik 1789–1884, Stuttgart u.a. 1982

GALL, LOTHAR, Europa auf dem Weg in die Moderne 1850–1890, 2.A. München 1989 (Oldenbourg Grundriß der Geschichte Bd.14)

GIRARD, LOUIS, La IIe République (1848–1852), Paris 1968

HAUPT, HEINZ-GERHARD, Sozialgeschichte Frankreichs seit 1789, Frankfurt/M. 1989

LA GORCE, PIERRE DE, Histoire du Second Empire, 7 Bde., Paris 1894–1905

LEQUIN, YVES (Hrsg.), Histoire des Français. XIXe – XXe siècles, 3 Bde., Paris 1983–1984

LOTH, WILFRIED, Geschichte Frankreichs im 20. Jahrhundert, Stuttgart u.a. 1987

MACMILLAN, JAMES F., Dreyfus to de Gaulle. Politics and society in France 1898–1969, London 1985

MAYER, ARNO J., Adelsmacht und Bürgertum. Die Krise der europäischen Gesellschaft 1848–1914, München 1984

MAYEUR, JEAN-MARIE (Hrsg.), La vie politique sous la Troisième République 1870–1940, Paris 1984

MAYEUR, JEAN-MARIE, Les débuts de la Troisième République (1871–1898), Paris 1973 (Nouvelle histoire de la France contemporaine Bd. 10)

MOMMSEN, WOLFGANG J., Das Zeitalter des Imperialismus, Frankfurt/M. 1969 u.ö. (Fischer Weltgeschichte Bd. 28)

PLESSIS, ALAIN, De la fête impériale au mur des fédérés (1852–1871), Paris 1973 (Nouvelle histoire de la France contemporaine Bd. 9)

PRICE, ROGER, A Social History of Nineteenth-Century France, London u. a. 1987

PROST, ANTOINE, Petite Histoire de la France au XXe siècle, Paris 1979

REBÉRIOUX, MADELEINE, La République radicale? 1898–1914, Paris 1975 (Nouvelle histoire de la France contemporaine Bd. 11)

RÉMOND, RENÉ, La vie politique en France, Bd. 2: 1848–1879, Paris 1969

SCHIEDER, THEODOR, Staatensystem als Vormacht der Welt 1848–1918, Frankfurt u.a. 1975, Paperback 1982 (Propyläen Geschichte Europas Bd. 5)

SCHIEDER, THEODOR (Hrsg.), Handbuch der Europäischen Geschichte, Bd. 5: Europa von der Französischen Revolution zu den nationalstaatlichen Bewegungen des 19. Jahrhunderts, Stuttgart 1981; Bd. 6: Europa im Zeitalter der Nationalstaaten und europäische Weltpolitik bis zum Ersten Weltkrieg, Stuttgart 1968

SCHÖLLGEN, GREGOR, Das Zeitalter des Imperialismus, München 1986 (Oldenbourg Grundriß der Geschichte Bd. 15)

SIEBURG, HEINZ-OTTO, Grundzüge der französischen Geschichte, 3. A. Darmstadt 1984

SIEBURG, HEINZ-OTTO, Geschichte Frankreichs, 4. A. Stuttgart 1989

SORLIN, PIERRE, La société française, Bd. 1: 1840–1914, Paris 1969, Bd. 2: 1914–1968, Paris 1971

ZELDIN, THEODORE, France: 1848–1945, 2 Bde., Oxford 1973–1977. Frz. Tb.-Ausgabe: Histoire des passions françaises, 5 Bde., Paris 1980–1981

ZIEBURA, GILBERT, Frankreich 1789–1870, Frankfurt 1979

ZU EINZELNEN REGIONEN

BARRAL, PIERRE, Le département d'Isère sous la troisième République (1870–1940). Histoire sociale et politique, Paris 1962

BERNARD, PHILIPPE, Économie et sociologie de la Seine-et-Marne 1850–1950, Paris 1953

CORBIN, ALAIN, Archaïsme et modernité en Limousin au XIXe siècle 1845–1880, 2 Bde., Paris 1975

DUPEUX, GEORGES, Aspects de l'histoire sociale et politique du Loir-et-Cher 1848–1914, Paris 1962

Économie et société en Languedoc-Roussillon de 1789 à nos jours, Hrsg. Université Paul Valéry (Montpellier). Colloque, 25–26 sept. 1976, Montpellier 1978

Enquête sur le Jura depuis cent ans, Lons-le-Saunier 1953

IGERSHEIM, FRANÇOIS, L'Alsace des Notables 1870–1914, Straßburg 1981

JONES, PETER M., Politics and Rural Society. The southern Massif Central, c. 1750–1880, Cambridge 1985

LOVIE, JACQUES, La Savoie dans la vie française de 1860 à 1875, Paris 1963

MERLEY, JEAN, La Haute-Loire de la fin de l'Ancien Régime aux débuts de la IIIe République, Le Puy 1974

RAYMOND, JUSTINIEN, La Haute-Savoie sous la Troisième République. Histoire économique, sociale et politique 1875–1940, Seyssel 1983

POLITISCHE GESCHICHTE

POLITISCHES SYSTEM, INSTITUTIONEN

AVRIL, PIERRE, u.a., Personnel politique français 1870–1988, Paris 1989

BAILLOU, JEAN (Hrsg.), Les Affaires étrangères et le Corps diplomatique français, 2 Bde., Paris 1984

BEAU DE LOMÉNIE, EMMANUEL, Les responsabilités des dynasties bourgeoises. Bd. 1: De Bonaparte à Mac-Mahon, Paris 1945

BERTON, HENRY, L'évolution constitutionnelle du Second Empire. Doctrine, textes, histoire, Paris 1900

BEST, HEINRICH, Die Männer von Bildung und Besitz. Struktur und Handeln parlamentarischer Führungsgruppen in Deutschland und Frankreich 1848/49, Düsseldorf 1990

BEYME, KLAUS V., Die parlamentarischen Regierungssysteme in Europa, München 1970

CAMPBELL, PETER/COLE, ALISTAIR, French Electoral Systems and Elections since 1789, Aldershot 1989

CENTRE NATIONAL DE LA RECHERCHE SCIENTIFIQUE (Hrsg.), Le Conseil d'État. Son histoire à travers les documents d'époque, 1799–1974, Paris 1975

CHEVALLIER, JEAN-JACQUES, Histoire des institutions et des régimes politiques de la France de 1789 à nos jours, 7.A. Paris 1985

DESLANDRES, MAURICE, Histoire constitutionnelle de la France de 1789 à 1870, 2 Bde., Paris 1932

Deslandres, Maurice, Histoire constitutionnelle de la France. L'avènement de la Troisième République. La Constitution de 1875, Paris 1937

Duverger, Maurice, Institutions politiques et droit constitutionnel, 2 Bde., 14.A. Paris 1975

Duverger, Maurice (Hrsg.), Constitutions et documents politiques, 12.A. Paris 1989

Erbe, Michael (Hrsg.), Vom Konsulat zum Empire libéral. Ausgewählte Texte zur französischen Verfassungsgeschichte 1799–1870, Darmstadt 1985

Estèbe, Jean, Les ministres de la République 1871–1914, Paris 1982

Ewald, François, L'État providence, Paris 1986

George, Jocelyne, Histoire des maires. De 1789 à 1939, Paris 1989

Gerbod, Paul/Goyard, Claude/Guiral, Pierre, Les épurations administratives (XIXe et XXe siècles), Genf 1978

Girard, Louis/Prost, Antoine/Gossez, Rémi, Les Conseillers généraux en 1870. Étude statistique d'un personnel politique, Paris 1967

Girard, Louis, La Garde nationale 1814–1871, Paris 1964

Hartmann, Peter Claus, Französische Verfassungsgeschichte der Neuzeit (1450–1980). Ein Überblick, Darmstadt 1985

La Cour des Comptes, Paris 1984

Launay, Michel, La CFTC, Paris 1986

LeClère, Bernard/Wright, Vincent, Les préfets du Second Empire, Paris 1973

Lidderdale, D.W.S., Le Parlement français, Paris 1954

Martin, Benjamin F., Crime and Criminal Justice under the Third Republic, Baton Rouge, La. 1989

Meyer, Jean, Le poids de l'État, Paris 1983

Ponteil, Félix, Les institutions de la France de 1814 à 1870, Paris 1966

Rosanvallon, Pierre, L'État en France de 1789 à nos jours, Paris 1990

Rudelle, Odile, La République absolue! Aux origines de l'instabilité constitutionnelle de la France républicaine 1870–1889, Paris 1982

Suleiman, Ezra N., Les notaires. Les pouvoirs d'une corporation, Paris 1987

Thuillier, Guy, La bureaucratie en France aux XIXe et XXe siècles, Paris 1987

Wright, Vincent, Le Conseil d'État sous le Second Empire, Paris 1972

Wüstemeyer, Manfred, Demokratische Diktatur. Zum politischen System des Bonapartismus im Zweiten Empire, Köln 1986

Zeldin, Theodore, The Political System of Napoleon III, London 1958

POLITISCHES LEBEN, POLITISCHE KRÄFTE, POLITISCHE IDEEN

ALAIN, Éléments d'une doctrine radicale, Paris 1925

ALBERTINI, RUDOLF V., Parteiorganisation und Parteibegriff in Frankreich 1789–1940, in: Historische Zeitschrift 193 (1961), S. 529–600

AYÇOBERRY, PIERRE, Freihandelsbewegungen in Deutschland und Frankreich in den 1840er und 1850er Jahren, in: Langewiesche, Dieter (Hrsg.), Liberalismus im 19. Jahrhundert, Göttingen 1988, S. 296–304

BAECHLER, CHRISTIAN, Le parti catholique alsacien. Du Reichsland à la République jacobine 1890–1939, Paris 1982

BARRAL, PIERRE, Les Perier dans l'Isère au XIXe siècle d'après leur correspondance familiale, Paris 1964

BARRAL, PIERRE, Les agrariens français de Méline à Pisani, Paris 1968

BARRAL, PIERRE, Les fondateurs de la IIIe République. Textes choisis, Paris 1968

BARRAL, PIERRE, L'Esprit Lorrain. Cet accent singulier du patriotisme français, Nancy 1989

BECKER, JEAN-JACQUES, Le carnet B. Les pouvoirs publics et l'antimilitarisme avant la guerre de 1914, Paris 1973

BENDIKAT, ELFI, Wahlkämpfe in Europa 1884 bis 1889. Parteiensysteme und Politikstile in Deutschland, Frankreich und Großbritannien, Wiesbaden 1988

BERENSON, EDWARD, Populist Religion and Left-Wing Politics in France 1830–1852, Princeton, N.J. 1984

BERSTEIN, SERGE, Histoire du parti radical, 2 Bde., Paris 1980–1982

BOUVIER, JEAN, Les deux scandales de Panama, Paris 1964

BRAUD, PHILIPPE/BURDEAU, FRANÇOIS, Histoire des idées politiques depuis la Révolution, Paris 1983

BREDIN, JEAN-DENIS, L'Affaire, Paris 1983

BROGLIE, GABRIEL DE, L'Orléanisme. La ressource libérale de la France, Paris 1981

BRUNET, JEAN-PAUL, Histoire du socialisme en France de 1871 à nos jours, Paris 1989

BÜRGE, ALFONS, Das französische Privatrecht im 19. Jahrhundert. Zwischen Tradition und Pandektenwissenschaft, Liberalismus und Etatismus, Frankfurt/M. 1991

BURDEAU, GEORGES (Hrsg.), Diversité du libéralisme politique en Europe au XIXe siècle, Paris 1985

CASTRIES, RENÉ DE LA CROIX, Duc de, Le Testament de la Monarchie, Bd. 5:

Le Grand refus du Comte de Chambord. La légitimité et les tentatives de restauration de 1830 à 1886, Paris 1970

CLARK, LINDA L., Social Darwinism in France, Alabama 1984

CONTAMINE, HENRY, La revanche 1871–1914, Paris 1957

DALOTEL, ALAIN/FAURE, ALAIN/FREIERMUTH, JEAN-CLAUDE, Aux origines de la Commune. Le mouvement des réunions publiques à Paris 1868–1870, Paris 1980

DENIS, MICHEL, Les royalistes de la Mayenne et le monde moderne, XIXe-XXe siècles, Paris 1977

DIGEON, CLAUDE, La crise allemande de la pensée française (1870–1914), Paris 1959

DOLLÉANS, ÉDOUARD, Histoire du mouvement ouvrier, 2 Bde., 6.A. Paris 1976

DUBIEF, HENRI, Le syndicalisme révolutionnaire, Paris 1969

DUBOIS, JEAN, Le vocabulaire politique et social en France de 1869 à 1872. A travers les œuvres des écrivains, les revues et les journaux, Paris 1963

DUROSELLE, JEAN-BAPTISTE, Les débuts du catholicisme social en Fance (1822–1870), Paris 1951

ELWITT, SANFORD, The Making of the Third Republic. Class and politics in France 1868–1884, Baton Rouge, La. 1975

ELWITT, SANFORD, The Third Republic Defended. Bourgeois reform in France 1880–1914, Baton Rouge, La./London 1986

FAUCHER, JEAN-ANDRÉ, Les clubs politiques en France, Paris 1965

FETSCHER, IRING/MÜNKLER, HERFRIED (Hrsg.), Pipers Handbuch der politischen Ideen, Bde.4–5, München 1986–1987

FRISCHMANN, GEORGES, Histoire de la fédération CGT des PTT, Paris 1967

GALL, LOTHAR (Hrsg.), Liberalismus, 3.A. Königstein 1985

GAUTHIER, ROBERT (Hrsg.), »Dreyfusards!« Souvenirs de Mathieu Dreyfus et autres inédits, Paris 1965

GIRARD, LOUIS (Hrsg.), Les élections de 1869, Paris 1960

GIRARD, LOUIS, Les libéraux français 1814–1875, Paris 1985

GIRARDET, RAOUL, Le Nationalisme français 1871–1914, Paris 1966

GOGUEL, FRANÇOIS, Géographie des élections françaises sous la Troisième et la Quatrième République, 2.A. Paris 1970

GOGUEL, FRANÇOIS, La politique des partis sous la Troisième République, 3.A. Paris 1958

GOLLWITZER, HEINZ, Geschichte des weltpolitischen Denkens, Bd.2: Zeitalter des Imperialismus und der Weltkriege, Göttingen 1982

GOUAULT, JACQUES, Comment la France est devenue républicaine. Les élections générales et partielles à l'Assemblée nationale 1870–1875, Paris 1954

GUIRAL, PIERRE/THUILLIER, GUY, La vie quotidienne des députés en France de 1871 à 1914, Paris 1980

HALÉVY, DANIEL, La fin des notables, 2 Bde., Paris 1930–1937

HAMMER, KARL/HARTMANN, PETER CLAUS (Hrsg.), Der Bonapartismus – Le Bonapartisme. Historisches Phänomen und politischer Mythos, München 1977

HANOTAUX, GABRIEL, Histoire de la Fondation de la Troisième République, 4 Bde., Paris 1925–1926

HAUPT, HEINZ-GERHARD, Frankreich: Langsame Industrialisierung und republikanische Tradition, in: Kocka, Jürgen (Hrsg.), Europäische Arbeiterbewegungen im 19. Jahrhundert. Deutschland, Österreich, England und Frankreich im Vergleich, Göttingen 1983, S. 39–76

HUARD, RAYMOND, Le mouvement républicain en Bas-Languedoc 1848–1881. La préhistoire des partis, Paris 1982

HUDEMANN, RAINER, Fraktionsbildung im französischen Parlament. Zur Entwicklung des Parteiensystems in der frühen Dritten Republik (1871–1875), München 1979

HUDEMANN, RAINER, Politische Reform und gesellschaftlicher Status quo. Thesen zum französischen Liberalismus im 19. Jahrhundert, in: Langewiesche, Dieter (Hrsg.), Liberalismus im 19. Jahrhundert, Göttingen 1988, S. 332–352

IRVINE, WILLIAM D., The Boulanger Affair Reconsidered. Royalism, Boulangism and the origins of the radical right in France, New York 1989

JARDIN, ANDRÉ, Histoire du libéralisme politique. De la crise de l'absolutisme à la constitution de 1875, Paris 1985

Jaurès et la classe ouvrière, Paris 1981

JUDT, TONY, Socialism in Provence 1871–1914. A Study in the Origins of the Modern French Left, Cambridge u.a. 1979

JUDT, TONY, Marxism and the French Left. Studies on Labour and Politics in France 1830–1981, Oxford u.a. 1986

KAYSER, JACQUES, Les grandes batailles du radicalisme des origines aux portes du pouvoir 1820–1901, Paris 1962

KLEEBLATT, NORMAN L. (Hrsg.), The Dreyfus Affair. Art, Truth and Justice, Berkeley, Cal. u.a. 1987

KRIEGEL, ANNIE, Aux origines du communisme français 1913–1920, 2 Bde., Paris 1964

KRUMEICH, GERD, Der politische Liberalismus im parlamentarischen System Frankreichs vor dem Ersten Weltkrieg, in: Langewiesche, Dieter (Hrsg.), Liberalismus im 19. Jahrhundert. Göttingen 1988, S. 353–366

KULSTEIN, DAVID I., Napoleon III and the Working Class. A study of government propaganda under the Second Empire, San José, Cal. 1969

LEFRANC, GEORGES, Le mouvement syndical sous la IIIe République, Paris 1967

LEFRANC, GEORGES, Le Mouvement socialiste sous la Troisième République, 2 Bde., Paris 1977

LEROY, GERALDI, u.a., Les écrivains et l'affaire Dreyfus, Paris 1983

LIGOU, DANIEL, Histoire du socialisme en France 1871–1961, Paris 1962

LOCKE, ROBERT R., French Legitimists and the Politics of Moral Order in the Early Third Republic, Princeton/N.J. 1974

LOGUE, WILLIAM, From Philosophy to Sociology. The evolution of French Liberalism 1870–1914, DeKalb, Ill. 1983

LOUBÈRE, LEO A., Radicalism in Mediterranean France. Its rise and decline 1848–1914, Albany, N.Y. 1974

MAITRON, JEAN, Le mouvement anarchiste en France, 2 Bde., Paris 1983

MAYEUR, JEAN-MARIE, Des partis catholiques à la démocratie chrétienne (XIXe–XXe siècles), Paris 1980

MELZER, IMMA, Pfälzische Emigranten in Frankreich während und nach der Revolution von 1848/49, in: Francia 12 (1984), S.371–424, u. 13 (1985), S.369–407

MÉNAGER, BERNARD, La vie politique dans le département du Nord de 1851 à 1877, 3 Bde., Dunkerque 1983

MÉNAGER, BERNARD, Les Napoléon du peuple, Paris 1988

MIQUEL, PIERRE (Hrsg.), Une énigme? L'affaire Dreyfus, Paris 1972

MURET, CHARLOTTE T., French Royalist Doctrines since the Revolution, New York 1933

NORDMANN, JEAN-THOMAS, Histoire des radicaux 1820–1973, Paris 1974

OSGOOD, SAMUEL M., French Royalism since 1870, 2.A. Den Haag 1970

PANICK, KÄTHE, La Race Latine. Politischer Romanismus im Frankreich des 19.Jahrhunderts, Bonn 1978

PÉGUY, CHARLES, La République, notre royaume de France. Textes politiques choisis par D.Mayer, Paris 1948

PENNETIER, CLAUDE, Le socialisme dans le Cher 1851–1921, La Charité-sur-Loire 1982

PISANI-FERRY, FRESNETTE, Le Coup d'État manqué du 16 mai 1877, Paris 1965

PRÉLOT, MARCEL/GALLOUÉDEC GENUYS, FRANÇOISE (Hrsg.), Le libéralisme catholique, Paris 1969

PROST, ANTOINE/ROSENZVEIG, CHRISTIAN, La Chambre des Députés (1881–1885). Analyse factorielle des scrutins, in: Revue française de Science politique 21 (1971), S.5–50

Prost, Antoine, Vocabulaire des proclamations électorales de 1881, 1885 et 1889, Paris 1974

Rebérioux, Madeleine (Hrsg.), Jaurès et la Classe ouvrière, Paris 1981

Rémond, René, L'Anticléricalisme en France de 1815 à nos jours, Paris 1976

Rémond, René, Les droites en France, Paris 1982

Reynaud, Jean-Daniel, Les syndicats en France, 2.A. Paris 1966 u.ö.

Riemenschneider, Rainer, Dezentralisation und Regionalismus in Frankreich um die Mitte des 19.Jahrhunderts, Bonn 1985

Rothney, John, Bonapartism after Sedan, Ithaca/N.Y.1969

Rudelle, Odile, La République absolue, Paris 1982

Rutkoff, Peter M., Revanche & Revision. The Ligue des Patriotes and the origins of the radical right in France 1882–1900, Athens, Ohio/London 1981

Scherer, Werner, Verhältniswahl und Reform der politischen Ordnung. Die Auseinandersetzung um den Proporz in Frankreich bis zur Wahlreform von 1919, Diss. Heidelberg 1982

Schnerb, Robert, Rouher et le Second Empire, Clermont-Ferrand 1949

Seager, Frederic H., The Boulanger Affair, Ithaca/N.Y.1969

Siegfried, André, Tableau politique de la France de l'Ouest sous la Troisième République, Paris 1913, 2.A. 1964

Siwek-Pouydesseau, Jeanne, Le syndicalisme des fonctionnaires jusqu'à la guerre froide 1848–1948, Lille 1990

Sternhell, Zeev, La droite révolutionnaire 1885–1914. Les origines françaises du fascisme, 2.A. Paris 1984

Thalheimer, Siegfried (Hrsg.), Die Affäre Dreyfus, 2.A. München 1986

Thibaudet, Albert, La République des professeurs, Paris 1927

Thibaudet, Albert, Les idées politiques de la France, Paris 1932, Nachdr. Genf 1979

Weber, Eugen, L'action française, Paris 1985, Tb.1990

Weill, Georges, Histoire du parti républicain en France (1814–1870), 2.A. Paris 1928, Nachdr.1980

Willard, Claude, Le mouvement ouvrier en France. Les Guesdistes 1893–1905, Paris 1965

Willard, Claude, Geschichte der französischen Arbeiterbewegung. Eine Einführung, Frankfurt/M. 1980

Wilson, Stephen, Ideology and Experience. Antisemitism in France at the time of the Dreyfus affair, Rutherford u.a. 1982

Winock, Michel, Socialisme et patriotisme en France 1891–1894, in: Revue d'histoire moderne et contemporaine 20 (1973), S.376–421

Winock, Michel, Édouard Drumont et Cie. Antisémitisme et fascisme en France, Paris 1982

WINOCK, MICHEL, Nationalisme, antisémitisme et fascisme en France, Paris 1990

WORMSER, GEORGES, La République de Clemenceau, Paris 1961

PRESSEWESEN, PUBLIZISTIK

ALBERT, PIERRE/CHARLET, LOUIS/GUIRAL, PIERRE u.a., Histoire générale de la presse française. Hrsg. Claude Bellanger u.a., Bd. 2: 1815–1871, Bd. 3: 1871–1940, Paris 1972

BELLET, ROGER, Presse et journalisme sous le Second Empire, Paris 1967

COLLINS, IRENE, The Government and the Newspaper Press in France 1814–1881, London 1959

DARMON, JEAN-JACQUES, Le colportage de librairie en France sous le Second Empire, Paris 1972

KAYSER, JACQUES, La presse de province sous la Troisième République, Paris 1958.

PALMER, MICHAEL-B., Des petits journaux aux grandes agences. Naissance du journalisme moderne 1863–1914, Paris 1983

BIOGRAPHIEN

ALLAIN, JEAN-CLAUDE, Joseph Caillaux, 2 Bde., Paris 1978–1981.

BARRAL, PIERRE, Jules Ferry. Une volonté pour la République, Nancy 1985

BROWN, MARVIN L., The Comte de Chambord. The Third Republic's uncompromising king, Durham, N.C. 1967

BRUMMERT, ULRIKE (Hrsg.), Jean Jaurès, Frankreich, Deutschland und die Zweite Internationale am Vorabend des Ersten Weltkrieges, Tübingen 1989

BURY, J.P.T., Napoleon III and the Second Empire, London 1964

BURY, J.P.T., Gambetta and the Making of the Third Republic, London 1973

BURY, J.P.T., Gambetta's Final Years. The »Era of Difficulties« 1877–1882, London/New York 1982

BURY, J.P.T./TOMBS, R.P., Thiers 1797–1877. A. political life, London u.a. 1986

Dictionnaire des parlementaires français, Hrsg. Adolphe Robert, Edgar Bourloton, Gaston Cougny, 5 Bde., Paris 1891

Dictionnaire des parlementaires français: Notices biographiques sur les ministres, sénateurs et députés français de 1889 à 1940, Hrsg. Jean Jolly, 8 Bde., Paris 1960–1977

DUROSELLE, JEAN-BAPTISTE, Clemenceau, Paris 1988
FARAT, HONORÉ, Persigny. Un ministre de Napoléon III 1808–1872, Paris 1972
FURET, FRANÇOIS (Hrsg.), Jules Ferry. Fondateur de la République, Paris 1985
GAILLARD, JEAN-MICHEL, Jules Ferry, Paris 1989
GIRARD, LOUIS, Napoléon III, Paris 1986
GUIRAL, PIERRE, Prévost-Paradol (1829–1870). Pensée et action d'un libéral sous le Second Empire, Paris 1955
GUIRAL, PIERRE, Adolphe Thiers ou de la nécessité en politique, Paris 1986
HALÉVY, DANIEL, Péguy, Paris 1979
JOHNSON, DOUGLAS, Guizot. Aspects of French History 1787–1874, London/Toronto 1963
LEMOINE, BERTRAND, Gustave Eiffel, Paris 1984
LEVILLAIN, PHILIPPE, Boulanger fossoyeur de la monarchie, Paris 1982
LÉVY, LOUIS (Hrsg.), Jean Jaurès. Anthologie, Paris 1983
MIQUEL, PIERRE, Poincaré, 2.A. Paris 1984
SMITH, WILLIAM H. C., Napoléon III, Paris 1982
SORLIN, PIERRE, Waldeck-Rousseau, Paris 1966
STERNHELL, ZEEV, Maurice Barrès et le nationalisme français 1884–1902, Paris 1972
ZELDIN, THEODORE, Émile Ollivier and the liberal Empire of Napoleon III, Oxford 1963

WIRTSCHAFT UND GESELLSCHAFT

WIRTSCHAFTSGESCHICHTE ALLGEMEIN, INDUSTRIE, HANDEL

BAIROCH, PAUL, Commerce extérieur et développement économique de l'Europe au XIXe siècle, Paris 1976
BARBANCE, MARTHE, La vie commerciale de la route du cap Horn, Paris 1969
BERGERON, LOUIS, L'industrialisation de la France au XIXe siècle, Paris 1979
BERTHO, CATHERINE, Télégraphes et Téléphones. De Valmy au microprocesseur, Paris 1981
BONIN, HUBERT, Histoire économique de la France depuis 1880, Paris u.a. 1988

BRELOT, CLAUDE-ISABELLE/MAYAUD, JEAN-LUC: La taillanderie de Nans-sous-Sainte-Anne, Doubs, Paris 1982

BRUGUIÈRE, MICHEL, u.a., Administration et contrôle de l'économique 1800–1914, Genf 1985

CAMERON, RONDO, France and the Economic Development of Europe 1800–1914, Princeton, N.Y. 1961 (franz. Paris 1971)

CARON, FRANÇOIS, Les commandes des compagnies de chemin de fer en France 1850–1914, in: Revue d'Histoire de la sidérurgie 6 (1965), S.137–176

CARON, FRANÇOIS, La stratégie des investissements en France aux XIXe et XXe siècles, in: Revue d'histoire économique et sociale 54 (1976), S.64–117

CARON, FRANÇOIS, Histoire de l'exploitation d'un grand réseau: La Compagnie du chemin de fer du Nord 1846–1937, Paris 1973

CARON, FRANÇOIS, Histoire économique de la France. XIXe–XXe siècles, Paris 1981

CAYEZ, PIERRE, Crises et Croissance de l'industrie lyonnaise 1850–1900, Paris 1980

COMBE, PAUL, Niveau de vie et progrès technique en France 1860–1939, Paris 1955

CROUZET, FRANÇOIS, De la supériorité de l'Angleterre sur la France. L'économie et l'imaginaire, XVIIe–XXe siècles, Paris 1985

DAUMAS, MAURICE (Hrsg.), Histoire générale des techniques, Bde. 3–5, Paris 1969–1979

DAVIET, JEAN-PIERRE, Un destin international. La Compagnie de Saint-Gobain de 1830 à 1939, Paris 1988

Entreprises et entrepreneurs, XIXe–XXe siècles, Paris 1983

FIERAIN, JACQUES, Les raffineries de sucre des ports de France, Paris 1976

FOHLEN, CLAUDE, Die Industrielle Revolution in Frankreich 1700–1914, in: Cipolla, Carlo M./Borchardt, Knut (Hrsg.), Europäische Wirtschaftsgeschichte, Bd.4, Stuttgart/New York 1977, S.84–134 (engl. Original als Tb.: The Fontana Economic History of Europe, Bd.4)

FRIDENSON, PATRICK, Histoire des usines Renault, 2 Bde., Paris 1972

FRIDENSON, PATRICK/STRAUS, ANDRÉ (Hrsg.), Le capitalisme français, 19e–20e siècle. Blocages et dynamismes d'une croissance, Paris 1987

GILLE, BERTRAND, La sidérurgie française au XIXe siécle, Genf 1968

GILLE, BERTRAND (Hrsg.), Les sources statistiques de l'histoire de France, des enquêtes du XVIIe siècle à 1870, 2.A. Genf 1980

GILLET, MARCEL, Les charbonnages du Nord de la France au XIXe siècle, Paris/Den Haag 1973

GIRARD, LOUIS, La politique des travaux publics du Second Empire, Paris 1952

GODFREY, JOHN F., Capitalism at War. Industrial policy and bureaucracy in France 1914–1918, Leamington Spa u.a. 1987

HABER, LUDWIG FRITZ, The Chemical Industry during the 19th Century, Oxford 1969

HARDY-HÉMERY, ODETTE, De la croissance à la déindustrialisation. Un siècle dans le Valenciennois, Paris 1984

HATRY, GILBERT, Renault. Usine de guerre, Paris 1978

HAU, MICHEL, La croissance économique de la Champagne de 1810 à 1969, Paris 1976

HAU, MICHEL, L'industrialisation de l'Alsace 1803–1939, Straßburg 1987

JEANNENEY, J.-M./PERROT, MARGUERITE (Hrsg.), Textes de droit économique et social français 1789–1957, Paris 1957

JOBERT, PHILIPPE/LEVÊQUE, P. (Hrsg.), Les patrons du Second Empire, Bd. 2: Bourgogne, Paris/Le Mans 1991

KINDLEBERGER, CHARLES P., Economic Growth in France and Britain 1851–1950, Cambridge, Mass. 1964

LE BÂTIMENT. Enquête d'histoire économique XIVe–XIXe siècles, Paris 1971

LEBOVICS, HERMAN, The Alliance of Iron and Wheat in the Third French Republic 1860–1914. Origins of the New Conservatism, Baton Rouge, La./London 1988

LEBRAS, HERVÉ/TODD, EMMANUEL, L'invention de la France, Paris 1981

LEGOUX, YVES, Du compagnon au technicien: L'école Diderot et l'évolution des qualifications 1871–1971. Sociologie de l'enseignement technique français, Lille 1973

LÉVY-LEBOYER, MAURICE, La Croissance économique en France au XIXe siècle, in: Annales E.S.C. 23 (1968), S. 788–807

LÉVY-LEBOYER, MAURCIE/BOURGUIGNON, FRANÇOIS, L'économie française au XIXe siècle: Analyse macro-économique, Paris 1985

LÉVY-LEBOYER, MAURICE (Hrsg.), La position internationale de la France: aspects économiques et financiers, 19e–20e siècles, Paris 1977

LÉVY-LEBOYER, MAURICE (Hrsg.), Le patronat de la seconde industrialisation, Paris 1979

LÉVY-LEBOYER, MAURICE, u.a., Le revenu agricole et la rente foncière en Basse-Normandie, Paris 1972

LOCKE, ROBERT R., A Method for Identifying French Corporate Buisinessmen (The Second Empire), in: French Historical Studies 10 (1977), S. 261–292

LOYER, FRANÇOIS, Le siècle de l'industrie, Paris 1983

MARCZEWSKI, JAN, Le produit physique de l'économie française de 1789 à 1913. Comparaison avec la Grande-Bretagne. Cahiers de l'I.S.E.A., Paris 1965

MARKOVITCH, TIHOMIR J., L'industrie française de 1789 à 1964. Cahiers de l'I.S.E.A., Paris 1964–1967

MERLIN, P., L'exode rural, in: I.N.E.D. 59, Paris 1971

MILLER, MICHAEL B., Le Bon Marché, 1869–1920, Paris 1987

NÉRÉ, JACQUES, Les crises économiques du XIXe siècle, Paris 1989

O'BRIEN, PATRICK/KEYDER, CAGLAR, Economic growth in Britain and France 1780–1914, London 1978

OMNES, CATHERINE, De l'atelier au groupe industriel. Vallourec 1882–1978, Paris 1982

PALMADE, GUY, Capitalisme et capitalistes français au XIXe siècle, Paris 1961

PRICE, ROGER, An Economic History of Modern France 1730–1914, London 1981

RIPERT, GEORGES, Aspects juridiques du capitalisme moderne, 2.A. Paris 1951

SÉE, HENRI, Histoire économique de la France, Bd. 2: Les temps modernes. 1789–1914, Paris 1942

SMITH, MICHAEL STEPHEN, Tariff Reform in France 1860–1900, Ithaca, N.Y./London 1980

TRÉNARD, LOUIS (Hrsg.), Charbon et sciences humaines, Paris 1966

ZIEBURA, GILBERT/HAUPT, HEINZ-GERHARD (Hrsg.), Wirtschaft und Gesellschaft in Frankreich seit 1789, Köln 1975

AGRARGESCHICHTE

BRUNET, PIERRE, Structure agraire et économie rurale des plateaux tertiaires entre la Seine et l'Oise, Caen 1960

DÉSERT, GABRIEL, Une société rurale au XIXe siècle. Les Paysans du Calvados 1815–1895, Paris 1975

DUBY, GEORGES/WALLON, ARMAND (Hrsg.), Histoire de la France rurale, 4 Bde., Paris 1975–1977

GARRIER, GILBERT, Paysans du Beaujolais et du Lyonnais 1800–1970, 2 Bde., Grenoble 1973

GAVIGNAUD, GENEVIÈVE, Propriétaires-viticulteurs en Roussillon. Structures, Conjonctures, Société, XVIIIe–XXe siècles, Paris 1983

HOUSSEL, JEAN-PIERRE (Hrsg.), Histoire des paysans français du XVIIIe siècle à nos jours, Roanne 1976, 2.A. 1987

HUBSCHER, ROLAND HENRI, L'agriculture et la société rurale dans le Pas-de-Calais du milieu du XIXe siècle à 1914, 2 Bde., Arras 1979–1980

MARGADANT, TED W., French Peasants in Revolt. The insurrection of 1851, Princeton, N.J. 1979

MESLIAND, CLAUDE, Paysans du Vaucluse (1860–1939), 2 Bde., Aix 1989

MOULIN, ANNIE, Les paysans dans la société française. De la Révolution à nos jours, Paris 1988

PAUTARD, JEAN, Les disparités régionales dans la croissance de l'agriculture française, Paris 1965

PINCHEMEL, PHILIPPE, Structures sociales et dépopulation rurale dans les campagnes picardes de 1836 à 1936, Paris 1957

PITIÉ, JEAN, Exode rural et migrations intérieures en France: L'exemple de la Vienne et du Poitou-Charentes, Poitiers 1971

PRICE, ROGER, The Modernization of Rural France. Communications networks and agricultural market structures in nineteenth-century France, London 1983

RINAUDO, YVES, Les paysans du Var (fin XIXe s. – début XXe s.), 3 Bde., Lille 1982

ROUDIÉ, PHILIPPE, Vignobles et vignerons du Bordelais 1850–1980, Paris 1988

SEGALEN, MARTINE, Mari et femme dans la société paysanne, Paris 1980

SIROL, JEAN, Le rôle de l'agriculture dans les fluctuations économiques, Paris 1942

WEBER, EUGEN, La fin des terroirs. La modernisation de la France rurale 1870–1914, Paris 1983 (engl. 1976)

FINANZEN, STEUERN

ALLINNE, JEAN-PIERRE/SCHNAKENBOURG, CHRISTIAN, Communautés de métiers contre liberté économique à la fin de l'Ancien Régime, La caisse des dépôts et consignations: son rôle, ses opérations de 1816 à 1895, Paris 1976

BERGERON, LOUIS, Les Rothschild et les autres. Essai sur la haute banque parisienne au XIXe siècle, Paris 1990

BERGERON, LOUIS (Hrsg.), Les capitalistes en France 1780–1914, Paris 1978

BONIN, HUBERT, L'argent en France depuis 1880. Banquiers, financiers, épargnants dans la vie économique et politique, Paris 1989

BOUVIER, JEAN, Le Crédit Lyonnais de 1863 à 1882, 2 Bde., Paris 1961

BOUVIER, JEAN, Les Rothschild, Paris 1967

BOUVIER, JEAN, Un siècle de banque française, Paris 1973

BOUVIER, JEAN/WOLFF, JACQUES (Hrsg.), Robert Schnerb – Deux siècles de fiscalité française. XIXe–XXe siècles, Paris/Den Haag 1973

BOUVIER, JEAN/FURET, FRANÇOIS/GILLET, MARCEL, Le mouvement du profit en France au XIXe siècle, Paris 1965

CHADEAU, EMMANUEL, Les Inspecteurs des finances au XIXe siècle 1850–1914, Paris 1986

GILLE, BERTRAND, Les investissements français en Italie (1815–1914), Turin 1968

GILLE, BERTRAND, La Banque en France au XIXe siècle, Genf 1970

GUESLIN, ANDRÉ, Le Crédit agricole, Paris 1985

HILSHEIMER, JÜRGEN, Interessengruppen und Zollpolitik in Frankreich. Die Auseinandersetzungen um die Aufstellung des Zolltarifs von 1882, Diss. Heidelberg 1973

LESCURE, MICHEL, Les banques, l'État et le marché immobilier en France à l'époque contemporaine 1820–1840, Diss. Paris: EHESS 1977

MICHALET, CHARLES ALBERT, Les placements des épargnants français de 1815 à nos jours, Paris 1968

PINAUD, PIERRE-FRANÇOIS, Les trésoriers-payeurs généraux au XIXe siècle 1865–1914, Paris 1983

PINAUD, PIERRE-FRANÇOIS, Les receveurs généraux des finances 1700–1865. Étude historique, répertoires nominatif et territorial, Genf 1990

PLESSIS, ALAIN, La Banque de France et ses deux cents actionnaires (1852–1870), Genf 1982

PLESSIS, ALAIN, La Politique de la Banque de France de 1851 à 1870, Genf 1985

PLESSIS, ALAIN, Régents et gouverneurs de la Banque de France sous le Second Empire, Genf 1985

PRIOURET, ROGER, La caisse des dépôts. 150 ans d'histoire financière, Paris 1966

SAINT-MARC, MICHÈLE, Histoire monétaire de la France 1800–1980, Paris 1983

THUILLIER, GUY, La monnaie en France au début du XIXe siècle, Genf 1983

SOZIALGESCHICHTE ALLGEMEIN, ARBEITERGESCHICHTE, FRAUENGESCHICHTE

AMINZADE, RONALD, Class, Politics and Early Industrial Capitalism. A study of mid-nineteenth-century Toulouse, France, Albany, N.Y. 1981

ARIÈS, PHILIPPE, Histoire des populations françaises et de leurs attitudes devant la vie depuis le XVIIIe siècle, Paris 1971

ARIÈS, PHILIPPE/DUBY, GEORGES (Hrsg.), Histoire de la vie privée, 5 Bde., Paris 1985–1987; dt. Frankfurt/M. 1989ff.

ARMENGAUD, ANDRÉ, Les populations de l'Est aquitain au début de l'époque contemporaine, Paris 1961

ARMENGAUD, ANDRÉ, La population française au XIXe siècle, Paris 1976

ARMENGAUD, ANDRÉ/FINE, AGNÈS, La population française au XXe siècle, 7.A. Paris 1988

ARON, JEAN-PAUL (Hrsg.), Misérable et glorieuse. La femme au XIXe siècle, Paris 1980, Tb. Brüssel 1984

AUZIAS, CLAIRE/HOUEL, ANNIK, La grève des ovalistes. Lyon juin-juillet 1869, Paris 1982

BACHRACH, SUSAN, Dames employées. The feminization of postal work in nineteenth-century France, New York 1984

BERLANSTEIN, LENARD R., The Working People of Paris 1871–1914, Baltimore/London 1984

BOURQUIN, IRÈNE, »Vie ouvrière« und Sozialpolitik. Die Einführung der »Retraites ouvrières« in Frankreich um 1910, Bern u.a. 1977

CAZALS, RÉMY, Les révolutions industrielles à Mazamet 1750–1900, Paris/Toulouse 1983

CHARBIT, YVES, Du malthusianisme au populationnisme, Paris 1981

CHARLE, CHRISTOPHE, Les élites de la République 1880–1900, Paris 1987

CHARLE, CHRISTOPHE, Naissance des »intellectuels« 1880–1900, Paris 1990

CHÂTELAIN, ABEL, Les migrants temporaires en France de 1800 à 1914, Villeneuve-d'Ascq 1976

CHEVALIER, LOUIS, Classes laborieuses et classes dangereuses à Paris pendant la première moitié du XIXe siècle, Paris 1958, Tb. 2.A. 1984

CONZE, WERNER/KOCKA, JÜRGEN (Hrsg.), Bildungsbürgertum im 19. Jahrhundert, Stuttgart 1985

CORBIN, ALAIN, Les filles de noce. Misère sexuelle et prostitution, XIXe et XXe siècles, Paris 1978

CORBIN, ALAIN, Le Village des cannibales, Paris 1990

DARMON, PIERRE, La longue traque de la variole. Les pionniers de la médecine préventive, Paris 1986

DAUMARD, ADELINE, La Bourgeoisie parisienne de 1815 à 1848, Paris 1963, Tb. 1970

DAUMARD, ADELINE, Les bourgeois et la bourgeoisie en France depuis 1815, Paris 1987

DAUMARD, ADELINE (Hrsg.), Les fortunes françaises du XIXe siècle, Paris 1973

DELFORTRIE-SOUBEYROUX, NICOLE/MORICE, JANINE, Les revenus départementaux en 1864 et en 1954, Paris 1959

DEWERPE, ALAIN, Le monde du travail en France 1800–1950, Paris 1989

DOGAN, MATTEI, Political ascent in class society: French deputies 1870–1958, in: International Yearbook of Political Behaviour Research, Chicago 1961, S. 57–90

DOLLÉANS, ÉDOUARD, Histoire du mouvement ouvrier, Paris 1953

DUPÂQUIER, JACQUES (Hrsg.), Histoire de la population française, Bd. 3: De 1789 à 1914, Bd. 4: De 1914 à nos jours, Paris 1988

DUVEAU, GEORGES, La vie ouvrière sous le Second Empire, Paris 1946, 2. A. 1977

DYER, COLIN, Population and Society in 20th Century France, New York 1978

FAY-SALLOIS, FANNY, Les nourrices à Paris au XIXe siècle, Paris 1980

FISCHER, MECHTILD, Mittelklasse als politischer Begriff in Frankreich seit der Revolution, Göttingen 1974

FOHLEN, CLAUDE/BÉDARIDA, FRANÇOIS, Histoire générale du travail, Publ. sous la direction de Louis-Henri Parias, Bd. 3: 1765–1914, Paris 1964

GAILLARD, JEANNE, Communes de Province, Commune de Paris 1870–1871, Paris 1971

GEISON, GERALD L. (Hrsg.), Professions and the French State 1700–1900, Philadelphia, Penn. 1984

GÉLIS, JACQUES/LAGET, MIREILLE/MOREL, MARIE-FRANCE, Der Weg ins Leben. Geburt und Kindheit in früherer Zeit, München 1980

GILLET, MARCEL, Histoire sociale du Nord et de l'Europe du Nord-Ouest, Lille 1984

GOSSEZ, RÉMI, Les ouvriers de Paris. L'organisation 1848–1851, La Roche-sur-Yon, 1968

GOUBERT, JEAN-PIERRE, La conquête de l'eau. L'avènement de la santé à l'âge industriel, Paris 1986

GUILBERT, MADELEINE, Les femmes et l'organisation syndicale avant 1914, Paris 1966

GUILLAUME, PIERRE, La population de Bordeaux au XIXe siècle, Paris 1972

GUILLAUME, PIERRE, Individus, familles, nations. Essai d'histoire démographique 19e–20e siècle, Paris 1985

GUIRAL, PIERRE/THUILLIER, GUY, La vie quotidienne des domestiques en France au XIXe siècle, Paris 1978

HATZFELD, HENRI, Du paupérisme à la Sécurité sociale. Essai sur les origines de la Sécurité sociale en France 1850–1940, Paris 1971

HAUPT, HEINZ-GERHARD/HAUSEN, KARIN, Die Pariser Kommune. Erfolg und Scheitern einer Revolution, Frankfurt 1979

HAUPT, HEINZ-GERHARD/LENGER, FRIEDRICH, Liberalismus und Handwerk in Frankreich und Deutschland um die Mitte des 19. Jahrhunderts, in:

Langewiesche, Dieter (Hrsg.), Liberalismus im 19. Jahrhundert, Göttingen 1988, S. 305–331

Helmich, Ursula, Arbeitskämpfe in Frankreich. Ein Beitrag zur Sozial- und Rechtsgeschichte 1789–1939, Meisenheim 1977

Kaelble, Hartmut, Auf dem Weg zu einer europäischen Gesellschaft. Eine Sozialgeschichte Westeuropas 1880–1980, München 1987

Kaelble, Hartmut, Nachbarn am Rhein. Entfremdung und Annäherung der französischen und deutschen Gesellschaft seit 1880, München 1991

Kaplan, Steven L./Koepp, Cynthia J. (Hrsg.), Work in France. Representations, meaning, organisation and practise, Ithaca, N.Y. 1986

Knibiehler, Yvonne, Cornettes et blouses blanches. Les infirmières dans la société française 1880–1980, Paris 1984

Kocka, Jürgen (Hrsg.), Europäische Arbeiterbewegungen im 19. Jahrhundert, Göttingen 1983

Kocka, Jürgen (Hrsg.), Bürgertum im 19. Jahrhundert. Deutschland im europäischen Vergleich, 3 Bde., München 1988

Lachiver, Marcel, Vins, vignes et vignerons. Histoire du vignoble français, Paris 1988

La Commune de 1871, in: Le Mouvement social 79, 1972

Laget, Mireille, Naissances. L'accouchement avant l'âge de la clinique, Paris 1982

Lavau, Georges/Grunberg, Gérard/Mayer, Nonna (Hrsg.), L'univers politique des classes moyennes, Paris 1983

Laybourn, Norman, L'émigration des Alsaciens et des Lorrains du XVIIIe au XXe siècle, 2 Bde., Straßburg 1986

Léon, Pierre, Géographie de la fortune et structures sociales à Lyon au XIXe siècle, Lyon 1974

Léonard, Jacques, La vie quotidienne du médecin de province au XIXe siècle, Paris 1977

Léonard, Jacques, Les médecins de l'ouest au XIXe siècle, 3 Bde., Paris 1978

Léonard, Jacques, La médecine entre les savoirs et les pouvoirs, Paris 1981

Lequin, Yves, Les ouvriers de la région lyonnaise (1848–1914), 2 Bde., Lyon 1977

Lequin, Yves (Hrsg.), La mosaïque France. Histoire des étrangers et de l'immigration en France, Paris 1988

Les Noblesses européennes au XIXe siècle, Mailand/Rom 1988

Lhomme, Jean, La Grande bourgeoisie au pouvoir (1830–1880). Essai sur l'histoire sociale de la France, Paris 1960

L'Huillier, Fernand, Lutte ouvrière à la fin du Second Empire, Paris 1958

MARTIN-FUGIER, ANNE, La place des bonnes. La domesticité féminine à Paris en 1900, Paris 1979

MARTIN-FUGIER, ANNE, La bourgeoise. La femme au temps de Paul Bourget, Paris 1983

MOINE, JEAN-MARIE, Les Barons du fer. Les maîtres de forge en Lorraine du milieu du XIXe siècle aux années 30. Histoire sociale d'un patronat sidérurgique, Nancy 1989

MORAZÉ, CHARLES, La France bourgeoise. XVIIIe-XXe siècles, Paris 1946

MOSS, BERNARD H., The Origins of the French Labor Movement 1830–1914. The Socialism of Skilled Workers, Berkely, Cal. 1976 (frz. Paris 1985)

NOËL, BERNARD, Dictionnaire de la Commune, 2 Bde., 2.A. Paris 1978

NOIRIEL, GÉRARD, Les ouvriers dans la société française, XIXe–XXe siècle, Paris 1986

NOIRIEL, GÉRARD, Le creuset français. Histoire de l'immigration, Paris 1988

NOIRIEL, GÉRARD, La tyrannie du national. Le droit d'asile en Europe (1793–1893), Paris 1991

NORA, PIERRE (Hrsg.), Les lieux de mémoire, 2 Bde. in 4, Paris 1984–1986

O'BRIEN, PATRICIA, The Promise of Punishment. Prisons in nineteenth-century France, Princeton, N.J. 1982

ORY, PASCAL/SIRINELLI, JEAN-FRANÇOIS, Les intellectuels en France de l'Affaire Dreyfus à nos jours, Paris 1986

PERROT, MARGUERITE, Le mode de vie des familles bourgeoises 1873–1953, 2.A. Paris 1982

PERROT, MICHELLE, Les ouvriers en grève. France 1871–1890, 2 Bde., Paris/Den Haag 1974. Gekürzte Ausg.: Jeunesse de la grève. France 1871–1890, Paris 1984

PERROT, MICHELLE, On the Formation of the French Working Class, in: Katznelson, Ira/Zolberg, Aristide R. (Hrsg.), Working-Class Formation. Nineteenth Century Patterns in Western Europe and the United States, Princeton, N.J. 1986, S.71–110

PETIT, JACQUES-GUY, Ces peines obscures. La prison pénale en France 1780–1875, Paris 1990

PIERRARD, PIERRE, La vie quotidienne dans le Nord au XIXe siècle, Paris 1976

PLESSY, BERNARD/CHALLET, LOUIS, La vie quotidienne des mineurs au temps de Germinal, Paris 1984

ROUGERIE, JACQUES, Paris libre 1871, Paris 1971

ROUGERIE, JACQUES, La Commune 1871, Paris 1988

ROYER, JEAN-PIERRE/MARTINAGE, RENÉE/LECOCQ, PIERRE, Juges et notables au XIXe siècle, Paris 1982

SAINT-JOURS, YVES, Landesbericht Frankreich, in: Köhler, Peter A./Zacher, Hans F. (Hrsg.), Ein Jahrhundert Sozialversicherung in der Bundesrepublik Deutschland, Frankreich, Großbritannien, Österreich und der Schweiz, Berlin 1981, S. 181–268

SCHÖTTLER, PETER, Die Entstehung der »Bourses du Travail«. Sozialpolitik und französischer Syndikalismus am Ende des 19. Jahrhunderts, Frankfurt/New York 1982

SCOTT, JOAN W./TILLY, LOUISE, Les femmes, le travail et la famille, Paris 1987

SERMAN, WILLIAM, La Commune de Paris: 1871, Paris 1986

SHORTER, EDWARD/TILLY, CHARLES, Strikes in France 1830–1968, London 1974

SIEBURG, HEINZ-OTTO, Die Grubenkatastrophe von Courrières. Ein Beitrag zur Sozialgeschichte der Dritten Republik und zum deutsch-französischen Verhältnis um die Jahrhundertwende, Wiesbaden 1967

SIRINELLI, JEAN-FRANÇOIS, Intellectuels et passions françaises. Manifestes et pétitions au XXe siècle, Paris 1990

SORLIN, PIERRE, La société française, Bd. 1: 1840–1914, Paris 1969, Bd. 2: 1914–1968, Paris 1971

STEARNS, PETER N., Revolutionary Syndicalism and French Labor. A cause without rebels, New Brunswick, N.J. 1971

SWOBODA, HELMUT (Hrsg.), Die Pariser Kommune 1871, München 1971

THÉBAUD, FRANÇOISE, La femme au temps de la guerre de 14, Paris 1986

THÉPOT, ANDRÉ (Hrsg.), L'ingénieur dans la société française, Paris 1985

THUILLIER, GUY, Les femmes dans l'administration depuis 1900, Paris 1988

THUILLIER, GUY, Pour une histoire du quotidien au XIXe siècle en Nivernais, Paris 1977

TILLY, CHARLES, The Contentious French, Cambridge, Mass./London 1986

TOUTAIN, JEAN-CLAUDE, La consommation alimentaire en France de 1789 à 1964, in: Économies et Sociétés 5 (1971), S. 1909–2049

TREMPÉ, ROLANDE, Les mineurs de Carmaux 1848–1914, 2 Bde., Paris 1971

VIGIER, PHILIPPE, u.a., Maintien de l'ordre et polices en France et en Europe au XIXe siècle, Paris 1987

VINCENOT, HENRI, La vie quotidienne dans les chemins de fer au XIXe siècle, Paris 1975

WEBER, EUGEN, France. Fin de Siècle, Cambridge, Mass./London 1986

MILITÄR UND GESELLSCHAFT

ARON, JEAN-PAUL/DUMONT, PAUL/LE ROY LADURIE, EMMANUEL, Anthropologie du conscrit français, Paris/Den Haag 1972

DOISE, JEAN/VAÏSSE, MAURICE, Diplomatie et outil militaire 1871–1969, Paris 1987 (Politique étrangère de la France)

GIRARDET, RAOUL, La société militaire dans la France contemporaine 1815–1939, Paris 1963

HORNE, ALISTAIR, The French Army and Politics 1870–1970, London/Basingstoke 1984

KRUMEICH, GERD, Aufrüstung und Innenpolitik in Frankreich vor dem Ersten Weltkrieg. Die Einführung der dreijährigen Dienstpflicht 1913–1914, Wiesbaden 1980

MAURIN, JULES, Armée, guerre, société. Soldats languedociens 1889–1919, Paris 1982

PEDRONCINI, GUY, Les mutineries de 1917, 2.A. Paris 1983

PEDRONCINI, GUY (Hrsg.), La défense sous la Troisième République, Bd. 1: Vaincre la défaite 1872–1881, Teil 1: Armée de terre, Paris 1990

PORCH, DOUGLAS, The March to the Marne. The French Army 1871–1914, Cambridge 1981

PROST, ANTOINE, Les anciens combattants et la société française 1914–1939, 3 Bde., Paris 1977

PROST, ANTOINE, Die Demobilmachung, der Staat und die Kriegsteilnehmer in Frankreich, in: Geschichte und Gesellschaft 9 (1983), S. 178–194

RALSTON, DAVID B., The Army of the Republic. The place of the military in the political evolution of France, 1871–1914, Cambridge/Mass. 1967

ROPP, THEODORE, The Development of a Modern Navy. French naval policy 1871–1904, Annapolis, Md. 1987

SCHNAPPER, BERNARD, Le remplacement militaire en France. Quelques aspects politiques, économiques et sociaux du recrutement au XIXe siècle, Paris 1968

SERMAN, WILLIAM, Les origines des officiers français 1848–1870, Paris 1979

SERMAN, WILLIAM, Les officiers français dans la nation 1848–1914, Paris 1982

STADTGESCHICHTE, URBANISIERUNG

AGULHON, MAURICE/GIRARD, LOUIS/ROBERT, JEAN-LOUIS/SERMAN, WILLIAM u.a., Les maires en France du Consulat à nos jours, Paris 1986

BAIROCH, PAUL, De Jéricho à Mexico. Villes et économie dans l'histoire, Paris 1985

Bastié, Jean, La croissance de la banlieue parisienne, Paris 1964

Brunet, Jean-Paul, Saint-Denis, la ville rouge. Socialisme et communisme en banlieue ouvrière 1890–1939, Paris 1980

Chaline, Jean-Pierre, Les bourgeois de Rouen. Une élite urbaine au XIXe siècle, Paris 1982

Codaccioni, Félix-Paul, De l'inégalité sociale dans une grande ville industrielle. Le drame de Lille de 1850 à 1914, Lille 1976

Construire la ville. XVIIIe–XXe siècles, Lyon 1983

Daumas, Maurice, u.a., Analyse historique de l'évolution des transports en commun dans la région parisienne de 1855 à 1939, Paris 1977

Debofle, Pierre, u.a., L'administration de Paris 1789–1977, Genf/Paris 1979

Duby, Georges (Hrsg.), Histoire de la France urbaine, 5 Bde., Paris 1980–1985

Fisch, Stefan, Administratives Fachwissen und private Bauinteressen in der deutschen und französischen Stadtplanung bis 1918, in: Jahrbuch für europäische Verwaltungsgeschichte 1 (1989), S. 221–262

Fraser, Derek/Sutcliffe, Anthony (Hrsg.), The Pursuit of Urban History, London 1983

Gaillard, Jeanne, Paris, la ville (1852–1870), Paris 1976

Gay, Jean, L'amélioration de l'existence à Paris sous le règne de Napoléon III. L'administration de services à l'usage du public, Genf 1986

Girard, Louis, Nouvelle histoire de Paris. La Deuxième République et le Second Empire 1848–1870, Paris 1981

Guerrand, Roger Henri, Les origines du logement social en France, Paris 1967

Hall, Thomas, Planung europäischer Hauptstädte. Zur Entwicklung des Städtebaues im 19. Jahrhundert, Stockholm 1986

Hohenberg, Paul M./Lees, Lynn Hollin, The Making of Urban Europe 1000–1950, Cambridge/Mass. 1985

Hudemann, Rainer/Wittenbrock, Rolf (Hrsg.), Stadtentwicklung im deutsch-französisch-luxemburgischen Grenzraum (19. u. 20. Jh.). Développement urbain dans la région frontalière France-Allemagne-Luxembourg (XIXe et XXe siècles), Saarbrücken 1991

Jacquemet, Gérard, Urbanisme parisien: la bataille du tout-à-l'égoût à la fin du XIXe siècle, in: Revue d'Histoire Moderne et Contemporaine 26 (1979), S. 508–548

Jacquemet, Gérard, Belleville au XIXe siècle, Paris 1984

Laférrère, Michel, Lyon, ville industrielle, Paris 1960

Lavedan, Pierre, Histoire de l'Urbanisme, 3 Bde., Paris 1926–52

LE MOIGNE, FRANÇOIS-YVES (Hrsg.), Urbanisme et Architecture en Lorraine 1830–1930, Metz 1982

LE MOIGNE, FRANÇOIS-YVES (Hrsg.), Histoire de Metz, Toulouse 1986

LOYER, FRANÇOIS, Paris XIXe siècle. L'immeuble et la rue, Paris 1987

MAGRI, SUSANNA/TOPALOV, CHRISTIAN (Hrsg.), Villes ouvrières 1890–1950, Paris 1990

MAREC, YANNICK, Le »Clou« rouennais des origines à nos jours. Du Mont de Piété au Crédit municipal, Rouen 1983

MARNATA, FRANÇOISE, Les loyers des bourgeois de Paris 1860–1958, Paris 1961

MCKAY, JOHN P., Tramways and Trolleys. The Rise of Urban Mass Transport in Europe, Princeton/N.J. 1976

MERRIMAN, JOHN M., The Red City. Limoges and the French Nineteenth Century, New York 1985 (frz. 1990)

MERRIMAN, JOHN M. (Hrsg.), French Cities in the Nineteenth Century, London 1982

MUMFORD, LEWIS, The City in History. Its Origins, its Transformations and its Prospects, New York 1961

NOHLEN, KLAUS, Baupolitik im Reichsland Elsaß-Lothringen 1871–1918. Die repräsentativen Staatsbauten um den ehemaligen Kaiserplatz in Straßburg, Berlin 1982

NOIRIEL, GÉRARD, Longwy. Immigrés et prolétaires (1880–1980), Paris 1984

NORD, PHILIP G., Paris Shopkeepers and the Politics of Resentment, Princeton, N.J. 1986

SCHMAL, HENK (HRSG.), Patterns of European Urbanisation since 1500, London 1981

SEWELL, WILLIAM H., Structure and Mobility. The men and women of Marseille 1820–1870, Cambridge u.a. 1985

SHAPIRO, ANNE-LOUISE, Housing the Poor of Paris 1850–1902, Madison, Wi. 1985

SINGER-KÉREL, JEANNE, Le coût de la vie à Paris de 1840 à 1954, Paris 1961

SUTCLIFFE, ANTHONY, Towards the Planned City. Germany, Britain, the United States and France 1780–1914, Oxford 1981

SUTCLIFFE, ANTHONY (Hrsg.), The Autumn of Central Paris. The Defeat of Town Planning 1850–1970, London 1970

SUTCLIFFE, ANTHONY (Hrsg.), The Rise of Modern Urban Planning 1800–1914, London 1980

SUTCLIFFE, ANTHONY (Hrsg.), Metropolis 1880–1940, London 1984

SUTET, MARCEL, Montceau-les-Mines: Essor d'une mine, naissance d'une ville, Paris 1981

VRIES, JAN DE, European Urbanization 1500–1800, London 1984

WILLMS, JOHANNES, Paris. Hauptstadt Europas 1789–1914, München 1988

WITTENBROCK, ROLF, Bauordnungen als Instrumente der Stadtplanung im Reichsland Elsaß-Lothringen 1870–1918, St. Ingbert 1989

KUNST UND KULTUR, KULTURGESCHICHTE

ABEL, RICHARD, French Cinema. The first wave 1915–1929, Princeton, N.J. 1984

ARNAUD, PIERRE (Hrsg.), Les athlètes de la République. Gymnastique, sport et idéologie républicaine 1870–1914, Toulouse 1987

BONNIN, RICHARD, Eugène Lerminier (1803–1857). Ein Beitrag zum deutschen Kultureinfluß in Frankreich, Frankfurt/M. u.a. 1989

CHRISTADLER, MARIELUISE, Kriegserziehung im Jugendbuch. Literarische Mobilmachung in Deutschland und Frankreich vor dem I. Weltkrieg, 2.A. Frankfurt/M. 1979

COTTEREAU, ALAIN, The Distinctiveness of Working-Class Cultures in France 1848–1900, in: Katznelson, I./Zolberg, A.R. (Hrsg.), Working-Class Formation. Nineteenth Century Patterns in Western Europe and the United States, Princeton, N.J. 1986, S. 111–154

DAUMARD, ADELINE (Hrsg.), Oisiveté et loisirs dans les sociétés occidentales au XIXe siècle, Abbeville 1983

DUFOURQ, NORBERT, La musique française, Paris 1949

FOUCART, BRUNO, G. Courbet, Paris 1977

FULCHER, JANE, Le Grand Opéra en France. Un art politique 1820–1870, Paris 1988

GUIRAL, PIERRE (Hrsg.), La société française 1815–1914 vue par les romanciers, Paris 1969

KRUMEICH, GERD, Jeanne d'Arc in der Geschichte. Historiographie, Politik, Kultur, Sigmaringen 1989

Hommage à Claude Monet, Catalogue de l'exposition, Paris 1980

L'art en France sous le Second Empire, Paris 1979

LEENHARDT, JACQUES/PICHT, ROBERT (Hrsg.), Esprit – Geist: 100 Schlüsselbegriffe für Deutsche und Franzosen, 2.A. München/Zürich 1990

Pissarro, 1830–1901, Catalogue de l'exposition au Grand Palais 1981, Paris 1981

PISTONE, DANIÈLE, La musique en France de la Révolution à 1900, Paris 1979

Renoir, Catalogue de l'exposition au Grand Palais 1985, Paris 1985

REWALD, JOHN, Histoire de l'Impressionnisme, 2.A. Paris 1986

Le Douanier Rousseau, Catalogue de l'exposition au Grand Palais 1984, Paris 1984

WAHL, ALFRED (Hrsg.), Des jeux et des sports, Metz 1986

BILDUNG UND WISSENSCHAFT

ANDERSON, ROBERT DAVID, Education in France 1848–1870, Oxford u.a. 1975

BECHER, URSULA A., Geschichtsinteresse und historischer Diskurs. Ein Beitrag zur Geschichte der französischen Geschichtswissenschaft im 19. Jahrhundert, Stuttgart/Wiesbaden 1986

CHARLE, CHRISTOPHE/FERRÉ, RÉGINE (Hrsg.), Le personnel de l'enseignement supérieur en France aux XIXe et XXe siècles, Paris 1985

CHARLE, CHRISTOPHE, Dictionnaire biographique des universitaires aux XIXe et XXe siècles. La Faculté des Lettres de Paris, 2 Bde., Paris 1985–1986

CHARLE, CHRISTOPHE/TELKÈS, EVA, Les professeurs du Collège de France. Dictionnaire biographique 1901–1939, Paris 1988

DAY, CHARLES R., Education for the Industrial World, The École d'Arts et métiers and the rise of French industrial engineering (1800 to the present), Cambridge, Mass. 1987

ERBE, MICHAEL, Zur neueren französischen Sozialgeschichtsforschung. Die Gruppe um die »Annales«, Darmstadt 1979

FAVRE, PIERRE, Naissances de la science politique en France 1870–1914, Paris 1989

FOX, ROBERT/WEISZ, GEORGE, The Organization of Science and Technology in France 1808–1914, Paris/Cambridge 1980

FURET, FRANÇOIS/OZOUF, JACQUES, Lire et écrire. L'alphabétisation des Français de Calvin à Jules Ferry, 2 Bde., Paris 1977

GERBOD, PAUL, La condition universitaire en France au XIXe siècle, Paris 1965

GERBOD, PAUL, La vie quotidienne dans les lycées et collèges au XIXe siècle, Paris 1968

GERBOD, PAUL, Les enseignants et la politique, Paris 1976

GILDEA, ROBERT, Education in Provincial France 1800–1914. A study of three departments, Oxford 1983

GILPIN, ROBERT, France in the Age of Scientific State, Princeton, N.J. 1968

GÖDDE-BAUMANNS, BEATE, Deutsche Geschichte in französischer Sicht. Die französische Historiographie von 1871 bis 1918 über die Geschichte Deutschlands und die deutsch-französischen Beziehungen in der Neuzeit, Wiesbaden 1971

GUIRAL, PIERRE/THUILLIER, GUY, La vie quotidienne des professeurs (1870–1940), Paris 1982

HARRIGAN, PATRICK/NEGLIA, VICTOR, Mobility, Elites and Education in French Society of the Second Empire, Waterloo, Ont. 1980

HARRIGAN, PATRICK/NEGLIA, VICTOR, Lycéens et collégiens sous le Second Empire. Étude statistique des fonctions sociales de l'enseignement secondaire public d'après l'enquête de Victor Duruy (1864–1865), Paris/Lille 1979

KEYLOR, WILLIAM R., Academy and Community. The Foundation of the French historical profession, Cambridge, Mass. 1975

LUC, JEAN-NOËL/BARBÉ, ALAIN, Des normaliens. Histoire de l'École normale supérieure de Saint-Cloud, Paris 1981

MAYEUR, FRANÇOISE, Histoire générale de l'éducation en France, Bd. 3: De la Révolution à l'école républicaine, Paris 1981

MERCIER, LUCIEN, Les universités populaires 1899–1914. Éducation populaire et mouvement ouvrier au début du siècle, Paris 1986

MUEL-DREYFUS, FRANCINE, Le métier d'éducateur, Paris 1983

OSBORNE, THOMAS R., A Grande École for the Grands Corps. The recruitment and training of the French administrative elite in the nineteenth century, New York 1983

OZOUF, JACQUES, Nous les maîtres d'école. Autobiographies d'instituteurs de la Belle Epoque, Paris 1973

OZOUF, MONA, L'École de la France. Essais sur la Révolution, l'utopie et l'enseignement, Paris 1984

PAUL, HARRY W., From Knowledge to Power. The rise of the science empire in France 1860–1939, Cambridge 1987

PONTEIL, FÉLIX, Histoire de l'enseignement en France. Les grandes étapes 1789–1964, Paris 1966

PROST, ANTOINE, Histoire de l'enseignement en France 1800–1967, 6. A. Paris 1986

RICHTER, NOË, Les Bibliothèques populaires, Paris 1978

ROHR, JEAN, Victor Duruy, ministre de Napoléon III. Essais sur la politique de l'instruction publique au temps de l'Empire libéral, Paris 1967

SHINN, TERRY, L'École polytechnique, Paris 1980

SIEBURG, HEINZ-OTTO, Deutschland und Frankreich in der Geschichtsschreibung des 19. Jahrhunderts 1815–1870, 2 Bde., Wiesbaden 1954–1958

SMITH, ROBERT J., The École normale supérieure in the Third Republic, Albany, N.Y. 1982

THABAULT, ROGER, 1848–1914. L'ascension d'un peuple. Mon village, ses hommes, ses routes, son école, Paris 1944, Neuausg. 1982

THIESSE, ANNE-MARIE, Le roman du quotidien. Lecteurs et lectures populaires à la Belle Epoque, Paris 1984

THUILLIER, GUY, L'E.N.A. avant l'E.N.A., Paris 1983

VERGER, JACQUES (Hrsg.), Histoire des universités en France, Toulouse 1986

WEISZ, GEORGE, The Emergence of Modern Universities in France 1863–1914, Princeton, N.J. 1983

WOLFF, PHILIPPE (Hrsg.), Histoire des protestants en France, Toulouse 1977

KIRCHEN UND RELIGION

Actes du colloque: Les protestants dans les débuts de la IIIe République 1871–1885, Paris 1979

BERKOVITZ, JAY R., The shaping of Jewish Identity in Nineteenth-Century France, Detroit 1989

BOUTRY, PHILIPPE/CINQUIN, MICHEL, Deux pélerinages au XIXe siècle: Ars et Paray-le-Monial, Paris 1980

CAPERAN, LOUIS, Histoire contemporaine de la laïcité française, 3 Bde., Paris 1957/1960–1961

CHEVALLIER, PIERRE, La séparation de l'église et de l'école, Paris 1981

CHOLVY, GÉRARD, Géographie religieuse de l'Hérault contemporain, Paris 1968

CHOLVY, GÉRARD/HILAIRE, YVES-MARIE, Histoire religieuse de la France contemporaine, Bd. 1: 1800–1880; Bd. 2: 1880–1930, Toulouse 1985–1986

DANSETTE, ADRIEN, Histoire religieuse de la France contemporaine, Paris 1948

ENCREVÉ, ANDRÉ, Protestants français au milieu du XIXe siècle. Les réformés de 1848 à 1870, Genf 1986

FAURY, JEAN, Cléricalisme et anticléricalisme dans le Tarn 1848–1900, Toulouse 1980

GADILLE, JACQUES, La pensée et l'action politique des évêques français au début de la IIIe République 1870–1883, 2 Bde., Paris 1967

GIBSON, RALPH, A Social History of French Catholicism 1789–1914, London/New York 1989

GRAETZ, MICHAEL, Les Juifs en France au XIXe siècle. De la Révolution française à l'Alliance israélite universelle, Paris 1989

GREEN, NANCY, Les travailleurs immigrés juifs à la Belle Epoque. Le »Pletzl« de Paris, Paris 1985

HILAIRE, YVES-MARIE, Une chrétienté au XIXe siècle? La vie religieuse des populations du diocèse d'Arras 1840–1914, Villeneuve d'Ascq 1977

HYMAN, PAULA, From Dreyfus to Vichy. The remaking of French Jewry 1906–1939, New York 1979

LANGLOIS, CLAUDE, Le catholicisme au féminin. Les congrégations françaises à supérieure générale au XIXe siècle, Paris 1984

LATREILLE, ANDRÉ/RÉMOND, RENÉ, Histoire du catholicisme en France, Bd. 3: La période contemporaine (du XVIIIe siècle à nos jours), Paris 1962

LAUNAY, MARCEL, Le diocèse de Nantes sous le Second Empire, 2 Bde., Nantes 1982

LAUNAY, MARCEL, Le Bon Prêtre. Le clergé rural au XIXe siècle, Paris 1986

LEBRUN, FRANÇOIS (Hrsg.), Histoire des catholiques en France du XVe siècle à nos jours, Toulouse 1980

LEVILLAIN, PHILIPPE, Albert de Mun. Catholicisme français et catholicisme romain, du »Syllabus« au ralliement, Rom 1983

MALINO, FRANCES/WASSERSTEIN, BERNARD (Hrsg.), The Jews in Modern France, Hannover/London 1985

MARRUS, MICHAEL R., Les Juifs de France à l'époque de l'Affaire Dreyfus, Paris 1972, Tb. Brüssel 1985

MARRUS, MICHAEL R.,, Pilger auf dem Weg. Wallfahrten im Frankreich des 19. Jahrhunderts, in: Geschichte und Gesellschaft 3 (1977), S. 239–351

MAYEUR, JEAN-MARIE, Un prêtre démocrate. L'abbé Lemire 1853–1928, Paris 1968

MAYEUR, JEAN-MARIE, Catholicisme social et Démocratie chrétienne. Principes romains, expériences françaises, Paris 1986

MAYEUR, JEAN-MARIE (Hrsg.), La séparation de l'Église et de l'État (1905), Paris 1966

MAYEUR, JEAN-MARIE (Hrsg.), L'Histoire religieuse de la France. Problèmes et méthodes, Paris 1975

MCMANNERS, JOHN, Church and State in France 1870–1914, London 1972

PIERRARD, PIERRE, L'église et les ouvriers en France 1840–1940, Paris 1984

TALMY, ROBERT, Une forme hybride du catholicisme social en France. L'association catholique des patrons du Nord 1884–1895, Lille 1962

WAHL, ALFRED, Confession et comportement dans les campagnes d'Alsace et de Bade 1871–1939. Catholiques, protestants et juifs: démographie, dynamisme économique et social, vie de relation et attitude politique, Metz 1980

WILSON, NELLY, Bernard-Lazare. Antisemitism and the problem of Jewish identity in late nineteenth-century France, Cambridge u.a. 1978

FRANKREICH IN DER WELT

ALLGEMEINES

Bouvier, Jean/Girault, René (Hrsg.), L'impérialisme français d'avant 1914, Paris/Den Haag 1976

Bouvier, Jean/Girault, René/Thobie, Jacques, L'impérialisme à la française 1914–1960, Paris 1986

Girault, René, Diplomatie européenne et impérialismes. Histoire des relations internationales contemporaines, Bd.I: 1871–1914, Paris u.a. 1979

Guillen, Pierre, L'Expansion 1881–1898, Paris 1985 (Politique étrangère de la France)

Milza, Pierre, Les relations internationales de 1871 à 1914, Paris 1983

Renouvin, Pierre, Histoire des relations internationales. Le XIXe siècle, 2 Bde., Paris 1954–1955; Les crises du XXe siècle, Bd. 1: De 1914 à 1929, Paris 1957

Schmidt, Gustav, Der europäische Imperialismus, 2.A. München 1989

Wehler, Hans-Ulrich (Hrsg.), Imperialismus, 4.A. Königstein 1979

AUSSENPOLITIK, AUSSENBEZIEHUNGEN. ELSASS-LOTHRINGEN 1871–1918

Allain, Jean-Claude, Agadir 1911, Paris 1976

August, Thomas G., The Selling of the Empire. British and French Imperialist Propaganda 1890–1940, Westport/London 1985

Ayçoberry, Pierre/Ferro, Marc (Hrsg.), Une histoire du Rhin, Paris 1981

Baumgart, Winfried, Der Friede von Paris 1856, München/Wien 1972

Becker, Josef, Baden, Bismarck und die Annexion von Elsaß und Lothringen, in: Oberrheinische Studien Bd.2, Karlsruhe 1973, S.133–173

Becker, Josef, Bismarck, Prim, die Sigmaringer Hohenzollern und die Spanische Thronfrage, in: Francia 9 (1981), S.435–472

Butenschön, Marianna, Zarenhymne und Marseillaise. Zur Geschichte der Rußland-Ideologie in Frankreich 1870/71–1893/94, Stuttgart 1978

Calmes, Christian, 1867. L'affaire du Luxembourg, Luxemburg 1967

Case, Lynn M., French Opinion on War and Diplomacy during the Second Empire, Philadelphia, Penn. 1954

Deininger, Helga, Frankreich – Rußland – Deutschland 1871–1891. Die Interdependenz von Außenpolitik, Wirtschaftsinteressen und Kulturbeziehungen im Vorfeld des russisch-französischen Bündnisses, München/Wien 1983

ECHARD, WILLIAM E., Napoleon III and the Concert of Europe, Baton Rouge, La./London 1983

ESPAGNE, MICHEL (Hrsg.), Transfers. Les relations interculturelles dans l'espace franco-allemand (XVIIIe et XIXe siècles), Paris 1988

FENSKE, HANS, Das Elsaß in der deutschen öffentlichen Meinung von 1826 bis 1866, in: Zeitschrift für die Geschichte des Oberrheins 119 (1971), S. 233–280

GALL, LOTHAR, Zur Frage der Annexion von Elsaß und Lothringen 1870, in: Historische Zeitschrift 206 (1968), S. 265–326

GALL, LOTHAR, Bismarck. Der weiße Revolutionär, Frankfurt u.a. 1980

GIRAULT, RENÉ, Emprunts russes et investissements français en Russie 1887–1914, Paris 1973

GROOTE, WOLFGANG v./GERSDORFF, URSULA v. (Hrsg.), Entscheidung 1870. Der deutsch-französische Krieg, Stuttgart 1970

HILLGRUBER, ANDREAS, Bismarcks Außenpolitik, Freiburg 1972

HOGENHUIS-SELIVERSTOFF, ANNE, Les relations franco-soviétiques 1917–1924, Paris 1981

HÜTTENBERGER, PETER/MOLITOR, HANSGEORG (Hrsg.), Franzosen und Deutsche am Rhein 1789–1918–1945, Essen 1989

JELAVICH, BARBARA, The Ottoman Empire, the Great Powers and the Straits Question 1870–1887, Bloomington, La./London 1973

KENNAN, GEORGE F., The Decline of Bismarck's European Order. Franco-Russian relations 1875–1890, Princeton, N.J. 1979

KENNAN, GEORGE F., The Fateful Alliance. France, Russia, and the coming of the First World War, Manchester 1984

KENNEDY, PAUL M., The Rise of the Anglo-German Antagonism 1860–1914, London 1980

KNIPPING, FRANZ/WEISENFELD, ERNST (Hrsg.), Eine ungewöhnliche Geschichte. Deutschland – Frankreich seit 1870, Bonn 1988

KOLB, EBERHARD, Der Kriegsausbruch 1870. Politische Entscheidungsprozesse und Verantwortlichkeiten in der Julikrise 1870, Göttingen 1970

KOLB, EBERHARD, Der Weg aus dem Krieg. Bismarcks Politik im Krieg und die Friedensordnung 1870/71, München 1990

KOLB, EBERHARD/MÜLLER-LUCKNER, ELISABETH (Hrsg.), Europa und die Reichsgründung. Preußen – Deutschland in der Sicht der großen europäischen Mächte 1860–1880, München 1980

KOLB, EBERHARD (Hrsg.), Europa vor dem Krieg von 1870. Mächtekonstellation – Konfliktfelder – Kriegsausbruch, München 1987

LADEMACHER, HORST, Die belgische Neutralität als Problem der europäischen Politik 1830–1914, Bonn 1971

LEVILLAIN, PHILIPPE/RIEMENSCHNEIDER, RAINER (Hrsg.), La guerre de 1870/71 et ses conséquences. Der Krieg von 1870/71 und seine Folgen, Bonn 1990

LIPGENS, WALTER, Bismarck, die öffentliche Meinung und die Annexion von Elsaß und Lothringen 1870, in: Historische Zeitschrift 199 (1964), S.31–112

MALETTKE, KLAUS, Die Beurteilung der Außen- und Innenpolitik Bismarcks von 1862–1866 in den großen Pariser Zeitungen, Lübeck/Hamburg 1966

MILZA, PIERRE, Français et Italiens à la fin du XIXe siècle, 2 Bde., Rom 1981

MILZA, PIERRE, Les Italiens en France de 1914 à 1940, Rom 1986

MITCHELL, ALLAN, The German Influence in France after 1870. The formation of the French Republic, Chapel Hill, N.C. 1979

MITCHELL, ALLAN, Victors and Vanquished. The German influence on army and church in France after 1870, Chapel Hill, N.C. 1984

MITCHELL, ALLAN, The Divided Path. The German influence on social reform in France after 1870, Chapel Hill, N.C. 1991

NIEDHART, GOTTFRIED (Hrsg.), Der Westen und die Sowjetunion. Einstellungen und Politik gegenüber der UdSSR in Europa und in den USA seit 1917, Paderborn 1983

ONCKEN, EMILY, Panthersprung nach Agadir. Die deutsche Politik während der Zweiten Marokkokrise 1911, Düsseldorf 1981

POHL, HEINZ-ALFRED, Bismarcks »Einflußnahme« auf die Staatsform in Frankreich 1871–1877, Frankfurt u.a. 1984

POIDEVIN, RAYMOND, Les relations économiques et financières entre la France et l'Allemagne de 1898 à 1914, Paris 1969

POIDEVIN, RAYMOND, Die unruhige Großmacht. Deutschland und die Welt im 20.Jahrhundert, Freiburg 1985

POIDEVIN, RAYMOND/BARIÉTY, JACQUES, Frankreich und Deutschland. Die Geschichte ihrer Beziehungen 1815–1975, München 1982

POIDEVIN, RAYMOND, ROULET, LOUIS-ÉDOUARD (Hrsg.), Aspects des rapports entre la France et la Suisse de 1843 à 1939, Neuchâtel 1982

POIDEVIN, RAYMOND/SIEBURG, HEINZ-OTTO (Hrsg.), Aspects des relations franco-allemandes à l'époque du Second Empire 1851–1866. Deutsch-französische Beziehungen im Zeitalter des Second Empire 1851–1866, Metz 1982

POIDEVIN, RAYMOND/TRAUSCH, GILBERT (Hrsg.), Les relations franco-luxembourgeoises de Louis XIV à Robert Schuman, Metz 1978

POTTINGER, EVELYN ANN, Napoleon III and the German Crisis 1865–1866, Cambridge, Mass. 1966

RADEWAHN, WILFRIED, Die Pariser Presse und die deutsche Frage unter Berücksichtigung der französischen Pressepolitik im Zeitalter der Bismarckschen Reichsgründung (1866–1870/71), Frankfurt/M. u.a. 1977

REUTER, PETER W., Die Balkanpolitik des französischen Imperialismus 1911–1914, Frankfurt/New York 1979

ROTH, FRANÇOIS, La Lorraine annexée. Étude sur la présidence de Lorraine dans l'Empire allemand (1870–1918), Nancy 1976

ROTH, FRANÇOIS, La Lorraine dans la guerre de 1870, Nancy 1984

ROTH, FRANÇOIS, La guerre de 70, Paris 1990

SEIBT, FERDINAND/NEUMÜLLER, MICHAEL, Frankreich und die böhmischen Länder im 19. und 20. Jahrhundert. Beiträge zum französischen Einfluß in Ostmitteleuropa, München 1990

SIMON, DAN, Das Frankreichbild der deutschen Arbeiterbewegung 1859–1985, Gerlingen 1984

STEINBACH, CHRISTOPH, Die französische Diplomatie und das Deutsche Reich 1873–1881. Untersuchungen zum Zusammenhang zwischen der französischen Beurteilung der deutschen Politik und der Außenpolitik Frankreichs, Bonn 1976

WAHL, ALFRED, L'option et l'émigration des Alsaciens-Lorrains (1871–1872), Paris 1974

WEHLER, HANS-ULRICH, Bismarck und der Imperialismus, Köln 1969, Tb. 4.A. München 1976

WENGER, KLAUS RUDOLF, Preußen in der öffentlichen Meinung Frankreichs 1815–1870. Politische Aspekte des französischen Deutschlandbildes, Göttingen 1979

WREDE-BOUVIER, BEATRIX, Französische Revolution und deutsche Arbeiterbewegung. Die Rezeption des revolutionären Frankreich in der deutschen sozialistischen Arbeiterbewegung von den 1830er Jahren bis 1905, Bonn 1982

ZÜRRER, WERNER, Die Nahostpolitik Frankreichs und Rußlands 1891–1898, Wiesbaden 1970

KOLONIALISMUS, IMPERIALISMUS

AGERON, CHARLES-ROBERT, Les Algériens musulmans et la France (1871–1919), 2 Bde., Paris 1968

AGERON, CHARLES-ROBERT, L'anticolonialisme en France de 1871 à 1914, Paris 1973

AGERON, CHARLES-ROBERT, France coloniale ou parti colonial? Paris 1978

AGERON, CHARLES-ROBERT, Histoire de l'Algérie contemporaine, Bd. 2: De l'insurrection de 1871 au déclenchement de la guerre de libération, Paris 1979

AGERON, CHARLES-ROBERT, Histoire de l'Algérie contemporaine (1830–1988), 9.A. Paris 1990

ALBERTINI, RUDOLF VON/WIRZ, ALBERT, Europäische Kolonialherrschaft 1880–1940, 2.A. München 1985

AMIN, SAMIR, L'Afrique de l'Ouest bloquée. L'économie de la colonisation 1880–1970, Paris 1971

ASIWAJU, I., Western Yorubaland under European Rule 1889–1945. A Comparative analysis of French and British Colonialism, London 1978

BATES, DARRELL, The Fashoda Incident of 1898. Encounter on the Nile, Oxford 1984

BAUMGART, WINFRIED, Der Imperialismus. Idee und Wirklichkeit der englischen und französischen Kolonialexpansion 1880–1914, Wiesbaden 1975

BENOIST-MÉCHIN, JACQUES, Lyautey l'Africain ou le rêve immolé (1854–1934), Paris 1978

BERQUE, JACQUES/CHARNAY, JEAN-PAUL (Hrsg.), De l'impérialisme à la décolonisation, Paris 1965

BERTAUX, PIERRE, Afrika. Von der Vorgeschichte bis zu den Staaten der Gegenwart, Frankfurt/M. 1966 u.ö. (Fischer Weltgeschichte Bd.32)

BRAUNSTEIN, DIETER, Französische Kolonialpolitik 1830–1852. Expansion – Verwaltung – Wirtschaft – Mission, Stuttgart 1983

BRÖTEL, DIETER, Französischer Imperialismus in Vietnam. Die koloniale Expansion und die Errichtung des Protektorats Annam-Tonking 1880–1885, Stuttgart 1972

BROWN, ROGER G., Fashoda Reconsidered. The Impact of Domestic Politics on French Policy in Africa 1893–1898, Baltimore/London 1970

BRUNSCHWIG, HENRI, Mythes et réalités de l'impérialisme colonial français 1871–1914, Paris 1960

BRUNSCHWIG, HENRI, L'Afrique noire au temps de l'Empire français, Paris 1988

CAYRAC-BLANCHARD, FRANÇOISE/DEVILLERS, PHILIPPE/FISCHER, GEORGES/FISTIÉ, PIERRE/THÀNH KHÔI, LÊ/PERRIN, JEAN, L'Asie du Sud-Est, 2 Bde., Paris 1970 (L'Histoire du XXe siècle)

COHEN, WILLIAM B., Rulers of Empire. The French Colonial Service in Africa, Stanford, Cal. 1971 (frz. 1973)

COOKE, JAMES J., The New French Imperialism 1880–1910. The Third Republic and colonial expansion, Newton Abbot/Hamden, Conn. 1973

COQUERY-VIDROVITCH, CATHERINE, Le Congo au temps des grandes compagnies concessionnaires 1898–1930, Paris/Den Haag 1972

CORNEVIN, ROBERT u. MARIANNE, Geschichte Afrikas von den Anfängen bis zur Gegenwart, Frankfurt/M. u.a. 1980

DUIKER, WILLIAM J., The Rise of Nationalism in Vietnam 1900–1941, Ithaca, N.Y./London 1976

FIELDHOUSE, DAVID K., Colonialism 1870–1945. An introduction, London 1981

FIELDHOUSE, DAVID K., Die Kolonialreiche seit dem 18. Jahrhundert, Frankfurt/M. 1965 u.ö. (Fischer Weltgeschichte Bd. 29). Neubearb.: The Colonial Empires: A comparative survey from the eighteenth century, London 1982

FIELDHOUSE, DAVID K., Economics and Empire 1830–1914, London 1984

FISCH, JÖRG, Die europäische Expansion und das Völkerrecht. Die Auseinandersetzungen um den Status der überseeischen Gebiete seit dem 15. Jahrhundert bis zur Gegenwart, Stuttgart 1984

FÖRSTER, STIG/MOMMSEN, WOLFGANG J./ROBINSON, RONALD (Hrsg.), Bismarck, Europe and Africa. The Berlin Africa Conference 1884–1885 and the onset of partition, Oxford 1988

GANIAGE, JEAN, L'expansion coloniale de la France sous la Troisième République 1871–1914, Paris 1968

GANN, L.H./DUIGNAN, PETER (Hrsg.), Colonialism in Africa 1870–1960, 5 Bde., Cambridge 1969–1975

GANN, L.H./DUIGNAN, PETER (Hrsg.), African Proconsuls. European Governors in Africa, Stanford, Cal. u.a. 1978

GIFFORD, PROSSER/LOUIS, WILLIAM ROGER (Hrsg.), France and Britain in Africa. Imperial Rivalry and Colonial Rule, New Haven/London 1971

GIRARDET, RAOUL, L'idée coloniale en France de 1871 à 1962, Paris 1972, Tb. 1979

GOINARD, PIERRE, Algérie. Œuvre française, Paris 1984

GRUPP, PETER, Deutschland, Frankreich und die Kolonien. Der französische »Parti Colonial« und Deutschland von 1890 bis 1914, Tübingen 1980

GUILLEN, PIERRE, L'Allemagne et le Maroc de 1870 à 1905, Paris 1967

GUILLEN, PIERRE, Les emprunts marocains 1902–1904, Paris 1972

HALLETT, ROBIN, Africa since 1875, London u.a. 1975

HAMMER, KARL, Weltmission und Kolonialismus. Sendungsideen des 19. Jahrhunderts im Konflikt, München 1978, Tb. 1981

Histoire générale de l'Afrique, Hrsg. UNESCO, Bd. VI: Le XIXe siècle jusque vers les années 1880, Hrsg. Ade Ajayi, J.F.; Bd. VII: L'Afrique sous domination coloniale 1880–1935, Hrsg. Adu Boahen, A., Paris 1987

ISAACMAN, ALLEN u. BARBARA, Mozambique. From Colonialism to Revolution 1900–1982, Boulder, Col./Aldershot 1983

JOHNSON, G. WESLEY (Hrsg.), Double Impact. France and Africa in the age of imperialism. Westport, Conn./London 1985

JULIEN, CHARLES-ANDRÉ, Le Maroc face aux impérialismes 1415–1956, Paris 1978

Julien, Charles-André, Histoire de l'Algérie contemporaine, Bd. 1: La conquête et les débuts de la colonisation 1827–1871, 3.A. Paris 1986

Ki-Zerbo, Joseph, Die Geschichte Schwarz-Afrikas, 2.A. Wuppertal 1981, Tb. Frankfurt/M. 1981

Körner, Heiko, Kolonialpolitik und Wirtschaftsentwicklung. Das Beispiel Französisch Westafrikas, Stuttgart 1965

Landes, David S., Bankers and Pashas. International Finance and Economic Imperialism in Egypt, 2.A. New York/Evanston 1969

Markstahler, Jürgen, Die französische Kongo-Affäre 1905/06. Ein Mittel in der imperialistischen Konkurrenz der Kolonialmächte, Stuttgart/Wiesbaden 1986

Marseille, Jacques, Empire colonial et capitalisme français, Paris 1984, Tb. 1989

Meynier, Gilbert, L'Algérie révélée. Le guerre de 1914–1918 et le premier quart du XXe siècle, Genf 1981

Michel, Marc, L'appel à l'Afrique. Contributions et réactions à l'effort de guerre en A.O.F. 1914–1919, Paris 1982

Mommsen, Wolfgang J., Imperialismustheorien. Ein Überblick über die neueren Imperialismusinterpretationen, Göttingen 1977

Mommsen, Wolfgang J./Osterhammel, Jürgen (Hrsg.), Imperialism and After. Continuities and Discontinuities, London 1986

Persell, Stuart Michael, The French Colonial Lobby 1889–1938, Stanford/Cal. 1983

Radkau, Joachim/Geiss, Immanuel (Hrsg.), Imperialismus im 20. Jahrhundert, München 1976

Reinhard, Wolfgang, Geschichte der europäischen Expansion, Bd. 3: Die Alte Welt seit 1818, Stuttgart 1988

Rosenbaum, Jürgen, Frankreich in Tunesien. Die Anfänge des Protektorates 1881–1886, Zürich/Freiburg 1971

Sieberg, Herward, Eugène Étienne und die französische Kolonialpolitik 1887–1904, Köln/Opladen 1968

The Cambridge History of Africa, Bd. 6: 1870–1905, hrsg. v. Roland Oliver, Cambridge 1985, Bd. 7: 1905–1940, hrsg. v. Andrew Roberts, Cambridge 1986

Thobie, Jacques, Intérêts et impérialisme français dans l'Empire ottoman 1895–1914, Paris 1977

Toullelan, Pierre-Yves, Tahiti colonial, 2.A. Paris 1987

Tsuboï, Yoshiharu, L'Empire vietnamien face à la France et à la Chine 1847–1885, Paris 1987

Ziebura, Gilbert, Innere Faktoren des französischen Hochimperialismus vor 1914, in: Mommsen, Wolfgang J. (Hrsg.), Der moderne Imperialismus, Stuttgart u.a. 1971, S. 85–139

ERSTER WELTKRIEG

Artaud, Denise, La Question des dettes interalliées et la reconstruction de l'Europe (1917–1929), 2 Bde., Lille/Paris 1978

Bariéty, Jacques, Les relations franco-allemandes après la première guerre mondiale 1918–1924, Paris 1977

Becker, Jean-Jacques, 1914: Comment les Français sont entrés dans la guerre. Contribution à l'étude de l'opinion publique, Printemps-été 1914, Paris 1977

Becker, Jean-Jacques, Les Français dans la Grande Guerre, Paris 1980

Becker, Jean-Jacques/Kriegel, Annie, 1914. La guerre et le mouvement ouvrier français, Paris 1964

Becker, Jean-Jacques u. Annette, La France en guerre 1914–1918. La grande mutation, Paris 1988

Blänsdorf, Agnes, Die Zweite Internationale und der Krieg. Die Diskussion über die internationale Zusammenarbeit der sozialistischen Parteien 1914–1917, Stuttgart 1979

Droz, Jacques, Les causes de la première guerre mondiale. Essai d'historiographie, Paris 1973

Fischer, Fritz, Griff nach der Weltmacht. Die Kriegszielpolitik des kaiserlichen Deutschland 1914/18, 3. A. Düsseldorf 1964

Fischer, Fritz, Krieg der Illusionen. Die deutsche Politik von 1911 bis 1914, 2. A. Düsseldorf 1971

Fridenson, Patrick (Hrsg.), 1914–1918: L'autre front, Paris 1977 (Tb.)

Kaspi, André, Le temps des Américains 1917–1919, Paris 1976

Keiger, John F. V., France and the Origins of the First World War, London/Basingstoke 1983

Kielmansegg, Peter Graf, Deutschland und der Erste Weltkrieg, 2. A. Stuttgart 1980

Köhler, Henning, Novemberrevolution und Frankreich. Die französische Deutschlandpolitik 1918–1919, Düsseldorf 1980

Krüger, Peter, Deutschland und die Reparationen 1918/19, Stuttgart 1973

Krüger, Peter, Versailles. Deutsche Außenpolitik zwischen Revisionismus und Friedenssicherung, München 1986

McDougall, Walter A., France's Rhineland diplomacy 1914–1924. The last bid for a balance of power in Europe, Princeton, N.J. 1978

Miquel, Pierre, La grande guerre, Paris 1983

Nouhailhat, Yves-Henri, France et États-Unis août 1914–avril 1917, Paris 1979

Poidevin, Raymond, Les origines de la première guerre mondiale, Paris 1975

Renouvin, Pierre, Les formes du gouvernement de guerre, Paris 1925

Saatmann, Inge, Parlament, Rüstung und Armee in Frankreich 1914/18, Düsseldorf 1978

Soutou, Georges-Henri, L'or et le sang. Les buts de guerre économiques de la Première Guerre mondiale, Paris 1989

Steinmeyer, Gitta, Die Grundlagen der französischen Deutschlandpolitik 1917–1919, Stuttgart 1979

Stevenson, David, French War Aims against Germany 1914–1919, Oxford 1982

Trachtenberg, Marc, Reparation in World Politics: France and European economic diplomacy 1916–1923, New York 1980

PERSONENREGISTER

ORTSREGISTER